Jena Center
Geschichte des 20. Jahrhunderts
20th Century History

Beiträge zur Geschichte des 20. Jahrhunderts

Herausgegeben von
Norbert Frei

Band 9

Markus Roth
Herrenmenschen

Die deutschen Kreishauptleute
im besetzten Polen –
Karrierewege, Herrschaftspraxis
und Nachgeschichte

WALLSTEIN VERLAG

Gedruckt mit Unterstützung
der Alfried Krupp von Bohlen und Halbach-Stiftung
und der Geschwister Boehringer Ingelheim Stiftung
für Geisteswissenschaften in Ingelheim am Rhein

Bibliografische Information der deutschen Nationalbibliothek
Die Deutsche Nationalbibliothek verzeichnet diese Publikation in der
Deutschen Nationalbibliografie; detaillierte bibliografische Daten
sind im Internet über http://dnb.d-nb.de abrufbar.

2. Auflage 2009

www.wallstein-verlag.de
Vom Verlag gesetzt aus der Adobe Garamond
Umschlaggestaltung: Susanne Gerhards, Düsseldorf
unter Verwendung folgender Abbildungen
(von links oben im Uhrzeigersinn): Narodowe Archiwum Cyfrowe,
Dokumentationsarchiv Österreichischer Widerstand, Foto: Hubert Pfoch,
Polska Agencja Prasowa, United States Holocaust Memorial Museum
Druck: Hubert & Co, Göttingen

ISBN 978-3-8353-0477-2

Inhalt

Einleitung

»Öde, leer, trostlos, ein zerschossener Bahnhof, Dreck, Gestank, Gesindel, eine fremde Sprache, kaum ein Wort Deutsch, das war der erste Empfang.«[1] Ablehnender konnte das Urteil über Krakau kaum ausfallen. Heinz Doering, kurz zuvor noch Landrat im bayerischen Mühldorf, war erst wenige Tage in der Hauptstadt des Generalgouvernements, als er seiner Mutter im April 1943 diese Eindrücke schilderte. Widerwillig war er mit seiner Frau der Abordnung in »den Osten« gefolgt, angewidert angesichts »all dieses östlichen Halbmenschentums«. Das frischvermählte Paar verachtete Land und Leute, und daran änderte sich auch nach den ersten Schritten in der Stadt nichts. Nur mühsam fanden sie eine Unterkunft, die Doering seiner Mutter in den schwärzesten Farben schilderte: »Das Loch war schwarz vor Dreck und stank. Der Putz blätterte ab, das Waschbecken war zerbrochen, die eisernen Bettstellen anscheinend in irgend einer Kaserne ausrangiert, in die Matratzen hatten den Flecken nach ganze Generationen hineingeschissen.« Doch damit nicht genug, Doering erfuhr auch noch, dass sein neuer Vorgesetzter nichts von der Abordnung wusste und in seiner Behörde auch niemanden brauchte. Am Abend des ersten Tages war das Paar der Verzweiflung nahe.

Doch rasch hellte sich das trübe Bild ein wenig auf: Der Personalchef war informiert und erfreut über Doerings Ankunft, da dieser dringend benötigt werde. Seine Frau fand sogleich eine Stelle als Stenotypistin in der Verwaltung. Sie erhielten ein Zimmer im Gästehaus der Regierung und wurden auch mit den angenehmen Seiten des Lebens als Reichsdeutsche im besetzten Polen vertraut, so dass Doering seinen ersten Brief aus Krakau an seine Mutter gutgestimmt abschloss: »Lass Dir nichts abgehen! Wir sind hier so reichlich mit allem versorgt, dass wir uns gegen das Altreich wie im Paradies vorkommen und bestimmt nichts brauchen.« Die materiellen Vorteile des »Osteinsatzes« versöhnten die Doerings zunehmend mit ihrer neuen Situation; sie bekamen Wohnung, Möbel, Wäsche und vieles mehr gestellt, genossen eine gute Bezahlung, von der sich bestens leben ließ und sie nebenbei noch Vermögen aufbauen konnten.[2] So wichtig Doering das persönliche Wohl auch war, in ers-

1 Brief von H. Doering an seine Mutter, 28.4.1942, in Privatbesitz. Die folgenden Zitate ebenda.

2 Brief von H. Doering an seine Mutter, 5.5.1942. Folgendes Zitat ebenda.

ter Linie sah er sich doch in einer historischen Mission: »Vor allem sind wir ja nicht zum Spass hier, sondern als Kolonisten.«

Schnell fand er sich in die neue Arbeit und Umgebung ein, wo vieles anders lief als im Reich. Nicht alle deutschen Beamten waren derart durchdrungen von einer großen Mission, für viele standen allein die persönlichen Vorteile im Vordergrund. Schon in den ersten Tagen lernte Doering zahlreiche solche Fälle kennen und berichtete davon sogleich nach Hause: die Korruptionsaffäre um einen Gouverneur, Unterschlagungen durch einen Stadthauptmann und anderes mehr. »Was man hier zu sehen bekommt«, resümierte er, »ist vielfach Etappe im übelsten Sinne des Wortes.«[3] Trotz dieser Klagen und tiefen Einblicke in den Sumpf des deutschen Besatzungsmilieus erkannte er seine eigenen Vorteile. Diese Verhältnisse boten dem, der sie zu nutzen verstand, auch auf legalem Wege viele materielle Vorteile sowie bessere und schnellere Aufstiegsmöglichkeiten. Bereits nach zwei Wochen wurde Doering Abteilungsleiter, sein eigentliches Ziel war und blieb jedoch, als Kreishauptmann die Verwaltung eines ganzen Kreises selbstständig zu führen. Bis dahin sollte es aber noch mehr als ein Jahr dauern.

Deutschen, die ins Generalgouvernement kamen, zumal wenn sie in der Verwaltung arbeiteten, konnten der Charakter und die Folgen der Besatzungspolitik nicht lange verborgen bleiben. Verbreitete Polenfeindlichkeit und tiefsitzender Antisemitismus bestimmten den Blick; zusätzlich schien die Praxis dadurch legitimiert, dass man sich im Krieg befand. Lediglich ein zweckrationales Kalkül konnte bei vielen zwischenzeitliche Abweichungen vom radikalen Kurs rechtfertigen, wie Doering seiner Mutter keine zwei Wochen nach seiner Ankunft auseinandersetzte. »Es ist eben Krieg«, schrieb er, »und man ist[,] wenn auch in der Etappe, so doch im eroberten feindlichen Gebiet. Darüber täuscht auch die hündisch kriechende Höflichkeit, mit der einem die Polen ins Gesicht tun, nicht hinweg. Hinter dem Rücken sind sie immer noch gefährlich. Man ist wohl auch zu nachsichtig mit ihnen, wenigstens werden sie schon wieder frech wie Dreck. Auf der anderen Seite hat man wenigstens vorläufig, die Politik der Verdrängung u. Ausrottung aufgeben müssen, weil wir nicht genug Menschen haben und die Polen daher vorerst noch zum Arbeiten brauchen. Wer sollte sonst hier zum Beispiel die Felder bestellen.«[4]

3 Brief von H. Doering an seine Mutter, 11.5.1942. Zum Folgenden ebenda.

4 Brief von H. Doering an seine Mutter, 5.5.1942.

Das war kein abstrakter Radikalismus, formuliert in einem behaglichen Büro. Vielmehr sahen die Besatzer die Konsequenzen einer solchen Einstellung, sahen die Not und das Elend der Bevölkerung Tag für Tag hautnah: »Immer wieder begegnen einem im Strassenbild Kinder u. Erwachsene in dem Zustande tollster Zerlumptheit u. Verkommenheit, wie wir sie im Reich selbst in den übelsten Zeiten nie zu sehen bekamen. [...] [H]ier sieht man Leute, die nur noch mit irgendwelchen zusammengelesenen Fetzen im letzten Stadium der Auflösung bekleidet sind. Grau im Gesicht, halbverhungert.«[5] Mitleid oder Einsichten in den Unrechtscharakter des Besatzungsregimes ließ die Ideologie nicht zu. Im Gegenteil: Sie half, derartige zaghaft aufkommende Anwandlungen durch eine konstruierte Notwehrsituation abzuwehren; Doering schloss seine Beobachtungen mit einer Feststellung, die alle etwaigen Zweifel im Keim erstickte: »So wäre es uns ergangen, wenn dies Gesindel gesiegt hätte.« Was für die Polen galt, traf auf die Juden umso mehr zu. Ihre Ermordung war ein offenes Geheimnis im Generalgouvernement, von dem unumwunden und kaum verklausuliert mit einiger Zufriedenheit nach Hause berichtet wurde: »An der nächsten Strassenecke tut ein Trupp jüngerer Leute so, als ob er Strassen kehren wollte. Sie lachen u. lärmen. Eine weisse Armbinde mit blauem Stern: Juden, oft noch in Pelzmänteln u. anderen Spuren verblichener Pracht. Die nehmen jetzt rasch ab.« Die deutschen Beamten, speziell die Kreis- und Stadthauptleute, waren keine bloßen Beobachter einer von anderen in Gang gesetzten Politik – sie selbst gestalteten sie von Anfang an in entscheidendem Maße.

Rückblende: Radom im November 1939. Gut einen Monat nach Gründung des Generalgouvernements trafen sich die Kreis- und Stadthauptleute des Distrikts, um Generalgouverneur Hans Frank, ihrem Chef, von ihrer Arbeit in den ersten Wochen zu berichten. Als Erster ergriff Karl Glehn das Wort, wie Doering als Landrat in »den Osten« abgeordnet. Noch im Stichwortprotokoll kommt der Stolz zum Ausdruck, mit dem er eine erste Zwischenbilanz seiner »Pionierarbeit« präsentierte: »Am Anfang ein Chaos. Aus Fabriken alles raus, Arbeiter auf der Straße, Diebstähle, gesunder Boden für Juden, Schleichhandel, Preistreibereien. Alles muß geregelt werden. Im Mittelpunkt der Landrat, er war Polizei-Organisation, war Richter, mußte bis Todesstrafe gehen. Eigene Industrie- und Handelskammer, mußte jüdischen Handel

5 Brief von H. Doering an seine Mutter, 5.6.1952. Die folgenden Zitate ebenda.

arisieren.«[6] Die Stoßrichtung war klar: Ausbeutung des Landes und der Bevölkerung zugunsten des Deutschen Reiches sowie Diskriminierung und Verfolgung der Juden, wo immer sich die Möglichkeit dazu bot. Dementsprechend war Glehns Ansinnen von Anfang an, Wirtschaft und Landwirtschaft wieder in Gang zu bringen und Schleichhandel mit drakonischen Strafen zu unterbinden. Bei alldem sollte aber das Wohl der Deutschen vor Ort nicht vergessen werden. Für sie richtete er einen Gasthof ein, organisierte ein Kino und Ausflüge. Vor derartige Herausforderungen war ein preußischer Landrat nicht gestellt, geschweige denn, dass er auch nur annähernd so umfassende Gestaltungsmöglichkeiten gehabt hätte. Das war zur Zufriedenheit Glehns, der seinen Vortrag mit den Worten schloss: »Arbeit macht viel Freude.«

Der Handlungsspielraum der Kreishauptleute war so groß, dass Glehn sich vor dem Generalgouverneur damit rühmen konnte, sich selbst zum Richter erkoren und die Todesstrafe verhängt zu haben – das ging selbst unter den damaligen Bedingungen weit über alles hinaus, was einem Verwaltungsbeamten zustand. Kollegen berichteten von ähnlichen Eigenmächtigkeiten, beim Generalgouverneur rannten sie offene Türen ein: Hans Frank sprach sich explizit gegen einen geordneten Aufbau zugunsten der Polen aus und forderte sie auf, mit harter Hand zum Wohle des Reiches zu herrschen, anstatt auf akkurate Verwaltungsarbeit zu achten. Frank goutierte die Kompetenzüberschreitungen und Abweichungen von der Norm ausdrücklich und bestärkte die Kreishauptleute darin: »Die Dinge liegen so, wenn dieses Gebiet nun schon der erste Vorstoß in eine völlig neue Verwaltungsmethode innerhalb der deutschen Siedlung darstellt, haben wir alle ein Recht, daß wir alle Erfahrungen sammeln und zunächst jeder einmal sieht, daß er seinen Weg selbst baut. Und ich bin der Meinung, bauen Sie ruhig den Weg sich weiter. Keine Sorge, daß ich irgendwie durch theoretische Zusammenfassungen nur erneut Unordnung schaffen werde.« Er garnierte seine Ermunterungen zu selbstständigem Handeln mit markigen Erläuterungen zur grundsätzlich polen- und judenfeindlichen Ausrichtung der Besatzungspolitik, die radikale Vorreiter unter den Kreishauptleuten nur als Bestärkung und bislang zurückhaltende Verwalter als kaum verblümte Aufforderung verstehen konnten: »Lieber die Polen hier der völligen Vernichtung preisgeben, als daß ein Pole in Deutschland bleiben soll. [...] Deutsche und

6 Protokoll der Tagung der Kreishauptleute, Oberbürgermeister und Stadtkommissare des Distrikts Radom, 25.11.1939, BAL, B 162/Dok.-Slg. Polen, Ordn. 344, Bl. 447f. Die folgenden Zitate ebenda, Bl. 449, 458 u. 456f.

Volksdeutsche mit eiserner Entschlossenheit sichern, daß die Polen niemals wieder wagen werden, einen Deutschen anders anzusehen als die Herren. Dieses erste Ziel verlangt daher von uns, daß die gesamte Verwaltung darauf eingestellt ist, den Polen hier zu unterdrücken, der aus dem Reiche kommt.«

Die Ziele waren damit von Anfang an vorgegeben, die Methoden wählten die Kreishauptleute oft selbst. Von oben ließ man sie gewähren, ermunterte sie zum Teil und hieß radikale Initiativen nachträglich gut. Ausbeutung, Gewalt, Repression und Mord charakterisierten die Besatzungsherrschaft. Träger, zum Teil auch Vorreiter dieser Politik waren in entscheidendem Maße die Kreis- und Stadthauptleute. Wer aber waren die Männer, die eine so hohe Bedeutung für die Herrschaftspraxis hatten? Liegen die Wurzeln für ihr Verhalten auch in ihrer Biographie begründet? Damit ist bereits ein Teil der Fragen angerissen, die diese Arbeit beantworten will. Glehn und Doering sind nur zwei, aber durchaus typische Beispiele aus einer Gruppe von rund 130 Männern, die während der Besatzungszeit die Praxis in ihren Kreisen prägten.

In der weit überwiegenden Zahl waren sie Kinder des Kaiserreichs und wurden in die autoritär geprägten Verhältnisse der Vorkriegszeit geboren. Zu fast zwei Dritteln gehörten sie der sogenannten Kriegsjugendgeneration an, zu jung also, um aktiv am Ersten Weltkrieg teilzunehmen, alt genug aber, um diesen intensiv zu verfolgen und die eigene Nichtteilnahme als verpasste Bewährungschance zu begreifen. Ob das aber eine wesentliche Erklärung radikalen Verhaltens sein kann, wie in der Forschung in den letzten Jahren im Anschluss an Sebastian Haffners Interpretation im britischen Exil betont worden ist, gilt es zu klären.[7] Von ganz wenigen Ausnahmen abgesehen entstammten die Kreishauptleute einem mittelständischen, bürgerlichen Milieu ohne regionale Schwerpunkte in der Herkunft. Sie wuchsen in relativ gesicherten Verhältnissen auf und genossen in der Regel eine gute Schulbildung, 100 von ihnen erwarben die Hochschulreife und studierten anschließend zu mehr als neunzig Prozent Rechtswissenschaft; mehr als die Hälfte promovierte schließlich noch. Der Einstieg in den Beruf gelang ihnen trotz aller Krisenerscheinungen der Zeit meist reibungslos, teils noch zu Zeiten der Weimarer Republik, teils erst nach der Machtübernahme der Nationalsozialisten. Und etwas mehr als die Hälfte der Kreishauptleute wählte den Weg in die Verwaltung, die anderen entschieden sich für den Beruf des Rechtsanwalts, ar-

7 Vgl. Haffner, Geschichte, S. 17ff. Zur Altersstruktur der Kreishauptleute vgl. Tabelle 7 im Anhang.

beiteten bei der Gestapo und anderen NS-Organisationen oder in der Industrie. Für kaum einen bedeutete die Machtübernahme 1933 einen Karriereknick, so manche Karriere erhielt dadurch gar einen Schub nach vorne. Die Kreishauptleute waren also eine sozial sehr homogene Gruppe, was angesichts ihrer Position in der Verwaltung zunächst wenig überrascht. In ihrer sozialstrukturellen Zusammensetzung dürften kaum Antworten auf die Grundfragen dieses Buches zu erwarten sein.

Fragestellung und Aufbau

Die Arbeit versteht sich als empirischer Beitrag zur Erforschung der deutschen Besatzungspolitik in Polen, zur sogenannten Täterforschung sowie zur Nachgeschichte des Nationalsozialismus nach 1945. Vereinfacht lässt sich die Fragestellung auf zwei Punkte bringen: Wie und warum wurden die Kreis- und Stadthauptleute zu radikalen Vollstreckern und Vorreitern einer extrem brutalen Herrschaftspraxis? Und wie lässt sich ihre fast umstandslose und meist geräuschlos vollzogene Reintegration nach 1945 erklären? Diese und andere Fragen werden auf breiter empirischer Basis mit Hilfe einer Mischung aus einem kollektivbiographischen und einem institutionellen Ansatz untersucht. Erst in der Kombination dieser beiden Zugriffe lassen sich Charakter und Mechanismen der NS-Besatzungsherrschaft hinreichend erschließen sowie die hohe Bedeutung und die Rolle der Kreis- und Stadthauptleute voll erfassen.

Eine institutionelle Herangehensweise ist unabdingbar, um die Kräfteverhältnisse der verschiedenen, bisweilen miteinander konkurrierenden Besatzungsapparate zu bestimmen. Die Institution Kreishauptmannschaft war Basis der Herrschaftspraxis der Kreishauptleute. Das institutionelle Gefüge im Generalgouvernement, die eigene Behörde, ihre Möglichkeiten und Zuständigkeiten stellten in wesentlichen Teilen den Rahmen für ihre Handlungsspielräume dar. Wie dieser Rahmen im Einzelnen ausgefüllt oder auch überschritten wurde, hing sehr stark von der Persönlichkeit des Kreishauptmanns ab. Deshalb kommt einem kollektivbiographischen Ansatz hohe Bedeutung zu, weil erst mit ihrer Hilfe manche Mechanismen der Radikalisierung, ihre Dynamik sowie ihre Vorreiter in vollem Umfang in den Blick geraten. Eine Kollektivbiographie bietet den Vorteil, über die gesamte Gruppe Aussagen treffen zu können, und zugleich die Möglichkeit, anhand einzelner Biographien Typisches oder auch Atypisches zu vertiefen und zu illustrieren.

In den ersten drei Kapiteln richtet sich der Blick auf die Besatzungszeit, angefangen bei einer Untersuchung der Herrenmenschen und der

Besatzungsgesellschaft »im Osten«. Zu fragen ist hier nach den mentalen und ideologischen Dispositionen der Kreishauptleute, mithin nach ihren Polen-, Juden- und Selbstbildern und den Veränderungen und Radikalisierungsprozessen, denen sie unterlagen. Daran anschließend werden Aufbau und Strukturen der Verwaltung ebenso wie die Personalrekrutierung und die Vorkriegskarrieren der Kreishauptleute untersucht. Wesentlich sind dabei die Handlungsspielräume, wie sie den Kreishauptleuten »von oben« eingeräumt und in eine institutionelle Form gegossen wurden. Im dritten Kapitel gilt es, diese Handlungsspielräume anhand der zentralen Felder deutscher Besatzungspolitik – Deportation polnischer und ukrainischer Arbeitskräfte, Ausbeutung der Landwirtschaft sowie Verfolgung und Ermordung der Juden – zu analysieren. Die Kreishauptleute zeichneten sich durch ein hohes Maß an Initiativfreudigkeit aus und lenkten die Besatzungspolitik im Laufe der Zeit in eine zunehmend radikalere Richtung, wobei sie bisweilen ihre Kompetenzen weit überschritten. Welche Rolle spielten bei den Vorreitern eines harten Kurses ideologische Motive und mentale Dispositionen oder auch gerade spezifische biographische Hintergründe? Inwiefern war dynamische Radikalisierung in der Verwaltungsstruktur angelegt? Darüber hinaus ist nach Wechselwirkungen zwischen deutschen Machthabern und polnischem Widerstand und deren Bedeutung für die Radikalisierung zu fragen.

Die drei weiteren Kapitel beleuchten die ersten Jahre unmittelbar nach Kriegsende. Das vierte Kapitel schlägt die Brücke in die Nachkriegszeit und zeichnet den erst schleichenden, dann rapiden Niedergang der Kreishauptleute nach, der etwa 1943 begann und in die totale soziale Deklassierung nach Kriegsende mündete. Innerhalb kurzer Zeit zerfiel die Machtvollkommenheit der Kreishauptleute, und sie fanden sich in den Internierungslagern der Alliierten wieder, in eine ungewisse Zukunft blickend. Das fünfte Kapitel widmet sich der politischen Abrechnung nach 1945. Die Entnazifizierung der einstigen Besatzer wird anhand von Fallbeispielen sowie in einer kollektivbiographischen Analyse ebenso untersucht wie die Auslieferung an Polen und die dortigen Prozesse. In erfahrungsgeschichtlicher Perspektive ist vor allem nach der Reaktion der Kreishauptleute und ihrer Selbsteinschätzung ihrer Situation nach Kriegsende zu fragen: Welche Wirkung hatten Machtverfall, Internierung, Entnazifizierung und die drohende Auslieferung an Polen auf sie? Waren ideologische Verhärtung und Radikalisierung die Folge oder wurde ein Prozess des Umdenkens in Gang gesetzt? Wie stellten sich Anpassungs-, Verleugnungs- und Selbstdeutungsprozesse der Kreishauptleute dar und welche Bedeutung hatten sie? Im Zusammenhang mit Entnazifizierung und Auslieferung erhebt sich überdies die Frage nach dem Bild, das die ermittelnden Instanzen von der deutschen Besatzungsherrschaft im Allgemeinen und von dem Anteil der Zivilverwaltung und der Kreishauptleute im Besonderen hatten.

Der wiedergewonnene soziale Status und die berufliche Position in der Bundesrepublik konnten vor allem ab Ende der fünfziger Jahre gestört werden, denn im Zuge der systematischen und vermehrten Ahndung nationalsozialistischer Verbrechen führte die Justiz auch zahlreiche Ermittlungsverfahren gegen ehemalige Kreishauptleute. Wie reagierten die Kreishauptleute auf die potentielle Bedrohung ihrer bürgerlichen Existenz? Formierten sie Netzwerke oder Schweigekartelle und wie ging dies vonstatten? Wo lagen Grenzen und Möglichkeiten der Ermittlungsbehörden? Wie war ihr damaliger Kenntnisstand über die deutsche Besatzungsherrschaft in Polen? Gab es öffentliche Resonanz und wie sah sie aus?

Mit der Untersuchung der Karrierewege der ehemaligen Besatzer-Elite in der Bundesrepublik im letzten Kapitel schlägt die Studie den Bogen bis in die Gegenwart. In den ersten Jahrzehnten nach 1949 gestalteten die alten NS-Funktionärseliten in erheblichem Maße die Bundesrepublik. Die Kreishauptleute stellten hier keine Ausnahme dar, machten sie doch zum Teil beachtliche Karrieren. Sie passten sich den neuen Verhältnissen sehr erfolgreich an. Zu fragen ist allerdings, ob sich die radikalen Besatzer wirklich tiefgreifend gewandelt oder nur oberflächlich angepasst haben. Es stellt sich die Frage nach den Bedingungen ihrer zweiten Karrieren, danach, wie sie den Einstieg in ihre Laufbahn fanden und welche Rolle dabei ihre Vergangenheit spielte. Welches Bild hatten sie von sich und ihrer Tätigkeit im besetzten Polen und welche Vorstellungen davon herrschten in der Gesellschaft vor?

Forschungsstand

Eine Vielzahl von Monographien und Aufsätzen hat bereits viele Facetten deutscher Besatzungspolitik in Polen ausgeleuchtet, anfangs vor allem auf die Krakauer Zentrale und deren Konflikte mit der SS konzentriert.[8] Grundzüge des Verwaltungsaufbaus, schon während der Militärverwaltung, sind seit den siebziger Jahren erforscht.[9] Der Anteil der Kreis- und

8 Broszat, Polenpolitik; Eisenblätter, Grundlinien.

9 Umbreit, Militärverwaltungen; Präg/Jacobmeyer, Diensttagebuch, S. 7-43; Majer, »Fremdvölkische«.

Stadthauptleute an der NS-Besatzungspolitik ist jedoch erst in den letzten Jahren und nur in Teilen untersucht worden. Der Fokus lag dabei in erster Linie auf ihrem Anteil an der Verfolgung und Ermordung der Juden. Empirische Studien über Karrierewege deutscher Besatzungsfunktionäre vor und nach 1945 gibt es hingegen nicht.

Eine größere Zahl empirischer Studien erschien nach dem Sturz der kommunistischen Herrschaft in Osteuropa und der damit einhergehenden Öffnung der Archive. Den Anfang machten 1991 Götz Aly und Susanne Heim mit ihrer vieldiskutierten Studie über die »Vordenker der Vernichtung«, in der sie vor allem die Riege junger Experten in den Blick nahmen, die am Reißbrett Pläne für eine rassische »Neuordnung« Europas entwarfen. In einer Reihe von Regionalstudien konnten, unter Einbezug der nach 1945 geführten Ermittlungsverfahren, neue Erkenntnisse gewonnen worden. 1993 publizierte Dieter Pohl eine wegweisende Monographie über die Verfolgung und Ermordung der Juden im Distrikt Lublin.[10] Pohl ging erstmals auf den erheblichen Beitrag der Kreis- und Stadthauptleute zum Mord an den Juden ein. 1996 folgten zwei Arbeiten über den Distrikt Galizien, wiederum beschränkt auf den Holocaust in dieser Region.[11] Mit Bogdan Musials Dissertation über die »Deutsche Zivilverwaltung und Judenverfolgung im Generalgouvernement« erschien 1998 erstmals eine Arbeit, die sich auf die Zivilverwaltung konzentrierte und den Kreis- und Stadthauptleuten einen erheblichen Umfang einräumte. Doch auch Musial beschränkte sich mit dem Distrikt Lublin auf nur einen der insgesamt fünf Distrikte und blendete andere Felder der deutschen Besatzungspolitik aus.[12] In jüngster Zeit erschienen zwei Monographien, die den Distrikt Radom untersuchen: Jacek Andrzej Młynarczyk (2007) folgte den vorangegangenen Regionalstudien insofern, als er ausschließlich Verfolgung und Ermordung der Juden in den Blick nimmt. Allerdings erweitert er den Focus um Reaktionen und Perspektiven der Opfer und der Zuschauer.[13] Robert Seidel kommt das Verdienst zu, in seiner Studie (2006) neben der Terror- und Vernichtungspolitik auch die Wirtschaftspolitik und die Ausbeutung polnischer Arbeitskräfte untersucht zu haben.[14]

Sehr viel umfangreicher als die deutsche ist die polnische Forschung zur Besatzungspolitik. Unmittelbar nach Kriegsende machten sich polni-

10 Pohl, »Judenpolitik«.

11 Pohl, Judenverfolgung; Sandkühler, »Endlösung«.

12 Musial, Zivilverwaltung.

13 Młynarczyk, Judenmord.

14 Seidel, Besatzungspolitik.

sche Historiker an die Untersuchung der deutschen Verbrechen in Polen und veröffentlichten bald schon erste Ergebnisse. Eine Reihe von Monographien widmet sich den Grundzügen deutscher Besatzungspolitik wie auch Einzelaspekten.[15] Bereits früh setzte in Polen eine regional- und lokalgeschichtliche Forschung zu Krieg, Besatzung und Vernichtung ein. Diese qualitativ stark variierenden Arbeiten, meist Aufsätze, legten zunächst den Schwerpunkt auf die Unterdrückung der polnischen Bevölkerung und ihren Widerstand. Spätestens seit den neunziger Jahren jedoch hat sich das Themenspektrum erweitert, und die Arbeiten haben ein zum Teil beachtliches Niveau erreicht.

Zu den einzelnen Feldern der NS-Politik im Generalgouvernement liegen ebenfalls polnischsprachige Monographien und Aufsätze vor. Unmittelbar nach Kriegsende begannen Forscher mit der Aufarbeitung der Verfolgung und Ermordung der Juden im besetzten Polen, publizierten Quellen und Aufsätze hierzu. 1953 legte Artur Eisenbach die erste Gesamtdarstellung des Judenmords vor, in der die Ereignisse in Polen im Vordergrund stehen.[16] Eine Reihe noch heute weitgehend gültiger Aufsätze von Wissenschaftlern des Jüdischen Historischen Instituts in Warschau behandelten in den fünfziger Jahren systematisch die Verfolgung und Ermordung der Juden in den einzelnen polnischen Regionen.[17] Nach der Antisemitismus-Welle von 1968 und dem Exodus der meisten Juden aus Polen erlebte die bis dahin vor allem von jüdischen Historikern betriebene Holocaust-Forschung einen weitgehenden Stillstand. Das änderte sich nach dem politischen Umsturz 1989 grundlegend. Nun widmeten sich Wissenschaftler wieder der regionalen Forschung, griffen tabuisierte Themen wie Antisemitismus und Kollaboration der polnischen Bevölkerung auf und brachen die bis dahin weitgehend wirksame Isolation polnischer Zeitgeschichtsschreibung auf, indem Archivalien im westlichen Ausland und die dortige Forschung breiter rezipiert wurden.[18]

Die Rekrutierung und Deportation polnischer Arbeitskräfte ist in den meisten Werken über die deutsche Besatzungspolitik ein wichtiges The-

15 Madajczyk, Okkupationspolitik; Łuczak, Polityka.

16 Eisenbach, Polityka. In dieser Arbeit wurde die überarbeitete Fassung von 1961 benutzt.

17 Vor allem: Berenstein, Eksterminacja; dies., Martyrologia; Brustin-Berenstein, Deportacje; Podhorizer-Sandel, O zagładzie; Rutkowski, Martyrologia.

18 Zum Beispiel Radzik, Lubelska dzielnica; Kopciowski, Zagłada; Urbański, Zagłada; Piątkowski, Dni; Engelking, »szanowny panie gistapo«; Grabowski, »Ja tego Żyda znam!«; Polacy i Żydzi; Prowincja noc.

ma. Zudem erschienen seit den sechziger Jahren etliche Spezial- und Regionalstudien hierzu.[19] Die westliche Forschung hat dieses Thema bis dato vernachlässigt und sich vornehmlich der Lage der polnischen Arbeitskräfte im Deutschen Reich und ihrer Bedeutung für die Kriegswirtschaft gewidmet, weniger jedoch der Rekrutierungspraxis in Polen. Die nach wie vor umfangreichste Studie darüber veröffentlichte Eva Seeber 1964 in Ost-Berlin, in der sie systematisch und unter Einschluss von Quellen aus polnischen Archiven die Rekrutierung der Arbeitskräfte untersuchte.[20] Diese ist nur am Rande Thema in Ulrich Herberts Standardwerk »Fremdarbeiter« (1985).[21]

Hinsichtlich der Erforschung der Ausbeutung der polnischen Landwirtschaft durch die deutschen Besatzer ist der Befund ähnlich, obschon mit Czesław Rajcas Studie »Walka o chleb« (Der Kampf um Brot) seit 1991 eine monographische Untersuchung vorliegt, die die Grundzüge dieser Politik für das gesamte Generalgouvernement in den Blick nimmt.[22] In der deutschsprachigen Forschung ist das Thema weitgehend unbeachtet geblieben, allenfalls wird es in Arbeiten zur Landwirtschaft im Nationalsozialismus aus Reichsperspektive kurz erwähnt.[23] Lediglich die am Tübinger Institut für Besatzungsfragen entstandene Studie von Heinz von Streng (1955) befasst sich ausführlich mit der Landwirtschaft im Generalgouvernement. Diese Arbeit konzentriert sich aber stark auf organisatorische Aspekte der Agrarverwaltung und ist in Bezug auf die Ausbeutungspolitik obendrein nicht frei von apologetischen Tendenzen.[24]

Annäherungen an das soziale Umfeld der Besatzer und ihren Alltag ebenso wie an die Besatzungsgesellschaft im Generalgouvernement sucht man in der bisherigen Forschung nahezu vergeblich. Erste Gedanken hierzu skizzierte Pohl 1996, die er später in einem Aufsatz etwas vertiefte.[25] Auch in anderen Arbeiten, wie der Musials, finden sich stellenweise Aussagen und Hinweise zu diesem Themenfeld, eingehende Analysen auf empirischer Grundlage gibt es aber nicht.

Neuland betritt die vorliegende Arbeit mit der umfassenden Untersuchung der Karrierewege der Kreis- und Stadthauptleute vor 1939 und

19 Datner, Wywóz; Adamska, Działalność; Ważniewski, Na przedpolach; Ratyńska, Ludność; Góral, Wywożenie; Meducki, Wieś.

20 Seeber, Zwangsarbeiter.

21 Herbert, Fremdarbeiter.

22 Rajca, Walka; Meducki, Wieś; Ratyńska, Ludność.

23 Zum Beispiel Volkmann, Landwirtschaft.

24 Streng, Landwirtschaft.

25 Vgl. Pohl, Judenverfolgung, S. 304; ders., Occupiers' Milieu.

nach 1945, ihrer Internierung und Entnazifizierung sowie der Ermittlungsverfahren, die seitens der bundesdeutschen Justiz gegen sie geführt wurden. Biographische Aspekte werden hier erstmals neu erschlossen, sie waren bislang nur am Rande Thema in den deutschsprachigen Regionalstudien der letzten beiden Jahrzehnte. Pohl und Sandkühler beschränken sich in ihren Arbeiten über den Distrikt Galizien auf knappe Kurzbiographien im Anhang; Musial, Seidel und Młynarczyk gehen in nur wenigen Sätzen sehr allgemein auf sozialstrukturelle Merkmale der Gruppe der Kreis- und Stadthauptleute ein. Lediglich Musial skizziert in einem kursorischen Nachtrag und in Kurzbiographien die Nachkriegszeit, stützt sich dabei aber ausschließlich auf Angaben aus den Ermittlungsverfahren.[26] Eine systematische Quellenerhebung hat er nicht vorgenommen.

Obwohl es bislang keine Studie gibt, in der die Nachkriegsbiographien deutscher Besatzer »im Osten« systematisch und quellengestützt untersucht wurden, bewegt sich die Arbeit in einem engen Forschungsfeld. Zu vielen der hier behandelten Aspekte gibt es grundlegende Monographien zu den allgemeinen Rahmenbedingungen. Die ersten Nachkriegsjahre sind mit unterschiedlicher Intensität durch die Forschung aufgearbeitet. Eine Reihe von Studien hat die alliierte Internierungspraxis untersucht, wobei der Schwerpunkt auf der britischen und der amerikanischen Besatzungszone lag; über die Internierungen in der französischen Zone wissen wir nach wie vor wenig.[27] Die zahlreichen Verhaftungen und die Speziallager in der sowjetischen Besatzungszone sind inzwischen gut erforscht, haben für diese Arbeit allerdings keine Bedeutung, da sich fast alle Kreishauptleute in den westlichen Besatzungszonen aufhielten. Die Wirkung des tiefgreifenden Einschnitts auf die Betroffenen, den die Internierung darstellte, ist jedoch erst in Ansätzen empirisch erforscht.

Die Entwicklungen und Rahmenbedingungen der Entnazifizierung sind von der Wissenschaft nahezu flächendeckend erforscht. Auf Lutz Niethammers Pionierstudie über die »Entnazifizierung in Bayern« (1972) folgte eine Vielzahl an Untersuchungen über die Praxis in anderen Besatzungsgebieten und Regionen.[28] Systematische Arbeiten zur Entnazifizierung der einstigen NS-Elite sind gleichwohl Mangelware; sie konzentrie-

26 Vgl. Musial, Zivilverwaltung, S. 351ff.

27 Horn, Internierungs- und Arbeitslager; Meyer, Internierung; Schick, Internierungslager; Wember, Umerziehung.

28 Niethammer, Entnazifizierung; Grohnert, Entnazifizierung; Henke, Säuberung; ders., Trennung; Hesse, Konstruktionen; Möhler, Entnazifizierung; Schuster, Entnazifizierung; Vollnhals, Entnazifizierung; Rauh-Kühne, Entnazifizierung; Woller, Gesellschaft, S. 95ff.

ren sich, wohl aus forschungspragmatischen Gründen, meist auf regional gebundene Gruppen wie die Kreisleiter der NSDAP.[29] Internierung und Entnazifizierung von Angehörigen der Besatzungsapparate in West- oder Osteuropa sind hingegen weitgehend unerforscht. Einen ersten Versuch hat Bernhard Brunner (2004) in seiner Arbeit über die Kommandeure der Sicherheitspolizei und des Sicherheitsdienstes aus dem besetzten Frankreich unternommen. Brunner stützt sich aber fast ausschließlich auf Angaben aus späteren Ermittlungsverfahren und nicht auf die Entnazifizierungsakten.[30]

Ähnlich fällt der Befund im Hinblick auf die Forschung zur Auslieferung von NS-Tätern an Polen und zu den dortigen Gerichtsverfahren aus. Vornehmlich polnische Wissenschaftler haben den politischen und rechtlichen Rahmen und die Grundzüge der Auslieferungspolitik gründlich ausgeleuchtet.[31] Darauf zurückgreifend haben Bogdan Musial und Włodzimierz Borodziej die Auslieferungen an Polen und die polnische Vergangenheitspolitik in zwei deutschsprachigen Aufsätzen zusammengefasst.[32] Eine konkrete Fallanalyse einschließlich des Prozesses in Polen unternimmt Musial anhand zweier Beispiele.[33] Die Auslieferungspraxis der Westalliierten harrt nach wie vor einer systematischen Untersuchung; sie wird in allgemeineren Darstellungen oft nur gestreift.[34]

Die Aufarbeitung der NS-Verbrechen durch die bundesdeutsche Justiz zieht bereits seit geraumer Zeit das Interesse der Zeitgeschichtsforschung auf sich. Schon früh publizierten beteiligte Juristen hilfreiche Überblicksdarstellungen, in denen sie die Entwicklung und die juristischen Probleme der Ahndung des NS-Unrechts darstellten.[35] Mit zunehmender Intensität hat sich auch die Geschichtswissenschaft dieses Themas angenommen und es in die gesellschaftspolitischen Rahmenbedingungen eingebettet, so dass hier vor dem Hintergrund bereits geleisteter Forschungsarbeit die spezifischen Probleme und Entwicklungen der Ermittlungen

29 Stelbrink, Kreisleiter; Klefisch, Kreisleiter; Arbogast, Herrschaftsinstanzen; Woller, Gesellschaft.

30 Brunner, Frankreich-Komplex, S. 168 ff.

31 Zum Beispiel Kobierska-Motas, Ekstradycja; Kegel, Podstawy; Kubicki, Zbrodnie; Kułakowski, Proces.

32 Musial, NS-Kriegsverbrecher; Borodziej, »Hitleristische Verbrechen«.

33 Musial, NS-Kriegsverbrecher, S. 48 ff. Das sind ein Gouverneur und ein Gestapobeamter.

34 Zum Beispiel Wember, Umerziehung, S. 267 ff.

35 Vor allem Rückerl, Strafverfolgung; ders., NS-Verbrechen; Blank, Beispiel.

gegen ehemalige Kreishauptleute analysiert werden können.[36] Neben der Untersuchung der Grundlinien sind verstärkt auch einzelne Tätergruppen und Verfahren bzw. Prozesse Gegenstand der Forschung geworden.[37] Der Schwerpunkt lag dabei, wie in der gesamten Täterforschung, vor allem auf dem Führungskorps des Reichssicherheitshauptamtes (RSHA), den Polizeibataillonen und anderen sogenannten Direkttätern. Ermittlungsverfahren gegen Beamte aus den Besatzungsverwaltungen sind von der Forschung bislang wenig beachtet worden. Uwe Danker widmet sich in einem Aufsatz den Verfahren gegen Mitarbeiter des Besatzungsapparats im Reichskommissariat Ostland[38]; jüngst ist bei ihm eine Staatsexamensarbeit über das Ermittlungsverfahren gegen den früheren schleswig-holsteinischen Sozialminister und Kreishauptmann Hans-Adolf Asbach entstanden, in der allerdings brisante und für das Verfahren wichtige Akten unberücksichtigt geblieben sind.[39]

Ähnliche Aussagen lassen sich bezüglich der Forschung zu den Karrierewegen von NS-Tätern nach 1945 machen. Das vergangenheitspolitische Umfeld und die Bedingungen für die Reintegration der NS-Eliten vor allem in den fünfziger Jahren ist durch Norbert Freis Studie »Die Anfänge der Bundesrepublik und die NS-Vergangenheit« grundlegend untersucht.[40] Außerdem liegen zu einer Vielzahl von Gruppen inzwischen Arbeiten vor, die über Skandalisierungen und bloße Reihung von erreichten Positionen weit hinausgehen.[41] Ehemalige Funktionäre der Besatzungsverwaltungen in Osteuropa sind dabei jedoch nur vereinzelt und eher zufällig berücksichtigt, nicht aber systematisch untersucht worden.

Quellen

Ein grundlegendes Quellenproblem liegt im biographisch ausgerichteten Zugriff begründet. Nur bei einer kleinen Gruppe von Kreishauptleuten konnte eine relativ geschlossene Quellengrundlage geschaffen werden,

36 Von Miquel, Ahnden; Weinke, Verfolgung; dies., »Alliierter Angriff«; dies., Gesellschaft; Greve, Umgang; ders., Auschwitz; Pauli, Zentrale Stelle; Fleiter, Zentrale Stelle.

37 Zum Beispiel Wildt, Generation, S. 814ff.; Klemp, »Nicht ermittelt«; Kiepe, Reservepolizeibataillon; Brunner, Frankreich-Komplex.

38 Danker, Versuch.

39 Bewersdorff, Ermittlungsverfahren.

40 Frei, Vergangenheitspolitik.

41 Die Beiträge in Frei (Hg.), Karrieren; Herbert, Best; Wildt, Generation; Mallmann/Paul (Hg.), Karrieren; Brunner, Frankreich-Komplex.

die den gesamten Untersuchungszeitraum sowohl vor als auch nach 1945 abdeckt; bei vielen anderen klaffen hingegen Lücken. Im Falle von Doering ist durch die Erschließung des Nachlasses in Ergänzung anderer Quellen zwar eine ungewöhnlich umfassende Basis für eine Analyse seines Lebenswegs vorhanden, für den Kern dieser Arbeit aber, seine Zeit als Kreishauptmann, liegen keine Informationen vor. Zu manch anderen Kreishauptleuten ist die Überlieferung erheblich disparater, mehr als eine Rekonstruktion biographischer Rohdaten war hier nicht möglich, in einigen wenigen Fällen nicht einmal das. Dennoch gibt es eine Vielzahl an Quellen, die den weit gefassten Untersuchungszeitraum und valide Aussagen über die gesamte Gruppe ermöglichen.

Die zeitgenössische Aktenüberlieferung der deutschen Besatzungsbehörden ist trotz Kriegseinwirkungen und systematischer Vernichtung in der Kriegsendphase hinreichend, um Grundlinien und Mechanismen deutscher Besatzungspolitik »von oben« wie »von unten« zu rekonstruieren und zu analysieren. Zudem helfen andere Überlieferungsstränge über bestehende Lücken hinweg und ermöglichen in vielen Punkten erst gesicherte Ergebnisse und Aussagen von mehr als nur regionaler Gültigkeit. Daher umfasst die Palette der Quellengattungen Akten der unterschiedlichen Instanzen der deutschen Zivilverwaltung, Akten der polnischen Verwaltung, Berichte und Presse des polnischen Untergrunds sowie Tagebücher, Briefe und Erinnerungen deutscher, polnischer und jüdischer Akteure. Eine wichtige Ergänzung stellen die nach 1945 im Rahmen der Ermittlungsverfahren und Prozesse in Deutschland und Polen zusammengetragenen Unterlagen und Aussagen dar.

Der Überlieferungsstand von Akten der Kreishauptmannschaften erlaubt nur punktuelle Vertiefungen. Nur von wenigen Kreisverwaltungen gibt es einen umfassenden Aktenbestand, von einigen ist er sehr lückenhaft, und von vielen gibt es überhaupt keine Akten. Vergleichsweise gut ist die Quellenlage bezüglich der Kreise im Distrikt Warschau. Das gilt – aber bereits mit deutlichen Abstrichen – auch für die Distrikte Lublin und Radom; weitaus schlechter ist die Überlieferung von Akten der Kreishauptmannschaften aus dem Distrikt Krakau und Galizien. Neben den Akten spiegelten sich das Verwaltungshandeln und der Charakter lokaler Praxis auch in den Bekanntmachungen und Aufrufen wider, die die Kreishauptleute anschlagen ließen.

Wenn es darum geht, zu allgemeingültigen Aussagen über die Herrschaftspraxis der Kreishauptleute im Generalgouvernement zu kommen, stellt diese Quellenlage ein gewisses Problem dar, das sich allerdings durch andere Bestände ausräumen lässt. Vor allem die gutinformierte Berichterstattung des Widerstands an die polnische Exilregierung und die Untergrundpresse sind hier hilfreich. In der westlichen Forschung blieben sie meist unberücksichtigt, das Material hat aber nicht nur Ergänzungscharakter, sondern auch hohen Eigenwert. Ausgewertet wurden die wichtigste Untergrundzeitschrift sowie die Berichte des Vertreters der Exilregierung, die nun veröffentlicht sind.[42] Ferner ermöglichen die Monatsberichte der Kreishauptleute an die Distrikte und an die Regierung in Krakau Generalisierungen und regionale Vergleiche. Aber in lediglich zwei Fällen ist die Berichterstattung für nahezu den gesamten Zeitraum erhalten geblieben; im Übrigen gibt es vor allem für 1940, das Frühjahr 1941 und 1943 eine relativ große Zahl verschiedener Monatsberichte. Sie finden sich überwiegend in den Akten des Prozesses gegen Joseph Bühler, in den Beständen der Distrikte in den jeweiligen Staatsarchiven sowie im West-Institut (Instytut Zachodni) in Posen.[43] Mittelbar überliefert sind die Lageberichte der Kreishauptleute durch die entsprechende Berichterstattung der Gouverneure, in die diese einflossen. Für den Distrikt Warschau liegt sie geschlossen vor, aus den anderen Distrikten nur für wenige Monate.

Allein auf dieser Grundlage ließen sich kaum hinreichend abgesicherte Aussagen über die Rolle der Kreishauptleute innerhalb des deutschen Besatzungsapparates machen. Um ihren Einfluss auf Charakter und Richtung deutscher Okkupationspolitik zu ergründen, müssen auch die Akten der höheren Verwaltungsebenen herangezogen werden. Die Dichte der Überlieferung der Dokumente aus den Distrikten verteilt sich regional wie bei den Kreisen: Der Distrikt Warschau ist sehr gut dokumentiert, die Distrikte Lublin und Radom mit Abstrichen relativ gut und der Distrikt Krakau nur fragmentarisch. Die Akten der Krakauer Regierung sind in weiten Teilen der Vernichtung anheimgefallen. Die Restbestände verteilen sich auf das Archiv Neuer Akten (Archiwum Akt Nowych – AAN), das Institut für nationales Gedenken (Instytut Pamięci Narodowej – IPN) und das Bundesarchiv Berlin. Vor allem für den Prozess gegen Joseph Bühler, den faktischen Leiter der Regierung des Generalgouvernements, wurden zahlreiche Urkunden und Dokumente systematisch zusammengetragen. Die Prozessakten bewahrt das IPN in Warschau auf. Diese Dokumente sind aber aus ihrem ursprünglichen Zusammenhang gerissen und von Juristen neu sortiert worden. Weiterhin zentrale Quelle für die Untersuchung der Grundlinien der NS-Okkupationspolitik ist

42 Vgl. Biuletyn Informacyjny; Pro memoria; Ziemie wschodnie; Ziemie wschodnie (2006). Vgl. ferner: AK w dokumentach.

43 Der Posener Bestand ist als Mikrofilmkopie im IfZ und wurde dort ausgewertet.

das Diensttagebuch des Generalgouverneurs, im Original im IPN; Kopien sind im Bundesarchiv Berlin und im Institut für Zeitgeschichte (IfZ) deponiert. Wesentliche Teile davon haben Werner Präg und Wolfgang Jacobmeyer ediert; zuvor gab es bereits zwei polnische Editionen sowie Auszüge in den Dokumentenbänden zum Nürnberger Hauptkriegsverbrecher-Prozess.[44]

Wegen systematischen Aktenvernichtungen sind Justizakten eine zentrale Quelle. Gegen zahlreiche Funktionäre der Besatzungsverwaltung und aus dem SS- und Polizeiapparat wurden nach dem Krieg Ermittlungsverfahren und Prozesse geführt, in deren Verlauf zahlreiche Zeugen vernommen wurden. Erst mit Hilfe dieser Unterlagen lassen sich Verfolgung und Ermordung der Juden im Generalgouvernement darstellen. Ausgewertet wurden hierfür in erster Linie die Ermittlungsakten der Zentralen Stelle der Landesjustizverwaltungen zur Aufklärung nationalsozialistischer Verbrechen (Zentrale Stelle) in Ludwigsburg, Akten der einzelnen Staatsanwaltschaften sowie polnische Prozessunterlagen. Wichtig sind hier, wie auch für andere Teile der Arbeit, Tagebücher und Erinnerungen von Polen und Juden. Vor allem die genauen Beobachtungen des polnischen Arztes Zygmunt Klukowski aus Szczebrzeszyn und der polnischen Archivare Franciszek Kotula (Rzeszów/Reichshof) und Adam Karmiński (Krakau) liefern tiefe Einblicke in die Besatzungsherrschaft.

Weitaus schwieriger und aufwändiger als der Umgang mit Überlieferungslücken bezüglich der Okkupationspolitik war der personenbezogene Teil der Recherchen. Allein der Umstand, dass die Untersuchungsgruppe mehr als 130 Personen aus den verschiedensten Regionen und Behörden umfasst, hat einen erheblichen Rechercheaufwand nach sich gezogen, um wenigstens biographische Basisinformationen erhalten zu können.

Die Bandbreite der personenbezogenen Unterlagen ist groß. Die Besatzungsverwaltung führte eigene Personalakten der Kreis- und Stadthauptleute, 34 davon sind erhalten geblieben und im IPN zugänglich. Meist bestehen sie aber nur aus wenigen Blättern. Ferner führte das Reichsinnenministerium (RMI) als zuständige Zentralbehörde Personalakten, die erheblich umfangreicher und aussagekräftiger sind. Diese Akten, die von etwa einem Viertel der Kreishauptleute vorliegen, sind im Bundesarchiv in Berlin-Lichterfelde sowie im Zwischenarchiv Dahlwitz-

44 Vgl. Präg/Jacobmeyer, Diensttagebuch; IMT, Bd. 29, S. 356-725; Stanisław Piotrowski, Dziennik Hansa Franka. Warszawa [2]1957, S. 251-386; Okupacja i ruch oporu w dziennika Hansa Franka, 2 Bände, Warszawa 1972.

Hoppegarten zu finden. Drei Personalakten aus dem RMI konnten aus dem riesigen Bestand des sogenannten »Sonderarchivs« in Moskau herangezogen werden; eine systematische Suche war hier nicht möglich. Entgegen der Annahme des Verfassers »wanderten« die Personalakten bei Versetzungen häufig nicht mit der entsprechenden Person mit, sondern es wurden neue Vorgänge angelegt. Daher wurden Behörden aller Ebenen in die Recherche nach personenbezogenen Akten einbezogen, angefangen bei Stadtverwaltungen über die Landkreise und Regierungsbezirke bis hin zu den Ländern. Dementsprechend finden sich diese Personalakten heute in den Stadt-, Kreis- und Staatsarchiven im gesamten Bundesgebiet. Als wenig ergiebig hat sich eine systematische Einbeziehung der Universitätsarchive herausgestellt. Ein zentraler Aktenbestand schließlich sind die Unterlagen des ehemaligen Berlin Document Center, heute im Bundesarchiv Berlin zugänglich. In diesen Dokumenten der Parteikanzlei, der einzelnen Gliederungen und Verbände der NSDAP und des Obersten Parteigerichts findet sich eine Vielzahl von unerlässlichen biographischen Informationen über die Kreis- und Stadthauptleute, angefangen bei selbstverfassten Lebensläufen.

Für die bloße Rekonstruktion der Nachkriegsbiographien kamen ähnliche Aktengruppen in Betracht, ebenfalls ausgehend von den Erkenntnissen der Zentralen Stelle. Ihre Unterlagen, heute Bestandteil der Außenstelle des Bundesarchivs in Ludwigsburg, lieferten die Rohdaten für die Analyse der Nachkriegskarrieren ebenso wie für die weiteren Recherchen. Neben den Personalakten der Behörden aller Zweige und Instanzen, in denen die Kreishauptleute nach 1945 arbeiteten, sind hier noch eine Reihe anderer Quellenbestände relevant. Für die unmittelbaren Nachkriegsjahre von großer Wichtigkeit sind die Entnazifizierungs- und Spruchkammerakten, die in den verschiedenen Staatsarchiven zu finden sind, oft aber archivarisch noch unerschlossen. Dennoch konnte von gut der Hälfte derjenigen Kreishauptleute, die den Krieg überlebt hatten, Unterlagen gefunden werden, so dass eine belastbare Grundlage für eine Analyse der Entnazifizierung besteht.

Auf die Nachkriegszeit bezogen sind wiederum die Akten der Justiz eine wichtige Quellenbasis, da deren Ermittlungstätigkeit Gegenstand der Untersuchung ist. Zum einen wurden systematisch die Überlieferungen der polnischen Behörden durchgesehen, die mit der Verfolgung von Besatzungsfunktionären, ihrer Auslieferung an Polen und den dortigen Prozessen befasst waren. Diese Unterlagen stehen der Forschung im Archiv des IPN zur Verfügung. Zum anderen wurden in erheblichem Umfang deutsche Justizakten, sowohl der Zentralen Stelle als auch der einzelnen Staatsanwaltschaften, ausgewertet. Letztere sind in der Regel an die zuständigen Staatsarchive abgegeben worden.

Da das einzige Bindeglied der Kreis- und Stadthauptleute die gemeinsame Arbeit im Generalgouvernement war und sie sonst in keinem Zusammenhang standen, war die Rekonstruktion der Nachkriegsbiographien in vielen Fällen nicht zufriedenstellend möglich. Sie geht nur in wenigen Fällen über den Kreis von Personen hinaus, die in das Visier der Justiz geraten sind und über die daher erste Hinweise auf ihre Karrierewege vorlagen. Ohne diese Hinweise aber fehlte jeder konkrete Anhaltspunkt für weiterführende Recherchen. Doch auch genauere Kenntnisse über die einzelnen Stationen in der Biographie garantierten keinen Zugriff auf die Personalakten. Diese waren von manchen Personen, darunter immerhin ein Bundesrichter, spurlos verschwunden; bei anderen verweigerten die entsprechenden Behörden, die die Akten noch nicht an die Archive abgegeben hatten, die Akteneinsicht. In wenigen Fällen standen Sperrfristen einer Nutzung im Wege. Trotz all dieser Schwierigkeiten liegen zu zwei Dritteln derjenigen Kreishauptleute, die nach 1949 noch lebten, Informationen über ihre Karrierewege vor.

Von großer Wichtigkeit für die Arbeit waren Nachlässe der Kreis- und Stadthauptleute, die dem Verfasser in einigen Fällen von den Familien zugänglich gemacht wurden. Ohne diese Unterlagen hätten Teile der Arbeit nicht oder nur mit starken Abstrichen geschrieben werden können. Vor allem die Nachlässe von Hans-Adolf Asbach, Heinz Doering und Ernst Gramß waren sehr ergiebig. Hans-Adolf Asbach hatte bald nach dem Krieg autobiographische Aufzeichnungen begonnen. Sie lagen dem Verfasser im handschriftlichen Originalmanuskript und in einer leicht überarbeiteten maschinenschriftlichen Abschrift vor, die Ende der sechziger und Anfang der siebziger Jahre entstanden ist. Ferner hatte Asbach 1945 Tagebuch geführt, das in einer Abschrift ausgewertet werden konnte. Außerdem existiert ein umfangreicher Nachlass Asbachs, der seine Tätigkeit als Sozialminister von Schleswig-Holstein und als hochrangiger Funktionär des Blocks der Heimatvertriebenen und Entrechteten (BHE) betrifft. Darin befinden sich auch zahlreiche Briefwechsel mit ehemaligen Mitarbeitern und Kollegen aus dem Generalgouvernement. Dieser Teil des Nachlasses ist seit 2007 im Landesarchiv in Schleswig der Forschung zugänglich, während die autobiographischen Aufzeichnungen in Privatbesitz verblieben sind.

Die Unterlagen von Heinz Doering, aus denen eingangs bereits zitiert wurde, umfassen zahlreiche Dramen, Prosatexte und Gedichte aus seiner Kindheit bis in die fünfziger Jahre. Insbesondere einige Gedichte und

Epigramme stellen eine interessante Quelle dar, anhand derer sich etwa sein Gemütszustand gegen Kriegsende und danach sowie seine Reaktionen auf die Internierung untersuchen lassen. Ferner hat er während seiner Internierungshaft auf Toilettenpapierstreifen Tagebuch geführt. Nach seiner Abordnung in das Generalgouvernement schrieb Doering ausführliche Briefe an seine Mutter, die explizit der Dokumentation seiner Zeit »im Osten« dienen sollten. Diese insgesamt 51 Briefe von April 1942 bis Februar 1943 sind eine zentrale Quelle für Annäherungen an die Besatzungsgesellschaft, an den Alltag der Deutschen im Generalgouvernement und an die Zustände innerhalb der Verwaltung.

Der Nachlass von Ernst Gramß enthält als einziger der erschlossenen Nachlässe Unterlagen, die während seiner Arbeit als Kreishauptmann entstanden sind. Er schrieb 1940 und 1941 zahlreiche Briefe an seine Frau und berichtete ihr von seinem Umfeld und seiner Arbeit als Kreishauptmann. Diese Briefe sind nur zum Teil datiert, dennoch konnte ihre Entstehungszeit in den meisten Fällen eng eingegrenzt werden. Ein umfangreiches Konvolut von Briefen an seine Frau aus den zwanziger Jahren konnte ebenfalls eingesehen werden, ohne dass sich allerdings relevante Erkenntnisse daraus gewinnen ließen.

Die Nachlässe weiterer Kreishauptleute waren in der Regel nur von marginaler Bedeutung. Von Ludwig Losacker ist eine apologetische Erinnerungsschrift überliefert, die er in den siebziger Jahren verfasste und später dem Bundesarchiv in Koblenz übergab. Wilhelm Rebay von Ehrenwiesens nachgelassene Unterlagen umfassen eine Vielzahl von Briefen an seine Eltern, die er während des Studiums in den 1920er Jahren geschrieben hat, einige Dokumente der Kreishauptmannschaft und Korrespondenzen aus der Nachkriegszeit, die sich auf die anstehende Entnazifizierung bezogen. Von größerer Relevanz sind hier Notizen und Briefe, die im Umfeld des Ermittlungsverfahrens gegen ihn angefertigt wurden. Manche dieser teilweise stenographischen Aufzeichnungen ließen sich aber nicht entziffern.

Schließlich konnten für die Arbeit – mit recht unterschiedlichem Erfolg – auch deutsche und polnische Zeitzeugen befragt werden. An erster Stelle sind die beiden ehemaligen Kreishauptleute Wilhelm Rebay von Ehrenwiesen und Hans Werner von Bülow zu nennen, die 2003 bzw. 2007 interviewt wurden. Auf Grund besonderer Umstände und wegen des hohen Alters des Befragten war das Interview mit Rebay wenig ergiebig, während das insgesamt über fünfstündige Gespräch mit Bülow einige interessante Einblicke in die Besatzungszeit und vor allem in die nachträgliche Bewertung und Erinnerung dieser Periode bot. Schriftliche

Befragungen von vier ehemaligen polnischen Mitarbeitern der Verwaltung in Nowy Sącz/Neu-Sandez eröffneten den Blick auf ihre schwierige Lage und auf abweichendes Verhalten deutscher Besatzungsfunktionäre. Zudem stellte sich der ehemalige Staatsanwalt Heinz Hadeler für ein Interview zur Verfügung. Er hatte in den sechziger Jahren das für diese Arbeit zentrale Ermittlungsverfahren gegen Hans-Adolf Asbach geführt. Im Laufe der Recherchen konnte außerdem zu zahlreichen Familien ehemaliger Kreishauptleute Kontakt hergestellt werden. Wenn auch vielfach das Informationsbedürfnis auf Seiten der Familie weitaus größer war, konnten sie in einigen Fällen biographische Details beisteuern und nützliche Hinweise geben, die den Weg für weiterführende Nachforschungen ebneten.

Schreibweisen

Sofern nicht anders angemerkt, stammen die Übersetzungen aus dem Polnischen vom Verfasser. In der Regel wird der polnischen Bezeichnung der Orte der Vorzug gegeben; lediglich in Fällen, in denen eine allgemein übliche und bekannte deutsche Übersetzung existiert, wird diese benutzt (zum Beispiel Warschau oder Krakau). Bei Ortschaften, bei denen der zeitgenössische deutsche Name erheblich vom polnischen abweicht und Lesern ohne Polnischkenntnissen nicht erkennbar ist, werden beide Bezeichnungen parallel genannt (zum Beispiel Rzeszów/Reichshof oder Nowy Sącz/Neu-Sandez). Zitate werden grundsätzlich in ihrer ursprünglichen Form belassen, ohne dass sprachliche Eigenheiten oder Fehler geglättet werden. Gegebenenfalls notwendige Zusätze des Verfassers und Auslassungen sind in eckige Klammern gesetzt. In der Arbeit ist nicht durchgängig von den Kreis- *und* Stadthauptleuten die Rede, vielfach wird der Einfachheit halber nur die Bezeichnung »Kreishauptleute« verwendet, ohne dass damit die Stadthauptleute ausgeschlossen wären.

I. Herrenmenschen »im Osten«

Mit dem Einmarsch der Wehrmacht in Polen und dem Aufbau der Besatzungsverwaltung veränderte sich die Situation der Bevölkerung grundlegend. Das Gefüge des polnischen Vorkriegsstaates brach vollständig zusammen; zahlreiche Institutionen und Organisationen lösten sich auf, wurden zerschlagen oder verboten. Mit dem Verlust politischer und sozialer Autoritäten und der gleichzeitig einsetzenden Verfolgungs- und Mordpolitik, vor allem gegen Juden und die polnische Intelligenz, verlor die Gesellschaft viel von ihren Bindungskräften. Diese »Atomisierung der gesellschaftlichen Verhältnisse« beschleunigten die Besatzer nicht nur durch eine Brutalität unbekannten Ausmaßes, sondern vor allem durch eine ethnische Hierarchisierung der Besatzungsgesellschaft.[1]

Grundlage dieser Politik war eine rassenideologische Weltanschauung, welche die Mehrheit der deutschen Funktionäre teilte und deren radikale Vertreter in der Regel tonangebend im Besatzungsapparat waren. Sie kamen ins Generalgouvernement mit einem oftmals schon ausgeprägten Antisemitismus, einer tiefsitzenden Slawen- und insbesondere Polenfeindlichkeit sowie dem Gefühl, Pioniere einer Mission von historischer Tragweite zu sein. Diese ideologischen Vorprägungen führten in Kombination mit der Unterdrückung einer vollständig entrechteten Bevölkerung zur Herausbildung eines nahezu geschlossenen Besatzermilieus und einer Herrschaftswillkür, der keine Grenzen gesetzt zu sein schienen.

Das Allmachtsgefühl und Herrenmenschen-Bewusstsein der Deutschen im Generalgouvernement drückte sich in einem luxuriösen und teilweise pompösen Lebensstil aus, getragen durch Korruption und Selbstbereicherung auf Kosten der Bevölkerung.[2] Es bildete sich so eine hierarchisierte Besatzungsgesellschaft heraus, in der die Deutschen auf der obersten und die Juden auf der untersten Stufe standen. Dazwischen rangierten mit Abstufungen Ukrainer, Polen und andere Volksgruppen.[3] Trotz aller Versuche einer strikten Trennung der verschiedenen ethni-

1 Vgl. Młynarczyk, Nation, S. 145 f. Zitat ebenda, S. 146.

2 Vgl. Bömelburg/Musial, Besatzungspolitik, S. 77.

3 Zum Beispiel die »Goralen«, Weißrussen, Litauer u. a. Die Rassenhierarchie der Besatzungsgesellschaft des GG manifestierte sich unter anderem in einem so essentiellen Bereich wie der Versorgung der Bevölkerung. Vgl. dazu Franks Ausführungen zu den unterschiedlichen Versorgungskategorien im GG: Präg/Jacobmeyer, Diensttagebuch, S. 186 f. (Eintrag vom 23.4.1940).

schen Besatzungsgesellschaften voneinander bestand zwischen ihnen jedoch ein Beziehungsgeflecht und eine wechselseitige Beeinflussung im Handeln.

Deutsche und Polen

Nach Aufkündigung des deutsch-polnischen Nichtangriffsvertrags vom 26. Januar 1934 setzte im Frühjahr 1939 in der deutschen Presse wieder eine antipolnische Hetze ein, wie sie schon 1933, zum Teil auch früher, die Medien beherrscht hatte. Frisierte Horrorgeschichten über vermeintliche oder tatsächliche Drangsalierungen der Volksdeutschen in Polen bereiteten den Boden für die Rechtfertigung einer aggressiven Revisions- und Kriegspolitik. Die NS-Propagandisten schöpften dabei aus dem großen Fundus negativer Stereotype über Polen und die polnische Bevölkerung: Faul, schmutzig, verschlagen, leichtsinnig und verschwenderisch – das waren nur einige Etiketten, die den Polen anhafteten. Das Überlegenheitsgefühl drückte sich im sprichwörtlichen Gerede von der »polnischen Wirtschaft« aus.[4]

Die Wiedergründung Polens 1918 und der Verlust deutscher Ostgebiete verschärften die Situation. Waren es die Deutschen vor dem Ersten Weltkrieg noch gewohnt gewesen, auf die Polen herabzuschauen und die Ostgebiete als Objekt preußischer Germanisierungspolitik zu betrachten, sahen sie sich nun einem souveränen und selbstbewussten polnischen Staat gegenüber, dessen pure Existenz sie schon als unerträgliche Demütigung empfanden. Einige der früheren Methoden der deutschen Verdrängungspolitik gegen die Polen wurden nun durch polnische Behörden gegen die deutsche Minderheit im Lande angewendet, was den Hass und den Revisionswillen weiter wachsen ließ. Zunehmende Schärfe hatte der Antipolonismus in der Weimarer Republik durch die erbitterten Grenzkämpfe 1919 bis 1922 und die danach fortdauernde Revisionspropaganda im Deutschen Reich erlangt.[5]

Nicht wenige Funktionäre der Besatzungsverwaltung teilten solche antipolnischen Feindbilder, ebenso wie die Forderungen nach Revision der Ostgrenze und Schaffung neuen »Lebensraumes im Osten«. Einige von ihnen stammten aus den Grenzregionen und waren mit den Konflikten

4 Vgl. Broszat, Zweihundert Jahre, S. 244f.; Roschke, »Urfeind«, passim; Connelly, Nazis, S. 13f.; Herweg, Von der »Polnischen Wirtschaft«, S. 203ff.; Orłowski, »Polnische Wirtschaft«, S. 336.

5 Vgl. Broszat, Zweihundert Jahre, S. 134ff. u. 226ff.; Herweg, Von der »Polnischen Wirtschaft«, S. 205; Orłowski, »Polnische Wirtschaft«, S. 336f.

zwischen Deutschen und Polen groß geworden. Sie waren in Freikorps an den Grenzkämpfen direkt beteiligt und in antipolnisch ausgerichteten Verbänden wie dem Bund Deutscher Osten (BDO), dem Volksbund für das Deutschtum im Ausland (VDA) oder dem Jungdeutschen Orden aktiv. Mit der Besetzung Polens bot sich ihnen Gelegenheit zur »Rache«.

Viele Kreishauptleute haben schon früh Gewalterfahrungen gemacht. Fast alle, die für eine aktive Teilnahme am Ersten Weltkrieg aufgrund ihres Alters in Frage kamen, hatten als Soldaten gekämpft.[6] Angesichts der anfänglichen Kriegseuphorie und des wachsenden Bedarfs an Soldaten ist dieser Befund wenig überraschend. Aufschlussreicher erscheint das Alter, mit dem die Betreffenden in den Krieg eintraten: Die Hälfte rückte mit höchstens 19 Jahren ein, fast ein Drittel davon sogar mit unter 18 Jahren. Das durchschnittliche Alter lag bei etwas über 21 Jahren.

Doch mit dem Kriegsende waren Kampf und Gewalt nicht zu Ende. Fast ein Drittel der Kreishauptleute, die als Soldaten am Weltkrieg teilgenommen hatten, schloss sich Freikorps, Einwohnerwehren oder Grenzschutzverbänden an, die entweder nach innen vornehmlich gegen Kommunisten oder aber nach außen gegen polnische Verbände und zur »Grenzsicherung« agierten.[7] Manche Kreishauptleute hatten den gesamten Weltkrieg als Soldaten gekämpft und sich anschließend für mindestens zwei Jahre Freikorpsverbänden angeschlossen, so dass sie über sechs Jahre in einem gewaltaufgeladenen Milieu zubrachten. So führte bei manchen ein geradliniger Weg vom Frontsoldaten über Freikorps und völkische Parteien oder nationalistische Organisationen bis hin zur NSDAP. Kreishauptleute der Kriegsjugendgeneration waren zwar in der Regel zu jung, um am Weltkrieg teilgenommen oder in Freikorps gekämpft zu haben, engagierten sich aber sehr früh im völkisch-antisemitischen Milieu. Karl-Heinrich Franke etwa wurde 1920 noch während seiner Schulzeit als Sechzehnjähriger Mitglied des Deutschvölkischen Schutz- und Trutzbundes, wechselte 1924 zur Deutschvölkischen Freiheitspartei und stieß nach deren großem Wahlerfolg im September 1930

6 In Betracht gezogen wurden die Geburtsjahrgänge bis einschließlich 1900. Lediglich ein 1901 Geborener (Eduard Jedamzik) wurde noch Soldat. Er ist eine Ausnahme. Die Angaben im Folgenden beruhen auf der Untersuchung der Daten zu 117 Kreishauptleuten.

7 Im Einzelnen schlossen sich Freikorps u.ä. an: Brandt, Dengel, Glehn, Hein, Jedamzik, von der Leyen, Fritz-Hans Adolf Schmidt, Vielweib, Wendler, Zörner und Zuzic. Grundlegend: Schulze, Freikorps.

schließlich zur NSDAP.[8] Carl-Ludwig Freudenthal begann in den Krisenjahren der Republik 1923/1924, ebenfalls als Sechzehnjähriger, sich für völkische Organisationen zu begeistern. Er trat der Deutschvölkischen Freiheitspartei bei, schloss sich dem Wikingbund und dem Jungdeutschen Orden an.[9] 1926 folgte seine Mitgliedschaft beim Jungstahlhelm, im März 1931 wurde er Mitglied der NSDAP. Mindestens etwa ein Fünftel der Kreishauptleute (23 Personen) kämpfte in Freikorps oder engagierte sich im völkisch-nationalistischen Milieu außerhalb der NSDAP. Berücksichtigt man zusätzlich diejenigen, die früh in die NSDAP eintraten, erhöht sich der Anteil auf etwa ein Viertel (28 Personen) aller Kreis- und Stadthauptleute.

Die Mehrheit aber scheint während der Weimarer Republik ein angepasstes und unpolitisches Leben geführt zu haben. Zumindest scheuten sie vor einem parteipolitisch gebundenen Engagement lange Zeit zurück. Eine kleine Gruppe wurde in gemäßigten bürgerlichen Parteien Mitglied, die jedenfalls bis Anfang der dreißiger Jahre auf dem Boden der Demokratie standen. Doch auch sie vollzogen bald darauf den Schwenk zur NSDAP. Es ist davon auszugehen, dass alle früher oder später der NSDAP beitraten, nur von einem wissen wir sicher, dass er nie Mitglied wurde. Mehr als die Hälfte traten der Partei bereits vor der Machtübernahme im Januar 1933 bei. Nur wenige verhielten sich auch 1933 noch abwartend und traten erst nach Aufhebung der Aufnahmesperre ab 1937 bei. Die meisten warteten mit ihrem Parteibeitritt bis nach Abschluss ihrer Ausbildung bzw. ihres Studiums.[10] Im Vergleich zu den Landräten des Deutschen Reiches oder auch zum Führungskorps von Sicherheits-

8 Zum Deutschvölkischen Schutz- und Trutzbund Lexikon zur Parteiengeschichte, Bd. 2, S. 562 ff.; zur Deutschvölkischen Freiheitspartei ebenda, S. 550 ff.; außerdem Sontheimer, Denken, S. 21 ff.

9 Der Wikingbund ist aus der Organisation Consul von Hermann Ehrhardt hervorgegangen, die für zahlreiche Anschläge auf Politiker der Weimarer Republik verantwortlich war. Der Wikingbund war dezidiert völkisch und antisemitisch. Lexikon zur Parteiengeschichte, Bd. 1, S. 368 ff. Der Jungdeutsche Orden ging aus einem Freikorps hervor, war eine antikommunistische und antisemitische nationalistische Organisation unter der Führung Arthur Mahrauns. Er kooperierte 1923 zeitweise mit Hitler. Lexikon zur Parteiengeschichte, Bd. 3, S. 138 ff.; Wildt, Generation, S. 57 ff. Außer Freudenthal waren Claus Harms (1923-1930), Hans Klein (1923/24) und Joachim von der Leyen hier Mitglied.

10 Vgl. die Tabellen 8 und 9 im Anhang. Unter den ab 1937 Beigetretenen waren zwei, die außerhalb des Deutschen Reiches oder Österreichs lebten: Ernst Kundt, vorher in der SdP führend aktiv, und Herbert Gorgon, Aktivist der Jungdeutschen Partei.

polizei und Sicherheitsdienst traten die Kreishauptleute der NSDAP erheblich früher bei.[11]

Als Indiz für eine hohe ideologische Übereinstimmung mit dem Regime taugt die Parteimitgliedschaft alleine nicht, setzt man diese aber in Beziehung zu früheren politischen Aktivitäten und einem Engagement in Freikorps und berücksichtigt zugleich noch Mitgliedschaften in anderen NS-Organisationen, vor allem der SS, und den in den dreißiger Jahren vollzogenen Kirchenaustritten, ergibt sich ein vollständigeres Bild. Mindestens ein Fünftel der Kreishauptleute waren noch Mitglied der SS, 48 Kreishauptleute (rund 41 Prozent) traten zusätzlich der SA bei, etwas mehr als ein Drittel davon schon vor 1933. Aus der Kirche ausgetreten sind mindestens 39 Personen, ein Drittel der gesamten Gruppe, weitaus mehr also, als in der SS Mitglied waren, wo der Kirchenaustritt, salopp gesagt, zum guten Ton gehörte. Alles in allem kann man unter Berücksichtigung aller Zahlen davon ausgehen, dass mindestens ein Drittel der Kreishauptleute relativ früh hochgradig ideologisiert war, bevor sie schließlich ins Generalgouvernement kamen.

Dort löste die Konfrontation mit dem wirtschaftlich deutlich schwächeren Polen vielfach eine Art Kulturschock aus. Nicht nur die Bevölkerung, das gesamte Land wirkte abstoßend, primitiv und bedrohlich auf die Deutschen: »Hatten wir in Wien noch über die Zustände gelacht: jetzt [in Polen] verging uns das Lachen endgiltig und gründlich: endlose, leicht gewellte Gegend, übersät mit elenden Hütten und öden geschmacklosen s[o]g[enannten] Häusern, schlecht bebaut, kein Baum, kein Strauch, Städte von trostlosem, nüchternen Aussehen, und Menschen – na, wie immer, zerlumpt, dreckig, verhungert u. stinkend.«[12] Viele Deutsche, die ins besetzte Polen kamen, fanden sich in einer ihnen völlig fremd erscheinenden Welt wieder, deren erster Eindruck auf sie fatal war: »Und schliesslich hiess es: Das ist Krakau! – O pfui Teufel! Der erste Eindruck vom Zug aus war gräulich. Öde, leer, trostlos, ein zerschossener Bahnhof, Dreck, Gestank, Gesindel, eine fremde Sprache, kaum ein Wort Deutsch, das war der erste Empfang.«[13] Vielen verstellten und lenkten ihre Vorurteile den Blick. In ihren Monatsberichten sowie in offiziellen Ansprachen klagten die Kreishauptleute über »Verlogenheit

11 Vgl. dazu die Tabellen 10 und 11 im Anhang.

12 Brief von H. Doering an seine Mutter, 28.4.1942. Vgl. auch Hirche, Generalgouvernement, S. 11; Johst, Ruf, S. 60.

13 Brief von H. Doering an seine Mutter, 28.4.1942. Ähnlich auch: Hirche, Generalgouvernement, S. 12.

und größte Faulheit der Bevölkerung«[14], über eine generelle »Abneigung des Polen vor Arbeit«[15], über die »Trägheit, Faulheit und Dummheit«[16] der polnischen Bevölkerung und die Notwendigkeit, sie an Sauberkeit und Ordnung zu gewöhnen.[17] Misstrauisch beäugten sie die Polen, bei denen sie eine realitätsblinde Neigung zu Aufständen ausmachten. Heinz Doering schreibt dazu 1942 in einem Brief an seine Mutter: »Ich glaube, dass Polen u. Tschechen in 100 Jahren noch genau so Aufstände machen werden, wie jetzt[18] – vorausgesetzt, dass dann noch solche Leute da sind. Denn inzwischen wird unser Volk so wachsen, dass es die neuen Räume ausfüllen kann. Jetzt geht das ja leider mit dem Ausrotten noch nicht so, wie wir gerne machten, weil wir die Arbeitskraft unbedingt brauchen. Das gilt hier ja sogar von den Juden. Schlimm ist nur, dass das Gesindel das weiss. Und darauf sündigt.«[19] Mit einer Mischung aus Neid und Verachtung blickten viele Deutsche auf die polnische Lebensart, »Pariser des Ostens«[20] nannten sie die Polen verächtlich.

Weitgehende Formen der Zusammenarbeit zwischen Besatzern und Besetzten oder nur ein geregeltes Zusammenleben waren von Beginn an nicht nur aufgrund ideologischer Feindbilder ausgeschlossen. Dem standen vor allem auch die grundlegenden Ziele deutscher Besatzungspolitik entgegen, die auf einer rücksichtslosen Ausbeutung der Menschen und Ressourcen und der sich entwickelnden Verfolgungs- und Vernichtungspolitik beruhten. Brutalität und Massenmorde signalisierten der polnischen Bevölkerung schon in den ersten Wochen nach dem Einmarsch der deutschen Truppen, in welcher Lage sie sich befand. Jede Verständigungsmöglichkeit zwischen Deutschen und Polen wurde auch durch den Anspruch der Spitze der Besatzungsverwaltung und vieler ihrer Angehö-

14 Bericht des Kreishauptmanns von Siedlce am 27.2.1940, DTB, IfZ, Fb 105/2, Bl. 404.

15 Lagebericht des Kreishauptmanns von Jasło für die Zeit von Mitte Mai 1940 bis Ende Mai 1940, 2.6.1940, BAL, B 162/Dok.-Slg., Ordner Polen 348, Bl. 538.

16 Ansprache des Kreishauptmanns von Zamość am 28.7.1940, DTB, IfZ, Fb 105/7, Bl. 1741.

17 Der Kreishauptmann des Kreises Jasło, Lagebericht für den Monat Juni 1940, 2.7.1940, BAL, B 162/Dok.-Slg., Ordner Polen 348, Bl. 684.

18 Hier bezieht sich Doering auf das Attentat auf Reinhard Heydrich am 27.5.1942 in Prag, an dessen Folgen dieser am 4.6.1942 starb.

19 Brief von H. Doering an seine Mutter, 21.5.1942.

20 Vgl. Orłowski, »Polnische Wirtschaft«, S. 336. Zitat aus Asbach, Krakau, Bl. 111. Ähnlich: Asbach, Krakau, Bl. 59; Hosenfeld, »Ich versuche jeden zu retten«, S. 273 f.; Hirche, Generalgouvernement, S. 14 u. 71.

riger zunichte gemacht, wonach der Deutsche Herr des Landes sei, nach dem sich der Pole zu richten habe.[21]

Als Konsequenz daraus versuchte die Verwaltung eine Politik durchzusetzen, die zu einer völligen Segregation von Deutschen und Polen in zwei abgeschotteten Parallelgesellschaften führen sollte und die für die Polen eine permanente Gängelung im Besatzungsalltag bedeutete. Durch die Einführung von Polizeistunden wurde die Bevölkerung in ihrer Bewegungsfreiheit eingeschränkt; der Zutritt zu manchen Parkanlagen wurde ihr verboten, und in Straßenbahnen und Zügen wurden separate Waggons oder Abteile für sie ausgewiesen. In den Städten gab es ein Netz von Geschäften, Cafés, Kasinos etc., die exklusiv den Deutschen vorbehalten waren. Den Deutschen hatten alle Polen mit Respekt zu begegnen; sie mussten ihnen auf den Gehwegen Platz machen. Vergehen gegen derartige Anordnungen der Besatzer verfolgten diese hart. Das Betreten eines für Polen gesperrten Parks in Krakau zum Beispiel konnte mit bis zu drei Monaten Haft geahndet werden.[22]

Die Schaffung verschiedener Lebenswelten für Polen und Deutsche wurde von zwei Seiten betrieben. Im April 1940 sah sich Staatssekretär Bühler veranlasst, vom Generalgouverneur erlassene »Grundsätze für das Verhalten der Deutschen in Polen« per Rundschreiben im Verwaltungsapparat zu verbreiten. Er forderte unmissverständlich dazu auf, sich von der Bevölkerung abzugrenzen: »Einen *gesellschaftlichen Verkehr mit Polen oder Juden* beiderlei Geschlechts wird jeder Deutsche von sich aus als selbstverständlich zurückweisen. Würdelos und gesundheitsgefährdend sind insbesondere intime Beziehungen zwischen deutschen Männern oder Frauen mit Angehörigen des Feindvolkes. Jede Gelegenheit zum Anknüpfen von Verbindungen zwischen Deutschen und Polen oder Juden (gemeinsamer Tanz, Annehmen von Einladungen, gemeinschaftliches Benutzen von Tischen) ist daher zu vermeiden.«[23]

21 So der Gouverneur des Distrikts Krakau, Wächter, auf einer Arbeitstagung der Landräte des Distrikts am 8.11.1939. IfZ, Fb 105/1, Bl. 40. Vgl. auch Bömelburg, Besatzungspolitik, S. 61.

22 Bekanntmachung des Stadthauptmanns von Krakau vom 31.8.1940, APK, Der Stadthauptmann in Krakau 48, Bl. 201; Anordnung des Stadthauptmanns von Krakau vom 20.6.1942, APK, Der Stadthauptmann in Krakau 55, Bl. 949; Stadthauptmann Lublin, Polizeiverordnung über den Straßenverkehr, 19.11.1939, AAN, Niemieckie władze okupacyjne 214/IV-8, Bl. 2; Klukowski, Dziennik, S. 86 (Eintrag vom 21.12.1939).

23 Grundsätze für das Verhalten der Deutschen in Polen, 24.4.1940, APK, Der Stadthauptmann in Krakau 1, Bl. 61 (Hervorhebung im Original).

Auch von polnischer Seite war man sehr auf die lebensweltliche Trennung bedacht. Bereits im November 1939 rief die Exilregierung zum gesellschaftlichen und politischen Boykott der Deutschen auf. Verbreitung fanden solche Weisungen durch die Untergrundpresse und durch Mund-zu-Mund-Propaganda. Der *Biuletyn Informacyjny*, eines der wichtigsten Untergrundorgane, präzisierte den Boykott-Aufruf; er rief zum Boykott von Kinos, Tanzlokalen, Aufmärschen und Versammlungen auf. Der Gebrauch der deutschen Sprache war verpönt, da dies den Deutschen den Aufenthalt im Land erleichtere. Kontakte mit Deutschen sollten grundsätzlich gemieden werden, auch wenn diese bereits aus der Vorkriegszeit herrührten. Die Bevölkerung sollte den Zusammenhalt untereinander stärken und Deutsche nicht an Konflikten, die unter Polen bestünden, teilhaben lassen, sondern sie selbst regeln und gegebenenfalls ahnden.[24]

Außer allgemeinen Verhaltensmaßregeln gab es auch gezielte Aktionen wie zum Beispiel den Boykott des 1940 in Warschau gastierenden Zirkus Busch. Trotz massiver Werbung und der Verlängerung der Polizeistunde blieben die erwarteten Besucherströme aus. Der von den Besatzern erhoffte propagandistische Effekt stellte sich nicht ein, der Boykott war gelungen. Zum ersten Jahrestag des deutschen Überfalls auf Polen wurde eine patriotische Demonstration organisiert, die den Besatzern die Haltung der Bevölkerung vor Augen führen und den Zusammenhalt innerhalb der Gesellschaft stärken sollte. Die Bevölkerung war aufgerufen, am 1. September Kinos, Theater, Vergnügungslokale und die gesamte Presse zu boykottieren sowie sich von 14 bis 16 Uhr nicht auf den Straßen zu zeigen. Der starke Rückgang des Presseverkaufs und die relativ leeren Straßen zeugten vom Erfolg dieser Demonstration. Ein breit angelegter dauerhafter Boykott der Kinos scheiterte allerdings gründlich. Den abgeschafften polnischen Nationalfeiertagen galt immer besondere Aufmerksamkeit der deutschen Behörden, da zu diesen Anlässen politische Demonstrationen oder Gewaltakte befürchtet wurden.[25]

24 Vgl. Erste Weisungen des Ministerkomitees für Landesangelegenheiten, 15.11.1939, in: AK w dokumentach, Bd. 1, S. 6; Biuletyn Informacyjny, 10.5.1940, in: Biuletyn Informacyjny, część I, S. 146. Vgl. dazu auch Szarota, Warschau, S. 282 ff.; Majewski, Konzept, S. 309 ff.

25 Vgl. Biuletyn Informacyjny, 26.7.1940, in: Biuletyn Informacyjny, część I, S. 217; Brief von H. Doering an seine Frau und seine Mutter, 12.11.1942; Der Kreishauptmann Nowy Sącz/Neu-Sandez, Lagebericht für den Monat November 1940, 29.11.1940, BAB, R 52 III/27, Bl. 20; Abteilung Innere Verwaltung, Auszug aus den Lageberichten der Kreis- und Stadthauptleute für den Monat November

Alle diese Aufrufe und Verhaltensregeln, sei es von deutscher oder von polnischer Seite, zeugen von signifikanten Regelverstößen, was zahlreiche Beobachtungen belegen. Im Dezember 1939 hielt Ludwik Landau in seiner Chronik der Besatzungszeit fehlende Würde im Umgang mit den Deutschen fest. Er sei, so Landau, nicht der Einzige, bei dem dies traurige Reflexionen auslöse, denn in der Stadt seien schon Zettel angeschlagen worden, auf denen man lesen könne, dass für Frauen, die gesellschaftliche Beziehungen mit Deutschen unterhielten, noch Platz in den Bordellen sei. Auch in der weniger anonymen Provinz konnte ein derartiges distanzloses Einlassen mit den Besatzern beobachtet werden, wie der Leiter des Krankenhauses in Szczebrzeszyn, Zygmunt Klukowski, im April 1940 in seinem Tagebuch vermerkte. Wenige Monate zuvor hatte er sich bereits empört über die schnelle Anpassungsfähigkeit mancher Leute gewundert. Der polnische Bürgermeister hatte zur Feier der Geburt seines Enkels sogar einen deutschen Offizier eingeladen, obwohl der Vater des Enkels Berufsoffizier in der polnischen Armee war. Im *Biuletyn Informacyjny* konstatierte man im November 1940 einen Anstieg deutsch-polnischer Kontakte und sogar freundschaftlicher Beziehungen, was schon seit mehreren Monaten zu beobachten gewesen sei. Die Autoren der Untergrundzeitung verurteilten die in ihren Augen naiven und realitätsblinden Rechtfertigungsversuche nach dem Muster eines anständigen Deutschen unter den an sich verbrecherischen Nazis. Jeder Deutsche im besetzten Polen habe seinen Anteil am Leid der polnischen Bevölkerung und am Krieg Deutschlands.[26] Auch deutsche Stellen beklagten zu nahe Kontakte von Reichsdeutschen zu Polen. Daher richtete Frank auf einer Sitzung der Regierung des Generalgouvernements im September 1940 eine nachdrückliche Mahnung an die dort Versammelten, die bisherige Politik »der völligen gegenseitigen Trennung zwischen Deutschen und Polen« einzuhalten, auch den dienstlichen Kontakt zu Polen auf das Nötigste zu beschränken und die Unterdrückungspolitik mitzutragen.[27]

1940, 7.1.1941, BAB, R 52 III/ 26, Bl. 9 u. 14; Szarota, Warschau, S. 224; Majewski, Konzept, S. 310 ff.

26 Vgl. Landau, Kronika, S. 128 (Eintrag vom 11.12.1939); Klukowski, Dziennik, S. 93 u. 113 (8.1.1940 u. 25.4.1940); Biuletyn Informacyjny, 28.11.1940, in: Biuletyn Informacyjny, część I, S. 323.

27 Zum Beispiel: Meldungen aus dem Reich, 20.6.1940, Anlage, Lage im Generalgouvernement, BAB, R 58/151, Bl. 215; Präg/Jacobmeyer, Diensttagebuch, S. 280 f. (Eintrag vom 12.9.1940).

Zwischen Polen und Deutschen gab es jedoch nicht nur solche harmlosen Kontakte, die in der Regel freiwillig zustande kamen. Insbesondere polnische, aber auch jüdische Frauen wurden häufig Opfer sexueller Gewalt durch deutsche Besatzungsfunktionäre. Friedrich von Balluseck zum Beispiel, Kreishauptmann von Jędrzejów, frönte seinen sexuellen Perversionen und Obsessionen, indem er sich an polnischen Kindern verging. Darüber hinaus hatte er Verhältnisse mit polnischen Frauen. Die Deutschen nutzten die rechtlose Position der unterdrückten Bevölkerung schamlos aus, die Verfolgung ihrer Taten mussten sie oftmals nicht befürchten, zumal sie sich ihrer Opfer, gerade wenn es sich um jüdische Frauen handelte, einfach entledigen konnten. Gegen Balluseck wurde zwar ein Verfahren wegen seiner Beziehungen zu polnischen Frauen eingeleitet; die einzige »Strafe« aber, die er hinnehmen musste, bestand in der Entlassung als Kreishauptmann und Einberufung zur Wehrmacht.[28]

Im Kreis Jasło im Distrikt Krakau bildete sich um den dort dominierenden Kreishauptmann ein Männer-Milieu, das geprägt war von Alkoholexzessen in Kombination mit sexueller Gewalt gegen polnische, jüdische und auch deutsche Frauen. Nach Zeugenaussagen hatte Kreishauptmann Walter Gentz polnische Geliebte, was ein offenes Geheimnis in der Kleinstadt Jasło war. Er und eine kleine Gruppe Deutscher veranstalteten regelmäßig Trinkgelage; nachts randalierten die Männer, drangen in Häuser ein und vergewaltigten Mädchen oder Frauen. Gentz holte sich nach Aussagen von Zeugen nachts jüdische Mädchen, die am Morgen darauf oder wenig später von der Polizei abgeholt und deportiert oder direkt ermordet wurden. Möglich war dieses Verhalten durch seine beherrschende Position, die er im Kreis auch gegenüber der örtlichen Sicherheitspolizei innehatte. Darüber hinaus fand er einen kleinen Kreis Gleichgesinnter, denen die Bevölkerung recht- und schutzlos ausgeliefert

28 7. Große Jugendstrafkammer des LG Berlin, Urteil in der Strafsache gegen den Regierungsrat Dr. Friedrich Karl Hugo Viktor von Balluseck, 17.5.1957, LAB, B Rep. 058, Kt. 445-446, Nr. 146916h, Sonderheft 2, S. 11f.; Aussage von J. B., 25.2.1965, BAL, B 162/212 AR 1454/66, Bl. 3. Von Balluseck hatte bereits vor dem Krieg in Deutschland Kinder missbraucht und dies auch nach 1945 in Berlin in großem Umfang betrieben, wofür er zu sechs Jahren Zuchthaus und Unterbringung in einer Heil- und Pflegeanstalt verurteilt wurde. Ob der Missbrauch der Kinder auch Gegenstand des Verfahrens im GG war, ist unklar, aber eher unwahrscheinlich. Lt. Seidel, Besatzungspolitik, S. 48, wurde von Balluseck wegen Unterschlagung von Kassengeldern seines Postens enthoben.

war. Gentz wurde daher auch als der »ungekrönte König von Jaslo« bezeichnet.[29]

Verhältnisse zwischen deutschen Funktionären und polnischen oder ukrainischen Frauen waren so häufig, dass der Sicherheitsdienst (SD) 1943 in einem Bericht an das Reichssicherheitshauptamt (RSHA) von der sogenannten »Ostehe« sprach. Viele deutsche Männer nähmen die Gelegenheit, ihre Familien nachziehen zu lassen, nicht wahr, um keine Schwierigkeiten mit ihren Geliebten zu bekommen. Diese Zustände rissen offenbar nicht ab. Im Mai 1944 berichtete ein Parteirichter von der steigenden Arbeitsbelastung der Parteigerichte im Generalgouvernement. Die meisten Fälle beträfen Alkoholexzesse und Verhältnisse mit polnischen Frauen.[30]

Etliche Deutsche aber begegneten den Polen im direkten Kontakt durchaus mit relativ normalen Umgangsformen, ohne dass sie Abstriche bei der antipolnischen Ausrichtung der Okkupationspolitik machten oder ihre tendenziell polenfeindliche Einstellung verleugneten.[31] Das spezielle Besatzungsklima ermöglichte es aber radikalen Vertretern auf allen Ebenen des Apparates, ihren Herrenmenschen-Allüren in der alltäglichen Begegnung mit Polen freien Lauf zu lassen. Polnische Beamte und Angestellte der Kreishauptmannschaft Busko zum Beispiel wurden wiederholt von Deutschen geschlagen, getreten und mit Reitpeitschen malträtiert, so dass sich der zuständige Kreishauptmann veranlasst sah, per Rundschreiben das Einstellen derartiger Gewaltakte zu fordern, da das Verprügeln unter ihrer Würde sei. Über ein ähnliches Verhalten bei der Eintreibung von Kontingenten seitens des stellvertretenden Kreis-

29 Aussage des Angestellten der Kreishauptmannschaft K.H., 17.12.1965, StArch MS, StA Dortmund, Zentralstelle, 45 Js 31/64 ./. Bartsch u. a., Bd. 9, Bl. 42; Aussage von A.K., 3.2.1966, ebenda, Bd. 9, Bl. 157; Aussage von E.B., 4.2.1966, ebenda, Bd. 9, Bl. 161; Aussage von M.S., 13.4.1966, ebenda, Bd. 10, Bl. 38ff.; Aussage von M.P., 9.8.1966, ebenda, Bd. 12, Bl. 85f. Sachstandsvermerk und Einstellungsverfügung der Zentralstelle im Lande Nordrhein-Westfalen für die Bearbeitung von nationalsozialistischen Massenverbrechen bei dem Leitenden Oberstaatsanwalt in Dortmund, 16.1.1967, StArch MS, StA Dortmund, Zentralstelle, 45 Js 31/64 ./. Bartsch u. a., Bd. 14, Bl. 44, Zitat ebenda.

30 Der KdS für den Distrikt Galizien an das RSHA, betr. Verhalten der Reichsdeutschen in den besetzten Gebieten, 26.6.1943, BAB, R 58/1002, Bl. 199f.; SD-Bericht über die »Entartung der Verwaltungsbeamten im GG«, 14.5.1943, IfZ, MA 641, fr. 2142ff., 2149f. u. 2168f.; Präg/Jacobmeyer, Diensttagebuch, S. 851 (Eintrag vom 13.5.1944).

31 Zum Beispiel Ludwig Leist. Vgl. Kulski, Zarząd Miejski, S. 70, 72 u. 80; Walichnowski, Rozmowy.

hauptmanns des Kreises Puławy berichtete die polnische Untergrundpresse. Eine Reitpeitsche als Machtsymbol führten etliche Kreishauptleute immer bei sich und wandten sie auch zur Misshandlung und Demütigung an.[32]

Die allgemeine Unberechenbarkeit deutscher Politik und des Verhaltens der Deutschen führten zu einer tiefgreifenden Angst und Verunsicherung der Bevölkerung. Klukowski brachte diese Gefühle in seinem Tagebuch zum Ausdruck: »Das nervöse Leben von Tag zu Tag zehrt uns ungemein aus, ständig Unruhe und Unsicherheit, nicht nur darüber, was mit uns in einem Monat oder in einer Woche, sondern sogar, was mit uns in einer Stunde sein wird. Wir leben in permanenter Angst vor Durchsuchungen, Verhaftungen, Prügeln, der Inhaftierung oder Internierung in irgendeinem entfernten Lager, vor der Aussiedlung, der Ausweisung aus der Wohnung, vor der Ausraubung und natürlich vor der Erschießung, die angesichts des unmenschlichen Quälens in den Gefängnissen und Lagern letztlich nicht immer der schlechteste Ausweg ist.«[33] Zahlreiche Verordnungen und Strafandrohungen, deren Befolgung das Überleben gefährdet hätten, regelten das Leben, so dass in einem Bericht an die polnische Exilregierung die Rede davon war, es habe sich so etwas wie eine »kriminelle Gemeinschaft« herausgebildet. Denn gesetzeskonformes Verhalten schützte auch nicht vor Brutalität und Terror. Der Wegfall anerkannter Autoritäten, die schlechten Arbeits- und Lohnverhältnisse sowie die mangelhafte Versorgung der Bevölkerung auf offiziellem Wege führten zu einer Entwertung von Gesetzen und Normen und bedrohten den Zusammenhalt der Gesellschaft, stand doch die Sicherung des individuellen Überlebens zunächst im Vordergrund. Eine allgemein zu beobachtende Demoralisierung war die Folge. Sie manifestierte sich im rapide um sich greifenden Alkoholismus, in stark angestiegener allgemeiner Kriminalität, in Korruption und Denunziationen.[34]

32 Umlaufschreiben des Kreishauptmanns des Kreises Busko, betr.: Behandlung der im deutschen Behördendienst verwendeten früheren polnischen Beamten und Angestellten, 21.11.1940, IPN, Der Kreishauptmann in Busko, Innere Verwaltung 1939-1944, 164/13, Bl. 117; Biuletyn Informacyjny, 23.12.1941, in: Biuletyn Informacyjny, część I, S. 759; Musial, Zivilverwaltung, S. 58 f.

33 Klukowski, Dziennik, S. 154 (Eintrag vom 1.9.1940).

34 Dwa lata okupacji niemieckiej w Polsce, o. Datum, PISM, PRM 45c/23, S. 7. Vgl. dazu auch Gross, Polish Society, S. 115 u. 161; Engelking, »szanowny panie gistapo«, S. 35; Klukowski, Dziennik, S. 177 (Eintrag vom 10.1.1941); Kotula, Losy Żydów, S. 84 u. 125; Nastroje i morale społeczeństwa w generał gubernatorstwie, lipiec-październik 1940r., PISM, Kol. 25/10a, S. 4; Okulus, 50 lat, AZHRL, P-171, S. 190 f.

Das Phänomen der Denunziation kam bereits im frühen Stadium der deutschen Besatzungsherrschaft auf und blieb trotz aller Anstrengungen des Untergrunds, dem durch Propaganda und Prozessen entgegenzuwirken, virulent.[35] Die Denunziationen sind Ausdruck der tiefgreifenden Atomisierung und Demoralisierung der polnischen Gesellschaft während der deutschen Besatzungsherrschaft. Spielten materielle Motive aufgrund der Anonymität kaum eine Rolle, so sind die Beweggründe für eine Denunziation in erster Linie in Neid, Angst oder persönlichen Abrechnungen zu finden.[36] Die Besatzer versuchten dies auszunutzen. Befriedigt stellte so der Kreishauptmann des Kreises Krasnystaw im August 1940 fest, dass sich bei der Bekämpfung des Widerstandes immer wieder zeige, dass man »Gott sei Dank kein geschlossenes Volk gegen sich« habe: »Für einen Liter Schnaps verrät ein Pole ohne Bedenken den anderen. Diese Uneinigkeit müssen wir unter allen Umständen ausnützen.«[37]

Opfer von Denunziationen waren häufig auch Juden, die außerhalb der Ghettos untergetaucht waren, und Polen, die Juden bei sich verbargen oder ihnen in anderer Form halfen. Ein besonderes Phänomen waren die sogenannten »szmalcownicy«, Polen, die sich darauf spezialisiert hatten, mit falschen Papieren lebende Juden auszukundschaften oder auf der Straße ausfindig zu machen, sie zu erpressen und später oder sofort an die deutschen Behörden auszuliefern. Das war zum einen durch antisemitische Einstellungen motiviert, die in der Regel bereits aus der Vorkriegszeit herrührten. Zum anderen spielten materielle Motive eine große Rolle. Die Erpressung untergetauchter Juden und ihrer polnischen Helfer war für etliche der »szmalcownicy« ein einträgliches Geschäft. Die Deutschen schufen zusätzlich materielle Anreize, Juden außerhalb der Ghettos aufzugreifen oder zu ihrer Verhaftung beizutragen. Auf dem Lande verrieten Bauern jüdische Untergrundgruppen an die Deutschen, es kam aber auch zu Fällen, in denen Bauern versteckte Juden selbst gefangen nahmen oder ermordeten. Die Motivlage ist nicht einheitlich. War der Antisemitismus sicherlich bei einigen Triebfeder ihres Handelns,

35 Vgl. Biuletyn Informacyjny, 26.4.1940, in: Biuletyn Informacyjny, część I, S. 131; Biuletyn Informacyjny, 5.12.1940, in: ebenda, S. 335; Biuletyn Informacyjny, 3.4.1941, in: ebenda, S. 458; Klukowski, Dziennik, S. 102 f., 113 f. u. 332 (Einträge vom 19.2. u. 25.4.1940, 16.5.1943); Gondek, Polska karząca, insbes. S. 57 ff., 78 ff. u. 101.

36 Vgl. Engelking, »szanowny panie gistapo«, S. 84-99; dies., »Sehr geehrter Herr Gestapo«, S. 212 ff.

37 Der Kreishauptmann des Kreises Krasnystaw, Lagebericht, 10.9.1940, BAB, R 52 III/23, Bl. 77.

spielte aber auch der Umstand eine Rolle, dass die Bauern aus Angst vor Repressalien vonseiten der Deutschen Juden verrieten. Außerdem waren die Landwirte eine besondere Zielgruppe: Sie wurden von den Deutschen ausgebeutet und zusätzlich häufig von Untergrundgruppen oder gewöhnlichen kriminellen Banden aufgesucht und zur Herausgabe von Lebensmitteln gezwungen.[38]

Neben der Wahrung sozialer Normen, der Informierung der Gesellschaft über wichtige Ereignisse mittels der Untergrundpresse und der Verfolgung von Denunzianten sah die Widerstandsbewegung in der Bekämpfung von Kollaborateuren und von besonders radikalen deutschen Besatzungsfunktionären sowie in der Durchführung von Sabotageakten ein wichtiges Arbeitsfeld. Auf diese Weise konnte sie in zwei Richtungen wirken: Einmal suchten derartige Aktionen Kontrolle über die Gesellschaft zu gewinnen und die Moral zu heben. Auf der anderen Seite war es das erklärte Ziel, eine reibungslose Herrschaftsausübung der Deutschen unmöglich zu machen.[39]

Die Untergrundpresse veröffentlichte, versehen mit Warnungen, die Namen von polnischen Kollaborateuren und Verrätern mit Angabe ihrer Verfehlung. Mit zunehmender Dauer der Besatzungsherrschaft verhängten polnische Untergrundgerichte verstärkt Todesurteile gegen Kollaborateure und deutsche Funktionäre, die sich in besonderer Weise exponierten. Die bewaffneten Verbände des polnischen Untergrundstaates vollstreckten die Urteile, worüber wiederum die konspirative Presse berichtete. Letzteres richtete sich als Warnung an die Deutschen und an allzu kooperative und kollaborationswillige Polen in deutschem Dienst oder in der polnischen Selbstverwaltung. Des Weiteren demonstrierte der Widerstand durch solche Akte und ihre propagandistische Verbreitung den Deutschen wie der polnischen Gesellschaft seine Schlagkraft.[40]

38 Engelking, »szanowny panie gistapo«, S. 44ff. u. 99ff.; Grabowski, »Ja tego Żyda znam!«, passim; Klukowski, Dziennik, S. 299 (Eintrag vom 26.11.1942); Kotula, Losy Żydów, S. 148 u. 161. Dem polnisch-jüdischen Verhältnis während der Besatzung wäre eine eigene Arbeit zu widmen. Vgl. dazu Polacy; Gutman/Krakowski, Unequal Victims; Sauerland, Polen und Juden; Ringelblum, Stosunki; Kosmala, Ungleiche Opfer; Szarota, U progu zagłady.

39 Zum Beispiel Instruktion von General Sosnkowski an Oberst Rowecki über die Bildung des Związek Walki Zbrojnej (ZWZ), 4.12.1939, in: AK w dokumentach, Bd. 1, S. 11; Oberst Rowecki an General Sosnkowski, Wytyczny działań sabotażowo-dywersyjnych, 19.3.1940, in: ebenda, S. 181.

40 Vgl. Biuletyn Informacyjny Nr. 9 (164), 4.3.1943, in: Biuletyn Informacyjny, część II, S. 1278; Vermerk von Ministerialrat Tittel, 11.7.1944, BAB, R 1501

Ziel von Attentaten waren unter den Deutschen bevorzugt auch Kreishauptleute, Stadt- und Landkommissare, Leiter und Bedienstete der Arbeitsämter und Angehörige des SS- und Polizeiapparats. Solche gezielten Aktionen setzten verstärkt ab Mitte 1942 ein, als der londontreue polnische Untergrund die relative Zurückhaltung bei bewaffneten Widerstandsaktionen ablegte, die bis dahin wegen langfristig angelegter Vorbereitungen für einen Aufstand gegolten hatte. Zuvor bestand auch die Befürchtung, den Rückhalt in der Bevölkerung aufgrund der Repressionen vonseiten der Deutschen zu verlieren, die auf jeden Akt bewaffneten Widerstandes folgten. Die vermehrte Einsicht, unabhängig von Attentaten ohnehin Opfer nicht nachlassender Unterdrückungs- und Verfolgungsmaßnahmen der Deutschen zu sein, trug zu diesem Strategiewechsel bei. Vereinzelt wurden jedoch schon vorher gezielte Anschläge auf deutsche Funktionäre verübt.[41]

Spätestens ab 1943 verging kaum eine Woche ohne ein oder mehrere Attentate auf deutsche Funktionäre, Dienststellen und sonstige Einrichtungen. Betroffen waren alle Ebenen des Besatzungsapparates bis hinauf zu Generalgouverneur Frank und dem Höheren SS- und Polizeiführer (HSSPF) Friedrich-Wilhelm Krüger, die beide die Attentatsversuche unbeschadet überstanden. Bei Attentaten wurden zum Beispiel der SS- und Polizeiführer (SSPF) des Distrikts Warschau, Franz Kutschera, der Leiter und mehrere Beamte des Arbeitsamtes in Warschau, der Leiter des dortigen Wohnungsamtes, die Kreislandwirte der Kreise Mińsk Mazowiecki, Końskie und Opatów, der Kommandant der deutschen Polizei in Mińsk Mazowiecki, der Leiter der Gestapo in Siedlce und viele mehr getötet.[42]

PA/6397, o.P.; Landau, Kronika, t. 2, S. 415 (Eintrag vom 14.5.1943); Musial, Zivilverwaltung, S. 396.

41 Vgl. Szarota, Warschau, S. 268; Brief von E. Gramß an seine Frau, ohne Datum, ca. Mitte Juni 1940.

42 Vgl. Präg/Jacobmeyer, Diensttagebuch, S. 648, 777 u. 781 (Einträge vom 20.4.1943, 29.1. u. 1.2.1944); Karmiński, Diariusz, S. 247 (Eintrag vom 20.4.1943); Landau, Kronika, t. 2, S. 366f. (Eintrag vom 24.4.1943), t. 3, S. 596 u. 599f. (Einträge vom 1.2. u. 2.2.1944); Hosenfeld, »Ich versuche jeden zu retten«, S. 457; Biuletyn Informacyjny Nr. 4 (159), 28.1.1943, in: Biuletyn Informacyjny, część II, S. 1236; Biuletyn Informacyjny Nr. 15 (170), 15.4.1943, in: ebenda, S. 1324 u. 1332; Biuletyn Informacyjny Nr. 17 (172), 29.4.1943, in: ebenda, S. 1344 u. 1421f.; Biuletyn Informacyjny Nr. 51 (206), 23.12.1943, in: ebenda, S. 1650; Biuletyn Informacyjny Nr. 1 (208), 6.1.1944, in: ebenda, część III, S. 1650; Biuletyn Informacyjny Nr. 21 (228), in: ebenda, S. 2034; Biuletyn Informacyjny Nr. 25 (232), 22.6.1944, in: ebenda, S. 2077; Brief von Heinz Doering an seine Frau und seine Mutter, 4.12.1942.

Gezielten Attentaten der polnischen Widerstandsbewegung fielen auch einige Kreishauptleute zum Opfer, vornehmlich besonders radikale Amtsinhaber. Der erste Kreishauptmann, der bei einem Attentat polnischer Widerstandskämpfer ums Leben kam, war der Chef der Verwaltung des Kreises Biała Podlaska, Hubert Kühl. Er und seine Frau wurden am 20. Dezember 1942 während einer nächtlichen Autofahrt erschossen. Von diesem Vorfall und den vermeintlichen Ursachen berichtete Doering wenig später: »Die Folge einer nächtlichen Autofahrt u. vor allem Rache. Er [Kühl] hat nämlich eigenhändig 5 u. seine Frau 4 Polen erschossen!! Nicht etwa in Notwehr oder im Kampf, sondern so. Wenn einer den Henker spielt, braucht man sich ja über nichts zu wundern.« Grundsätzlich lehnte Doering die Erschießung der Polen nicht ab, nur sich selbst hätte der Kreishauptmann nicht die Finger schmutzig machen müssen, denn, so Doering weiter: »Ich bin nur der Meinung, dass ein Kreishauptmann für so was nicht da ist, und noch weniger seine Frau!!! Dafür hat er doch seine SS. Da sind ja genug Leute, die in diesem Handwerk grössere Übung haben, als er selber. Siehe die Judenaktionen.«[43]

Genaue Zahlenangaben über Anschlagsopfer im Generalgouvernement existieren nicht. Generalgouverneur Frank nannte im Oktober 1943 bei einer Besprechung die Zahl von fast 1000 getöteten Deutschen. Auf einer Arbeitssitzung zur Sicherheitslage wurden allein für den Zeitraum vom 1. Januar bis 24. Mai 1943 86 getötete Deutsche im Distrikt Warschau genannt, im Distrikt Lublin waren es bis zum 19. Mai insgesamt 98 Deutsche, die bei Überfällen getötet worden sind. Im Distrikt Radom sind in den ersten vier Monaten 1943 50 Deutsche ermordet worden, im Kreis Kraśnik allein im Zeitraum von Mai 1943 bis Juli 1944 insgesamt 92 Reichsdeutsche und sieben Volksdeutsche.[44]

Die Untergrundkämpfer demonstrierten durch solche Akte nicht nur ihre Stärke, sondern erreichten darüber hinaus eine starke Verunsicherung und anschwellende Angst der Deutschen. Dies entlud sich im verstärkten Wunsch nach Rache und Durchführung von Vergeltungsaktionen: »Heute nachts soll wieder ein schweres Eisenbahnattentat verübt

43 Brief von H. Doering an seine Frau und seine Mutter, 10.1.1943. Auch die Kreishauptleute Karl Adam, Reinhold Eckert und Carl Ludwig Freudenthal fielen Attentaten zum Opfer.

44 Vgl. Präg/Jacobmeyer, Diensttagebuch, S. 663, 679 u. 743 (Einträge vom 26.5., 31.5. u. 23.10.1943); Chodakiewicz, Nazis, S. 355. Im Distrikt Warschau lebten Ende 1942 ca. 78.000 Reichsdeutsche, im Distrikt Lublin 44.000, im Distrikt Radom 55.000, vgl. Madajczyk, Okkupationspolitik, S. 238. 1942 lebten rund 1.400 Reichsdeutsche im Kreis Kraśnik, vgl. Chodakiewicz, Nazis, S. 351.

[worden] sein. Näheres weiss ich noch nicht. Hoffentlich hängen sie wieder genügend Geisseln auf«[45], schrieb beispielsweise Heinz Doering. Offenkundig lösten die intensivierten Aktivitäten des Widerstands einen Radikalisierungsprozess aus, so dass er nun pauschal das Hängen von Geiseln forderte. Drei Monate zuvor hatte er noch derartige Maßnahmen als Reaktion auf einen Sabotageakt beklagt.

Die wachsende Furcht der Deutschen um ihr Leben führte zu einer noch stärkeren Abschottung von der polnischen Bevölkerung, einer regelrechten Verbarrikadierung und zunehmenden Immobilität der Beamten auf dem Lande. Heinz Ehaus, Kreishauptmann in Rzeszów/Reichshof, ließ die nach Süden liegenden Fenster seines Hauses zumauern, da er einen Anschlag aus einem weiter entfernten gegenüberliegenden Haus befürchtete. Der Kreishauptmann des Kreises Biłgoraj berichtete im Mai 1943, Züge von Biłgoraj nach Cholm würden von »Banditen« häufig nach Deutschen durchsucht, und einige Polizeiposten hätten wegen verstärkter Überfälle aufgelöst werden müssen. Außerdem befürchtete er für die nächste Zeit einen Angriff auf die Kreisstadt. Daher würden die Deutschen nachts in einem Gebäude zusammengezogen. Deutsche Behörden in Warschau reagierten auf die zahlreichen Anschläge mit einer Abriegelung, so dass ihre Dienstsitze nach einem Bericht der Untergrundpresse bereits kleinen Festungen glichen. Verstärkter Alkoholkonsum und Resignation waren weitere Anzeichen einer Demoralisierung der Deutschen. Zu ausschweifenden Trinkgelagen kam es auch zuvor schon häufig, durch die schlechter werdende Sicherheitslage und den für das Deutsche Reich ungünstigen Kriegsverlauf trat dieses Phänomen allerdings vermehrt auf. Die herannahende Front im Osten bewirkte schließlich ein Übriges. Einige versuchten nun, durch einen gemäßigteren und freundlicheren Umgang mit Polen ihre Position zu verbessern.[46]

45 Brief von H. Doering an seine Mutter, 11.9.1942. Vgl. auch Präg/Jacobmeyer, Diensttagebuch, S. 734 (Eintrag vom 27.9.1943). Zum Folgenden Brief von H. Doering an seine Mutter, 29.6.1942.

46 Vgl. Kotula, Losy Żydów, S. 89; Biuletyn Informacyjny Nr. 16 (171), 20.4.1943, in: Biuletyn Informacyjny, część II, S. 1343; Klukowski, Dziennik, S. 331 u. 377 (Einträge 14.5.1943 u. 29.10.1943); Rybicki, Pod znakiem, S. 297 u. 331; Präg/Jacobmeyer, Diensttagebuch, S. 672 (Eintrag vom 29.5.1943); Siebert, Verwaltungswirrwarr, BA Bayreuth, Ost-Dok. 13/237, Bl. 11; SD-Bericht über die »Entartung der Verwaltungsbeamten im GG«, 14.5.1943, IfZ, MA 641, fr. 2155.

Deutsche und Juden

Die Beziehungen zwischen Deutschen und Juden im Generalgouvernement waren von grundlegend anderer Art als die zwischen Deutschen und Polen. Antisemitische Anschauungen hatten eine lange Tradition bis hin zu den Ursprüngen des Christentums. Im 19. Jahrhundert veränderte sich der christlich geprägte Antijudaismus im Zuge des Erfolgs moderner Wissenschaften, einer Wissenschaftsgläubigkeit und der Entstehung der Nationalstaaten hin zum rassischen Antisemitismus, er erreichte eine neue Radikalität und wurde zum »kulturellen Code« (Volkov) in Deutschland.[47] Mit der Machtübernahme 1933 gelangte schließlich eine radikal antisemitische Bewegung an die Regierung und konnte so den Antisemitismus in vielfältiger Weise in Regierungshandeln umsetzen.

1939 begegneten die Deutschen in Polen erstmals denjenigen Juden, von denen in ihrer Propaganda zuvor immer die Rede gewesen war. War diese vorher im Hinblick auf die assimilierten deutschen Juden nicht immer nachvollziehbar, wurde sie nun in der Konfrontation mit den Ostjuden einsehbar. In Polen bot sich den Deutschen ein fundamental anderes Bild: Der Anteil der Juden an der Gesamtbevölkerung auf dem Gebiet des Generalgouvernements (ohne den Distrikt Galizien) betrug 1942 rund 15 Prozent. In vielen Kleinstädten der polnischen Provinz, wo die Kreishauptleute mehrheitlich eingesetzt waren, war der Anteil der Juden an der Gesamtbevölkerung noch deutlich höher.[48] Die polnischen Ostjuden mit ihrem traditionellen Erscheinungsbild stachen den Besatzern ins Auge und wirkten allein schon wegen ihrer hohen Zahl bedrohlich auf die ideologisch vorgeprägten Deutschen. In der Folge kam es bei vielen zu einer Radikalisierung ihrer antisemitischen Weltanschauung, die sich bald schon in Taten entlud.[49]

Leute wie Ernst Gramß, der im November 1939 ins Generalgouvernement kam, erlebten dort eine Art Kulturschock. Angewidert schilderte Gramß seiner Frau die Bahnfahrt nach Krakau: »eine große Armut blickt ein[en] an, trostloses Bild, keine Einwirkungen des Krieges sichtbar, später durch einzelne Judendörfer, ein einfach unbeschreibliches Bild, Lastergesichter, Dreck, alles steht an den Häusern faul gelehnt, Judentypen, die einzigartig sind, geschlagener Blick, z.T. Degenerationserscheinungen wie Zwergwuchs, Fettleibigkeit«[50]. Bald schon hatte Gramß aus sei-

47 Vgl. Browning, Entfesselung, S. 13 ff.

48 Zahlenangaben nach Musial, Zivilverwaltung, S. 181 f.

49 Vgl. dazu auch Musial, Zivilverwaltung, S. 183; Browning, Entfesselung, S. 32.

50 Brief von E. Gramß an seine Frau, o.D., November/Dezember 1939.

nen Beobachtungen radikale Schlüsse gezogen. Aus Warschau schrieb er an seine Frau: »Die Judenviertel sind eine Schande, 300 000 Juden, was hier an Verbrechergesichtern sich zeigt in solchen Massen, – nur ein Gedanke – ausrotten, *es wäre ein Segen für die Menschheit.*«[51] Der Schritt vom Gedanken zur Tat war nun nicht mehr groß. Kurze Zeit später berichtete er, er werde die ersten Juden hängen lassen. Den Vorwand lieferte ihm der Vorwurf der Preistreiberei und des Schwarzhandels.[52]

Gramß war bei weitem kein Einzelfall. Zahlreiche andere reagierten ähnlich geschockt. Ein Gefreiter beschrieb seine Eindrücke in einem Brief vom 11. September 1940: »Als unsere Fahrt beendet war, befanden wir uns in einer Stadt, deren Bevölkerung zu 80 Prozent Juden waren. Was das heißt, kann nur der ermessen, der Polen und seine Juden kennt. Schon der einzelne von ihnen, mit Bart und Kaftan, ist ein widerwärtiger Anblick, aber gleich Tausende von dieser Sorte, das ist beinahe zu viel. Was helfen alle sonstigen Verbesserungen, diesen Menschen will und kann man wohl nicht ändern.«[53] Diese Wahrnehmungsmuster waren nicht auf Besatzungsfunktionäre und Soldaten beschränkt, sondern entfalteten bis in die Führungsspitze des NS-Regimes Wirkung. Propagandaminister Joseph Goebbels reiste Anfang November 1939 ins gerade eroberte Polen und nutzte die Gelegenheit, sich ein Bild von den Juden in Łódź zu machen. In seinem Tagebuch hielt er angewidert fest: »Fahrt durch das Ghetto[54]. Wir steigen aus und besichtigen alles eingehend. Es ist unbeschreiblich. Das sind keine Menschen mehr, das sind Tiere. Das ist deshalb auch keine humanitäre, sondern eine chirurgische Aufgabe. Man muß hier Schnitte tuen, und zwar ganz radikale. Sonst geht Europa an der jüdischen Krankheit zugrunde.«[55] Nicht zuletzt solche Reaktionen trugen viel zur Radikalisierung der NS-Judenpolitik bei.

So kam beides zusammen: Eine Radikalisierung antisemitischer Einstellungen »oben« wie »unten«, in denen man sich weithin einig wusste.

51 Brief von E. Gramß an seine Frau, o.D., November/Dezember 1939 (Hervorhebung im Original). Dieser Brief wurde kurze Zeit nach dem vorstehend zitierten Brief geschrieben.

52 Brief von E. Gramß an seine Frau, o.D.

53 Manoschek, »Es gibt nur eines für das Judentum: Vernichtung«, S. 17.

54 Die Bildung des Ghettos wurde erst am 8.2.1940 befohlen, abgeriegelt wurde es am 30.4.1940. Goebbels meint hier sehr wahrscheinlich einen überwiegend von Juden bewohnten Stadtteil.

55 Fröhlich, Elke (Hg.): Die Tagebücher von Joseph Goebbels. Teil I: Aufzeichnungen 1923-1941. Band 7: Juli 1939-März 1940. München 1998, S. 177 (Eintrag vom 2.11.1939). Zu ähnlichen Reaktionen der NS-Führung vgl. Friedländer, Jahre, S. 42f.

Zum ersten Jahrestag der Erweiterung des Generalgouvernements um den Distrikt Galizien hielt Generalgouverneur Frank am 1. August 1942 eine Rede in Lemberg und erinnerte an seine Eindrücke im Herbst 1939, als er in Posen auf die dortigen Juden traf: »das war ja nicht zu beschreiben, was da für Juden umeinanderliefen, von einer Scheußlichkeit, daß man sich wundern muß, daß die Erde ihren Betrieb nicht eingestellt hat, [...] Juden von einer so erschütternden Grauenhaftigkeit, daß ich glaube, auch der erbittertste Gegner der nationalsozialistischen Bewegung wäre eines anderen belehrt worden, wenn er das hätte sehen können.«[56] Die große Heiterkeit, mit der das Publikum derartige Äußerungen und die mit ihnen verknüpften zynischen Anspielungen auf die laufende Ermordung der Juden im Generalgouvernement aufnahm, deuten auf einen breiten antisemitischen Konsens innerhalb des deutschen Besatzungsapparats hin.

Die massive und schockartig wirkende Konfrontation mit den Ostjuden in Polen bekräftigte und verstärkte nicht allein die antisemitische Grundeinstellung vieler Besatzer. Sie selbst waren es, die durch das Zusammenpferchen der Juden in den Ghettos auf engstem Raum, durch Hungerrationen und Zwangsarbeit ein Ausmaß an Verelendung verursachten, das ihnen wiederum als Bestätigung ihrer antisemitischen Stereotype erschien und als Rechtfertigung und Motivation für weitere, drastischere Maßnahmen diente. Das Propagandabild vom schmutzigen Ostjuden als Seuchenträger haben sie durch ihre Politik erst Wirklichkeit werden lassen.[57]

Die Antisemiten auf allen Ebenen der deutschen Besatzungsverwaltung schufen durch ihre radikalen Äußerungen und ihr entsprechendes Handeln eine »antisemitische Kommunikation« im Besatzungsapparat und waren damit tonangebend. Sie bestätigten und bestärkten sich gegenseitig in ihren extremen Anschauungen.[58] Gemäßigte Besatzungsfunktionäre und Andersdenkende wurden so an den Rand gedrängt. Sie verbargen ihre wahren Ansichten, funktionierten nichtsdestoweniger reibungslos auf ihren Posten oder aber versuchten, die Verwaltung zu verlassen. Eine verschwindend kleine Minderheit unter den Deutschen jedoch riskierte viel, um den verfolgten Juden in irgendeiner Form zu helfen.[59]

56 Präg/Jacobmeyer, Diensttagebuch, S. 533 (Eintrag vom 1.8.1942).

57 Vgl. Pohl, Judenverfolgung, S. 304; Musial, Zivilverwaltung, S. 186f.

58 Vgl. Pohl, Judenverfolgung, S. 304.

59 Beispiele in: Wette, Retter; Sandkühler, »Endlösung«, S. 290-405; Schmalz-Jacobsen, Zwei Bäume; Lexikon der Gerechten, S. 145f. u. 196ff.; Fuss, Als ein anderer leben, S. 52 u. 60.

Konkrete Hinweise auf Hilfen für Juden seitens der Kreishauptleute sind nur spärlich vorhanden.[60] Alfons Oswald, bis zum Juni 1941 Kreishauptmann des Kreises Dębica, versuchte im August 1942 als Leiter der Abteilung Innere Verwaltung im Distrikt Radom einer jüdischen Familie zu helfen. Am 7. August bat er den Stadthauptmann von Radom, Josef-Nusyn Helcman in die Handwerkerstube aufzunehmen, da dieser für ihn und viele andere der Verwaltung sehr zufriedenstellend gearbeitet habe. Auch Helcmans Frau und sein Sohn sollten aufgenommen werden, da sie bei diesem gearbeitet hätten. Nur zwei Tage bevor Oswald sich mit diesem Schreiben für Helcman eingesetzt hat, war in Radom das sogenannte kleine Ghetto geräumt worden. Ab dem 16. August wurde schließlich auch das große Ghetto in der Innenstadt geräumt. Mindestens 20 000 Ghetto-Bewohner wurden nach Treblinka deportiert und dort ermordet, nur ca. 3 000 sogenannte »Arbeitsjuden« verblieben in Radom. Helcman blieb von den Deportationen zunächst verschont, kam im Februar 1944 nach Auschwitz und von dort ein Jahr später ins Konzentrationslager Mauthausen, wo er im März 1945 starb.[61]

Mogens von Harbou, Kreishauptmann in Tarnopol, war ebenfalls bemüht, einem Juden und seiner Familie zu helfen. Er beschäftigte ihn in der Kreishauptmannschaft und deckte ihn, solange es ging. Als jedoch die Sicherheitspolizei Verdacht geschöpft hatte, verhalf Harbou ihm und seiner Familie zur Flucht. Es gelang ihnen, den Krieg zu überleben. Obwohl der Sicherheitspolizei bekannt war, dass Harbou die jüdische Herkunft seines Mitarbeiters kannte, blieb er unbehelligt.[62] Aber auch diese Kreishauptleute arbeiteten in anderen Bereichen augenscheinlich ganz im Sinne der Ziele deutscher Besatzungspolitik.

60 Manche behaupteten nach 1945, sie hätten Juden in verschiedener Form geholfen, ohne dass sich hierfür allerdings Belege oder Anzeichen finden ließen. In der Regel waren es wohl Schutzbehauptungen. Beispiel ist dafür Claus Volkmann, der daran bis zuletzt festhielt. Vgl. Völklein, Die verweigerte Schuld, S. 66 f., 70 f., 120, 179. Ebenso im Spiegel-Interview, in: Der Spiegel, 9.10.1995, S. 250.

61 Schreiben des Leiters der Abteilung Innere Verwaltung an den Stadthauptmann in Radom, 7.8.1942, NL Oswald; Konzentrationslager Mauthausen, Häftlings-Personal-Karte Helcman, Nusyn, ITS Archiv, Dok.Nr. 1484185#1; Auszug aus dem Totenbuch des KZ Mauthausen, ebenda, Dok.Nr. 1291601#1; Seidel, Besatzungspolitik, S. 323 u. 325; Urbański, Zagłada, S. 162 ff.; Rutkowski, Martyrologium, S. 138.

62 Heinrich Bronner, Eidesstattliche Erklärung, 1.6.1946, NL von Harbou: SD-Bericht über die »Entartung der Verwaltungsbeamten im GG«, 14.5.1943, IfZ, MA 641.

Schon in den ersten Tagen des Überfalls auf Polen jedoch wurde durch entfesselte Gewaltakte gegen Juden und durch Verordnungen wie die über die Kennzeichnung der Juden die Richtung vorgegeben. Über den Rahmen der offiziellen Verfolgungspolitik hinaus waren Juden mit dem Einmarsch der Wehrmacht Gewalt, Drangsalierungen und Demütigungen in der alltäglichen Begegnung mit Deutschen ausgesetzt.[63] Das gehörte auch nach den ersten Wochen der Besetzung Polens weiterhin zum Alltag. Heinz Ehaus schlug Juden wiederholt mit seiner Peitsche. Später wollte er seine Handlungsweise gesetzlich abgesichert und legitimiert sehen, indem er die offizielle Einführung der Prügelstrafe forderte.[64]

Derartige Verhaltensweisen und Einstellungen stießen jedoch auch in deutschen Kreisen auf Kritik, ohne dass diese sich grundsätzlich gegen die Verfolgung und Ermordung der Juden richten musste, was der Auszug aus einem Brief von Heinz Doering an seine Mutter illustriert. Doering hatte beobachtet, wie ein Aufseher jüdische Arbeiter mit einer großen Reitpeitsche malträtierte, und kommentierte das: »Schön ist das ja nicht. Mit der Ausrottung der Juden aus Europa gehe ich ganz einig. Aber diese sadistische Prügelei ist nicht mehr feierlich. Gegen die Quälerei von Schlachtvieh hat man Gesetze erlassen. So sollte man m.E. die Juden beseitigen, aber nicht noch zum Spass peinigen, wenn man auf der anderen Seite glaubt, ihre Arbeit nicht entbehren zu können, worüber ich allerdings wieder anderer Meinung bin. Ich wäre mehr für restlose Beseitigung.«[65] Kritikwürdig war weniger das *Ob* als das *Wie.*

Neben der offiziellen Verfolgung und Ausbeutung der Juden sowie der Gewalt und Brutalität im Alltag waren die Beziehungen zwischen Deutschen und Juden vor allem durch die Ausbeutung der Juden für private Zwecke gekennzeichnet. Viele Kreishauptleute und andere Deutsche nutzten die vollkommen entrechtete Stellung der Juden hemmungslos aus, um sich das Leben angenehmer zu gestalten. Im Gegensatz zum Deutschen Reich konnten sie sich im Generalgouvernement so ein Leben mit jüdischen Bediensteten, den sogenannten »Hausjuden«, leisten. Juden wurden als Pferdepfleger, Friseure, Schneider, Schuster und Zahn-

63 Vgl. Kotula, Losy Żydów, S. 22 u. 25; Klukowski, Dziennik, S. 61 u. 67 (Einträge 14.10.1939 u. 30.10.1939); Życie i zagłada, S. 73, 128, 141 u. 144.

64 Lagebericht des Kreishauptmanns Reichshof für September 1940, 30.9.1940, IPN, NTN 275, Bl. 83 f.; D. Troschke, »Polen als Nebenland des Deutschen Reiches«, Tagebuchblätter aus dem Generalgouvernement 1940-1945, BA Bayreuth, Ost-Dok. 13/234, Bl. 51 (Juni 1940).

65 Brief von H. Doering an seine Mutter, 29.9.1942.

ärzte gegen äußerst geringe oder gar keine Bezahlung in Anspruch genommen.[66]

Lebensstil und Selbstbild

Als Ernst Gramß im Juni 1940 Kreishauptmann in Sokołów wurde, war er am Ziel seiner Karrierewünsche angelangt. Euphorisch und voller Vorfreude schrieb er seiner Frau von der bevorstehenden Einsetzung als Kreishauptmann, er werde »unumschränkter König in den vereinigten Königreichen Sochaczew u. Blonie[67], [...] alles kann jetzt klappen, auch der Hof, denn dort sind schöne Güter [...]. In den nächsten Tagen werde ich schon eingeführt, der Gouv[erneur] wird d. Thronrede halten u. ich werde mein Volk begrüßen.«[68] In seinem Bild vom »unumschränkten König« sah sich Gramß durch die herausragende Machtstellung des Kreishauptmanns bestätigt, denn er habe nun, wie er zufrieden schreibt, »alle Gebiete, Juristerei, Wirtschaft, Kultur, Landwirtschaft, Verwaltung, Forst, Arbeit, Schiffahrt, Verkehr, *Polizei*«, unter sich, die Kreishauptleute seien »kleine Statthalter, die Spitze im Kreis«. Besondere Freude und geradezu Genugtuung empfand er angesichts der Tatsache, dass er der »muffigen Atmosphäre« des Reichsnährstandes entkommen war und nun fern vom Reich mit allen seinen Einschränkungen einen Lebensstil pflegen konnte, der einem König angemessen zu sein schien: »Ich habe hier einen herrlichen Sitz, 2 Reitpferde, Wagen u. was zu einer repräsentablen Lebensführung als ›kleiner Gouverneur‹ gehört. Schwimmbad im Park – Sauna wird gebaut. [...] [I]ch bin hier König im Land, schwere verantwortungsvolle Arbeit, ein richtiges Gebiet [...]. Hier kannst Du im Park baden, reiten, schwimmen, liegen, brauchst Dich um keinen Haushalt zu kümmern, Kindermädchen usw. alles da.«[69]

In den nächsten Monaten machte er sich daran, den Komfort weiter auszubauen. Im Park ließ er eine Reitbahn anlegen, über die Bäche im

66 SD-Bericht über die »Entartung der Verwaltungsbeamten im GG«, 14.5.1943, IfZ, MA 641, fr. 2274f.; Brief des Justiz-Inspektors J.S. vom Deutschen Obergericht Radom, 14.11.1941, in: Buchbender/Sterz, Gesicht, S. 170; Musial, Zivilverwaltung, S. 188f.; Kotula, Losy Żydów, S. 81.

67 Zu diesem Zeitpunkt ging er noch davon aus, er werde Kreishauptmann des Kreises Sochaczew-Błonie, wenig später fiel jedoch die Entscheidung für die Kreishauptmannschaft Sokołów.

68 Brief von E. Gramß an seine Frau, o.D., Ende Mai/Anfang Juni 1940 (Hervorhebung im Original). Das folgende Zitat ebenda.

69 Brief von E. Gramß an seine Frau, o.D., sehr wahrscheinlich 11.6.1940.

Park ließ er kleine Brücken bauen und sogar ein »Kavalierhaus« errichten. Das Schloss ließ er entsprechend ausstatten, jüdische Handwerker fertigten eigens neue Möbel an; es verfügte über einen großen Salon, in dem Konzerte stattfanden, die Wochenschau sowie Filme vorgeführt wurden. Der rasante soziale Aufstieg, den die Position als Kreishauptmann mit sich brachte, manifestierte sich auch darin, dass er nun über ausreichend Personal verfügte, das der gesamten Familie ein angenehmes Leben bereitete, so unter anderen über zwei polnische Kindermädchen, einen polnischen Hausdiener und Küchenpersonal. Der luxuriöse Lebensstil und die weitaus bessere Bezahlung waren ihm so angenehm, dass er sie nicht mehr missen wollte und seiner Frau schrieb, für immer dort bleiben zu wollen.[70]

Das Selbstverständnis und der Lebensstil von Ernst Gramß waren in vielem typisch für etliche Deutsche im Generalgouvernement, insbesondere für die Kreis- und Stadthauptleute. Einen luxuriösen Lebensstil auf Kosten der Bevölkerung pflegten viele von ihnen. Carl-Ludwig Freudenthal, Kreishauptmann in Garwolin, ließ sich ebenfalls einen Reitplatz und ein Schwimmbecken anlegen. Dabei nutzte er die totale Entrechtung der Juden aus, indem er sich für diese Arbeiten jüdische Männer und Frauen aus dem Ghetto in Żelechów kommen ließ. Wie viele seiner Kollegen auch hatte Freudenthal Reitpferde; in einem Fall soll er einen Bauer in das Arbeitslager, das von der Kreishauptmannschaft eingerichtet worden ist, eingewiesen haben, um sich dessen Reitpferd anzueignen. Polnisches und jüdisches Personal, große Landsitze, Pferde und ausgiebige Jagden wurden für viele Kreishauptleute zur Selbstverständlichkeit. Vielfach nahmen sie die besten Häuser im Ort in Besitz, statteten sie großzügig mit kostbaren Möbeln und Gegenständen aus, oftmals aus jüdischem Besitz. Die Vorbesitzer wurden aus ihren Häusern vertrieben.[71]

70 Brief von E. Gramß an seine Frau, o.D., sehr wahrscheinlich 11.6.1940; Brief von E. Gramß an seine Frau, o.D., ca. Sommer 1940; Brief von E. Gramß an seine Frau, o.D., ca. 2. Märzhälfte 1941; Brief von E. Gramß an seine Frau, o.D., ca. März/April 1941; Brief von E. Gramß an seine Frau, o.D., ca. Ende Juni 1940; mündl. Auskunft der Familie an den Verf., 20.7.2005.

71 Vernehmung von A.K., 25.1.1966, BAL, B 162/II 211 AR-Z 73/66, Bd. 2, Bl. 140; Vernehmung von A.S., 6.10.1965, ebenda, Bl. 16f.; SD-Bericht über die »Entartung der Verwaltungsbeamten im GG«, 14.5.1943, IfZ, MA 641, passim; Brief von H. Doering an seine Frau und seine Mutter, 24.11.1942; Cuhorst, Fritz, Meine Verwendung in Polen, 3. Teil Lodz-Warschau-Lublin, Stadtarchiv Stuttgart, Personalamt Stuttgart, Personalakte Cuhorst, Fritz, o.P.; Kotula, Losy Żydów, S. 57; Jordan, Polnische Jahre, S. 83f.; Madajczyk, Okkupationspolitik, S. 179.

All das machte den Posten des Kreishauptmanns äußerst begehrt, zumal eine enorme Handlungsfreiheit lockte. Doering, hochgradig frustriert von den Zuständen in der Krakauer Zentralverwaltung, projizierte alle Hoffnung darauf: »In der inneren Verwaltung bleibe ich bestimmt nicht. Diese Rechtsanwaltswirtschaft habe ich reichlich satt bekommen. [...] Da draussen bin ich mein eigener Herr u. sehe von all diesen traurigen Angebern hier nichts.«[72] Monatelang arbeitete er auf die Einsetzung als Kreishauptmann hin. Das Leben im besetzten Krakau war für ihn und seine Frau zwar äußerst angenehm, doch das reichte ihm bei weitem nicht: »Ich habe an sich jetzt das schönste Leben: wenig Arbeit, viel freie Zeit und viel Geld. Was will man mehr. Wenn nur der Tatendrang u. der Ehrgeiz nicht wären.«[73] Mit dem Posten des Kreishauptmanns verband er die Hoffnung, seinen Tatendrang ungebunden entfalten und noch dazu ein wesentlich angenehmeres Leben führen zu können: »Aber hinter allem steht jetzt die Aussicht auf eine Kreishauptmannschaft, auf Selbständigkeit, praktische Arbeit, ein neues, richtiges Familienleben, ein Auto, Pferde, u.s.w. Ich habe noch grosse Pläne dabei.«[74]

Nicht nur die Selbstständigkeit und das komfortable Leben des Kreishauptmanns machten diese Position so attraktiv; hinzukamen ein fehlgeleiteter Idealismus und das Selbstbild, »fanatische Pioniere des Ostens«[75] zu sein. Die Kreis- und Stadthauptleute sahen sich wie viele andere deutsche Besatzungsfunktionäre auch als »Träger einer zeitlich nicht begrenzten Mission«[76] im Osten, der nach Jahrhunderten polnischer Herrschaft endlich wieder deutscher Machtbereich geworden sei. Als Vorkämpfer und Gestalter des neuen »Lebensraums im Osten« wollten sie Maßstäbe setzen. »Im Osten« galt es zu herrschen, nicht zu verwalten, wie Joachim Nehring es in einem programmatischen Artikel auf den Punkt brachte: »Hier draußen aber ist alles anders [als im Reich]. Hier steht nichts auf dem Papier. Hier gilt nur die Tat. Hier kann auch keiner sagen, etwas ginge ihn nichts an, weil es nicht zu seiner ›Zuständigkeit‹ gehöre. Lieber Freund, wo du stehst, steht das Reich! Alles geht dich an, was um dich

72 Brief von H. Doering an seine Frau und seine Mutter, 10.2.1943.

73 Brief von H. Doering an seine Mutter, 30.7.1942. Ähnlich die Briefe Doerings vom 9.7.1942, 21.7.1942, 19.10.1942 u. 26.10.1942.

74 Brief von H. Doering an seine Frau und seine Mutter, 5.2.1943. Ähnlich: Asbach, Krakau, Bl. 72 u. 85.

75 Der Kreishauptmann von Stryj, Dewitz, in einer Ansprache am 20.6.1943, DTB, IfZ, Fb 105/30, Bl. 7466.

76 Joachim Nehring, Dienst im Osten, in: Krakauer Zeitung Nr. 136, 11.6.1940. Das folgende Zitat ebenda.

geschieht, und jeder Pole sieht in dir das Reich. Darum gibt es hier nur eine einzige Begrenzung deiner ›Zuständigkeit‹: die Interessen des Reiches […].« Tatkräftige Pioniere, frei von bürokratischem Regelungseifer und Zuständigkeitsdünkel, sollten »im Osten« gestalten und an die immer wieder betonten historischen deutschen Ursprünge anknüpfen.[77]

Das Pioniergefühl drückte sich vor allem in der hemmungslosen und brachialen Herrschaftspraxis aus. Darüber hinaus wollte sich aber mancher Kreishauptmann durch umfassende Bautätigkeiten ein Denkmal setzen, das von seiner »Aufbauarbeit« und »historischen Mission« zeugen sollte. Hans-Adolf Asbach machte sich in der stark vom Krieg zerstörten Kreisstadt Brzeżany an eine großangelegte städtebauliche Neuplanung. Zwei Architekten aus Dresden wurden mit der Stadtplanung und den Entwürfen für etliche dienstliche und private Gebäude beauftragt. Asbach ging es nicht in erster Linie um den Wiederaufbau zerstörter Gebäude, er sah sich und sein Vorhaben in historischen Dimensionen: »Wenn uns heute [etwa 1947] diese Pläne phantastisch anmuten, so kann ich nur erwidern, daß den Deutschen nichts unmöglich ist. […] Was also hätte mich hindern können, wie unsere deutschen Baumeister des Mittelalters in Krakau u. Warschau auch jetzt wieder großzügig zu planen u. zu bauen und aus meiner Stadt Brzezany ein architektonisches Kleinod des Ostens zu machen?«[78]

Für seine Baupläne wählte Asbach einen Stadtteil, in dem noch gut erhaltene Häuser von Juden standen. Einige leicht beschädigte Häuser erklärte er zu Ruinen und ließ sie abreißen, auch unbeschädigte Häuser mussten seinen Plänen weichen. Für die Realisierung seiner städteplanerischen Visionen griff Asbach auf eine Kontributionszahlung des Judenrates zurück, die dieser für die Freilassung von rund 600 verhafteten Juden geleistet hatte. Die gefangenen Juden wurden entgegen Asbachs Zusage aber nicht freigelassen, sondern abtransportiert und wenige Kilo-

77 Ebenda; Frank auf einer Arbeitstagung der Landräte des Distrikts Krakau am 8.11.1939, DTB, IfZ, Fb 105/1, Bl. 40; dies entsprach dem Selbstbild vieler Kreishauptleute: Lagebericht des Kreishauptmanns des Kreises Biała-Podlaska, 11.12.1940, IfZ, MA 158/1, Fasz. 20; Brief von H. Doering an seine Mutter, 5.5.1942; Jaslo, S. 6; Asbach, Krakau, Bl. 118. Zur Bezugnahme auf deutsche Ursprünge in Polen vgl. Grundmann, Führer, S. 7-36; Kurtz, Führer, S. 15-32; Baedeker, Generalgouvernement, passim; Gollert, Aufbauarbeit, S. 140.

78 Asbach, Krakau, Bl. 117. Hier in der Ursprungsfassung. Später versuchte Asbach, durch Streichungen und Ergänzungen seinen Bauvorhaben nachträglich einen etwas anderen Charakter zu verleihen.

meter von Brzeżany entfernt ermordet.[79] Heinz Ehaus ließ sich von jüdischen Zwangsarbeitern eine beschlagnahmte private Villa umbauen. In der Umgebung seiner neuen Residenz und des Sitzes der Kreishauptmannschaft, der Kreisburg, ließ er etliche Häuser sprengen. Später mussten alle Polen die bei der Kreisburg verbliebenen Häuser räumen, da dort nur noch Deutsche wohnen sollten.[80] Für die größten Städte des Generalgouvernements, Warschau und Krakau, wurden ebenfalls umfassende Neuordnungspläne erstellt, die während des Krieges in ersten Ansätzen stecken blieben.[81]

Flächendeckend begannen die Kreishauptleute bereits während des Krieges mit der Einrichtung der sogenannten »Deutschen Häuser« und der Bildung deutscher Wohnbezirke. Sie waren ein Element der rigiden Trennungspolitik, deren Ziel zwei weitgehend voneinander abgeschottete Lebenswelten von Polen und Deutschen waren. Bei diesen Maßnahmen ging es den deutschen Planern nicht alleine um die Stärkung der Gemeinschaft der Deutschen und ihre gegenseitige soziale Kontrolle, »sondern es sind Massnahmen, die bewusst und mit dem alleinigen Ziel angesetzt werden, das Deutschtum hier unter allen Umständen reinzuerhalten«[82]. Schon früh ging man in vielen Städten daran, deutsche Wohnbezirke zu planen und in die Tat umzusetzen. Für die polnische und jüdische Bevölkerung war dies mit der Ausweisung aus ihren Wohnungen und umfassenden Umsiedlungen verbunden. Den Deutschen blieben die besten Häuser und Wohnungen vorbehalten.[83]

Im Distrikt Warschau wurde für jede Kreisstadt ein deutscher Wohn- und Siedlungsbezirk geplant, dessen Zentrum der Sitz des Kreishauptmanns am Marktplatz sein sollte. Um diesen Platz herum, der für Kund-

79 Vernehmung von Werner Becker, 15.6.1965, BAL, B 162/202 AR-Z 76/61, Bd. 2, Bl. 469; Vernehmung von H.-R.K., 18.6.1965, ebenda, Bl. 506; Vernehmung von L.G., 13.7.1965, ebenda, Bd. 4, Bl. 697; Vernehmung von E.Sch., 16./17.3.1966, ebenda, Bd. 7, Bl. 1345f.

80 Vernehmung von M.H., 12.1.1963, BAL, B 162/206 AR-Z 288/60, Bd. 5, Bl. 1555; Kotula, Losy Żydów, S. 57, 92 u. 102.

81 Vgl. Klain, Warschau, S. 294ff.; Szarota, Warschau, S. 309f. Zu Krakau vgl. Stadt Krakau 26. Oktober 1939-1941, IPN, NTN 286, Bl. 37ff.

82 Stadt Krakau 26. Oktober 1939-1941, IPN, NTN 286, Bl. 14.

83 Ebenda; Biuletyn Informacyjny, 28.06.1940, 20.09.1940, 30.2.1941, in: Biuletyn Informacyjny, część I, S. 185, 269 u. 423; Der Kreishauptmann, Lagebericht für den Monat Januar 1941, 30.1.1941, BAL, B 162/Dok.-Slg., Ordn. Polen 347, Bl. 278; Lagebericht des Kreishauptmanns des Kreises Sochaczew-Błonie für Januar 1941, 20.2.1941, ebenda, Bl. 356; Kotula, Losy Żydów, S. 85 u. 102; Rybicki, Pod znakien, S. 74 u. 173ff.; Präg/Jacobmeyer, Diensttagebuch, S. 20.

gebungen und Truppenbewegungen geeignet sein sollte, plante man die Ansiedlung öffentlicher Bauten der Partei, anderer staatlicher und kommunaler Behörden, Gemeinschafts- und Versammlungsräume sowie Hotels. Daran anschließend beabsichtigte man, deutsche Siedlungshäuser zu gruppieren, in deren Nähe die Schulen, das HJ- und BDM-Heim und Sportanlagen vorgesehen waren. Den Geschäften war ein gesonderter Stadtteil vorbehalten. Generös heißt es am Ende der Beschreibung deutscher Wohn- und Siedlungsplanung: »Abseits vom deutschen Mittelpunkt der Stadt soll den Polen ein Wohnviertel verbleiben.«[84] Juden waren bei der Planung bereits nicht mehr vorgesehen.

Neben der Konzentration der Deutschen und der Schaffung angemessener Wohnverhältnisse, deren Fehlen häufig bemängelt wurde, sahen die Besatzer diese Planungen zugleich als wahrhaft historische Sendung und »kulturelle Tat« in der Tradition der Ordensritter und der Hanse. So sollte ihre Siedlungspolitik »auf Jahrhunderte hinaus von der Blütezeit des Nationalsozialismus Zeugnis ablegen«. Zentrales Element der Betreuung der Reichsdeutschen im Generalgouvernement war die Einrichtung der sogenannten »Deutschen Häuser«, die nach und nach in allen Kreisstädten eröffneten. Sie dienten als Gaststätte und Kasino, wo die am Ort tätigen Deutschen ihre Mahlzeiten einnehmen konnten. Zudem sollte mit der Einrichtung von Spielzimmern, Bibliotheken, Musikräumen etc. für eine abwechslungsreichere Freizeitgestaltung und die Befriedigung kultureller Bedürfnisse der wenigen Reichsdeutschen in den polnischen Provinzstädten gesorgt werden.[85]

Solche Bequemlichkeiten und die teilweise komfortablen Lebensverhältnisse konnten das öde Leben auf dem platten Land oft nur mäßig attraktiver machen; in erster Linie war der Alltag vom Dienst beherrscht. In der Freizeit war man entweder alleine oder traf vielfach mit den immer gleichen Personen zusammen, mit denen man tagsüber zusammenarbeitete. Die große Masse der Bevölkerung war den deutschen Funktionären feindlich gesinnt, so dass die Deutschen auf ihren kleinen Kreis vor Ort angewiesen und eingeschränkt waren. Erschwerend kam für manche hinzu, dass sie fernab ihrer Familien leben mussten. Angesichts dieser Um-

84 Gollert, Zwei Jahre Aufbauarbeit, S. 144. Das folgende Zitat ebenda, S. 145.

85 Lagebericht des Kreishauptmanns des Kreises Łowicz, 20.6.1940, BAL, B 162/ Dok.-Slg., Ordn. Polen 348, Bl. 632; Lagebericht des Kreishauptmanns Busko für Monat Juli 1940, 6.8.1940, BAB, R 52 III/23, Bl. 66; Der Kreishauptmann des Kreises Opatów, Lagebericht für Oktober 1940, 7.11.1940, BAB, R 52 III/25, Bl. 27; Der Kreishauptmann des Kreises Tomaszów, Lagebericht für die Monate September und Oktober 1940, 12.11.1940, ebenda, Bl. 52; Jaslo, S. 23 f.

stände wurde die Möglichkeit, die Familien nachziehen zu lassen, angemahnt und im Juli 1940 schließlich zugelassen. Bei anderen entlud sich die Monotonie und die Trennung von der Familie in einem exzessiven Lebensstil.[86]

Die Errichtung der »Deutschen Häuser« als Ort der Geselligkeit und als kulturelles Zentrum wurde als eine Gegenmaßnahme verstanden. Der erhoffte Effekt stellte sich jedoch nicht immer ein. Übermäßiger Alkoholkonsum bis hin zu regelrechten Saufgelagen waren weit verbreitet, häufig in Kombination mit Randale oder Vergewaltigungen.[87] Im Ganzen hatte sich ein Lebensstil entwickelt, der vollkommen enthemmt von jeglichen Moral- oder Normvorstellungen zu Lasten der Bevölkerung ging. Staatssekretär Bühler verschickte daher 1942 erneut ein mahnendes Rundschreiben, in dem er eine den Kriegsbedingungen angepasste Lebensführung einforderte. Die Liste der Vergehen und Mahnungen werfe ein bezeichnendes Licht auf das Leben vieler im Generalgouvernement: Alkoholexzesse dürfe es nicht mehr geben, Schwarzmarktgeschäfte sollten unterbleiben, ebenso ein übertriebener Luxus der Wohnungen und Schlemmerei. Eine würdige Repräsentation sei zwar notwendig, dürfe aber nicht zur Prasserei und Verschwendung staatlicher Gelder führen, denn, so Bühler, »Snobismus ist kein Zeichen richtigen ›Herrentums‹ sondern in erster Linie nur der Ausdruck eines Minderwertigkeitskomplexes, wobei der Einzelne glaubt, durch ein Leben, in das er garnicht hineinpasst, sein eigenes Subalterntum übertünchen zu können.«[88]

86 Cuhorst, Fritz, Lubliner Impressionen Nr. 6, ca. April 1940, Stadtarchiv Stuttgart, Personalamt Stuttgart, Personalakte Cuhorst, Fritz, o.P.; Brief von H. Doering an seine Frau und seine Mutter, 7.2.1943; Jordan, Polnische Jahre, S. 111 f.; Präg/Jacobmeyer, Diensttagebuch, S. 252 (Eintrag vom 12.7.1940).

87 Der Kreishauptmann des Kreises Hrubieszów, Lagebericht für den Monat Oktober 1940, 6.11.1940, BAB, R 52 III/25, Bl. 65 f.; Gollert, Zwei Jahre Aufbauarbeit, S. 173; Der KdS für den Distrikt Galizien an das RSHA, betr. Verhalten der Reichsdeutschen in den besetzten Gebieten, 26.6.1943, BAB, R 58/1002, Bl. 118 u. 203 f.; Hosenfeld, »Ich versuche jeden zu retten«, S. 536; Brief von H. Doering an seine Mutter, 1.6.1942 u. 4.12.1942.

88 Rundschreiben von Staatssekretär Bühler, betr.: Lebensführung der im öffentlichen Dienst des GG stehenden Beamten, Angestellten und Arbeiter, 30.1.1942, AAN, Regierung des GG, 9c/4, Bl. 21.

Mit seinem Rundschreiben traf Staatssekretär Bühler, gewollt oder ungewollt, den Nerv der korrupten Gewinngemeinschaft im Generalgouvernement. Nirgends klafften Anspruch und Wirklichkeit derart eklatant auseinander wie in diesem Bereich. Die von Bühler aufgelisteten Missstände lesen sich nachgerade wie eine Beschreibung und Bewertung des prunkvollen Lebensstils von Generalgouverneur Frank und seinem Umfeld. Er residierte einem König gleich im Krakauer Königsschloss. Seine Prunk- und Verschwendungssucht waren Legende – aber nur die Spitze des Eisbergs. Frank bot so dem rivalisierenden und intrigierenden HSSPF Krüger breite Angriffsfläche, die dieser bald schon, als sich die Gelegenheit dazu bot, weidlich ausnutzte. Ansatzpunkt für Krüger war Franks korruptes Umfeld. Der Generalgouverneur hatte eine Vetternwirtschaft betrieben, deren Nutznießer Familienmitglieder ebenso wie frühere Weggefährten waren. Mit einem Schlag gegen diese konnte Krüger Frank selbst treffen, ohne zunächst einen Frontalangriff riskieren zu müssen.[89]

Prominentestes Opfer dieser Strategie wurde Karl Lasch, der Gouverneur des Distrikts Galizien, dessen Verhaftung am 24. Januar 1942 wie ein Paukenschlag wirkte. Lasch hatte im großen Stil Vetternwirtschaft gegen entsprechende Gegenleistungen und umfangreiche Schwarzmarktgeschäfte betrieben. Für den Bau seines Landhauses in Bayern soll er die erforderlichen Baumaterialien gleich mit polnischen Bauarbeitern aus Radom dorthin gebracht haben. Ähnlich wie Frank ließ Lasch auch Auslandseinkäufe im großen Stil tätigen.[90] Lasch gehörte zu Franks alten Wegbegleitern. Der Generalgouverneur hätte gewarnt sein können, da Lasch bereits in den dreißiger Jahren in finanzielle Unregelmäßigkeiten verwickelt gewesen war und den Offenbarungseid hatte leisten müssen. Obendrein liefen Parteigerichtsverfahren gegen Lasch, da ernsthafte Zweifel an der Rechtmäßigkeit seiner Promotion bestanden. Diese Verfahren verliefen zwar ergebnislos, gleichwohl bescheinigte das Parteige-

89 Ausarbeitung des HSSPF Krüger über die Verhältnisse im GG, 1943, BAB, NS 19/2664, Bl. 9 f.; Bajohr, Parvenüs, S. 77 f.; Madajczyk, Okkupationspolitik, S. 97 u. 335; Schenk, Hans Frank, S. 241 ff.; Eisenblätter, Grundlinien, S. 243 f. Zum Lebensstil von Frank und seinem Umfeld vgl. die polemischen persönlichen Abrechnungen von Niklas Frank mit seinen Eltern: Frank, Vater; Frank, Mutter.

90 Schreiben des Oberstaatsanwalts am Sondergericht Breslau an den Reichsminister der Justiz, betr. Strafverfahren gegen den früheren Gouverneur Dr. Lasch und Andere, 9.5.1942, BAB, NS 19/1751, Bl. 2-13; Eisenblätter, Grundlinien, S. 245 f.

richt Lasch hellsichtig, »sich leicht über die Grenzen des Erlaubten und der Anständigkeit hinwegzusetzen, wenn es seinem eigenen Vorteil dient«[91]. Die immer wiederkehrenden Unregelmäßigkeiten, die Laschs Werdegang begleiteten, hinderten Frank nicht daran, ihn im Oktober 1939 zum Gouverneur des Distrikts Radom zu berufen.[92]

Den Kopf schon in der Schlinge, blieb Frank nichts anderes übrig, als Lasch fallenzulassen und seinen Rivalen Heinrich Himmler, Hans Lammers und Martin Bormann weitgehende Zugeständnisse zu machen. Alle Korruptionsfälle im Generalgouvernement sollten am Sondergericht Breslau verhandelt werden, damit Frank keinen Einfluss nehmen konnte. Im März 1942 wurde Lasch dem Sondergericht Breslau übergeben, an dem im Mai der Prozess gegen ihn begann. Am 3. Juni 1942 wurde er auf Weisung Himmlers in seiner Zelle erschossen. Vor allem aber gelang es Himmler, die Vorfälle für den Ausbau seiner Machtposition im Generalgouvernement zu instrumentalisieren. Frank musste der Einrichtung des Staatssekretariats für Sicherheitsfragen in der Regierung in Krakau unter Leitung vom HSSPF Krüger zustimmen.[93]

Der Fall Lasch schlug hohe Wellen. Verzweifelt versuchte Frank, nicht mit in die Tiefe gerissen zu werden und Vorwürfe gegen die allgemein verbreitete Korruption im Generalgouvernement abzuwehren. Im März 1942 sprach er vor dortigen Parteifunktionären: »Ich möchte aber zu diesem Fall Lasch sagen, daß kein Führer des Generalgouvernements, kein Beamter, kein Funktionär von irgendwelchem Rang außerhalb des engsten Kreises dieses besagten Herrn Lasch irgendwie in eine Korruptionsaffäre oder eine sonstige anrüchige Aktion einbezogen ist. Es ist daher die größte und gemeinste Lüge, gegen die wir uns leidenschaftlich zu verwahren haben, wenn von einer besonderen Krisis der Moral in wirtschaftlichen oder sonstigen Beziehungen des Generalgouvernements ge-

91 Urteil des OPG vom 30.9.1941, zitiert nach Bajohr, Parvenüs, S. 79.

92 Vgl. Pohl, Judenverfolgung, S. 76; Präg/Jacobmeyer, Diensttagebuch, S. 949; Sandkühler, »Endlösung«, S. 447 f.; Musial, Zivilverwaltung, S. 388 f.

93 Vgl. Dienstkalender, S. 434 (Eintrag vom 23.5.1942) u. S. 447 (2.6.1942); Eisenblätter, Grundlinien, S. 246. Einem Dokumentenfund im Archiv der Gedenkstätte Auschwitz zufolge starb Lasch am 1.6.1942 durch Freitod im Konzentrationslager Auschwitz. Vgl. Iwaszko/August, Dokument, passim. Faksimile der Sterbeurkunde ebenda, S. 243. Zum Verhör am 5.3.1942: Aktenvermerk Himmlers, Geheime Reichssache vom 5.3.1942, BAB, NS 19/3899, Bl. 27-29; RFSS an den Chef der Sicherheitspolizei und HSSPF Krüger, 18.3.1942, BAB, R 70 Polen/180, Bl. 16; Dienstkalender, S. 369 f. (Eintrag vom 5.3.1942); Eisenblätter, Grundlinien, S. 245; Broszat, Polenpolitik, S. 81 f.

sprochen wird.«[94] Die realen Verhältnisse und sein eigener Lebenswandel straften seine Worte Lügen. Die Korruption, Selbstbereicherung und Prunksucht waren mit allen pikanten Details über Wochen das Tagesgespräch. Gerade zwei Wochen nach seiner Ankunft in Krakau im April 1942 hatte Doering schon einen tiefen Einblick in die Zustände. Er berichtete seiner Mutter haarklein von der Affäre Lasch und wusste auch sonst allerlei Räuberpistolen zu berichten.[95]

Die Ursachen sah Doering klar: die »negative Auslese« und verbreitete Unfähigkeit des Personals in der Verwaltung. Empört schrieb er nach Hause: »Wenn ich denke, was früher ein bayerisches Ministerium war, was da für ein Betrieb, für eine Ordnung, für eine innere Sauberkeit u. Disziplin herrschte! Und dann das hier! Und überhaupt die Leute! Es ist gerade, als ob Deutschland seinen ganzen Schund u. Abschaum hier her geschickt hätte, der hier nichts tut, als angeben, jeder einzelne, ärger als 10 nackte Neger. […] Fast jeder, der hier ist, hat irgendwie Dreck am Stecken u. ist deshalb hierher abgeschoben worden. Statt dass man kolonisiert, wofür die Besten gerade gut genug wären, betrachtet man im Reich den Osten anscheinend als eine Art Müllhaufen, auf den man jeden Dreck abladen kann.«[96] Solche Klagen wurden auf allen Ebenen laut. Oft gelangten vorbestrafte Personen an verantwortliche Stellen in der Verwaltung oder als Treuhänder und bereicherten sich hemmungslos. Wurden solche Fälle aufgedeckt, stützten die vorgesetzten Behörden die Delinquenten teilweise trotzdem. Der SD im Distrikt Galizien drückte daher zugespitzt den Eindruck aus, »als ob korrupte und vorbelastete Personen im Generalgouvernement geradezu gesucht werden«[97].

Für die zügellosen Verhältnisse machte Doering auch Frank und dessen Führungsschwäche verantwortlich, denn dieser sei die meiste Zeit in Berlin oder auf seinem Gut in Krzeszowice/Kressendorf, während jeder tun und lassen könne, was er wolle. Der Leiter des SD für den Distrikt Galizien bemängelte, der Generalgouverneur erkenne für sich persönlich moralische oder gesetzliche Bindungen nicht an. Er leitete daraus eine

94 Präg/Jacobmeyer, Diensttagebuch, S. 476 (Eintrag vom 18.3.1942).

95 Briefe von H. Doering an seine Mutter, 11.5., 21.5., 12.6., 26.10. u. 29.6.1942.

96 Brief von H. Doering an seine Mutter, 29.6.1942. Das Thema zieht sich wie ein roter Faden durch die Briefe, zum Beispiel 11.5., 1.6., 5.6. u. 9.7.1942.

97 Der KdS für den Distrikt Galizien an das RSHA, betr. Verhalten der Reichsdeutschen in den besetzten Gebieten, 26.6.1943, BAB, R 58/1002, Bl. 130; auch Brief von H. Doering an seine Mutter, 29.6.1942.

verbreitete Korruptionsanfälligkeit ab, denn jeder könne sich auf das Verhalten Franks und seiner Familie berufen.[98]

Viele Kreishauptleute pflegten nicht nur einen großbürgerlichen und bisweilen pompösen Lebensstil, der dem des Generalgouverneurs und anderer hoher Mitglieder der Regierung nahezu gleichkam. Auch auf Kreisebene blühten Korruption, Selbstbereicherung und Schleichhandel. Beispielhaft ist der Fall des Kreishauptmanns des Kreises Ostrów im Distrikt Warschau, Karl Valentin. Auf ihn treffen die von Doering und dem SD angeführten Eigenschaften genau zu. Valentin, 1895 in Bremen geboren, stammte aus kleinen Verhältnissen. Nach dem Ersten Weltkrieg, an dem er als aktiver Soldat teilgenommen hatte, war er bis 1931 als selbstständiger Vertreter tätig gewesen. Bis zu Beginn der dreißiger Jahre befand er sich in großer wirtschaftlicher Not, geriet mit dem Gesetz in Konflikt, aber dann besserte sich seine Lage etwas. Er wurde Angestellter der Stadtverwaltung in Mönchengladbach. Valentin trat am 1. Dezember 1931 der NSDAP bei, im April 1933 der SA, in der er ab Oktober 1933 hauptamtlich tätig war. Mit der Machtübernahme, so Valentin 1938 in der Rückschau, habe für ihn ein neues Leben begonnen.[99] Während des Zweiten Weltkrieges begann für ihn ein rascher Aufstieg. Nachdem er von Januar 1940 bis Januar 1941 Soldat gewesen war, kam er ins Generalgouvernement, wurde persönlicher Referent des Gouverneurs in Warschau und am 19. Januar 1942 schließlich Kreishauptmann in Ostrów.

Die Verhältnisse in diesem Kreis waren nicht zum Besten bestellt. Die Stelle des Kreishauptmanns war seit der Abordnung von Valentins Vorgänger in den Distrikt Galizien im August 1941 unbesetzt, und zeitweise wurde die Auflösung der Kreishauptmannschaft erwogen. Kreishauptmann Valentin wies mehrfach auf allgemeine Missstände hin und mahnte ein entsprechendes Verhalten der Deutschen an: »Die Zeiten sind so schwierig, dass wir ein mustergültiges Verhalten in unserem dienstlichen und privaten Leben an den Tag legen müssen, nicht nur gegen uns selbst, sondern gegenüber Volk und Vaterland und Führer und hier ganz beson-

98 Briefe von H. Doering an seine Mutter, 29.6. u. 26.10.1942. Eine ähnliche Sicht, wenn auch aus anderen Motiven, hatten der HSSPF Krüger und der SD. SD-Bericht über »Entartung der Verwaltungsbeamten im GG«, 14.5.1943, IfZ, MA 641, fr. 2272f.; Ausarbeitung des HSSPF Krüger über die Verhältnisse im Generalgouvernement, 1943, BAB, NS 19/2664, Bl. 6ff.

99 Schreiben von Karl Valentin an den Reichsjustizminister, 7.5.1938, BAB (ehem. BDC), SA, Valentin, Karl, 1.8.1895.

ders gegenüber den Polen. Bisher ist das nicht der Fall gewesen.«[100] Auf einer späteren Besprechung wurde Valentin etwas konkreter. Er forderte eine bessere Zusammenarbeit innerhalb der Behörde ein, das frühere System, nach dem »jeder sein eigner Kreishauptmann«[101] gewesen sei, solle der Vergangenheit angehören. Bei der Beschlagnahmung von Textilien kam es zu Unterschlagungen und Besäufnissen, wofür Valentin zweien der Beteiligten androhte, sie bekämen »den Kopf ab«. Weiter berichtete er von einem Koch der Organisation Todt am Ort, der wegen Betrugs, Unterschlagung und Diebstahls verhaftet worden sei, und konstatierte, in der Kreishauptmannschaft dürfe so etwas nicht vorkommen. Jeder, der etwas über Verfehlungen wisse, solle sich an ihn wenden, bevor es zu spät sei. Energisch wandte er sich gegen die Mentalität, »im Osten« eine bessere Bezahlung zu genießen und sich frei von allen Pflichten der Partei zu fühlen. Die Angehörigen der Kreishauptmannschaft sollten sich, so Valentin, würdig erweisen und stolz darauf sein, dass sie »im Osten« tätig sein dürften, und Haltung zeigen, »und dann können wir uns ruhig abends mal hinsetzen und können über den Durst trinken. Ja das können wir.« Nur wer sich mit Polen an einen Tisch setze, müsse rücksichtslose Konsequenzen fürchten. Er warb für das Vertrauen seiner »Gefolgschaft« und sicherte ihr zu, das Bestmögliche nicht für den Kreis, sondern auch für sie herauszuholen: »Ich bemühe mich weiter für meine deutsche Gefolgschaft und im erweiterten Sinn auch für die für uns arbeitenden Polen, weil wir sie notwendig haben, das zu tun, was über dem Rahmen liegt. Ich enge mich nicht in die Paragraphen der Gesetzbücher ein. In keiner Weise. Ich weiss so wie so [!], dass ich mit einem Fuss da stehe, wo sie mich vielleicht hinbringen wollen. Zur Zeit handle ich. Mit zwei Beinen stehe ich im Konzentrationslager. Aber ich handle.«

Valentins Mahnungen und Anklagen erwiesen sich als Worthülsen. Einzig sein Versprechen, sich für das Wohl der Behördenangehörigen einzusetzen und sich nicht durch Gesetze binden zu lassen, stand nicht im Widerspruch zu seinem Handeln. Vor seinem Amtsantritt ist nach den Feststellungen des Sondergerichts Warschau wenig für die »Gefolgschaft« gesorgt worden, da es sich um einen armen Kreis handelte. Valentin habe den ausdrücklichen Auftrag erhalten, die Wohnverhältnisse der Angehörigen der Kreishauptmannschaft, die Einrichtung des Dienstgebäudes und seiner Dienstwohnung würdig zu gestalten. Er machte sich

100 Protokoll der Dienstbesprechung am 1. April 1942, APW, KHm Ostrów 75, Bl. 8.

101 Protokoll der Dienstbesprechung am 28. April 1942, ebenda, Bl. 23. Die folgenden Zitate ebenda, Bl. 24ff.

direkt daran und ließ eine große Garage für acht Autos und eine Werkstatt bauen. Eine Villa wurde für Valentin als Dienstwohnung komplett um- und ausgebaut sowie mit neuen Möbeln und Einrichtungsgegenständen ausgestattet. Für die Angehörigen der Kreishauptmannschaft besorgte er sogenannte Einheitszimmer und ließ Möbel nach eigens angefertigten Entwürfen herstellen. Da die Anschaffungen und Baumaßnahmen die vorhandenen Mittel jedoch weit überschritten, musste er sich das notwendige Geld auf anderem Wege beschaffen. Der Kreishauptmann griff dafür auf beschlagnahmtes Getreide zurück. Zwischenzeitlich aufgekommene Bedenken des Kreislandwirts konnte Valentin mit dem Hinweis auf die tatsächliche oder nur behauptete Billigung der Vorgehensweise durch den Leiter der Abteilung Ernährung und Landwirtschaft des Distrikts ausräumen.[102]

Später griff Valentin eigenmächtig, ohne den Kreislandwirt einzuschalten, auf beschlagnahmtes Getreide zurück. Es wurde gemahlen, nach Warschau geschafft und dort von Valentins Fahrer zur Begleichung von Rechnungen verwendet oder, wie andere Waren auch, wieder im Schleichhandel verkauft, dem es durch die Beschlagnahmungen zuvor entzogen worden war. Einen Teil des Erlöses benutzte Valentin, um verschiedenste Waren für sich und die »Gefolgschaft« zu beschaffen. Mit einem Teil des Gewinns aus diesem Schwarzmarktgeschäft beglich Valentin offene Rechnungen für Schneider- und Schusterarbeiten für seine Frau. Das Geld, das er ohne jede Buchführung bar im Tresor in seiner Wohnung verwahrte, gab er vor allem für den Bau der Garage und Werkstatt sowie für seine Wohnung aus, weniger jedoch für die Mitarbeiter.

Im Verfahren vor dem Sondergericht war Valentin weitgehend geständig. Die Richter hielten ihm zugute, dass dem Kreis entsprechende Gegenwerte zugefallen seien, so dass kein großer Nachteil entstanden sei. Sie verurteilten ihn zu einer Gefängnisstrafe von drei Jahren und einer Geldstrafe von 5000 Złoty. Strafmildernd wirkten sich seine frühe Mitgliedschaft in der Partei und die Tätigkeit in der SA aus. Darüber hinaus rechnete ihm das Gericht positiv an, dass er bei der Beschaffung von Waren und Möbeln für die Mitarbeiter in dem Glauben gehandelt haben könnte, sein Vorgehen würde durch den Distrikt gebilligt. Die Richter kritisierten in ihrem Urteil aber scharf, dass Valentin ausgerechnet einen Polen mit Tausch- und Schleichhandelsgeschäften beauftragt und sich

102 Hierzu und zum Folgenden: Urteil des Sondergerichts Warschau in der Strafsache gegen den früheren Kreishauptmann, Reichsdeutschen Karl-Friedrich Valentin, 3.7.1943, IPN, Regierung des GG I/5238, Bl. 19-29. Anklageschrift der Deutschen StA Warschau, 12.1.1943, ebenda, Bl. 4-9.

diesem somit ausgeliefert habe. Auch hätte er in seiner Position als Kreishauptmann ein Vorbild für andere sein sollen. Das Urteil wurde vollstreckt, Valentin musste seine Haftstrafe im Gefängnis in Landsberg am Lech absitzen.[103]

Ein später eingeleitetes Gnadenverfahren befürwortete die Parteikanzlei dahingehend, dass Valentin unter Aussetzung der Urteilsvollstreckung Gelegenheit zur »Frontbewährung« gegeben werden solle. Seine Verfehlungen, so das Hauptamt für Gnadensachen in der Parteikanzlei, seien in erster Linie auf die besonderen örtlichen Verhältnisse zurückzuführen und könnten nicht unbedingt als verbrecherisch bezeichnet werden. Der Chef der Sicherheitspolizei und des SD Ernst Kaltenbrunner sprach sich ebenfalls für eine Unterbrechung des Strafvollzugs und die »Rehabilitation« Valentins in einer »Sonderformation« der Waffen-SS aus. Dessen Handeln, so Kaltenbrunner, sei nicht auf eine etwaige kriminelle Veranlagung zurückzuführen, sondern liege vielmehr »vorwiegend in den chaotischen Zuständen innerhalb des gesamten Wirtschaftslebens im Generalgouvernement« begründet. Nach mehr als einem Jahr Gefängnishaft erhielt Valentin die Chance zur »Frontbewährung«: Im Oktober 1944 kam er deshalb als Grenadier zu einer SS-Einheit. Noch vor dem Urteilsspruch des Sondergerichts wurde Valentin am 18. März 1943 durch eine einstweilige Verfügung des Arbeitsbereichs Generalgouvernement der NSDAP aus der Partei ausgeschlossen.[104]

Zur weitverbreiteten Korruption und Selbstbereicherung im Generalgouvernement trugen etliche Faktoren bei. Eine wesentliche Ursache ist in der antisemitischen und polenfeindlichen Einstellung vieler Deutscher und der rassischen Hierarchisierung der Besatzungsgesellschaft zu sehen. Die Vernichtungs- und Raubpolitik im besetzten Polen schuf für viele überhaupt erst die Möglichkeit, sich auf Kosten der verfolgten Bevölkerung zu bereichern und ein verhältnismäßig prunkvolles Leben zu führen. Nach der Rationierung von Lebensmitteln und kriegswirtschaftlich

103 L.E., Eidesstattliche Erklärung, 25.9.1948, StArch München, SpKa 1860. L.E. war ein Mithäftling Valentins in Landsberg.

104 Der Chef der Sicherheitspolizei und des SD an den Reichsminister der Justiz, Oktober 1944, IPN, Regierung des GG I/5238, Bl. 83f. (Zitat Bl. 83v); Kanzlei des Führers der NSDAP, Haupt-Amt für Gnadensachen, an die Regierung des GG, Hauptabteilung Justiz, betr. Gnadensache Karl Wilhelm Valentin, 3.6.1944, ebenda, Bl. 63. Der Ausgang des Gnadenverfahrens ist nicht bekannt. Karl Valentin, Meldebogen, 12.7.1948, StArch München, SpKa 1860, o.P.; NSDAP Arbeitsbereich Generalgouvernement, Einstweilige Verfügung, 18.3.1943, BAB (ehem. BDC), PK, Valentin, Karl, 1.8.1895.

bedingten Einschränkungen im Reich bot sich im Generalgouvernement plötzlich wieder die Gelegenheit, auf offiziellem, vor allem aber auf inoffiziellem Wege an alle Waren heranzukommen. Dies nutzten viele auf Kosten von Polen und Juden weidlich aus. Dass die Vermögenswerte einer Bevölkerung geraubt wurden, die sie als minderwertig ansahen, dürfte in den Augen der Besatzer legitimierend für ihr korruptes Verhalten und »Herrenmenschengebaren« gewirkt haben. Die Entrechtung der gesamten Bevölkerung beförderte die Korruption auch insofern, als diese eine der wenigen Möglichkeiten für Polen und Juden war, die eigenen Interessen den Besatzern gegenüber zu vertreten und durchzusetzen.[105]

Ein weiterer Faktor ist der Aufbau der Besatzungsverwaltung. Sie war, vor allem auch auf Kreisebene, mit relativ wenigen Beamten und Angestellten besetzt. Diese setzten die NS-Politik auf Kosten der entrechteten Bevölkerung rücksichtslos und willkürlich durch, ohne den Bindungen und Normen durchbürokratisierter Apparate wie im Reich unterworfen zu sein. Dies galt umso mehr, je weiter entfernt von der Zentrale in Berlin oder Krakau die Deutschen agierten. In der Provinz waren relativ wenige Deutsche tätig, Kontrollinstanzen bezüglich ihres Verhaltens gab es kaum.[106] Der Kreishauptmann war in der Regel auch Standortführer der NSDAP im Kreis, so dass eine wirksame Kontrolle durch die Partei kaum stattfinden konnte. Die Personalpolitik, die eine Vettern- und Cliquenwirtschaft beförderte, begünstigte das Entstehen enthemmter korrupter Milieus, in deren Zentrum nicht selten der Kreishauptmann selbst stand. Ihm bot sich, wie anderen Besatzungsfunktionären auch, die Möglichkeit, in kürzester Zeit einen luxuriösen und prunkvollen Lebensstil und Lebensstandard zu erreichen, der ihm im »Altreich« unter ›normalen‹ Umständen verwehrt geblieben wäre. Überdies bestand das Verwaltungspersonal zu einem Gutteil aus geringqualifizierten Beamten und Angestellten, die aus dem Reich ›abgeschoben‹ worden waren. Auch Kriminelle und Glücksritter zog das Generalgouvernement magisch an.

105 Vgl. Bajohr, Parvenüs, S. 76; Gross, Polish Society, S. 145 ff.

106 Vgl. Bajohr, Parvenüs, S. 75 f.; Pohl, Judenverfolgung, S. 302; Madajczyk, Okkupationspolitik, S. 181.

II. Die deutsche Zivilverwaltung im besetzten Polen

1. Der bürokratische Apparat

Der Aufbau der Verwaltung begann unmittelbar nach der Besetzung und erfolgte von unten, die Kreise genossen dabei zunächst Priorität. Dort übernahmen meist abgeordnete Verwaltungsbeamte aus dem Reich als sogenannte Land- oder Stadtkommissare[1] die Leitung. Sie standen der unterworfenen polnischen Bevölkerung anfangs weitgehend alleine gegenüber; nur eine Handvoll Männer, der sogenannte Verwaltungstrupp, unterstützte sie: zwei Schreibkräfte, zwei Fahrer, ein Truppführer, ein mittlerer Beamter sowie ein Bauer als Kreislandwirt.[2]

Im Zentrum stand zunächst, »Ruhe und Ordnung« aufrechtzuerhalten, Verwaltung und Wirtschaft in Gang zu halten sowie die Ernährung der Bevölkerung sicherzustellen, daneben genoss die Vorbereitung der Rekrutierung polnischer Arbeitskräfte Priorität. Die Vollmachten der Landkommissare gingen weit über das im Reich übliche Maß hinaus; sie waren ermächtigt, Geiseln festzusetzen und die Bevölkerung über deren drohende Erschießung bei feindlichen Handlungen zu informieren. Das Chaos bescherte den Landkommissaren große Handlungsspielräume. Zudem ermächtigten die Chefs der Zivilverwaltung (CdZ) sie ausdrücklich, Entscheidungen je nach Lage selbstständig zu treffen.[3] Das entsprach den rudimentären und verspäteten Kenntnissen des jeweiligen Verordnungsstandes. Der Landkommissar in Jarosław beklagte, dass Befehle und Verordnungen mit einer Verspätung von zwei Wochen einträfen. Die Ausstattung mit Pkw, Benzin und Telefon ließ ebenfalls zu

1 Die Bezeichnung variierte, manche führten den Titel »Landrat«, andere »Land- bzw. Stadtkommissar«. Im Folgenden wird zur Vereinheitlichung der Titel »Land- bzw. Stadtkommissar« verwendet.

2 Vgl. Umbreit, Militärverwaltungen, S. 85-128; Gollert, Warschau, S. 74.

3 Der CdZ beim AOK 8, Tagesbefehl Nr. 1, 4.9.1939, AAN, Regierung des GG 9c/1, Bl. 1ff.; Der CdZ beim AOK 8, Tagesbefehl Nr. 3, 11.9.1939, ebenda, Bl. 15; Der CdZ beim AOK 10, Tagesbefehl Nr. 1, 8.9.1939, BAL, B 162/Dok.-Slg., Ordn. Polen 347, Bl. 470ff.; Der CdZ beim AOK 10, Tagesbefehl Nr. 5, ebenda, Bl. 474f.; Umbreit, Militärverwaltungen, S. 120ff.

wünschen übrig, so dass es selbst innerhalb der Kreise zunächst Kommunikations- und Verbindungsprobleme in erheblichem Ausmaß gab.[4]

Zusätzlich fanden die Deutschen in den Kreisen chaotische Zustände vor. Die polnische Verwaltung war in der Regel verwaist, Akten waren teilweise zerstört oder evakuiert, die Kassen leer. Wegen der Kriegshandlungen waren Hunderttausende in östliche Richtung geflohen, danach strömten viele in ihre Heimatorte zurück. Etliche Städte waren nahezu vollständig oder zumindest erheblich zerstört, die Wasser- und Stromversorgung war komplett zusammengebrochen oder nur in Teilen funktionsfähig. Bahnhöfe, Eisenbahnstrecken, Brücken und auch Straßen waren vielerorts zerbombt. Der Krieg hatte die Einbringung der Ernte und Feldbestellung gestört. Die Sicherheitslage war äußerst schlecht, da beim Rückzug der polnischen Militärverbände vielfach die Gefängnistore geöffnet worden waren. Auch versteckten sich versprengte Truppen in den Wäldern, und viele Waffen waren im Umlauf.[5]

Der Mangel an Exekutivkräften erschwerte die »Befriedung« des Landes und den Aufbau der Verwaltung zusätzlich. Pro Kreis waren häufig nur sechs bis sieben Gendarmeriebeamte verfügbar, zum Teil fehlten selbst sie. Dann waren den Landkommissaren die Hände gebunden, Anordnungen mit Strafandrohung waren sinnlos oder verpufften.[6] Einige griffen von Beginn an zu brutalen Maßnahmen, um ihre Erlasse durchzusetzen, so etwa Reinhold Eckert, Landkommissar des Kreises Tarnobrzeg: »Auch in der hiesigen Stadt wurde trotz meines Verbots unter Androhung des Erschießens ruhig weiter geplündert. Aus diesem Grund habe ich gestern 2 Plünderer, die auf der Tat ertappt wurden sofort, und einen weiteren Plünderer heute öffentlich erschießen lassen. Bei diesem niederstehenden Volk nützen gute Worte nichts mehr. Ein solches Gesindel fürchtet nur noch das energische Vorgehen. Ich hoffe, daß ich

4 Lagebericht des Landkommissars in Jarosław, 19.10.1939, BA-MA, RH 20-14/177, Bl. 323; Umbreit, Militärverwaltungen, S. 253 ff.

5 Vgl. Karmiński, Diariusz, S. 36-73; Nałkowska, Dzienniki, S. 45 ff.; Klukowski, Dziennik, S. 22 ff.; Rybicki, Pod znakiem, S. 18 ff.; Amt des Chefs des Distrikts Warschau, Bericht II, Die innere Verwaltung im Distrikt Warschau, Halbjahresbericht, 1940, BAL B 162/Dok.-Slg., Ordn. Polen 348, Bl. 719 ff; Bericht des Kreishauptmanns des Kreises Jędrzejów über die Aufbauarbeit, 25.2.1941, USHMM, RG-15.054 M, reel 1; Musial, Zivilverwaltung, S. 14.

6 Lagebericht des Landkommissars von Nowy Sącz/Neu-Sandez, 18.10.1939, BA-MA, RH 20-14/177, Bl. 394; Lagebericht des Landrats der Kreise Bochnia und Brzesko, 21.9.1939, ebenda, Bl. 420; Lagebericht Nr. 1 des Landkommissars in Dębica, 18.10.1939, ebenda, Bl. 386; Bericht des Landrats in Ostrów an den CdZ, Sonderstab Südostpreußen, 21.10.1939, APW, KHm Ostrów 16, Bl. 1.

jetzt durch diese Aktion Ruhe bekomme, zumal ich in allen Gemeinden Bekanntmachungen über die vollzogene Erschießung habe anschlagen lassen.«[7]

Die beinahe anarchischen Zustände begünstigten eigenmächtiges, zunehmend radikalisiertes Handeln. Leute wie Eckert arbeiteten auf diese Weise dem »Führer« entgegen, der radikale Ziele im besetzten Polen verfolgte und deswegen die Militärverwaltung abrupt zum 25. Oktober 1939 enden ließ. Hitler wollte sich freimachen von völkerrechtlichen und gesetzlichen Bindungen und den Krieg gegen Polen gleichsam mit anderen Mitteln fortführen.[8] Diesem »harten Volkstumskampf« sollten alle anderen Angelegenheiten untergeordnet werden, damit Deutschland »nicht noch einmal« wegen Polen in einen Krieg ziehen müsse. Die Führung des Generalgouvernements sollte im Bereich der sogenannten Volkstumspolitik die Möglichkeit schaffen, »das Reichsgebiet von Juden und Polacken zu reinigen«. Außerdem gelte es zu verhindern, dass »eine polnische Intelligenz sich als Führerschicht aufmacht«; in der Verwaltung durften zwar Polen beschäftigt werden, eine »nationale Zellenbildung darf aber nicht zugelassen werden«.[9] Insbesondere wegen der Massenmorde an der polnischen Elite durch die Einsatzgruppen der Sicherheitspolizei und des SD in den ersten Tagen und Wochen der Besetzung Polens hinter der Front kam es zu Konflikten mit Teilen der Wehrmacht. Nicht zuletzt diese Auseinandersetzungen führten zum beschleunigten Abbruch der Militärverwaltung. Die Wehrmacht, so Hitler, solle es begrüßen, wenn sie die Verwaltung in Polen abgeben könne.[10]

Mit dem Generalgouvernement wurde bewusst ein völkerrechtliches Niemandsland geschaffen, sein rechtlicher Status blieb bis zum Ende offen. Weder wurde es Teil des Deutschen Reiches, noch sollte es den völkerrechtlichen Status eines Besatzungsgebiets besitzen, die Bestimmungen der Haager Landkriegsordnung und der Genfer Konvention sollten nicht im Wege stehen. Mit nebulösen Phrasen vom sogenannten »Nebenland« des Deutschen Reiches, vom »Vorplatz des Reiches« oder vom »Vorposten im Osten« wurde dieser Schwebezustand tituliert, an dem

7 Lagebericht des Landkommissars in Tarnobrzeg, 13.10.1939, ebenda, Bl. 374.

8 Eisenblätter, Grundlinien, S. 6ff. u. 66ff.; Broszat Polenpolitik, S. 33ff.

9 Besprechung des Führers mit Chef OKW über die künftige Gestaltung der polnischen Verhältnisse zu Deutschland (vom 17.10.1939 abds.), 20.10.1939, in: IMT, Bd. XXVI, S. 378f. (Dok. PS-864).

10 Vgl. ebenda; Krausnick, Hitlers Einsatzgruppen, S. 26ff.; Weitbrecht, Exekutionsauftrag, passim; Mallmann, Menschenjagd, S. 294ff.; Rossino, Hitler, passim; Krausnick, Hitler, passim.

sich bis zum Kriegsende nichts mehr änderte. Das Konstrukt bot eine zunächst wichtige Voraussetzung für die grenzenlose Entfaltung der deutschen Willkürherrschaft in Polen.[11]

Am 26. Oktober 1939 begann die Geschichte des Generalgouvernements und der Herrschaft seines obersten Machthabers Frank. Die Vorbereitungen einer Zivilverwaltung im besetzten Polen waren über improvisierte Anfänge hinaus nicht weit gediehen. Der eigentliche Aufbau setzte erst mit Schaffung des Generalgouvernements ein und sollte noch einige Monate in Anspruch nehmen. Die übereilte Gründung führte nach Auffassung von Martin Broszat zu einem »anarchischen Rechtsvakuum«, das für »verfahrenslose« Aktionen gegen Polen und Juden offenstand.[12]

Die deutsche Zivilverwaltung gliederte sich in drei Ebenen: An der Spitze stand, mit Sitz in Krakau, der Generalgouverneur. Unterhalb dieser Zentrale wurden die vier Distrikte Warschau, Krakau, Radom und Lublin eingerichtet, geführt von den Distriktchefs und ihren Verwaltungsapparaten. Nach dem Überfall auf die Sowjetunion kam der Distrikt Galizien hinzu, der die ehemals polnischen Gebiete Ostgaliziens umfasste. Die unterste Stufe stellten die Kreis- und Stadthauptmannschaften dar, geleitet von den Kreis- und Stadthauptleuten.[13] In vielen Kreisen richteten sie Land- oder Stadtkommissariate als Außenstellen ein. Diese waren keine eigenständige deutsche Verwaltungsstufe, sondern Teil der Kreisverwaltung. Unterhalb der deutschen Verwaltung existierte eine polnische bzw. ukrainische »Selbstverwaltung« auf Gemeindeebene, die unter totaler Aufsicht und Kontrolle der deutschen Verwaltung stand. Bei der jüdischen Bevölkerung des Generalgouvernements kann noch viel weniger von einer »Selbstverwaltung« gesprochen werden. Hier nahmen die sogenannten Judenräte gezwungenermaßen die Rolle der Empfänger und Exekutoren deutscher Befehle ein.

Die Besatzungsverwaltung sollte nach dem Prinzip der Einheit der Verwaltung funktionieren, Ressortprinzip und Sonderverwaltungen sollten also abgeschafft und auf allen drei Ebenen – Regierung, Distrikt und Kreis – unter der einheitlichen Leitung eines sogenannten Verwaltungsführers zusammengefasst werden. Damit beabsichtigte Frank eine Stärkung der Kreishauptleute, die in seinen Augen das Rückgrat der deutschen Besatzungsherrschaft bildeten. Mit dem »Verwaltungsführer« war

11 Vgl. Broszat, Polenpolitik, S. 70 ff.; Majer, »Fremdvölkische«, S. 466 ff.

12 Vgl. Broszat, Polenpolitik, S. 35.

13 Vgl. Erste Verordnung über den Aufbau der Verwaltung der besetzten polnischen Gebiete, 26.10.1939, in: Doc. Occ. VI, S. 54 ff.

die Hoffnung verbunden, den im Reich allgegenwärtigen Dualismus von Staat und Partei überwinden zu können; er sollte im Sinne dieses Konzepts eine starke Persönlichkeit mit hoher Durchsetzungsfähigkeit sein und eigenverantwortlich, initiativ und unbürokratisch handeln. Das hieß, er sollte nicht nur am Schreibtisch herrschen. In der Praxis stieß das Konzept vor allem auf den Widerstand von Polizei und SS, die im Generalgouvernement ein um Verwaltungsfragen unbekümmertes Eigenleben entfalteten. Aber auch Sonderverwaltungen wie die der Bahn, der Post und andere entzogen sich der Unterordnung unter den Verwaltungsführer. Zum Teil arbeiteten innerhalb eines Kreises mehrere Dienststellen neben- oder auch gegeneinander, ohne dass der Kreishauptmann nähere Kenntnis dieser Aktivitäten besaß. Und ohnedies ging man beim Versuch, die Einheit der Verwaltung durchzusetzen, nicht konsequent vor. Letztlich scheiterte dieser Ansatz aber an seinem hohen Anspruch an das Ideal des »Verwaltungsführers«, das sich angesichts des Personalmangels und der verbreiteten schlechten fachlichen Qualifikation des Personals nicht verwirklichen ließ.[14]

Die Kreis- und Stadthauptmannschaften

Mit der Gründung des Generalgouvernements kehrte sich das in der Theorie weiterhin verfochtene Prinzip, die Verwaltung von unten aufzubauen, in der Praxis tendenziell um. Die Verwaltungsapparate der Distrikte und der Zentrale in Krakau blähten sich immer mehr zu einem regelrechten Wasserkopf der Besatzungsverwaltung auf, während die Kreise angesichts der Personalnot unter der Last zusammenzubrechen drohten. Versuche, dem mit einer neuen Verwaltungseinteilung gleich zu Beginn gegenzusteuern, verhinderten allenfalls den Kollaps, eine nachhaltige Besserung brachten sie aber nicht. Immerhin reduzierte man die früher 72 polnischen Kreise zum 1. Januar 1940 auf 40 Kreis- und sechs Stadthauptmannschaften. Die Folge davon war ein erheblich weitmaschigeres Verwaltungsnetz als im Deutschen Reich. Im Vergleich zu den dortigen

14 DTB 19.1.1940, BAB, R 52 II/225, Bl. 31; Präsident der Abteilung Innere Verwaltung, Eberhard Westerkamp, Denkschrift über die Grundlagen der weiteren Verwaltungsführung im Generalgouvernement, 21.11.1940, USHMM, RG-15.031 M, reel 1; Bericht des Kreishauptmanns von Łowicz, 20.06.1940, BAL, B 162/ Dok.-Slg., Ordn. Polen 348, Bl. 628 ff.; Bericht des Kreishauptmanns in Siedlce für den Monat Januar 1942, 4.2.1942, ebenda, Bl. 807 ff.; Der Kreishauptmann des Kreises Warschau-Land, Lagebericht für Dezember 1940, 8.1.1941, APW, KHm Warschau-Land 3, Bl. 80; Majer, »Fremdvölkische«, S. 487 ff.

Landkreisen waren die Kreise im Generalgouvernement in der Regel um ein Vielfaches größer. Der kleinste Kreis erstreckte sich über ein Gebiet von rund 939 Quadratkilometern, der größte umfasste 4506 Quadratkilometer. Der Durchschnitt lag bei 2551 Quadratkilometer. Die Einwohnerzahl reichte von nur 95685 bis 550405 und betrug durchschnittlich rund 253000 Einwohner. Die Bevölkerungszahl der Landkreise im Deutschen Reich dagegen lag durchschnittlich bei nur rund 58000, die Fläche bewegte sich im Schnitt um 600 Quadratkilometer.[15]

Die Aufteilung der Kreis- und Stadthauptmannschaften änderte sich mehrfach. Im Distrikt Warschau reduzierte sich die Zahl durch die Zusammenlegung der Kreise Skierniewice und Łowicz im April 1941 auf neun. Nach dem Überfall auf die Sowjetunion und der Vergrößerung des Generalgouvernements um einen Distrikt veränderte sich die Zahl der Kreise im Distrikt Krakau, da dort auch Grenzen verschoben wurden. Neu entstanden die Kreise Krosno und Przemyśl. Im Distrikt Galizien gab es zunächst 15, durch schrittweise Zusammenlegung dann zwölf Kreise. Auch die Zahl der Stadthauptmannschaften schwankte. Neben den vier Distrikthauptstädten waren auch Tschenstochau und Chełm zunächst Stadthauptmannschaft. Chełm wurde jedoch Ende Mai 1940 zur kreisangehörigen Stadt und verlor damit ihren Status als eigenständige Stadthauptmannschaft. Mitte Juli 1940 wurde der deutsch besetzte Teil der seit dem deutsch-sowjetischen Grenzvertrag geteilten Stadt Przemyśl zum Stadtkreis unter dem programmatischen Namen Deutsch-Przemyśl. Am 2. September 1940 folgte Kielce und wurde siebte Stadthauptmannschaft. Nach der Erweiterung des Generalgouvernements um den Distrikt Galizien am 1. August 1941 erhöhte sich die Zahl kurzzeitig auf acht. Mit der Neubildung der Kreishauptmannschaft Przemyśl verlor die Stadt aber ihren kreisfreien Status. Mit dem Wechsel des Kreishauptmanns von Kielce in den Distrikt Galizien wurden Stadt und Kreis Kielce in Per-

15 Zahlen und Berechnungen nach: Amt des Generalgouverneurs für die besetzten polnischen Gebiete, Abteilung Ernährung und Landwirtschaft, Statistisches Amt, Die Ernährungs- und Landwirtschaft im Generalgouvernement für die besetzten polnischen Gebiete, Reihe B: Gemeindeverzeichnis und Einwohnerstand vom 1.6.1940, Heft 6, Krakau 1940, S. 5, 16, 27 u. 38. Mit den Kreisen des Distrikts Galizien erhöhten sich die Durchschnittswerte ab August 1941 etwas. Zahlen zum Deutschen Reich (Stand 1933) berechnet auf Grundlage von Sozialgeschichtliches Arbeitsbuch, Bd. 3, S. 172. Ein genauer Durchschnittswert der Fläche ließ sich mit diesem Zahlenmaterial nicht erstellen, die genannten 600 km² sind daher nur ein Näherungswert, der einen ungefähren Eindruck von den Relationen vermitteln soll.

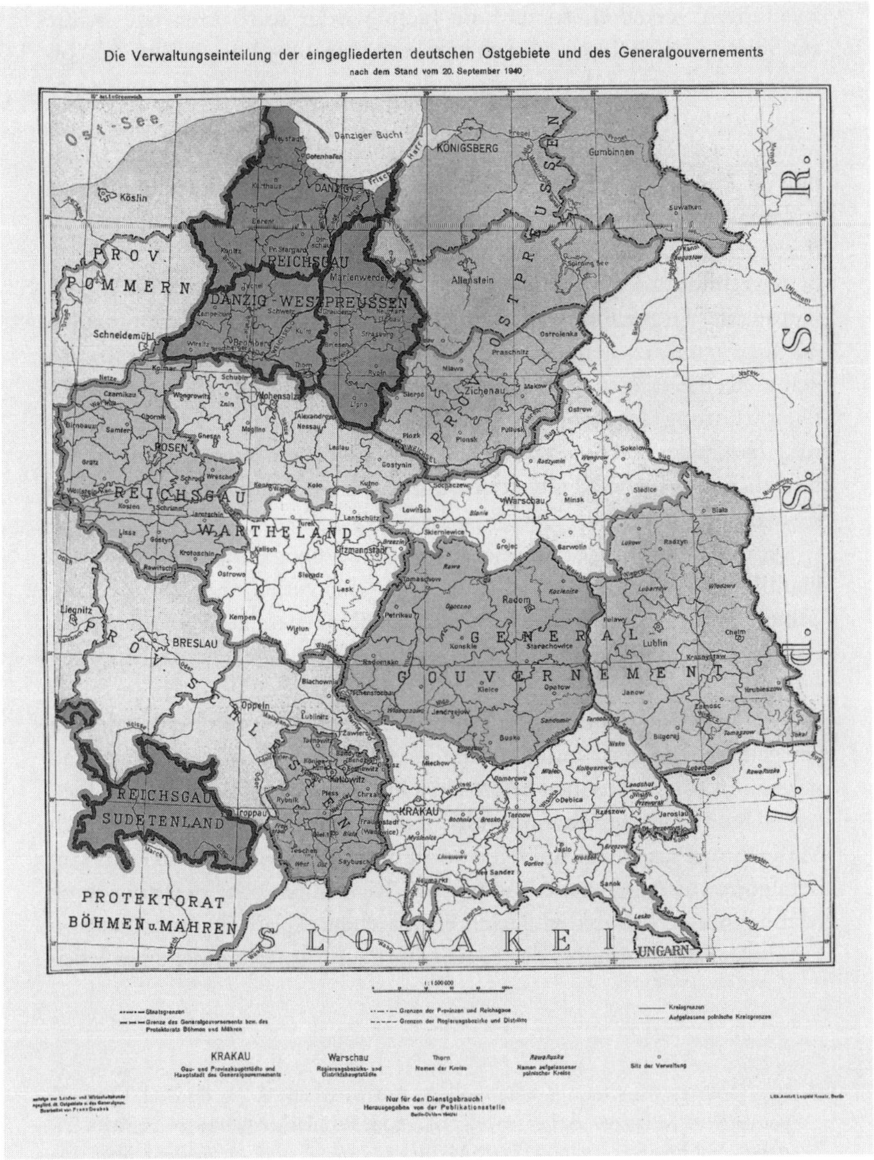

Quelle: Kartenfolge zur Landes- und Wirtschaftskunde der eingegliederten Ostgebiete und des Generalgouvernements, bearb. von Franz Doubek. Berlin: Publikationsstelle Berlin-Dahlem, 1942. Bl. 1: Die Verwaltungseinteilung der eingegliederten deutschen Ostgebiete und des Generalgouvernements nach dem Stand vom 20. Sept. 1940.
Mit freundlicher Genehmigung des Herder-Instituts, Marburg

sonalunion verwaltet, so dass de facto wieder sechs kreisfreie Städte existierten. Diese Bewegungen kamen Mitte 1943 zum Stillstand; bis Kriegsende bestand das Generalgouvernement aus 53 Kreis- und sechs Stadthauptmannschaften.[16]

Die Macht der Kreishauptleute war erheblich größer als die der Landräte im Altreich. Ihr Zuständigkeitsbereich war wesentlich weiter gefasst, zudem waren sie weniger eingeengt durch ein Geflecht zuweilen konkurrierender Behörden, wie es sich im Reich in jahrzehntelanger Tradition herausgebildet hatte. Vor allem waren Reibungen mit der NSDAP von vornherein ausgeschlossen, da die Kreishauptleute ab Sommer 1940 in der Regel zugleich deren »Standortführer« in den Kreisen waren, es also keine eigenständigen Kreisleiter gab. Dem Kreishauptmann oblag die Durchführung der Anordnungen und Maßnahmen, die von der Regierung in Krakau beschlossen wurden. Er sollte »der alleinige Vertreter der Regierung des Generalgouvernements« auf Kreisebene sein und war dem Gouverneur unterstellt.[17]

Die Kreis- und Stadthauptleute verfügten über einen relativ großen Handlungsspielraum. Das geht auch auf die Verhältnisse zur Zeit der Militärverwaltung und der ersten Monate des Generalgouvernements zurück, als sie weitgehend auf sich gestellt waren. Die Distriktbehörden und die Zentrale in Krakau waren erst im Aufbau begriffen, einige Bereiche waren überhaupt nicht oder nur sehr allgemein durch Verordnungen geregelt, so dass der Kreishauptmann selbstständig handeln konnte und musste. In einer offiziellen Selbstdarstellung des Distrikts Warschau hieß es: »Der Kreishauptmann muß daher häufig selbstverantwortlich Maßnahmen und Anordnungen so durchführen, wie sie den vom Generalgouverneur gegebenen politischen Richtlinien oder den aus seinen Maßnahmen erkennbaren Zielen entsprechen. An die Verantwortungsfreudigkeit und Initiative des Kreishauptmanns sowie an die eines jeden

16 Vgl. Gollert, Warschau, S. 308; Gollert, Aufbauarbeit, S. 46; du Prel, Generalgouvernement (1940), S. 88, 101, 147 f. u. 204; Rundschreiben des Chefs des Distrikts Lublin, 20.6.1940, USHMM, RG-15.056 M, reel 12; Bericht über den Aufbau im Generalgouvernement bis 1. Juli 1940, BAB, R 52II/247, S. 40; Ein Jahr Aufbauarbeit im Distrikt Krakau. Krakau 1940, S. 23; Präg/Jacobmeyer, Diensttagebuch, S. 97; Wąsik, Urząd Kreishauptmanna, S. 519.

17 Vgl. Zweite Verordnung über den Aufbau der Verwaltung des Generalgouvernements (Verordnung über die Einheit der Verwaltung), 1.12.1940, in: Doc. Occ. VI, S. 59. Zitat ebenda; Nolzen, Arbeitsbereich, S. 254 f.

seiner Mitarbeiter werden daher große Anforderungen gestellt.«[18] Richtschnur für die Arbeit war immer das Interesse des Reiches.

Andere Aufgabenbereiche der Kreis- und Stadthauptleute wiederum brachten derart viele Verordnungen und Arbeiten mit sich, dass die schwach besetzten Dienststellen diese nicht bewältigen konnten. Daher war es am Kreishauptmann, Prioritäten zu setzen. Viele Kreishauptleute klagten schon sehr früh über die Verordnungsflut; und bis zum Ende der Besatzungsherrschaft sollte sich wenig daran ändern.[19] Die Probleme, aber auch Möglichkeiten der Anfangszeit wiederholten sich ab August 1941 in den Kreisen des Distrikts Galiziens. Dort hatten die Kreishauptleute erneut größere Handlungsspielräume. »Wir konnten machen, was wir wollten«, berichtete Wilhelm Rebay von Ehrenwiesen noch 60 Jahre später erinnerungsselig über diese zweite Aufbruchphase.[20]

Die herausgehobene Stellung des Kreishauptmanns ergab sich auch aus dem Umstand, dass er direkten Kontakt zur Bevölkerung hatte. Ihm stand eine naturgemäß weitgehend feindlich gesinnte Bevölkerung gegenüber, so dass er ganz andere Herausforderungen bewältigen musste als ein Landrat im Reich. Infolgedessen verstand er, den Erwartungen »von oben« entsprechend, seine Arbeit als politische Herrschaftsausübung und weniger als bürokratisches Verwalten. Die Kreishauptleute setzten die Richtlinien und Verordnungen der Zentrale und der Distrikte in die Praxis um und formten damit in entscheidender Weise die Besatzungswirklichkeit.[21] Daher hingen die Wirkung und der Erfolg der Besatzungspolitik entscheidend von der Arbeit und dem persönlichen Geschick des einzelnen Kreishauptmanns ab. Der Generalgouverneur betrachtete die Kreishauptleute als Rückgrat seiner Politik im Generalgouvernement. Er bot ihnen in der Regel Rückendeckung, selbst wenn sich ein Kreishauptmann einmal über seine Befugnisse hinwegsetzte, was Frank ausdrücklich als die »typisch östlich illegale Art« lobte.[22]

Die Zuständigkeiten der Kreishauptleute waren nicht umfassend gesetzlich geregelt, sie leiteten sich teilweise aus denen der Distriktverwaltung und der Regierung sowie aus einer Reihe von Verordnungen für jeweils einzelne Bereiche der Verwaltungstätigkeit ab. Grob gefasst ge-

18 Gollert, Warschau, S. 88.

19 DTB 19.1.1940, BAB, R 52II/225, Bl. 29 ff.; Präg/Jacobmeyer, Diensttagebuch, S. 415 (Eintrag vom 16.10.1941).

20 Interview mit Wilhelm Rebay von Ehrenwiesen, 3.12.2003.

21 Bericht über den Aufbau im Generalgouvernement bis 1. Juli 1940, BAB, R 52II/247, S. 42.

22 DTB 16.10.1941, BAB, R 52II/239, Bl. 52.

hörte all das in ihren Kompetenzbereich, wofür keine Sonderbehörde existierte. Zentrale Aufgaben waren die Sicherung und Festigung der deutschen Herrschaft, die Erfassung der Kontingente in der Landwirtschaft sowie der Arbeitskräfte, die Erschließung der Rohstoffreserven, die Sicherstellung einer funktionsfähigen Wirtschaft sowie die Aufsicht und Kontrolle über die polnische, ukrainische und jüdische »Selbstverwaltung«. Darüber hinaus waren die Kreishauptleute für das Pass- und Meldewesen, die Preisüberwachung, die Bekämpfung des Schleichhandels, die staatliche Fürsorge für Deutsche und Polen, das Straßenverkehrswesen, die Beaufsichtigung der Krankenhäuser und des medizinischen Personals zuständig. Der Sektor der landwirtschaftlichen Produktion fiel ebenfalls in ihren Bereich und umfasste die Bereitstellung und Verteilung von Saatgut und Düngemitteln sowie neben der Erfassung der Kontingente auch deren Lagerung und Verteilung. Außerdem führte die Kreishauptmannschaft die Schulaufsicht über die Volks- und Fachschulen und kümmerte sich um die kulturelle Betreuung vor allem der Reichs- und Volksdeutschen.[23]

Anfangs bestand kein einheitliches Organisationsschema; jeder Kreishauptmann konnte seine Behörde nach eigenem Ermessen aufbauen und sie an die jeweiligen Verhältnisse anpassen. Ende März 1941 schließlich wurde die Ein- oder Angliederung einer Reihe von Sonderbehörden bis zum 1. Mai verfügt. Eingegliedert werden mussten der Amtsarzt, das Straßenverkehrsamt, das deutsche Standesamt, die Preisüberwachungsstelle, der Kreislandwirt und der Kreisschulrat. Anzugliedern waren der Finanzinspekteur, die Landinspektion, die Wasserwirtschaftsinspektion, das Arbeitsamt, das Forstaufsichtsamt und die Strombauinspektion. Ferner wurden der Kreishauptmannschaft Behörden unterstellt, die von »Nichtdeutschen« geleitet wurden: Kreisvermessungsamt, Amtstierarzt, Eichamt, Landinspektion und Wasserwirtschaftsamt. Im Falle der Eingliederung wurde der Kreishauptmann Dienstvorgesetzter des jeweiligen Behördenleiters; bei der Angliederung bestand die Sonderbehörde als selbstverantwortlich arbeitendes Amt fort, der Kreishauptmann besaß aber ein Weisungsrecht, »soweit es zur Wahrung einer einheitlichen politischen Linie oder zum Ausgleich widerstreitender Gesichtspunkte mehrerer Verwaltungszweige notwendig« war.[24] Mancherorts sind diese

23 Vgl. Erste Verordnung über den Aufbau der Verwaltung der besetzten polnischen Gebiete, 26.10.1939, in: Doc. Occ. VI, S: 56; Kreishauptmann Albrecht, Die Verwaltung einer Kreishauptmannschaft, IPN, NTN 381, Bl. 111-133.

24 Verwaltungsanordnung Nr. 2 zur Verordnung über die Einheit der Verwaltung vom 1. Dezember 1940, 31.3.1941, APR, Der Gouverneur des Distrikts Radom 34,

Schritte schon früher vorgenommen worden. Insbesondere im Falle der Angliederung hing es in erheblichem Maße von den Persönlichkeiten der Leiter der Sonderbehörde sowie des Kreishauptmanns ab, wie sich das Verhältnis in der Praxis gestaltete.

Im April 1941 regelte eine Verwaltungsanordnung endlich die Gliederung der Dienststelle der Kreishauptleute einheitlich. Demnach teilte sich die Behörde in die vier Ämter Innere Verwaltung, Wirtschaft, Ernährung und Landwirtschaft sowie das Schulamt ein.[25] Im Juli 1943 erfuhr die Behörde eine weitere Änderung, indem sie Kreis- bzw. Ortspolizeibehörde wurde und daher das Amt für Polizeiangelegenheiten innerhalb der Kreis- und Stadthauptmannschaften neu geschaffen wurde; damit unterstand der Gendarmeriezugführer dem Kreishauptmann als polizeiliches Exekutivorgan. Ferner wurde ein Referat für Jugend eingerichtet.[26] Die Entwicklung der Personalausstattung der Kreis- und Stadthauptmannschaften hielt jedoch keinesfalls Schritt mit der Vielzahl der Aufgaben und der zunehmend feineren Gliederung der Behörde.

Zur Durchführung ihrer Arbeit stand den Kreis- und Stadthauptleuten die Gendarmerie zur Verfügung. In jedem Kreis war ein Gendarmeriezug in Stärke von zunächst 20 bis 25 Gendarmen stationiert, später zum Teil 30 bis 40. Der Gendarmerie gegenüber besaß der Kreishauptmann ein sachliches Weisungsrecht, das auf polizeiliche Aufgaben beschränkt war, also keine disziplinarische Befugnis einschloss. Das führte mancherorts zu Reibereien zwischen Gendarmerie und Kreishauptmann, besonders im Distrikt Lublin. Andernorts gestaltete sich ihr Verhältnis im Wesentlichen reibungslos. Am 17. Oktober 1941 wurde den Kreis- und Stadthauptleuten schließlich die »unbedingte Weisungsbefugnis« gegenüber der Gendarmerie zugestanden.[27] Hinzu kam die der Gendar-

Bl. 84-101 (Zitat Bl. 85).

25 Verwaltungsanordnung Nr. 4 zur Verordnung über die Einheit der Verwaltung vom 1. Dezember 1940, 18.4.1941, AAN, Regierung des GG 9c/3, Bl. 54-56.

26 Verwaltungsanordnung über die Distrikts-, Kreis- und Ortspolizeibehörden im Generalgouvernement, 8.7.1943, VOBlGG 1943, S. 306f.; Verwaltungsanordnung Nr. 6 zur Verordnung vom 1. Dezember 1940 über die Einheit der Verwaltung (Änderung der Gliederung der Behörden der Kreishauptleute), 8.7.1943, USHMM, RG-15.031 M, reel 1.

27 Der BdO, betr.: Einsatz und Organisation der Gendarmerie (Einzeldienst der Ordnungspolizei) im Generalgouvernement, 16.11.1939, in: Biernacki u.a., Policja Porządkowa, S. 153; Ausarbeitung der ZStL: Die Beteiligung der Kreis- und Stadthauptleute an nationalsozialistischen Verbrechen, Oktober 1967, Teil 21. Zum Distrikt Lublin vgl. Präg/Jacobmeyer, Diensttagebuch, S. 425ff. (Eintrag vom 17.10.1941).

merie unterstellte polnische Polizei, die vor allem die allgemeine Kriminalitätsbekämpfung, Streifen- und Wachdienste verrichtete. Polnische Polizisten kamen aber auch bei der Rekrutierung polnischer Zwangsarbeiter und der Eintreibung der Ernteerträge zum Einsatz. Mancherorts mussten sie die deutschen SS- und Polizeikräfte auch bei der Deportation und Ermordung der Juden entlasten, indem sie Ghettos bewachten und Absperrdienste bei Mordaktionen leisteten.[28]

Darüber hinaus verfügten die Kreis- und Stadthauptleute als Verwaltungsexekutive über den Sonderdienst, der aus dem Volksdeutschen Selbstschutz hervorgegangen war, einem im Herbst 1939 aus Angehörigen der deutschen Minderheit rekrutierten paramilitärischen Verband, der in den ersten Wochen und Monaten deutscher Besatzungsherrschaft an zahlreichen Morden beteiligt war. Der Sonderdienst wurde von Frank am 6. Mai 1940 ins Leben gerufen, um den Kreishauptleuten eine Exekutive an die Hand zu geben, die sie von der Gendarmerie bei der Durchführung ihrer Aufgaben unabhängiger machte. Mit der Einrichtung des Sonderdienstes sollte die Verwaltung wieder die Kontrolle über Bereiche erlangen, die zuvor wegen ihrer Abhängigkeit von den nicht immer kooperationsbereiten Polizeikräften ihrer Kontrolle zumindest teilweise entzogen waren. Der Sonderdienst setzte sich aus Volksdeutschen zusammen und sollte in jedem Kreis 20 bis 30 Männer umfassen. Vorrangig setzte der Kreishauptmann den Sonderdienst bei der Bekämpfung des Schleichhandels, der Erfassung der Kontingente, der Eintreibung von Steuern, Gebühren und Strafgeldern sowie für den Wachdienst für das Gebäude der Kreishauptmannschaft, den Kreishauptmann persönlich und seine Straflager ein.[29]

Die Gesamtzahl der Sicherheitskräfte in einem Kreis schwankte während der gesamten Besatzungszeit relativ stark, tendenziell stieg sie aber mit zunehmender Kriegsdauer an. Der Sonderdienst war in den meisten Kreisen relativ konstant in einer Stärke von 20 bis 25 Mann vorhanden. Die Gendarmerie umfasste rund 30 bis 40 Beamte, zeitweise in einigen Kreisen auch 50. Die Zahl der polnischen und ukrainischen Polizeibeamten innerhalb einer Kreishauptmannschaft war von Kreis zu Kreis sehr verschieden, sie bewegte sich zwischen 100 und 400 Personen. In Kreisen mit einer Außendienststelle der Sicherheitspolizei waren mindestens wei-

28 Vgl. Hempel, Pogrobowcy, S. 36ff. u. 138-197.

29 DTB 24./25.2.1940, BAB, R 52II/230, Bl. 14; Präg/Jacobmeyer, Diensttagebuch, S. 352 (Eintrag vom 8.4.1941); Adamska, Organizacja Selbstschutz, S. 504ff.; Jansen/Weißbecker, Der »Volksdeutsche Selbstschutz«, S. 76ff. u. 195ff.; Broszat, Polenpolitik, S. 77f.

tere 20 Sicherheitskräfte präsent, auf die der Kreishauptmann aber keinen Zugriff hatte. Weiter gab es Formationen wie den Werk-, Forst- und Bahnschutz, deren Zahl sich nicht näher bestimmen lässt, die allerdings auch eine geringere Rolle gespielt haben. Insgesamt kann man einen dauerhaften Kern von rund 200 bis 500 Sicherheitskräften für jede Kreishauptmannschaft veranschlagen, ohne Berücksichtigung der Wehrmacht und zeitweilig stationierter mobiler Verbände wie Polizeibataillone oder SS-Einheiten.[30]

Bis in den Spätsommer 1940 verfügten die Kreis- und Stadthauptleute über keine offizielle Strafbefugnis. Willkürliche Maßnahmen zur Bestrafung der Bevölkerung waren aber besonders in den ersten Monaten der Besatzungsherrschaft, doch auch darüber hinaus, an der Tagesordnung. Die Androhung und Vollstreckung der Todesstrafe war kein Einzelfall, sie verhängten nicht selten die Prügelstrafe und ließen Häuser oder Höfe niederbrennen. Erst am 13. September 1940 erging die Verordnung über das Verwaltungsstrafverfahren, die diesen Bereich regelte. Die Kreishauptleute durften demnach bei Verstößen gegen ihre Anordnungen Strafen in einer Höhe von bis zu 1 000 Złoty verhängen, ersatzweise eine Haftstrafe von bis zu drei Monaten.[31] Während der Ernte sowie der Erfassung von Arbeitskräften für das Reich griffen sie sehr häufig zu weitergehenden Strafmaßnahmen, die nur zum Teil durch Verordnungen gedeckt waren.

Bereits im Frühjahr 1940 ergriffen einige Kreishauptleute aus dem Distrikt Lublin die Initiative und gründeten Straf- und Arbeitslager für Polen und Juden, die sich ihren Anordnungen widersetzten oder diesen nur ungenügend nachkamen. Betroffen waren Bauern, die ihre Ablieferungskontingente gar nicht oder nur unzureichend erfüllten. Die Kreishauptleute ließen außerdem Schwarzhändler, Juden und vermeintlich »Arbeitsscheue« in diesen Lagern einsitzen. Die Lagerinsassen mussten schwere Arbeiten verrichten, worin man eine geeignete Methode sah, »die bei der natürlichen Bequemlichkeit der Polen ausserordentlich dazu beigetragen hat, gegebenen Befehlen den nötigen Nachdruck zu verleihen«[32]. Das alles geschah ohne rechtliche Grundlage, wurde allerdings von der Regierung geduldet. Bestrebungen, dieser Praxis durch

30 Nachweise im Einzelnen oben im Text. Eine genaue Aufstellung für den Kreis Janów Lubelski/Kraśnik gibt Chodakiewicz, Nazis, S. 398 f.

31 Verordnung über das Verwaltungsstrafverfahren im Generalgouvernement, 13.9.1940, VOBlGG 1940, S. 300 f.; Seidel, Besatzungspolitik, S. 51 ff.; Musial, Zivilverwaltung, S. 49 ff.

32 Gollert, Warschau, S. 95.

eine Verordnung für das gesamte Generalgouvernement eine rechtliche Grundlage zu geben, widersetzte man sich dort jedoch. Ungeachtet dessen tolerierten die Gouverneure der Distrikte Radom und Warschau das Vorgehen. Sie erließen, ohne dazu befugt zu sein, Anordnungen zur Errichtung von Zwangsarbeitslagern.[33]

Im Distrikt Warschau zum Beispiel richtete Kreishauptmann Ernst Gramß in Juni 1941 im Kreis Sokołów in Treblinka ein Arbeitslager ein, nicht zu verwechseln mit dem später in der Nähe gebauten Vernichtungslager. Gramß wollte damit Engpässen im Straßenbau begegnen. Die Leitung des Lagers übertrug er Theo van Eupen, einem Beamten seiner Behörde. Wenig später deklarierte Gouverneur Ludwig Fischer es zum Strafarbeitslager für den gesamten Distrikt Warschau. Neben dem Gouverneur persönlich und dem SSPF konnten auch die Kreis- und Stadthauptleute Personen, die sich ihren Anordnungen widersetzten, für die Dauer von zwei bis sechs Monaten dorthin einweisen. Die Errichtung des Lagers wurde zur Abschreckung sogar in der Presse und durch Plakataushang bekanntgegeben. Das Arbeitslager Treblinka konnte bis zu 3 000 Häftlinge aufnehmen. Da die Lagerinsassen auch Aufträge des Heeresbekleidungsamtes Warschau ausführten, wurden die Kreishauptleute des Distrikts zu kontinuierlichen Einweisungen angehalten, schließlich »dürfte [es] im Distrikt Warschau noch genügend asoziale und arbeitsscheue Polen geben«. Neben den Arbeiten in Werkstätten wurden die Häftlinge im Straßenbau, in einer Kiesgrube und zu Waldarbeiten eingesetzt. Bis zur Lagerauflösung im August 1944 wurden insgesamt mindestens 10 000 Menschen dort inhaftiert. In der Endphase des Lagers kam es zu Erschießungen von Häftlingen; am 23. Juli 1944 wurden 500 jüdische Lagerinsassen erschossen, Anfang August 1944 zwanzig Polen.[34]

33 DTB 13.4.1942, BAB, R 52II/243, Bl. 32f.; Seidel, Besatzungspolitik, S. 53 ff.; Musial, Zivilverwaltung, S. 53 ff.

34 Anordnung des Gouverneurs des Distrikts Warschau betr. Arbeitslager Treblinka, 15.11.1941, APW, Amt des Distrikts Warschau 131, Bl. 3. Die Anordnung trat rückwirkend zum 1. September 1941 in Kraft; Rundschreiben des Gouverneurs des Distrikts Warschau an die Kreis- und Stadthauptleute, betr. Einweisung von poln. männlichen und weiblichen Häftlingen in das Zwangsarbeitslager Treblinka, 18.12.1943, APW, KHm Ostrów 2, o.P. Zitat ebenda; Urteil des LG Düsseldorf, 15.10.1971, in: Justiz und NS-Verbrechen, Bd. 36, S. 312 ff.; Wojtczak, Karny obóz, S. 117-135; Marszałek, Obozy pracy, S. 20 f.; Obozy hitlerowskie, S. 528; Kopówka, Treblinka, S. 77 ff. Kopówka nennt insges. 20 000 Lagerinsassen, von denen etwa die Hälfte gestorben bzw. erschossen worden sei. Vgl. ebenda, S. 109.

1941 folgten viele Kreishauptleute dem Beispiel ihrer Kollegen und richteten auch Arbeitslager ein. Im Distrikt Krakau verzichteten sie mit einer Ausnahme jedoch darauf und wiesen die Polen in gewöhnliche Gefängnisse und Haftstätten ein. Im Distrikt Galizien wurden allem Anschein nach Bauern, die die Ablieferung der Kontingente verweigerten, in Zwangsarbeitslager der SS eingewiesen.[35] In den vier Distrikten Radom, Krakau, Warschau und Lublin existierten insgesamt mindestens 40 Straflager der Kreishauptleute, von denen etliche bis zum Ende der deutschen Besatzungsherrschaft in Polen bestanden.

Die Lager waren, sofern überhaupt Angaben darüber vorliegen, mit durchschnittlich 150 bis 300 Insassen belegt. Insgesamt waren in 25 der 40 Straflager mindestens 40 000 Menschen inhaftiert; für die restlichen 15 Lager gibt es nicht einmal Schätzwerte.[36] Die Dauer der Inhaftierung war regellos. In das Straflager Łopuszno wurden zum Beispiel Bauern wegen Nichtablieferung von Kartoffeln für einen Monat, wegen Nichtablieferung von Milch für zwei Monate und wegen Arbeitsverweigerung für sechs Monate eingewiesen. Der Kreishauptmann des Kreises Busko wies im Juni 1942 drei Polen in das Verwaltungsstraflager in Słupia für sechs Monate ein, da diese »arbeitsscheu« gewesen seien, gebettelt und gestohlen hätten. Für die Haft wurden ihnen drei Złoty täglich berechnet, die sie vor der Entlassung zahlen mussten. Konnten sie den Betrag nicht aufbringen, verlängerte sich ihre Haft für jeweils drei Złoty um einen Tag.[37] Über die Lebens- und Arbeitsbedingungen in diesen Lagern gibt es kaum Informationen. In der Regel mussten die Lagerinsassen sehr schwere Arbeiten wie Flussregulierungen, Meliorationsarbeiten, Straßenbau sowie Arbeit im Steinbruch verrichten. Die Lebensbedingungen waren in einigen Lagern derart unzureichend, dass dort Typhusepidemien ausbrachen, in deren Folge einige Menschen zu Tode kamen.

Dies betraf zum Beispiel das Arbeitslager in Zawada im Kreis Tomaszów, das vom Frühjahr 1941 bis Oktober 1944 bestand. Die durchschnittlich 300 Häftlinge waren in einem nicht fertiggestellten Schulgebäude untergebracht und führten für eine Tiefbaufirma Regulierungsarbeiten

35 Vgl. Marszałek, Obozy pracy, S. 20 ff.; Meducki, Wieś, S. 244 ff.; DTB 13.7.1942, BAB, R 52II/242, Bl. 65.

36 Zahlen nach: Obozy hitlerowskie, S. 115, 121, 161, 164, 170, 203, 223, 232, 314, 328, 457, 463, 528, 556, 558, 566, 585 u. 600. Bei der Gesamtzahl der Häftlinge handelt es sich um den Mindestwert.

37 Diverse Einweisungsbescheide für das Lager Łopuszno aus dem Jahr 1942 in: USHMM, RG-15.022 M, reel 13; Der Kreishauptmann in Busko an das Verwaltungsstraflager in Słupia, 18.6.1942, ebenda.

an einem Fluss durch. Dafür ließ sich die Firma zunächst jüdische Zwangsarbeiter vom Arbeitsamt zuteilen, von denen aber die Hälfte wegen der schlechten Verpflegung und Unterkunft in kurzer Zeit erkrankte. Das Arbeitsamt zog sie nach mehrmaligem Anmahnen einer Verbesserung der Lebensumstände im Lager ab. Daraufhin schaltete sich Kreishauptmann Glehn ein und forderte das Arbeitsamt zur Zuteilung neuer Arbeitskräfte auf. Dieses verweigerte sich mit Hinweis auf die Zustände im Lager. Glehn setzte sich nun über seine Kompetenzen hinweg und veranlasste Anfang Oktober 1941 eine Zwangsgestellung von jüdischen Arbeitskräften. Schutzpolizei, polnische Polizei, der Sonderdienst und andere trieben 2000 Menschen aus dem Ghetto zusammen, von denen schließlich 200 ausgewählt wurden.[38]

An der Mangelernährung und unzureichenden Unterbringung änderte sich aber nichts. Daher wurde das Lager zum Herd einer Flecktyphusepidemie, die im Winter 1941/42 auch zahlreiche Todesopfer im Ghetto forderte. Glehn kannte die Verhältnisse, änderte daran aber nichts. Es kam zu Ermittlungen der örtlichen Sicherheitspolizei, deren Interventionen sich Glehn jedoch widersetzte. Er entließ den polnischen Kreisarzt, weil er jüdische Zwangsarbeiter unnötig häufig krankgeschrieben habe, und forderte die Sicherheitspolizei auf, ihn in ein Konzentrationslager einzuweisen. Die Festnahme wurde daraufhin angeordnet, der Kreisarzt war in der Zwischenzeit aber geflohen. Glehn machte ihn aber ein Vierteljahr später in Krakau ausfindig und meldete dies umgehend der Sicherheitspolizei. Der Kreisarzt wurde dann 1942 wahrscheinlich in Tomaszów oder in Auschwitz getötet.

Die Regierung in Krakau und die Distrikte

Generalgouverneur Frank sah sich gern als allmächtigen Herrscher und gebärdete sich entsprechend. Vom Krakauer Königsschloss aus lenkte er die Besatzungspolitik, zog sich aber immer mehr auf Repräsentation und allgemeine Anweisungen zurück. Das Alltagsgeschäft überließ er seinem alten Weggefährten Joseph Bühler, der als Staatssekretär das Amt des Generalgouverneurs leitete, ab Ende Juli 1940 umbenannt in Regierung des Generalgouvernements. Die Regierung sollte ursprünglichen Plänen zufolge lediglich Richtlinien vorgeben und sich auf die Rechtsetzung be-

38 Schriftwechsel zwischen dem Kreishauptmann und der Sicherheitspolizei sowie deren Berichte über die Zustände im Lager Zawada, StArch Darmstadt, H 13 D Nr. 1290/130, Bl. 29-108; Abschlussbericht der ZStL vom 14.4.1964, BAL, B 162/6 AR-Z 12/63, Bd. 3, Bl. 441 ff. Zum Folgenden vgl. ebenda.

schränken. Dabei sollte sie nach Hitlers Absicht nicht den Bestimmungen der Berliner Ministerien unterliegen. Hitler wies daher Frank sämtliche Verwaltungszweige zu und unterstellte sich den Generalgouverneur unmittelbar. In der Praxis büßte Frank im Laufe der Zeit jedoch Macht ein. Vor allem Himmlers SS- und Polizeiapparat widersetzte sich von Anfang an erfolgreich einer Unterordnung unter die Verwaltung. Daher kam es – vor allem auf zentraler Ebene – immer wieder zu Konflikten zwischen SS und Verwaltung.[39]

Das Amt des Generalgouverneurs bzw. die Regierung des Generalgouvernements gliederte sich in das Staatssekretariat und in zwölf Abteilungen, ab dem 1. April 1941 Hauptabteilungen, geleitet von Präsidenten. Die Gliederung der zwölf Hauptabteilungen lehnte sich im Wesentlichen an die Einteilung der Reichsministerien in Berlin an und umfasste die Ressorts Innere Verwaltung, Finanzen, Justiz, Wirtschaft, Ernährung und Landwirtschaft, Forsten, Arbeit, Propaganda, Wissenschaft und Unterricht, Bauwesen, Eisenbahnen und Post. Hinzu kam Anfang 1943 die Hauptabteilung Gesundheitswesen, ursprünglich eine Abteilung innerhalb der Hauptabteilung Innere Verwaltung.[40]

Der HSSPF, Himmlers Vertreter im Generalgouvernement, war zwar formal Mitglied der Regierung und damit Frank unterstellt, de facto jedoch entzog er sich dem, indem er seine Weisungen direkt von Himmler erhielt und so eine von der Verwaltung weitgehend abgekoppelte eigenständige Politik verfolgte. Dabei stützte er sich auf einen umfangreichen Apparat mit eigenen Befehlswegen, der sich in die Bereiche Sicherheitspolizei und Ordnungspolizei gliederte. Deren Leitung lag auf zentraler Ebene beim Befehlshaber der Sicherheitspolizei und des SD (BdS) und beim Befehlshaber der Ordnungspolizei (BdO), die dem HSSPF unterstellt waren. Dem entsprach auf Distriktebene der SSPF, dem wiederum der Kommandeur der Sicherheitspolizei (KdS) sowie der Kommandeur der Ordnungspolizei (KdO) unterstanden. Auf dieser Ebene gestaltete sich die Zusammenarbeit mit der Verwaltung wesentlich reibungsloser.

39 Bericht über den Aufbau im GG bis 1. Juli 1940, ebenda, R 52II/247, S. 41 f.; Doc. Occ. VI, S. 52; IMT, Bd. XXVI, S. 378 f. (Dok. PS-864); Präg/Jacobmeyer, Diensttagebuch, S. 13, 23 u. 260 (Eintrag vom 31.7.1940); Musial, Zivilverwaltung, S. 25 u. 32.

40 Vgl. Dritte Verordnung über den Aufbau der Verwaltung des Generalgouvernements (Gliederung der Regierung des Generalgouvernements), 16.3.1941, in: Doc. Occ. VI, S. 61-63; Verwaltungsanordnung Nr. 1 zur Verordnung vom 16. März 1941 über die Gliederung der Regierung des Generalgouvernements, 7.4.1941, in: ebenda, S. 65-71.

Eine Ausnahme stellt auch hier der Distrikt Lublin dar, wo der SSPF Odilo Globocnik, eine Schlüsselfigur der »Endlösung« mit einem direkten Draht zu Himmler, massiv in Belange der Verwaltung eingriff bzw. diese durch eine autonome Politik unterlief und konterkarierte.[41]

Weitgehend analog zur Zentrale waren die Verwaltungen in den Distrikten organisiert. Leiter der Distriktverwaltung war der Distriktchef, später Gouverneur, der im Auftrag des Generalgouverneurs die gesamte Verwaltung in seinem Distrikt führte. Der Gouverneur unterstand dem Chef der Regierung des Generalgouvernements und dem Generalgouverneur unmittelbar und war an deren Weisungen gebunden. Die Gouverneure waren an der Abfassung der Verordnungen beteiligt und nahmen an den Regierungssitzungen teil.[42]

Auf den Posten des Gouverneurs kamen nur altgediente Parteigenossen oder alte Weggefährten des Generalgouverneurs. Die Gouverneure Ludwig Fischer und Karl Lasch verband mit Frank eine langjährige Zusammenarbeit in der Akademie für Deutsches Recht und im Reichsrechtsamt der NSDAP, zudem waren sie schon recht früh, 1926 und 1931, in die NSDAP eingetreten. Ernst Kundt war Mitbegründer der Sudetendeutschen Partei (SdP) in der Tschechoslowakei und einer ihrer führenden Aktivisten. Der Gouverneur des Distrikts Krakau und später Galiziens, Otto Wächter, war in Österreich bereits 1923 in die SA und 1930 in die NSDAP eingetreten. Verdienste im Sinne der Nationalsozialisten hatte er sich 1934 durch seine Teilnahme am Putschversuch der österreichischen Nationalsozialisten erworben. Die Gouverneure Richard Wendler und Friedrich Schmidt waren alte Parteigenossen seit 1928 bzw. 1925. Ludwig Losacker war seit 1931 Mitglied der NSDAP; er hat im Generalgouvernement Karriere vom Kreishauptmann über den Amtschef bis hin zum Gouverneur und Präsidenten der Hauptabteilung Innere Verwaltung gemacht. Vor dem Engagement in der NSDAP waren die meisten der späteren Gouverneure in Freikorps oder völkisch-nationalistischen Gruppierungen aktiv. Darüber hinaus bekleideten vier der Gouverneure hohe SS-Ränge. Mit Ausnahme von Schmidt, der nur kurz in Polen war, hatten alle ein Studium, in der Regel der Rechtswissenschaft, abgeschlossen und waren, bis auf Kundt, promoviert. Geboren wurden sie in den Jahren von 1896 bis 1906. Einzig der letzte Gouverneur des Distrikts Krakau, Curt Ludwig von Burgsdorff, war 1886 geboren und somit wesent-

41 Vgl. Musial, Zivilverwaltung, S. 27ff.

42 Vgl. Präg/Jacobmeyer, Diensttagebuch, S. 14f. Vierte Verordnung über den Aufbau der Verwaltung des Generalgouvernements, 25.9.1941, in: Doc. Occ. VI, S. 64. Im Folgenden einheitlich »Gouverneur«.

lich älter als seine Kollegen. Obendrein war er kein frühes NSDAP-Mitglied und konnte kein frühzeitiges Engagement im völkischen Milieu vorweisen. Vor 1933 war er Mitglied der Deutschnationalen Volkspartei (DNVP) und hatte überdies bereits eine lange Verwaltungslaufbahn absolviert, als er Gouverneur des Distrikts Krakau wurde.[43]

Dem Gouverneur unterstellt war das Amt des Distrikts, dessen Chef zugleich Stellvertreter des Gouverneurs war. Das Amt war weitgehend analog zur Regierung in Fachabteilungen gegliedert, die wiederum in Unterabteilungen und Referate eingeteilt waren. Die Abteilungen verwalteten ihre Fachbereiche nach den Richtlinien des Gouverneurs oder der Regierung in Krakau; sie waren dem Gouverneur unterstellt. Der Aufbau der Distriktverwaltungen ging wegen Personalmangels nur langsam vonstatten; der Schwerpunkt lag zunächst bei den zentralen Abteilungen Arbeit, Innere Verwaltung sowie Ernährung und Landwirtschaft.[44] Nachdem im Laufe des Jahres 1940 der Aufbau weitgehend abgeschlossen war, verloren die Distrikte durch die Erweiterung des Generalgouvernements um den Distrikt Galizien wieder erheblich an Personal; der Distrikt Krakau gab mehr als 200 Mitarbeiter ab, der Distrikt Warschau stellte mit 74 Beamten und Angestellten mehr als zehn Prozent seines Personals zur Verfügung.[45] Die Ausdünnung zugunsten Galiziens ließ sich nicht wieder auffangen, zumal wenig später umfangreiche Einberufungen zur Wehrmacht erfolgten. Die alten Distrikte nutzten nach dem Anschluss Galiziens offenbar die Gelegenheit, missliebiges und schlechter qualifiziertes Personal abzuschieben, aus Lemberg wurden bereits früh Klagen darüber laut.[46]

Die polnische und ukrainische »Selbstverwaltung«

Unterhalb der Besatzungsverwaltung bestand die einheimische Gemeindeverwaltung fort. Ihre Gestalt regelte die Verordnung über die Verwaltung der polnischen Gemeinden vom 28. November 1939. Die polnische Verwaltung wurde in den Städten vom Bürgermeister geleitet. Auf dem

43 Vgl. Kurzbiographien in Präg/Jacobmeyer, Diensttagebuch, S. 946 ff.

44 Vgl. Musial, Zivilverwaltung, S. 40 ff.; Ratyńska, Ludność, S. 40 ff.; Seidel, Besatzungspolitik, S. 43.

45 DTB 16.10.1941, BAB, R 52II/239, Bl. 79; DTB 20.10.1941, BAB, R 52II/240, Bl. 76; DTB 21.10.1941, BAB, R 52II/241, Bl. 13; Sandkühler, »Endlösung«, S. 77.

46 So zum Beispiel der Chef des Amtes des Distrikts Galizien, Ludwig Losacker, auf der Regierungssitzung am 21. Oktober 1941 in Lemberg, DTB 21.10.1941, IfZ, Fb 105/17, Bl. 4102.

Lande waren mehrere Dörfer zu sogenannten Sammelgemeinden zusammengefasst, denen der Vogt (wójt, Woit) vorstand. Unterhalb des Vogtes gab es in den einzelnen Dörfern den sogenannten Dorfschulzen (sołtys). Die Kreishauptleute waren die Aufsichtsbehörde der Gemeinden, der Gouverneur war für die Aufsicht der Stadtkreise verantwortlich, was er dem jeweiligen Stadthauptmann übertrug.[47]

Die Kreis- und Stadthauptleute konnten sämtliche Verfügungen der »Selbstverwaltung« »aufheben, abändern, ersetzen und hemmen sowie von sich aus eigene Anordnungen treffen«.[48] Die polnischen, ukrainischen und mancherorts volksdeutschen Amtsinhaber unterlagen somit einer permanenten und uneingeschränkten Eingriffsmöglichkeit der deutschen Behörden. Raum für eigenständiges Handeln blieb ihnen nicht, sie hatten einzig und allein die Anordnungen der Deutschen auszuführen. Diese Struktur zielte zweifellos auf die Unterdrückung polnischer Autonomie ab, ganz gleich in welcher Form, und sollte die Bildung neuer polnischer Eliten schon im Ansatz unmöglich machen.[49]

Die Position der Gemeindevorsteher zwischen polnischer und ukrainischer Bevölkerung auf der einen sowie den deutschen Behörden auf der anderen Seite war außerordentlich heikel. Mit fortschreitender Dauer der Besatzungsherrschaft verschärfte sich ihre Situation, da die Maßnahmen der deutschen Behörden immer einschneidender und radikaler wurden. Gleichzeitig erhöhte sich der Druck seitens der stärker werdenden Widerstandsbewegung. Die unheilvolle Lage der »Selbstverwaltung« hing eng mit ihren Aufgaben zusammen. Sie musste die Kontingente der landwirtschaftlichen Produkte eintreiben, bei der Rekrutierung der Zwangsarbeiter und der Gespanngestellung mitwirken, für die Unterbringung der Vertriebenen aus den eingegliederten Ostgebieten sorgen, Steuern erheben und die Lebensmittelverteilung vornehmen. Für die Erledigung der jeweils auferlegten Aufgaben waren die Amtsinhaber persönlich verantwortlich. Weigerten sie sich, Anordnungen umzusetzen, oder führten sie diese in den Augen der Deutschen nur unzureichend

47 Zum Beispiel Bekanntmachung über die Führung der Verwaltung der Stadt Warschau, 26.3.1940, IPN, NTN 259, Bl. 107v. In Krakau und Warschau gab es Beauftragte des Distriktschefs, die zum 15.9.1941 zu Stadthauptleuten ernannt wurden. Vgl. DTB 6.9.1941, BAB, R 52II/185, Bl. 33. Im Folgenden einheitlich »Stadthauptmann«.

48 Vgl. Verordnung über die Verwaltung der polnischen Gemeinden, 28.11.1939, in: Doc. Occ. VI, S. 73-75. Zitat ebenda, S. 75.

49 Vgl. Musial, Zivilverwaltung, S. 64f.; Seidel, Besatzungspolitik, S. 57; Broszat, Polenpolitik, S. 74.

aus, drohte ihnen eine Gefängnisstrafe oder die Einweisung in ein Konzentrationslager.[50]

Dennoch kam es zu einer engen Zusammenarbeit von Teilen der »Selbstverwaltung« mit der Widerstandsbewegung. Die polnische Stadtverwaltung in Warschau warnte zum Beispiel die Widerstandsbewegung, wenn die Gestapo die Einwohnermeldekartei durchsuchte, sie war bei der Beschaffung von konspirativen Wohnungen behilflich und versorgte Teile des Untergrunds mit Lebensmitteln, indem sie mehr bezugsberechtigte Personen auswies, als tatsächlich vorhanden waren.[51] Auf der anderen Seite erlagen, vor allem auf dem Lande, etliche Gemeindevorsteher auch den Versuchungen ihres Amtes, sie bereicherten sich persönlich oder sie ließen sich bestechen, beispielsweise bei der Umlegung der Kontingente auf die einzelnen Bauern. Gegen derartige Erscheinungen und die übereifrige Ausführung deutscher Anordnungen ging die Widerstandsbewegung in erhöhtem Maße vor und verwarnte oder bestrafte Kollaborateure und Profiteure – in extremen Fällen mit der Verhängung und Vollstreckung der Todesstrafe. Diese Strategie des polnischen Untergrunds hatte vielfach eine Verhaltensänderung der Gemeindevorsteher zur Folge oder führte dazu, dass viele ihr Amt niederlegten.[52]

In der Regel beließen die Kreishauptleute die Bürgermeister, Vögte und Dorfschulzen der Vorkriegszeit im Amt. Sie führten in den ersten Tagen der Besatzung Versammlungen durch, auf denen sie ihnen die Aufgaben und strengste Strafen bei Zuwiderhandlungen gegen Anordnungen androhten. Auf diesen Versammlungen machten die Kreishauptleute mit Hilfe örtlicher Volksdeutscher, sofern solche vorhanden waren, gegebenenfalls die in ihrem Sinne Unzuverlässigen aus, enthoben sie ihrer Ämter, beließen aber die übrigen kommissarisch auf ihrem Posten.[53] Bewährten sich die polnischen Amtsinhaber nicht, wurden sie durch neue ersetzt, von denen man sich eine willfährigere Umsetzung der deutschen Maßnahmen versprach. Bei der Besetzung der Stellen galt das Prinzip, dass der jeweilige Gemeindevorsteher Angehöriger derjenigen Volks-

50 Vgl. ebenda.

51 Vgl. Kulski, Zarząd, S. 21 ff.; Pawłowicz, Okupacyjne dzieje, S. 58 ff.; Madajczyk, Okkupationspolitik, S. 148 ff.

52 Vgl. zum Beispiel Präg/Jacobmeyer, Diensttagebuch, S. 862 (Eintrag vom 31.5.1944). Długoborski, Besatzungspolitik, S. 324; Gross, Society, S. 143 f.; Chodakiewicz, Nazis, S. 82 ff.

53 Zum Beispiel: Bericht über die Aufbauarbeit des Kreishauptmanns von Jędrzejów, 23.2.1941, USHMM, RG-15.054 M, reel 1; Mańkowski, Pierwsze miesiące, S. 170 ff.

gruppe sein sollte, die die Mehrheit der Bevölkerung im Kreis stellte. Bevorzugt setzten die Kreishauptleute vertriebene Polen aus den eingegliederten Ostgebieten ein, da diese häufiger über deutsche Sprachkenntnisse verfügten und nicht ins lokale Beziehungsgeflecht eingebunden waren. Daher war von ihnen eine reibungslose Umsetzung der Anordnung und geringe »Anfälligkeit« für Widerstandsaktivitäten zu erwarten. Von den insgesamt rund 1500 Gemeindevorstehern und Bürgermeistern im Generalgouvernement waren im Januar 1944 nur 144 Deutsche, in der Regel Volksdeutsche; 717 waren Polen und 463 Ukrainer.[54] In Falenica im Kreis Warschau-Land gelang es dem Schulzen sogar, sein Amt während der gesamten Besatzungszeit auszuüben, obwohl er jüdischer Herkunft war.[55]

54 Abteilung Innere Verwaltung, Auszug aus den Lageberichten der Kreis- und Stadthauptleute für den Monat Juli 1940, 30.8.1940, IPN, NTN 269, Bl. 195; Zahlen nach: Madajczyk, Okkupationspolitik, S. 151f.

55 Protokół rozprawy głównej, 16.12.1947, IPN, SAW 27, Bl. 16.

2. Personalrekrutierung und Vorkriegskarrieren

Ein einheitliches Muster der Personalrekrutierung für die Zivilverwaltung des Generalgouvernements hat es zu keinem Zeitpunkt gegeben. Zu Beginn setzte sich die Verwaltung größtenteils aus dem Personal des Stabes der Chefs der Zivilverwaltung und der Land- und Stadtkommissare zusammen. Durch das überstürzte Ende der Militärverwaltung im Oktober 1939 war der Zusammenbruch der Zivilverwaltung zu befürchten, da der Abzug von rund 400 vom Reichsinnenministerium abgeordneten Beamten drohte. Das konnte Frank zunächst abwenden.[1]

Im Reich selbst herrschte auch Personalknappheit, zum einen aufgrund der Einberufungen zur Wehrmacht, zum anderen wegen Abordnungen in die seit Anfang 1938 neugewonnenen Gebiete. Der Aufbau der Verwaltung in diesen Gebieten besaß für das Reichsinnenministerium Priorität, zumal es dort darauf ankam, die eigene Position in den Auseinandersetzungen mit den äußerst machtbewusst und selbstherrlich agierenden Gauleitern zu behaupten. Aus diesen Gründen zog Berlin die abgeordneten Beamten schrittweise ab. Als Ersatz wurden Frank österreichische Beamte angeboten, die für den Einsatz in den eingegliederten Gebieten nicht in Frage kamen. Auch überließ man ihm die Meldungen von Rechtsanwälten und anderen verwaltungsunerfahrenen Außenseitern, die für das Innenministerium ebenfalls nicht in Frage kamen. Dass dem Generalgouvernement kaum geeignete Kräfte zur Verfügung gestellt wurden, deckte sich mit den Vorstellungen Hitlers: im Generalgouvernement sei keine Aufbauarbeit zu leisten und es solle keine Musterverwaltung geschaffen werden. Dort beklagten verschiedene Seiten die schlechte Versorgung mit geeignetem Personal.[2]

Wegen der Personalengpässe versahen im Generalgouvernement seit November 1939 auch sogenannte Ordensjunker der NSDAP[3] Dienst in der Zivilverwaltung. Bedenken des Reichsinnenministeriums gegen ihren Einsatz in den eingegliederten Gebieten teilte man im Generalgouvernement für seinen Bereich nicht. Von den Ordensjunkern erhoffte

1 Vgl. Umbreit, Militärverwaltungen, S. 135.

2 Ministerialrat Dellbrügge (RMI), Vermerk, Dezember 1939, BAB, R 43II/647, Bl. 68-83; Ministerialrat Dellbrügge (RMI) an Ministerialrat Drape (Entwurf), 8.12.1939, ebenda, Bl. 84-96. DTB 8.11.1939, BAB, R 52II/174, Bl. 27; Umbreit, Militärverwaltungen, S. 131 ff.; Broszat, Polenpolitik, S. 52 ff.; Stelbrink, Landrat, S. 101 ff.; Majer, »Fremdvölkische«, S. 342 ff.

3 Sie sollten die künftige Parteielite stellen und wurden dafür in eigens eingerichteten Ordensburgen geschult. Vgl. Benz u. a., Enzyklopädie, S. 627 f.

man sich ganz im Gegenteil »mannhaftes Zupacken«[4] und gerade eine unbürokratische Arbeit. Im Distrikt Warschau zum Beispiel wurden 28 Ordensjunker als Stellvertreter der Kreishauptleute, deren persönlicher Referent, Leiter der Außenstellen oder in einem Fall sogar als Kreishauptmann eingesetzt. Im Juni 1940 verließen allerdings auch die Ordensjunker wieder das Generalgouvernement.[5]

Von Beginn an versuchte Frank aus der Personalnot eine Tugend zu machen. Er formulierte ein Anforderungsprofil für die einzusetzenden Männer, das den Erfahrungsmangel übertünchen sollte, indem er andere »Qualifikationen« betonte. In einem Interview mit dem *Völkischen Beobachter* im Februar 1940 umriss er, worauf es ihm ankam: »Verfaulte, morsche Prüfungskandidaten usw. kann man nicht brauchen. Hier kommt es auf die Persönlichkeit an. Typischer Kolonialstil! Mir ist es auch Wurscht, ob einer Examen gemacht hat. Bei mir kann jeder sofort Distriktchef werden, der die Fähigkeiten hat. Hysteriker und Bürokraten sind hier nicht am Platze. [...] Hier gibt's keinen Vorrang der Geburt, des Examens oder der Vorbildung, es ist auch gänzlich gleichgültig, welche Dienststellung jemand im Reich hat. Hier kommt es ausschließlich auf die persönliche Bewährung bei der Durchsetzung der Interessen unseres Volkstums an. Es geht nicht anders. Wir erziehen einen neuen Typ des Beamten oder besser: des deutschen Verwaltungsstils.«[6] Frank wollte, wie er schon im Herbst 1939 sagte, »aktivistische nationalsozialistische Kämpfer« in seinem Apparat haben, die sich als »polendiensttauglich« erwiesen.[7] Die deutsche Herrschaft im Generalgouvernement sollte nicht von »müden, verstaubten Aktenmenschen, bürokratisch versippten Gesellen« getragen werden, sondern von »absolut polenvernichtungsentschlossenen Recken«. Damit versuchte Frank aber nicht nur, den bestehenden Mangel an erfahrenen Verwaltungskräften im nationalsozialistischen Sinne ins Positive zu wenden. Dieses rein politische Anfor-

4 Warschauer Zeitung, 24.1.1940. So Gouverneur Wächter in einer Ansprache an die Ordensjunker.

5 Bericht II: Die innere Verwaltung im Distrikt Warschau, BAL, B 162/Dok.-Slg., Ordn. Polen 348, Bl. 721; Siebert, Verwaltungswirrwarr, BA Bayreuth, Ost-Dok 13/237, Bl. 10; Lagebericht des Kreishauptmanns Rzeszów für Juni 1940, 30.6.1940, BAL, B 162/Dok.-Slg., Ordn. Polen 348, Bl. 707.

6 Präg/Jacobmeyer, Diensttagebuch, S. 106 (Eintrag vom 6.2.1940). Im Artikel fehlen diese Passagen. Vgl. Der »VB« spricht mit dem Generalgouverneur Dr. Frank, in: Völkischer Beobachter, 11.2.1940, S. 1f.

7 Präg/Jacobmeyer, Diensttagebuch, S. 48 (Eintrag vom 28.10.1939). Zitate ebenda. Zum Folgenden ebenda, S. 18 u. 72f. (Eintrag vom 2.12.1940). Zitat nach ebenda, S. 18.

derungsprofil – im Kern: herrschen statt verwalten – war später Teil der von ihm und anderen verfochtenen »Einheit der Verwaltung«.

Die Mehrzahl der Deutschen in der Verwaltung wurde neu eingestellt. Darunter befanden sich viele Rechtsanwälte, Angestellte aus der Wirtschaft, Selbstständige, Parteifunktionäre sowie Kommunal- und Bankangestellte. Viele Rechtsanwälte und Juristen folgten Aufrufen für den Dienst im Generalgouvernement im Nationalsozialistischen Rechtswahrerbund und Reichsrechtsamt der NSDAP, deren Führer bzw. Leiter Frank war.[8] Besatzungsfunktionäre, die aus diesen Institutionen kamen, waren auf allen Ebenen der Verwaltung vertreten. Die Motive der Bewerber lassen sich nicht zweifelsfrei klären, die Befreiung vom Militärdienst und der bessere Verdienst wird einige angelockt haben. Später dürfte auch die zunehmende Bedrohung durch Luftangriffe im Reich eine Rolle gespielt haben. Einige waren vorbestraft oder mit Parteidienststellen in Konflikt geraten und verbanden mit der Bewerbung die Hoffnung auf Rehabilitation.[9] Zudem versprachen sich viele die Chance auf eine schnellere Karriere, als dies in den engmaschigen Strukturen im Reich möglich gewesen wäre. Schließlich spielten auch ideologische Gründe eine Rolle.

Da es im Generalgouvernement keine zentral gesteuerte Personalpolitik gab und die Beschaffung geeigneten Personals vor den beschriebenen Schwierigkeiten stand, ist es nicht verwunderlich, dass aus den Distrikten und Kreisen immer wieder Klagen über die mangelnde fachliche Qualität eines Teils des Personals laut wurden.[10] Auch innerhalb der Beamtenschaft der Regierung in Krakau regte sich Unmut über die bisweilen »negative Auslese« in der Personalpolitik. Heinz Doering, seinerzeit in der Polizeiabteilung in der Hauptabteilung Innere Verwaltung und später Kreishauptmann des Kreises Opatów, schrieb im Mai 1942 kurz nach Beginn seiner Tätigkeit im Generalgouvernement an seine Mutter: »Hinsichtlich der Leute, die hier arbeiten (es reisst sich übrigens keiner ein Bein aus), habe ich manche Bedenken. Ein sehr grosser Teil ist wirklich ernst bei der Sache, ist fleissig und ist sich der Grösse der kolonialen Aufgabe durchaus bewusst. Sonst ginge es ja überhaupt nicht um. Ein beachtlicher Teil ist aber wohl mehr aus Abenteuerlust, aus Drang gross

8 Vgl. Musial, Zivilverwaltung, S. 83; Lehnstaedt, »Ostnieten«, S. 706 ff.

9 Vgl. Musial, Zivilverwaltung, S. 82 f.

10 Zum Beispiel die Klagen, die aus den Distrikten auf den Regierungssitzungen im Oktober 1941 darüber erhoben wurden: DTB 16.10.1941, BAB, R 52II/239, Bl. 77; DTB 20.10.1941, BAB, R 52II/240, Bl. 77; DTB 21.10.1941, BAB, R 52II/241, Bl. 13. Zu den Kreisen siehe weiter unten.

zu verdienen, sich aufzuspielen, der Enge und den Bindungen der Heimat zu entrinnen, hier hergekommen. [...] All diese Leute arbeiten mehr oder minder dilettantisch u. oberflächlich und sehen ihre Hauptaufgabe in wüster Angeberei.«[11] Die Schwierigkeiten in der Verwaltungsarbeit führte er vor allem auf zwei Umstände zurück: Zum einen fehlten erfahrene Beamte, stattdessen gebe es viele Rechtsanwälte und Parteileute. Zum anderen sei Frank selbst Rechtsanwalt und nur selten in Krakau anwesend. Angesichts der Personalprobleme kamen einige zu der Überzeugung, es würden nur die schlechteren Mitarbeiter abgeordnet. Dies gipfelte in pauschalen Vorwürfen, das Reich habe »seinen ganzen Schund u. Abschaum« ins Generalgouvernement abgeschoben, das man »als eine Art Müllhaufen« betrachte, »auf den man jeden Dreck abladen« könne.[12]

Der Mangel an hinreichend verwaltungserfahrenem Personal, das vom Reich hätte zur Verfügung gestellt werden können, hatte zur Folge, dass verhältnismäßig junge Beamte und verwaltungsfremde Personen rasch aufsteigen konnten. Verglichen mit dem üblichen Diensteintrittsalter der preußischen Landräte, das bei den Fachbeamten nach entsprechender Ausbildungs- und Vorbereitungszeit bei 31 bis 33 Jahren lag, war das durchschnittliche Diensteintrittsalter der Kreis- und Stadthauptleute zwar mit 37 bis 38 Jahren deutlich höher.[13] Der relativ hohe Durchschnittswert täuscht aber darüber hinweg, dass im Unterschied zu Preußen verwaltungsfachfremde Außenseiter oder unerfahrene Beamte im Generalgouvernement in deutlich jüngerem Alter Kreishauptmann werden konnten, als dies in Preußen der Fall war. Dort betrug das Durchschnittsalter der Außenseiter rund 40 Jahre.[14]

Drei Viertel bis vier Fünftel der Kreis- und Stadthauptleute hatten zwar die zweite Staatsprüfung erfolgreich absolviert; unter ihnen waren aber viele, die einen ausschließlich juristischen Vorbereitungsdienst durchlaufen hatten und anschließend außerhalb der Verwaltung tätig waren, so dass sie erst im Generalgouvernement in der Verwaltung tätig wurden. 26 Kreishauptleute (22,2 Prozent) waren zuvor Rechtsanwalt, arbeiteten bei der Gestapo oder für die Partei und ihre Organisationen.

11 Brief von H. Doering an seine Mutter, 5.5.1942.

12 Brief von H. Doering an seine Mutter, 15.5.1942; Brief von H. Doering an seine Mutter, 29.6.1942. Zitate ebenda; Lehnstaedt, »Ostnieten«, S. 710 f.

13 Das durchschnittliche Diensteintrittsalter erhöhte sich kontinuierlich. Die Erweiterung des GG um den Distrikt Galizien konnte das kurz unterbrechen und etwas rückgängig machen, da die Ersten dort durchschnittlich 34-35 Jahre alt waren. Zu den preußischen Landräten vgl. Stelbrink, Landrat, S. 100.

14 Vgl. Stelbrink, Landrat, S. 100.

Hinzukommen zwölf Kreishauptleute (10,26 Prozent), die keine Ausbildung hatten, die sie für eine Verwaltungsarbeit qualifiziert hätte, aber dank ihres Partei-Engagements bereits nach 1933 als Außenseiter führende Stellen in der Verwaltung bekamen.[15] Eine kleine Gruppe von fünf Kreishauptleuten (4,27 Prozent) begann nach regulärer Ausbildung ihre Laufbahn erst im Generalgouvernement und sammelte dort die ersten Erfahrungen in den Regierungs- oder Distriktbehörden.[16] Wirkliche Außenseiter, das heißt ohne juristisches Studium und eine Vorbildung als Regierungs- oder zumindest Gerichtsassessor, waren insgesamt zehn Kreishauptleute (8,55 Prozent). Rund 30 Prozent aller Kreishauptleute war also völlig verwaltungsunerfahren; zählt man die nicht hinreichend qualifizierten Aufsteiger nach 1933 hinzu, ergibt sich ein Anteil von rund 41 Prozent derjenigen, die für die mächtige Führungsposition nicht ausgebildet waren und keinerlei Erfahrung mitbrachten. Unter Einschluss der fünf Verwaltungsneulinge erhöht sich der Anteil auf gut 45 Prozent.

Die Wege und Methoden der Rekrutierung der Kreis- und Stadthauptleute lassen sich grob in drei Gruppen fassen: Der größte Teil wurde entweder von der Militärverwaltung übernommen oder von ihren Heimatdienststellen ins Generalgouvernement abgeordnet. Letzteres wurde als Abschiebung überflüssiger, schlecht qualifizierter oder missliebiger Beamter betrieben, aber auch als eine »normale« Abordnung. Einige, und das waren die wenigsten, bewarben sich aus eigener Initiative oder gelangten über persönliche Beziehungen, durch Meldung auf Zeitungsannoncen oder Aufrufe innerhalb des Rechtswahrerbundes in die Besatzungsverwaltung. Andere waren zunächst in der Distrikts- oder Regierungsverwaltung tätig gewesen und wurden dann nach eigenem Bemühen Kreishauptmann.[17]

Bei den Initiativbewerbern spielten ideologische Gründe eine ausgeprägte Rolle. Manche von ihnen waren in den dreißiger Jahren in Konflikt mit Parteidienststellen geraten oder aus anderen Gründen beruflich oder privat gescheitert – sie verbanden ihre Bewerbung mit der Hoffnung auf eine zweite Chance. Die überwiegende Mehrheit aber wurde von ihren Heimatbehörden ins Generalgouvernement abgeordnet, viele davon schon unmittelbar zu Beginn der deutschen Besetzung Polens.

15 Dazu zählen neben Alfred Brandt, Otto Busse, Hans Hack, Fritz Schwitzgebel, Karl Vielweib, Hans Malsfey, Friedrich Schulz, Ernst Zörner.

16 Das waren die jüngsten Kreishauptleute: Hans Werner von Bülow, Hans-Joachim Füßlein, Bernhard Höfer, Berthold Pütter und Claus Peter Volkmann.

17 Zu den Rekrutierungswegen der anderen Beamten vgl. Lehnstaedt, »Ostnieten«, S. 706 ff.

Unklar bleibt bei den meisten Fällen jedoch, ob die Abordnungen einvernehmlich beschlossen und von den Kandidaten womöglich auch begrüßt wurden oder ob sich die Behörde lediglich missliebige und unfähige Beamte vom Hals schaffen wollte.[18]

Abordnungen aus dem Reich

Typisches Beispiel für eine Abordnung ist Karl Glehn. Er war 1895 in Duisburg geboren worden. Die Familie lebte in gesicherten Verhältnissen und erfuhr einen sozialen Aufstieg. Sein Vater, ein gelernter Schreiner, arbeitete sich zu einem Bauunternehmer und Fabrikanten hoch und brachte es zu einigem Wohlstand. Nach der Volksschule in Duisburg besuchte Glehn ein Realgymnasium in Köln. Im August 1914 meldete er sich als gerade Neunzehnjähriger freiwillig zum Militär und kam an die Front. Sein Abitur holte er 1915 während eines Urlaubs nach. Bis Kriegsende blieb er Soldat, überwiegend an der Front. Nach der Entlassung aus der Reichswehr nahm er in Marburg das Studium auf. Dort schloss er sich dem Freikorps von Selchow an und zog mit diesem für drei bis vier Monate nach Thüringen, um dort gegen die Kommunisten zu kämpfen. Dieser »Ausflug« ins gewaltaufgeladene völkisch-nationalistische Milieu blieb ein kurzes Intermezzo, gleichwohl war er während seines Studiums aktiver Burschenschaftler in der »Alemannia«. Nach seinem Freikorps-Abenteuer widmete sich Glehn wieder voll seinem Studium und wechselte nach Bonn, wo er schon im Dezember 1920 die erste Staatsprüfung ablegte. Im Jahr darauf folgten Promotion und Vorbereitungsdienst.[19]

Während seines Vorbereitungsdienstes absolvierte er die üblichen Stationen in Justiz und Verwaltung, unter anderem im Amtsbezirk Gruiten, zwischen Düsseldorf und Solingen gelegen. Als im Zuge der Ruhrbesetzung französische und belgische Truppen im März 1923 auch nach Gruiten kamen, wurde Glehn in dieser heiklen Situation dort im Mai kommissarisch Bürgermeister, nachdem der eigentliche Bürgermeister von der französischen Besatzungsmacht verhaftet worden war. Als Glehn die Zahlung einer Geldbuße verweigerte und die Franzosen außerdem Waffen bei ihm entdeckten, wurde er verhaftet und von einem französischen Kriegsgericht zu drei Jahren Zuchthaus verurteilt. Einige Monate davon

18 Einvernehmlich zum Beispiel bei Werner Kalmus, abgeschoben wurde augenscheinlich Otto Bethke.

19 Vernehmung von Karl Glehn, 12. u. 13.11.1964, BAL, B 162/206 AR-Z 12/63, Bd. 4, Bl. 656ff.; Befähigungsbericht, 2.4.1937, Sonderarchiv Moskau, 720k/5/2633, Bl. 90 v.

verbüßte er, bevor er kurz vor Weihnachten 1923 begnadigt wurde. Im Oktober 1924 schließlich schloss er diesen ungewöhnlichen, politisch und national aufgeladenen Vorbereitungsdienst mit der großen Staatsprüfung ab.[20]

Glehns Laufbahn verlief in den folgenden Jahren in ruhigeren Bahnen, zunächst an einem Landratsamt, ab 1928 schließlich beim Oberversicherungsamt in Dortmund, wo er 1930 Regierungsrat wurde. Ende 1932 wechselte er an das Oberpräsidium in Hannover, damals noch unter Leitung des SPD-Politikers Gustav Noske.[21] Die Machtübernahme der Nationalsozialisten und die rasch vorgenommene Gleichschaltung hatten zunächst keine negativen Folgen für Glehn. Da er von 1928 bis Mitte 1932 Mitglied des Zentrum gewesen war und zu Beginn der dreißiger Jahre dem sogenannten Tat-Kreis[22] angehört hatte, wäre durchaus mit Übergangsschwierigkeiten zu rechnen gewesen. Wie Doering und tausende andere Beamte auch wurde Glehn im Frühjahr 1933 Mitglied der NSDAP, überdies trat er im November 1933 der SA bei. Mit seinem neuen Vorgesetzten Viktor Lutze, dem Stabschef der SA, hatte Glehn keine Probleme, im Gegenteil: Dieser förderte Glehn und unternahm mehrere Anläufe, ihm zu einer Landratsstelle zu verhelfen, obwohl er von Glehns politischer Vergangenheit wusste.[23] Die Vorstöße scheiterten aber zunächst am Einwand des Innenministeriums, das Glehns Mitgliedschaft im Zentrum anführte und unmissverständlich klarstellte, dass Glehn »grundsätzlich für einen politischen Posten nicht in Frage« komme.[24] Im

20 Bericht über die Verwaltung und den Stand der Gemeinde-Angelegenheiten in der Bürgermeisterei Gruiten für die Rechnungsjahre 1922 und 1923, 1.5.1924, S. 1, Archiv der Stadt Haan, G 42; Denkschrift über die mit dem Ruhreinbruch der Franzosen zusammenhängenden Ereignisse in der Bürgermeisterei Gruiten 1923-1924, ebenda, G 85, Bl. 14f., 18ff. u. 22; Protokollbuch für den Gemeinderat Gruiten, 1922-1923, ebenda, PrRA 30, Bl. 31ff.; Vernehmung von Karl Glehn, 13.11.1964, BAL, B 162/206 AR-Z 12/63, Bd. 4, Bl. 665.

21 Bericht des Direktors des Oberversicherungsamts Dortmund, 31.1.1933, StArch Münster, Personalakten Reg. Arnsberg A 995, o.P.

22 Kristallisationspunkt des Tat-Kreises war die Zeitschrift Die Tat, ab 1929 herausgegeben von Hans Zehrer, der einen antidemokratischen Kurs verfolgte und Ideen eines nationalen Sozialismus anhing. Vgl. Sontheimer, Tatkreis, S. 232ff.

23 Der Oberpräsident der Provinz Hannover an den Reichs- und Preußischen Minister des Innern, betr.: Wiederverwendung des Regierungsvizepräsidenten i.e.R. Böhme, 26.9.1936, GStA PK, Rep. 77 Nr. 4795, Bl. 104; Befähigungsbericht, 2.4.1937, Sonderarchiv Moskau, 720k/5/2633, Bl. 91.

24 Reichs- und Preußisches Ministerium des Innern, Vermerk, 19.10.1936, GStA PK, Rep. 77 Nr. 4795, Bl. 106 v. Zitat ebenda.

Oktober 1937 waren die Bemühungen aber schließlich erfolgreich, Glehn wurde Landrat in Gifhorn, wo er bis zu seiner Abordnung ins Generalgouvernement im September 1939 blieb.[25]

Eigene Bewerbungen

Über die Motive der freiwilligen Bewerber lässt sich meist nur spekulieren. Neben den überwiegend materiellen Gründen spielten auch ideologische Antriebe und die Hoffnung auf eine schnellere Karriere eine Rolle. Einige verbanden mit ihrer Bewerbung die Erwartung, nach einem vorherigen Scheitern in der Verwaltung bzw. nach erfolglosen Anläufen, nun in der Verwaltung Fuß zu fassen und eine Bewährungschance zu erhalten. Alfons Kalpers, ab August 1941 Kreishauptmann in Miechów, hatte beide Staatsprüfungen erst nach Wiederholung und dann nur mit »ausreichend« bestanden und sich erfolglos bei mehreren Behörden beworben. Auch im Vorbereitungsdienst hätten, so das Innenministerium, seine Leistungen den Durchschnitt nicht überragt. Nach Polen gelangte er durch eine Bewerbung an den Gauführer des Rechtswahrerbundes, der diese befürwortete.[26]

Ideologische Motivation und die Hoffnung auf Rehabilitation lag offenbar der Bewerbung von Alfred Brandt zugrunde. Brandt stammte aus einer Großgrundbesitzerfamilie aus dem Kreis Gnesen in der Provinz Posen. Dieses Gebiet fiel nach Ende des Ersten Weltkriegs an Polen. Er erwarb in Pommern ein eigenes Gut und engagierte sich im Kampf der Freikorps und des Grenzschutzes Ost gegen Polen.[27] Diese »Qualifikationen« führte Brandt in den diversen Bewerbungsschreiben an, die er im September 1939 auf Aufrufe in der Tagespresse hin an verschiedene Personen richtete. Wegen seiner Herkunft hatte er allerdings in erster Linie um Berücksichtigung bei der Stellenvergabe in der Provinz Posen gebeten. Gegen einen dortigen Einsatz mögen Berlin oder der Gauleiter Be-

25 Der Reichs- und Preußische Minister des Innern an den Stellvertreter des Führers, 4.8.1937, GStA PK, Rep. 77 Nr. 5085, Bl. 15; Der Reichs- und Preußische Minister des Innern an den Preußischen Ministerpräsidenten, 2.9.1937, ebenda, Bl. 17; Der Reichs- und Preußische Minister des Innern an Glehn, 20.10.1937, Sonderarchiv Moskau, 720k/5/2633, Bl. 112.

26 Schreiben RMI an Regierung des GG, Hauptabteilung Innere Verwaltung, Abt. Beamtenrecht und Organisation, betr.: Assessor Alfons Kalpers, 24.1.1944, BA-DH, ZA VI 51, A. 1, o.P.; Kalpers an den Gauführer des NSRB Hermann Schroer, 15.2.1940, ebenda.

27 Lebenslauf Brandts vom 26.3.1933, BAB, R 1501/205230, o.P.

denken gehabt haben, für das Generalgouvernement war dies jedoch nicht der Fall. Im Januar 1940 forderte das Innenministerium Brandt auf, sich in Krakau beim Leiter der Abteilung Innere Verwaltung wegen seiner Verwendung im Generalgouvernement zu melden. Krakau empfahl man, Brandt wegen seiner landwirtschaftlichen Erfahrungen in einem ländlichen Bezirk einzusetzen.[28] Brandt erreichte so seine Rehabilitierung, nachdem er 1934 als Landrat im Zuge eines Gauleiterwechsels abgesetzt worden war.[29]

Einen in mancherlei Hinsicht besonderen Fall stellt Hans Hack dar, der 1940 ins Generalgouvernement kam. Dort leitete er kurz die Personalabteilung im Distrikt Radom, bevor er stellvertretender Stadthauptmann in Kielce und schließlich Kreishauptmann in Horodenka wurde. Hack hatte sich im Dezember 1939 für eine Stelle als Landrat im Warthegau beworben. Berlin lehnte seine Übernahme aber ab und teilte ihm eindeutig mit, dass er auch in absehbarer Zeit nicht damit rechnen könne, da über die Stellen bereits entschieden sei. Man vertröstete ihn auf die Möglichkeit, sich im Generalgouvernement zu bewerben.[30]

Überraschen konnte das Hack kaum, denn den tatsächlichen Grund für die Absage lieferte seine Vergangenheit. Er war 1936 als Bürgermeister von Friedberg/Schwaben abgesetzt und kurzzeitig inhaftiert worden. Nachdem er sich als fast Sechzehnjähriger freiwillig zum Kriegsdienst gemeldet hatte, scheint er nach dem Krieg Schwierigkeiten gehabt zu haben, in ein »normales« Leben zurückzufinden. Bis 1920 führte er in Mülheim an der Ruhr einen antispartakistischen Stoßtrupp der Einwohnerwehr an und arbeitete bis 1921 bei der Schutzpolizei. Irgendwann in diese Zeit fiel eine radikale politische Kehrtwende. Hack geriet in den Verdacht, Spitzeldienste für die KPD zu verrichten, und wurde daher aus der Polizei entlassen. Beruflich verlief sein Weg unstet. 1923 trat er schließlich der KPD bei, für die er 1924 in den Stadtrat von Wuppertal-Barmen gewählt wurde. Dort übernahm er die Führung der Fraktion. Kurz darauf wurde er auch Abgeordneter des Rheinischen Provinzial-

28 Brandt an Staatssekretär Stuckart (RMI), 11.9.1939, ebenda; Brandt an Regierungspräsident Bismarck, Potsdam, 10.9.1939, ebenda; Brandt an Ministerialrat Frundt (RMI), 17.9.1939, ebenda; Entwurf Telegramm an Brandt, 13.1.1940, ebenda; Entwurf Fernschreiben an den Leiter der Abteilung Innere Verwaltung, Siebert, 13.1.1940, ebenda; Entwurf eines Schreibens von Ministerialrat Dellbrügge (RMI) an den Stellvertreter des Führers, 20.10.1939, ebenda.

29 Ähnlich bei Otto Busse. Vgl. Kurzbiographie im Anhang.

30 Schreiben des RMI an Hans Hack, Februar 1940 (Entwurf), BAB, R 1501/7912, o.P.

landtags. Zudem engagierte er sich als Generalsekretär des Landesausschusses in Düsseldorf führend in der Internationalen Arbeiterhilfe. Als führender KPD-Aktivist zog er sich den Hass der lokalen Nationalsozialisten zu, nach einer Russlandreise kam es jedoch zum Bruch mit den Kommunisten. Nun versuchte er, bei der SPD unterzukommen, die eine Aufnahme aber wegen seiner kommunistischen Vergangenheit ablehnte.[31]

Ende der zwanziger Jahre zog er in die Region Augsburg und wechselte dort abermals die Seiten. Noch vor seinem Beitritt zur NSDAP, den er im Mai 1932 vollzog, war Hack ab 1930 für die Partei im Gau Schwaben als Redner tätig – Spezialgebiet Kommunismus.[32] Zwar stellte die Gauleitung ihn wegen seiner einschlägigen Vergangenheit unter besondere Beobachtung, konnte aber nichts Nachteiliges feststellen. Im Gegenteil, Hack war in den Wahlkämpfen einer der umtriebigsten Propagandisten. Der Gauleiter kam zu dem Ergebnis: »So wie er als Kommunist Aktivist war, so war er es vom ersten Tage an als Nationalsozialist.«[33] Sein Engagement zeitigte bald erste Früchte: Wenige Monate nach seinem Beitritt zur SA im Juli 1932 wurde er Adjutant des Sonderkommissars für Schwaben, SA-Brigadeführer Hermann Ritter von Schöpf, 1933 kam er für die NSDAP in den Augsburger Stadtrat und wurde Geschäftsführer der Fraktion. Kurz darauf wählte man ihn zum hauptamtlichen Bürgermeister des nahe gelegenen Friedberg. Hack konnte sich gegen 71 Mitbewerber durchsetzen. Ein Jahr darauf wurde er zugleich stellvertretender Kreisleiter der NSDAP.[34] Damit hatte er nach einem wechselvollen politischen Leben und unsicherer beruflicher Verhältnisse eine einträgliche Position erreicht.

31 Der Polizeipräsident in Wuppertal an die Staatspolizeistelle Düsseldorf, 1.11.1933, HStA Düsseldorf, RW 58-38975, Bl. 1f.; Geheime Staatspolizei Düsseldorf, Außendienststelle Wuppertal, an die Staatspolizeistelle Düsseldorf, 4.11.1936, ebenda, Bl. 10; Polizeipräsident Elberfeld-Barmen, betr.: Agitationswoche und Werbeveranstaltung der Internationalen Arbeiterhilfe, 19.4.1924, ebenda, Regierung Düsseldorf Nr. 16968, Bl. 59f.; NSDAP-Kreisleitung Friedberg an das Bezirksamt Friedberg, 5.8.1933, BAB (ehem. BDC), OPG, Hack, Johann, Bl. 65; Lebenslauf Hacks (Abschrift), o.D., ebenda, Bl. 29f.

32 Karteikarte in BAB (ehem. BDC), PK, Hack, Johann.

33 NSDAP, Gauleitung Schwaben, an den Polizeipräsidenten von Wuppertal, 19.12.1933, HStA Düsseldorf, RW 58-38975, Bl. 4.

34 NSDAP-Kreisleitung Friedberg an das Bezirksamt Friedberg, 5.8.1933, BAB (ehem. BDC), OPG, Hack, Johann, Bl. 65f.; Lebenslauf Hacks (Abschrift), o.D., ebenda, Bl. 29f.; »Pg. Hack 1. Bürgermeister von Friedberg«, in: Nationalzeitung, 10.6.1933; Stadtbuch, S. 330ff.

Hacks Karrieresprung blieb den Wuppertaler Nationalsozialisten nicht verborgen, die mit einigem Befremden auf den Aufstieg ihres einstigen Widersachers reagierten. Der Wuppertaler Polizeipräsident informierte die Gestapo in Düsseldorf, die daraufhin die Augsburger Parteigenossen ins Licht setzte. Dort war Hacks kommunistische Vergangenheit ja allerdings bereits bekannt und bot keinen Anlass zur Beunruhigung.[35] Im Oktober 1934 kam es aber aus unbekannten Gründen zu einem Zerwürfnis mit dem Friedberger Kreisleiter, das sich zu einer regelrechten Schlammschlacht entwickelte. Am Ende – Hack war inzwischen von seinem Posten als Bürgermeister entfernt worden – stand ein Verfahren vor dem Obersten Parteigericht, das zwischen den beiden schlichtete. Hack erhielt einen Verweis, konnte aber nicht wieder in sein Amt zurückkehren, sondern arbeitete wieder als Vertreter, zusätzlich abgesichert durch großzügige Ruhestandsbezüge.[36]

Eine hohe Anziehungskraft übte der Dienst im Generalgouvernement auch auf solche Männer aus, die keinerlei Vorerfahrung in der Verwaltung mitbrachten. Man kann bei ihnen davon ausgehen, dass sie in der Regel aufgrund einer Selbstbewerbung ins Generalgouvernement kamen, wenngleich Belege hierfür weitgehend fehlen. Die meisten Kreis- und Stadthauptleute dieser Gruppe waren überzeugte und engagierte Nationalsozialisten, die bereits vor 1933 ausgesprochen aktive Parteigenossen waren. Manche von ihnen konnten bereits einschlägiges ostpolitisches Engagement vorweisen. Dazu zählte Joachim Nehring, ab Ende 1942 Kreishauptmann in Kamionka Strumiłowa im Distrikt Galizien. Er war 1903 in Danzig als Sohn eines Majors geboren worden und hatte beide Eltern 1919 bereits mit 15 Jahren verloren. Noch während der Schulzeit engagierte er sich in der politischen Rechten; er wurde 1919 Mitglied des Deutschnationalen Jungbundes, war bis 1922 in der Deutschnationalen Volkspartei (DNVP) und wurde Mitglied des Alldeutschen Verbands. Unmittelbar nach dem Abitur 1921 schloss er sich einem Freikorps an. Nach einem abgebrochenen Studium schlug er 1924 eine journalistische Laufbahn ein und arbeitete ab 1933 für das Deutsche Nachrichten-Büro

35 Der Polizeipräsident in Wuppertal an die Staatspolizeistelle Düsseldorf, 1.11.1933, HStA Düsseldorf, RW 58-38975, Bl. 1f.; NSDAP, Gauleitung Schwaben, an den Polizeipräsidenten von Wuppertal, 19.12.1933, Bl. 4, ebenda; Geheime Staatspolizei Düsseldorf, Außendienststelle Wuppertal, an die Staatspolizeistelle Düsseldorf, 4.11.1936, ebenda, Bl. 10.

36 Dazu der Vorgang des Reichsstatthalters in Bayern, HStA Bayern, Abt. II, Geheimes Staatsarchiv, Reichsstatthalter 799; ferner die Akte des OPG: BAB (ehem. BDC), OPG, Hack, Johann.

in Danzig, ab 1937 in Königsberg. Der NSDAP trat Nehring im Frühjahr 1932 bei, im Jahr darauf der SS. Er nahm als Soldat am Überfall auf Polen teil und wurde später vom Deutschen Nachrichten-Büro zur Krakauer Pressestelle geschickt, da er die Verhältnisse in Polen durch zahlreiche Reisen gut kenne. Dort überwarf er sich nach einiger Zeit mit dem Leiter der Propagandaabteilung und wechselte daraufhin in die Verwaltung, zunächst als Referent beim Kreishauptmann in Krakau, dann als stellvertretender Kreishauptmann in Kamionka Strumiłowa.

Nehring wuchs in einem streng deutschnationalen Elternhaus auf und suchte schon als Jugendlicher Anschluss an nationalistische, polenfeindliche und antisemitische Organisationen. Ihre Ideologie teilte er weitgehend; er propagierte in den zwanziger Jahren eine strikt antipolnische Politik und einen dezidierten Antisemitismus in selbstverlegten kleineren Schriften und Büchern. Ferner engagierte er sich im Deutschen Ostmarkenverein, dessen stellvertretender Vorsitzender er bis Anfang 1933 war. Nehring lehnte die Weimarer Republik scharf ab; in ihr sah er einen schwachen Staat und das Produkt eines jahrhundertelangen Prozesses »rassischer« und »sittlicher Zersetzung«. 1925 machte er sich in seiner Schrift »Ostelbiens preussische Pflicht« für eine Rückbesinnung auf die Tradition des Deutschen Ordens stark. Deutschlands Schicksal, so Nehring, entscheide sich im Osten. Nachdem im Ersten Weltkrieg und unmittelbar danach schon einmal die Chance im Osten vertan worden sei, müsse das Ziel umso mehr heißen: »Ein organisch geeintes deutsches Ostland mit natürlichen Grenzen, ein Land, in dem gesundes Bauerntum und Siedlertum das Werk der Vorfahren fortzusetzen und eine Zelle der Kraft und Erneuerung für das ganze Volk zu werden vermag.«[37]

Im Osten lag Nehring zufolge aber nicht nur das Heil, sondern auch die größte Bedrohung Deutschlands, durch die zunächst Danzig und Ostpreußen sowie alle im Grenzgebiet lebenden Deutschen akut gefährdet seien – die polnische Gefahr. Diesem Thema widmete er sich in weiteren Publikationen.[38] Seine Weltsicht erhielt 1928 ihre Ergänzung in der Feststellung einer inneren Gefährdung Deutschlands und der Deutschen, die in weiten Teilen kulturlos geworden seien, da ihnen »in langen Jahrzehnten bewußter Zersetzungsarbeit«[39] die Seele geraubt worden sei. Die Räuber musste Nehring nicht lange suchen, er fand sie in »drei volksfremde[n] Kräfte[n]«, hinter denen doch nur einer stand – »der«

37 Nehring, Ostelbiens preussische Pflicht, S. 13. Zum Vorhergehenden vgl. ebenda, S. 3 ff.

38 Vgl. Nehring, Danzig; ders., Netze.

39 Nehring, Kaisertum, S. 6. Zum Folgenden ebenda, S. 6 ff. Zitate S. 6 u. 10.

Jude: »die jüdische Presse, die jüdische Finanz und – von den beiden ersteren getragen – die jüdische Beeinflussung von Kunst und Schrifttum.« Nicht allein die Kultur bzw. die Seele sah er verloren, der Verlust schien ihm allumfassend: »Wir haben unser Volkstum verloren! Wir haben unsere Kultur verloren! Wir haben unsere Wirtschaft verloren! Wir haben unsere Wehr verloren! Wir haben den Staat verloren! Wir haben alles verloren!« Rettung könnte da nur ein Führer bringen, der frei von wirtschaftlichen oder parteilichen Hemmungen, unabhängig durch seine Herkunft den völkischen Staatsgedanken vollenden und verkörpern könnte. Dabei dachte Nehring aber noch nicht an *den* »Führer«, sondern an den Kaiser. Er hielt ein neues »völkisches Kaisertum« für nötig. Bereits derart nationalistisch und antisemitisch durchdrungen, war der Weg zu den Nationalsozialisten schließlich nicht mehr weit, zumal die Volksgemeinschaftsideologie als weitere Brücke bereitstand, die beide verband. Im Generalgouvernement konnte er dann mitbauen am »Ostland«, das nun weitaus größer zu werden schien, als Nehring es jemals erträumt hatte.

Ebenfalls ohne Verwaltungserfahrung und entsprechende Vorbildung war Ernst Gramß, 1899 als Sohn eines Oberingenieurs in Augsburg geboren. Er hatte nach dem Abschluss der Oberrealschule einige Jahre in landwirtschaftlichen Betrieben gearbeitet, bevor er 1923 ein Studium der Landwirtschaft aufnahm. Nach Ende des Studiums 1927 wurde er Versuchstechniker und Pflanzenzüchter auf einem Versuchsgut der Gesellschaft für Hopfenforschung. Gramß engagierte sich sehr früh in der extremen Rechten. Nachdem er 1918 kurz als Frontsoldat am Weltkrieg teilgenommen hatte, schloss er sich 1919 Gottfried Feder an, einem extremen Nationalsozialisten der ersten Stunde. Im März 1923 trat Gramß der NSDAP bei, kurz darauf der SA. Im November 1923 nahm er am »Hitler-Putsch« in München teil. Während seines Studiums gründete Gramß 1926 den NS-Studentenbund. Außerdem engagierte er sich agrarpolitisch für die Partei und war ab 1928 als sogenannter Bauernredner unterwegs, um Propaganda für den Nationalsozialismus zu machen.[40]

Die Machtübernahme der Nationalsozialisten 1933 bescherte Gramß schließlich einen Aufstieg im agrarpolitischen Apparat, zunächst als landwirtschaftlicher Kreisfachberater. In den folgenden Jahren machte er rasch Karriere innerhalb des Reichsnährstandes, wurde Stabsleiter in dessen Verwaltungsamt, Mitglied im Reichsbauernrat und 1937 schließlich

40 Ernst Gramß, Lebenslauf, 1941, S. 1 f., NL Gramß; ders., Lebenslauf, 8.11.1928, ebenda.

Leiter der Reichsschulen des Reichsnährstandes für Bauernführer, wo er für die weltanschauliche und agrarpolitische Schulung zuständig war. 1934 trat Gramß auch noch der SS bei, in der er als Schulungsleiter tätig wurde. Nach einem kurzen Zwischenspiel in der Wehrmacht im Herbst 1939 meldete er sich für einen »Einsatz« in den neueroberten Gebieten »im Osten«. Gramß wurde Ende November 1939 Leiter der Abteilung Ernährung und Landwirtschaft des Distrikts Warschau, im Juni 1940 dann Kreishauptmann in Sokołów.[41] Damit war er am Ziel seiner Wünsche angelangt; er hatte schon länger von einem großen Gut »im Osten« geträumt.[42] Daher freute er sich sehr über die neue Herausforderung. Kurz nach seiner Amtseinführung als Abteilungsleiter im November 1939 schrieb er seiner Frau: »[D]as Aufgabengebiet ist gewaltig groß, ich bin stolz u. froh jetzt im Osten mitarbeiten zu können.«[43] Seine Arbeit dort sah er als eine Art Bewährungsprobe, als »eine Schule für uns Ostpolitiker«[44], die ihn in seiner Karriere entscheidend voranbringen könnte. Als Gramß schließlich Kreishauptmann wurde, platzte er fast vor Stolz, zumal er es als Nicht-Fachmann so weit gebracht hatte: »Morgen wird sich also Sturmbannführer Gramß in Warschau zu Stelle melden. – Nazis sind eben Nazis, u. alte Nazis wissen was nottut. Ich gebe mich allerdings keinen Illusionen hin, daß die Arbeit für mich sehr schwer wird, da sie neu ist, aber politisches Gefühl habe ich u. bin voller Hoffnung. Ich bin zudem der 1. u. einzige Kreishauptmann der nicht *Jurist* ist.«[45] Zusätzlich freute es Gramß, damit in der Heimat großen Eindruck machen zu können, zumal dort einige abfällige Äußerungen über seine Arbeit gemacht hatten.[46] Diese tiefe Genugtuung, der Stolz sowie das Gefühl, eine historische Mission zu erfüllen, schlug sich auch in Lebensstil und Herrschaftspraxis nieder.

41 Ernst Gramß, Lebenslauf, 1941, S. 2 f., NL Gramß.

42 Brief von J. an Ernst Gramß, 22.1.1941.

43 Brief von E. Gramß an seine Frau, o.D. Wahrscheinlich Dezember 1939.

44 Brief von E. Gramß an seine Frau, o.D. Dieser Brief folgte auf den vorstehenden und wurde daher auch im Dezember 1939 geschrieben.

45 Brief von E. Gramß an seine Frau, o.D. (Anfang Juni 1940). (Hervorhebung im Original).

46 Ebenda: »Denjenigen die Bemerkungen machten, wirst Du jetzt aber groß auftischen.«

Rekrutierung aus dem Besatzungsapparat

Die Position des Kreishauptmanns übte auf einige bereits in der Verwaltung des Generalgouvernements tätige Männer hohe Anziehungskraft aus. An der »Front der Verwaltung« zu stehen war für sie wegen des vergleichsweise großen Handlungsspielraums und als Karriereschritt in eine Führungsposition attraktiv. Außerdem versprachen sich manche der Aspiranten von der Berufung zum Kreishauptmann eine deutliche Besserung ihres Lebensstils. Exemplarisch hierfür steht Hans-Adolf Asbach, dem bei seiner Bewerbung um eine Stelle im Generalgouvernement schon die Verwendung als Kreishauptmann vorgeschwebt hatte. Er wurde nach Monaten als Referent in der Regierung Kreishauptmann, was ihn noch nachträglich in seinen autobiographischen Aufzeichnungen jubilieren ließ: »Ich hatte endlich einen selbständigen, unabhängigen, ja fast selbstherrlichen Wirkungskreis und ich konnte an nicht unwichtiger Stelle meinem Heimatland viel nützen.«[47] Asbach kam aus der Deutschen Arbeitsfront, bei der er Rechtsberater und zuletzt Leiter des Sozialamts in Stettin gewesen war. Nach dem Überfall auf Polen bewarb er sich auf der Suche nach neuen Herausforderungen um eine Verwendung in der Verwaltung der neu eroberten Ostgebiete, weil er, wie er nach dem Krieg schrieb, »der Ansicht war, es gäbe außerhalb der Reichsgrenzen genug ungepflügtes Land, das des Schweißes der Aktivsten aus allen Berufsschichten wert war«[48].

Auch Heinz Doering arbeitete zunächst in der Zentralverwaltung in Krakau und kam von dort auf den von ihm so heißersehnten Posten des Kreishauptmanns. Doering, 1894 in wohlhabende Verhältnisse geboren, schloss in München das Gymnasium mit durchweg guten Noten ab und nahm 1914 das Studium der Rechtswissenschaften auf. Wegen einer angeborenen Verstümmelung der rechten Hand kam er für den Militärdienst nicht in Frage. Vorwiegend widmete er sich seiner Leidenschaft, dem Theater und der Literatur, musste dies wegen der Verschlechterung der familiären Situation schließlich aufgeben und sich voll auf sein eigentliches Studienfach konzentrieren. 1918 bestand er die erste, im Herbst 1921 schließlich die zweite juristische Staatsprüfung.[49]

47 Asbach, Krakau, Bl. 72.

48 Asbach, Referendarzeit, Bl. 30 ff.; ders., Erinnerungen an die Zeit bei der DAF [künftig: Asbach, DAF], Bl. 1 f. Zitat ebenda, Bl. 58; Haffner, Geschichte, S. 145 ff.

49 Doering, Mensch, Bl. 215, 435, 454, 464 f., 957 ff. u. 1145 f.; Theresien-Gymnasium, München, Gymnasialzeugnisse von Heinz Doering 1905-1914.

Nun begann er seine Laufbahn zunächst bei der Staatsanwaltschaft München und im bayerischen Justizministerium, ab 1922 setzte er sie im Staatsministerium für Unterricht und Kultur fort. 1926 promovierte er mit »summa cum laude« an der Universität Erlangen. Im Dezember 1928 folgte seine Versetzung an das Landratsamt in Wasserburg am Inn und die gleichzeitige Beförderung zum Regierungsrat. Neben seiner Verwaltungsarbeit fand er noch genügend Zeit, den ersten Band eines geplanten mehrbändigen Werkes über »Staat und Kirche in Bayern« zu verfassen, der 1928 erschien.[50] Gekrönt wurde der verheißungsvolle Beginn seiner Laufbahn schließlich 1938 mit der Ernennung zum Landrat in Schrobenhausen; ein Jahr darauf wurde er Landrat in Mühldorf. Doering war also ein hochqualifizierter und erfahrener Verwaltungsbeamter.

Politisch in Erscheinung getreten ist Doering vor 1933 fast nicht. Er wuchs, davon zeugen Veröffentlichungen seines Vaters, in einem nationalkonservativen Elternhaus auf.[51] Hinweise auf seine politische Einstellung liefert aber Doerings Dichtung, vor allem kleine Epigramme, die er zeitlebens verfasste. In ihnen kommentierte er manche Ereignisse und hielt Gedanken fest. Die wenigen Epigramme aus der Zeit der Weimarer Republik zeugen davon, dass er die Demokratie ablehnte und für ihre Repräsentanten nur Verachtung übrig hatte:

»Mimischer Traum
Klug ist das Volk doch geworden! Wie schwer auch das Amt des Ministers
Gestern noch war: es besorgt heut jeder Schneidergesell!«[52]

Allerorten machte er den Verlust sämtlicher Ideale und eine grassierende Korruption aus; bereits mit ersten antisemitischen Anklängen schrieb er 1921:

»Ein Parlamentarier,
Semit oder Arier,
Wünscht eines auf Erden:
Minister zu werden!

50 Vgl. Doering, Heinz, Staat und Kirche in Bayern. System des bayerischen Staatskirchenrechts, Bd. 1, München u.a. 1928. Zur Veröffentlichung der weiteren Bände ist es nie gekommen.

51 Vgl. Doering, Oskar, Kreuz und Schwert. Des Christentums Kampf und Sieg, Regensburg, Rom 1915; ders., Krieg und Kunst, Mönchengladbach 1916.

52 Epigramme, NL Doering. Dieses stammt aus dem Jahr 1920. Die folgenden Epigramme ebenda.

Und wenn er es ist,
Aus der Staatskrippe frisst,
Dann nicht viel Gefackel:
Merk's Demokrat:
Im Anfang die Tat!
Drum Stiehl, wie ein Dackel!«

Spätestens Mitte der zwanziger Jahre traten antisemitische Einstellungen klar zutage. Ob diese bereits früher so deutlich vorhanden gewesen waren oder sich in einer längeren Entwicklung herauskristallisiert haben, lässt sich aufgrund der spärlichen Quellenüberlieferung nicht sagen. Gepaart war der Antisemitismus mit der Ablehnung der Demokratie, die er fest in den Händen der Juden sah:

»Systemzeit
Wechselt der Name auch oft, die Sache bleibt immer die selbe:
Nur statt Ludwig und Max krönt man jetzt Levi und Kohn!«

Reaktionen Doerings auf die Machtübernahme der Nationalsozialisten sind nicht überliefert. Schon 1928 soll er in Wasserburg Kontakte zur NSDAP aufgenommen haben und als Ortsgruppenvorsitzender vorgesehen gewesen sein. Dazu kam es aber nicht. Nach Parteiinformationen soll sich Doering stattdessen der Bayerischen Volkspartei angeschlossen haben, da er sich davon mehr Vorteile für seine Karriere erhofft habe. Als sich 1933 mit der Machtübernahme der Nationalsozialisten das Blatt wendete, folgte er der großen Masse und trat der NSDAP bei. Auch dabei scheint, trotz ideologischer Übereinstimmungen in manchen Punkten, zunächst ein rationales Karrierekalkül ausschlaggebend gewesen zu sein. Es blieb aber nicht bei einer nominellen Mitgliedschaft; Doering wurde bald Kreisamtsleiter für Kommunalpolitik und Kreisredner der NSDAP.[53]

Als Landrat in Mühldorf zeichnete er sich vor allem durch eine strikt kirchenfeindliche Haltung aus; er selbst ist 1939 aus der Kirche ausgetreten. Mit Argusaugen beobachtete er jede Regung der katholischen Kirche und berichtete dem Regierungspräsidenten beflissen davon. Die katholische Kirche würde zum Beispiel, so Doering, durch eine »unterirdische Wühlarbeit« für wachsende Kriegsmüdigkeit in der Bevölkerung sor-

53 SD-Leitabschnitt München, betr.: Doering, Heinz, 9.12.1941, BAB (ehem. BDC), PK, Doering, Heinz.

gen.[54] An anderer Stelle warnte er, der Krieg könne durch die Arbeit der Kirche verlorengehen, so wie der Erste Weltkrieg wegen der Juden verloren worden sei.[55] Doerings kirchenfeindliche Haltung wurde nur noch von seinen antipolnischen Tiraden übertroffen, die regelmäßig ungeschminkt Eingang in seine Monatsberichte fanden. Für das letzte Quartal 1940 fasste er sein Urteil zusammen: »Ich kann es immer wieder bemerken, dass wir den Tag segnen, an dem wir die Polaken wieder nach Hause schicken können. Die Erfahrungen sind mit ihnen in der überwiegenden Mehrheit unbeschreiblich schlecht. Auch vom rassischen Standpunkt aus wäre ihre Entfernung und ihr Ersatz durch Arbeitskräfte aus Frankreich nur zu begrüssen.«[56] Die Polenfeindlichkeit saß bei Doering so tief, dass er wiederholt aus dem nüchternen Korsett der Verwaltungssprache ausbrach und seinem Hass freien Lauf ließ. Im Januar 1941 beklagte er sich: »Schlimm liegen die Dinge nach wie vor mit den Polen. Ihre Behandlung und die Weisungen darüber sind viel zu human. Die Erfahrungen lehren, dass bei diesem Geschmeiss nur Prügel helfen, die allerdings in ausreichender Menge verabfolgt werden müssen. Alles andere ist zwecklos.«[57] Mit solchen Einstellungen kam er ein gutes Jahr später in das Generalgouvernement, um dort Verantwortung für eine fast ausschließlich polnische Bevölkerung zu übernehmen. Dort angekommen, setzte er bald schon alles daran, als Kreishauptmann »sein eigener Herr« zu sein.

Die Fluktuation unter den Kreis- und Stadthauptleuten war hoch. Amtszeiten von nur wenigen Monaten waren keine Ausnahme. Von den Männern »der ersten Stunde« waren Mitte 1940 fast die Hälfte schon nicht mehr im Amt. In manchen Kreisen wechselte der Kreis- bzw. Stadthauptmann in diesem kurzen Zeitraum bereits zweimal.[58] Diese hohe Fluktuation zu Beginn liegt vor allem am Rückzug abgeordneter Beamter, die ursprünglich nur für den Zeitraum der Militärverwaltung vorgesehen waren und nun an ihre Heimatdienststellen zurückbeordert wurden oder Stellen in den eingegliederten Gebieten übernahmen. Auch später wech-

54 Monatsbericht für Mai 1941, o.D., StArch München, LRA 135114, o.P. Zitat ebenda.

55 Monatsbericht, Januar 1940, StArch München, LRA 135112, o.P.

56 Bericht für die Monate Oktober, November, Dezember 1940, ebd., o.P.

57 Monatsbericht für Januar 1941, StArch München, LRA 135114, o.P. Im Tenor ähnlich sind die Monatsberichte für Juli, August und September 1941, ebenda.

58 So in den Kreishauptmannschaften Sokołów und Miechów sowie in der Stadthauptmannschaft Warschau.

selten die Kreishauptleute relativ häufig, lediglich zwölf versahen ihren Posten während der gesamten Zeit, in der ihre Kreishauptmannschaft existierte.[59] Manche waren während der gesamten Besatzungszeit Kreishauptmann, wechselten aber die Kreishauptmannschaft unter anderem aufgrund der Erweiterung des Generalgouvernements um den Distrikt Galizien im Sommer 1941.[60] Bei einigen wurde die Abordnung aufgehoben, andere wurden, vor allem ab 1942/43, zur Wehrmacht eingezogen (mindestens 26 Kreishauptleute).[61] Die Aufhebung der uk-Stellung nutzten Distrikte und Regierung teilweise, um missliebige oder für unfähig gehaltene Kreishauptleute abzuschieben. Manche Einberufungen hatten ihre Wurzeln in dem Konflikt zwischen Teilen der Zivilverwaltung und dem HSSPF und seinem Apparat. Von dort aus wurde in einigen Fällen die Aufhebung der uk-Stellung der SS-Mitglieder unter den Kreis- und Stadthauptleuten betrieben.[62] Es ist nicht auszuschließen, dass sich ein Kreishauptmann selbst um die Einberufung zur Wehrmacht bemüht oder sich dieser zumindest nicht widersetzt hat, um das Generalgouvernement verlassen zu können. Für andere war ihre Stelle nur die erste Stufe der Karriereleiter im Besatzungsapparat. Sie wurden Abteilungsleiter oder Amtschefs in den Distrikten, Hauptabteilungsleiter in der Regierung oder Gouverneur eines Distrikts.[63]

Eine kleinere Gruppe von Kreishauptleuten bemühte sich aus eigener Initiative darum, das Generalgouvernement schnell wieder zu verlassen

59 Das sind Bittrich (Mińsk Mazowiecki), Rupé (Skierniewice), Rupprecht (Warschau-Land), Schäfer (Busko), Ehaus (Rzeszów/Reichshof), Buss (Piotrków/Petrikau), Zettelmeyer (Starachowice), Ziegenmeyer (Lublin-Land), Weihenmaier (Zamość), Hack (Horodenka), Albrecht (Stanisławów/Stanislau), von Dewitz (Stryj). Die Kreishauptmannschaften Skierniewice und Horodenka wurden im April 1941 bzw. April 1942 aufgelöst. Zur Besetzung der Kreishauptmannschaften im Einzelnen vgl. die Tabellen 2 bis 6 im Anhang.

60 Karl Glehn (Jędrzejów u. Tomaszów Mazowiecki), Egon Höller (Krakau-Land und Lemberg-Stadt), Hans-Walter Zinser (Miechów, Rawa Ruska, Sambor und Dębica) und Viktor von Dewitz (Nowy Targ/Neumarkt und Stryj).

61 Berücksichtigt sind hier auch Einberufungen zur Waffen-SS. Außer Acht gelassen wurden Einberufungen zur Wehrmacht, die erst nach Räumung der betreffenden Gebiete des GG in der Kriegsendphase aktuell wurden.

62 RFSS, Chef des Hauptamts, an Persönlicher Stab RFSS, Brandt, 19.6.1943, BAB, NS 19/2961, Bl. 1f.; HSSPF Ost an SS-Obersturmbannführer With, Stab Sonderbeauftragter des Führers, General von Unruh, 17.4.1943, ebenda, Bl. 5f.; HSSPF Ost an Persönlicher Stab RFSS, SS-Obersturmbannführer Brandt, betr.: SS-Obersturmbannführer Rudolf Pavlu, 27.4.1943, BAB, NS 19/2965, Bl. 14f.

63 Das waren Friedrich Egen, Georg Eisenlohr, Alfons Oswald, Ernst Kundt, Richard Wendler, Ernst Zörner und Ludwig Losacker.

und andernorts eingesetzt zu werden. Die Trennung von der Familie oder das Gefühl, abgeschoben zu sein und auf verlorenem Posten zu stehen, waren hier maßgebend. Bei mindestens einem Kreishauptmann war der Antrieb aber auch eine zumindest partiell kritische Einschätzung der Zustände im besetzten Polen: Otto Strößenreuther, von Oktober 1939 bis September 1940 Kreishauptmann in Janów Lubelski, versuchte spätestens seit Februar 1940 in das Luftfahrtministerium zu gelangen, wo man bereits vor dem Krieg Interesse an ihm bekundet hatte.[64] Mehrmals sprach er deshalb im Reichsinnenministerium vor. Er verwies dabei aber nicht nur auf das Interesse des Reichsluftfahrtministeriums, sondern auch auf die Zustände im Generalgouvernement, wie aus einem Gesprächsvermerk hervorgeht: »Er hat dabei darauf hingewiesen, daß die Art der Verwaltungsführung im General-Gouvernement für ihn eine außerordentlich starke seelische Belastung mit sich bringe. Er sei der Überzeugung, daß für die Aufgaben eines Kreishauptmanns ein höherer Verwaltungsbeamter nicht erforderlich sei, sondern daß sie ebenso gut von jedem Polizeioffizier oder SS-Führer erfüllt werden könnten. Außerdem sei das Bestreben, die im General-Gouvernement tätigen Verwaltungsbeamten lediglich zur Einschulung von Außenseitern zu benutzen.«[65] An derartiger, wenn auch zurückhaltender Kritik stieß man sich im Ministerium offenbar nicht. Man hielt Strößenreuther durchaus für sehr gut qualifiziert, allerdings, in Übereinstimmung mit ihm, besser für den Innendienst geeignet. Krakau lehnte eine Freigabe Strößenreuthers jedoch vorerst ab. Erst im September 1940 hatten seine Bemühungen Erfolg – er kam zur Zivilverwaltung ins Elsass.[66]

Auch andere Kreishauptleute sahen Teile der deutschen Besatzungspolitik durchaus kritisch, unternahmen jedoch entweder keinen Versuch, das Generalgouvernement wieder zu verlassen, oder hatten keinen Erfolg. Manche bemühten sich, aus der »Schusslinie« zu kommen, indem sie innerhalb der Besatzungsverwaltung in ruhigere Bereiche wechselten. Hans Klein, anfangs Kreishauptmann in Garwolin, erzählte einem Polen im privaten Gespräch, er wolle nach Deutschland zurück, da ihm die Herrschaftspraxis im besetzten Polen nicht zusage. Er wolle lieber 1 000 Kilometer zu Fuß gehen als die Zustände länger mit ansehen zu müssen.

64 Reichsminister der Luftfahrt und Oberbefehlshaber der Luftwaffe an Bayerisches Staatsministerium des Innern, 28.2.1939, BAB, R 1501 PA/11301, o.P.

65 Schütze (RMI) an Staatssekretär Stuckart, 13.3.1940, BAB, R 1501 PA/11301, o.P.

66 Amt des Generalgouverneurs, Abteilung Innere Verwaltung, an RMI, 6.4.1940, ebenda; Strößenreuther an RMI, Personalreferat, ORR Kernert, 18.6.1940, ebenda; RMI an Strößenreuther, 14.9.1940, ebenda.

Eine Rückbeorderung nach Deutschland erreichte Klein nicht, obwohl er 1940 erste Versuche unternahm. 1941 wechselte er aber an die Distriktverwaltung in Warschau.[67]

Die größten Erfolgsaussichten, das Generalgouvernement vorzeitig zu verlassen, dürften wohl in den ersten Monaten seines Bestehens sowie 1942/43 während der »Auskämmung« der Behörden für die Wehrmacht bestanden haben. Die Motive für solche Bemühungen treten nur selten klar zutage; das gilt umso mehr, wenn eine Ablehnung der Besatzungspraxis dahinter stand. Häufig aber dürften Gründe wie die Trennung von der Familie oder die relative Isolation in der Provinz sowie das Gefühl, auf einem Abstellgleis gelandet zu sein, ausschlaggebend gewesen sein. Denn trotz all der Machtfülle, des relativen Luxus und der Annehmlichkeiten konnte das Leben in der polnischen Provinz recht trostlos sein. Hinzu kommt, dass die Lage immer »ungemütlicher« wurde, als Widerstandsgruppen vermehrt Anschläge auf Deutsche verübten. Bei denjenigen, die sich freiwillig zur Wehrmacht meldeten oder einer Einberufung folgten, spielten auch »patriotische« Motive eine Rolle. Sie wollten nicht länger abseits stehen, während andere an der Front den Kopf hinhielten. In jedem Fall bedurfte es einer gewissen Hartnäckigkeit und gegebenenfalls auch einflussreicher Fürsprecher, um sich erfolgreich wegzubewerben. Dass Einzelne den Versuch unternommen haben, sagt aber im Umkehrschluss nur sehr wenig oder überhaupt nichts über ihre Einstellung zur Besatzungspolitik im Generalgouvernement und ihre eigene Praxis aus.[68]

Andere Kreishauptleute wurden im Laufe der Zeit abgesetzt, da sie für unfähig gehalten wurden, sich persönlich bereichert hatten oder wegen anderer Vergehen. Der Stadthauptmann von Lublin, Friedrich Saurmann, wurde wegen einer Korruptionsaffäre zeitweise seines Postens enthoben. Nach seinen eigenen Aussagen nach Kriegsende spielte bei der Amtsenthebung aber eine entscheidende Rolle, dass sein Bruder mit einer Jüdin verheiratet war und nach Israel emigriert sei. Außerdem sei er

67 Protokół rozprawy głównej, 15.12.1947, IPN, SAW 27, Bl. 13; Schreiben des Personalreferenten im Bayerischen Staatsministerium des Innern, Ministerialrat Dehler, an Hans Klein, 10.9.1940, APW, Amt des Distrikts Warschau 402, Bl. 84; Schreiben von Hans Klein an Dehler, 28.9.1940, ebenda, Bl. 85.

68 Karl Glehn zum Beispiel wollte Polen zwischenzeitlich auch verlassen. Dies hatte aber nichts mit seiner Einstellung zu tun und lässt nicht auf eine mildere Praxis schließen.

mit Gouverneur Zörner in Konflikt geraten.[69] Für Letzteres spricht, dass er wenige Tage nach dessen Entlassung wieder eine Stelle in der Verwaltung erhielt, diesmal als Kreishauptmann in Biała Podlaska. Mehrere Kreishauptleute wurden wegen Korruptionsaffären, umfangreichen Schwarzhandels oder Verschwendung von Geldern auf Dauer ihrer Posten enthoben, einer gar vor Gericht gestellt und verurteilt. Ähnliche Verdachtsmomente gab es bei weiteren Kreishauptleuten, jedoch wurden sie auf ihren Stellen belassen, oder entsprechende Verfahren verliefen ergebnislos.

Die skizzierten Biographien repräsentieren einen annähernd typischen Querschnitt durch die Gesamtgruppe – auf der einen Seite Aufwachsen in gesicherten Verhältnissen, Studium, reibungsloser Einstieg in die Verwaltung oder Justiz und dort auch über 1933 hinaus eine bruchlose Laufbahn; auf der anderen Seite frühe Parteiaktivisten, die diesem Engagement 1933 einen Karriereschub verdankten, zum Teil aber später mit Teilen der Partei in Konflikt gerieten und einen Karriereknick hinnehmen mussten, den sie erst im Generalgouvernement wiedergutmachen konnten. Zum Teil verlief ihre durch die Machtübernahme 1933 beflügelte Karriere aber auch ungebrochen fort.[70] Neben den in den Fallbeispielen vertretenen Kreishauptleuten gab es aber noch diejenigen, deren Berufsweg weniger reibungslos verlief und mit längeren Zeiten der Arbeitslosigkeit verbunden war: Hubert Kühl zum Beispiel war von 1929 bis 1933 arbeitslos. Im Mai 1933 wurde er Redakteur der Film-Zeitschrift *Die Lichtbildbühne*, ein Jahr darauf Referent im Reichsministerium für Propaganda und Volksaufklärung. Hans Carl Bittrich, 1879 geboren und promovierter Jurist, hatte nach seiner Entlassung aus der Reichswehr 1920 bis 1931 in der Industrie gearbeitet. Infolge der Weltwirtschaftskrise wurde er arbeitslos. Erst im Mai 1933 änderte sich seine Situation, er kam zur Arbeitsverwaltung, wo er 1936 Regierungsrat wurde und Leiter eines Berliner Arbeitsamts war. Beide traten während ihrer Arbeitslosigkeit in die NSDAP ein, Kühl schon im Februar 1930, Bittrich im März 1932. Die

69 Vernehmung von Friedrich Saurmann, 30.5.1968, BAL, B 162/208 AR-Z 74/60, Bd. 47, Bl. 8692 f.; Musial, Zivilverwaltung, S. 391.

70 Zu dieser Gruppe gehören neben den genannten Beispielen Oskar Rudolf Dengel, Hans Drechsel, Curt Englaender, Kurt Hahn, Ernst Hein, Bruno Motschall und Friedrich Schmidt. Einen Karriereschub 1933 in der Verwaltung ohne entsprechende Vorkenntnisse erfuhren Hans Lenk, Hans Malsfey, Fritz Saurmann, Friedrich Schulz, Fritz Schwitzgebel, Karl Vielweib und Ernst Zörner. In Konflikt mit Parteidienststellen gerieten von ihnen Hein und Saurmann.

Tatsache, dass beide bald nach der Machtübernahme wieder eine Anstellung fanden, wird ihre Bindung an das Regime entscheidend gestärkt haben.

Nur für zwei zog die Machtübernahme zumindest vorübergehende Schwierigkeiten nach sich. Wilhelm Schäfer, von 1939 bis 1945 Kreishauptmann in Busko, hatte in der zweiten Hälfte der zwanziger Jahre seine Laufbahn in der württembergischen Verwaltung begonnen. Rasch stieg er auf und wurde 1931 Polizeidirektor in Ulm, Anfang 1932 schließlich in Göppingen. Am 1. Mai 1933 wurde Schäfer Mitglied der NSDAP. Im Zuge der Gleichschaltung der Verwaltung geriet er aber ins Kreuzfeuer der Partei und sollte seines Postens enthoben werden. Man warf ihm vor allem schikanöse Anordnungen in Bezug auf die SA vor 1933 und eine grundsätzliche Ablehnung der NS-Bewegung vor. Unter anderem hatte Schäfer als Polizeidirektor einen Aufmarsch der SA verboten. Daher war er bereits zur Entlassung vorgesehen. Schäfer gelang es mit Hilfe von Fürsprechern, die Vorwürfe zumindest so weit abzuschwächen, dass er nicht aus dem Staatsdienst entlassen wurde, sondern nur von Göppingen als stellvertretender Landrat nach Ulm versetzt wurde. Nachhaltig geschadet hat ihm diese Episode nicht, bereits 1935 wurde er Landrat in Crailsheim, von wo aus er schließlich ins Generalgouvernement kam.[71]

Schwierig wurde der Prozess der Gleichschaltung auch für Werner Ansel, Kreishauptmann an verschiedenen Orten im Distrikt Lublin. Er war mitten in der Ausbildung, als sein Vater im April 1933 als Stadtdirektor von Esslingen verhaftet und drei Wochen lang im Konzentrationslager auf dem Heuberg eingesperrt wurde. Im September 1933 entließ man ihn dauerhaft aus dem Staatsdienst. Dieses Ereignis wird nicht ohne nachhaltigen Einfluss auf den jungen Ansel geblieben sein, der noch ganz am Anfang seiner Laufbahn stand. Vor der großen Staatsprüfung trat er 1934 in die SA ein, um, wie er nach dem Krieg im Entnazifizierungsverfahren angab, überhaupt in seinem Beruf arbeiten zu können. Da die Familie nach der Entlassung des Vaters erhebliche finanzielle Einbußen zu erleiden hatte, war er dringend darauf angewiesen, seine Ausbildung schnell abzuschließen und eine Anstellung zu finden. Im Jahr darauf begann er seine Verwaltungslaufbahn beim Oberamt Laupheim, Anfang 1938 wur-

71 Leiter der Prüfstelle beim Staatsministerium, Verzeichnis der Beamten, Angestellten und Arbeiter, die wegen politischer Betätigung aus dem Dienst zu entlassen sind, 28.9.1933, HStA Stuttgart, EA 151/21 Bü. 1105, o.P.; Prüfungsstelle beim Staatsministerium an Wilhelm Schäfer, 28.9.1933, ebenda; Polizeidirektor Schäfer an Prüfungsstelle beim Staatsministerium, 29.9.1933, ebenda; Polizeidirektor Schäfer an das württembergische Innenministerium, 8.10.1933, ebenda.

de er an das Oberamt Heilbronn versetzt, zum Regierungsrat befördert und Stellvertreter des Landrats.[72]

Zwischenzeitlich war Ansel am 1. Mai 1937 in die NSDAP eingetreten. Wegen der Verhaftung seines Vaters sei er einer entsprechenden Aufforderung der Partei gefolgt, da er andernfalls eine Entlassung aus dem Staatsdienst befürchtete. In Heilbronn kam es nach Darstellung Ansels zu Konflikten mit dem Kreisleiter der NSDAP sowie dessen Stellvertreter, die ihm gegenüber besonders misstrauisch gewesen seien. Der Kreisleiter habe beim Gauleiter und Reichsstatthalter schließlich Ansels Entlassung beantragt. Um dem zu entgehen, sei er vom württembergischen Innenministerium für den Einsatz im Generalgouvernement vorgeschlagen und schließlich dorthin abgeordnet worden. Eine besonders zurückhaltende Amtsführung im Generalgouvernement hatte diese persönliche Vorgeschichte aber entgegen Ansels Ausführungen nach 1945 nicht zur Folge.[73]

Das Personal der Kreishauptmannschaften

Engpässe in der Personalausstattung der Kreise blieben auch trotz der zu Beginn der Besatzungsherrschaft durchgeführten durchgreifenden Zusammenlegung der Kreise bestehen. Die Zentrale in Krakau konnte den Kreis- und Stadthauptleuten im Januar 1940 die Zuteilung von zwei bis drei Beamten und Hilfsarbeitern in Aussicht stellen.[74] Hierdurch ließ sich allenfalls ein Ersatz der abziehenden Angehörigen der Verwaltungstrupps erreichen, eine spürbare Behebung der angespannten Personallage blieb jedoch aus. Daran änderte auch der kurzzeitige Einsatz der Ordensjunker nichts.

Die Klagen der Kreishauptleute über den Personalmangel auf der einen und über eine Flut von Erlassen und Verordnungen auf der anderen Seite ließen daher nicht nach. Adäquat ausgebildetes Personal zu gewinnen

72 Werner Ansel an den Öffentlichen Kläger bei der Spruchkammer Leonberg, 24.10.1948, StArch Ludwigsburg, EL 902/14 Bü. 95, Bl. 27 ff.; Albert Ansels Personalakte, Stadtarchiv Esslingen, Personalakte Nr. 28.

73 Ebenda, Bl. 25 ff. Ansel konnte für diese Version Dokumente und eidesstattliche Versicherungen vorlegen. Auch wenn seine Interpretation wegen der Entnazifizierung zu sehr zu seinen Gunsten ausgefallen sein sollte, erscheint sie im Wesentlichen glaubwürdig. Zu Ansel im GG vgl. Musial, Zivilverwaltung, S. 217 f. u. 257 f.

74 Rundschreiben der Abteilung Innere Verwaltung im Amt des Generalgouverneurs an die Kreis- und Stadthauptleute, 23.1.1940, USHMM, RG-15.056 M, reel 12.

erwies sich vor allem für die Kreise als schwierig, da diese häufig recht entlegen waren und angesichts der kleinen Zahl von Reichsdeutschen in den Kreis- und Provinzstädten entsprechend wenig zu bieten hatten. Überlegungen, jeden neu ins Generalgouvernement kommenden Beamten und auch Angehörige der Distrikts- oder Regierungsebene eine Weile in einer Kreishauptmannschaft zu beschäftigen, bevor sie an ihre eigentliche Stelle kämen, wurden nicht weiterverfolgt.[75]

Da den Kreishauptleuten »von oben« nur wenig oder gar keine Unterstützung bei der Besetzung der Stellen zuteil wurde, wies man sie ausdrücklich an, selbstständig für die Rekrutierung geeigneten Personals zu sorgen.[76] Das begünstigte die Herausbildung regionaler und persönlicher Cliquenwirtschaft und Netzwerke. Die Kreishauptleute griffen natürlich zunächst auf ihre Heimatbehörden und Freunde oder Bekannte zurück. In Warschau schuf sich der Leiter der Verwaltung, Oskar Rudolf Dengel, schnell einen beachtlichen Kreis von Beamten aus seiner Heimatstadt Würzburg. Auch Dengels Nachfolger Ludwig Leist gehörte zu dieser mehr als 20-köpfigen Gruppe. Ende Dezember 1939 ließ Dengel nochmals mehr als 20 Angestellte aus Würzburg kommen.[77]

Andere, offenkundig vollkommen ungeeignete Aspiranten kamen aufgrund früherer Verdienste um die NSDAP und der Protegierung höherer Partei- oder Besatzungsfunktionäre an ihre Posten im Generalgouvernement. Der Kommissar für die städtischen Unternehmen in der Stadthauptmannschaft Warschau, Ernst Dürrfeld, erhielt seinen Posten trotz fehlender Qualifikationen durch Vermittlung seines Duz-Freundes Ludwig Fischer. Dürrfeld, 1898 als Sohn eines Bergmanns geboren, hatte schon vor 1939 alleine aufgrund höherer Protektion und seines frühen Parteiengagements Karriere machen können. Nach dem Besuch der Volksschule hatte er als Schlepper auf einer Grube gearbeitet und anschließend aktiv am Ersten Weltkrieg teilgenommen. Bereits 1924 trat Dürrfeld in die seinerzeit an der Saar verbotene NSDAP ein, in der er

75 Amt des Generalgouverneurs für die besetzten polnischen Gebiete, Abteilung Innere Verwaltung, Lageberichte der Kreis- und Stadthauptleute für den Monat April 1940, 27.5.1940, IPN, NTN 269, Bl. 88ff.; Abteilung Innere Verwaltung, Lageberichte der Kreis- und Stadthauptleute für den Monat Juni 1940, 16.7.1940, ebenda, Bl. 179ff.; DTB 31.5.1940, BAB, R 52II/177, Bl. 105; Musial, Zivilverwaltung, S. 84.

76 Der Chef des Distrikts Radom, Anordnung Nr. 1, betr. Zurückziehung der Heeresangehörigen aus dem Bereich der Zivilverwaltung, 2.12.1939, USHMM, RG-15.022 M, reel 3.

77 Vgl. Adamska, Organizacja, S. 369ff.

rasch bis zum Kreisleiter aufstieg. Nach der Machtübernahme wurde er zweiter Bürgermeister von Kaiserslautern, im März 1935 Oberbürgermeister in Saarbrücken. Dort fiel er vor allem durch seine Unfähigkeit zur Verwaltungsarbeit und durch so zahlreiche Trinkgelage auf, dass Gauleiter Josef Bürckel nicht umhinkam, ihn Ende 1937 zu entlassen. Bürckel, nun auch Reichskommissar für die Wiedereingliederung Österreichs, setzte ihn aber ab Oktober 1938 als Leiter eines Umschulungslagers wieder ein.[78]

Im April 1940 wandte sich Dürrfeld an seinen alten Freund Fischer, den Gouverneur des Distrikts Warschau, mit der Bitte, ihn anzufordern. Fischer, vertraut mit Dürrfelds Problemen, hatte Bedenken, die er offen ansprach. Wenn Dürrfeld, so Fischer, vom Alkohol los sei und dann immer noch Interesse an einer Tätigkeit in Polen habe, werde er ihn anfordern. Nach einigem Hin und Her stellte Fischer seine Bedenken zurück und forderte Dürrfeld zum 1. August 1940 an.[79] In Warschau wurde Dürrfeld Kommissar für die städtischen Betriebe, zum Schrecken der polnischen Angestellten und Beamten. Zahlreiche Mitarbeiter der städtischen Betriebe wurden auf seine Initiative hin in Arbeits- oder Konzentrationslager eingewiesen. Auch darüber hinaus machte sich Dürrfelds mangelnde fachliche Qualifikation negativ bemerkbar. Trotzdem blieb er bis zum Warschauer Aufstand auf seinem Posten. Mehrere Versuche, ein im Untergrund gegen ihn verhängtes Todesurteil zu vollstrecken, überstand er unbeschadet.[80]

Im Verlauf der deutschen Besatzungsherrschaft bekamen die Kreis- und Stadthauptleute vermehrt deutsche Kräfte zugewiesen, die aus dem Reich abgeordnet wurden oder sich um eine Stelle im Generalgouvernement bewarben. Dazu kamen aber andere durch persönliche Bekanntschaften oder Meldungen auf Zeitungsannoncen in die deutsche Zivilverwaltung. Der Personalstand der Kreis- und Stadthauptmannschaften erhöhte sich von 1939 an deutlich und erreichte 1942 seinen Höhepunkt, sprunghaft war der Anstieg zwischen 1941 und 1942. Dies hing wesentlich

78 Vgl. zur Vorkriegsbiographie: Klein, Kurzbiographien, S. 528f.; Wittenbrock (Hg.), Geschichte, S. 265.

79 Schriftwechsel zwischen Dürrfeld und Fischer vom April/Mai 1940 sowie das Schreiben Fischers an Gauleiter Bürckel vom 29.7.1940, APW, Amt des Distrikts 7, Bl. 2-6 u. 9.

80 Vgl. Biuletyn Informacyjny Nr. 8 (215), 24.2.1944, in: Biuletyn Informacyjny, część III, S. 1846; Landau, Kronika, Bd. 3, S. 633 (Eintrag vom 14.2.1944); Kulski, Zarząd, S. 27; Pawłowicz, Okupacyjne dzieje, S. 51f.; Ivánka, Wspomnienia, S. 509; Gajewski, Urządzenia komunalne, S. 64.

mit der Erweiterung des Generalgouvernements zusammen. 1943 und 1944 ging die Zahl vor allem durch die umfangreichen Einberufungen zur Wehrmacht wieder erheblich zurück. Aus der Distriktverwaltung und den Kreis- und Stadthauptmannschaften des Distrikts Lublin beispielsweise wurden in der ersten Jahreshälfte 1943 220 Mitarbeiter zur Wehrmacht einberufen. Damit verloren Distrikts- und Kreisverwaltungen 30 Prozent ihres Personals. In der Kreishauptmannschaft Lublin-Land waren bereits im Oktober 1941 zehn Prozent der reichsdeutschen Beamten und Angestellten zur Wehrmacht einberufen worden.[81]

Für die einzelnen Kreis- und Stadthauptmannschaften liegen keine durchgehenden Zahlen ihrer Personalentwicklung vor. Nur sporadisch finden sich entsprechende Angaben, die allerdings nur einen kleineren Ausschnitt umfassen. Die Behörde des Kreishauptmanns Warschau-Land zum Beispiel war im Januar 1940 nur mit acht reichsdeutschen Mitarbeitern besetzt. Dies waren vier Verwaltungsbeamte einschließlich Kreishauptmann: der Kreislandwirt, ein Beauftragter für die Nationalsozialistische Volkswohlfahrt (NSV) sowie zwei Angehörige des Verwaltungstrupps. Verstärkt wurden sie von je zwei volksdeutschen Dolmetschern und Stenotypistinnen. Einen Monat später erhöhte sich die Zahl der Beschäftigten um einen reichsdeutschen Angestellten, zwei Justizassistenten und einen Diplom-Landwirt. In den folgenden Monaten blieb die Zahl der Mitarbeiter dann weitgehend konstant. Die Verwaltungstrupps und der Beauftragte für die NSV wurden abgezogen. An ihre Stelle kamen lediglich ein Verwaltungsbeamter sowie ein Angestellter neu in die Kreishauptmannschaft. Somit verfügte die Dienststelle über sieben Beamte und vier Angestellte. Die Zahl der volksdeutschen Mitarbeiter erhöhte sich auf sieben. Die Abteilung Ernährung und Landwirtschaft zum Beispiel umfasste neben ihrem Leiter und einem Kreisreferenten ausschließlich polnische Hilfsarbeiter. Im Laufe von knapp einem Jahr wurde die Behörde etwas aufgestockt und erreichte im Mai 1941 einen Stand von sechs Beamten, elf reichsdeutschen Angestellten sowie einem reichsdeutschen Arbeiter. Die Zahl der volksdeutschen Angestellten erhöhte sich um drei auf insgesamt zehn. Im Mai 1941 erledigten so 89 Mitarbeiter die Verwaltungsarbeit dieses verhältnismäßig großen Kreises: 18 deutsche Beamte, Angestellte und Arbeiter, zehn volksdeutsche Angestellte sowie 61 »nichtdeutsche« Beamte, Angestellte und Arbeiter.[82]

81 Dienstangehörige der Kreishauptmannschaft Lublin-Land, 21.10.1942, USHMM, RG-15.066 M, reel 1. Musial, Zivilverwaltung, S. 87 u. 91.

82 Monatsbericht an den Chef des Distrikts Warschau für Januar 1940, 20.1.1940, APW, KHm Warschau-Land 3, Bl. 27; Monatsbericht an den Chef des Distrikts

Sofern für andere Kreishauptmannschaften überhaupt Zahlen vorliegen, deutet alles darauf hin, dass die Entwicklung dort ähnlich verlief. Für die weiteren Jahre liegen für die Kreishauptmannschaft Warschau-Land keine Zahlen mehr vor. Wegen der Erweiterung des Generalgouvernements um den Distrikt Galizien und zunehmenden Einberufungen zum Wehrdienst erscheint eine tendenzielle Reduzierung des reichs- und volksdeutschen Personalstands bei gleichzeitiger Erhöhung der Zahl der polnischen Mitarbeiter aber wahrscheinlich.

Polen und, in weitaus geringerem Umfang, Ukrainer arbeiteten nicht nur in der »Selbstverwaltung« auf Gemeindeebene, sondern wurden auch auf allen drei Ebenen der deutschen Zivilverwaltung beschäftigt. Zunächst war in der Krakauer Zentrale offenkundig geplant, ohne die Mitarbeit polnischer Beamter und Angestellter auszukommen. Angesichts der enormen Schwierigkeiten bei der Beschaffung von hinreichend qualifiziertem deutschem Personal mussten Bedenken gegen polnische Mitarbeiter schnell fallengelassen werden. In einem Rundschreiben an die Kreishauptleute vom Januar 1940 ließ der Leiter der Abteilung Innere Verwaltung, Ludwig Siebert, diese wissen, dass die Besetzung aller Stellen noch Monate in Anspruch nehmen werde. Die Anstellung polnischen Personals lasse sich daher nicht umgehen, solle aber ausschließlich auf den Dienstsitz des Kreishauptmanns beschränkt sein. Den polnischen Verwaltungskräften sollten die Kreishauptleute vornehmlich Arbeiten zuweisen, die unangenehme Verhandlungen mit der Bevölkerung beispielsweise hinsichtlich der Umsiedlungen betrafen. In vielen Kreisen waren zu diesem Zeitpunkt bereits Polen als landwirtschaftliche Sachverständige, Tierärzte und Ärzte beschäftigt. Da sich die Personalausstattung der Kreishauptmannschaften auch im Laufe der nächsten Monate nicht grundlegend besserte, beschloss Krakau die Ausweitung der Beschäftigung von polnischen Beamten.[83]

Die Zentrale in Krakau lief allerdings der Realität hinterher. In vielen Kreisen wurden bereits unmittelbar zu Beginn der Besatzung polnische Beamte und Angestellte wieder eingestellt. Anders wäre der schnelle Auf-

Warschau für Februar 1940, 20.2.1940, ebenda, Bl. 35; Bericht des Kreishauptmanns Warschau-Land über die Aufbauarbeit im Kreise Warschau-Land, 29.6.1940, APW, KHm Warschau-Land 1, Bl. 2; Anlage »Aufstellung über das Personal bei der Kreishauptmannschaft Warschau-Land« zum Schreiben des Kreishauptmanns Warschau-Land an das Personalamt der Regierung des GG, 10.5.1941, APW, KHm Warschau-Land 57, Bl. 201.

83 Rundschreiben der Abteilung Innere Verwaltung im Amt des Generalgouverneurs an die Kreis- und Stadthauptleute, 23.1.1940, USHMM, RG-15.056 M, reel 12; DTB 10.6.1940, BAB, R 52II/177, Bl. 119.

bau und die Bewältigung der drängenden Probleme nicht möglich gewesen. Auch später war ein Rückgang der Mitarbeit von Polen wegen des Anstiegs der Arbeitsbelastung ausgeschlossen. Der Kreishauptmann von Warschau-Land berichtete, dass ihm in der Anfangszeit überhaupt keine reichsdeutschen Arbeitskräfte zur Verfügung gestanden hätten und er daher auf die früheren polnischen Beschäftigten habe zurückgreifen müssen. Nach eigenen Angaben sah er sich gezwungen, ungefähr die Hälfte der polnischen Beamten und Angestellten wieder zu übernehmen; im Juni 1940 waren das bereits 30 Mitarbeiter. Das deutsche Personal umfasste zu diesem Zeitpunkt lediglich neun Personen. Bis zum Mai 1941 verdoppelte sich die Zahl der Polen noch.[84] Die Entwicklung in den anderen Kreishauptmannschaften verlief ähnlich, in Kreisen mit einem höheren volksdeutschen Bevölkerungsanteil beschäftigten die Kreishauptleute allerdings tendenziell weniger Polen, da sie stärker auf Volksdeutsche zurückgriffen. In den folgenden Jahren stieg die Zahl der Polen in der Kreisverwaltung weiter. So waren 1943 in Miechów im Distrikt Krakau von insgesamt 140 Mitarbeitern 93 Polen, in Jasło waren 69 von 105 Mitarbeitern Polen oder Ukrainer.[85] Polen aus grundsätzlichen Erwägungen wieder durch deutsche Kräfte zu ersetzen war angesichts der angespannten Personallage im expandierenden deutschen Herrschaftsbereich undenkbar.

Schon früh gab es angesichts der Überlastung durch die Verordnungsflut Überlegungen, der deutschen Verwaltung eine Aufsichtsfunktion zuzuweisen und die Polen in größerem Umfang die eigentliche Verwaltungsarbeit erledigen zu lassen. Andernfalls wäre deutlich mehr reichsdeutsches Verwaltungspersonal notwendig gewesen.[86] Es wurde aber keiner der beiden denkbaren Wege konsequent beschritten. Zwar kamen vermehrt deutsche Mitarbeiter, aber für eine substantielle Verbesserung reichte das nicht, zumal es sich häufig um fachlich ungeeignete Personen

84 Kreishauptmann Warschau-Land, Bericht über die Aufbauarbeit im Kreise Warschau-Land, 29.6.1940, APW, KHm Warschau-Land 1, Bl. 1; Allgemeiner Leistungsbericht zum Rundschreiben vom 20.2.1940, 1.3.1940, APW, KHm Warschau-Land 2, Bl. 2; Schreiben des Kreishauptmanns Warschau-Land an das Personalamt im Staatssekretariat der Regierung des GG, 10.5.1941, Anlage: Aufstellung über das Personal bei der Kreishauptmannschaft Warschau-Land, APW, KHm Warschau-Land 57, Bl. 201.

85 Verzeichnis der Gefolgschaftsmitglieder der Kreishauptmannschaften Jasło und Miechów, 1943, IPN, Regierung des GG II/770, Bl. 42 u. 45. Dort Angaben für weitere Kreise des Distrikts. Zur Entwicklung der Gesamtzahl des »nichtdeutschen« Verwaltungspersonals vgl. Musial, Zivilverwaltung, S. 89.

86 Lagebericht des Kreishauptmanns in Grójec für Mai und Juni 1940, 15.7.1940, IPN, NTN 273, Bl. 152 f.; DTB 16.10.1941, BAB, R 52II/239, Bl. 77 f.

handelte. Eine wirkliche Aufsichtsverwaltung wurde jedoch ebenfalls nicht etabliert. Allenfalls realisierte man dies für die Gemeindeverwaltung, während auf Kreisebene ein Nebeneinander vorherrschte. Manche Bereiche funktionierten im Sinne einer Aufsichtsverwaltung, andere bearbeiteten ausschließlich Deutsche, die Mehrzahl der Aufgabengebiete war aber in einer Mischform organisiert.

Im Zuge der Verschlechterung der Sicherheitslage und des Heranrückens der Front wurde eine stärkere Einbindung von Polen in die Verwaltung diskutiert. Der Gouverneur des Distrikts Krakau, von Burgsdorff, regte die Ernennung von Polen zu Landkommissaren an und schlug auf längere Sicht die Bildung polnischer Starosteien unter den Kreishauptleuten vor. Er trieb darüber hinaus die Bildung polnischer Kreisausschüsse voran. Frank schloss sich dem in einer umfassenden Denkschrift an, die er im August 1944 an den Chef der Sicherheitspolizei und des SD, Ernst Kaltenbrunner, schickte.[87] Diese Überlegungen kamen jedoch zu spät, um einen Umschwung in der Polenpolitik zu bewirken, und stießen zusätzlich innerhalb und außerhalb des Generalgouvernements auf massiven Widerstand.

Die Lage der polnischen Bediensteten in den Kreishauptmannschaften war ähnlich wie die der Bürgermeister, Vögte, Schulzen und polnischen Polizisten: Auf der einen Seite waren sie der Kontrolle und dem Druck der Deutschen ausgesetzt, auf der anderen Seite standen die Erwartungen der polnischen Bevölkerung sowie die steigende Kontrolle durch den Untergrund.[88] Ihre Lebenssituation war besonders schwierig, da die Bezahlung zur Deckung des Lebensunterhalts angesichts der rasant steigenden Preise kaum ausreichte. Als Schreibkraft in der Kreishauptmannschaft Nowy Sącz/Neu-Sandez verdiente zum Beispiel Jerzy Geisler monatlich nur 120 Złoty. Vor dem Hintergrund der schlechten Versorgungslage und der horrenden Schwarzmarktpreise war dies allenfalls eine symbolische Bezahlung und reichte zur Deckung des Lebensunterhalts bei weitem nicht aus. Ein Kilogramm Brot kostete 1941 im Distrikt Kra-

87 Von Burgsdorff »Bericht No. 4. Die Organisation der Verwaltung im GG (Teil I)«, September 1947, IPN, SOKr 705, Bl. 14 ff.; Der Generalgouverneur an den Chef der Sicherheitspolizei und des SD, 5.7.1944, BAB, R 52II/12a, Bl. 25 ff. Vgl. auch Eisenblätter, Grundlinien, S. 374 ff.

88 Dieser Zwangslage war sich z. B. der Kreishauptmann Warschau-Land bewusst; er sprach von einer »Zwischenstellung« der polnischen Bediensteten. Schreiben des Kreishauptmanns des Kreises Warschau-Land an den Chef des Amtes, Warschau, 22.10.1941, betr.: Broschüre »Zwei Jahre Aufbauarbeit im Distrikt Warschau«, APW, KHm Warschau-Land 3, Bl. 153.

kau rund fünf Złoty, ein Kilogramm Butter gar 35 Złoty. 100 Kilogramm Kohlen kosteten im freien Handel über 44 Złoty, Halbschuhe verschlangen mit 236 Złoty schon zwei Monatsgehälter. Im Laufe der Besatzungszeit stiegen die Preise rasant an, so dass allein mit dem kärglichen Lohn das Überleben nicht gewährleistet war.[89] Durch die direkte Kontrolle seitens deutscher Beamter war die Möglichkeit eingeschränkt, sich auf anderen Wegen, etwa auf dem Schwarzmarkt, zu versorgen. Die Kreishauptleute erkannten durchaus das Problem und forderten eine Verbesserung der Bezahlung. Ihnen war vor allem an der Gewährleistung der Loyalität gelegen. Ihre Bedenken fanden jedoch kein Gehör, so dass lokale Eigenmächtigkeiten an die Stelle einer hinreichenden allgemeinen Lösung traten. Im Kreis Opatów wollte sich Kreishauptmann Heinz Ritter die Loyalität seiner polnischen Mitarbeiter erkaufen, indem er sie von der Verfolgung der Juden profitieren ließ. Einen Teil der von Juden zwangsweise geräumten Wohnungen durften sie beziehen.[90]

In den Augen der Vorgesetzten erfüllten die Polen in aller Regel dennoch ihre Aufgaben nach außen hin loyal und zufriedenstellend. Gleichwohl machte man sich über eine weiterhin bestehende negative Einstellung zur deutschen Okkupation in Polen keine Illusionen, störte sich aber nicht daran, solange die Aufgaben erfüllt und derartige Einstellungen nicht offen vertreten wurden. Ab November 1940 mussten die »nichtdeutschen« Beschäftigten sich schriftlich zur gewissenhaften Erledigung ihrer Aufgaben und zu Gehorsam verpflichten und früheren Eiden abschwören.[91]

Trotz des Drucks gab es lebhafte Kontakte zum polnischen Untergrund, dem Polen aus der Verwaltung wertvolle Dienste leisteten. In der Kreishauptmannschaft Nowy Sącz/Neu-Sandez gelang es beispielsweise, Kennkarten und Nachtausweise für die Sperrstunden zu besorgen, ein Mitarbeiter konnte die Unterschriften der Leiter des Amtes für Polizeiangelegenheiten darunter perfekt kopieren. Außerdem konnten sie eine Vielzahl von Strafanzeigen unbemerkt verschwinden lassen. Bisweilen war die Mithilfe oder zumindest stillschweigende Duldung Deutscher unabdingbar. Dies war im Amt für Polizeiangelegenheiten der Fall. Erich

89 Geisler, W czepku urodzony, S. 42; Łuczak, Polityka, S. 420f. u. 426f.

90 Lagebericht des Kreishauptmanns in Opatów für September 1940, 10.10.1940, IPN, NTN 275, Bl. 157.

91 Schreiben des Kreishauptmanns des Kreises Warschau-Land an den Chef des Amtes, Warschau, 22.10.1941, betr.: Broschüre »Zwei Jahre Aufbauarbeit im Distrikt Warschau«, APW, KHm Warschau-Land 3, Bl. 153. Zahlreiche Beispiele solcher Erklärungen in: APW, KHm Warschau-Land 951, passim.

Ludwig aus Hannover, der dieses Amt ab Ende 1941 leitete, trat an zwei seiner polnischen Mitarbeiter heran und vertraute ihnen an, er wolle den Polen helfen. Wie das vonstatten zu gehen habe, liege bei ihnen, da sie am besten wüssten, was zu tun sei. Es solle nach dem Grundsatz verfahren werden, dass jede Strafe, jeder Befehl und jedes Verbot, die sich gegen Polen richteten, weitestmöglich abgemildert und verringert werde. Er wolle von Details nichts wissen und so viel helfen, wie es in seiner Situation möglich sei. Nach der Verhaftung eines höheren Mitglieds der örtlichen Heimatarmee versuchte Ludwig, bei der Gestapo dessen Freilassung zu erreichen, was jedoch misslang. Daraufhin bemühte er sich, mehr über den Inhalt der Vernehmungen zu erfahren. Für den Fall, dass die Namen weiterer Widerständler preisgegeben worden wären, war vereinbart, dass Ludwig seinem Mitarbeiter Jerzy Geisler einen Hinweis gab, damit dieser entsprechende Warnungen verbreiten konnte. In einem anderen Fall setzte sich Ludwig erfolgreich für die Freilassung eines polnischen Bediensteten ein, der wegen seiner konspirativen Tätigkeit verhaftet worden war.[92]

Der Leiter der Preisüberwachungsstelle, Paul Schulirsch, stellte sich schützend vor eine seiner polnischen Mitarbeiterinnen, als er im Beisein des Kreishauptmanns vom örtlichen Leiter der Gestapo mit Fragen und Verdächtigungen gegen sie konfrontiert wurde. Nach Dienstschluss fing er die betreffende Mitarbeiterin auf der Straße ab und informierte sie über den Vorfall. Schulirsch legte ihr nachdrücklich nahe, verdächtige Unterlagen umgehend zu vernichten. Sie befolgte seinen Rat und konnte weiterhin unbehelligt ihrer Arbeit nachgehen. Sie beschaffte der Untergrundpresse Informationen, indem sie in der Behörde heimlich Radio hörte; darüber hinaus war sie als Kurierin aktiv.[93] Andere hatten weniger Glück: Zwei Mitarbeiter der Polizeiabteilung sowie der Leiter der Bauabteilung wurden verhaftet und anschließend erschossen. In anderen Abteilungen kam es ebenfalls zu Verhaftungen, die jedoch ein glimpflicheres Ende nahmen.[94]

92 Geisler, W czepku urodzony, S. 49 f.; Ludwig, Mein Leben, S. 13 f.; Bieniek, Starostwo, S. 136 ff.

93 Schriftliche Auskunft von Maria Giza-Podgórska an den Verfasser, 5.12.2005.

94 Schriftliche Auskunft von Maria Giza-Podgórska an den Verfasser, 11.5.2005; Geisler, W czepku urodzony, S. 45.

III. Die Herrschaftspraxis der Kreishauptleute

1. Deportation polnischer Arbeitskräfte

Am 13. März 1943 mussten 1500 polnische und ukrainische Männer, Frauen und Kinder am Krakauer Hauptbahnhof als Kulisse für eine selbstherrliche Inszenierung der deutschen Besatzer herhalten. Eingefunden hatten sich die Leiter der einschlägigen Ressorts, angeführt von Generalgouverneur Frank. Anlass für die Feierstunde war der nunmehr 2000. Zug mit Arbeitern für das Reich, mit dem zugleich die Bilanz der »Arbeiterverschickung« aus dem Generalgouvernement die Millionengrenze überschritt. Das war Anlass genug für die Besatzungselite, ihre Erfolge bei der Ausbeutung der Bevölkerung gebührend zu feiern. Frank wandte sich in seiner Rede direkt an Józef Maziarz aus dem Kreis Mielec, den man als millionsten Arbeiter auserkoren hatte: »Sie fahren jetzt nach Deutschland, und ich danke Ihnen dafür. Als Zeichen dafür, daß Sie nun schon der 1000000ste Arbeiter sind, überreiche ich Ihnen eine goldene Uhr. Sie gehört Ihnen, nehmen Sie sie«[1]. Frank dankte den Polen und Ukrainern für ihre Mitarbeit und sicherte ihnen eine gute Behandlung in Deutschland zu. Zudem reihte er sie ein in den Kampf »für ein neues kommendes Europa, in dem sich die Völker friedlich und gesund entwickeln können«.[2]

Eine derartige Propagandaaktion musste angesichts der tatsächlichen Verhältnisse und der Terrormethoden bei der Aushebung und Deportation der polnischen und ukrainischen Arbeiter nahezu unausweichlich ins Leere laufen. Die Erfüllung der aus dem Reich geforderten Kontingente war trotz brachialer Gewalt nicht mehr in vollem Umfang mög-

1 Präg/Jacobmeyer, Diensttagebuch, S. 631 (Eintrag vom 13.3.1943).

2 Ebenda. Vgl. auch Landau, Kronika, Bd. 2, S. 266; Biuletyn Informacyjny Nr. 13 (168), 1.5.1943, in: Biuletyn Informacyjny, część II, S. 1311; Wroński, Kronika, S. 258. Diese Veranstaltung ist im Kontext der Propagandaaktionen nach der Entdeckung von rund 4.400 Leichen polnischer Offiziere in der Nähe von Katyń zu sehen, die dort vom NKWD ermordet worden waren. Die Machthaber im GG versuchten, den Leichenfund für sich zu nutzen, indem sie eine antibolschewistische Kampagne starteten und den Krieg als Abwehrkampf gegen den Bolschewismus darstellten, den die Polen durch loyale Mitarbeit, sei es in den Rüstungsbetrieben im GG oder durch die freiwillige Meldung zur Arbeit im Reich, unterstützen sollten.

lich. Zu gering war die Stärke der Polizeikräfte, zu schlagkräftig der organisierte Widerstand der Polen. Aktionen des Untergrunds lähmten immer mehr die Arbeitseinsatzverwaltung in weiten Teilen des Generalgouvernements. Bei Überfällen auf die Arbeitsämter und ihre Nebenstellen sowie auf Gemeindeämter wurden die Karteien und Akten, die für die Aushebung der Arbeitskräfte erforderlich waren, vernichtet; polnische Mitarbeiter wurden eingeschüchtert, besonders eifrige von ihnen zum Tode verurteilt und hingerichtet. Der Untergrund versuchte nicht nur, die Arbeitsverwaltung der Deutschen lahmzulegen, sondern befreite auch Arbeiter. Am 5. März 1943 gelang es der kommunistischen Volksgarde in einer spektakulären Aktion, einen Zug zu stoppen und rund 300 Personen zu befreien.[3]

Nachhaltigen Eindruck auf die Besatzer machten bewaffnete Aktionen, die sich gegen die Deutschen direkt richteten: Am 9. April 1943 erhielt der Leiter des Warschauer Arbeitsamtes und der Abteilung Arbeit des Distrikts Warschau, Curt Hoffmann, unerwartet Besuch in seinem Büro. Vorbei an allen Wachposten waren zwei Männer der Heimatarmee verblüffend einfach bis zum Behördenchef vorgedrungen. Dem erstaunten Hoffmann blieb keine Zeit mehr, Alarm zu schlagen; ohne Umschweife vollstreckte einer der beiden das Todesurteil und erschoss Hoffmann. Seelenruhig und unbehelligt konnten sie das Gebäude verlassen und untertauchen.[4] Weitere Aktionen folgten rasch aufeinander: Am 13. April wurde ein Mitarbeiter des Warschauer Arbeitsamtes auf offener Straße erschossen; drei Tage später fiel der Leiter der Sozialversicherung in Warschau einem Anschlag zum Opfer. In schneller Folge wurden auch in den nächsten Wochen Mitarbeiter der Arbeitsämter sowie besonders eifrige Vögte getötet, so dass es örtlich zu Unterbrechungen der Aushebung von Arbeitern kam.[5] Die Anschläge auf Hoffmann und andere Vertreter der Warschauer Arbeitsverwaltung zogen jedoch keine Repres-

3 Vgl. Pietrzykowski, Łowy, S. 71.

4 Vgl. Landau, Kronika, Bd. 2, S. 336 (Eintrag vom 12.4.1943); Biuletyn Informacyjny Nr. 15 (170), 15.4.1943, in: Biuletyn Informacyjny, część II, S. 1324.

5 Bericht des Gouverneurs des Distrikts Warschau vom 9. Juni 1943 an die Regierung des GG für die Monate April und Mai 1943, APW, Amt des Distrikts Warschau 1538, Bl. 118 v. u. 119; Biuletyn Informacyjny, Z frontu walki cywilnej, Beilage zu Nr. 19 (170), 13.5.1940, in: Biuletyn Informacyjny, część II, S. 1370; Departament Informacji Delegatury Rządu RP na Kraj, Pro memoria o sytuacji w kraju Generalne Gubernatorstwo i Ziemie Wschodnie w okresie 24 IV – 21 V 1943 r., in: Pro memoria, S. 359; Arbeitsamt Siedlce, Bericht über den Arbeitseinsatz im Monat Mai 1943, APW, KHm Ostrów 837, Bl. 92.

salien nach sich.[6] Nach über drei Jahren rücksichtsloser Aushebung und Deportation von Zwangsarbeitern waren die Grenzen des Möglichen erreicht, waren die »Arbeitskräftereserven«, wie man es in der deutschen Verwaltung nannte, in weiten Teilen des Landes erschöpft.

Gut drei Jahre zuvor, im Februar 1940, hatte Zygmunt Klukowski noch niedergeschlagen in seinem Tagebuch registriert, die Leute würden sich nicht nur in der Stadt, sondern auch auf dem Lande freiwillig zur Arbeit in Deutschland melden, manchmal sogar komplette Familien. Auch aus seinem Krankenhaus hätten sich Mitarbeiter freiwillig gemeldet. Wenige Tage später beobachtete er die Abfahrt eines Transports mit Arbeitern und hielt den Eindruck fest, es handele sich um Leute von geringem gesellschaftlichem Nutzen, deren Abwesenheit für die Stadt keinen wesentlichen Verlust darstelle.[7] Wie kam es, dass die »Arbeitskräfteerfassung« diesen Verlauf nahm, von einer anfänglichen relativen Freiwilligkeit zu einer verfahrenen Situation, die geprägt war von Terror und Gegengewalt? Und welche Rolle spielten die Kreis- und Stadthauptleute in diesem Eskalationsprozess?

Die Rekrutierung polnischer Arbeiter für die deutsche Landwirtschaft und Kriegswirtschaft war eines der wichtigsten Ziele deutscher Besatzungspolitik. Bereits am 17. Oktober 1939 legte Hitler in einer Besprechung mit dem Chef des Oberkommandos der Wehrmacht fest, dass in erster Linie Arbeitskräfte aus den neuen besetzten Gebieten gewonnen werden sollten.[8] Zu diesem Zweck war eine effektive Arbeitsverwaltung notwendig, die schon in den ersten Tagen nach Einmarsch der Wehrmacht aufgebaut wurde.

Die Arbeitsämter gehörten neben den Land- und Stadtkommissaren bzw. Kreishauptleuten zu den ersten Institutionen der deutschen Zivilverwaltung im besetzten Polen. In Biała Podlaska war das Arbeitsamt im Oktober und November 1939 sogar das einzige Organ der Zivilverwaltung vor Ort, so dass sein Leiter gleichzeitig die Funktion des Kreishauptmanns übernehmen musste. Grundsätzlich sollte ein Arbeitsamtsbezirk mindestens zwei Kreise umfassen und sich mit deren Grenzen decken. Sitz des Arbeitsamtes war mit wenigen Ausnahmen eine Kreis-

6 Eine Rolle spielte dabei auch der Warschauer Ghetto-Aufstand, der am 19. April 1943 begann und mehrere Wochen Polizeikräfte band. Eine weitere Beunruhigung der Bevölkerung und Anstachelung des Widerstands durch Repressionen sollten vermieden werden.

7 Vgl. Klukowski, Dziennik, S. 102f. (Einträge vom 19. u. 22.2.1940).

8 Vgl. IMT, Bd. 26, S. 378 (864-PS).

stadt.[9] Im Zuge der verstärkten Werbung von Arbeitskräften und den hohen Anforderungen aus dem Reich wurde die Struktur der Arbeitsverwaltung ab Anfang 1940 durch die Einrichtung von Neben- und Hilfsstellen engmaschiger. Später kamen zeitweise mobile Stützpunkte der Arbeitsverwaltung hinzu. Bis Mitte 1942 gab es praktisch in jeder größeren Gemeinde oder in ihrer Nähe eine Vertretung des Arbeitsamtes; 1943 gab es neben den 21 Arbeitsämtern 85 Nebenstellen und 250 Stützpunkte. Allgemein gesagt bestand die Aufgabe der Arbeitsverwaltung in der Erfassung und Kontrolle der Arbeitskräfte. Das bei weitem wichtigste Tätigkeitsfeld war die Aushebung und Deportation von Arbeitskräften ins Reich. Zudem spielte die Arbeitsvermittlung innerhalb des Generalgouvernements eine große Rolle, darunter bis Ende November 1942 auch die Zwangsarbeit von Juden.[10]

Der Einfluss der Kreis- und Stadthauptleute auf die Arbeitsämter war durch mehrere Faktoren zunächst formal begrenzt. Organisatorisch waren die Arbeitsämter eigenständige Behörden und der Kreishauptmannschaft lediglich angegliedert. Damit war nicht der jeweilige Kreishauptmann Dienstvorgesetzter des Leiters des Arbeitsamtes, sondern die Abteilung Arbeit des Distrikts. Über ein Weisungsrecht verfügte der Kreishauptmann nur, soweit es für die »Wahrung einer einheitlichen politischen Linie« notwendig war. Allerdings musste der Leiter des Arbeitsamts den Kreishauptmann über »Entscheidungen, Fragen und Vorgänge von politischer und sonstiger Bedeutung« auf seinem Arbeitsgebiet auf dem Laufenden halten und an Besprechungen beim Kreishauptmann teilnehmen. Mithin hing der Erfolg der Kooperation von der Kompetenz und dem Geltungsdrang der jeweiligen Amtsinhaber ab.[11] Zusätzliche Beschränkung erfuhr die mögliche Einflussnahme des Kreishauptmanns durch den Umstand, dass die Arbeitsamtsbezirke mehrere Kreise umfassten. Das Arbeitsamt befand sich daher gegebenenfalls in einer anderen Kreisstadt. Deshalb konnte es vorkommen, dass mehrere Kreishauptleute mit womöglich widerstreitenden Interessen auf das gleiche Arbeitsamt einzuwirken versuchten. In der Regel funktionierte die Zusammenarbeit aber reibungslos. Die Kreishauptleute waren bereits früh an der Rekrutie-

9 Vgl. Kasperek, Początki, S. 130 ff.; ders., Zarys, S. 97 ff.; Adamska, Działalność, S. 195 f.; Seidel, Besatzungspolitik, S. 99; Seeber, Zwangsarbeiter, S. 109 f.

10 Vgl. Kasperek, Zarys, S. 99 ff.

11 Verwaltungsanordnung Nr. 2 zur Verordnung über die Einheit der Verwaltung vom 1. Dezember 1940, 31.3.1941, APR, Der Gouverneur des Distrikts Radom 34, Bl. 85. Zitate ebenda.

rung und Verschickung von Arbeitskräften beteiligt. Später bestimmten im Wesentlichen sie die Durchführung der »Arbeitererfassung«.

»Freiwillige« Rekrutierungen

Durch die kriegerische Expansion des Deutschen Reiches stieg der Bedarf der heimischen Kriegs- und Landwirtschaft an Arbeitskräften enorm an. Die Einberufungen in die Wehrmacht entzogen zusätzlich eine große Zahl an Arbeitern, die schnellstmöglich ersetzt werden musste, um die Rüstungsproduktion und die Versorgung der deutschen Bevölkerung nicht zu gefährden. Vor allem mit der Gewinnung neuen »Lebensraumes im Osten« verband die Führung im Reich die Vorstellung, ein Millionenheer billiger Sklavenarbeiter für die Arbeit in Deutschland rekrutieren zu können.

In der kurzen und von chaotischen Zuständen geprägten Phase der Militärverwaltung gelang es, bereits mehr als 10 000 polnische Arbeiter abzutransportieren. In diesem Anfangsstadium kamen schon nahezu alle Methoden zur Anwendung, die auch in den folgenden Jahren mit zeitweise variierender Gewichtung gegen die polnische Bevölkerung angewandt wurden: Teilweise setzte man auf Zwangsmittel und Razzien, persönliche Aufforderungen ergingen, bei deren Nichtbefolgung eine Gefängnisstrafe oder sogar die Todesstrafe drohte. Daneben gab es auch freiwillige Meldungen zur Arbeit in Deutschland, sie wurden durch die schon weiter zurückreichende »traditionelle« Saisonarbeit polnischer Landarbeiter im Deutschen Reich und die unsichere Versorgungslage begünstigt.[12]

Anfangs waren die Arbeitsämter in der Hauptsache mit dem Aufbau der sogenannten Arbeitseinsatzverwaltung sowie mit der Registrierung der Arbeitslosen beschäftigt. Es erfolgten Aufrufe an die arbeitslose Bevölkerung, sich bei den Arbeitsämtern registrieren zu lassen. Im Unterschied zur Vorkriegszeit wurde an sie eine finanzielle Unterstützung ausgezahlt, so dass sich in den ersten Wochen relativ viele Menschen arbeitslos meldeten. Für viele, vor allem für Bewohner der großen Städte, stellte die Registrierung angesichts der prekären Versorgungssituation den letzten Ausweg vor dem schleichenden Hungertod dar. Ende November 1939 registrierten die Arbeitsämter über 100 000 Arbeitslose. Dennoch blieb die Zahl hinter den Erwartungen zurück, und die Bereitschaft zur Meldung nahm ab Ende des Jahres rapide ab. Den Menschen

12 Vgl. Seidel, Besatzungspolitik, S. 138.

wurde immer deutlicher, dass sie für den Erhalt der Unterstützungsleistungen einen hohen Preis zu zahlen hatten: Alle Leistungsempfänger mussten eine Erklärung unterzeichnen, dass sie sich auf Anordnung des Arbeitsamtes auch für eine Arbeit im Reich zur Verfügung stellten, wenn sie sonst keine Arbeit vorweisen konnten.[13]

In der Frühphase des Generalgouvernements setzten die Deutschen vornehmlich auf die Werbung Freiwilliger. Inwieweit angesichts der durch den deutschen Überfall und die Besatzung erst geschaffenen chaotischen Zustände und Versorgungsengpässe tatsächlich von *freiwilligen* Meldungen gesprochen werden kann, lässt sich nicht mehr feststellen. Ganz von der Hand weisen lässt es sich aber nicht, dass manche Polen aus freien Stücken ihre Heimat verließen. Vor allem in denjenigen Gebieten, aus denen schon vor dem Krieg viele zur Saisonarbeit nach Deutschland gingen, dürfte der Anteil wirklich freiwilliger Meldungen höher gewesen sein. Die Arbeitsbedingungen und die Behandlung der polnischen Arbeiter im Reich hatten sich aber grundlegend geändert, so dass die Zahlen spätestens ab 1940 stark rückläufig waren.

Bis Ende 1939 wurden rund 40 000 Arbeiter ins Reich geschickt. Das System der Werbung auf freiwilliger Basis stieß allerdings schnell an seine Grenzen. In den ersten Monaten des Jahres 1940 spitzte sich die Situation zu. Aus dem Reich wurden enorme Anforderungen gestellt; im Januar 1940 hieß es, dass im Laufe des Jahres 1,2 Millionen Männer und Frauen nach Deutschland geschickt werden sollten. Zur gleichen Zeit war die Besatzungsverwaltung noch im Aufbau begriffen, durch die umfangreichen Vertreibungen aus den eingegliederten Gebieten in das Generalgouvernement erheblich beansprucht und zu einem »normalen« Betrieb nur eingeschränkt in der Lage. Zudem ging die Zahl der Meldungen zur Arbeit im Reich deutlich zurück. Ein Aufruf Franks, in dem er eine gute Unterbringung und Versorgung der Arbeitskräfte im Reich versprach und ihnen zusicherte, an die Familie Geld überweisen zu können, zeigte kaum Wirkung.[14]

Das System der Rekrutierung wurde 1940 umgestellt: Im Frühjahr sollten 780 000 Landarbeiter aus dem Generalgouvernement in der deut-

13 Vgl. Landau, Kronika, Bd. 1, S. 81; Seidel, Besatzungspolitik, S. 100 f.; Kasperek, Początki, S. 139 f.; ders., Wywóz, S. 79 ff.; Seeber, Zwangsarbeiter, S. 115; Herbert, Fremdarbeiter, S. 96.

14 Aufruf von Generalgouverneur Frank an die polnische Bevölkerung, 25.1.1940, USHMM, RG-15.056 M, reel 13; Präg/Jacobmeyer, Diensttagebuch, S. 94 ff. (Eintrag vom 19.1.1940); Eisenblätter, Grundlinien, S. 324; Seidel, Besatzungspolitik, S. 139.

schen Landwirtschaft zum Einsatz kommen. Den Distrikten wurde jeweils ein bestimmtes Kontingent zugewiesen, das sie zu erfüllen hatten. Sie legten die Kontingente auf die einzelnen Arbeitsamtsbezirke und innerhalb dieser auf die Kreise um. Dem Kreishauptmann fiel die Aufgabe zu, das Kontingent seines Kreises auf einzelne Gemeinden zu verteilen und die Gemeindevorsteher in Versammlungen auf die Dringlichkeit der Aktion einzuschwören und sie für den Erfolg verantwortlich zu machen. Um die hochgesteckten Ziele zu erreichen, entfaltete man eine großangelegte Propagandaaktion, in deren Zuge mit Hilfe von Plakaten, Flugblättern, Lautsprecherwagen und Zeitungsberichten für die Arbeitsaufnahme im Reich geworben wurde. Des Weiteren wurden Briefe polnischer Arbeiter aus Deutschland veröffentlicht, allerdings zensiert oder stark überarbeitet. Außerdem setzten die Arbeitsämter polnische Werber ein, an deren Stelle aber bald wieder deutsche Werber traten, da die polnischen Mitarbeiter häufig bestechlich waren oder ihre Arbeit aufgrund der Gegenpropaganda schnell wieder einstellten. Zum Teil war der Einsatz von Werbern aufgrund des strengen Winters gar nicht möglich, mancherorts musste er abgebrochen werden, da deutsche Werber unter Beschuss gerieten. Schon im Februar 1940 berichteten Kreis- und Stadthauptleute vereinzelt über große Schwierigkeiten bei der Rekrutierung von Arbeitskräften, im März und April häuften sich derartige Klagen. Der Kreishauptmann des Kreises Warschau-Land sprach in seinem Bericht für April davon, die Verschickung von Landarbeitern sei am toten Punkt angelangt. Die deutschen Behörden konnten im Januar und Februar insgesamt nur rund 81 500 Landarbeiter ins Reich deportieren; an eine Erfüllung der hohen Anforderungen war mit den bis dahin angewandten Mitteln nicht zu denken.[15]

15 Rundschreiben des Leiters der Abteilung Arbeit im Amt des Generalgouverneurs an die Leiter der Abteilungen Arbeit in den Distrikten und die Leiter der Arbeitsämter im Generalgouvernement, betr.: Anwerbung von landwirtschaftlichen Arbeitskräften für die deutsche Landwirtschaft, 19.1.1940, in: Doc. Occ. X, S. 326f.; Anordnung des Chefs des Distrikts Krakau, betr.: Gestellung von Arbeitskräften für die deutsche Landwirtschaft, 25.1.1940, in: ebenda, S. 335f.; Biuletyn Informacyjny, 8.3.1940, in: Biuletyn Informacyjny, część I, S. 88; Präg/Jacobmeyer, Diensttagebuch, S. 144 u. 148f. (Einträge vom 4. u. 7.3.1940); Der Kreishauptmann Warschau-Land, Lagebericht für Februar 1940, 20.2.1940, APW, KHm Warschau-Land 3, Bl. 36; Der Kreishauptmann Warschau-Land, Lagebericht für April 1940, 8.5.1940, ebenda, Bl. 53; Amt des Generalgouverneurs, Abteilung Innere Verwaltung, Auszüge aus den Lageberichten der Kreis- und Stadthauptleute, IPN, NTN 269, Bl. 72 u. 77 sowie Bl. 122-132; Adamska, Działalność, S. 200; Kasperek, Wywóz, S. 88ff.

Bereits Anfang März diskutierte man auf oberster Ebene die Anwendung von Zwangsmitteln. Stabsleiter Reichert vom Reichsernährungsministerium brachte diese Möglichkeit bei einer Besprechung mit Generalgouverneur Frank ins Gespräch. Auch die Kreishauptleute und Arbeitsämter dachten offenkundig wegen der Schwierigkeiten über Gewaltanwendung nach und erwarteten eine Entscheidung der Zentrale. Frank lehnte die Anwendung von Gewalt zu diesem Zeitpunkt jedoch ab. Moralische Skrupel oder prinzipielle Bedenken lagen ihm allerdings fern. Zu seiner ablehnenden Haltung bewogen ihn einzig praktische Einwände. Wegen der schlechten Witterungsverhältnisse, so Franks Argument, sei an eine Änderung der Verhältnisse überhaupt nicht zu denken. Wenige Tage später begründete er seine ablehnende Haltung mit dem Hinweis auf mögliche Propaganda aus den Vereinigten Staaten. Der Mangel an Polizeikräften trug ein Übriges dazu bei. Frank setzte zu diesem Zeitpunkt noch auf eine bessere Behandlung der Arbeiter im Reich, um Propaganda und Realität in Deckung zu bringen. Darüber hinaus regte er »sanfte Druckmittel« wie die Streichung der Arbeitslosenunterstützung an.[16]

Die Durchführung der Zwangsarbeiterrekrutierung variierte allerdings und wich örtlich von Franks vorgegebener Linie ab. In Warschau kam es bereits Mitte Februar 1940 zur Anwendung brutaler Methoden. Ludwik Landau berichtete in seiner Chronik der Besatzungszeit am 15. Februar, die Rekrutierung von Arbeitskräften nehme zunehmend extreme Formen an, alle jungen Leute würden von der Straße weg oder aus angehaltenen Straßenbahnen mitgenommen. Im Kreis Tarnów drohte Kreishauptmann Kundt allen, die die »Landarbeiteraktion« sabotierten oder an der Werbung beteiligte Personen bedrohten, mit der Aburteilung durch ein Standgericht, also mit der Todesstrafe.[17]

Im April 1940 wurde das Scheitern aller bisherigen Bemühungen offenbar. Die Zahl der verschickten Land- und Industriearbeiter blieb mit rund 210 000 weit hinter den hochgesteckten Zielen zurück. Die Diskussion über eine allgemeine Anwendung von Zwangsmitteln gewann an Schwung, zumal manche zuvor hemmenden Faktoren zu diesem Zeit-

16 Vgl. Präg/Jacobmeyer, Diensttagebuch, S. 144, 149 u. 152 (Einträge vom 4., 7. u. 12.3.1940). Die Zurückhaltung ist auch auf weltweite Proteste nach der Verhaftung von 183 Krakauer Professoren am 6.11.1939, zurückzuführen. Vgl. dazu Chwalba, Dzieje, S. 164 ff.; August, »Sonderaktion«, passim.

17 Vgl. Landau, Kronika, Bd. 1, S. 270 u. 274 (Eintrag vom 13.2.1940); Bekanntmachung des Kreishauptmanns des Kreises Tarnów, 13.4.1940, APK-T, KHm in Tarnów 2, o.P.

punkt keine Rolle mehr spielten. Mit dem beginnenden Frühling war nicht nur eine umfassende Werbeaktion wieder möglich geworden, sondern auch der Einsatz der Polizei im großen Stil. Ebenso änderte sich die besatzungspolitische Großwetterlage entscheidend. Die Besetzung Dänemarks und Norwegens durch deutsche Truppen im April und mehr noch der am 10. Mai begonnene »Westfeldzug« ließen die Ereignisse im Generalgouvernement in den Hintergrund treten. Die Machthaber im besetzten Polen fühlten sich nun frei von Rücksichtnahmen auf die Weltöffentlichkeit.[18] Die Bevölkerung war erneut einem hemmungslosen Terror ausgesetzt: Von Mai bis Juli 1940 lief unter dem Decknamen »Außerordentliche Befriedungsaktion« (AB Aktion) die Ermordung von mehreren tausend politischen Gegnern und anderen.

Wende zur Gewalt

Im April 1940 vollzog sich eine maßgebliche Wende in den Methoden der Zwangsarbeiterrekrutierung. Auf einer Besprechung über die Arbeiterverschickung ins Reich am 21. April ließ Frank seine taktischen Bedenken fallen. Nachdem er vom Misserfolg der bisherigen Arbeit erfahren hatte und der HSSPF ihm versichert hatte, es stünden ausreichend Polizeikräfte bereit, gab er grünes Licht für ein brutaleres Vorgehen. Das faktische Ende einer grundsätzlich freiwilligen Anwerbung gab Frank der Bevölkerung schon drei Tage später durch einen Aufruf bekannt, in dem er mit schweren Strafen und dem Einsatz der Polizei drohte. Über die Details dieser neuen, nunmehr offiziellen Gangart informierte Max Frauendorfer, der Leiter der Abteilung Arbeit in der Krakauer Zentrale, die zuständigen Stellen am 26. April. Dies war die Antwort auf verstärkten Druck seitens der Reichsinstanzen.[19]

Frauendorfer kündigte an, die Bemühungen und vor allem die Anwendung von Zwang bei der »Landarbeiteraktion« in den nächsten Wochen zu intensivieren. Gleichzeitig legte er neue Kontingente für die Distrikte fest: Rund 530 000 Landarbeiter sollten ins Reich deportiert werden. Am

18 Vgl. Präg/Jacobmeyer, Diensttagebuch, S. 176 u. 211 (Einträge vom 21.4. u. 30.5.1940); Herbert, Fremdarbeiter, S. 101.

19 Amt des Generalgouverneurs, Abteilung Arbeit, an die Leiter der Abteilungen Arbeit bei den Chefs der Distrikte und die Leiter der Arbeitsämter im Bereich des Generalgouvernements, betr.: Weitere Durchführung der Landarbeiteraktion, insbesondere Einführung von Zwangsmassnahmen, in: Doc. Occ. X, S. 342; Präg/Jacobmeyer, Diensttagebuch, S. 176f. u. 198 (Einträge vom 21.4. u. 10.5. 1940); Seidel, Besatzungspolitik, S. 142.

Procedere änderte sich indes nichts Wesentliches. Frauendorfer unterstrich allerdings die Bedeutung der Kreishauptleute, auf deren aktive Mitarbeit besonders Wert zu legen sei. Die Arbeitsämter sollten wie bisher im Einvernehmen mit dem Kreishauptmann die Kontingente für die einzelnen Kreise festlegen. Dieser war wiederum angehalten, Versammlungen der Gemeindevorsteher einzuberufen und ihnen die Kontingente und die Dringlichkeit der Erfüllung klarzulegen. Neu hingegen war, dass auch die Polizei an diesen Zusammenkünften teilnehmen sollte, und vor allem, dass nun mit Zwangsmaßnahmen gegen diejenigen Gemeinden gedroht wurde, die ohne triftigen Grund zu wenig Arbeiter stellten. Die neue Qualität der deutschen Gangart manifestierte sich in der Androhung von Kollektivstrafen gegen die gesamte Ortschaft.[20] Damit erhöhte sich der Druck auf die Gemeindevorsteher und die gesamte Bevölkerung. Zum Kalkül gehörte zweifellos, dass aus Angst vor Repressionen eine gegenseitige soziale Kontrolle bis hin zu Denunziationen Fuß fassen und für die Interessen der Deutschen arbeiten werde.

Die in der Regel bestens informierte Untergrundbewegung berichtete Mitte Mai im *Biuletyn Informacyjny* über den neuen Kurs und über das neu festgelegte Kontingent von mehr als 500 000 Landarbeitern. Die Meldung von Arbeitern sei im April zum Erliegen gekommen, woraufhin Anfang Mai im gesamten Land Jagd auf Menschen gemacht worden sei. Überall führte die Polizei nächtliche Razzien durch; Vögte und Dorfschulzen mussten die Sicherheitskräfte zu den Wohnungen der nichterschienenen Arbeitskräfte führen, die verhaftet und weggebracht wurden. Traf die Polizei die Gesuchten nicht an, nahm sie unter Umständen stattdessen Familienmitglieder mit. Außerdem griff sie junge Leute auf der Straße, auf Märkten oder nach Gottesdiensten auf. Eine weitere Methode war die Einberufung ganzer Geburtenjahrgänge, von denen alle, die keine feste Arbeit vorweisen konnten oder die arbeitsunfähig waren, zur Arbeit ins Reich mussten. Nach Einschätzung des Widerstands war dies der Beginn einer Periode verschärfter Gewalt und Repressionen, die mehrere Wochen andauern würde. Die Bevölkerung war aufgerufen, den Deutschen ihre Arbeit in keiner Weise zu erleichtern. Das zurückhaltende Verhalten der Lehrer und Priester, die von den Kreishauptleuten zur Mitarbeit bei der Werbung von Landarbeitern verpflichtet worden wa-

20 Amt des Generalgouverneurs, Abteilung Arbeit, an die Leiter der Abteilungen Arbeit bei den Chefs der Distrikte und die Leiter der Arbeitsämter im Bereich des Generalgouvernements, betr.: Weitere Durchführung der Landarbeiteraktion, insbesondere Einführung von Zwangsmassnahmen, in: Doc. Occ. X, S. 342-347.

ren, wurde ausdrücklich gelobt; die Situation der Gemeindevorsteher erkannte man als recht schwierig an.[21]

Die brutalere Gangart fand innerhalb des Besatzungsapparats breite Zustimmung. Die Kreishauptleute des Distrikts Krakau zum Beispiel versprachen sich von der Werbung auf freiwilliger Grundlage keinen Erfolg mehr, vielmehr regten sie die zeitweilige Stationierung eines Polizeizuges im Kreis an, um entsprechenden Zwang ausüben zu können. Alle, die schon vor Festlegung der verschärften Methoden mit Gewalt vorgegangen waren, hatten daraus in ihren Berichten keinen Hehl gemacht und konnten sich nun bestätigt fühlen.[22]

Vereinzelt regte sich jedoch Widerspruch. Der Beauftragte des Auswärtigen Amtes, Johann von Wühlisch, wies am 9. Mai in einer Besprechung mit Generalgouverneur Frank darauf hin, dass »aus polnischen Kreisen« Klage erhoben worden sei, weil junge Leute nach Kinovorführungen verhaftet und ohne Benachrichtigung der Eltern zur Zwangsarbeit ins Reich deportiert worden seien. Frank sagte eine Nachprüfung des Falles zu, verteidigte aber prinzipiell die Anwendung von Gewalt, da alle anderen Methoden zuvor zu keinem Erfolg geführt hätten. Einen Tag später nahm er auf der Abteilungsleitersitzung erneut Stellung zum Gewalteinsatz: »Eine Verhaftung von jungen Polen beim Verlassen des Gottesdienstes oder der Kinotheater werde zu einer immer steigenden Nervosität der Polen führen. An sich habe er gar nichts dagegen einzuwenden, wenn man das arbeitsfähige, oft herumlungernde Zeug von der Straße weghole. Der beste Weg wäre dafür aber die Veranstaltung einer Razzia.« Die Menschenverachtung, die hier und zu anderen Gelegenheiten zum Ausdruck kam, musste auf die radikalen Exponenten im Besatzungsapparat wie eine Legitimation, wenn nicht gar als Ansporn für brutales Vorgehen wirken. Frank sprach sich zugleich dafür aus, »bei der Durchführung des Zwanges die Kreis- und Stadthauptleute mit heranzuziehen, damit man dann auch von vornherein der Überzeugung sein könne, daß diese Aktion einigermaßen zweckmäßig sei«. Dennoch muss-

21 Vgl. Biuletyn Informacyjny, 17.5.1940, in: Biuletyn Informacyjny, część I, S. 149 f.; Kasperek, Wywóz, S. 100 ff.

22 Der Kreishauptmann Warschau-Land, Lagebericht für April 1940, 8.5.1940, APW, KHm Warschau-Land 3, Bl. 53; Abteilung Arbeit, Vermerk, betr.: Besprechung mit den Kreishauptleuten in Tarnów am 30.4.1940, betr. Zwangsmaßnahmen in der Landarbeiteraktion, IPN, NTN 359, Bl. 74 f.; Amt des Generalgouverneurs, Abteilung Innere Verwaltung, Auszüge aus den Lageberichten der Kreis- und Stadthauptleute für April 1940, IPN, NTN 269, Bl. 123 (Sanok) u. 128 (Tomaszów).

ten diese auch später noch vereinzelt Eigenmächtigkeiten in ihrem Kreis feststellen.[23]

Die Kreis- und Stadthauptleute waren zu diesem frühen Zeitpunkt im April und Mai 1940 bereits stark in die Rekrutierung der Arbeiter für das Reich eingebunden und offenbar stärker, als es Verordnungen und Zuständigkeitsregelungen auf dem Papier vermuten lassen. Sie waren nahezu am gesamten Prozess der »Erfassung« und »Verschickung« polnischer Arbeiter beteiligt. Waren sie bei der Anwendung von Zwangsmaßnahmen erst einmal eingeschaltet, war ihrem Handeln kaum Grenzen gesetzt. Der Rückendeckung Franks konnten sie gewiss sein. Etwaige Konflikte spielten sich vor allem auf der Ebene von Zuständigkeitsrangeleien oder Detailkritik ab. Über das prinzipielle Vorgehen herrschte weitestgehend Konsens.

Die großangelegte »Landarbeiteraktion« von April bis Juni 1940 endete dennoch in einem Fiasko. Sie wurde abgebrochen – obwohl die angestrebte Zahl an Arbeitern bei weitem nicht erreicht worden war –, weil der Polizeiterror nicht den gewünschten Erfolg brachte, sondern das genaue Gegenteil bewirkte: Die Zahl der deportierten Landarbeiter ging kontinuierlich zurück, der Widerstand der Bevölkerung wurde stetig stärker. Viele verbrachten die Nächte nicht mehr zu Hause, sondern flohen in die Wälder, um ihren Häschern zu entgehen. In ihren Monatsberichten für Mai 1940 berichteten die Kreis- und Stadthauptleute unisono von großen Schwierigkeiten. Ursachen für die Probleme sahen sie in Gerüchten, die Landarbeiter würden an der Westfront oder in anderen Gefahrengebieten eingesetzt. Einige Kreishauptleute machten die auch im Generalgouvernement bekanntwerdenden unzureichenden Arbeitsbedingungen und die schlechte Behandlung der polnischen Arbeiter im Reich sowie die Nichteinhaltung von Versprechungen für den Widerstand der Bevölkerung verantwortlich.[24]

Ihre Reaktion auf die schlechten Ergebnisse fiel, soweit sich das auf Grundlage der äußerst lückenhaften Quellenüberlieferung für diesen Zeitraum überhaupt sagen lässt, sehr unterschiedlich aus. Manche setzten alles daran, die einmal festgelegten Kontingente auch tatsächlich zu erfüllen. Aus Rzeszów/Reichshof berichtete Kreishauptmann Ehaus, dass nur 30 Prozent der Verpflichteten freiwillig kämen. Sein Stellvertreter leitete daraufhin eine erste Aktion, dem es immerhin gelang, »unter An-

23 Vgl. Präg/Jacobmeyer, Diensttagebuch, S. 195 u. 198 (Einträge vom 9. u. 10.5. 1940). Zitate S. 198; Adamska, Działalność, S. 201 f.

24 Abt. Innere Verwaltung, Lageberichte der Kreis- und Stadthauptleute für den Monat Mai 1940, 17.6.1940, IPN, NTN 269, Bl. 141 ff.

wendung des geringsten Zwanges weitere 20-30% zur freiwilligen Mitfahrt in das Sammellager zu veranlassen«. Nun drängte Ehaus in seinem Bericht auf eine bessere Ausstattung mit Polizeikräften, um auch das letzte Drittel des Kontingents erfüllen zu können. Dies hielt er für absolut erforderlich, allein schon um zu demonstrieren, dass die deutsche Verwaltung ihre Anordnungen hundertprozentig durchsetzte.[25] Ludwig Losacker, Kreishauptmann in Jasło, sprach sich trotz der Erfolglosigkeit der Zwangsmaßnahmen aus prinzipiellen Gründen für deren weitere Anwendung aus, da seiner Meinung nach alles andere von den Polen als »Zurückweichen und Nachgeben der deutschen Verwaltung« angesehen werde.[26] Er war also ein Gefangener der selbstgeschaffenen Konditionen. Egon Höller (Krakau-Land) setzte, wie andere auch, auf eine Kombination von Gewalt und Propaganda. Er hoffte, die in die Wälder geflohenen Polen mit Hilfe von zugesagten Polizeikräften dingfest machen und nach Deutschland deportieren zu können. Daneben wollte er angesehene Gemeindefunktionäre ins Reich schicken, damit diese sich dort von den Arbeitsbedingungen ein Bild machen konnten und nach ihrer Rückkehr im Sinne der Deutschen auf die Bevölkerung einwirkten.[27]

Bei anderen Kreis- und Stadthauptleuten ist nicht auszumachen, wie sie auf die verfahrene Situation reagierten, da sie in ihrem Bericht lediglich eine nüchterne Beschreibung des Zustandes lieferten und andere Quellen nicht vorliegen. In denjenigen Fällen, in denen es den Anschein hat, dass der Kreishauptmann in erster Linie auf Propagandamaßnahmen gesetzt hat, bleibt es im Dunkeln, ob er bewusst auf Gewalt verzichtete oder einfach nicht genügend Polizisten zur Verfügung standen. In der Regel waren sie jedoch bestrebt, die Kontingente zu erfüllen, und schreckten auch vor der Anwendung brutaler Methoden nicht zurück.

25 Der Kreishauptmann des Kreises Rzeszów, Lagebericht für den Monat Mai 1940, 31.5.1940, BAL, B 162/Dok.-slg. Polen, Ordn. 348, Bl. 566. Zitat ebenda. Vgl. auch die Berichte für Mai 1940 anderer Kreishauptleute: Ebenda, Bl. 530-534, 566, 583, 597, 626f., 648 u. 661f.; IPN, NTN 272, Bl. 64, 72f., 131v., 158, 234f.; APW, KHm Warschau-Land 3, Bl. 57.

26 Der Kreishauptmann in Jasło, Lagebericht für den Monat Mai 1940, 2.6.1940, BAL, B 162/Dok.-Slg. Polen, Ordn. 348, Bl. 539.

27 Der Kreishauptmann des Kreises Krakau-Land, Lagebericht für den Monat Mai 1940, 7.6.1940, ebenda, Bl. 546.

Permanente »Erfassung«

Die Erfahrungen des Vorjahres hatten zwei Konsequenzen: Das Reich forderte für 1941 »nur« 220 000 Arbeitskräfte aus dem Generalgouvernement, allerdings sollte die »Erfassungsaktion« das gesamte Jahr hindurch laufen, denn die polnischen Arbeiter waren nicht mehr nur als Saisonarbeiter vorgesehen. Zunächst setzten die deutschen Behörden wieder auf den Grundsatz der »Freiwilligkeit«. Daher baute die Arbeitsverwaltung ihre Struktur aus und schuf ein relativ dichtes Netz von Stützpunkten, 250 alleine im Distrikt Warschau. Außerdem zogen viele deutsche Werber und polnische Hilfswerber von Dorf zu Dorf. Letztere versuchte man durch die Auslobung einer »Kopfprämie« für jede geworbene Arbeitskraft anzuspornen, jeder Geworbene sollte eine einmalige Prämie in Höhe von 50 Złoty erhalten. Anfangs registrierten die Behörden, trotz aller Schwierigkeiten, einen teilweisen deutlichen Anstieg der Meldungen. Vor allem wegen der schwierigen Lebensumstände in den Städten suchten viele ihre Rettung in der Meldung zur Arbeit.[28]

Vielfach standen die Arbeitsämter jedoch früh vor den gleichen Problemen wie im Vorjahr. Das Arbeitsamt Siedlce erlebte schon im März ein Fiasko bei der Rekrutierung für den ersten Transport. Von 600 aufgeforderten Personen fanden sich nur 18 zum angesetzten Termin ein, Geldstrafen hinterließen keinen nachhaltigen Eindruck mehr. Die Polizei schrieb die Nichterschienenen zur Fahndung aus und übergab einige Fälle dem Sondergericht. Die erhoffte abschreckende Wirkung blieb aber aus. Im April kam die Bevölkerung den Beorderungen zu 90 Prozent nicht nach, von 2 000 vorgesehenen Arbeitskräften erschienen nur 180. Auch durch Polizeieinsatz konnte das Arbeitsamt das Kontingent nicht einmal zu einem Viertel erfüllen. Verschiedentlich versuchten die Kreishauptleute, die Ergebnisse der »Werbung« von Arbeitskräften zu verbessern, indem sie den Druck auf die Gemeindevorsteher drastisch erhöhten. Im Kreis Janów Lubelski drohte Kreishauptmann Lenk damit, bei weiterhin schlechten Resultaten monatlich fünf Dorfschulzen zur Zwangsarbeit nach Deutschland zu schicken.[29]

28 Bericht des Chefs des Distrikts Warschau vom 10. März 1941 an die Regierung des GG für den Monat Februar 1941, BAB, R 52 III/29, Bl. 123; Biuletyn Informacyjny 23.5.1942, in: Biuletyn Informacyjny, część I, S. 492; Adamska, Działalność, S. 204; Seidel, Besatzungspolitik, S. 145.

29 Arbeitsamt Siedlce, Bericht über den Arbeitseinsatz im Monat März 1941, 4.4.1941, APW, KHm Ostrów 837, Bl. 17 f.; Arbeitsamt Siedlce, Bericht über den

Trotz örtlicher Schwierigkeiten konnte die Zahl der deportierten Arbeitskräfte in den ersten Monaten des Jahres 1941 dennoch kontinuierlich gesteigert werden. Ihren Höhepunkt erreichte die Rekrutierung und »Verschickung« im Mai. Von da an nahmen die Probleme überhand, und die Zahl der tatsächlich deportierten Menschen sank erneut. Ursache war vor allem der Arbeitskräftebedarf im Generalgouvernement selbst. Mitte des Jahres setzten dort die Erntearbeiten ein, zudem stieg die Nachfrage nach Arbeitskräften seitens der Wehrmacht, des Baudienstes oder der Organisation Todt. Die Folge waren widerstreitende Interessen, die Frank in der Regel zugunsten seines eigenen Herrschaftsbereiches entschied. Darüber hinaus bedeutete der höhere »Eigenbedarf« auch eine stärkere Beanspruchung der Kapazitäten der Arbeitsämter. Der Überfall auf die Sowjetunion im Juni 1941 und der damit verbundene Aufmarsch der Wehrmacht erschwerte die Situation zusätzlich. Die Lebensmittelknappheit verschärfte sich, und Waren verteuerten sich, so dass Arbeitsämter, Polizei und auch Kreishauptleute vermehrt auf Phänomene wie Arbeitsniederlegungen und -verweigerung sowie auf »Arbeitsflucht« reagieren mussten. All dies band Kräfte und Ressourcen, die an anderer Stelle fehlten. Treibstoffmangel ließ im Herbst die Werbung auf dem Lande zusätzlich ins Stocken geraten und machte es der Polizei unmöglich, Dörfer und ganze Landstriche systematisch zu durchkämmen. Die Ergebnisse 1941 waren relativ gesehen schlechter als im Vorjahr, erforderten aber einen zunehmend größeren Aufwand. Im Arbeitsamtsbezirk Zamość konnte das Kontingent 1940 noch zu 88 Prozent erfüllt werden, wovon die Hälfte »freiwillig« zustande kam, also dem Druck noch nachgegeben und den Beorderungen mehr oder minder Folge geleistet wurde. 1941 konnte das Arbeitsamt das Soll nur noch zu 34 Prozent erfüllen, der Anteil der »freiwilligen« Meldungen lag nur mehr bei einem Viertel. Die Bilanzen der anderen Arbeitsämter fielen ähnlich schlecht aus.[30] Sie spiegeln letztlich aber nur das Auseinanderklaffen von Anspruch und Wirklichkeit wider, absolut stieg die Zahl der deportierten polnischen Arbeitskräfte kräftig an.

Arbeitseinsatz im Monat April 1941, 3.5.1941, ebenda, Bl. 20 f; Klukowski, Dziennik, S. 219 f. (Eintrag vom 6.8.1941); Kasperek, Wywóz, S. 113.

30 Arbeitsamt Siedlce, Bericht über den Arbeitseinsatz im Monat Juni 1941, 2.7.1941, APW, KHm Ostrów 837, Bl. 23; Der Chef des Distrikts Krakau, Lagebericht für den Monat Juni 1941, 5.8.1941, IPN, NTN 281, Bl. 141 f.; Eisenblätter, Grundlinien, S. 329; Adamska, Działalność, S. 204; Kasperek, Wywóz, S. 122 f.

Ausweitung und Reorganisation

Auch 1942 lief die Rekrutierung polnischer Arbeitskräfte ungebrochen weiter. Allerdings gingen in diesem Jahr auf allen Ebenen umfassende Veränderungen vonstatten. Auf Reichsebene und im Generalgouvernement änderten sich die Zuständigkeiten und die Organisationsformen. Die Arbeiterdeportationen nach Deutschland erreichten ein Ausmaß, das später nicht einmal mehr annähernd erzielt wurde. Zugleich verlagerte sich die Gewichtung der verschiedenen Methoden zugunsten eines verschärften Kurses; Terror und Gewalt wurden weitgehend »normal«. Der steigende Druck rief wachsenden Gegendruck vonseiten der Bevölkerung und vor allem von den Untergrundorganisationen hervor. Wirkungsgrad und Struktur der Arbeitsverwaltung hingen von da an in entscheidendem Maße von der jeweiligen Stärke des lokalen Widerstands ab.

Auf die Probleme, den Arbeitskräftebedarf der deutschen Kriegswirtschaft zu decken, reagierte Hitler im März 1942 mit einem für ihn typischen Schritt – er schuf ein mit Sondervollmachten ausgestattetes Amt. Im März ernannte er den Thüringer Gauleiter Fritz Sauckel zum Generalbevollmächtigten für den Arbeitseinsatz, der die Deckung des Arbeitskräftebedarfs der Kriegswirtschaft sicherstellen, den Einsatz der Zwangsarbeiter steuern und vor allem auch »die Mobilisierung aller noch unausgenutzten Arbeitskräfte« im deutschen Herrschaftsbereich lenken sollte.[31]

Kurz nach der Ernennung Sauckels begann die »Landarbeiteraktion 1942«. Er forderte im Mai 100 000 Arbeitskräfte an, die innerhalb von zwei Monaten gestellt werden sollten. Im Generalgouvernement reagierte die Verwaltung auf die sich erneut abzeichnenden Schwierigkeiten mit dem Erlass der »Dienstverpflichtungsverordnung«, welche die Kreis- und Stadthauptleute sowie die Arbeitsämter ermächtigte, alle Bewohner des Generalgouvernements zu Arbeiten »von besonderer staatspolitischer Bedeutung« zu verpflichten, sei es im Generalgouvernement selbst oder außerhalb. Widersetzliches Verhalten wie »Arbeitsflucht«, Arbeitsverweigerung oder »Bummelei« wurde mit Zuchthausstrafe belegt.[32] Damit

31 Erlaß des Führers über einen Generalbevollmächtigten für den Arbeitseinsatz, 21.3.1942, in: IMT Bd. 27, S. 432 (Dok. 1666-PS). Zitate ebenda. Ausführlich dazu: Eisenblätter, Grundlinien, S. 329 ff.; Seeber, Zwangsarbeiter, S. 65 ff.; Herbert, Fremdarbeiter, S. 173 ff.

32 Vgl. Verordnung zur Sicherstellung des Kräftebedarfs für Aufgaben von besonderer staatspolitischer Bedeutung (Dienstverpflichtungsverordnung), 13.5.1942, in: Doc. Occ. X, S. 395 ff. Zitat ebenda.

bestand eine Grundlage für die offizielle Anwendung harter Repressionen. Wie bereits bei früheren Verschärfungen des Kurses setzte man erneut in erster Linie auf eine stärkere Einbeziehung der Kreis- und Stadthauptleute. Einmal eingeschaltet, nutzten sie ihren Handlungsspielraum in aller Regel voll aus, gingen zum Teil sogar weit darüber hinaus und entschieden sich häufig für eine extrem harte Vorgehensweise. Die Hemmschwelle zur Brutalität, so sie im dritten Besatzungsjahr überhaupt noch existierte, lag für die Mehrheit der Kreishauptleute niedrig. Die Anwendung von Gewalt konnten sie vor sich und anderen mit dem absoluten Vorrang der Reichsinteressen rechtfertigen. Schließlich war Krieg, und da hieß es aus ihrer Sicht, nicht zimperlich zu sein in der Wahl der Mittel.

Der Stau alter ungelöster Probleme aber beeinträchtigte diese umfassende »Erfassung« und Deportation der Arbeitskräfte. Vermehrte Korruptionsanfälligkeit des polnischen Personals verringerte die Effizienz der Arbeitsverwaltung erheblich, hing diese doch hochgradig von der Mitarbeit der Polen ab. Die grassierende Bestechlichkeit war unvermeidlich und selbst geschaffen, denn sie hatte ihre Ursache in erster Linie in der schlechten Versorgungslage. Die Gegenpropaganda und steigender Druck der Untergrundbewegung hatten sicherlich auch ihren Anteil am Rückgang der Kooperationsbereitschaft. Der londontreue Untergrund begleitete den Auftakt der »Landarbeiteraktion« mit Aufrufen, sich der Zwangsarbeit zu entziehen und sich unter keinen Umständen freiwillig zu melden. Alle, die bereits Zwangsarbeit leisteten, forderte er auf, diese so zu verrichten, dass sie dem Feind keinen Nutzen bringe. Die verstärkte Gegenpropaganda zeigte durchaus Wirkung, wie auch auf deutscher Seite festgestellt wurde.[33]

Die deutschen Behörden wollten zunächst wieder den Weg der »freiwilligen« Rekrutierung beschreiten, weswegen sie das Generalgouvernement mit einem Netz von Stützpunkten der Arbeitsämter und Werbebüros überzogen, in denen vor allem eine Vielzahl polnischer Werber propagandistisch auf die Bevölkerung einwirken sollte. Die deutschen Werber beschränkten sich hauptsächlich auf die Kontrolle ihrer polni-

33 Arbeitsamt Warschau an den Leiter der Abteilung Arbeit des Distrikts Warschau, betr.: Statistischen Dienst, März 1942, APW, KHm Warschau-Land 1856, Bl. 15; Bericht des Gouverneurs des Distrikts Warschau vom 13. April 1942 an die Regierung des GG für den Monat März 1942, APW, Amt des Distrikts Warschau 1538, Bl. 27; Biuletyn Informacyjny Nr. 14 (118), 9.4.1942, in: Biuletyn Informacyjny, część II, S. 886 f.; Arbeitsamt Siedlce, Bericht über den Arbeitseinsatz im Monat Mai 1942, 2.6.1942, APW, KHm Ostrów 837, Bl. 62 u. 64.

schen Untergebenen. Eine Kampagne in der offiziellen polnischsprachigen Presse und Plakatwerbungen flankierte dies. Der Mitarbeit der Vögte und Dorfschulzen versuchte man, sich erneut durch ein System von Prämien in Form von Geld und Naturalien zu versichern. Anfängliche Erfolge der Werbeaktion waren aber weniger der Propaganda als vielmehr dem grassierenden Hunger und der weitverbreiteten Armut geschuldet, die die Folgen jahrelanger Ausbeutungspolitik waren. Zwar lag die Zahl der gewonnenen Arbeitskräfte deutlich über der des Vorjahres, aber sie konnte die hochgesteckten Forderungen bei weitem nicht erfüllen. Die Folge waren Polizeiaktionen, die aber wegen der unzureichenden Personaldecke der Polizei lokal begrenzt waren und im Frühjahr und Sommer 1942 noch nicht im großen Stil durchgeführt werden konnten.[34]

Anfang Juni 1942 verständigte sich der Leiter der Hauptabteilung Arbeit, Frauendorfer, mit den Leitern der Arbeitsämter auf die Anwendung »energischer« Methoden, da die Werbung unzureichend war. Frauendorfer hielt nun gut organisierte und schnell durchgeführte Razzien für angebracht. In den darauf folgenden Wochen wurden vielerorts im Generalgouvernement regelrechte Menschenjagden betrieben. Der Schwerpunkt lag in Warschau, wo Razzien beinahe zur Tagesordnung gehörten. Aber auch andernorts ging man mit Brutalität ans Werk. Dennoch stagnierte die Zahl der deportierten Arbeiter und war zum Teil sogar rückläufig.[35]

Die Arbeiterrekrutierung mittels Propaganda und der Androhung und punktuellen Anwendung brutaler Gewalt band immer mehr Kräfte und war im Grunde genommen gescheitert. Die Widersprüche in der deutschen Besatzungspolitik und der starke Widerstand ließen vieles ins Leere laufen. Aufwand und »Ertrag« gerieten immer mehr in Schieflage. Spätestens ab Mitte 1942 wurde eine unheilvolle Gewaltspirale in Bewegung gesetzt: Auf die nicht zufriedenstellende Zahl »freiwilliger« Meldungen reagierten die lokalen Behörden mit brutalen Polizeiaktionen.

34 Departament Informacji Delegatury Rządu RP na Kraj, Pro memoria o sytuacji w kraju w okresie 16 marca – 15 kwietnia 1942 r., in: Pro memoria, S. 144f.; Biuletyn Informacyjny Nr. 17 (121), 30.4.1942, in: Biuletyn Informacyjny, część II, S. 921f.; Arbeitsamt Warschau an den Leiter der Abteilung Arbeit des Distrikts Warschau, betr.: Statistischen Dienst, Juni 1942, APW, KHm Warschau-Land 1856, Bl. 10 v.

35 Departament Informacji Delegatury Rządu RP na Kraj, Pro memoria o sytuacji w kraju w okresie 1 czerwca – 15 lipca 1942 r., in: Pro memoria, S. 187f.; Bericht des Gouverneurs des Distrikts Warschau vom 15. August 1942 an die Regierung des GG für die Monate Juni und Juli 1942, 15.8.1942, APW, Amt des Distrikts Warschau 2, Bl. 130.

Deren Folge war nicht nur naturgemäß ein weiterer Rückgang der Meldungen, sondern vor allem wachsender Widerstand der Bevölkerung, der ab Mitte 1942 verstärkt in organisierte bewaffnete Aktionen des Untergrunds mündete. Die deutschen Besatzer reagierten mit dem weiteren Anziehen der Schraube von Terror und Gewalt und einer allgemeinen Verschärfung der Okkupationspolitik.

Im Ergebnis brachte die erste »Sauckel-Aktion« von April bis Juni 1942 dem Reich rund 172 000 Arbeitskräfte aus dem Generalgouvernement. Davon kamen allein 108 000 Zwangsarbeiter aus dem Distrikt Galizien, die Resultate der übrigen Distrikte fielen also alles andere als zufriedenstellend aus. Im August forderte Sauckel weitere 140 000 Arbeiter bis Ende September an. Frank führte dagegen die schlechte Behandlung der polnischen Arbeiter im Reich sowie den Mangel an Polizei ins Feld. Am Ende stand ein Kompromiss: 60 Prozent der Forderung waren bis Ende Oktober, die restlichen 40 Prozent bis zum Jahresende aufzubringen. Frank sicherte Sauckel die Erfüllung der Forderungen zu; vollmundig stellte er dem Reich auch für die nächsten Jahre weitere Arbeitskräfte in Aussicht.[36]

Am 24. August 1942 erließ Frank daraufhin Richtlinien zur Gestellung von Arbeitern. Er ordnete eine umfassende Werbung in Verbindung mit der Dienstverpflichtung an. Allen Sammelgemeinden sollte ein Arbeitskräftekontingent zur Pflicht gemacht werden. Frank forderte sämtliche Dienststellen, in erster Linie aber wieder die Kreishauptleute, zur Unterstützung auf. Ihre Aufgabe war es, die Gemeindevorsteher persönlich zur Erfüllung der Kontingente zu verpflichten. Außerdem sollten sie den Arbeitsämtern logistisch unter die Arme greifen. Frank wies sie an, ihre Exekutivkräfte für die Durchführung der zweiten »Sauckel-Aktion« zu mobilisieren, sofern diese nicht für die anstehende Ernteerfassung und die Bekämpfung des Schleichhandels dringend benötig wurden.[37]

In den Distrikten begab man sich rasch an die Umsetzung der Richtlinien. Die Gouverneure richteten Befehlsstäbe bzw. Arbeitererfassungsausschüsse ein, die auf Distriktebene aus dem Gouverneur, dem SSPF

36 Vgl. Präg/Jacobmeyer, Diensttagebuch, S. 544 (Eintrag vom 18.8.1942); Eisenblätter, Grundlinien, S. 332 f.

37 Erlass des Generalgouverneurs, betr.: Gestellung von Arbeitskräften für das Deutsche Reich, 24.8.1942, IPN, NTN 261, Bl. 59. Wenig später wurden die Anforderungen etwas reduziert: Schreiben der Abteilung Arbeit im Distrikt Warschau an die Leiter der Arbeitsämter in Minsk, Siedlce, Skierniewice und Warschau, betr.: Gewinnung von Arbeitskräften für das Reich, 27.10.1942, APW, KHm Ostrów 77, Bl. 22; Eisenblätter, Grundlinien, S. 335 f.

sowie dem Leiter der Abteilung Arbeit bestanden. In den Kreisen setzten sich die Befehlsstäbe analog dazu aus dem Kreishauptmann, dem Gendarmeriezugführer und einem Vertreter des Arbeitsamts zusammen. Außerdem war es an den Kreishauptleuten, auf Gemeindeebene die Vögte oder Schulzen, Lehrer, Pfarrer sowie angesehene Bauern in derartigen Ausschüssen zusammenzuführen und zur Mitarbeit zu verpflichten.[38] Damit wurden die Kreishauptleute weitgehend Herr des Verfahrens in ihrem Verwaltungsbezirk. Von ihnen hing nun in entscheidendem Maße die Art der Durchführung ab; sie waren zu den hauptverantwortlichen Koordinatoren aufgestiegen. Die unheilvollen Konsequenzen dieser Entwicklung bekam die Bevölkerung bald schon zu spüren.

Kreishauptleute machen Besatzungspolitik

Die Kreishauptleute setzten die Mitglieder der Arbeitererfassungsausschüsse in den Gemeinden massiv unter Druck, indem sie diese persönlich für die Erfüllung des Kontingents verantwortlich machten. Andernfalls drohte ihnen und ihren Familien die Verschickung zur Zwangsarbeit ins Reich, die Einweisung in ein Verwaltungsstraflager und der Verlust sämtlichen Vermögens. In Dörfern, die ihr Kontingent nicht in voller Höhe erfüllten, führten Kreishauptleute und Polizei sogenannte »Strafexpeditionen« durch, beschlagnahmten Höfe und wiesen Teile der Bevölkerung in Straflager ein. Anderswo nahmen sie die Eltern oder andere Angehörige derjenigen, die sich der Zwangsarbeit entzogen, als Geiseln fest oder konfiszierten das Vieh. In Warschau fanden im September 1942 fast täglich Razzien auf Straßen, Märkten und Bahnhöfen statt. An ihnen waren polnische und deutsche Polizei sowie die deutschen und polnischen Mitarbeiter des Arbeitsamts beteiligt. Zu ähnlichen Aktionen kam es an vielen Orten. Dabei schreckte man auch nicht mehr vor der Umstellung von Kirchen und der Verhaftung von Gottesdienstbesuchern zurück. Auf diese Weise wurden an einem Sonntag in Tomaszów Mazowiecki Hunderte Personen zur Zwangsarbeit ausgehoben.[39]

38 Gouverneur des Distrikts Warschau, Verwaltungsanordnung betr. Arbeitererfassung, 10.9.1942, APW, KHm Ostrów 77, Bl. 25f.; Gouverneur des Distrikts Warschau, Abteilung Arbeit, an den Kreishauptmann in Ostrów, betr.: Herbstaktion zur Anwerbung von 140 000 Arbeitskräften für das Reich, 11.9.1942, ebenda, Bl. 24. Zum Distrikt Radom vgl. Seidel, Besatzungspolitik, S. 149f.

39 Departament Informacji Delegatury Rządu RP na Kraj, Pro memoria o sytuacji w kraju w okresie 26 VIII – 10 X 1942, in: Pro memoria, S. 235-238; ebenda, Pro memoria o sytuacji w kraju w okresie 11 października – 15 listopada 1942 r., in:

Vielfach war die Rekrutierung mit einer »Bereinigung« des Einzelhandels verbunden – im Klartext: der Schließung kleinerer Geschäfte und der Deportation ihrer Inhaber und Mitarbeiter zur Zwangsarbeit. Damit wollten die deutschen Behörden die schlechten Ergebnisse der Werbung ausgleichen. In Tschenstochau wandte Stadthauptmann Eberhard Franke ähnliche Methoden an. Er setzte zum 8. September 1942 eine Versammlung der Kaufleute, Handwerker und Inhaber kleinerer Betriebe an, um mit diesen, wie er vorgab, über Möglichkeiten der Reduzierung des Überschusses an Geschäften in Tschenstochau zu reden. Zuvor hatten sie einen Fragebogen zum Umsatz und zur Zahl der Beschäftigten auszufüllen. Die Polizei riegelte den Versammlungsort ab, und Franke forderte die Versammelten auf, mit ihren Fragebögen zu den anwesenden Vertretern des Arbeitsamtes zu gehen, damit diese die Zahl der Mitarbeiter festlegten, die der jeweilige Betrieb zur Zwangsarbeit in Deutschland zu stellen habe. In der Erwartung, dass es bei der Zusammenkunft um die Liquidierung vor allem kleiner Geschäfte und Betriebe ginge, hatten die meisten eine möglichst hohe Zahl von Beschäftigten angegeben, darunter auch kleinere Kinder. In Verhandlungen mit den Beamten des Arbeitsamtes gelang es dem polnischen Bürgermeister Tschenstochaus, Stanisław Rybicki, wenigstens, dass die Kaufleute neue Fragebögen ausfüllen durften. Im Endeffekt verpuffte auch diese perfide Aktion wirkungslos. Von den wenigen Dutzend Personen, die vom Arbeitsamt zur Zwangsarbeit ausgewählt wurden, konnte sich ein Teil während der noch folgenden Erfassungsprozedur auf dem Arbeitsamt der Deportation entziehen.[40]

Terror und Gewalt hatten keinen durchschlagenden Erfolg. Zum Teil war dieser Weg verbaut, da aufgrund der gleichzeitig stattfindenden Ernteerfassung und mancherorts wegen der Deportation der Juden einfach nicht genügend Polizei verfügbar war oder aber die Arbeiter dringend für die Ernte benötigt wurden. Trotzdem hielt man an diesen Methoden

ebenda, S. 263 f.; Rundschreiben des Kreishauptmanns in Radomsko an alle Bürgermeister im Kreis, betr.: Gestellung von Arbeitskräften für das Deutsche Reich, 17.10.1942, IPN, NTN 268, Bl. 110; Arbeitsamt Siedlce, Bericht über den Arbeitseinsatz im Monat Oktober 1942, 2.11.1942, APW, KHm Ostrów 837, Bl. 75; Der Kreishauptmann in Busko an das Verwaltungsstraflager in Słupia, Einweisungsbescheid, 16.12.1942, USHMM, RG-15.022 M, reel 13.

40 Vgl. Rybicki, Pod znakiem, S. 149 f.; Departament Informacji Delegatury Rządu RP na Kraj, Pro memoria o sytuacji w kraju w okresie 11 października – 15 listopada 1942 r., in: Pro memoria, S. 263.

fest.[41] Verschiedentlich regte sich im Besatzungsapparat aber auch Widerspruch gegen Umfang, Methode oder zumindest Zeitpunkt der Arbeiterrekrutierung. Ausgerechnet der HSSPF intervenierte Mitte Oktober 1942 beim Gouverneur des Distrikts Radom und protestierte gegen die Menschenjagden. Vor allem kritisierte er, dass auch Menschen mit geregelter Arbeit rücksichtslos deportiert wurden und anschließend im Generalgouvernement für wichtige Arbeiten nicht mehr zur Verfügung standen. Im Arbeitsamtsbezirk Siedlce hätten, so klagte der Leiter des Arbeitsamtes, die Kreishauptleute die »Landarbeiteraktion« wegen der Ernteerfassung nachrangig behandelt.[42]

Kritik drang aber meist nicht durch, häufig richtete sie sich auch nur gegen örtlich sehr begrenzte Maßnahmen. An der großen Linie, den Arbeitskräftebedarf des Reichs rücksichtslos mit Hilfe von Terror und brutaler Gewalt zu decken, änderte sich im Wesentlichen nichts. Auf einer Regierungssitzung Anfang Dezember 1942 erhielten die Kreishauptleute ausdrücklich Franks Rückendeckung: »Ich möchte auch von dieser Stelle aus an die Kreishauptleute, denen ich nun auf Wunsch der Gouverneure den Arbeiterprozess im Wesentlichen übertragen habe, den leidenschaftlichen Appell richten: räumen Sie mir die Dörfer aus, in denen das Volk nichts tut, suchen Sie, wo immer möglich, Arbeitskräfte herauszuziehen. [...] Ich erwarte mir von Ihrer Elastizität alles und bitte Sie, sich nicht auf Unklarheiten von Wirtschaftsprogrammen hinauszureden. Für Sie gilt die klare Weisung, in jedem Falle Arbeitskräfte herbeizubringen, wo immer es geht.«[43] In seiner Ansprache ging Frank aber auch auf Kritik ein, die vereinzelt aus den Reihen der Kreishauptleute an brutalen Me-

41 Departament Informacji Delegatury Rządu RP na Kraj, Pro memoria o sytuacji w kraju w okresie 11 października – 15 listopada 1942 r., in: Pro memoria, S. 262 ff.; ebenda, Generalne Gubernatorstwo pod obuchem straszliwego terroru okupanta, 20.12.1942, in: ebenda, S. 277 f.; ebenda, Pro memoria o sytuacji w kraju Generalne Gubernatorstwo i Ziemie Wschodnie w okresie 24 IV – 21 V 1943 r., 22.5.1943, in: ebenda, S. 359; Zweimonatsbericht des Gouverneurs des Distrikts Warschau vom 15. Oktober 1942 für die Monate August und September 1942, 15.10.1942, APW, Amt des Distrikts Warschau 1538, Bl. 71 v.; Karmiński, Diariusz, S. 251 (Eintrag vom 7.5.1943); Klukowski, Dziennik, S. 325 f. (Eintrag vom 8.4.1943); Kasperek, Wywóz, S. 145 ff.; Ważniewski, Zbrodnie, S. 300.

42 Schreiben des Kreislandwirts des Kreises Ostrów an den Kreishauptmann in Ostrów, 2.12.1942, APW, KHm Ostrów 77, Bl. 3; Arbeitsamt Siedlce, Bericht über den Arbeitseinsatz im Monat Dezember 1942, 4.1.1943, APW, KHm Ostrów 837, Bl. 82. Seidel, Besatzungspolitik, S. 150.

43 Präg/Jacobmeyer, Diensttagebuch, S. 587 f. (Eintrag vom 9.12.1942). Das folgende Zitat ebenda, S. 587.

thoden geübt wurde, wie dem Verfrachten von Männern direkt aus den Kinos weg. Mit derartigen Aktionen erreiche man keine zufriedenstellenden Ergebnisse. Den Forderungen aus dem Reich, mit mehr Nachdruck und Gewalt vorzugehen, hielt er entgegen, dass den Kreishauptleuten dafür die erforderliche Exekutive fehle. Würden die Polen in Deutschland besser behandelt, wollte Frank glauben machen, hätten 50 Prozent mehr Arbeiter »vermittelt« werden können. Für eine dauerhafte Nutzbarmachung des Generalgouvernements sei es unabdingbar, die Bevölkerung besser zu behandeln, zumal man »auch nicht hinter jeden Polen einen Schutzmann stellen« könne.

Die Vorstellung, durch eine bessere Behandlung der Polen in Deutschland und punktuelle Zugeständnisse im Generalgouvernement nach bereits drei Jahren andauernder Unterdrückungs- und Gewaltpolitik nachhaltige Erfolge erzielen zu können, war nicht nur naiv, sie wurde auch nie ernsthaft in der Praxis erprobt. So blieb die Arbeiterpolitik im Generalgouvernement in ihren Widersprüchen gefangen. Vertreter radikaler Methoden konnten ebenso wie Fürsprecher eines »gemäßigten« Kurses Franks Worte im Grunde genommen als Bestärkung auffassen. In der Praxis setzte sich in aller Regel aber das brutale Vorgehen durch, zumal durch das Kontingentsystem ein unheilvoller Wettbewerb in Gang gesetzt wurde. Dieses System appellierte an den Ehrgeiz jedes einzelnen Kreishauptmanns, sein Kontingent so schnell und vollständig wie möglich zu erfüllen. So konnte er sich vor seinen Vorgesetzten profilieren. Dass dabei vielen Kreishauptleuten nahezu jedes Mittel recht war, ist nicht weiter verwunderlich.

Nachdem durch den Winter und örtlich auch wegen tatsächlicher oder befürchteter Aktionen des Untergrunds die Aushebung und Deportation der Zwangsarbeiter Ende 1942 zeitweise zum Erliegen gekommen war, wurde Anfang 1943 wieder der gesamte Apparat mobilisiert. Kaum hatten die Vorbereitungen jedoch begonnen, griff der HSSPF Mitte Januar mit einer von Himmler angeordneten großen Serie von Razzien in Warschau in das Geschehen ein. Unmittelbar vor Durchführung der Razzien hatte sich Krüger beim Reichsführer-SS darüber beschwert, dass die Arbeitsämter auch Arbeiter aus der Rüstungsindustrie ins Reich verschickten, was seitens der Betriebe eine verstärkte Nachfrage nach jüdischen Zwangsarbeitern zur Folge gehabt habe. Diese Ansinnen habe er grundsätzlich abgelehnt. Abschließend empfahl sich Krüger selbst für eine Behebung der Probleme, indem er Himmler schrieb, diese seien lösbar, wenn »hier eine zielbewusste, energische, tatfreudige Persönlichkeit mit allen Vollmachten ausgestattet wird«. Die Regierung und der Generalgouverneur seien dazu nicht in der Lage, sie hätten immer wieder versagt. Krügers eigenmächtiges Vorgehen wurde zur Initialzündung für eine Eskalation der Gewalt in den kommenden Wochen und Monaten und sorgte für neuen Zündstoff im ohnehin schon konfliktbeladenen Verhältnis zwischen SS und Zivilverwaltung.[44]

Die Razzien erfolgten in der dritten Januarwoche. Dabei griffen SS und Polizei nicht nur auf den Straßen, Märkten und Bahnhöfen Menschen auf und deportierten sie, sondern holten viele auch aus ihren Wohnungen, aus Theatern, Kinos und Kirchen und sperrten sie in Konzentrationslager oder verschleppten sie zur Zwangsarbeit. Insgesamt wurden in dieser kurzen Zeitspanne rund 15 000 Personen verhaftet, von denen ein Teil zur Arbeit nach Deutschland deportiert wurde.[45] Die Folge waren eine erhebliche Unruhe in der Warschauer Bevölkerung und verstärkter Widerstand gegen die deutsche Besatzung, der sich vermehrt gegen alle an der Zwangsarbeiterrekrutierung beteiligten Funktionäre richtete. Der Gouverneur des Distrikts Warschau, Ludwig Fischer, berichtete im Februar über eine dramatische Verschlechterung der Sicherheitslage, die er auf diese Polizeiaktion und auch auf die parallel durchgeführten Umsiedlungen im Raum Zamość zurückführte. Deutsche fielen Attentaten zum Opfer; ein Sprengstoffanschlag wurde auf das Arbeitsamt in Warschau verübt; im Hauptbahnhof ging eine Bombe hoch, mehrere Personen wurden schwer verletzt.[46]

Die Januar-Aktion Krügers stieß zwar auf Kritik und sorgte für einige Unruhe; aber viele Kreishauptleute verfuhren im Rahmen ihrer Möglichkeiten ähnlich und hatten somit erheblichen Anteil am Terror gegen die polnische Bevölkerung. Razzien und regelrechte Menschenjagden gehörten überall im Generalgouvernement beinahe schon zum Alltag und wurden zum bevorzugten Herrschaftsinstrument. Zudem vertrieben viele Kreishauptleute die Familien derjenigen, die sich nicht zur Abfahrt ins Reich einfanden, beschlagnahmten das Vieh und brannten ganze Höfe

44 Schreiben des Höheren SS- und Polizeiführers Ost an den Reichsführer-SS, betr.: Arbeitererfassung für das Reich, 14.1.1943, BAB, NS 19/2648, Bl. 186 f. Zitat Bl. 187. Der Befehl Himmlers vom 11.1.1943 ist abgedruckt in: Doc. Occ. VI, S. 512. Eisenblätter, Grundlinien, S. 273 f. Zum daraus resultierenden Konflikt vor allem Präg/Jacobmeyer, Diensttagebuch, S. 600 ff. (Eintrag vom 25.1.1943).

45 Vgl. Adamska, Działalność, S. 210.

46 Zweimonatsbericht des Gouverneurs des Distrikts Warschau vom 11. Februar 1943 für die Monate Dezember 1942 und Januar 1943, 11.02.1943, APW, Amt des Distrikts Warschau 1538, Bl. 95 f.; Brief von H. Doering an seine Frau und seine Mutter, 28.1.1943.

nieder. Die Kreishauptleute und die anderen Beteiligten versuchten sich Anfang 1943 den Umstand zunutze zu machen, dass die Handlungsfähigkeit des Untergrunds auf dem Lande und die Fluchtmöglichkeiten in die Wälder wegen des Winters stark eingeschränkt waren.[47]

In der Kreishauptmannschaft Ostrów im Nordosten des Distrikts Warschau verfolgte Kreishauptmann Martin Lenz einen harten Kurs, um das Frühjahrskontingent zu erfüllen. Der Kreis hatte im ersten Quartal 1943 insgesamt 1600 Arbeitskräfte zu stellen; hinzu kamen weitere 600, die in der »Herbstaktion 1942« nicht aufgegriffen werden konnten. Lenz berief zum 21. Januar den Befehlsstab ein, der aus ihm selbst, dem Kreislandwirt, dem Leiter der Arbeitsamtsnebenstelle in Ostrów sowie einem Vertreter der Gendarmerie bestand. Sie besprachen unmittelbar bevorstehende Zwangsaktionen und beschlossen eine nächtliche Aktion in Ostrów und Umgebung für die Nacht vom 24. auf den 25. Januar, an der der Kreishauptmann mit drei Mitarbeitern der Kreishauptmannschaft, acht Gendarmen und acht polnische Polizisten sowie acht Angehörige des Sonderdienstes beteiligt sein sollten. 150 Polen, die der schriftlichen Aufforderung zur Meldung nicht nachgekommen waren, sollten aus ihren Wohnungen geholt werden. Für den Fall ihrer Abwesenheit sollte ein Familienmitglied als Geisel verhaftet werden. Meldete sich die entsprechende Person nicht innerhalb einer bestimmten Frist, kam die Geisel nach Auschwitz. Für den 27. Januar wurde eine »Tagesaktion« in der Region Poremba beschlossen, an der wiederum der Kreishauptmann, einige Mitarbeiter seiner Behörde, Gendarmerie, polnische Polizei, der Sonderdienst sowie Mitarbeiter des Arbeitsamtes teilnehmen sollten. Hier waren 160 Arbeitskräfte mit den schon üblichen Zwangsmaßnahmen zu gewinnen: Beschlagnahmen, Enteignung des Betriebes und Überstellung nach Auschwitz.[48]

Anfang Februar konnte der Kreishauptmann dem Gouverneur berichten, dass die beiden großen Aktionen ein voller Erfolg gewesen seien.

47 Neben den folgenden Beispielen gibt es zahllose weitere. Vgl. dazu: Biuletyn Informacyjny Nr. 3 (158), 21.1.1943, in: Biuletyn Informacyjny, część II, S. 1220 f.; Departament Informacji Delegatury Rządu RP na Krja, Pro memoria o sytuacji w Generalnym Gubernatorstwie w okresie 24 I – 24 II 1943 r., 24.2.1943, in: Pro memoria, S. 289; ebenda, Pro memoria o sytuacji w kraju Generalne Gubernatorstwo i Ziemie Wschodnie w okresie 25 II – 24 III 1943 r., 25.3.1943, in: ebenda, S. 301 ff.; Bekanntmachung des Landkommissars in Zyradow, 26.1.1943, IPN, Afisze i plakaty 81t/2; Ważniewski, Na przedpolach, S. 263 ff.

48 Der Kreishauptmann in Ostrów, Aktenvermerk, betr.: Landarbeitererfassungsaktion Januar-März 1943, 23.1.1943, APW, KHm Ostrów 78, Bl. 3 f.

Unter Aufbietung aller verfügbaren Kräfte der Kreishauptmannschaft und durch seinen persönlichen Einsatz wurden so, wie er zufrieden vermerkte, rund 250 Arbeitskräfte aufgegriffen. Für die nächste Zeit kündigte Lenz weitere Aktionen an und betonte am Schluss seines Berichts stolz: »Der Kreis Ostrow steht mit an erster Stelle [im Distrikt Warschau] und wird auch das neue Kontingent bis Ende März voll erfüllen können.«[49] Um sein Versprechen einlösen zu können, hielt Lenz am eingeschlagenen Weg fest. Am 23. Februar sollte in der Gemeinde Goworowo eine weitere Aktion stattfinden, an der er wiederum persönlich mit weiteren Bediensteten der Kreishauptmannschaft teilnahm. Abschließend meldete der Kreishauptmann im April 1943, dass das gesamte Kontingent für das zurückliegende Quartal erfüllt wurde, über 2 200 Arbeitskräfte wurden in das Durchgangslager in Warschau eingewiesen.[50]

Im selben Distrikt versuchte der Kreishauptmann in Mińsk Mazowiecki, Hans Carl Bittrich, eine Taktik nach dem Prinzip von Zuckerbrot und Peitsche. Die behördlichen Beorderungen, die er verschickte, stellten als Belohnung für eine freiwillige Meldung Reiseproviant und Zigaretten sowie eine zusätzliche Unterstützung für die zurückbleibende Familie in Aussicht. Andernfalls drohte Bittrich mit der Einweisung eines Familienmitglieds in das Verwaltungsstraflager und der eventuellen Beschlagnahme des gesamten Vermögens. Den Flüchtigen drohte eine Gefängnisstrafe oder gar die Einweisung ins Konzentrationslager. Bittrich beließ es aber nicht bei individuellen Drohungen und Strafmaßnahmen. Er ging nach dem Prinzip der Kollektivhaftung gegen ganze Dörfer vor, die ihr Kontingent nicht fristgerecht gestellt hatten. Im Laufe des Februar ließ er in zahlreichen Gemeinden Gebäude zerstören, da die erforderliche Anzahl an Arbeitern verfehlt wurde. Nach dieser Methode gingen zahlreiche Kreishauptleute vor, sie wurde gleichsam zur bevorzugten Praxis.[51]

49 Schreiben des Kreishauptmanns des Kreises Ostrów an den Leiter der Arbeitsamtnebenstelle in Ostrów, 29.1.1943, APW, KHm Ostrów 78, Bl. 9 f.; Zweimonatsbericht für Dezember 1942 und Januar 1943, 3.2.1943, APW, KHm Ostrów 19, Bl. 14 u. 16. Zitat Bl. 16.

50 Der Kreishauptmann in Ostrów, Aktenvermerk, betr.: Arbeitererfassungsaktion am Dienstag, den 23.2.1943, 22.2.1943, APW, KHm Ostrów 78, Bl. 13; Zweimonatsbericht für Februar und März 1943, 6.4.1943, APW, KHm Ostrów 19, Bl. 22.

51 Der Kreishauptmann in Mińsk, Behördliche Beorderung, 2.2.1943, IPN, NTN 360, Bl. 13; Departament Informacji Delegatury Rządu RP na Kraj, Pro memoria o sytuacji w kraju Generalne Gubernatorstwo i Ziemie Wschodnie w okresie 25 II – 24 III 1943 r., 25.3.1943, in: Pro memoria, S. 301-303; Biuletyn Informacyjny Nr. 9 (164), 4.3.1943, in: Biuletyn Informacyjny, część II, S. 1278;

Die Rekrutierungen erreichten ihren Höhepunkt im März 1943. Danach ging die Zahl der Arbeitskräfte, die ins Reich deportiert wurden, stetig zurück. In manchen Kreisen waren nach dem vierten Frühling unter deutscher Besatzung einfach keine Arbeitskräfte mehr vorhanden, die man ins Reich hätte deportieren können. Im April 1943 erreichte die Spirale von Gewalt und Gegengewalt durch die eingangs geschilderten zahlreichen geglückten Attentate auf deutsche Besatzungsfunktionäre zudem eine neue Eskalationsstufe, so dass die Arbeitsverwaltung und die gesamte Zwangsarbeiterrekrutierung in manchen Regionen zeitweise zum Erliegen kam. Die Bekämpfung der Widerstandsbewegung band derart viele Polizeikräfte, dass diese wiederum bei der Rekrutierung der Zwangsarbeiter fehlten. Zugleich setzten die verschiedenen Untergrundgruppen alle beteiligten Polen in der Verwaltung derart unter Druck, dass viele ihre Stellen kündigen wollten, ihr Engagement reduzierten oder für den Widerstand tätig wurden. Die illegale Presse griff die Schwäche der Arbeitsverwaltung auf und riet der Bevölkerung, den Aufrufen kollektiv nicht zu folgen, da die Arbeitsämter in solchen Fällen hilflos seien. Raum für Repressionen hätten sie allein dann, wenn nur wenige den Aufrufen nicht Folge leisteten.[52]

Die folgenden Monate waren in weiten Teilen des Generalgouvernements bestimmt durch zahlreiche Anschläge und Aktionen der polnischen Widerstandsbewegungen sowie durch brachiale Gewalt der Deutschen, wo immer ihnen dies möglich war. Vor diesem Hintergrund blieben die Erfolge bei der Zwangsarbeiterrekrutierung mager. Vielerorts gewannen die Widerstandsgruppen die Initiative und kontrollierten ganze Landstriche. Die deutschen Stellen wurden zurückgeworfen auf bloßes Reagieren, was sie aber umso brutaler taten, wenn ihnen die Möglichkeiten dazu gegeben waren. Es verging kaum mehr ein Tag ohne einen Anschlag auf einen deutschen Funktionär oder einen Überfall auf ein Arbeitsamt, Werbestellen oder Gemeindeämter. Ein Blick allein auf die zweite Maihälfte 1943 illustriert den Umfang der Widerstandshand-

Ważniewski, Na przedpolach, S. 264ff. Besonders hervorgetan haben sich Rupprecht (Kreis Warschau-Land), Scheu (Kreis Sochaczew), Freudenthal (Kreis Garwolin), Krämer (Łowicz).

52 Arbeitsamt Siedlce, Bericht über den Arbeitseinsatz im Monat März 1943, 2.4.1943, APW, KHm Ostrów 837, Bl. 88f.; Biuletyn Informacyjny Nr. 14 (169), 8.4.1943, in: Biuletyn Informacyjny, część II, S. 1321; Bericht des Gouverneurs des Distrikts Warschau vom 12. April 1943 an die Regierung des GG für die Monate Februar und März 1943, 12.4.1943, APW, Amt des Distrikts Warschau 1538, Bl. 108.

lungen: Am 19. Mai misslang ein Anschlag auf Stadtkommissar Albert Fabisch in Siedlce, einen Tag darauf wurden Teile der Akten des Arbeitsamtes in Skierniewice zerstört. Eine Einheit der Heimatarmee tötete am 22. Mai einen Mitarbeiter des Arbeitsamtes im Kreis Mińsk. Zwei Tage später fand ein misslungener Bombenanschlag auf den besonders radikalen Kreishauptmann Freudenthal im Kreis Garwolin statt. Tags darauf war die Heimatarmee erfolgreicher, diesmal in Ostrów, wo die Untergrundkämpfer Kreishauptmann Eckert auf offener Straße erschossen. Drei weitere Deutsche kamen dabei ums Leben. Am 26. Mai fiel der Leiter des Amtes für Wirtschaft in der Kreishauptmannschaft Sochaczew einem Anschlag zum Opfer. Ein Attentat auf Kreishauptmann Gramß am 27. Mai in Sokołów scheiterte. In der zweiten Maihälfte kamen weitere deutsche Funktionäre wie der Leiter des Arbeitsamtes in Łowicz, der Polizeichef in Jarosław sowie polnische Vögte ums Leben. Diese Aktionen gingen einher mit der Zerstörung von Einrichtungen der Arbeitsverwaltung. So wurde in Jędrzejów im Distrikt Radom das Arbeitsamt niedergebrannt, in der Nacht vom 23. auf den 24. Mai auch das Arbeitsamt in Biała Podlaska mitsamt Akten. Zahllose Gemeindeämter und Arbeitsämter wurden überfallen, und die Karteien und andere Akten wurden zerstört. Aktionen dieser Art rissen auch im Sommer nicht ab.[53]

Die Reaktion der Kreishauptleute war nicht etwa eine Mäßigung ihrer Herrschaftspraxis in der Annahme, damit ihre eigene Haut retten zu können, sondern vielmehr Terror und brutale Gewalt. Nachdem im Mai die »Zwangsarbeitererfassung« im Kreis Sokołów zum Erliegen gekommen war, da sich kaum jemand freiwillig meldete und die nötigen Exekutivkräfte für vermehrten Druck fehlten, verfügte Kreishauptmann Gramß Ende Mai oder Anfang Juni offensichtlich wieder über das notwendige Sicherheitspersonal. Die Verweigerungshaltung der Bevölkerung konnte er nun entsprechend bestrafen, zugleich konnte er nach dem missglückten Anschlag auf ihn seinen persönlichen Rachegelüsten nachgehen. Er ließ ein Dorf komplett niederbrennen, da es das Kontingent nicht erfüllt hatte. 22 Höfe samt Vieh und Inventar fielen dem Feuer zum Opfer, 200 Menschen wurden obdachlos. Andernorts wurden

53 Vgl. Biuletyn Informacyjny Nr. 22 (177), 3.6.1943, in: Biuletyn Informacyjny, część II, S. 1395; Biuletyn Informacyjny Nr. 23 (178), 10.6.1943, in: ebenda, S. 1403; Biuletyn Informacyjny Nr. 24 (179), 17.6.1943, in: ebenda, S. 1405; Bericht des Gouverneurs des Distrikts Warschau vom 9. Juni 1943 an die Regierung des GG für die Monate April und Mai 1943, APW, Amt des Distrikts Warschau 1538, Bl. 119; Ważniewski, Na przedpolach, S. 482 ff.; Kasperek, Wywóz, S. 227 ff.

Häuser zerstört oder vielen Bauern das Vieh geraubt, Ausrüstungsgegenstände und die Betten weggenommen und verbrannt. Zusätzlich überzog Gramß Dörfer und Gemeinden seines Kreises mit enormen Geldstrafen für die Nichterfüllung ihres jeweiligen Kontingents an Zwangsarbeitern.[54]

Die Razzien, Geiselnahmen, Zerstörungen einzelner Häuser und Höfe oder ganzer Dörfer, die Beschlagnahme von Vieh sowie die Verhängung von individuellen oder kollektiven Geldstrafen, mit denen das gesamte Generalgouvernement auch in der zweiten Jahreshälfte überzogen wurde, brachten nicht den gewünschten Erfolg. Im Gegenteil: Die Zahl der Zwangsarbeiter ging zurück, während der allgemeine Widerstand stärker wurde. Trotz allem galt auch für die »Gestellungsaktion 1944« dieses überwiegend auf Gewalt basierende Maßnahmenbündel. Neu war hingegen die Einrichtung sogenannter Schon- und Sperrgebiete: Dort, wo Straßen- oder Bahnbauten geplant waren, sollte beiderseits jeweils ein Schongebiet der Arbeiterrekrutierung bestehen; in wichtigen Industriezentren sah die Hauptabteilung Arbeit Sperrgebiete vor, um die Wirtschaft nicht zu stören. Die Vorbereitungen für die »Erfassung« der vom Reich geforderten 100 000 Arbeitskräfte setzten die Distrikte zügig um. Zwei Drittel des Kontingents sollte bis Ende Mai, das restliche Drittel bis Ende Juli erreicht werden.[55]

Die Kreishauptleute begannen emsig mit den Vorbereitungen. Im Kreis Garwolin entwarf Kreishauptmann Freudenthal einen Plan zur Durchführung von Razzien und Menschenjagden in ausgewählten Gemeinden. Gemeinsam mit ihm sollte das zuständige Arbeitsamt in Mińsk Mazowiecki vom 25. Februar bis zum 16. März die Kräfte für eine kon-

54 Vgl. Departament Informacji Delegatury Rządu RP na Kraj, Pro memoria o sytuacji w kraju Generalne Gubernatorstwo i Ziemie Wschodnie w okresie 22 V – 19 VI 1943 r., 20.6.1943, in: Pro memoria, S. 381 f. Zu den Kontributionen vgl. Dmitrzak, Hitlerowskie kontrybucje, S. 49. Die Kontributionen, die Gramß verhängte, bewegten sich im Bereich von einer Million Złoty an aufwärts. Zahlreiche andere Kreishauptleute griffen ebenfalls zu diesem Mittel. Vgl. ebenda, S. 39 ff.

55 Rundschreiben der Hauptabteilung Arbeit an die Leiter der Abteilungen Arbeit in den Distrikten und die Leiter der Arbeitsämter, betr.: Gestellungsaktion 1944, 23.12.1944, in: Doc. Occ. X, S. 413 ff.; Besprechung Franks mit dem Leiter der Hauptabteilung Arbeit, Struve, DTB 13.1.1944, BAB, R 52 II/212, Bl. 18 f.; Gouverneur des Distrikts Warschau, Verwaltungsanordnung betr. Arbeitergestellungsaktion 1944, 15.1.1944, in: Doc. Occ. X, S. 418 ff. Zu den Zwangsmaßnahmen im weiteren Verlauf des Jahres vgl. zum Beispiel Pro Memoria, S. 409 f., 434 ff., 470 f. u. 496.

zentrierte Aktion bündeln. Freudenthals Plan zufolge sollte drei oder vier Tage nach Ablauf der Meldefrist in der jeweiligen Gemeinde eine »Strafexpedition« stattfinden, um mit den entsprechenden Repressionen doch noch die gewünschte Zahl an Arbeitskräften zu erreichen. Zu diesem Zweck formierten sich unter seiner Leitung Gendarmerie, Beamte des Arbeitsamtes Mińsk und aus Garwolin und führten beginnend mit dem 28. Februar die »Aktionen« in den folgenden Wochen durch.[56]

Am 3. März führten sie im Dorf Wola Żelechowa eine Strafexpedition durch, bei der sie unter anderem das Inventar eines Hofes verbrannten und das Vieh beschlagnahmten, weil der Bauer mit seiner Familie geflohen war. In diesem Fall konnte Freudenthal einen kurzfristigen Erfolg verbuchen. Am nächsten Tag meldeten sich aus Angst vor weiteren Repressalien 80 Prozent der Beorderten. Von den insgesamt 151 Personen kamen aufgrund eines schweren Unfalls allerdings nur rund 40 Personen in Garwolin an. In den nächsten Wochen wurden weitere »Strafexpeditionen« durchgeführt und mitunter horrende Geldstrafen gegen »säumige« Gemeinden verhängt. Für jeden, der sich der Meldung entzog, hatte die Gemeinde 3000 Złoty zu zahlen. Trotz aller Zwangsmaßnahmen konnte Freudenthal bis zum 25. März 1944 aber lediglich 38 Prozent des Kontingents erfüllen.[57]

Kreishauptmann Claus Volkmann hatte mit seinen Methoden mehr Erfolg. Er entwickelte den besonderen Ehrgeiz, in seinem Kreis Łowicz das Kontingent des gesamten Jahres bereits bis zum 10. März zu erfüllen. Der Bevölkerung verkaufte er das als Vorteil, da sie danach einen besseren Überblick über die vorhandenen Arbeitskräfte habe und dementsprechend die Arbeiten einteilen könne. Außerdem wolle er eine Beunruhigung während der Erntezeit vermeiden. Für den Fall der Nichteinhaltung des Kontingents und der Frist drohte Volkmann mit einer hohen Geldstrafe für die Gemeinde und einer Erhöhung des Kontingents um 50 Prozent. Sollten offensichtlich Arbeitsunfähige gestellt werden, betrachte er dies als Sabotage und der zuständige Schulze und Vogt werde schwer bestraft.[58]

56 Vgl. Ważniewski, Na przedpolach, S. 389 ff.

57 Vgl. ebenda, S. 391; Adamska, Działalność, S. 221; Biuletyn Informacyjny Nr. 17 (224), 27.4.1944, in: Biuletyn Informacyjny, część III, S. 1973 f.; Ważniewski, Na przedpolach, S. 391.

58 Rundschreiben des Kreishauptmanns in Łowicz an die Bürgermeister des Kreises, betr.: Arbeiteraktion, 25.1.1944, APW, KHm Łowicz-Skierniewice 8, Bl. 3 f.; Bekanntmachung des Kreishauptmanns in Łowicz, 25.1.1944, ebenda, Bl. 8.

Mitte März 1944 meldete Volkmann dem Gouverneur in Warschau die hundertprozentige Erfüllung der Vorgaben. Sein Kreis war einer der wenigen im Generalgouvernement, die ihr Kontingent erfüllen konnten. Volkmann führte seinen Erfolg in erster Linie auf die Einbindung der polnischen Verwaltung und die Bildung der Arbeitsausschüsse zurück. Der Bevölkerung gab er Ende März den Abschluss der »Arbeitskräfteerfassung« bekannt. Jede Verantwortung für Zwangsmaßnahmen wies er weit von sich, diese habe sich die Bevölkerung durch ihr eigenes Verhalten selbst eingehandelt: »Wenn es in einigen Fällen zu Härten und zu Strafmassnahmen gekommen ist, so hat sich dieses die Bevölkerung selbst zuzuschreiben, da die gesamte Durchführung der Aktion in ihre Hand gelegt war.«[59] Diese Strafen, für die Volkmann der Bevölkerung die Schuld in die Schuhe schieben wollte, hatten es in sich. Er ordnete eine »Durchkämmungsaktion« in sämtlichen Gemeinden nach Ablauf der Fristen an, um der nicht erschienenen Arbeitskräfte habhaft zu werden. Gelang dies nicht, ließ er Vieh beschlagnahmen oder Lebensmittelkarten einziehen. In den Städten ordnete er zusätzlich die zwangsweise Räumung von Wohnungen und die Sicherstellung wertvollen Mobiliars an. Diese Strafmaßnahmen sollten für seinen Sonderdienst absolute Priorität haben. Volkmann war bei den Zwangsmaßnahmen weniger an der »Erfassung« der Arbeitskräfte gelegen als vielmehr an der »unbedingten Aufrechterhaltung der Autorität der Deutschen Verwaltung«.[60]

In vielen anderen Kreisen ließen sich die Kontingente nicht mehr erfüllen. Angesichts der Kriegslage, der miserablen Behandlung der polnischen Arbeitskräfte im Reich und der Aufklärungsarbeit sowie des Drucks vonseiten des Untergrunds gab es kaum noch »freiwillige« Meldungen. Die Kreishauptleute reagierten, wie beschrieben, in gewohnter Weise mit Geldstrafen, Strafexpeditionen, Beschlagnahmen, erhöhtem Druck auf die Vögte und Schulzen und dergleichen mehr. Sie verloren aber zunehmend die Initiative. Attentate auf Besatzungsfunktionäre und Überfälle auf Ämter rissen nicht ab, sie gehörten zum alltäglichen Erscheinungsbild. Der intensive Widerstand sowie die nahende Front und der damit einhergehende hohe Bedarf an Arbeitskräften für den Stellungsbau erschwerten die Rekrutierung der Zwangsarbeiter zusätzlich und ließen sie

59 Bekanntmachung des Kreishauptmanns in Łowicz, 29.3.1944, IPN, Afisze i plakaty 33t/14, o.P.

60 Der Kreishauptmann in Łowicz, Anordnung betr. Arbeitererfassung, 01.3.1944, APW, KHm Łowicz-Skierniewice 8, Bl. 1.

schließlich ganz zum Erliegen kommen. Das Kontingent für 1944 wurde nicht einmal annähernd erreicht.[61]

Aktuellen Berechnungen zufolge deportierten die deutschen Besatzungsbehörden von September 1939 bis Dezember 1944 insgesamt 1 275 445 Zwangsarbeiter aus dem Generalgouvernement nach Deutschland.[62] Die Folgen waren verhängnisvoll. Die Verschleppung nach Deutschland bedeutete für jeden einzelnen Zwangsarbeiter und für die Familien großes Leid, eine nicht selten miserable Behandlung und schlechte Arbeitsbedingungen. Viele starben an den Folgen der Zwangsarbeit oder wurden unter anderem auf Grundlage der sogenannten »Polenerlasse« getötet.[63] Eine nicht mehr zu ermittelnde Zahl von Menschen fiel den Terrormaßnahmen der »Rekrutierung« im Generalgouvernement zum Opfer. Der Bevölkerungsverlust der Kreise durch die Deportationen bewegt sich im Rahmen von zwei bis 17 Prozent der Einwohner. In der Regel war der Verlust dort größer, wo der Anteil der landwirtschaftlichen Kleinstbetriebe höher war, da die Besatzungsbehörden dort die in ihren Augen entbehrlichen und unproduktiven Arbeitskräfte für die Arbeit in Deutschland freimachen wollten.[64]

Die Bilanz der Zwangsarbeiterrekrutierung fiel in den Kreisen sehr unterschiedlich aus. Während in manchen die geforderten Zahlen erreicht oder gar übertroffen werden konnten, gelang dies in anderen Kreisen nicht im Entferntesten. Aus der Kreishauptmannschaft Nowy Targ/Neumarkt im Distrikt Krakau wurden bis Juni 1943 insgesamt 11 836 Personen zur Zwangsarbeit nach Deutschland deportiert. Auch wenn der

61 Der Kreishauptmann in Sokołów, Bekanntmachung Nr. 285, 9.3.1944, IPN Afisze i plakaty 46t/22, o.P.; Gendarmeriezug Warschau, Tägliche Ereignismeldung, 1., 2., 3. u. 4.4.1944, APW, KHm Warschau-Land 1123, Bl. 116, 118 u. 120 f.; Schreiben des Kreishauptmanns in Sokołów an den Gouverneur des Distrikts Warschau, in: Doc. Occ. X, S. 423; Bericht des Kreishauptmanns in Siedlce für die Monate Februar und März 1944, 8.4.1944, APW, Amt des Distrikts Warschau 68, Bl. 2 f.; Arbeitsamt Siedlce, Bericht über den Arbeitseinsatz im Monat Mai 1944, 2.6.1944, APW, KHm Ostrów 837, Bl. 114; Adamska, Działalność, S. 221; Eisenblätter, Grundlinien, S. 337; Seidel, Besatzungspolitik, S. 155 f.

62 Vgl. Seidel, Besatzungspolitik, S. 157.

63 Vgl. zum Beispiel die Erinnerungen ehemaliger polnischer Zwangsarbeiter in: Gdy byliśmy literą »P«, passim; Seeber, Zwangsarbeiter, S. 161 ff. Zu den Polenerlassen vgl. Herbert, Fremdarbeiter, S. 85 ff.

64 Vgl. Seidel, Besatzungspolitik, S. 157; Eisenblätter, Grundlinien, S. 338. Nach Eisenblätter haben 13 Kreise 2 bis 5 Prozent der Bevölkerung durch die Zwangsarbeiterdeportationen verloren, 26 Kreise bis zu 8 Prozent, 15 Kreise bis zu 11 Prozent, drei Kreise bis zu 14 Prozent und vier Kreise sogar bis zu 17 Prozent.

Anteil der verschleppten Arbeitskräfte an der Bevölkerung mit 7,39 Prozent nicht gerade niedrig erscheint, blieb der Kreis dennoch weit hinter den Anforderungen zurück. In den bis dahin fast vier Jahren deutscher Besatzung wurden nicht einmal 60 Prozent des alleine für 1940 geforderten Kontingents von 20000 Arbeitern erreicht.[65]

Die Zwangsarbeiterdeportation aus dem Generalgouvernement leistete nicht nur einen bedeutenden Beitrag zur Deckung des Arbeitskräftebedarfs und zur Sicherung und Ausweitung der Kriegswirtschaft. Sie stand darüber hinaus Pate für die Zwangsarbeiterrekrutierungen in den anderen deutsch besetzten europäischen Ländern. Nur im Generalgouvernement und in den besetzten Gebieten der Sowjetunion wurde sie aber, nicht zuletzt aus ideologischen Gründen, derart drakonisch durchgeführt.[66]

65 Vgl. Kasperek, Podhale, S. 72 u. 78.
66 Vgl. Długoborski/Madajczyk, Ausbeutungssysteme, S. 412 u. 415f.

2. Ausbeutung der Landwirtschaft

Die Ausbeutung der polnischen Landwirtschaft nahm einen ähnlichen Verlauf wie die Rekrutierung und Deportation der Arbeiter. Im Bereich der Ernährung und Landwirtschaft setzte die Verwaltung mehr noch als beim Arbeitseinsatz auf ein System von Zuckerbrot und Peitsche. Gewalt und Terror nahmen aber auch in diesem Sektor überhand. Die Deutschen trafen bei der Durchführung ihrer Raubpolitik auf die gleichen Schwierigkeiten. Zum Teil waren es selbstgeschaffene Probleme aufgrund innerer Widersprüche ihrer Maßnahmen, zum Teil war es wachsender Widerstand der Bevölkerung. Zeitweise verliefen Arbeiterrekrutierung und Ausbeutung der Landwirtschaft parallel, mitunter standen sich die beteiligten Behörden aber auch gegenseitig im Weg: Die Durchführung der einen »Aktion« machte eine erfolgreiche Politik auf dem anderen Sektor unmöglich oder erschwerte sie gravierend. Als letztes Glied in der Kette waren die Kreishauptleute in erheblichem Maße auch an der Kontingenterfassung und der damit verbundenen Gewalt beteiligt.

Der Stellenwert der Ausbeutung der polnischen Landwirtschaft manifestierte sich schon allein im Aufbau und in der Organisationsstruktur der damit befassten Verwaltung. Sie erreichte im Laufe der Besatzungszeit einen Organisationsgrad und eine Personaldichte wie kaum ein anderer Sektor. An ihrer Spitze stand die Abteilung Ernährung und Landwirtschaft im Amt des Generalgouverneurs, später Hauptabteilung in der Regierung des Generalgouvernements. Ihr unterstanden sämtliche landwirtschaftlichen Betriebe und die Nahrungsmittelproduktion. Analog dazu richtete man auf Distriktebene Abteilungen für Ernährung und Landwirtschaft ein, in den Kreisen gab es ein gleichnamiges Amt, das der Kreislandwirt leitete. Ende März 1941 wurde das Amt offiziell in die Behörde des Kreishauptmanns eingegliedert, so dass der Kreishauptmann weisungsberechtigter Dienstvorgesetzter des Kreislandwirts war. Faktisch ist dies in etlichen Kreisen bereits früher geschehen. Auf Kreisebene bestand nahezu der gesamte Apparat des Kreislandwirts aus »nichtdeutschen« Mitarbeitern.[1]

Ab 1940 wurde der Landwirtschaftsapparat Zug um Zug ausgebaut, indem sukzessive das polnische Vorkriegssystem der sogenannten Agronome wiederbelebt wurde, angefangen bei polnischen und ukrainischen

1 Vgl. Verordnung über die Ernährung und Landwirtschaft im Generalgouvernement, 23.11.1939, in: Doc. Occ. VI, S. 134f.; Meducki, Wieś, S. 57ff.; Rajca, Walka, S. 13 u. 15; Streng, Landwirtschaft, S. 21ff.

Kreisagronomen bis hinunter zu Dorfagronomen. 1943 waren insgesamt 18850 Agronome im Generalgouvernement beschäftigt, 55 in den Kreisen, 1755 in den Gemeinden und rund 17000 in den Dörfern. Damit hatten die deutschen Behörden ein praktisch lückenloses Netz geschaffen, dessen sie sich bei der Ausbeutung der Landwirtschaft bedienen konnten. Der Loyalität versuchte man sich durch Privilegien wie die Verringerung des Kontingents, die Befreiung von der Gespanndienstpflicht oder Erleichterungen beim Kauf von Vieh zu versichern. Dieses System war aber anfällig für die Infiltration durch den Untergrund. Im Laufe der Jahre gelang es dem Widerstand vermehrt, eigene Leute zu installieren und die Landwirtschaftsverwaltung zu unterwandern. Für die Störung der Ausbeutungspolitik, die Informationsgewinnung und die Stärkung des Zusammenhalts der ländlichen Bevölkerung war das von großer Bedeutung.[2]

Vorrangiges Ziel war die Steigerung der landwirtschaftlichen Produktion, um so die Versorgung der Bevölkerung im Reich zu verbessern bzw. stabil zu halten. Daher bemühte sich die Verwaltung intensiv um eine Steigerung der Erträge. Die Struktur der Landwirtschaft war aber ungünstig. Drei Viertel aller landwirtschaftlichen Betriebe waren kleiner als fünf Hektar, ein Drittel sogar kleiner als zwei Hektar. Überlegungen, Betriebe im großen Stil zusammenzulegen, wurden während des Krieges allenfalls in Ansätzen realisiert, ab 1943/44 schufen die Dorfagronomen sogenannte Produktionsgemeinschaften mehrerer Betriebe.[3]

Von entscheidender Bedeutung war eine reibungslose Erfassung der Ernteerträge. Diese erfolgte während der gesamten Besatzungszeit nach dem gleichen Muster. Die Hauptabteilung Ernährung und Landwirtschaft legte die Ablieferungskontingente der einzelnen Distrikte unter Berücksichtigung der Fläche, der Bevölkerungsdichte etc. fest. Die Distrikte verteilten ihr Kontingent auf die Kreise, die wiederum die Umlegung auf die einzelnen Gemeinden und Güter vornahmen. Den Gemeinden kam eine entscheidende Bedeutung in diesem System zu. Dort

2 Vgl. Naumann, Ziele, S. 119; Rajca, Walka, S. 14; Meducki, Wieś, S. 60f. Im Bereich eines Kreislandwirts gab es 25000 bis 30000 landwirtschaftliche Betriebe. Vgl. Naumann, Ziele, S. 116.

3 Vgl. Naumann, Ziele, S. 114; Rajca, Walka, S. 15ff. Die Betriebsgröße verteilte sich nach dem Stand von 1939 auf dem Territorium des GG folgendermaßen: 0-2 ha 35,1%, 2-5 ha 40,2%, 5-10 ha 19,1%, 10-15 ha 3,7%, 15-50 ha 1,6%, mehr als 50 ha 0,3%. Am günstigsten war die Struktur im Distrikt Warschau, wo erheblich weniger Zwergbetriebe und mehr Betriebe mittlerer Größe bestanden. Zahlen nach: ebenda, S. 20.

wurden schon 1940 sogenannte Erfassungsausschüsse eingerichtet, die sich aus dem Vogt, angesehenen Bauern, Priestern und Lehrern zusammensetzten. In jedem Dorf gab es unter der Leitung des Schulzen zusätzlich ein Dorfkomitee mit drei bis fünf Bauern. Diese Erfassungsausschüsse in Dörfern und Gemeinden verteilten die Kontingente schließlich auf die einzelnen Höfe in ihrem Gebiet. Sie führten eine sogenannte Kontingentkartei, in der Informationen bezüglich des Viehbestandes und der Produktivität aller Höfe sowie über die Höhe der Kontingente und ihre Erfüllung festgehalten wurden. Die Ausschüsse und ihre Mitglieder waren für die planmäßige Ablieferung verantwortlich, ohne den geringsten Einfluss auf die Höhe des Kontingents zu haben. Die starke Einbeziehung von Polen und Ukrainern hatte für die deutsche Verwaltung den Vorteil, deutsches Personal einsparen zu können, das für ein derart personalintensives System ohnehin nicht ausreichend verfügbar gewesen wäre. Außerdem fielen alle Probleme und Konflikte im Zusammenhang mit den Kontingenten auf die Ausschüsse in den Dörfern und Gemeinden zurück. Der Unmut der Bauern entlud sich daher zunächst gegen deren Mitglieder.[4]

Die Bauern mussten ihr Ablieferungssoll an die Genossenschaften abführen. Hatten sie ihre Kontingente erfüllt, die im Laufe des Jahres in der Regel hochgesetzt wurden, konnten sie über den Rest der Ernte immer noch nicht frei verfügen. Was nicht für den Eigenbedarf, unter anderem für Fütterung und Saat, notwendig war, mussten sie den Genossenschaften zum Kauf anbieten, die selbstverständlich nur den äußerst geringen amtlichen Preis bezahlten. Das führte dazu, dass viele Bauern ihre Erträge auf dem Schwarzmarkt verkauften oder kein Interesse daran hatten, ihre Produktion zu steigern. Von deutscher Seite wurde versucht gegenzusteuern, indem ein Prämiensystem eingeführt wurde. Nach einem Punktesystem erhielten die Bauern für ihre Ablieferungen Bezugsscheine für gewerbliche Produkte, vor allem Wodka und Zigaretten.[5]

Neben dem Prämiensystem setzten die deutschen Behörden früh auf ein Verbot des freien Handels mit landwirtschaftlichen Produkten. Zudem rationierten sie die Lebensmittel und erließen amtliche Höchstpreise; Verstöße dagegen, die sogenannte »Preistreiberei«, wurden hart bestraft. Wegen der niedrigen offiziellen Preise ging der Verkauf zurück.

4 Vgl. Naumann, Ziele, S. 126; Albert, Arbeit, S. 149; Körner, Warthegau, S. 70; Rajca, Walka, S. 42 ff.; Ratyńska, Ludność, S. 263 ff.; Streng, Landwirtschaft, S. 69.

5 Vgl. Körner, Warthegau, S. 65; Rajca, Walka, S. 41 ff.; Wieliczko, Jasielskie, S. 110 f.; Streng, Landwirtschaft, S. 31 f. u. 71.

Wegen der schlechten Versorgungslage war die Bevölkerung vor allem in den Städten existentiell auf Schwarzmarktgeschäfte angewiesen, so dass der »Schleichhandel« während der gesamten Besatzungszeit blühte. Die Kreishauptleute bekämpften ihn mit Hilfe des Sonderdienstes und der Gendarmerie. Phasenweise tolerierten sie den Schwarzmarkt aber aus pragmatischen Gründen, da er für die Versorgung unerlässlich war und ihnen zur Bekämpfung auch nicht genügend Exekutivkräfte zur Verfügung standen.[6]

Zur Erntezeit wurde alljährlich eine Verordnung veröffentlicht, die die Bauern zur Ablieferung ihrer Erträge verpflichtete. Eine gewisse Änderung trat im Sommer 1942 ein, als Generalgouverneur Frank am 11. Juli 1942 die Verordnung zum Schutze der Ernteerfassung erließ, in der er den »Ernteausnahmezustand« erklärte. Durch diese Verordnung wurde die Beschädigung oder Vernichtung landwirtschaftlicher Produkte, die »böswillige« Nichtablieferung der Kontingente und der Schleichhandel in größerem Umfang mit dem Tode bestraft. Das betraf ebenfalls alle, die zu einer dieser Taten aufriefen.[7] In den folgenden Jahren erließ Frank ähnlich lautende Verordnungen. Als Vergehen, die mit der Todesstrafe geahndet wurden, kamen ausdrücklich das Schwarzschlachten und die Behinderung der Ablieferung und des Transports der Kontingente hinzu.[8]

An der Praxis änderten diese Verordnungen jedoch wenig. Sie »legalisierten« auf dem Verordnungswege lediglich die Praxis, zu der die Kreishauptleute aus eigener Initiative bereits 1940 übergegangen waren. Kreislandwirte und Kreishauptleute stießen schon bei der Durchsetzung der Ablieferungspflicht im Erntejahr 1940 auf erhebliche Schwierigkeiten.

6 Verordnung zur Bekämpfung der Preistreiberei, 21.1.1940, in: Doc. Occ. VI, S. 476 f.; Amt des Generalgouverneurs, Abteilung Innere Verwaltung, Auszüge aus den Lageberichten der Kreis- und Stadthauptleute, 15.3.1940, IPN, NTN 269, Bl. 56-63; Klukowski, Dziennik, S. 60 (Eintrag vom 13.10.1939); Landau, Kronika, Bd. 1, S. 257 (Eintrag vom 8.2.1940); Rajca, Walka, S. 108.

7 Vgl. Verordnung zum Schutze der Ernteerfassung, 11.7.1942, in: Doc. Occ. VI, S. 487.

8 Vgl. Verordnung zum Schutze der Ernteerfassung und zur Ernährungssicherung im Wirtschaftsjahr 1943/44, 14.7.1943, in: ebenda, S. 487 f.; Verordnung zum Schutze der Ernteerfassung und der Volksernährung im Wirtschaftsjahr 1944/45, 13.7.1944, in: ebenda, S. 489 f. Neben der Vereinheitlichung des ohnehin örtlich schon Praktizierten dürften diese Verordnungen vor allem im Hinblick auf die wachsenden Anforderungen und den Druck aus dem Reich ergangen sein. Man kann sie daher auch als Signal an Berlin verstehen, dass alle Anstrengungen unternommen würden, die Forderungen zu erfüllen.

Sie reagierten darauf mit einer Palette von Repressionen, die lokal variierte. In der Folgezeit setzten sich diese für das gesamte Generalgouvernement durch. Dies geschah zum Teil durch eigene Initiative der Kreishauptleute und aus einer gewissen Wettbewerbs- und Konkurrenzsituation heraus. Teilweise griff die Zentrale in Krakau jedoch auch örtliche Initiativen auf, empfahl sie zur Nachahmung oder erließ eine entsprechende Verordnung, die solche Praktiken auf das gesamte Generalgouvernement ausweiten sollte. Die Bandbreite der Repressionen umfasste Polizeirazzien, individuelle oder kollektive Geldstrafen, Verhaftungen, Deportation zur Zwangsarbeit nach Deutschland, Einweisung in ein Arbeitslager, Beschlagnahmung des Hofes oder von Vieh, Geiselnahmen sowie die Androhung und später auch Vollstreckung der Todesstrafe.

Initiativen der Kreishauptleute

Kaum war die Erfassungsaktion 1940 angelaufen, traten auch schon die ersten Probleme auf. Die Bauern lieferten nicht im erwarteten Umfang ab, die Prämienscheinaktion brachte keinen durchschlagenden Erfolg, sie kam nur schleppend in Gang, und vielerorts waren die Waren dafür noch nicht oder nicht ausreichend vorhanden. Für eine Durchsetzung der Politik mit Polizeigewalt fehlten vielen Kreishauptleuten zunächst die notwendigen Kräfte, ab Mitte 1940 änderte sich die Situation jedoch. Mit dem neugeschaffenen Sonderdienst verfügten sie nun über eigene Exekutivkräfte. Obendrein wurde die Gendarmerie verstärkt und durfte auf mehrere Posten im Kreis verteilt werden. Problemen bei der Erfassung der Kontingente begegneten die Kreishauptleute nun, da ihnen die Mittel dazu an die Hand gegeben waren, vermehrt mit Gewalt und Zwangsmaßnahmen. Vom Leiter der Abteilung Ernährung und Landwirtschaft in Krakau, Hellmut Körner, wurden sie dazu durchaus ermuntert, auch wenn er nicht ausschließlich auf Zwang setzen wollte.[9]

9 Vgl. Präg/Jacobmeyer, Diensttagebuch, S. 165f. (Eintrag vom 12.4.1940) u. S. 237ff. (6.6.1940); Referat des Leiters der Abteilung Ernährung und Landwirtschaft, Körner, auf der Wirtschaftstagung, 6.6.1940, DTB, BAB, R 52 II/228, Bl. 34 u. 43; Der Kreishauptmann von Petrikau, Lagebericht für den Monat Mai 1940, 10.6.1940, BAL, B 162/Dok.-slg. Polen, Ordn. 348, Bl. 607f.; Der Kreishauptmann des Kreises Dębica, Lagebericht, 1.6.1940, ebenda, Bl. 529ff. Vereinzelt ist auch zuvor schon Gewalt angewandt worden. Eine unvollständige Auflistung von Repressionen findet sich in: Rajca, Walka, S. 212ff.

Eine der ersten »Strafexpeditionen« im Zusammenhang mit der Kontingenterfassung führte Kreishauptmann Gramß im Kreis Sokołów durch, nachdem er noch keine zwei Wochen im Amt gewesen war. Gramß war von Haus aus Landwirt und hatte Karriere im Reichsnährstand gemacht. Nach Gründung des Generalgouvernements war er im Distrikt Warschau Leiter der Abteilung Ernährung und Landwirtschaft geworden. In seinem neuen Wirkungskreis als Kreishauptmann wollte er sich offenkundig auf seinem Fachgebiet profilieren und hart durchgreifen.[10] Etwas nebulös schrieb er seiner Frau über die Aktion: »Heute hatte ich eine Expedition durchzuführen – unsere Gemeinden lieferten kein Vieh mehr nach Warschau, es wird nun mit Polizei geholt, *da kannst Du so Dinge erleben*«.[11] Die Gewalt, die dabei angewandt wurde und die er auch selbst an den Tag legte, rechtfertigte er mit einem angeblichen Bedürfnis der Bevölkerung nach einer »harten Hand«: »an sich aber sind die Menschen gutartig wenn sie wissen, daß harte Zucht herrscht, wenn der Pan Starost, so nennen sie mich, sie prügelt, ist er ein guter Pan, der was taugt, ist man locker, ist er ein schlechter Pan, der kein Maß hat«. Wie sich Gramß in seiner ideologisch verblendeten Sicht einen guten »Pan Starost« vorstellte und was er unter »harter Zucht« verstand, sollten die Bauern in den nächsten Jahren erfahren.

In den kommenden Monaten häuften sich »Strafexpeditionen« der Kreishauptleute. Hans Zettelmeyer, Kreishauptmann des Kreises Iłża/Starachowice im Distrikt Radom, bemängelte im Monatsbericht für September 1940 die schlechte Erfüllung der Getreidekontingente. Er sah die Schuld dafür bei nachlässigen Vögten und Schulzen, die die Bevölkerung nicht hinreichend aufgeklärt hätten. Außerdem wurde, wie er schrieb, nicht an den Ernst seiner Drohungen geglaubt. Daher leitete er persönlich eine »Strafaktion« in zwei Gemeinden, in deren Zuge neben den Kontingenten auch Vieh beschlagnahmt wurde. Den Gemeinden erlegte er zusätzlich eine Geldstrafe auf. In einer der Gemeinden verhaftete er zudem acht Bauern. Zwar sei, so Zettelmeyer, die Ablieferung nach der

10 Darauf deutet auch ein Brief von Georg Wenderoth an Gramß hin. Wenderoth war wenige Monate Gramß' Nachfolger als Leiter der Abteilung Ernährung und Landwirtschaft im Distrikt Warschau. Er schrieb an Gramß: »Ich habe nichts anderes erwartet, als dass dein Kreis bei der Erfassung und Ablieferung der Eier an erster Stelle marschiert, desgleichen bei Butter und Milch.« Brief von G. Wenderoth an E. Gramß, 24.9.1940, NL Gramß. Offenkundig hatte Gramß mit seinen Erfolgen geprahlt.

11 Brief von Ernst Gramß an seine Frau, o.D., ca. Ende Juni 1940 (Hervorhebung vom Verf.). Zum Folgenden ebenda.

Aktion besser geworden, dennoch hielt er weitere »Strafaktionen« in den nächsten Wochen für erforderlich. Seinen Worten ließ er auch Taten folgen. Die Ablieferung von Kartoffeln blieb wie beim Getreide weit hinter den Erwartungen zurück. Zettelmeyer nahm sich daraufhin am 8. Oktober 1940 drei Gemeinden vor. In jeder Gemeinde ließ er zehn bis zwölf angesehene und besonders »säumige« Bauern verhaften. Erst wenn die Kontingente zu hundert Prozent erfüllt würden, sollten sie wieder entlassen werden. Mit den Schilderungen der durchgeführten Polizeiaktionen in seinen Lageberichten an die Krakauer Zentrale verband Zettelmeyer einen bestimmten Zweck. Er verknüpfte sie mit der Forderung nach der vollständigen Unterstellung des Kreislandwirts unter den Kreishauptmann, da sich bei den Aktionen der enge Zusammenhang der Aufgaben der beiden gezeigt habe. Offenkundig wollte er sich durch sein hartes Eingreifen profilieren und seinen persönlichen Machtbereich ausdehnen.[12]

Die Inhaftierung von Bauern bis zur vollen Erfüllung des Kontingents wurde im Spätsommer und Herbst 1940 zur gängigen Praxis der Kreishauptleute. Betroffen waren nicht nur, wie schon Zettelmeyers Vorgehen gezeigt hat, die »säumigen« Bauern, sondern auch angesehene Bauern und vor allem auch Gemeindevorsteher. Zum Teil gingen die Kreishauptleute dazu über, Bauern auszusiedeln und an ihrer Stelle vertriebenen Bauern aus den eingegliederten Gebieten die Bewirtschaftung des Hofes zu überantworten.[13]

Die scharfen Methoden der Kontingenterfassung hatten allenfalls kurzfristig steigende Ablieferungen zur Folge. Die Kreishauptleute beklagten zunehmend, dass die Kontingente zu hoch seien, zumal die Ernte schlecht ausgefallen sei. Diese Lagebeurteilung führte aber nicht zwingend zu der Einsicht, die Zwangsmaßnahmen einzustellen oder abzumildern. Gerhard Hager, Kreishauptmann im Kreis Chełm, sprach

12 Der Kreishauptmann des Kreises Iłża (Starachowice), Lagebericht für den Monat September 1940, 8.10.1940, IPN, NTN 275, Bl. 142 f.; Kreishauptmann Iłża (Starachowice), Lagebericht für den Monat Oktober 1940, 11.11.1940, BAB, R 52 III/25, Bl. 46 f.

13 Der Kreishauptmann in Tarnów, Lagebericht für den Monat September 1940, o.D., IPN, NTN 275, Bl. 95; Der Kreishauptmann des Kreises Jasło, Lagebericht für den Monat Oktober 1940, 31.10.1940, BAB, R 52 III/24, Bl. 73; Lagebericht des Kreishauptmanns des Kreises Busko für Monat Oktober 1940, 5.10.1940, BAB, R 52 III/25, Bl. 10; Der Kreishauptmann in Jędrzejów, Lagebericht für den Monat Oktober 1940, 4.11.1940, ebenda, Bl. 13 ff.; Der Kreishauptmann des Kreises Opatów, Lagebericht für Oktober 1940, 7.11.1940, ebenda, Bl. 26; Klukowski, Dziennik, S. 160 (Eintrag vom 1.10.1940).

sich Anfang November 1940 zwar für die Herabsetzung der Kontingente aus, da er der Ansicht war, »dass es auch bei den härtesten Anforderungen nicht möglich ist, das Kontingent 100%ig zu erfüllen«.[14] Von dieser Einsicht blieb seine Herrschaftspraxis jedoch unberührt. Hager zog stattdessen die Schraube an. Er nahm viele Enteignungen sowie Verhaftungen vor. Zudem versuchte er es nach dem Prinzip von Zuckerbrot und Peitsche: Gemeinden, die ihre Kontingente erfüllten, ließ er gut mit Textilien und Leder versorgen. Die anderen Gemeinden jedoch schnitt er von der Versorgung ab, wovon er sich gerade im Winter Erfolg versprach.[15]

Auf die Schwierigkeiten reagierten einige Kreishauptleute im Sommer und Herbst 1940 mit der Errichtung von Straflagern für Bauern, die ihren Ablieferungspflichten unzureichend nachkamen. Diesen Weg wählte zum Beispiel Alfred Brandt in der Kreishauptmannschaft Puławy, der in Kazimierz Dolny im September 1940 ein Arbeitslager errichtete.[16] Zuvor hatte er festgestellt, dass die Enteignung mehrerer Familien die übrigen Bauern nicht dazu bewegen konnte, ihre Kontingente zügig zu erfüllen. Das Arbeitslager jedoch hatte sich nach Brandts Einschätzung »ganz ausgezeichnet bewährt«. Aus jeder Gemeinde ließ er drei bis zehn Bauern einweisen, die im nahe gelegenen Steinbruch arbeiten mussten. Die Höfe der inhaftierten Bauern besetzte Brandt mit Landwirten aus dem Warthegau. Die Lagerinsassen kamen erst frei, wenn ihre Familien die vollständige Erfüllung des Kontingents nachweisen konnten.[17]

Die Radikalisierung seines Kurses aus eigener Initiative lässt sich auf verschiedene Faktoren zurückführen. Brandt war gelernter Landwirt; dem eigenen Fachgebiet galt natürlich sein spezielles Augenmerk. Hier wurde er besonders bei seinem Ehrgeiz gepackt. Die Entscheidung für den radikalen Kurs hatte aber auch einen ganz persönlichen Hintergrund, weil seine Familie aufgrund der Gebietsabtretungen nach dem Ersten Weltkrieg ihren Großgrundbesitz in der Gegend von Gnesen an Polen

14 Der Kreishauptmann des Kreises Chełm, Lagebericht, 11.11.1940, BAB, R 52 III/25, Bl. 60.

15 Der Kreishauptmann des Kreises Chełm, Lagebericht, 7.12.1940, BAB, R 52 III/27, Bl. 54f.

16 Der Kreishauptmann des Kreises Puławy, Lagebericht für den Monat September 1940, 7.10.1940, IPN, NTN 275, Bl. 129 v. Neben Brandt errichteten auch die Kreishauptleute in Biłgoraj, Hrubieszów, Miechów und Zamość bereits 1940 derartige Lager.

17 Der Kreishauptmann des Kreises Puławy, Lagebericht für den Monat Oktober 1940, 6.11.1940, BAB, R 52 III/25, Bl. 86f. Zitat ebenda, Bl. 86.

verloren hatte. Er hatte also, salopp gesagt, noch eine Rechnung offen mit Polen. Seine Stellung als Kreishauptmann bot ihm Freiraum und Machtmittel, diese endlich zu begleichen.

Das Engagement in völkischen Gruppierungen und sein früher Beitritt zur NSDAP lassen auf einschlägige ideologische Einstellungen schließen, die nicht nur Brandt, sondern etlichen anderen Kreishauptleuten auch die Wahl radikaler Methoden nahegelegt haben. Von oben ließ man ihnen überdies genügend Freiraum, eigeninitiativ zu experimentieren. Manches aus dem »Laboratorium« der Kreishauptleute stufte Krakau als »serienreif« ein und erhob es zur gängigen Praxis. Andere Versuche einzelner Kreishauptleute, wie zum Beispiel die Arbeits- und Straflager, entwickelten sich zu mehr oder minder stillschweigend geduldeten »Selbstläufern«, die sich über weite Teile des Generalgouvernements ausbreiteten.

Die Kreishauptleute wurden geradezu angestachelt zu entschlossenem und erfindungsreichem Handeln, indem sie einer regelrechten Wettbewerbssituation ausgesetzt waren. Regelmäßig erstellten die Distrikte Listen über den Stand der Kontingenterfassung und gaben sie an die Kreishauptleute weiter. Diese konnten daraus ihren Tabellenplatz im Vergleich zu ihren Kollegen im Distrikt ersehen.[18] Kreishauptleute, die mit ihren Methoden die Kontingenterfassung vorangebracht hatten, konnten sich in der Wahl ihrer Mittel bestätigt sehen. Die anderen jedoch waren einem gewissen Rechtfertigungs- und Handlungsdruck ausgesetzt. Sie konnten nun die Methoden ihrer erfolgreicheren Kollegen übernehmen oder eigene Wege finden, um im distriktinternen Wettkampf wieder Plätze gutzumachen. Die regelmäßig stattfindenden Kreishauptleute-Tagungen oder der direkte inoffizielle Austausch untereinander trugen ein Übriges dazu bei, radikale Praktiken zu verbreiten.

Allgemeine Verschärfung

Ab 1941 setzte sich die Einrichtung von Arbeits- und Straflagern nahezu im gesamten Generalgouvernement durch. Die Einweisung von Bauern in diese Lager wurde zu einer beliebten Methode im Zuge der Kontin-

18 Ebenda, Bl. 87; Der Kreishauptmann in Ostrów, Stand der aufgebrachten Kontingente am 10. November 1942, 26.11.1942, APW, KHm Ostrów 5, Bl. 5; Der Kreishauptmann in Ostrów, Statistik. Anlage zum Bericht vom 3. Februar 1943, 3.2.1943, APW, KHm Ostrów 19, Bl. 15.

generfassung.[19] Stand schon die Ernteerfassung 1940 unter dem Druck, dass sich das Generalgouvernement damit selbst versorgen müsse, verschärfte sich die Situation 1941 nochmals. Der Aufmarsch von Wehrmacht und von SS- und Polizeitruppen im Frühjahr und Sommer 1941 löste eine Versorgungskrise aus, da diese Verbände weitgehend aus dem Generalgouvernement ernährt werden mussten. Darüber hinaus potenzierten sich die Schwierigkeiten durch die private Ausplünderung, da nun nicht mehr nur die Angehörigen des Besatzungsapparats, sondern auch eine Vielzahl von Soldaten ihre Angehörigen in der Heimat durch Päckchen versorgten. Im September 1941 legte Hermann Göring zudem kategorisch fest, dass eine Kürzung der Rationen für die deutsche Bevölkerung zugunsten der Versorgung der Wehrmacht nicht in Frage komme. Die Folge waren sinkende Rationen für die Bevölkerung im Generalgouvernement und damit einhergehend die Notwendigkeit, mit Schwarzmarktgeschäften das Überleben zu sichern. Die Bevölkerungen in den besetzten Gebieten mussten hungern, damit die Versorgung der Deutschen im Reich und im Generalgouvernement sowie der Wehrmacht auf gleichbleibend hohem Niveau möglich blieb. Mit einer Besserung der Ablieferungsbereitschaft bei den Bauern war also kaum zu rechnen.[20]

Die Konsequenz, die die Kreishauptleute aus der zugespitzten Situation zogen, war schlicht; die Repressionsmaßnahmen des Vorjahres wurden mehr und mehr Alltag, sowohl Häufigkeit als auch Radikalität nahmen zu. Zahlreiche kleinere und größere »Strafexpeditionen« fanden statt, die Zahl der Verhaftungen, Enteignungen, Beschlagnahmen sowie Geldstrafen stieg sprunghaft an. Erstmals kam es zu Erschießungen von Bauern und zur Verhängung der Todesstrafe. In den Arbeits- und Straflagern musste schwere Zwangsarbeit verrichtet werden. Außerdem waren die Lebensbedingungen dort so miserabel, dass es immer wieder zu Todesfällen kam. Zugleich erhöhten die Kreishauptleute den Druck auf die Gemeindevorsteher und die Mitglieder der Erfassungsausschüsse. Sie machten diese persönlich für die vollständige Erfüllung der auferlegten Kontingente verantwortlich.[21]

19 Vgl. Rajca, Osadzanie, S. 70 f. Im Distrikt Krakau geschah dies allerdings bedeutend seltener, im Distrikt Galizien erst ab der ersten Jahreshälfte 1942.

20 Vgl. Eisenblätter, Grundlinien, S. 340 ff.; Volkmann, Landwirtschaft, S. 42; Das Deutsche Reich und der Zweite Weltkrieg, Bd. 5/1, S. 232 u. 236; zur privaten Ausplünderung im besetzten Europa Aly, Volksstaat.

21 Monatsbericht des Amtes für Ernährung und Landwirtschaft Kreis Warschau-Land für den Monat September 1941, 25.9.1941, APW, KHm Warschau-Land

Aufschlussreich ist hier wieder das Verhalten von Gramß. Eine ganze Serie von Plakaten, mit denen er sich direkt an die bäuerliche Bevölkerung des Kreises wandte, legt Zeugnis ab von seinem radikalen Kurs. Die Ernte 1941 läutete er mit Drohungen ein, die er schon bald in die Tat umsetzte. Am 21. August forderte er die Ablieferung von 30 Prozent des Kontingents bis zum 15. September. Die Ablieferung lief allerdings nur schleppend an. Mit harter Bestrafung hatten die Bauern daher schon ab dem 30. August zu rechnen, wenn sie bis zu diesem Termin noch kein oder »unverhältnismäßig wenig« Getreide abgeliefert hatten, so die ungenaue Vorgabe, die Raum für Interpretationen ließ. Diese Bauern würden, so Gramß, »als Saboteur betrachtet und dementsprechend behandelt«, eine kaum verhüllte Drohung mit der Todesstrafe.[22]

Bereits einen Monat später führte er eine »Strafaktion« in zwei Dörfern durch. Den »säumigen« Bauern ließ er Getreide und Vieh weit über das geforderte Kontingent hinaus wegnehmen. Zu Verhaftungen war es aber noch nicht gekommen. Die Bevölkerung informierte er über seine Maßnahme wieder durch Plakatanschläge. Diese Nachricht verband Gramß mit einer eigentümlichen Mischung aus Appell, Drohung und Propaganda: »Ich werde diese Aktionen weiter fortführen und zwar werden stets die schlechtesten Gemeinden zuerst betroffen und als nächste gefasst. Es liegt also in Eurer Hand, weitere derartige Zwangsmassnahmen zu verhindern. Würde ich hier Milde walten lassen und auf eine Einbringung des Kontingents verzichten, so wäre dies ein Verbrechen gegen die polnische Bevölkerung in den Städten. Ich wünsche, dass die Bevölkerung meines Kreises genau so Ihren Verpflichtungen gegenüber der Allgemeinheit nachkommt wie es Eure Volksgenossen jenseits des Bugs aus Dankbarkeit für Ihre Befreiung von der bolschewistischen Blutherrschaft selbstverständlich tun. Heute geht es nicht darum, die Not des Volkes auszunützen und möglichst auf Schleichhandelswegen grosse Gewinne zu erwerben, sondern durch Schaffung einer Ordnung, durch gerechte Verteilung der Lebensgüter die Bevölkerung durch diesen Krieg zu

1798, Bl. 4; Departament Informacji Delegatury Rządu RP na Kraj, Pro memoria o sytuacji w październiku 1941 r., in: Pro memoria, S. 54 u. 59; ebenda, Pro memoria o sytuacji w kraju w okresie 1 listopada – 15 grudnia 1941 r., in: ebenda, S. 79; Der Kreishauptmann in Rzeszów/Reichshof, Abteilung Ernährung und Landwirtschaft, an die Vögte, Schulzen und Bürgermeister des Kreises, betr.: Getreideablieferung aus der Ernte 1941, 29.8.1941, BAB, R 102 II/9, Bl. 174.

22 Der Kreishauptmann in Sokołów, Bekanntmachung Nr. 120, 21.8.1941, IPN, Afisze i plakaty 46t/2.

bringen.«[23] Damit stellte er die resistenten Bauern außerhalb einer von ihm halluzinierten solidarischen Gemeinschaft von Stadt- und Landbevölkerung unter vermeintlich gerechter deutscher Leitung. Die »harte Zucht«, die die Bevölkerung seiner ideologisch verblendeten Sicht zufolge von ihm als »Pan Starost« erwartete, diente nach diesem Legitimationsschema dazu, gemeinsam den Krieg zu überstehen. Die Verantwortung für Gewaltanwendungen wie für Versorgungsschwierigkeiten lag für Gramß offensichtlich bei der Bevölkerung, während er sein eigenes Handeln so zu einem moralischen Handeln umdeuten konnte. In seinem Verständnis war es Dienst an der guten Sache, eben der gerechten Versorgung der Bevölkerung im Krieg gegen den Bolschewismus.

Die »Strafaktionen« und die Maueranschläge zeigten aber nicht die erhoffte Wirkung. Gramß ließ daraufhin Ende September 1941 weitere Gemeinden heimsuchen, Vieh und Getreide beschlagnahmen sowie einen Schulzen in das Arbeitslager Treblinka überführen, weil dieser die Plakate nicht ausgehängt und sich nicht hinreichend engagiert habe. Gramß' Ton fiel immer stärker aus dem Rahmen der nüchternen Verwaltungssprache und offenbarte, dass es für ihn offenkundig mehr und mehr zu einer persönlichen Angelegenheit wurde: »Bauern, ich warne Euch! Wenn ich zu einer Aktion das Dorf betrete, ist es zu spät. Die Ausrede, ich wollte abliefern, zieht dann nicht mehr.«[24] Durch die widerständige Haltung der Bauern geriet der Kreis Sokołów innerhalb des gesamten Generalgouvernements ins Hintertreffen, bei der Ablieferung der Kontingente nahm er Gramß zufolge den letzten Platz ein.[25] Diese schlechte Bilanz musste den Reichslandwirtschaftsrat Gramß besonders empfindlich treffen. Innerhalb weniger Tage bekam die Bevölkerung immer wieder neue Plakate zu Gesicht, mittels derer er über »Strafaktionen« informierte und neue androhte. Nicht nur der Ton wurde immer rüder, auch die Drohungen und Maßnahmen wurden radikaler. Als Strafe für das Vergraben von Getreide drohte Gramß den Bauern am 2. Oktober mit dem Niederbrennen oder Abreißen ihrer Höfe. Nach weiteren Beschlagnahmen in diversen Dörfern drohte er am 9. Oktober schließlich allen Bauern, die ihren Ablieferungspflichten gar nicht oder nur ungenü-

23 Der Kreishauptmann in Sokołów, Bekanntmachung Nr. 132, 22.9.1941, IPN, Afisze i plakaty 46t/3. Andere Kreishauptleute »argumentierten« ähnlich. Vgl. Der Kreishauptmann des Kreises Tarnów, Anordnung zur Getreideablieferung, 26.1.1942, APK-T, KHm in Tarnów 2, o.P.

24 Der Kreishauptmann in Sokołów, Bekanntmachung Nr. 136, 1.10.1941, IPN, Afisze i plakaty 46t/4.

25 Ebenda.

gend nachkamen, mit der Einweisung ins Arbeitslager Treblinka, das sich in seinem Kreis befand.[26]

Keine Woche später setzte Gramß seine Drohungen in erheblichem Umfang in die Tat um. Da seine Geduld zu Ende sei, so schrieb er, habe er denjenigen Bauern, die immer noch nicht ablieferten, »die Quittung gegeben«: 36 Bauern und den Schulzen des Dorfes Stoczek, 37 Bauern aus Brzozka sowie 13 Schulzen und Dorfvertrauensmänner ließ er nach Treblinka zur Zwangsarbeit bringen. Allen Übrigen drohte er die gleichen Maßnahmen an.[27] In den nächsten Tagen folgten weitere Enteignungen, Verhaftungen und Einweisungen nach Treblinka. Gramß hatte sich in diesem Erntejahr für besondere Härte entschieden. Den Bauern des Kreises drohte er nach einer Serie von Verhaftungen am 23. Oktober 1941 finster: »[E]s entgeht mir in diesem Jahr keiner.«[28] Andere Kreishauptleute verfuhren ähnlich.

Möglichkeiten einer Steigerung des Ausbeutungspotentials sah beispielsweise Kreishauptmann Brandt nicht alleine in der Anwendung nackter Gewalt. Er entwickelte eine Idee, die es seiner Ansicht nach ermöglichte, sowohl mehr Zwangsarbeiter zu deportieren als auch die Landwirtschaft effektiver auszubeuten. Im Kreis Puławy seien, so Brandt, 35 000 Kleinstbauern, die sich »infolge ihrer zahlreichen, nichtstuenden Familienmitglieder« nicht selbst ernähren könnten und demzufolge auch nichts ablieferten. Durch die Zusammenlegung von zehn bis 20 Kleinbetrieben zu einem Hof könnten nach Brandts Idee die »freiwerdenden Familien« als Landarbeiter nach Deutschland geschickt werden. Zudem erhöhe man mit dieser Maßnahme das Ablieferungspotential der Betriebe. Zu guter Letzt wollte Brandt damit Germanisierungsbestrebungen vorantreiben, indem die zusammengelegten Höfe deutschen Jungbauern überlassen werden sollten. Mit dieser »Patentlösung« sollten also wesentliche Bereiche deutscher Besatzungspolitik vorangetrieben werden.[29]

1942 verlor das Generalgouvernement weitgehend seine Selbstständigkeit auf dem Gebiet der Ernteerfassung. In seiner Eigenschaft als Beauftragter für den Vierjahresplan setzte Göring im September einen Sonder-

26 Der Kreishauptmann in Sokołów, Bekanntmachung Nr. 146, 9.10.1941, IPN, Afisze i plakaty 46t/10.

27 Der Kreishauptmann in Sokołów, Bekanntmachung Nr. 150, 13.10.1941, IPN, Afisze i plakaty 46t/12.

28 Der Kreishauptmann in Sokołów, Bekanntmachung Nr. 155, 23.10.1941, IPN, Afisze i plakaty 46t/15.

29 Der Kreishauptmann des Kreises Puławy, Lagebericht für den Monat Januar 1941, 5.2.1941, IPN, NTN 280, Bl. 159 f. Zitat ebenda.

beauftragten ein, der die Verwaltung im Generalgouvernement in diesem Bereich kontrollieren sollte. Damit begegnete er Widerständen gegen Forderungen des Reiches und der Wehrmacht. Zugleich stellte das Reich im August horrende Forderungen an die Landwirtschaft des Generalgouvernements, um eine weitere Kürzung der Rationen der Bevölkerung im Reich zu vermeiden. Die Rationen waren zuletzt Anfang April 1942 herabgesetzt worden.[30] Mitten im erstmals verhängten »Ernteausnahmezustand« musste die Verwaltung ihren Ernährungsplan vollständig umkrempeln und die Kontingente deutlich erhöhen. Sie setzte das ohnehin schon hohe Getreidekontingent um 25 Prozent herauf und beschloss gleichzeitig den Ausschluss aller Juden, die nicht im deutschen Interesse arbeiteten, aus der Versorgung. Damit lieferte die deutsche Besatzungsverwaltung 1,2 Millionen Juden bewusst dem Hungertod aus. Polen und Ukrainern wurden die Rationen gekürzt. Frank schwor die Regierungsmitglieder darauf ein, bei allen Schwierigkeiten, auf die sie treffen würden, immer daran zu denken, »daß es noch viel besser ist, wenn ein Pole zusammenbricht, als daß der Deutsche unterliegt«.[31] Kriegswirtschaftliches und propagandistisches Kalkül führten zwar zur Kürzung der Rationen, aber erst Antisemitismus und Antislawismus der Entscheidungsträger gaben die Richtung vor und bestimmten die Opfer.

Diese Änderung hatte für die praktische Durchführung der Ernteerfassung und für die Arbeit und die Handlungsspielräume der Kreishauptleute keine spürbaren Konsequenzen. Die einzige Folge bestand in den höheren Anforderungen und dem damit gestiegenen Druck. Der zuvor am 11. Juli 1942 ausgerufene Ernteausnahmezustand und die Vorbereitung sowie die Durchführung der Ernteerfassung liefen ungebrochen weiter. Im Unterschied zu den Vorjahren mussten die Bauern in diesem Jahr aber bis Ende September bereits 60 Prozent des Getreidekontingents und den Rest bis Ende November abliefern. In den Distrikten und Kreisen wurden erneut Befehlsstäbe zur Ernteerfassung gebildet. Diese konnten sich sogenannter Sicherungskommandos bedienen, die nach Weisung des Befehlsstabes Gemeinden und Dörfer »durchkämmten« und die Kontingente eintrieben. Sie sollten vor allem gegen die »Kontingentsverweigerer« vorgehen. Im Sinne der Verordnung über den Ernteausnahmezustand bedeutete das die Vollstreckung der Todesstrafe nach Standrecht. Auch konnten die Kommandos nach Ermächtigung

30 Vgl. Eisenblätter, Grundlinien, S. 347 ff.

31 Vgl. Präg/Jacobmeyer, Diensttagebuch, S. 547-551 (Eintrag vom 24.8.1942). Zitat S. 550; Gerlach, Bedeutung, S. 189 ff.

durch den Befehlsstab Kollektivstrafen gegen einzelne Gruppen oder ganze Gemeinden verhängen und vollstrecken. Diese Kommandos bestanden aus einem Gendarmen, einem Landwirt, einem Sonderdienstmann sowie einem polnischen Polizisten.[32]

Bei der Ernteerfassungsaktion 1942/43 wurde die bis dato weitgehend willkürlich ausgeübte Praxis der Geldstrafen oder Kontributionen sowie der Beschlagnahmungen ansatzweise durch die Agrarstrafordnung vom 9. Dezember 1942 vereinheitlicht. Allen, die sich Verordnungen oder Anordnungen im Bereich der Ernährung und Landwirtschaft widersetzten, drohten Ordnungsstrafen oder unabhängig davon auch Beschlagnahmen. Alle Verwaltungsebenen, die mit der Landwirtschaft befasst waren, waren befugt, Ordnungsstrafen zu verhängen, einzig die Höhe der Strafe variierte. Der Vogt konnte eine Strafe in Höhe von bis zu 300 Złoty pro Person verhängen, der Kreishauptmann bis zu 10 000 Złoty, der Gouverneur bis zu 100 000 Złoty, und der Präsident der Hauptabteilung Ernährung und Landwirtschaft konnte gar Strafen in unbegrenzter Höhe verhängen.[33]

Nach Feststellung des Untergrunds waren die Kontingente vor dem 25-prozentigen Aufschlag nicht höher als im Vorjahr. Allerdings war die Praxis in den Kreisen eine andere. Wegen der unvollständigen Erfüllung der Kontingente im Jahr zuvor und wegen des gestiegenen Drucks war man dort zu einer eigenmächtigen Erhöhung der Ablieferungspflicht um zehn bis 70 Prozent übergegangen. Noch dazu hatten Kreislandwirte die Fristen verkürzt, so dass die Landwirte die 60 Prozent schon zum 20. Sep-

32 Verordnung zum Schutze der Ernteerfassung, 11.7.1942, in: Doc. Occ. VI, S. 487; DTB, 13.7.1942, BAB, R 52 II/242, Bl. 48 ff.; Rundschreiben der Hauptabteilung Ernährung und Landwirtschaft an die Abteilungen Ernährung und Landwirtschaft in den Distrikten sowie an die Kreis- und Stadthauptleute u. a., betr.: Durchführungsbestimmungen zum Erlass des Generalgouverneurs über den Ernte-Ausnahmezustand vom 11.7.1942, 13.7.1942, APW, KHm Ostrów 625, Bl. 2-4; Der KdO für den Distrikt Warschau, betr.: Schutz der Ernte und Ernteerfassung, 23.7.1942, ebenda, Bl. 8-10; Der Kreishauptmann in Ostrów, Leiter Innere Verwaltung, Aktenvermerk, betr.: Ernte-Ausnahme-Zustand, 12.8.1942, ebenda, Bl. 25; Bericht des Gouverneurs des Distrikts Warschau vom 15. August 1942 für die Monate Juni und Juli 1942, 15.8.1942, APW, Amt des Distrikts Warschau 1538, Bl. 57.

33 Der Kreishauptmann in Sambor, Agrarstrafordnung, Przemyśl 1943, S. 3 f.; Rajca, Walka, S. 118. In einigen Kreisen wurden bereits vorher Kontributionen wegen der Nichterfüllung der Kontingente verlangt, so zum Beispiel 250 000 Złoty von fünf Gemeinden im Kreis Krasnystaw oder 160 000 Złoty von einer Gemeinde im Kreis Biała Podlaska. Vgl. Dmitrzak, Kontrybucje, S. 41.

tember und die restlichen 40 Prozent bereits bis zum 1. November abliefern mussten. Im Kreis Garwolin mussten die Bauern sogar 90 Prozent des Kontingents für Brotgetreide schon zum 9. September abgeben. Begleitet wurde die Erfassungsaktion wieder von Terror und Gewalt. In Grójec wurden einige Bauern erhängt, da sie die Kontingente nicht erfüllt hatten. Im Distrikt Lublin herrschte besonderer Terror. Höfe wurden niedergebrannt und Bauern geprügelt. Dass Bauern dort erschossen oder erhängt wurden, gehörte nach Einschätzung des Untergrunds schon zum Alltag. Aus dem Untergrund wurde daher zu verstärktem Kampf gegen diese Politik aufgerufen.[34]

Die Ernteerfassung verlief 1942 zufriedenstellend für die deutschen Behörden. Für August und September berichtete der Gouverneur des Distrikts Warschau von günstigen Ergebnissen und zeigte sich zuversichtlich, dass die Kontingente vollständig erfüllt würden. Bestätigung erhielt der Ehrgeiz von Kreishauptmann Freudenthal im Kreis Garwolin. Gouverneur Fischer hob besonders lobend hervor, dass dieser das Kontingent an Brotgetreide bereits Ende September zu mehr als 100 Prozent erfüllt hatte. Allerdings meldete der Gouverneur auch verstärkten Widerstand im Osten des Distrikts, der aufgrund der Ernteerfassung, der Zwangsarbeiterrekrutierung und der »Judenumsiedlung« nicht energisch bekämpft werden könne.[35] In der Region Kielce erfüllten die Bauern die ersten 60 Prozent ihres Abgabesolls fristgerecht, was den örtlichen Behörden aber nicht ausreichte. Sie belasteten die Landwirte mit einem zusätzlichen Kontingent, das sie innerhalb nur eines Tages erfüllen mussten. Da dies nicht möglich war, wurde es erneut erhöht, und schließlich wurden 80 Bauern verhaftet.[36]

Am 20. November 1942 berichtete der Präsident der Hauptabteilung Ernährung und Landwirtschaft, Karl Naumann, Generalgouverneur

34 Vgl. Departament Informacji Delegatury Rządu RP na Kraj, Pro memoria o sytuacji w kraju w okresie 16 lipca – 25 sierpnia 1942 r., in: Pro memoria, S. 214; ebenda, Sprawozdanie z sytuacji w kraju w okresie 26 VIII – 10 X 1942 r., in: ebenda, S. 240 f.; ebenda, Pro memoria o sytuacji w kraju w okresie 11 października – 15 listopada 1942 r., in: ebenda, S. 266; Biuletyn Informacyjny Nr. 37 (141), 17.9.1942, in: Biuletyn Informacyjny, część II, S. 1085 f.; Biuletyn Informacyjny Nr. 38 (142), 1.10.1942, in: ebenda, S. 1093 f.

35 Zweimonatsbericht des Gouverneurs des Distrikts Warschau vom 15. Oktober 1942 für die Monate August und September 1942, 15.10.1942, APW, Amt des Distrikts Warschau 1538, Bl. 70 v. u. 72 v.

36 Departament Informacji Delegatury Rządu RP na Kraj, Pro memoria o sytuacji w kraju w okresie 11 października – 15 listopada 1942 r., in: Pro memoria, S. 266.

Frank zu dessen Genugtuung vom guten Stand der Kontingenterfassung. Von den zu erfassenden 1,2 Millionen Tonnen Getreide waren bereits 1,065 Millionen Tonnen abgeliefert, bei Kartoffeln waren es sogar schon 1,5 Millionen von 1,6 Millionen Tonnen. Die Transporte ins Reich liefen, wegen Transportschwierigkeiten konnte das geplante Tempo allerdings nicht eingehalten werden. Nach dieser Erfolgsbilanz wandte sich Naumann den Folgen für die Ernährung der einheimischen Bevölkerung zu. Er legte Frank einen Plan dar, dessen Realisierung katastrophale Folgen nach sich gezogen hätte. Demzufolge sollten ab dem 1. Februar 1943 die Lebensmittelkarten nur noch in den Betrieben ausgegeben werden, die im deutschen Interesse arbeiteten. Rund zwei Millionen Menschen wären so mit einem Handstreich von jeglicher Versorgung abgeschnitten worden. Naumann projizierte einen Drang der Menschen zu den Betrieben, den man für die Zwangsarbeiterrekrutierung nutzen könnte.[37] Dieser Plan, der mit dem HSSPF abgestimmt war, stieß jedoch auf der Regierungssitzung am 9. Dezember 1942 auf breiten Widerspruch Franks und der Gouverneure. Sie argumentierten vor allem mit Sicherheitsbedenken. Letztlich setzten sie sich mit ihren Einwänden durch. Frank wies Naumann an, die Lieferungen ins Reich vorerst einzustellen.[38]

Die Lebensbedingungen waren sowohl in den Städten als auch auf dem Lande bereits ohne die Realisierung des Naumann-Planes fatal. Das sorgte für verstärkten Zulauf bei allen Widerstandsgruppen, die aufgrund der veränderten Kriegslage mehr und mehr zu gewaltsamen Aktionen gegen die Besatzer und ihre Einrichtungen übergingen. Die Euphorie mancher Deutscher angesichts des Erfolges 1942 kühlte daher rasch wieder ab. Wie die Zwangsarbeiterrekrutierung wurde auch die Ernteerfassung durch den sprunghaften Anstieg des Widerstands im Frühjahr und Sommer 1943 immer schwieriger. Der Aufwand für die Aufbringung der Kontingente stieg enorm an. Untergrundkämpfer zerstörten Molkereien und Dreschmaschinen auf den größeren Gütern. Sie vernichteten in zahlreichen Gemeinden die Kontingentkarteien und andere Unterlagen. Die Vögte, Schulzen und Agronomen wurden massiv unter Druck gesetzt und zum Teil getötet. Zahlreiche Todesurteile wurden an die polnischen Mitarbeiter im deutschen Landwirtschaftsapparat verschickt. Bereits im April 1943 berichtete Naumann auf einer Sitzung, kein Tag vergehe mehr ohne Überfälle auf Mitarbeiter der Landwirtschaftsverwaltung; nicht selten würden sie ermordet. Im September 1943 meldete er,

37 Vgl. Präg/Jacobmeyer, Diensttagebuch, S. 573 (Eintrag vom 20.11.1942).
38 Vgl. Eisenblätter, Grundlinien, S. 353 ff.

dass innerhalb von nur zwei Monaten 480 landwirtschaftliche Fachkräfte erschossen worden seien.[39]

Angesichts solcher Zustände wurde bei den unteren Behörden der Wunsch nach radikalsten Maßnahmen laut. Noch unter dem Eindruck des geglückten Attentats auf seinen Vorgänger forderte Martin Lenz, der neue Kreishauptmann des Kreises Ostrów: »Da das gesamte Verhalten der polnischen Bevölkerung einen Sabotageterror ersten Ranges darstellt, kann dieser nach unserer bewährten nationalsozialistischen Methode aus der Kampfzeit nur durch noch stärkeren Terror unsererseits gebrochen werden. Es müßte also mit allen verfügbaren Kräften eine Art verschleierter Ausnahmezustand hergestellt werden, indem die Gendarmerie im Verein mit starken Wehrmachtsteilen eine Bekämpfung der Banditengruppen durchführt und schärfste Sühnemittel anwendet.«[40] Die Situation hatte sich so zugespitzt und einen solchen Grad an Unregierbarkeit erreicht, dass ihm in seiner Hilflosigkeit nur der schon in der Vergangenheit weitgehend gescheiterte Terror als adäquates Mittel einfiel. Nicht anders ging es Otto Mohns, Landkommissar in Radzymin, der eine bestimmte Gemeinde als Quelle des Widerstands ausgemacht haben wollte. Er forderte von Kreishauptmann Rupprecht nichts weniger als die Überführung der gesamten männlichen Bevölkerung der Gemeinde im Alter von 16 bis 45 Jahren in ein Arbeits- oder Konzentrationslager, sofern sie nicht Arbeiten im deutschen Interesse verrichteten. Ledige Frauen bis 30 Jahre sollten seiner Ansicht nach dieses Schicksal teilen.[41] Von den wenngleich halbherzigen Überlegungen zu einer »Neuordnung der Polenpolitik« waren derartige Vorstellungen natürlich meilenweit entfernt.

Der Widerstand der polnischen Bevölkerung hatte schon ab Mitte 1942 zu ersten Überlegungen einer Kursänderung der Polenpolitik geführt. Beflügelt wurden derartige Gedankenspiele durch mehrere Fakto-

39 Bericht des Gouverneurs des Distrikts Warschau vom 12. April 1943 an die Regierung des GG für die Monate Februar und März 1943, 12.04.1943, APW, Amt des Distrikts Warschau 1538, Bl. 108; Der Kreishauptmann in Puławy, Lagebericht für Mai 1943, 2.5.1943, USHMM, RG-15.066 M, reel 1; Der Bezirkslandwirt in Radzymin an den Landkommissar in Radzymin, 11.6.1943, APW, KHm Warschau-Land 5, Bl. 36; Biuletyn Informacyjny Nr. 22 (177), 3.6.1943, in: Biuletyn Informacyjny, część II, S. 1394; Präg/Jacobmeyer, Diensttagebuch, S. 649 (Eintrag vom 20.4.1943) u. S. 731 (22.9.1943); Ratyńska, Ludność, S. 286; Volkmann, Landwirtschaft, S. 43.

40 Der Kreishauptmann in Ostrów, Zweimonatsbericht für April und Mai 1943, 5.6.1943, APW, KHm Ostrów 19, Bl. 32.

41 Landkommissar in Radzymin an den Kreishauptmann des Kreises Warschau-Land, 15.6.1943, APW, KHm Warschau-Land 5, Bl. 34f.

ren. Es wurde immer offenkundiger, dass die Politik des Terrors mehr Probleme schuf, als sie zu lösen in der Lage war. Ganze Landstriche wurden allmählich unregierbar. Die Ablösung des HSSPF Krüger und die Einstellung der Umsiedlungen in der Region Zamość schien für Frank und andere ein günstiger Moment, die Bevölkerung durch Neuansätze der Politik für sich zu gewinnen. Die Entdeckung der Massengräber polnischer Offiziere bei Katyń kam da gerade recht. Eine massive antikommunistische Propaganda setzte ein, um die Polen für den deutschen »Abwehrkampf« zu gewinnen. Außerdem warb Frank in Berlin für eine Herabsetzung der Ablieferungspflichten der Landwirtschaft, eine bessere Behandlung der polnischen Zwangsarbeiter im Reich, erweiterte kulturelle Betätigungsmöglichkeiten im Generalgouvernement sowie eine stärkere Einbindung der Polen in die Verwaltung. Franks Vorstoß scheiterte schließlich an der Ablehnung Hitlers. Angesichts der Kriegsentwicklung und der Haltung der polnischen Bevölkerung waren die Pläne allerdings von vornherein illusionär und als rein taktisches Manöver durchschaubar. Die Überlegungen zur Änderung der Polenpolitik wurden außerdem in entscheidendem Maße Tag für Tag durch die brutale Besatzungspraxis widerlegt.[42]

Die Ernteerfassung 1943 war erheblich geprägt von den inneren Widersprüchen der Besatzungspolitik. Wie im Vorjahr erklärte Frank den »Ernteausnahmezustand« und drohte die Todesstrafe für alle an, die die Ernteerfassung störten. Die Kontingente wurden um rund 25 Prozent erhöht.[43] Zugleich lief eine großangelegte »Banditenbekämpfungsaktion« von SS, Polizei und Wehrmacht im Generalgouvernement. Ungeachtet dieser Rahmenbedingungen suchte die Ernährungsverwaltung blauäugig nach Wegen der Bildung einer Vertrauensbasis in der Bevölkerung. Die Hauptabteilung Ernährung und Landwirtschaft wandte sich daher an die Distrikte mit der Bitte um Vorschläge, die innerhalb des Distrikts an die Kreise weitergereicht wurde. Im Distrikt Warschau forderte man am 10. Juli 1943 die dortigen Kreishauptleute auf, Vorschläge zu machen. Im Schreiben an den Kreishauptmann in Ostrów heißt es: »[Es] kann kein Zweifel darüber bestehen, daß lediglich mit der polizei-

42 Generalgouverneur Frank an Hitler, 19.6.1943, BAB, R 52 II/12a, Bl. 1 ff.; Broszat, Polenpolitik, S. 168 ff.; Eisenblätter, Grundlinien, S. 361 ff.; Madajczyk, Okkupationspolitik, S. 110 ff.; Kleßmann, Kriegführung, passim; Głowiński, O nowy porządek, S. 304 ff.

43 Vgl. Verordnung zum Schutze der Ernteerfassung und zur Ernährungssicherung im Wirtschaftsjahr 1943/44, 14.7.1943, in: Doc. Occ. VI, S. 487 f.; Präg/Jacobmeyer, Diensttagebuch, S. 706 f. (Eintrag vom 22.7.1943).

lichen Exekutivaktion oder auch einer ebensolchen fortlaufenden Bekämpfung des Banditen- und Partisanenunwesens kein Dauererfolg erreicht werden kann. Es gilt nun, den verantwortlichen Stellen die Wege aufzuzeigen, die zu beschreiten sind, um in einer wirklich positiven Weise eine Änderung der Lage von innen her, d.h. aus der ursächlichen Bedingtheit der allgemeinen Unruhe, zu erreichen. [...] Da der Bolschewismus nicht nur militärisch, sondern nicht zuletzt auch mit geistigen Waffen überwunden werden muss, dürfen die auf deutscher Seite zu ergreifenden Maßnahmen nicht in Propaganda und billigen Versprechungen stecken bleiben, sondern es ist nötig, das Vertrauen in die Aufrichtigkeit der deutschen Ziele durch eine psychologisch vernünftige Behandlung der Menschen, vor allem durch wirkende Tat herauszustellen.«[44] Eine positive Änderung der Lage sollte zum Beispiel eine Erhöhung der Rationssätze im Generalgouvernement zum 1. September 1943 darstellen, die allerdings nicht verwirklicht wurde.[45]

Der Kreislandwirt des Kreises Ostrów machte sich in einer Stellungnahme zu der Anfrage der Abteilung Ernährung und Landwirtschaft für die Einhaltung der Versprechungen insbesondere bei der Prämienaktion sowie für eine verstärkte Mitarbeit der Polen stark, warnte aber vor der Gefahr einer zu großen Nähe. Als kontraproduktiv beklagte er häufiges Prügeln von Polen oder starke Requirierungen von Vieh. Er sprach sich für eine »korrekte, gerechte, aber äußerst harte Behandlung« aus, denn nur die könne zum Ziel führen.[46] Die Überlegungen in Warschau und die Stellungnahme des Kreislandwirts waren allerdings schon obsolet geworden. Auf der Kreishauptleute-Tagung des Distrikts Warschau war zuvor der »Ernteausnahmezustand« besprochen worden, der bis auf geringfügige Änderungen wie immer ablaufen sollte. Vor allem das Viehkontingent sollte mit Hilfe von Wehrmacht und Gendarmerie energisch eingetrieben werden. Für »Kontingentverweigerer« sahen die versammel-

44 Abteilung Ernährung und Landwirtschaft des Distrikts Warschau an den Kreishauptmann in Ostrów, betr.: Befriedungsmaßnahmen im Generalgouvernement, 10.7.1943, APW, KHm Ostrów 625, Bl. 35 v.

45 Vgl. Präg/Jacobmeyer, Diensttagebuch, S. 701 f. u. 706 f. (Einträge vom 13. u. 22.7.1943). Es kam nur zu einer Neueinteilung der Nichtselbstversorger, deren Versorgung in vier Gruppen abgestuft wurde und umso höher war, je mehr sie im deutschen Interesse arbeiteten.

46 Amt für Ernährung und Landwirtschaft Ostrów an den Kreishauptmann im Hause, betr.: Stellungnahme zum Schreiben vom 10.7.1943 der Abteilung Ernährung und Landwirtschaft, 24.7.1943, APW, KHm Ostrów 625, Bl. 37-39, Zitat Bl. 39.

ten Herren die Einweisung ins Arbeitslager Treblinka vor. Dort sollten sie so lange gesondert untergebracht werden, bis ihr Kontingent erfüllt wäre. Der Kreishauptmann in Ostrów erwog sogar die Errichtung eines eigenen Lagers. Kühl kalkulierend hielt er dazu fest: »Dies würde verhältnismäßig viel Geld einbringen, weil die Leute für die Dauer der Haft entsprechende Gebühren für Kost und Unterbringung bezahlen müssen.«[47] Wenngleich er diese Überlegung nicht realisierte, verdeutlicht sie doch, wie man sich nach wie vor die »wirkende Tat« vorstellte, die zum Erfolg führen sollte.

Das kurze Intermezzo der Neuordnungsphantasien wurde spätestens durch die Praxis der Kreishauptleute bei der Kontingenterfassung auf breiter Front abgewürgt. In den Kreisen richteten die Kreishauptleute wieder Befehlsstäbe ein, die unter ihrer Leitung die Ernteerfassung organisieren sollten. Gendarmerie und Soldaten bildeten über den Kreis verteilte sogenannte Ernteschutzkommandos. Sie sollten mit dem Sonderdienst von Dorf zu Dorf ziehen und die Kontingente eintreiben. Begleitet wurde dies erneut von verstärktem Druck auf die Gemeindevorsteher, die zugleich aber durch Prämien zu einer besseren Mitarbeit bewegt werden sollten. Schon bald nach Anlaufen der »Erfassungsaktion« bekam die Bevölkerung aufs Neue Terror und Gewalt zu spüren, die einzige »wirkende Tat«, zu der die meisten Kreishauptleute offenkundig in der Lage waren. Im Kreis Sokołów schritt der »Pan Starost« Gramß erneut zu umfangreichen Verhaftungen. Manche Bauern wurden direkt zur Zwangsarbeit nach Deutschland deportiert, während die übrigen ins Arbeitslager Treblinka kamen. Dort waren die Bedingungen derart schlecht, dass von 95 Bauern, die allein aus einem Dorf dorthin eingewiesen wurden, nach einem Monat bereits 16 gestorben waren. Von den übrigen waren viele nach der Entlassung arbeitsunfähig. Auch Strafexpeditionen gab es im Kreis Sokołów erneut. Andere Kreishauptleute verfuhren nicht zimperlicher als Gramß. Kreishauptmann Freudenthal nahm ebenfalls umfangreiche Verhaftungen vor. Aus einer Gemeinde wurden der Vogt, der Gemeindesekretär sowie 300 Bauern verhaftet. Die Gewalt riss bis kurz vor Ende der deutschen Besatzungsherrschaft nicht mehr ab.[48]

47 Aktenvermerk des Kreishauptmanns in Ostrów zur Kreishauptleute-Tagung am 15.7.1943, 17.7.1943, APW, KHm Ostrów 5, Bl. 9f., Zitat Bl. 9 v.

48 Der Gouverneur des Distrikts Warschau an den Kreishauptmann in Ostrów, betr.: Zusätzliche Prämierung bei Getreidekontingenterfüllung über 100%, 30.9.1943, APW, KHm Ostrów 627, Bl. 41; Der Kreishauptmann in Sokołów, Bekanntmachung Nr. 257, 26.7.1943, IPN, Afisze i plakaty 46t/16; Departament Informacji Delegatury Rządu RP na Kraj, Pro memoria o sytuacji w kraju Gene-

Die Untergrundkräfte setzten alles daran, den Erfolg der Erfassungsaktion zu mindern, indem sie im ganzen Land Behörden der Verwaltung und Landwirtschaft überfielen und Unterlagen zerstörten. Zugleich riefen sie in der konspirativen Presse zum passiven Widerstand auf, vor allem sollten die Bauern ihre Kontingente nicht abliefern. Je näher die Front rückte, desto stärker wurde der Widerstand. Besonders brutale NS-Funktionäre wurden von den Untergrundgerichten zum Tode verurteilt. Im Mai 1944 wurden die Kreislandwirte der Kreise Mińsk Mazowiecki und Końskie hingerichtet, die sich besonders bei Verhaftungen von Bauern hervorgetan hatten.[49] Trotz des Widerstands konnten die Kontingente jedoch fast zu hundert Prozent erreicht werden.[50] Nach der erneuten Verhängung des »Ernteausnahmezustands« im Juli 1944 kam es aber wegen der vorrückenden Roten Armee kaum mehr zu einer organisierten Erfassung der Ernte.

Das Generalgouvernement gewann durch die Ausbeutungspolitik in der Landwirtschaft an Bedeutung für die Versorgung Deutschlands mit einigen landwirtschaftlichen Produkten wie zum Beispiel Getreide, Kartoffeln, Rindvieh und Eiern. 1939 und 1940 war es noch ein Zuschussgebiet. Aus dem Reich mussten wegen der kriegsbedingt schlechten Ernte 1939 erhebliche Mengen Getreide eingeführt werden. Im Laufe der Besatzungszeit wandelte sich das, und das Generalgouvernement führte immer mehr landwirtschaftliche Erzeugnisse ins Reich aus. Die Einfuhren erfüllten zwar nicht die hochgesteckten Erwartungen im Reich, erreichten aber einen enormen Umfang, der einzig und allein auf Kosten der einheimischen Bevölkerung und häufig nur mit brachialer Gewalt erreicht werden konnte (vgl. Tabelle 13).

ralne Gubernatorstwo i Ziemie Wschodnie w okresie 26 VII – 26 VIII 1943 r., in: Pro memoria, S. 456 u. 460; ebenda, Pro memoria o sytuacji w kraju Generalne Gubernatorstwo i Ziemie Wschodnie w okresie 27 VIII – 20 IX 1943 r., in: ebenda, S. 468 u. 481; ebenda, Pro memoria o sytuacji w kraju Generalne Gubernatorstwo i Ziemie Wschodnie w okresie 24 X – 21 XI 1943 oraz uzupełnieniami z okresu poprzedniego, in: ebenda, S. 492 f.

49 »Nie oddawać kontyngentów«, Głos Wolności, Drohobycz, 20.8.1943, in: Publicystyka konspiracyjna, Bd. 2, S. 300 ff.; »Nie oddawać kontyngentów«, Trybuna Chłopska, in: ebenda, S. 365 ff.; Biuletyn Informacyjny Nr. 21 (228), 25.5.1944, in: Biuletyn Informacyjny, część III, S. 2034; Biuletyn Informacyjny Nr. 25 (232), 22.6.1944, in: ebenda, S. 2077.

50 Aufstellungen des Amtes für Raumordnung in der Abteilung Innere Verwaltung im Distrikt Warschau über die Ernteerfassung 1943, Stand am 10.2.1944, APW, KHm Ostrów 625, Bl. 59 ff.

Entscheidenden Anteil an der Aufbringung der Kontingente hatten die Kreishauptleute. Von ihnen hing häufig die Wahl der Methoden ab. In der Regel reagierten sie, wie dargelegt, auf Probleme und Widerstände mit dem Anziehen der Gewaltschraube und nicht mit der Suche nach konstruktiven Lösungen. Daran hatte der Druck, der vom Reich ausging, sicherlich seinen Anteil. Außerdem waren es ideologische Verblendung, ein ausgeprägter Geltungsdrang und Ehrgeiz sowie in einigen Fällen auch schlichte Unfähigkeit, die die Kreishauptleute zu brutalen Methoden greifen ließen. Ihre Herrschaftspraxis stand damit in krassem Widerspruch zu ihrem stereotyp häufig wiederholten Selbstbild vom »Aufbauarbeit« leistenden Pionier im Osten. »Konstruktive« Arbeit, wo sie denn geleistet wurde, hatte in aller Regel nur den einen Zweck, nämlich den Nutzen des Reiches zu mehren, und ging meist zulasten der Bevölkerung. Das galt für die Arbeiterrekrutierung gleichermaßen wie für die Ausbeutung der Landwirtschaft. Kritik wurde, wenn überhaupt, nur in sehr engem Rahmen an Einzelfragen geübt, die Grundlinien der Besatzungspolitik billigte der Kreishauptmann nicht nur, er gestaltete sie in erheblichem Ausmaß.

3. Verfolgung und Ermordung der Juden

Gewalt gegen Juden bestimmte vom ersten Tag an die deutsche Besatzungsherrschaft in Polen. In Końskie, einer westpolnischen Provinzstadt, zwangen Soldaten eine Gruppe von Juden, Gräber für vier von Heckenschützen erschossene deutsche Soldaten auszuheben. Während der Arbeit wurden sie geschlagen und gepeinigt. Anwesend war auch Leni Riefenstahl mit einem Kamerateam, die Aufnahmen für einen Propagandafilm über den Polenfeldzug drehen wollte. Als die Juden schließlich den Platz verlassen durften, kam ein Leutnant hinzu, der die Lage fehldeutete und Schüsse auf die vermeintlich fliehenden Juden abfeuerte. Daraufhin eröffneten auch die übrigen Soldaten das Feuer. Am Ende des Massakers waren 19 Juden tot, drei weitere erlagen später ihren Verletzungen.[1]

Nachdem die Soldaten weitergezogen waren, trat nun keinesfalls Ruhe ein. Dafür sorgte Gustav Albrecht, ein deutscher Beamter, der mit wenigen Mitarbeitern nach den kämpfenden Verbänden in Końskie einzog, um dort als Kreishauptmann die Verwaltung zu übernehmen. Albrecht scheint nicht der Prototyp des nationalsozialistischen Täters gewesen zu sein, wie man ihn sich vielleicht vorstellen könnte. Geboren worden war er 1902 in stabile Verhältnisse, sein Vater war Landrat, Schule und Jura-Studium durchlief er problemlos. Anschließend folgte er dem Beispiel seines Vaters und schlug eine Verwaltungslaufbahn ein. Diese Karriere setzte er nach dem Machtantritt der Nationalsozialisten ungebrochen bis zum Beginn des Krieges fort. Die Besetzung Polens bescherte ihm schließlich einen unverhofften Karrieresprung, da er nun mit großer Machtfülle an der Spitze eines großen Landkreises stand. Der NSDAP trat er erst 1937 bei, der SA bereits im November 1933. Womöglich hat er sich Anfang 1933 zunächst abwartend verhalten und sich dann, um seine Laufbahn in der Verwaltung nicht zu behindern, der SA angeschlossen, als die NSDAP bereits für Neuaufnahmen gesperrt war.

Obgleich also politisch eher ein »Spätzünder«, begegnete Albrecht den Juden in Końskie vom ersten Tag seiner Herrschaft an mit ausgesprochenem Widerwillen. Er erließ zahlreiche antijüdische Verordnungen und bedachte ihre Notlage obendrein mit Spott und Häme. Nach der Besetzung brach in Końskie die Versorgung der Bevölkerung zeitweise zusammen. Die Rationen mussten auf ein kärgliches Maß reduziert werden. Den Juden aber gestand Albrecht nicht einmal diese Hungerrationen zu, sie bekamen gar kein Brot zugeteilt. Er war offenkundig tief durchdrun-

1 Vgl. Rossino, Hitler, S. 186; Böhler, Verstrickung, S. 44 f.; ders., Auftakt, S. 195 f.

gen von antisemitischen Überzeugungen. Protesten von jüdischer Seite hielt er entgegen, das Hungern sei eine gerechte Strafe dafür, dass die Juden den Krieg angefangen hätten und schon im Ersten Weltkrieg für den Hungertod von mehreren hunderttausend Deutschen verantwortlich gewesen seien. Die Deutschen, so Albrecht, würden nun dafür sorgen, dass es diesmal umgekehrt laufe. Stolz berichtete er hiervon seinen Vorgesetzten: »Wenn jetzt das Hungern im Kreise Konsk anfange, würde ich dafür sorgen, daß zuerst die Juden verhungerten und dann erst die Polen.« Proteste der Juden bedachte er mit kaltschnäuzigem Zynismus: Sie sollten doch einen Brief an den britischen Premierminister schreiben und um eine Aufhebung der Blockade gegen Deutschland bitten.[2]

Ohne dazu in besonderer Weise von seinen Vorgesetzten aufgefordert worden zu sein, setzte Albrecht eine drakonische antijüdische Politik in Gang. Parallel zu ihrer bewusst betriebenen Aushungerung verkündete er zum Beispiel die Beschlagnahmung des gesamten Vermögens der Juden in Końskie. Albrecht beabsichtigte, die konfiszierten Mittel für »den Aufbau einer geschlossenen jüdischen Kolonie«[3] nahe Końskie zu verwenden. Das Ziel dieser Politik war eindeutig: Albrecht wollte die Juden so hart wie irgend möglich treffen. Ohne Versorgung und ohne Möglichkeit, sich anderweitig Lebensmittel zu beschaffen, zusätzlich isoliert in einem Ghetto, würden zwangsläufig viele Juden sterben. Zwar konnte Albrecht diese Pläne im Herbst 1939 noch nicht verwirklichen, aber es zeigt sich hier doch, wie weit derartige Überlegungen in Kreisen der Besatzer schon über bloße Gedankenspiele hinausgingen, ohne dass es besonderer Weisungen »von oben« bedurfte.[4]

Der Zustimmung des Generalgouverneurs konnten sich Albrecht und seine Kollegen stets gewiss sein. So erklärte Frank ihnen bei einem Treffen im November 1939, »daß ich mit der Art und Weise Ihrer Arbeit außerordentlich zufrieden bin und daß ich Sie, meine Herren, bitte, mit Ihrer ganzen Kraft so weiterzuarbeiten. Wenn Sie glauben, durch etwas gehindert zu sein, eine unmittelbare Aktivität zu entfalten, sind Sie in keiner Weise gebunden, ich decke Sie überall da, wo ich weiß, daß Sie aus lauterster Gesinnung Maßnahmen ergriffen haben, und wenn es Maßnahmen sind, die in anderen Auffassungszonen Schüttelfrost her-

2 Der kommissarische Landrat an den Distriktschef, 7. Lagebericht, 29.10.1939, BAL, B 162/Dok.-Slg. Polen, Ordn. 347, Bl. 487. Zitat ebenda.

3 Anordnung vom 18.9.1939, zitiert nach: Seidel, Besatzungspolitik, S. 219f.

4 Als Kreishauptmann in Stanisławów/Stanislau im Distrikt Galizien agierte Albrecht im Sommer/Herbst 1941 nicht minder initiativfreudig und ungleich brutaler. Vgl. dazu Pohl, Judenverfolgung, S. 144ff.

vorrufen würden.« Um keine Missverständnisse aufkommen zu lassen, wurde Frank noch deutlicher: »Bei den Juden nicht viel Federlesens. Eine Freude, endlich einmal die jüdische Rasse körperlich angehen zu können. Je mehr sterben, umso besser, ihn [»den« Juden] zu treffen, ist ein Sieg unseres Reiches. Die Juden sollen spüren, daß wir gekommen sind.«[5] Mit seiner Ansprache stellte Frank den Kreishauptleuten einen Freibrief für die Zukunft aus.

Die radikalen Maßnahmen und das brutale Vorgehen der Besatzer im neueroberten Territorium wurde auch von Hitler selbst nicht nur gedeckt, sondern regelrecht beflügelt. Seine drastische Vorgabe, einen »harten Volkstumskampf« in Polen auszutragen, signalisierte den NS-Funktionären, dass spätestens jetzt alle Beschränkungen, die sie nach Machtantritt der Nationalsozialisten nolens volens im Reich noch hatten hinnehmen müssen, hinfällig waren. Die Richtlinien waren außerdem derart allgemein gehalten, dass sie implizit an den Ehrgeiz der neuen Herrscher im besetzten Polen appellierten, zu zeigen, was »in ihnen steckte«, und Worten Taten folgen zu lassen. Der daraus folgende ungeregelte Terror hing im Ausmaß stark von den lokalen Entscheidungsträgern ab.[6] Ihre Bereitwilligkeit, den Erwartungen »von oben« gerecht zu werden, stellten die Kreishauptleute von Anfang an unter Beweis.

Zwar waren es Einsatzgruppen sowie Wehrmacht, die in den ersten Wochen die polnische Elite und immer wieder auch Juden hinmordeten, die Kreishauptleute aber sorgten dafür, dass die breite Masse der Juden im Alltag dauerhaft drangsaliert wurde. Priorität genoss zunächst die ökonomische Ausbeutung und Diskriminierung der Juden, ihre Verdrängung aus dem Wirtschaftsleben, die Sperrung der Bankguthaben etc. Da jedoch einheitliche Vorgaben fehlten, gingen Einzelne wie Albrecht rasch weit darüber hinaus. Gerade in den ersten Wochen der Besatzungsherrschaft hatten sie vielfach freie Hand – doch auch danach verfügten sie über einen großen Handlungsspielraum. In allen Phasen der Verfolgung und Ermordung der Juden preschten einzelne Kreishauptleute mit eigenen Initiativen vor und waren so an der Formierung einer radikalen Praxis erheblich beteiligt. Den Grad ihrer Beteiligung – weit über eine bloße »Verstrickung« hinausgehend – gilt es im Folgenden anhand exemplarischer Fallbeispiele für vier Phasen der »Judenpolitik« zu

5 Protokoll der Tagung der Kreishauptleute, Oberbürgermeister und Stadtkommissare des Distrikts Radom, 25.11.1939, BAL, B 162/Dok.-Slg. Polen, Ordn. 344, Bl. 458 f. Das vorangegangene Zitat ebenda, Bl. 460.

6 Vgl. Browning, Entfesselung, S. 48 f.

zeigen: die Ghettoisierung, den Übergang zum Mord, den organisierten Massenmord selbst und die anschließende Jagd auf versteckte Juden.

Ghettoisierung

Vom ersten Tag des Generalgouvernements an erließ die Verwaltung eine wahre Flut antijüdischer Verordnungen, um möglichst rasch den gefühlten Handlungsdruck in den Griff zu bekommen. Bald waren alle Lebensbereiche der Juden betroffen: Ab dem 26. Oktober 1939 unterlagen alle Juden von 14 bis 60 Jahren einem Arbeitszwang, es galten Ausgangssperren, sie mussten sich ab dem 1. Dezember 1939 mit einer Armbinde kennzeichnen, ihr Vermögen anmelden und konnten nur noch begrenzt darüber verfügen.[7] Eine wichtige Rolle spielte außerdem die Ausbeutung der Juden, die mehrfach motiviert war. Juden sollten aus dem Wirtschaftsleben zurückgedrängt werden, um ihren vermeintlich dominierenden Einfluss zu brechen. Gern gesehener Nebeneffekt waren nicht unerhebliche materielle Gewinne für das Reich und die Deutschen.[8]

Der Verwaltung gelang es, sich Schritt für Schritt die Zuständigkeit für die antijüdische Politik zu sichern. Zugute kam ihr dabei das Scheitern Himmlers und Odilo Globocniks, die »Judenfrage« territorial durch Schaffung eines »Reservats« im Distrikt Lublin zu »lösen«. Diese Pläne und die damit verbundenen Projekte wurden im März 1940 fallengelassen. An ihre Stelle trat die Idee, die Juden nach einem Sieg über England nach Madagaskar zu deportieren.[9] Die Verwaltung gewann nun mehr Handlungsspielraum zur Entwicklung einer eigenen »Judenpolitik«, da das Generalgouvernement nicht mehr als Dreh- und Angelpunkt einer »Lösung der Judenfrage« galt und die Berliner Zentrale weniger Interesse an der dortigen Politik hatte. Franks Apparat konnte seinen Einfluss auf die antijüdische Politik auch mehren, weil die SS noch in anderen Berei-

7 Vgl. Verordnung über die Einführung des Arbeitszwangs für die jüdische Bevölkerung des Generalgouvernements, 26.10.1939, in: Doc. Occ. VI, S. 560; Verordnung über die Kennzeichnung von Juden und Jüdinnen im Generalgouvernement, 23.11.1939, in: ebenda, S. 536 f.; Verordnung über die Pflicht zur Anmeldung jüdischen Vermögens im Generalgouvernement, 24.1.1940, in: ebenda, S: 576 ff.; Verordnung über die Beschlagnahme von privatem Vermögen im Generalgouvernement (Beschlagnahmeverordnung), 24.1.1940, in: ebenda, S. 262 ff.

8 Vgl. Seraphim, Wirtschaftsstruktur, S. 68 f. u. 85 ff.; Aly/Heim, Vordenker, S. 222 ff.; Seidel, Besatzungspolitik, S. 250.

9 Vgl. Eisenbach, Polityka, S. 165 ff.; Hilberg, Vernichtung, S. 215 f. Aly, »Endlösung«, S. 29 ff.; Longerich, Politik, S. 251 ff.; Brechtken, »Madagaskar«, S. 221 ff.; Yahil, Shoah, S. 232 ff.

chen praktisch scheiterte. Das galt vor allem für die Organisation der Zwangsarbeit der Juden, die dem HSSPF Krüger oblag. Krügers Apparat war nicht einmal annähernd in der Lage, die organisatorischen Grundlagen für eine systematische Ausbeutung jüdischer Arbeitskräfte zu schaffen. Daher konnte die Verwaltung diesen Bereich Anfang Juli 1940 an sich ziehen.[10]

Bis zum Sommer 1940 konnte die Zivilverwaltung die Zuständigkeit in den wichtigsten Bereichen der bis dahin weitgehend ungeregelten »Judenpolitik« an sich ziehen: die Ausschaltung der Juden aus der Wirtschaft, die Ernährung, Isolierungsmaßnahmen wie Aufenthaltsbeschränkungen und Kennzeichnung, die Gesundheitspolitik, der Zugriff auf die Judenräte, der jüdische Arbeitseinsatz, die Unterbringung der Deportierten aus den eingegliederten Gebieten sowie die soziale Fürsorge. Bei den Kreis- und Stadthauptleuten bündelten sich diese Kompetenzen in ihrem Amt. Sie waren die entscheidenden Akteure, die antijüdische Maßnahmen durchsetzten und in erheblichem Maße die Praxis bestimmten.[11] Einen Großteil dieser Bereiche bearbeiteten die Kreishauptleute bereits von Beginn an, ohne dass ihnen immer ausdrücklich die Zuständigkeit zugewiesen oder ihr Handeln durch Verordnungen gedeckt war.

Im Generalgouvernement hat es bis Herbst 1940 keine einheitliche, zentral organisierte Ghettoisierungspolitik gegeben. Die geplante Abschiebung der Juden in ein »Judenreservat« im Distrikt Lublin sowie die spätere illusionäre Perspektive der Deportation aller Juden im deutschen Machtbereich nach Madagaskar hatten dem im Wege gestanden. Diese utopischen Planungen ließen eine Ghettoisierung nicht zweckmäßig erscheinen, da man allgemein davon ausging, die Juden bald abschieben zu können.[12]

Das Fehlen einer durchgeformten Besatzungspolitik und der antisemitische Grundkonsens, der sich rasch im Verwaltungsapparat herauskristallisierte, ermutigte die Kreishauptleute zu lokalen Alleingängen bei der Ghettobildung, die jeder rechtlichen Grundlage entbehrten. Diese frühen Initiativen »von unten« dienten später in Teilen als Modell. Andere Kreishauptleute wollten sich der Juden durch lokale Vertreibungen entledigen. Dieses Vorpreschen einiger Kreishauptleute zeugt von einer hohen ideologischen Motivation. Zwar reagierten sie damit auf durchaus bestehende lokale Probleme wie vor allem die Wohnungsnot aufgrund

10 Vgl. Musial, Zivilverwaltung, S. 110 ff.
11 Vgl. Musial, Zivilverwaltung, S. 119 f.
12 Vgl. Eisenbach, Polityka, S. 219; Musial, Zivilverwaltung, 126.

der Kriegszerstörungen und des Zuzugs der zahlreichen vertriebenen Polen und Juden aus den eingegliederten Gebieten. Doch die antisemitische Stoßrichtung ihrer Problemlösungsstrategie wählten die Kreishauptleute aus freien Stücken – und mit Bedacht. »Von oben« hatten sie freie Hand, solange sie mit ihren lokalen Initiativen nicht die große Linie, sofern es diese überhaupt gab, gefährdeten. Diese Phase einer, wenn man so will, wilden Ghettoisierung begann unmittelbar nach der Besetzung und dauerte bis in den Herbst 1940, als schließlich eine gesetzliche Grundlage für die Isolierungspolitik geschaffen wurde.

Es waren vor allem die westlichen Kreise des Generalgouvernements, in denen Kreishauptleute die Konzentration der Juden vorantrieben und erste Ghettos einrichteten, angefangen bei Piotrków/Petrikau. Dort ordnete Stadtkommissar Hans Drechsel bereits am 5. Oktober 1939 die Bildung eines Ghettos an. Andere folgten rasch und drängten die Juden in vereinzelte Ghettos. Eine umfassende und systematische Konzentration der Juden blieb die Ausnahme. Die betrieb Kreishauptmann Glehn im Frühjahr 1940 im Kreis Jędrzejów.[13]

Allen diesen frühen Ghettobildungen ist gemeinsam, dass sie in Orten vorgenommen wurden, die stark vom Krieg in Mitleidenschaft gezogen worden waren. Das gilt zum Beispiel für Piotrków/Petrikau, das vor allem durch Luftangriffe stark zerstört worden war. Die Kreishauptleute erhofften sich durch die Ghettos eine Linderung der Wohnungsnot. Daher bestimmten sie in der Regel die Stadtteile von schlechterer baulicher Qualität zum Ghetto und pferchten möglichst viele Juden auf sehr engem Raum zusammen. Für die über 10 000 Juden in Piotrków/Petrikau gab es nur 182 Häuser mit insgesamt 4 178 Räumen. Im Laufe der Zeit verschärfte sich dort das Problem, da auch aus umliegenden Ortschaften Juden in das Ghetto umziehen mussten. Zudem wurden zahlreiche Wohnungen für Deutsche beschlagnahmt. Im März 1940 lebten bereits 12 397 Menschen im Ghetto, durchschnittlich drei in einem Raum. In Wodzisław war die Lage noch dramatischer: Durchschnittlich mehr als sechs Menschen mussten sich hier ein Zimmer teilen.[14]

13 Zu Piotrków/Petrikau vgl. Urzędowski, Przyczynek, S. 36 ff.; Rutkowski, Martyrologia, S. 79 f.; Seidel, Besatzungspolitik, S. 230; Urbański, Zagłada, S. 122 f.; Brzeziński, Eksterminacja, S. 147; Yahil, Shoah, S. 276 ff.; Młynarczyk, Judenmord, S. 112 f. Zu Glehn vgl. Eisenbach, Polityka, S. 218; Seidel, Besatzungspolitik, S. 231 f.; Rutkowski, Martyrologia, S. 81; Młynarczyk, Judenmord, S. 114.

14 Vgl. Urzędowski, Przyczynek, S. 36 u. 46 f.; Strawiński, Pod hitlerowską okupacją, S. 541; Rutkowski, Martyrologia, S. 80 f.

Verschärft wurde die ohnehin dramatische Wohnraumsituation vor allem in den westlichen Kreisen durch Flüchtlinge und Vertriebene aus den eingegliederten Gebieten. Der Distrikt Radom, in dem die meisten frühen Ghettobildungen vorgenommen worden waren, hat bis Mitte Mai 1940 rund 48 000 zwangsausgesiedelte Polen und Juden aus Danzig-Westpreußen und dem Warthegau aufnehmen müssen. Nach Schätzungen der Radomer Abteilung Innere Verwaltung kamen im gleichen Zeitraum noch einmal annähernd so viele Flüchtlinge aus dem Westen in den Distrikt. Hiervon besonders betroffen waren die grenznahen Kreise. Stadtkommissar Drechsel beklagte sich im Februar 1940, dass bis zu diesem Zeitpunkt rund 4 000 Polen sowie eine geringe Zahl von Juden aus dem Warthegau zugewandert seien. Dadurch habe die Bevölkerung der stark zerstörten Stadt um über 7,5 Prozent zugenommen.[15]

Ein zusätzlicher Faktor, der eine Rolle spielte, war die Präsenz einer größeren Zahl von Volksdeutschen. Diese wirkten etwa in Piotrków/Petrikau wahrscheinlich auf eine beschleunigte Ghettoisierung hin, weil sie entsprechenden Druck auf die deutsche Verwaltung ausübten. Entscheidender Beweggrund hierfür waren wirtschaftliche Motive, da sich manche Volksdeutsche offensichtlich erhofften, jüdische Geschäfte oder Positionen übernehmen zu können.[16] Da die Kreishauptleute gerade in der Anfangszeit der Besatzung mit den örtlichen Verhältnissen nicht vertraut waren, waren sie in hohem Maße auf die Mithilfe Volksdeutscher angewiesen. Das erhöhte deren Möglichkeiten der Einflussnahme deutlich. Besonders evident ist dies in der Kreishauptmannschaft Radomsko. Auf der Tagung der Kreishauptleute des Distrikts Radom im November 1939 berichtete Kreishauptmann Arnold Kobelt, dass es ihm dank tatkräftiger Mitarbeit von Volksdeutschen gelungen sei, die Juden vollständig aus dem Handel auszuschließen.[17] Das war Voraussetzung für die Möglichkeit zur Ghettobildung, ohne den örtlichen Handel und die Wirtschaft empfindlich zu stören. Andernorts scheiterte gerade daran eine schnelle Ghettoisierung.

15 Rundschreiben der Abteilung Innere Verwaltung an die Kreis- und Stadthauptleute des Distrikts, betr. Evakuierung von Polen und Juden, 14.5.1940, IfZ, Fb 129/2, o.P.; Amt des Generalgouverneurs, Abt. Innere Verwaltung, Lageberichte der Kreis- und Stadthauptleute, 19.3.1940, IPN, NTN 269, Bl. 66.

16 Vgl. Rutkowski, Martyrologia, S. 80. Gleiches vermutet Rutkowski auch für Radomsko.

17 Protokoll der Tagung der Kreishauptleute, Oberbürgermeister und Stadtkommissare des Distrikts Radom, 25.11.1939, BAL, B 162/Dok.-Slg. Polen, Ordn. 344, Bl. 450 f.

Modellcharakter erhielt aber die Initiative von Kreishauptmann Heinz Werner Schwender im Kreis Łowicz, dem westlichsten Kreis des Distrikts Warschau. Schwender hatte bereits im Mai 1940 die Ghettoisierung der gesamten jüdischen Bevölkerung seines Kreises vollzogen.[18] Im Oktober 1940 besuchte Generalgouverneur Frank den Kreis und ließ sich von Schwender von dessen Erfahrungen berichten. Wegen der unmittelbaren Grenznähe seien sehr viele Juden aus den eingegliederten Ostgebieten illegal in seinen Kreis gekommen, so dass sich die Zahl der Juden von 6000 auf 18000 verdreifacht habe, berichtete Schwender. Die Juden »hätten sich nicht nur, wie immer, höchst unliebsam bemerkbar gemacht, sondern auch die Fleckfiebergefahr heraufbeschworen. In Lowitsch habe man 200 Fälle gezählt, gegenüber nur 400 Fällen in der großen Stadt Litzmannstadt [Łódź]. Die Krankheit sei von jenseits der Grenze eingeschleppt worden. Das einzige und beste Mittel gegen diese Gefahr bilde der restlose Abschluß der Träger von Läusen. Und deshalb sei man an die Errichtung der Ghettos gegangen.«[19] Zumindest in Łowicz selbst wird auch die Wohnungsnot eine wichtige Motivation gewesen sein: Rund 14 Prozent der Wohnhäuser waren durch den Krieg zerstört, auch kamen viele Flüchtlinge in die Stadt.[20]

Infolgedessen riegelte man das Ghetto mit Mauern und Zäunen vollständig von der Umwelt ab; Polizeistreifen rund um das Ghetto waren beabsichtigt. Schwender führte weiter aus, dass der Judenrat die Verwaltung des Ghettos übernommen habe und über einen Ordnungsdienst verfüge. Innerhalb des Ghettos gab es ein jüdisches Krankenhaus, Geschäfte, Werkstätten und dergleichen mehr, daher wurde zur Beaufsichtigung kaum Personal benötigt. Die Erfolge seiner Politik breitete Schwender nicht ohne Stolz vor dem Generalgouverneur aus: »Der Jude sei in Lowicz aus dem Handel ausgeschaltet. Es sei gelungen, das jüdische Element ganz klar zu beherrschen. Auch sei es gelungen, die Juden auf dem Wege der Zwangsarbeit mit Hilfe des jüdischen Beirats zur Handarbeit heranzuziehen. Das habe natürlich seine Schwierigkeiten gehabt, da der Jude seinen bisherigen Erwerb lediglich im Schieben gesehen habe.«[21]

Franks Besuch in Łowicz zu diesem Zeitpunkt war kein Zufall, sondern hing eng mit der Entscheidung zur Bildung eines Ghettos in Warschau zusammen. Überlegungen und erste Schritte dazu hatte es schon

18 Vgl. Eisenbach, Polityka, S. 219; Brustin-Berenstein, Deportacje, S. 85.
19 Präg/Jacobmeyer, Diensttagebuch, S. 286 (Eintrag vom 8.10.1940).
20 Vgl. Maciejak, W czasie, S. 409.
21 Ebenda, S. 287.

seit den ersten Tagen der Besatzung gegeben, beginnend mit der Ausweisung eines »Seuchengebietes« im vorwiegend von Juden bewohnten Stadtteil, dessen Betreten Deutschen untersagt war. Im November 1939 hatte Frank Ghettoisierungsplänen von Distriktchef Fischer seine grundsätzliche Zustimmung erteilt. An Dynamik gewannen die Planungen 1940 nach der Ernennung Waldemar Schöns zum Leiter der Abteilung Umsiedlung im Distrikt Warschau. Er traf allerdings auf Widerstand von verschiedenen Seiten, was die Planungen verzögerte. Anfang März legte er das Projekt vor allem wegen wirtschaftspolitischer Bedenken der Stadtverwaltung zunächst auf Eis. Eine Abschottung der Juden im Ghetto hätte erhebliche Störungen im Handwerk und in der Industrie hervorgerufen. Zwischenzeitlich setzten die Warschauer Planer überdies ihre Hoffnungen auf ein »Judenreservat« im Distrikt Lublin, wohin sie auch die Warschauer Juden abschieben wollten. Diese Perspektive schwand aber bald.[22]

Zum gleichen Zeitpunkt als die Planungen für das Warschauer Ghetto wiederaufgenommen wurden und die Gesundheitsverwaltung die Errichtung einer Mauer um das »Seuchengebiet« durchgesetzt hatte, wurde Kreishauptmann Schwender initiativ. Kurzerhand sperrte er die gesamte jüdische Bevölkerung seines Kreises in geschlossene Ghettos, die über alles verfügten, was man sich in Warschau »erträumte«. In einem Bericht an Distriktchef Fischer reihte Schön das Łowiczer Modell folgerichtig in seine Darstellung über die Vorgeschichte des Warschauer Ghettos ein. Schön sah Schwenders Handeln als berechtigte Reaktion auf hygienische und sicherheitspolitische Probleme und stellte dies als den Königsweg hin: »Die Erfahrungen, die mit der Bildung der jüdischen Wohnbezirke in Lowicz und Glowno gemacht wurden, haben gelehrt, daß diese Methoden die *einzig richtigen* zur Bannung *aller* Gefahren sind, die von der Judenwelt ausströmen.«[23]

Die Ghettopläne sahen für Warschau zwei Ghettos am Stadtrand vor, in die ab dem 1. Juli 1940 alle Juden bis zum Winteranfang umziehen sollten. Kaum, dass die Arbeiten wiederaufgenommen worden waren, verhinderte das Madagaskar-Projekt die Ghettovorbereitungen. Bewegung in die Sache brachten erst wieder der Leiter der Warschauer Abteilung für Gesundheitswesen, Arnold Lamprecht, sowie Jost Walbaum,

22 Vgl. Hilberg, Vernichtung, S. 235 f.; Gutman, Jews, S. 48 ff.; Browning, Entfesselung, S. 185 f.;

23 Bericht des Leiters der Abteilung Umsiedlung beim Gouverneur des Distrikts Warschau über das Warschauer Ghetto, 20.1.1941, in: Faschismus, Getto, Massenmord, S. 109 (Hervorhebung vom Verf.).

Leiter des Hauptamtes Gesundheit in Krakau. Unterstützt durch die Warschauer Distriktsregierung erwirkten sie mit der Begründung »Seuchengefahr« am 12. September 1940 die Genehmigung Franks zur Bildung eines geschlossenen Ghettos. Um das Ganze zu beschleunigen, wurde das bisherige »Seuchengebiet« als Ghetto ausgewählt, da dort ohnehin die meisten Juden lebten und bereits Arbeiten an einer Abgrenzung vorgenommen worden waren.[24]

Einen Tag darauf erließ Frank zwei Verordnungen, die das eigenmächtige Handeln einiger Kreishauptleute nachträglich »legalisierten« und weitere Ghettobildungen erlaubten. Die Verordnung über Aufenthaltsbeschränkungen im Generalgouvernement ermächtigte die Kreis- und Stadthauptleute zur Anordnung von Aufenthaltsbeschränkungen.[25] Erst jetzt verfügten sie über das Recht, Ghettos zu bilden und entsprechende Strafen zu verhängen. Das war aber keinesfalls der Beginn einer zentral organisierten Ghettoisierung; diese blieb nach wie vor im Ermessen der Kreishauptleute.

Im Distrikt Warschau jedoch erließ Gouverneur Fischer daraufhin am 2. Oktober 1940 die Anordnung zur Bildung des Ghettos in Warschau. Zugleich erhielten die Kreishauptleute des Distrikts die Anweisung, bis zum 15. November 1940 ebenfalls Ghettos zu bilden und die dafür notwendigen Umsiedlungen abzuschließen.[26]

Schwenders Bericht von Anfang Oktober 1940 hatte somit Pate für die Errichtung des Warschauer Ghettos gestanden. In diesem Sinne anerkannte eine 1942 erschienene offizielle Schrift über »Deutsche Aufbauarbeit im Distrikt Warschau«, verschiedentlich hätten Kreishauptleute »durch ihre Initiative und Tatkraft den vorgesetzten Stellen Anregungen gegeben, so daß manche Maßnahme, die zunächst nur ein einziger Kreishauptmann durchgeführt hat, allgemein verwirklicht worden ist. So ist zum Beispiel die Bildung geschlossener jüdischer Wohnbezirke erstmals im Mai 1940 in einer Kreishauptmannschaft im Westen des Distrikts Warschau erfolgt. Die dabei gesammelten Erfahrungen haben mit dazu

24 Vgl. Browning, Entfesselung, S. 186f.

25 Vgl. Doc. Occ. VI, S. 540f. Zudem erhielten die Kreishauptleute die Befugnis, Strafen in Höhe von bis zu 1000 Złoty, ersatzweise bis zu drei Monate Haft, zu verhängen, wenn ihren Anordnungen nicht Folge geleistet wurde. Vgl. Verordnung über das Verwaltungsstrafverfahren im Generalgouvernement, 13.9.1940, VOBlGG 1940, S. 300f.

26 Bericht des Leiters der Abteilung Umsiedlung beim Gouverneur des Distrikts Warschau über das Warschauer Ghetto, 20.1.1941, in: Faschismus, Getto, Massenmord, S. 110.

beigetragen, im gesamten Generalgouvernement jüdische Wohnbezirke einzurichten.«[27]

Reagierten einige Kreishauptleute in den ersten Monaten auf lokale Probleme mit der Einrichtung von Ghettos, sahen andere örtliche Vertreibungen von Juden und das Abschotten ihres Kreises gegen Zuwanderung von außen als probates Mittel, um der Schwierigkeiten Herr zu werden. In den östlichen Kreisen organisierten Kreishauptleute die Vertreibung von Juden über die Demarkationslinie in das sowjetisch besetzte Polen. Im Dezember 1939 nahmen der Stadthauptmann von Chełm, Gerhard Hager, und der Kreishauptmann des Kreises Hrubieszów, Gerhard Behrend, gemeinsam die Vertreibung von rund 2700 Juden aus ihrem Gebiet vor.[28] Joel Ponczak aus Chełm konnte sich verstecken und die Aktion Hagers beobachten. Seinen Erinnerungen und denen Lipman Sznajders, ebenfalls aus Chełm, zufolge musste der Judenrat dafür sorgen, dass sich die jüdische Bevölkerung Chełms im Alter von 14 bis 60 Jahren am 1. Dezember 1939 auf einem Platz einfand. Dort befahl man ihnen die Abgabe ihrer Ausweise, ihres Geldes und sonstiger Wertsachen. Nach der Ausplünderung und nach wiederholten Misshandlungen wurden die rund 1800 Juden unter Bewachung aus der Stadt in Richtung Hrubieszów geführt. Wer das Marschtempo nicht halten konnte oder Anweisungen der Bewacher nicht umgehend befolgte, wurde erschossen; viele Leichen säumten den Weg. In Hrubieszów mussten sich weitere Juden anschließen. Schließlich wurden alle an den Grenzfluss Bug getrieben, wo ihnen die Deutschen befahlen, über die Brücke ins sowjetische Teilungsgebiet zu gehen, andernfalls würden sie erschossen. Auf sowjetischer Seite wurde allerdings die Aufnahme der vertriebenen Juden verweigert, die Aktion musste daher abgebrochen werden. Ein Teil der Juden konnte schließlich in ihre Heimatorte zurückkehren.[29] Das blutige Vorgehen der SS machte offenbar schnell die Runde unter den Deutschen und traf auch auf eine wohlwollende Öffentlichkeit. Aus Lublin, wo kurz zuvor die beabsichtigte Vertreibung von 3000 Juden gescheitert war, berichtete der Stadthauptmann, Fritz Cuhorst, noch im Dezember 1939 seinen Kameraden in Stuttgart vom Chelmer »Todesmarsch«: »Da hat es am 3.12. in Chelm besser geklappt: dort hat man

27 Gollert, Warschau, S. 88.

28 Vgl. Musial, Zivilverwaltung, S. 127; Ringelblum, Kronika, S. 42 (Eintrag vom 12.12.1939); Cüppers, Wegbereiter, S. 51.

29 Vgl. Życie i zagłada, S. 73f. (Joel Ponczak) u. S. 81f. (Lipman Sznajder). Die beiden Erinnerungen weichen in Details voneinander ab, in den wesentlichen Basisinformationen über die Aktion stimmen sie aber überein.

1000 Juden, begleitet von SS-Reiterei, in Marsch gesetzt. In der Dämmerung gab es eine kleine Revolte, da die Juden versuchten, den 30 Begleitern zu entwetzen. Nach der Schießerei waren es dann noch 600, die am Ziel ankamen.« Das Scheitern in Lublin bedauernd schrieb er: »Bei unserem Judenmontag sind keine 20 draufgegangen.«[30]

Die im September 1940 erlassene Verordnung über Aufenthaltsbeschränkungen funktionierte nicht als offizielle Initialzündung für eine Welle von Ghettobildungen. Es blieb zunächst bei einer regional sehr unterschiedlichen Praxis. Lediglich Gouverneur Fischer hatte daraufhin eine umfassende Ghettoisierung der Juden in seinem Distrikt in Gang gesetzt, die von den Kreishauptleuten in den folgenden Wochen und Monaten rasch umgesetzt wurde. Im Westen des Distrikts war dieser Prozess bis Ende Januar 1941 weitgehend abgeschlossen, im Osten zog er sich bis Frühjahr 1941 hin. Die westlich der Weichsel gelegenen Kreise waren für die Aufnahme von vertriebenen Polen aus den eingegliederten Gebieten vorgesehen, daher ging dort die Einrichtung der Ghettos schneller vonstatten.[31]

Die neu eingeräumten Strafbefugnisse reichten manchen dabei aber nicht aus: Im Kreis Grójec setzte die Konzentration der jüdischen Bevölkerung im Januar 1941 ein. Der Leiter des Amtes für Innere Verwaltung, Ernst Maurer, wies im Auftrag von Kreishauptmann Zimmermann die Bürgermeister und Gemeindevorsteher des Kreises an, die Juden bis zum 27. Januar in eine von sechs aufgeführten Städten auszuweisen, da sich die Juden auf dem Lande der Gesundheitskontrolle entzögen und »sie schon verschiedentlich die Ursache von Seuchen waren«. Allen Juden wurde beginnend mit dem 27. Januar 1941 der Aufenthalt außerhalb der sechs Städte verboten. Wer dann noch außerhalb seines Wohnortes angetroffen werde, »kann sofort erschossen werden«, so Maurer.[32] Damit fuhren Maurer und Zimmermann einen besonders scharfen Kurs und setzten sich über ihre Befugnisse hinweg: Sie erklärten kurzerhand alle Juden außerhalb dieser sechs Orte für vogelfrei.

Ab Januar 1941 wurden aus den westlichen Kreisen Łowicz, Skiernie-wice, Grójec, Sochaczew und Teilen des Kreises Warschau-Land bis

30 Fritz Cuhorst, Lubliner Impressionen Nr. 2, zit. nach: Mallmann u.a., Deutscher Osten, S. 14.

31 Eisenbach, Polityka, S. 220ff.; Brustin-Berenstein, Deportacje, S. 85ff.

32 Der Kreishauptmann an sämtliche Bürgermeister und Gemeindevorsteher im Kreise Grójec, 20.1.1941, BAL, B 162/II 211 AR-Z 76/66, Bd. 2, Bl. 140. Konzentrationspunkte sollten die Ortschaften Błędów, Tarezyn, Mogielnica, Góra Kalwaria, Warka und Grójec sein.

auf wenige Zwangsarbeiter alle Juden in das Warschauer Ghetto umgesiedelt. Die Vertreibung der rund 72000 Juden sollte Platz für insgesamt 62000 vertriebene Polen aus den eingegliederten Gebieten schaffen, die ab Februar 1941 ankamen. Den Kreis Skierniewice zum Beispiel verließen bis zum 10. März 1941 circa 8800 Juden; bis zum 15. März kamen rund 2800 vertriebene Polen.[33] Der Raub des Besitzes der Juden war ein zusätzliches wichtiges Motiv für ihre Vertreibung. Im Kreis Grójec beobachtete Kreishauptmann Werner Zimmermann verärgert, dass viele Juden ihre Wohnungseinrichtungen verkauften. Daher erklärte er eigenmächtig am 4. Februar 1941 rückwirkend zum 1. Februar alle derartigen Verkäufe für ungültig.[34]

Mit Genugtuung sah auch Kreishauptmann Schwender in Łowicz der Vertreibung nach Warschau entgegen: »Das Problem der Juden scheint nach Ausführung der bevorstehenden Umsiedlung in das Ghetto nach Warschau endgültig gelöst. Z.Zt. leben sie schicksalsergeben in ihren Ghettos und fristen ihr Dasein von ihren knappen Lebensmittelkontingenten. Hin und wieder versuchen sie noch nach der Art ihrer früheren Gewohnheit Schiebungen und Schleichhandel mit Lebensmittel und Waren, doch ist die Bewachung der Ghettos so organisiert, daß diese Gesetzwidrigkeiten zumeist aufgedeckt werden.«[35] Schwender war, das wird in derartigen Äußerungen offenbar, bei seinen Handlungen von einem starken Antisemitismus motiviert. Im Februar 1941 war sein Ziel erreicht: Bis auf einige Zwangsarbeiter war sein Kreis »judenfrei«. Die freiwerdenden Wohnungen sollten Polen zugutekommen. Zweifel hatte er lediglich daran, ob die aufzunehmenden Polen die jüdischen Handwerker ersetzen könnten. Trotzdem, so Schwender erwartungsfroh, »muß doch erwartet werden, daß den Behörden durch die Abwesenheit der

33 Bericht des Chefs des Distrikts Warschau vom 10. März 1941 an die Regierung des GG für den Monat Februar 1941, BAB, R 52 III/29, Bl. 128; Der Kreishauptmann des Kreises Warschau-Land, Lagebericht für den Monat Januar 1941, 8.2.1941, APW, KHm Warschau-Land 3, Bl. 83f.; Der Kreishauptmann in Skierniewice, Lagebericht für März 1942, BAL, B 162/Dok.-Slg. Polen, Ordn. 365p, Bl. 565; Anordnung des stellvertretenden Leiters der Abteilung Umsiedlung, Mohns, an den Warschauer Judenrat, 20.1.1941, in: Faschismus, Getto, Massenmord, S. 61f.

34 Rundschreiben des Kreishauptmanns von Grójec an alle Bürgermeister und Gemeindevorsteher des Kreises, 4.2.1941, BAL, B 162/211 AR-Z 76/66, Bd. 2, Bl. 141.

35 Der Kreishauptmann des Kreises Łowicz, Lagebericht, 10.2.1941, ebenda, Bl. 353.

Juden manche Erleichterung zuteil« werde.[36] Nach Abschluss der Umsiedlungen aus den westlichen Kreisen erließ Distriktchef Fischer am 17. Juni 1941 ein Aufenthaltsverbot für Juden in den westlich der Weichsel gelegenen Kreisen und verbot ihnen den Wohnortwechsel. Zugleich rief er die nichtjüdische Bevölkerung dazu auf, bei der Polizei umgehend alle Juden anzuzeigen, die außerhalb der Ghettos angetroffen würden.[37]

In den östlichen Kreisen des Distrikts Warschau begannen die Kreishauptleute ab Januar 1941 mit der Einrichtung von Ghettos, mit Ausnahme Bittrichs in Mińsk Mazowiecki, der bereits im Oktober 1940 damit begonnen hatte. Bis Februar 1941 hatte Kreishauptmann Gramß die Konzentration der Juden abgeschlossen; fortan mussten diese in sechs Ghettos leben. Die anderen Kreishauptleute begannen ebenfalls ab Januar mit der Konzentration der Juden und der Verhängung von Aufenthaltsbeschränkungen. Allerdings war hier eine schnelle Abschiebung der Juden nach Warschau offenbar nicht vorgesehen, obwohl auch in diese Kreise vertriebene Polen kommen sollten. Im Herbst 1941 wurde die Ghettoisierung im Osten des Distrikts noch einmal verschärft und zu ihrem vorläufigen Abschluss gebracht. Die Juden wurden vom Land in die Städte umgesiedelt; in jedem Kreis blieben nur fünf bis sieben Wohnorte für Juden bestehen.[38]

Parallel zu der ab Oktober 1940 organisierten Ghettoisierung der Juden im Distrikt Warschau tat sich lediglich Kreishauptmann Glehn im Distrikt Radom mit weiteren Ghettobildungen hervor. Er hatte im November 1940 den Kreis Tomaszów Mazowiecki übernommen und ging dort nun ebenfalls rasch ans Werk. Unmittelbar nach Dienstantritt machte er sich an die Einrichtung von Ghettos, angefangen im November 1940 in Opoczno, in dem auf 3000 Menschen lediglich 115 Häuser kamen, so dass 1000 Juden obdachlos wurden. Am 20. Dezember 1940 ordnete Glehn die Bildung eines Ghettos in Tomaszów an; Vorarbeiten reichten bereits bis ins Frühjahr 1940 zurück, aber erst Glehn schritt ent-

36 Der Kreishauptmann des Kreises Łowicz, Lagebericht, 15.3.1941, BAB, R 52 III/29, Bl. 59. Zitat ebenda.

37 ZStL, Beteiligung, Teil 252, Bl. 2 ff.

38 Der Kreishauptmann in Grójec, Rundschreiben an sämtliche Bürgermeister und Gemeindevorsteher im Kreise Grójec, 20.1.1941 u. 4.2.1941, BAL, B 162/211 AR-Z 76/66, Bd. 2, Bl. 140 f.; Lagebericht des Kreises Sokołów-Węgrów für den Monat Februar 1941, 3.3.1941, BAB, R 52 III/29, Bl. 102; Obozy hitlerowskie, S. 448; Kopówka, Polacy, S. 201 f.; Szczechura, Życie, S. 44; Brustin-Berenstein, Deportacje, S. 85 ff.; Eisenbach, Polityka, S. 225.

schlossen zur Tat und beendete den Prozess rasch nach Amtsübernahme.[39]

Da im Distrikt Radom Ghettos bereits vor dem Erlass über Aufenthaltsbeschränkungen gebildet worden waren, brachte die Verordnung im Herbst 1940 zunächst kaum Bewegung in die Ghettoisierung. An Schwung gewann die Konzentration der Juden hier erst im Frühjahr 1941, da nun 62 000 Polen aus den eingegliederten Gebieten dorthin kommen sollten. Hinzu kamen rund 10 000 Juden aus Płock und Umgebung sowie 4 000 Juden aus Österreich. Deswegen und wegen der erwarteten stärkeren Belegung durch die Wehrmacht klagten im Februar 1941 einige Kreishauptleute über die bereits bestehende Wohnungsnot und deren drohende Verschärfung. Außerdem machten sie auf eine wachsende Gefährdung der Gesundheit auch der Deutschen aufmerksam, da ein Anstieg der Typhuserkrankungen infolge der Enge und schlechten Versorgungslage zu verzeichnen war. Als Konsequenz daraus forderten sie den Abbruch weiterer Deportationen, allerdings vergeblich.[40]

Gouverneur Lasch griff die Klagen der Kreishauptleute auf und ordnete im März 1941 die Bildung von Ghettos an. Diese sollten zwar nicht abgeschlossen werden, das Verlassen sollte aber nur mit Genehmigung des zuständigen Kreis- oder Stadthauptmanns erlaubt sein. Außerdem wurde Juden das Betreten der Durchgangs- und Hauptstraßen in den Kreishauptstädten verboten. Auf Grundlage dieser Verordnung setzte nun erst eine umfassende Ghettobildung im gesamten Distrikt ein.[41]

Zugleich kam es in vielen Kreisen des Distrikts zu einer gegenläufigen Entwicklung. Aus unterschiedlichen Gründen wurden Juden konträr zu den Konzentrationsbemühungen aus den Städten in umliegende Ortschaften vertrieben. Im Kreis Radom-Land musste die gesamte Bevölkerung von Przytyk, darunter 2 700 Juden, sowie weiterer 160 umliegender Dörfer das Gebiet räumen, da dort ein Truppenübungsplatz für die Wehrmacht entstehen sollte. In diesem Dekonzentrationsprozess verteilte sich die jüdische Bevölkerung Przytyks auf zahlreiche Orte, ebenso in anderen Regionen. Auf Anordnung von Kreishauptmann Balluseck mussten Mitte Januar 1941 600 Juden die Kreisstadt Jędrzejów verlassen und sich in umliegenden Dörfern niederlassen. Balluseck wollte durch

39 Vgl. Rutkowski, Martyrologia, S. 81 f.; Seidel, Besatzungspolitik, S. 232.

40 Amt des Chefs des Distrikts Radom, Abteilung Innere Verwaltung, an den Stadthauptmann in Tschenstochau, betr. Zielbahnhöfe für 62 000 Polenumsiedler aus den eingegliederten Ostgebieten, 13.1.1941, IfZ, Fb 129/3, o.P.; Rutkowski, Martyrologia, S. 92 f.; Seidel, Besatzungspolitik, S. 237.

41 Vgl. ebenda, S. 247; Rutkowski, Martyrologia, S. 82.

diese Maßnahme einen Teil der Flüchtlinge in der Stadt und vor allem arme Juden loswerden.[42] Solche »handgestrickten« Verfahren schufen jedoch in der Regel nur neue Probleme, weil damit ein Kontrollverlust über Teile der jüdischen Bevölkerung einherging. Eine wirksame Bekämpfung des Schleichhandels zum Beispiel, für den die Juden verantwortlich gemacht wurden, war auch deswegen nicht möglich. Von größerer Bedeutung war für die meisten Deutschen allerdings die Angst vor Seuchen, für deren Verbreitung sie vor allem den Juden die Schuld gaben.[43]

Im Sommer 1941, als durch den Überfall auf die Sowjetunion eine neue Entwicklung einsetzte, bot sich ein recht unterschiedliches Bild. Gerade in den Distrikten Warschau und Radom, wo Kreishauptleute früh initiativ geworden waren, war die Ghettoisierung der Juden relativ weit fortgeschritten. Dort hatten die Gouverneure die Initiativen aus den Kreisen aufgegriffen und für ihre Distrikte eine zentrale Regelung in Gang gesetzt. Es waren gerade diese beiden westlichen Distrikte des Generalgouvernements, in die außer den Vertriebenen auch zahlreiche Flüchtlinge aus den eingegliederten Gebieten kamen. Zudem sahen sich die Behörden im Generalgouvernement vor die Aufgabe gestellt, über eine Million Polen und Juden aus den eingegliederten Gebieten aufzunehmen. Allein bis zum 1. Mai 1941 stellte der HSSPF Krüger einen Zugang von 250 000 Personen in Aussicht. Das gab dem Ghettogedanken auch auf zentraler Ebene Nahrung. Der Leiter der Abteilung Innere Verwaltung im Amt des Generalgouverneurs, Eberhard Westerkamp, brachte diesen als eine mögliche Lösung ins Gespräch. Man trage sich, so Westerkamp, mit dem Gedanken, »den nötigen Platz dadurch freizumachen, daß man die Juden enger zusammentreibe in Ghettos«.[44]

In den Distrikten Lublin und Krakau aber hatte es bis zu diesem Zeitpunkt kaum Ghettos gegeben. Das blieb im Distrikt Krakau auch in der ersten Jahreshälfte 1941 die Ausnahme, etwa die im März 1941 eingerichteten Ghettos in Krakau und Bochnia. Im Distrikt Lublin hatte es bislang ebenfalls keine umfassende Ghettobildung gegeben. Lediglich in Krasnystaw hatte Kreishauptmann Hartmut Gerstenhauer im August 1940 am Stadtrand ein Ghetto gebildet, um Wohnraum in der Stadt frei-

42 Vgl. Rutkowski, Martyrologia, S. 94 ff.

43 Vgl. Seidel, Besatzungspolitik, S. 241 f.

44 Vgl. Präg/Jacobmeyer, Diensttagebuch, S. 327 f. (Eintrag vom 15.1.1941). Zitat ebenda, S. 328. Wenige Tage zuvor hatte Frank die Intensivierung der Zwangsarbeiterdeportation als einen möglichen Ausweg bezeichnet. Vgl. ebenda, S. 319 (11.1.1941).

zumachen. In Chełm hatte Kreishauptmann Hager die Konzentration im Oktober 1940 eingeleitet; ihr Abschluss war für den 31. März 1941 vorgesehen. Und schließlich begann der Kreishauptmann des Kreises Lublin-Land, Emil Ziegenmeyer, im Sommer 1940 mit der Konzentration der jüdischen Bevölkerung in mehreren Orten. Daraus ging unter anderem das Ghetto in Piaski hervor, das im Frühjahr 1941 das einzige abgeriegelte Ghetto im Distrikt war.[45]

Anfang 1941 wollte Gouverneur Zörner, wie seine Kollegen in Warschau und Radom, die Ghettoisierung der Juden zentral anstoßen: Im Januar legte er den Kreishauptleuten nahe, die Juden in bestimmten Gemeinden zu konzentrieren, im Februar ordnete er es dann an.[46] Eine neue Dynamik entfaltete sich dadurch aber nicht. Die Kreishauptleute setzten stattdessen auf lokale Vertreibungen von Juden. Das hatte oftmals den gegenteiligen Effekt, denn damit ging eine Dekonzentration der Juden einher. In der Kreishauptmannschaft Krasnystaw zum Beispiel ließ Interims-Kreishauptmann Claus Peter Volkmann im Mai 1400 Juden aus Krasnystaw in 15 Orte des Kreises aussiedeln. Die Kreishauptleute sahen sich nicht in der Lage, Ghettos zu bilden, da die Bevölkerungsdichte einfach schon zu hoch war. Vorschläge wie der vom Kreishauptmann in Biała Podlaska, Hubert Kühl, ein Konzentrationslager für die Juden in seinem Kreis einzurichten, scheiterten wohl am Material- und Geldmangel.[47] In der Distrikthauptstadt Lublin aber kam es unter Zörners Regie zur Bildung eines Ghettos, doch auch das ging mit umfangreichen Vertreibungen von Juden aus der Stadt in das Umland einher, so dass keine Rede von einer Konzentration der Juden sein kann. Etwa 10000 Juden mussten im März 1941 die Stadt verlassen, bevor im April schließlich die Ghettobildung abgeschlossen war und nunmehr 34000 Juden dort leben mussten.[48]

So unterschiedlich die Entwicklungen in den Distrikten auch waren, trieben doch die gleichen Motive die Akteure an: Wohnungsnot durch Zerstörungen, Zuzug von Vertriebenen sowie eine starke Belegung mit

45 Vgl. Berenstein, Martyrologia, S. 30f.; Pohl, »Judenpolitik«, S. 67; Musial, Zivilverwaltung, S. 131f.

46 Vgl. Berenstein, Martyrologia, S. 29; Musial, Zivilverwaltung, S. 134.

47 Vgl. Pohl, »Judenpolitik«, S. 87; Musial, Zivilverwaltung, S. 135ff. Dort weitere Beispiele.

48 Vgl. Mańkowski, Życie, S. 97; Pohl, »Judenpolitik«, S. 86f.; Musial, Zivilverwaltung, S. 133 u. 135; Radzik, Lubelska dzielnica zamknięta, S. 30f. u. 33f.; Browning, Entfesselung, S. 206f. (Zahlenangaben nach Radzik). Von April bis November 1941 wurden weitere 2588 Juden aus Lublin in Kreise vertrieben.

Wehrmacht, Angst vor Seuchen und wirtschaftliche Motive wie die Ausplünderung der Juden sowie ihre Ausschaltung aus der Wirtschaft. Während die einen in der Bildung von Ghettos einen Ausweg suchten, sahen andere eine Zwischenlösung in der Vertreibung von Juden. Damit schufen sie aber nur neue Schwierigkeiten oder verschärften die alten. Allen Motiven lag der Antisemitismus der deutschen Entscheidungsträger zugrunde. Erst dieser ließ sie bei der Bewältigung der Probleme zuallererst immer daran denken, einen Ausweg in der Verschärfung der »Judenpolitik« zu suchen. Sie erreichte im Sommer und Herbst 1941 eine neue Eskalationsstufe, zum einen durch selbstverursachte Probleme und Ängste, zum anderen durch einen erneuten Wechsel der Perspektiven auf höherer Ebene.

Übergang zum Massenmord

Der Perspektivenwechsel vollzog sich im Kontext des geplanten Überfalls auf die Sowjetunion und setzte im Frühjahr 1941 ein. Nach den utopischen Projekten eines »Judenreservats« und der Ansiedlung aller Juden auf Madagaskar zeichnete sich nun eine neue Schimäre ab. Alle Planungen gingen von einem schnellen Sieg »im Osten« aus – und damit von der Möglichkeit, in naher Zukunft alle Juden dorthin abschieben zu können.[49] Geradezu utopische Vorstellungen knüpfte Generalgouverneur Frank daran: »Wir stehen vor einem Ereignis, jenseits dessen etwas anderes erstehen wird. Das Generalgouvernement, wie wir es kennen und wie wir es erarbeitet haben, wird wesentlich reicher sein, glücklicher sein, wird mehr Förderung erfahren und wird vor allem entjudet werden.«[50]

Franks Zuversicht speiste sich aus einer Unterredung mit Hitler am 16. März 1941, der ihm zugesagt hatte, dass das Generalgouvernement als erstes Gebiet »judenfrei« gemacht werde. Diese Perspektive brachte die gerade in Gang gekommene Ghettoisierung wieder zum Erliegen. Am 19. April 1941 legte Frank fest, dass die Bildung des Warschauer Ghettos eine Ausnahme sei, die in den Distrikten nicht nachgeahmt werden solle. Dem Drängen vieler Kreishauptleute, mit Hilfe zusätzlicher Geldmittel aus Krakau weitere Ghettos bilden oder zumindest die bereits bestehenden gründlich abriegeln zu können, trat er später noch einmal ausdrück-

49 Vgl. Pohl, »Judenpolitik«, S. 87.

50 Präg/Jacobmeyer, Diensttagebuch, S. 335 (Eintrag vom 25.3.1941). Zum Folgenden ebenda, S. 337, 361 f. (Eintrag vom 19.4.1941) u. 386 (Eintrag vom 17.7.1941); Musial, Zivilverwaltung, S. 138.

lich entgegen. Am 17. Juli 1941 untersagte er weitere Ghettobildungen, da ihm Hitler Mitte Juni erneut zugesagt habe, die Juden würden bald abgeschoben und das Generalgouvernement sei nur Durchgangslager. Diese Aussicht weckte hohe Erwartungen innerhalb der Verwaltung. Umso herber musste die Enttäuschung ausfallen, als der Kriegsverlauf diese Hoffnungen schwinden ließ. Mitte Oktober 1941 erklärte der Reichsminister für die besetzten Ostgebiete, Alfred Rosenberg, dem Generalgouverneur, dass eine Aufnahme der Juden aus dem Generalgouvernement nicht möglich sei. Erneut stellte sich die Perspektive einer räumlichen »Lösung der Judenfrage« als Illusion heraus, und die Verantwortlichen in den Kreisen, Distrikten und in der Regierung schienen in eine Sackgasse geraten zu sein.

Dieser Eindruck musste sich umso mehr einstellen, als sich die Problemlage im Sommer und Herbst 1941 entscheidend zuspitzte. Dazu hatten Ghettobildungen und lokale Umsiedlungen sowie Vertreibungen erheblich beigetragen. Das Zusammenpferchen der Juden auf engstem Raum führte zu einem deutlichen Anstieg der Sterblichkeitsrate und der Typhus- und Fleckfiebererkrankungen. Im Warschauer Ghetto stieg die monatliche Zahl der Toten von 898 im Januar 1941 auf 5560 im August 1941; von April auf Mai verdoppelte sie sich beinahe. Ähnlich war es in Lublin.[51] Am 20. Mai 1941 berichtete der Leiter der Abteilung Gesundheit, Jost Walbaum, er sehe die Ursache im Kohlenmangel und dort, wo Juden noch nicht in Ghettos eingesperrt seien. Allerdings hielt er einen weiteren Anstieg des Fleckfiebers für unwahrscheinlich. Diese Zuversicht war unbegründet. Die Zahl der Erkrankungen stieg sogar noch an.[52]

Ausschlaggebend dafür war auch die katastrophale Versorgungslage der Juden in den Ghettos. Diese wiederum zwang viele zum verbotswidrigen Verlassen der Ghettos zur Nahrungsbeschaffung, womit aber das Ansteckungsrisiko stieg. Die Deutschen hatten somit durch die Einrichtung der Ghettos als Maßnahme gegen eine vermeintliche Seuchengefahr diese in mehrfacher Hinsicht überhaupt erst verursacht. Mit einer Radikalisierung der Politik versuchten sie dann das Resultat ihres eigenen Handelns zu bekämpfen. Dabei gingen sie nicht an die Wurzeln des Problems. Im Gegenteil, sie verschärften die Isolierung und Ghettoisierung der Juden noch.

51 Vgl. Faschismus, Getto, Massenmord, S. 138; Seidel, Besatzungspolitik, S. 241 f.; Musial, Zivilverwaltung, S. 139 f.; Pohl, »Judenpolitik«, S. 89 f.

52 Vgl. Präg/Jacobmeyer, Diensttagebuch, S. 379 u. 433 (Einträge vom 20.5. u. 18.10.1941).

Forderungen nach radikaler Seuchenabwehr für die Deutschen beherrschten im Sommer und vor allem Herbst 1941 die Diskussion. Die Warschauer Distriktverwaltung wollte schon im Dezember 1940 auf unbefugtes Verlassen der Ghettos die Todesstrafe verhängen. Auf einer Besprechung im April 1941 in Krakau schloss sich dem auch der Präsident der Hauptabteilung Innere Verwaltung, Eberhard Westerkamp, an. Im Herbst 1941 mehrten sich schließlich entsprechende Forderungen,[53] auch aus den Reihen der Kreishauptleute. Für September 1941 meldete der Kreishauptmann des Kreises Warschau-Land, Hermann Rupprecht, besorgt einen Anstieg der Fleckfiebererkrankungen; insgesamt waren 324 Personen erkrankt. Ausschlaggebend für seine Beunruhigung war allerdings der Umstand, dass das Fleckfieber »in zunehmenden Maße auf die arische Bevölkerung« übergehe; betroffen waren immerhin schon 127 Nichtjuden, darunter auch mehrere Volksdeutsche. Rupprecht erkannte die Ursachen zutreffend in der wachsenden Verelendung der Ghettobevölkerung, die den Druck auf die Juden verstärkte, außerhalb der Ghettos Lebensmittel zu beschaffen. Er sah keine Möglichkeit, das zu verhindern. Materialengpässe ließen nur eine mangelhafte Umgrenzung der Ghettos zu. Einer wirksamen Abriegelung stand auch der empfindliche Mangel an Polizeikräften im Wege. Daher, so Rupprechts Schlussfolgerung, »würde die Herausgabe einer Verordnung, wonach jeder Jude, der sich unberechtigt außerhalb des Ghettos aufhält, der Todesstrafe verfällt, eine wesentliche Hilfe darstellen«[54]. Eine grundlegende Verbesserung der Versorgung wurde nie in Betracht gezogen.

Rupprecht und die anderen Verfechter eines radikalen Kurses hatten schließlich Erfolg mit ihren Forderungen. Am 25. Oktober 1941 wurde die um zehn Tage rückdatierte Dritte Verordnung über Aufenthaltsbeschränkungen im Generalgouvernement veröffentlicht. Von da an drohte allen Juden, die die Ghettos unbefugt verließen, die Todesstrafe. Gleiches galt für Helfer oder »Anstifter« sowie für alle, die den Juden »wissentlich Unterschlupf gewähren«. Für die Verurteilung waren die Sondergerichte zuständig.[55] Die deutsche Verwaltung war zufrieden.[56]

53 Vgl. Präg/Jacobmeyer, Diensttagebuch, S. 362 (Eintrag vom 19.4.1941).

54 Der Kreishauptmann des Kreises Warschau-Land, Kurzbericht für September 1941, 10.10.1941, APW, KHm Warschau-Land 3, Bl. 150. Zitate ebenda.

55 Vgl. Dritte Verordnung über Aufenthaltsbeschränkungen im Generalgouvernement, 15.10.1941, in: Doc. Occ. VI, S. 542f. Zitat ebenda, S. 542; Präg/Jacobmeyer, Diensttagebuch, S. 427, Amn. 75.

56 So zum Beispiel der Leiter der Abteilung Polizeiwesen in der Hauptabteilung Innere Verwaltung, Heinrich Schönhals, sowie der Leiter der Unterabteilung

Rupprecht musste im Oktober 1941 zwar einen erneuten Anstieg der Zahl der Fleckfiebererkrankungen vor allem von Nichtjuden melden, drückte aber zugleich die Hoffnung aus, »dass die strenge Durchführung der Todesstrafenverordnung für herumwandernde Juden die Verbreitung des Fleckfiebers durch Juden im flachen Lande eindämmen wird«[57]. Diese Hoffnung trog jedoch. Im folgenden Monat stiegen die Fleckfieberfälle von 364 auf 529, auch nahm der Anteil erkrankter Nichtjuden stetig zu; im November lag er schon bei 54,8 Prozent. Die Polizei hatte allerdings bereits »herumwandernde« Juden verhaftet und beim Sondergericht angezeigt, so dass Rupprecht weiterhin auf die Wirkung »abschreckende[r] Exempel« hoffte.[58]

Spätestens im Dezember erkannte Rupprecht selbst, dass die Strafdrohung das Problem verfehlte und die deutsche Politik in ihren inneren Widersprüchen gefangen blieb. So berichtete er: »Die verschärften Maßnahmen gegen herumstreunende Juden haben sich gut ausgewirkt, indem jetzt nur noch ganz wenige Juden außerhalb der ihnen zugewiesenen Wohngebiete betroffen [sic] werden. Trotzdem ist es zweifelhaft, ob die im ersten Augenblick stark abschreckenden Maßnahmen nachhaltige Erfolge haben werden, nachdem die jüdischen Wohnbezirke im Kreise mangels der technischen Voraussetzungen nur unvollständig umzäunt sind und eine polizeiliche Überwachung nicht vorhanden ist.«[59] Die stetige Vermehrung der Fleckfieberfälle hielt weiter an. Im Kreis Warschau-Land betrug die Zahl der Erkrankten bereits 654; wieder war der Anteil der Nichtjuden angestiegen. Dieses Problem bestand im gesamten Land. Wegen des Fleckfiebers war auch der Einsatz jüdischer Zwangsarbeiter beeinträchtigt; sie mussten zum Teil gegen Polen ausgetauscht werden.[60]

Wegen des ungebrochenen Anstiegs der Fleckfieberfälle reagierten die Kreishauptleute mit noch stärkerem Druck auf die Juden. Durch Aufrufe

Gesundheitswesen im Distrikt Radom, Waisenegger. Vgl. Präg/Jacobmeyer, Diensttagebuch, S. 427f. (Eintrag vom 17.10.1941) u. S. 433 (18.10.1941).

57 Der Kreishauptmann des Kreises Warschau-Land, Kurzbericht für Oktober 1941, 10.11.1941, APW, KHm Warschau-Land 3, Bl. 169.

58 Der Kreishauptmann des Kreises Warschau-Land, Kurzbericht für November 1941, 11.12.1941, ebenda, Bl. 172. Zitat ebenda.

59 Der Kreishauptmann des Kreises Warschau-Land, Kurzbericht Dezember 1941, 10.1.1942, ebenda, Bl. 174f.

60 Ebenda, Bl. 174; Präg/Jacobmeyer, Diensttagebuch, S. 447f. (Eintrag vom 26.11.1941); Arbeitsamt Siedlce, Bericht über den Arbeitseinsatz im November 1941, 1.12.1941, APW, KHm Ostrów 837, Bl. 45.

wollten sie die Bevölkerung als Komplizen gewinnen.[61] Unmittelbar nach Veröffentlichung der dritten Verordnung über Aufenthaltsbeschränkungen wies Kreishauptmann Zimmermann in einer Bekanntmachung an die Bevölkerung seines Kreises auf die um sich greifende Fleckfieber-Epidemie hin. Da »umherziehende Juden die Verbreiter dieser Krankheit« seien, müsse das Wandern der Juden im Kreisgebiet »mit allen Mitteln unterbunden werden«. Er erließ ein Verbot, Juden aufzunehmen oder mit Lebensmitteln zu versorgen. Jeder Verstoß werde mit Einweisung in ein Zwangsarbeitslager bestraft.[62] Zugleich machte er die Dorfschulzen für die Einhaltung persönlich verantwortlich. Sie sollten durch permanente Überwachung dafür sorgen, dass »den Juden in ihrem Dorf jeder Aufenthalt und jede Verpflegung unmöglich gemacht wird«. Jeder Schulze, in dessen Dorf es trotzdem zu einem Verstoß komme, werde gemeinsam mit dem schuldigen Einwohner in ein Zwangsarbeitslager eingewiesen.[63] Da nach wie vor Juden in den Kreis kamen und Fleckfieber verbreiteten, fügte Zimmermann im Dezember 1941 der Peitsche das Zuckerbrot hinzu. Zunächst stellte er Getreide zum offiziellen Preis in Aussicht, vier Tage später kostenloses Getreide, wenn Juden durch Mithilfe der Bevölkerung von der Polizei verhaftet werden könnten. Auf Distriktebene wurde diese Maßnahme begeistert aufgenommen und allen Kreishauptleuten als Modell zur Nachahmung empfohlen.[64]

Die Androhung der Todesstrafe blieb ohne den erhofften Erfolg. Walbaum und Gouverneur Kundt machten dafür den nachlässigen Umgang einiger Deutscher mit Juden verantwortlich, da diese immer noch Juden bei sich beschäftigten oder Geschäfte mit ihnen tätigten. Kundt kritisierte überdies das schleppende Verfahren bei der Verhängung der Todesstrafe; von der Anzeige bis zur Vollstreckung vergehe zu viel Zeit, so dass

61 Bekanntmachung des Kreishauptmanns des Kreises Tomaszów, Glehn, 4.12.1941, BAL, B 162/206 AR-Z 12/63, Bd. 12, Bl. 2807; Aufruf des Kreishauptmanns des Kreises Łowicz, Schwender, 17.12.1941, AAN, Niemieckie władze okupacyjne 1939-1945 214/V-14, Bl. 96.

62 Bekanntmachung des Kreishauptmanns von Grójec, 30.10.1941, BAL, B 162/II 211 AR-Z 76/66, Bd. 2, Bl. 143. Zitate ebenda.

63 Der Kreishauptmann Grójec an die Woits und Bürgermeister des Kreises Grójec, Verfügung, 30.10.1941, ebenda, Bl. 144. Zitat ebenda.

64 Bekanntmachung des Kreishauptmanns von Grójec, 15.12.1941, ebenda, Bl. 148; Rundschreiben des Leiters der Abteilung Innere Verwaltung im Distrikt Warschau an die Kreis- und Stadthauptleute im Distrikt, 17.1.1942, in: Faschismus, Getto, Massenmord, S. 130f.; Datner, Zbrodnie, S. 9.

keine unmittelbar abschreckende Wirkung eintrete.[65] Solche Kritik lässt sich durch einen Fall belegen, der am Sondergericht Petrikau verhandelt wurde. Am 11. Dezember 1941 wurde Janta Friedman, die Essen für ihre kranke Mutter kaufen wollte, außerhalb des Ghettos in Nowe Żakowice aufgegriffen und verhaftet. Die Verurteilung zum Tode durch Erschießen wurde aber erst ein halbes Jahr später am 19. Juni 1942 vollstreckt.[66]

Wegen der Langwierigkeit und Häufung der Verfahren erging schon am 21. November 1941 ein Befehl von BdS Schöngarth, alle Juden umstandslos zu erschießen, wenn sie sich unbefugt außerhalb der Ghettos aufhielten. Anfang Dezember 1941 wurden offenkundig auch die anderen Polizeizweige hierzu angewiesen. Mit dem Erlass des Erschießungsbefehls erhielt die Verfolgung der Juden eine neue Qualität. Er stellte eine wichtige Stufe auf dem Weg zur systematischen Ermordung der Juden dar.[67]

Eine Zeit lang kamen zumindest regional sowohl Sondergerichtsverfahren als auch Erschießungen parallel vor. Im Kreis Piotrków/Petrikau kam es bereits ab Mitte Dezember 1941 zu Erschießungen an Ort und Stelle durch die Gendarmerie, allerdings wurden auch Juden vielfach vom Sondergericht Petrikau zum Tode verurteilt und hingerichtet.[68] Im Distrikt Warschau empfahl Heinz Auerswald, der Kommissar für den jüdischen Wohnbezirk in Warschau, den Kreishauptleuten im Januar 1942 auf Wunsch des Gouverneurs sogar die konsequente Anwendung des Schießbefehls, weil dieser »ein wirksames Durchgreifen« ermögliche. In Warschau waren bis dahin nur Fälle aus der Kreishauptmannschaft Garwolin bekannt geworden.[69] Im Distrikt Lublin erfolgten auch spätestens ab Ende 1941 oder Anfang 1942 erstmals Erschießungen von Juden, die gegen Aufenthaltsbeschränkungen verstoßen hatten. Am 20. Januar notierte Klukowski in seinem Tagebuch, dass in den vorangegangenen Wochen einige Juden aus Szczebrzeszyn erschossen worden seien, weil sie

65 Vgl. Präg/Jacobmeyer, Diensttagebuch, S. 448 (Eintrag vom 26.11.1941) u. S. 453 (16.12.1941).

66 Vgl. Góral/Uzdowski, Hitlerowski Sąd Specjalny, S. 49.

67 Vgl. Pohl, »Judenpolitik«, S. 94f.

68 Vernehmung von H. M. (Richter am Sondergericht Petrikau), 20.1.1966, BAL, B 162/II 206 AR-Z 32/63, Bd. 5, Bl. 826; Góral/Uzdowski, Hitlerowski Sąd Specjalny, S. 49.

69 Rundschreiben des Kommissars für den jüdischen Wohnbezirk in Warschau an die Kreishauptleute im Distrikt, 9.1.1942, in: Faschismus, Getto, Massenmord, S. 130. Zitat ebenda.

die Stadt ohne Erlaubnis verlassen hätten.[70] Im Distrikt Krakau vollzog sich ebenfalls ein schleichender Übergang vom Sondergerichtsverfahren zur direkten Erschießung. Im Kreis Jasło zum Beispiel sammelte die Sicherheitspolizei die außerhalb der Ghettos aufgegriffenen Juden anfangs im Stadtgefängnis und schaffte sie in Sammeltransporten nach Krakau. Dort liefen vermutlich die Verfahren gegen sie. Nach einiger Zeit wurden die Juden jedoch nach kurzen Verhören auf dem jüdischen Friedhof in Jasło erschossen, wo permanent Gruben dafür vorbereitet waren.[71]

Besonders unerbittlich ging Kreishauptmann Glehn im Kreis Tomaszów vor. Er hatte sich bereits bei der Bildung von Ghettos früh hervorgetan. Im Winter 1940/41 brach im Ghetto Tomaszów eine Fleckfieberepidemie aus. Statt Maßnahmen gegen die Epidemie zu ergreifen, unternahm er alles zu ihrer Verstärkung, um die Folgen seiner eigenen fehlgeschlagenen Politik aus der Welt zu schaffen: Glehn verhinderte jedwede Versorgung der Juden mit Medikamenten, indem er sie von Apotheken abschnitt.[72] Dem Judenrat verbot er, sich an andere Dienststellen zu wenden. Außerdem untersagte er allen Juden das Betreten seiner Dienststelle und drängte andere Behörden, ebenfalls so zu verfahren. Schriftliche Eingaben des Judenrats ließ er unbeantwortet.[73]

Trotz allem erfuhr der Judensachbearbeiter der Sicherheitspolizei, Bernhard Schmidt, von den Fleckfiebererkrankungen. Unter Hinweis auf angeblich gehortete Arzneimittel stritt Glehn die Notwendigkeit einer Medikamentenversorgung der Juden ab, »zumal es erwiesen sei, daß die Übertragung des Typhus nur durch Juden erfolge und die Juden selbst in den meisten Fällen die Krankheit überstehen und nur andere Personen, die davon betroffen werden meistens dabei sterben«. Glehn wollte die Juden wegen ihrer vermeintlichen Resistenz sich selbst überlassen und die Seuche im Ghetto sich ungehindert ausbreiten lassen. Die Abwendung einer Ansteckungsgefahr für Deutsche und Polen sah er gegeben, »wenn die Juden enger zusammengedrängt werden«. Eine erhöhte Epidemie-Gefahr aufgrund noch beengterer Wohnverhältnisse stritt er rundweg ab. Von antisemitischen Stereotypen tief durchdrungen, war er der Ansicht, dass die Juden schon von jeher mit bis zu zehn Personen in

70 Vgl. Klukowski, Dziennik, S. 243 (Eintrag vom 20.1.1942).

71 Vernehmung von K.H., Sicherheitspolizei Jasło, 18.1.1966, StArch Münster, StA Dortmund Zentralstelle, 45 Js 31/64, Bd. 9, Bl. 83 f.

72 ZStL, Abschlussbericht, 14.4.1964, BAL, B 162/206 AR-Z 12/63, Bd. 3, Bl. 439.

73 Bericht von SS-Hauptscharführer Bernhard Schmidt, Judensachbearbeiter bei Außendienststelle der Sicherheitspolizei in Tomaszów, 24.1.1941, BAL, B 162/II 212 AR 1462/66, Bd. 1, Bl. 83 f. Zum Folgenden ebenda, Bl. 85 f. Zitate ebenda.

einem Raum eng zusammenwohnten »und es nicht darauf ankäme, wenn noch einige hinzukämen«.

Spätestens ab Sommer 1941 registrierte die Unterabteilung Gesundheitswesen im Distrikt Radom einen deutlichen Anstieg der Fleckfiebererkrankungen. Betroffen war vor allem der Kreis Tomaszów. Hier gab es im dritten Quartal 1941 1159 gemeldete Fleckfieberfälle. Als Ursache hierfür nahm die Gesundheitsverwaltung an, Juden seien aus dem Warschauer Ghetto gekommen und hätten vor allem den nördlichen Teil des Distrikts »vagabundierend überschwemmt«.[74] Im Juli 1941 berief Glehn eine Bürgermeisterversammlung ein, auf der Maßnahmen gegen die »umherziehenden« Juden besprochen wurden. Da seiner Erfahrung nach »die umherziehenden Juden immer die Orte des geringsten Widerstandes für ihre Seßhaftmachung« aussuchten, veranlasste Glehn, dass ein Dorf »künstlich zum Ort des geringsten Widerstandes« gemacht wurde. Dort führte er gemeinsam mit einem Polizeibataillon eine Durchsuchungsaktion durch. Zehn Lastwagenladungen mit Schleichhandelsware seien dabei beschlagnahmt worden.[75] Von verhafteten Juden war in seinem Bericht keine Rede, so dass man davon ausgehen muss, dass die Aktion in dieser Hinsicht ein kompletter Fehlschlag war. Glehn war an einer ernsthaften Seuchenbekämpfung weiterhin nicht gelegen. Vielmehr wurde die Epidemie zur Verbündeten seiner stetigen Radikalisierung, wie das Beispiel des Arbeitslagers in Zawada zeigt.

Als schließlich die Verordnung über Aufenthaltsbeschränkungen mit Androhung der Todesstrafe im Oktober 1941 veröffentlicht wurde, sah Glehn erneut eine Gelegenheit, durch energisches Vorgehen gegen die Juden mit den selbstverschuldeten Folgen seiner Politik klarzukommen. Noch am Tage der Veröffentlichung traf er sich mit dem Vorsitzenden des zuständigen Sondergerichts Petrikau und vereinbarte mit ihm, dass dieses auch in Tomaszów tagen solle. Die Vollstreckung der Todesurteile wollte er demonstrativ im Ghetto in aller Öffentlichkeit durchführen lassen. Seine Forderung, dass die Maßnahmen der Verordnung »voll ausgenützt werden müßten«, war ein unverhohlenes Plädoyer dafür, die Todesstrafe möglichst oft zu verhängen.[76]

Auf dieser Linie lag auch Glehns Ziel, die bis dahin bestehenden drei Ghettos im Stadtzentrum zusammenzufassen. Auf einer Besprechung

74 Vgl. Präg/Jacobmeyer, Diensttagebuch, S. 433 (Eintrag vom 18.10.1941).

75 Der Kreishauptmann in Tomaszów Mazowiecki, Lagebericht für den Monat Juli 1941, 7.8.1941, IPN, NTN 281, Bl. 156. Zitate ebenda.

76 ZStL, Abschlussbericht, 14.4.1964, BAL, B 162/206 AR-Z 12/63, Bd. 3, Bl. 444. Zitat ebenda.

mit Mitarbeitern seiner Behörde Ende November 1941 erklärte er den Pendelverkehr zwischen den Ghettos angesichts der Ausbreitung des Fleckfiebers als nicht mehr hinnehmbar. Daher würden zwei Ghettos geräumt. Das Innenstadt-Ghetto wurde anschließend mit Zäunen abgeriegelt; mindestens 15 000 Juden ließ Glehn dort zusammenpferchen.[77] Die Abriegelung war zusätzlich dadurch motiviert, dass insgesamt 10 000 Arbeiter der Organisation Todt bei ihrer Verlegung vom »Osteinsatz« ins Reich in Tomaszów Station machen sollten. Daher stand ein Übergreifen des Fleckfiebers bis ins Deutsche Reich zu befürchten.[78]

Glehn rügte auf der Besprechung auch das Verhalten vieler Volksdeutscher, die nach wie vor Juden bei sich beschäftigten und ihnen eine Art »Familienanschluss« böten. Wegen des Lebensmittelmangels böten sich immer wieder Juden zur Arbeit gegen Kost und Logis an, worauf sich zu seinem Bedauern viele trotz erhöhter Ansteckungsgefahr einließen.[79] Am 4. Dezember 1941 veröffentlichte er eine Bekanntmachung, in der er vor jedem Kontakt mit Juden sowie dem Betreten des Ghettos warnte, da »der Jude als Träger der Typhuslaus den eigentlichen Ansteckungsherd bildet«. Er erinnerte daran, dass auf das unbefugte Verlassen des Ghettos die Todesstrafe stehe, und rief die Bevölkerung auf, »das unkontrollierte Herumlaufen der Juden außerhalb der jüdischen Wohnbezirke zu verhindern«[80].

Glehn verließ sich nicht nur auf all diese Maßnahmen. Nachdem der Schießbefehl Anfang Dezember 1941 auf alle Polizeiformationen ausgeweitet worden war, wurde er auch im umliegenden Kreisgebiet durchgeführt. Der Leiter der Schutzpolizeiabteilung in Tomaszów, Karl Größer, hatte diesen Befehl nach eigenen Aussagen vom KdO aus Radom erhalten, an die Schutzpolizisten in Tomaszów weitergegeben und wiederholt daran erinnert. In den wöchentlichen Besprechungen beim Kreishauptmann berichtete Größer, wenn außerhalb des Ghettos aufge-

77 Der Kreishauptmann, Vermerk: Besprechung über die zu ergreifenden Maßnahmen zwecks Verhütung weiterer Flecktyphuserkrankungen, 25.11.1941, StArch Darmstadt, H 13 D Nr. 1290/130, Bl. 68; Wojniłowicz, Ludność, S. 84; Seidel, Besatzungspolitik, S. 242 f.

78 Der Kreishauptmann, Vermerk: Besprechung über zutreffende Maßnahmen der Durchschleusung von ca. 10 000 Askania-Fronteinsatzleuten durch Tomaschow, 25.11.1941, BAL, B 162/Dok.-Slg. Verschiedenes, Ordn. 301, Bl. 64 ff.

79 Der Kreishauptmann, Vermerk: Besprechung über die zu ergreifenden Maßnahmen zwecks Verhütung weiterer Flecktyphuserkrankungen, 25.11.1941, StArch Darmstadt, H 13 D Nr. 1290/130, Bl. 68.

80 Bekanntmachung des Kreishauptmanns des Kreises Tomaszów, 4.12.1941, BAL, B 162/206 AR-Z 12/63, Bd. 12, Bl. 2807. Zitate ebenda.

griffene Juden erschossen worden waren.[81] Glehn drang in diesen Besprechungen auf strikte Handhabung. Nach der Abriegelung des Ghettos sind in den darauffolgenden Monaten häufig Juden, darunter Kinder, erschossen worden.[82] Über einen besonders erschütternden Fall berichtete der Hausmeister der Kreishauptmannschaft Tomaszów später in einer Vernehmung: Ein jüdischer Schuster verließ regelmäßig das Ghetto, um sich außerhalb Arbeitsaufträge zu verschaffen oder Lebensmittel für seine fünf Kinder zu besorgen. Eines Tages beobachtete dies ein Schutzpolizist und erschoss den Schuster. Seine Kinder mussten den Mord aus dem Ghetto heraus mitansehen. Sie krochen unter dem Absperrzaun hindurch und stürzten zu ihrem toten Vater. Der Polizist trat hinter die Kinder und erschoss eines nach dem andern. Solche Morde geschahen in aller Öffentlichkeit.[83] Glehn berichtete darüber unverhohlen nach Krakau: »Der Drang der Juden, dem Hungertode im Ghetto zu entgehen und außerhalb weiterzuleben, ist nach wie vor festzustellen. Im verflossenen Monat sind ca. 30 Juden, die ohne Genehmigung das Ghetto verlassen hatten und flüchten wollten, erschossen worden.«[84] Sein Kurs führte im Frühjahr 1942 zu wöchentlich mehr als 600 Neuerkrankungen. Die Sterblichkeit erfasste vor allem Juden, aber auch Polen, Volksdeutsche und Reichsdeutsche.[85]

Mordaktionen

Der Herbst 1941 war ein Wendepunkt hin zur Ermordung der Juden im Generalgouvernement. Der seit dem Sommer 1941 betriebene Massenmord an den Juden auf dem eroberten sowjetischen Territorium hatte bereits eine neue Eskalationsstufe erreicht, als die mobilen Mordkommandos zur unterschiedslosen Ermordung aller Juden, einschließlich der Frauen und Kinder, übergegangen waren. Darüber hinaus fanden dort

81 Vernehmung von Karl Größer, 20.2.1964, BAL B 162/206 AR-Z 12/63, Bd. 2, Bl. 325 ff.

82 Vernehmung von J. S., 11.1.1966, ebenda, Bd. 9, Bl. 1978 f. Auf den Hinweis, dass eigentlich das Sondergericht zuständig gewesen wäre, erwiderte S., er habe sich darüber keine Gedanken gemacht, und fügte hinzu: »Die Juden galten halt damals als unnütze Fresser.« Ebenda, Bl. 1979.

83 Vgl. Blank, Zum Beispiel, S. 58.

84 Der Kreishauptmann in Tomaszów, Lagebericht für den Monat März 1942, 8.4.1942, BAL, B 162/Dok.-Slg. Polen, Ordn. 348, Bl. 827 f.

85 Vernehmung von G.G., 8.1.1965, BAL B 162/206 AR-Z 12/63, Bd. 4, Bl. 778 f. u. 787. G. war der Amtsarzt in Tomaszów.

ab September 1941 die ersten Erprobungen von Gaswagen statt. Zur gleichen Zeit wurden sowjetische Kriegsgefangene Opfer von Massenerschießungen im Generalgouvernement. Auch innerhalb der Verwaltung des Generalgouvernements, der diese Entwicklungen keineswegs verborgen blieben, überschritt man mit der Diskussion über die Einführung der Todesstrafe für Juden außerhalb der Ghettos eine wichtige Schwelle zum direkten Mord an den polnischen Juden.[86]

Die Hoffnung, die Juden »nach Osten« abschieben zu können, erwies sich als ebenso illusionär wie die Erwartung eines raschen Sieges über die Sowjetunion. Der wachsende Druck unlösbarer Probleme auf dem Ernährungssektor, bei der Wohnraumsituation, der Seuchengefahr und im Bereich der Wirtschaft, der sich vor der Verwaltung auftürmte, ließ die Forderungen nach radikalen Maßnahmen immer lauter werden. Der Gouverneur des Distrikts Krakau, Wächter, erklärte zum Beispiel am 20. Oktober 1941 auf einer Regierungssitzung, »dass eine letztlich radikale Lösung der Judenfrage unvermeidlich sei«.[87] Angesichts dieser in der Verwaltung weit verbreiteten Sichtweise ist es nicht verwunderlich, dass die Entscheidung zur Ermordung der Juden positive Resonanz fand.

Von herausragender Bedeutung für den Entschluss zur Ermordung der Juden im Generalgouvernement war der SSPF des Distrikts Lublin, Odilo Globocnik, der über einen funktionierenden Machtapparat und besonders enge Kontakte zu Himmler verfügte. Globocnik entwickelte umfassende deutsche Siedlungsprojekte für den Distrikt Lublin. Voraussetzung dafür war allerdings die »Entfernung« der Polen und Juden. Er erhielt von Himmler, nachdem dieser sich der Zustimmung Hitlers versichert hatte, am 13. Oktober 1941 den Auftrag zur Durchführung der Ermordung der Juden im Generalgouvernement. Generalgouverneur Frank, der in der ersten Oktoberhälfte in Berlin war, wurde dort von dem Entschluss informiert. Nach dieser Grundsatzentscheidung machte sich Globocnik umgehend an die praktischen Vorbereitungen für das Mordprogramm. Noch im gleichen Monat begannen die Bauarbeiten des Vernichtungslagers Bełżec; Vorbereitungen für den Bau des Vernichtungslagers Sobibór wurden ebenfalls getroffen.[88]

86 Vgl. Pohl, »Judenpolitik«, S. 95 u. 98 f.

87 BAB, R 52 II/240, Bl. 77. Zitat ebenda.

88 Ausführlich dazu Musial, Zivilverwaltung, S. 196 ff. Im Gegensatz zu Musial vertreten Dieter Pohl und Christian Gerlach die Auffassung, dass die Entscheidung zunächst auf den Distrikt Lublin beschränkt war und erst später auf alle Juden im GG ausgeweitet wurde. Vgl. Pohl, »Judenpolitik«, S. 101; Gerlach, Wannsee-

Die Verwaltung, die immer noch weitgehende Zuständigkeiten auf dem Gebiet der »Judenpolitik« hatte, schwenkte ein. Dazu dienten die Todesstrafenverordnung und eine verschärfte Isolationspolitik gegen die Juden. Die Konzentration der Juden in Ghettos wurde, von Distrikt zu Distrikt verschieden, vorangetrieben, und es kam erstmals zu einer zentralen Regelung: Am 16. Dezember 1941 ordnete Staatssekretär Bühler an, dass Aus- und Umsiedlungen von mehr als 50 Juden künftig nur mit Genehmigung der Abteilung Bevölkerungswesen und Fürsorge in der Regierung des Generalgouvernements zulässig seien.[89] Frank stimmte außerdem seine Führungsmannschaft auf die bevorstehende Ermordung der Juden ein. Bezeichnendes und vielzitiertes Beispiel ist seine Ansprache vom 16. Dezember 1941 auf der Regierungssitzung in Krakau. Drei Tage zuvor hatte Frank in Berlin an der Tagung der Reichs- und Gauleiter der NSDAP teilgenommen, auf der Hitler den Entschluss zur Ermordung der europäischen Juden verkündet hatte.[90] Zurück in Krakau, informierte Frank seine Regierung in drastischen Worten, die Zweifeln keinen Raum mehr ließen: »Mit den Juden – das will ich Ihnen auch ganz offen sagen – muß so oder so Schluß gemacht werden. [...] Man hat uns in Berlin gesagt: weshalb macht man diese Scherereien; wir können im Ostland oder im Reichskommissariat [Ukraine] auch nichts mit ihnen anfangen, liquidiert sie selber! [...] Wir müssen die Juden vernichten, wo immer wir sie treffen und wo es irgend möglich ist, um das Gesamtgefüge des Reiches hier aufrecht zu erhalten. [...] Die Juden sind auch für uns außergewöhnlich schädliche Fresser. [...] Diese 3,5 Millionen Juden können wir nicht erschießen, wir können sie nicht vergiften, werden aber doch Eingriffe vornehmen können, die irgendwie zu einem Vernichtungserfolg führen, und zwar im Zusammenhang mit den vom Reich her zu besprechenden großen Maßnahmen.«[91] Von diesem Zeitpunkt an musste den Regierungsmitgliedern klar sein, dass die Juden ermordet werden sollten und was sich hinter den Tarnbegriffen der »Aussiedlung« oder »Abschiebung nach Osten« verbarg. Dieses Wissen er-

Konferenz, S. 90. Diese Frage ist hier aber allenfalls von sekundärer Bedeutung.

89 Vgl. Hilberg, Vernichtung, Bd. 2, S. 508.

90 Vgl. Gerlach, Wannsee-Konferenz, S. 117 ff.; Hartog, Befehl, S. 63 ff.; Musial, Zivilverwaltung, S. 218 f. Die These Gerlachs, Hitler habe dort die Entscheidung verkündet, ist in der Forschung umstritten. Kritisch zu Gerlachs Thesen zum Beispiel: Graml, Hitlers »Anweisung«, passim.

91 Präg/Jacobmeyer, Diensttagebuch, S. 457 f. (Eintrag vom 16.12.1941).

reichte im Laufe des Jahres 1942 auch die unteren Ebenen der deutschen Besatzungsverwaltung relativ schnell.

Anfang März 1942 waren die technischen Vorbereitungen für die Ermordung der Juden mit dem Bau des Vernichtungslagers Bełżec abgeschlossen; Ende Mai folgte das Lager Sobibór, gleichfalls im Distrikt Lublin, und Mitte Juli Treblinka im Distrikt Warschau.[92] Der Massenmord an den polnischen Juden wurde nun im gesamten Generalgouvernement systematisch betrieben, angefangen im März im Distrikt Lublin. Die übrigen Distrikte folgten zeitversetzt: Ende Mai Krakau, im Juli Warschau und einen Monat darauf schließlich Radom. Eine Sonderstellung nimmt Galizien ein, da dort in zahlreichen lokalen Massakern vor der »Aktion Reinhardt« bereits etwa 100 000 Juden erschossen wurden. Die Deportationen in das Vernichtungslager Bełżec begannen dort im März 1942. Parallel zu den Deportationen fanden im gesamten Generalgouvernement lokale Massenerschießungen statt, deren Opfer vornehmlich Kranke, Alte, Frauen und Kinder waren.[93]

Die praktische Organisation der Deportationen folgte einem Schema, das mit gewissen Abweichungen für das ganze Generalgouvernement galt. Grundlage für die Planung war die Registrierung der Juden in den Ghettos und Gemeinden, die in der Verantwortung der Kreis- und Stadthauptleute lag. Weiter schufen sie die Voraussetzungen für die Deportationen in die Vernichtungslager, indem sie die Juden ihres Kreises zuvor in Ghettos pferchten oder – wo dies bereits früher geschehen war – kleinere Ghettos auflösten und die Juden in den großen innerhalb der Kreishauptmannschaft konzentrierten.[94]

Vorbereitet wurden die Deportationen jeweils durch eine Einsatzbesprechung beim SSPF, an der neben dem SSPF der KdO und der Kommandeur der Gendarmerie teilnahmen. Sie besprachen die Einzelheiten des Ablaufs und legten die Aufgabenverteilung genau fest. Nach der Besprechung ergingen schriftliche Einsatzbefehle durch den SSPF an die

92 Vgl. Arad, Belzec, S. 36 u. 43.

93 Zu den Entwicklungen in den Distrikten im Einzelnen vgl. Musial, Zivilverwaltung; Podhorizer-Sandel, O zagładzie; Zur Endlösung der Judenfrage unter besonderer Berücksichtigung der Verhältnisse im Distrikt Krakau. Wissenschaftliches Gutachten erstattet von Dr. Wolfgang Scheffler am 16. November 1971 vor dem Schwurgericht Arnsberg, StArch Münster, Zentrale Stelle, 45 Js 31/64, Protokollband IIa, Sonderband Gutachten Dr. Scheffler [künftig: Gutachten Scheffler]; Brustin-Berenstein, Deportacje; Młynarczyk, Judenmord; Seidel, Besatzungspolitik; Pohl, Judenverfolgung; Sandkühler, »Endlösung«.

94 Gutachten Scheffler, S. 62 ff.

beteiligten Einheiten. Auch der zuständige Kreishauptmann wurde informiert, der beispielsweise einige Tage vor Beginn der Deportation Plakatanschläge aushängte, in denen die Bevölkerung unter Androhung der Todesstrafe vor jeglicher Hilfeleistung für Juden gewarnt wurde. Unmittelbar vor Beginn – in der Regel ein, zwei Tage vorher, manchmal aber auch erst am Morgen des gleichen Tages – kamen die Leiter aller beteiligten örtlichen Dienststellen zu einer Besprechung beim Kreishauptmann zusammen, bei der der SSPF persönlich anwesend war oder vertreten wurde durch seinen Stabsführer oder Adjutanten. Anwesend waren auch gegebenenfalls der Stadtkommissar, der Leiter der örtlichen Sicherheitspolizei sowie der Leiter des Arbeitsamts, zuweilen auch Vertreter der Wehrmacht. Sie klärten Ablauf und Aufgabenverteilung in allen Einzelheiten; bisweilen artete die Besprechung aber auch in ein Feilschen um die Zahl der Opfer aus, wenn es darum ging, Arbeitskräfte für die Wehrmacht oder die jeweils eigene Dienststelle vom Transport auszunehmen. Meistens waren alle bereit, ihren Teil zu einem reibungslosen Ablauf dieser arbeitsteiligen »regionalen Mordkampagnen«[95] beizutragen. Die Leitung der »Aktion« war im Wesentlichen von den Kräfteverhältnissen vor Ort, von der Bedeutung der einzelnen Dienststellen und vor allem vom Durchsetzungsvermögen ihrer Leiter abhängig. Gravierende Kompetenzstreitigkeiten lassen sich nicht nachweisen; alle Beteiligten wünschten in der Regel die »erfolgreiche« Bewältigung der vereinbarten »Aufgabe«.[96] Der Kreishauptmann konnte, wenn er nur wollte, seinen Anteil auf ein Minimum reduzieren. Doch konnte er auch, die nötige Entschlossenheit und Durchsetzungsfähigkeit vorausgesetzt, eine sehr wichtige Rolle bei der Deportation und Ermordung der Juden seiner Kreishauptmannschaft spielen – bis hin zur Gesamtleitung der »Aktion« und eigenhändigen Erschießungen.

In der Durchführung der »Aussiedlung« hatten die Täter ein Schema entwickelt: Am Anfang stand die Selektion der Arbeitsfähigen, die zunächst von der Deportation ausgenommen werden sollten. Am Vorabend oder frühen Morgen wurde das Ghetto umstellt und abgeriegelt, Sammelplatz und Marschweg zum Bahnhof wurden abgesperrt. Dann trieben die beteiligten Exekutivkräfte die Opfer zusammen und führten sie zum Sammelplatz, wo sie diese ihrer Wertsachen beraubten. Die leeren Wohnungen wurden versiegelt, der Hausrat später abtransportiert. Zum

95 Mallmann, »Mensch«, S. 117.

96 Vgl. Urteil des LG Kiel, 2 Ks 6/63, 27.1.1966, in: Justiz und NS-Verbrechen, Bd. 23, S. 76f.; Gutachten Scheffler, S. 64-76; Mallmann, »Mensch«, S. 117; Młynarczyk, Judenmord, S. 259f.

Schluss trieb man die Menschen, meist mit brachialer Gewalt, zum nächsten Bahnhof und pferchte sie in die bereitstehenden Waggons. Transportunfähige Alte und Kranke erschossen die Häscher während ihrer »Treibjagd« im Ghetto oder brachten sie mit Lastwagen oder Fuhrwerken in ein nahe gelegenes Waldstück, wo sie sie an vorbereiteten Gruben erschossen. An dem mörderischen Treiben war eine Vielzahl von Einheiten beteiligt: SS, Sicherheitspolizei, Ordnungspolizei, Gendarmerie, Waffen-SS, Sonderdienst, polnische Polizei, ukrainische oder baltische Hilfskräfte sowie der polnische Baudienst.[97] Der volksdeutsche Sonderdienst der Kreishauptleute und die polnische Polizei waren vorwiegend nur zum Absperrdienst beim Ghetto oder den Erschießungsstätten eingeteilt, in manchen Fällen töteten aber auch sie. Dem Baudienst oblag es, die Gruben auszuheben und wieder zu schließen sowie die zurückgebliebene Habe der Opfer abzutransportieren.

In Rzeszów/Reichshof begann Kreishauptmann Heinz Ehaus Anfang Juni 1942 mit den Vorbereitungen für die Deportation der Juden, die schließlich ab dem 7. Juli stattfinden sollte. Er verfügte über beste Beziehungen zu Julian Scherner, dem SSPF in Krakau, und dürfte daher bereits frühzeitig von der geplanten Ermordung der Juden im Distrikt Krakau erfahren haben. Außerdem hatte er den Ehrgeiz, seinen Kreis möglichst schnell »judenfrei« zu machen. Ehaus' Bestreben war es offenkundig, aus der jüdischen Bevölkerung seines Kreises möglichst viel Geld herauszupressen, solange er noch uneingeschränkten Zugriff auf sie hatte. Am 10. Juni bestellte er den Judenrat aus Rzeszów/Reichshof sowie die Judenräte umliegender Gemeinden zu sich und erlegte ihnen horrende Kontributionszahlungen auf: Die Juden Rzeszóws/Reichshofs sollten bis zum 17. Juni eine Million Złoty zahlen, die umliegenden Gemeinden je 100 000 bis 200 000. Bald schon kursierten Gerüchte, das Geld sei zur Deckung der Kosten des Transports von Juden nach Osten bestimmt. Weitere Ereignisse in den nächsten Tagen steigerten die Angst der Ghetto-Bevölkerung und heizten die Gerüchte an. Am 14. Juni sorgte die Ankunft von rund 100 SS-Männern für große Beunruhigung. Die Angst wuchs, das gleiche Schicksal wie die Juden in Tarnów erleiden zu müssen. Da dort die Arbeitskräfte nicht deportiert oder ermordet worden waren, setzte ein erbitterter Kampf um Arbeitsplätze oder eine Funktion in der jüdischen Gemeinde ein. Für Verbitterung sorgten auch die zunehmend drakonischen Methoden, mit denen der Judenrat mit Hilfe des Ord-

97 Vgl. Urteil des LG Kiel, 2 Ks 6/63, 27.1.1966, in: Justiz und NS-Verbrechen, Bd. 23, S. 76; Gutachten Scheffler, S. 77.

nungsdienstes Geld für die geforderte Kontribution einzog. Die Mitglieder des Judenrats waren persönlich verantwortlich für die fristgerechte Zahlung der geforderten Summe, andernfalls drohte ihnen der Tod. Zur Zufriedenheit des Kreishauptmanns, die allerdings nur von sehr kurzer Dauer sein sollte, konnte der Judenrat den gesamten Betrag rechtzeitig aufbringen.[98]

Kaum war die erpresste Million gezahlt, befahl Kreishauptmann Ehaus die Judenräte zum 19. Juni erneut zu sich. Alle Juden, so Ehaus zu den Versammelten, sollten ihre Steuerschulden, Verbindlichkeiten bei Banken und Firmen sowie Schulden bei Privatpersonen bis spätestens zum 24. Juni begleichen. Für Juden, die nicht mehr im Kreis waren, hatten Familienmitglieder oder aber die jüdische Gemeinde einzustehen. Zum Ende der gesetzten Frist, am Abend des 24. Juni, mussten die Judenräte erneut bei Ehaus erscheinen. Schnell machte das Gerücht die Runde, ein Teil sei als Geisel festgenommen oder sogar schon erschossen worden. Um 23 Uhr waren aus Richtung der Burg Schüsse zu hören, wie Franciszek Kotula, örtlicher Archivar, in seinen Tagebuchaufzeichnungen vermerkte. Am Tag darauf verfügte er bereits über nähere Informationen: Trotz aller Bemühungen seien nicht alle Schulden beglichen worden. Ehaus habe daraufhin angeordnet, dass sechs Mitglieder des Judenrats aus Rzeszów/Reichshof und insgesamt sieben der Judenräte aus dem Umland bleiben müssten, da sein Befehl nicht ausgeführt worden sei. Sie wurden später alle erschossen. Am 26. Juni forderte Ehaus die Begleichung der Restschuld bis zum 8. Juli.[99]

Parallel zur finanziellen Ausplünderung der Juden begann Ehaus mit konkreten Vorbereitungen für die Deportation aus seinem Kreis. Bereits im März 1942 hatte er die Konzentration der Juden auf dem Lande forciert und die Zahl der Ghettos reduziert. Im Juni 1942 veranlasste er schließlich die Umsiedlung der Juden aus der gesamten Umgebung in das Ghetto von Rzeszów/Reichshof. Durch diese Maßnahme erhöhte sich die Einwohnerzahl im Ghetto, die im Januar 1942 bei etwa 12 000 lag, um 16 000 Menschen. Bereits bei diesen Umsiedlungen wurden Personen erschossen.[100]

98 Vgl. Kotula, Losy, S. 97 ff. (Einträge 10.-17.6.1942); Oster, Gehinom, S. 94 u. 96.

99 Vgl. ebenda, S. 99 ff. (Einträge 19.-26.6.1942); Eidesstattliche Erklärung von William Kohane, Mitglied des Judenrats, 17.4.1961, BAL, B 162/206 AR-Z 288/60, Bd. 3, Bl. 471; Vernehmung von A.W., Mitarbeiter der Kreishauptmannschaft Rzeszów/Reichshof, 8.8.1961, ebenda, Bd. 4, Bl. 643.

100 Vgl. Kotula, Losy, S. 98, 101 u. 104 (Einträge vom 13., 26. u. 30.6.1942); Poradowski, Zagłada, część III, S. 89 ff.; Rączy/Witowicz, Zagłada, S. 112.

Der SSPF Scherner kam mit seinem Stabsführer, Martin Fellenz, einige Tage vor der geplanten ersten Deportation zu einer Einsatzbesprechung zum Kreishauptmann. An ihr nahmen die Leiter der Sicherheitspolizei, der Schutzpolizei, der Gendarmerie, des Arbeitsamts, des Baudienstes, der stellvertretende Kreishauptmann und Stadtkommissar Albert Pavlu sowie der Sachbearbeiter für Arbeitsvermittlung beim Arbeitsamt teil. Die Aufgaben wurden verteilt, nachdem das grundsätzliche Ziel, Rzeszów/Reichshof »judenfrei« zu machen, verkündet worden war: Der Sicherheitspolizei oblag es, mit Hilfe des Arbeitsamtes die Arbeitskarten derjenigen Juden neu zu stempeln, die von der Deportation zunächst ausgenommen werden sollten. Zu diesem Zweck sollte das Arbeitsamt eine Namenliste vorbereiten. Der Baudienst musste im Wald Gruben ausheben; der Leiter des Baudienstes sollte alte Juden aussondern und auf dem Sammelplatz getrennt von den anderen Juden festsetzen. Ob der wahre Grund für die Vorbereitung der Gruben bei der Besprechung explizit ausgesprochen wurde, ist nicht klar, erscheint aber als sehr wahrscheinlich. Zumindest dürften die meisten Teilnehmer eine mehr als vage Ahnung gehabt haben, worum es ging. Gendarmerie und Schutzpolizei sollten schließlich die Absperrung des Ghettos übernehmen und die »Aussiedlungsaktion« mit der Sicherheitspolizei überwachen. Federführend in der Besprechung und bei der Aufgabenverteilung war nach Aussage des Leiters des Baudienstes Kreishauptmann Ehaus.[101]

Am Abend des 5. Juli 1942 umstellte die Polizei bereits das Ghetto. Am Tag darauf drangen Polizisten und SS-Männer ins Ghetto ein, gefolgt von Kreishauptmann Ehaus, Stadtkommissar Pavlu und einigen Beamten. Ehaus teilte dem Judenrat die für den nächsten Tag geplante »Aussiedlung« mit. Zunächst würden nichtarbeitende und hilfsbedürftige Juden ausgesiedelt. Die Deutschen sonderten rund 6000 Personen aus, vor allem Handwerker und junge arbeitsfähige Juden, und teilten das Ghetto in vier Sektoren ein, aus denen nacheinander an vier verschiedenen Tagen die Juden deportiert werden sollten. Der Durchgang zwischen den einzelnen Sektoren war bei Todesstrafe verboten. Allen zur Deportation vorgesehenen Menschen wurde befohlen, am 7. Juli auf den Sammelplatz zu kommen. Bereits bei diesen Vorbereitungen waren immer wieder Schüsse zu hören. Von außen versuchten zahlreiche Men-

101 Vgl. Urteil des LG Memmingen, Ks 5/68, 10.7.1969, in: Justiz und NS-Verbrechen, Bd. 32, S. 415; Vernehmung von B.M., Leiter des Arbeitsamts Rzeszów/Reichshof, 6.12.1960, BAL, B 162/206 AR-Z 288/60, Bd. 1, Bl. 135; Vernehmung von P.G., Leiter des Baudienstes in Rzeszów/Reichshof, 27.3.1963, BAL, B 162/II 206 AR-Z 12/63, Bd. 3, Bl. 644.

schen, Zivilisten und Soldaten, durch die Absperrung oder von Balkonen aus einen Blick in das Ghetto zu erhaschen. Die Polizisten, die das Ghetto bewachten, hinderten sie allem Anschein nach nicht daran.[102] Abends wurde überall in der Stadt eine zweisprachige Bekanntmachung des Kreishauptmanns angeschlagen, die vom SSPF vorformuliert war und in allen Orten des Distrikts Krakau von den Kreishauptleuten unmittelbar vor den großen »Aussiedlungen« ausgehängt wurde: »Zur Durchführung der vom SS- und Polizeiführer im Distrikt Krakau angeordneten Judenaussiedlung aus Reichshof wird folgendes bekanntgemacht: 1.) Am 7.7.1942 erfolgt in Reichshof eine Judenaussiedlung. 2.) Jeder Pole, der in irgendeiner Form durch seine Handlung die Aussiedlung gefährdet oder erschwert oder bei einer solchen Handlung Mithilfe ausübt, wird erschossen. 3.) Jeder Pole, der während und nach der Aussiedlung einen Juden aufnimmt oder versteckt, wird erschossen. 4.) Jeder Pole, der unerlaubt die Wohnung eines ausgesiedelten Juden betritt, wird als Plünderer erschossen.«[103]

Am frühen Morgen des 7. Juli setzten die Besatzer den Massenmord ins Werk. An diesem ersten Tag sollten sich alle Bewohner des Ghetto-Sektors A auf dem Sammelplatz, dem ehemaligen jüdischen Friedhof, einfinden, die keinen neuen Stempel in ihrer Arbeitskarte erhalten hatten. Ihnen wurde gesagt, sie würden zu einem Arbeitseinsatz umgesiedelt. Betroffen waren etwa 5000 Menschen. Der jüdische Ordnungsdienst musste unter Beaufsichtigung der Polizei die Menschen zum Sammelplatz führen. Auf dem Platz wurde ihnen ihr Gepäck abgenommen und durchsucht. Alles fand unter ständiger Gewaltanwendung statt. Der Leiter des Baudienstes sammelte die Alten und Transportunfähigen auf einer Seite des Platzes. Sie wurden im Laufe des Tages mit Lastwagen zu den vorbereiteten Gruben im Wald gebracht und dort erschossen. Während des gesamten Tages suchten SS-Männer und Polizisten im Ghetto-Sektor A systematisch die Häuser nach versteckten Juden ab. Sie erschossen zahlreiche Juden, die sie noch in den Wohnungen antrafen oder in Verstecken entdeckten. Manche quälten ihre Opfer sadistisch zu Tode. Auch örtliche deutsche Funktionäre beteiligten sich am Morden, so zum Beispiel Stadtkommissar Pavlu, ein weiterer Mitarbeiter der Kreishauptmannschaft und wahrscheinlich auch der Kreishauptmann selbst. Am Nachmittag trieben schließlich junge SS-Männer die Juden

102 Vgl. Kotula, Losy, S. 107f. (Eintrag vom 6.7.1942); Poradowski, Zagłada, część III, S. 94f.; Wójcik, Rzeszów, S. 156; Oster, Gehinom, S. 96. Bei Oster fälschlich auf den 7.7.1942 terminiert.

103 Faksimile in: Rączy/Witowicz, Zagłada, S. 155.

mit brachialer Gewalt vom Sammelplatz zum Bahnhof; auf dem Weg dorthin kam es immer wieder zu wilden und planlosen Schießereien, denen nach Feststellungen des Landgerichts Memmingen mindestens 200 Menschen zum Opfer fielen; tatsächlich dürfte die Zahl der Opfer höher gewesen sein. Später mussten Juden aus dem Ghetto die Leichen einsammeln und unter Pavlus Aufsicht begraben. Feuerlöschautos säuberten anschließend die Straße vom Blut der Opfer. Das alles spielte sich vor den Augen einer breiten Öffentlichkeit von Polen und Deutschen ab.[104]

Für die beteiligten Deutschen schien das Morden zu einem Spektakel und perversen Spaß geworden zu sein. Auf dem zentralen Marktplatz vor dem Rathaus warteten junge SS-Leute auf ihren Einsatz, tranken und aßen, flirteten mit vorübergehenden Frauen und machten alles in allem, so Kotula, durchaus einen sympathischen Eindruck. Als sie aber schließlich die Juden zum Bahnhof begleiten sollten, änderte sich der äußere Schein schlagartig: Plötzlich wandelten sie sich zu wahren Bestien, die wild auf die Menschen einschlugen und immer wieder einzelne erschossen. Das artete in eine wilde Schießerei aus, so dass sich die Passanten, darunter auch Deutsche, Offiziere und Soldaten, in den Hauseingängen verschanzen mussten, um nicht selbst von den umherschwirrenden Kugeln getroffen zu werden. Eine deutsche Frau erlitt einen Nervenzusammenbruch. An anderer Stelle sahen entsetzte deutsche Passanten, wie einer der SS-Männer auf ein vielleicht gerade einjähriges Kind einschlug, dessen Mutter es auf dem Arm trug. Eine Deutsche fiel bei dem Anblick in Ohnmacht, andere schrien hysterisch und beschimpften ihn. Bald schon waren diese Ereignisse auch über Rzeszów/Reichshof hinaus in Einzelheiten bekannt geworden.[105]

Angeführt wurde der Marsch zum Bahnhof von Kreishauptmann Ehaus und dem Leiter der Außendienststelle der Sicherheitspolizei in Rzeszów/Reichshof Hans Mack. Nachdem auf dem Sammelplatz die »Aktion« abgeschlossen war, gab Ehaus mit großer Geste das Zeichen

104 Vernehmung von P.G., 27.3.1963, BAL, B 162/II 206 AR-Z 12/63, Bd. 3, Bl. 646f.; Kotula, Losy, S. 108ff. (Eintrag vom 7.7.1942); Oster, Gehinom, S. 97f.; Urteil des LG Memmingen, Ks 5/68, 10.7.1969, in: Justiz und NS-Verbrechen, Bd. 32, S. 459ff.; Wójcik, Rzeszów, S. 156f.; Poradowski, Zagłada, część III, S. 95.

105 Vgl. Kotula, Losy, S. 109f. (Eintrag vom 7.7.1942); Karmiński, Diariusz, S. 159 (Eintrag vom 29.7.1942). Karmiński erfuhr die Einzelheiten während eines Besuchs in Rzeszów/Reichshof vermutlich von seinem Kollegen Kotula, den er schon länger kannte.

zum Aufbruch und setzte sich mit Mack gemeinsam in einem Dienstwagen an die Spitze der Menschenkolonne. In die wilden Schießereien auf dem Weg zum Bahnhof griffen sie nicht ein.[106]

Am 10., 14. und 19. Juli fanden weitere Deportationen aus Rzeszów/Reichshof nach Bełżec statt, die im Unterschied zur ersten wesentlich »ruhiger« verliefen. Insgesamt wurden etwa 20 000 bis 22 000 Juden ins Vernichtungslager gebracht und dort getötet. Im Wald wurden mindestens 1 000 bis 2 000 vor allem Alte und Gebrechliche erschossen, im Ghetto selbst und auf dem Weg zum Bahnhof töteten die Deutschen mindestens 238 Menschen. Ehaus veranstaltete aus Anlass der aus seiner Sicht erfolgreich verlaufenen »Aktion« eine Schlussfeier mit den Beteiligten. Nach Abschluss der »Aussiedlungen« lebten noch ungefähr 4 000 Juden in der Stadt. Am 6. August 1942 wurden durch eine Bekanntmachung alle nichtarbeitenden Frauen und Kinder aufgefordert, sich am nächsten Tag beim Arbeitsamt registrieren zu lassen, um entweder eine Arbeit oder eine offizielle Befreiung von der Arbeit zu erhalten. Als es so weit war, hatten sich rund 1 000 Frauen und Kinder eingefunden. Sie wurden von Polizei umstellt und in das Durchgangslager Pełkinie verschleppt. Von dort wurden die Frauen und Kinder wenig später, wahrscheinlich noch im August, nach Bełżec deportiert oder im Durchgangslager selbst ermordet. Die gesamte »Aktion« fand unter persönlicher Beobachtung von Kreishauptmann Ehaus und Stadtkommissar Pavlu statt.[107]

Bis auf wenige Juden galt der Kreis von nun an als »judenfrei«. Kreishauptmann Ehaus hatte eines seiner vorrangigen Ziele erreicht. Schon am 13. Juli 1942 hatte der Gouverneur des Distrikts Krakau, Richard Wendler, auf einer Regierungssitzung in Krakau das Vorgehen ausdrücklich lobend hervorgehoben. Ehaus scheint laufend nach Krakau berichtet zu haben, so dass der Gouverneur auch über Einzelheiten informiert war und diese auf der Regierungssitzung berichtete: »Die Juden drängten sich seit Beginn der Judenaktion nach jeder Arbeit. Im Zuge dieser Maßnahmen habe der Kreishauptmann von Reichshof seinen ganzen Kreis judenfrei gemacht. Von den dort erfaßten 22 000 Juden seien die Steuern bis zur Mitte des Jahres 1943 in Höhe von über 3 Millionen hereingebracht worden. Insgesamt hätten die Juden innerhalb von 4 Tagen 5 Mil-

106 Vgl. Oster, Gehinom, S. 101; Urteil des LG Memmingen, Ks 5/68, 10.7.1969, in: Justiz und NS-Verbrechen, Bd. 32, S. 467.

107 Vgl. Poradowski, Zagłada, część III, S. 99; Podhorizer-Sandel, O zagładzie, S. 95; Kowalski, Eksterminacja, S. 131.

lionen Zloty an Steuern, Strafen usw. bezahlt.«[108] Besonders geschmeichelt und in seinem Ehrgeiz bestätigt muss sich Ehaus durch die weitere Ausführung von Wendler gefühlt haben: »Auf Grund dieser Erfahrungen plane er [Wendler], in den übrigen Kreisen die Juden nach Möglichkeit in einem, zwei oder drei Orten zusammenzufassen; sie müßten vom flachen Land unbedingt verschwinden.« Erneut lässt sich nachweisen, dass ein Kreishauptmann die Besatzungspraxis weit über seine Kreishauptmannschaft hinaus formen konnte. Bereits bei der Arisierung war Ehaus in seinem Kreis vorgeprescht und hatte auch in anderen Bereichen versucht, initiativ Einfluss auf die allgemeine Praxis im Generalgouvernement zu nehmen, indem er die gesetzliche Einführung der Prügelstrafe für Juden oder die Befugnis zur Verhängung der Todesstrafe gegen Juden forderte.[109]

Beredtes Zeugnis der radikalantisemitischen Einstellung von Ehaus und seines Ehrgeizes ist eine kupferne »Gedenktafel«, die er in Auftrag gegeben hatte, noch während die »Aussiedlungen« im Gange waren. Sie wurde an der Kreisburg an einem Reichsadler angebracht und trug die Inschrift: »Dieser Adler, das deutsche Zeichen der Erhebung und des Sieges, wurde anläßlich der Befreiung der Stadt Reichshof von allen Juden im Juli des Jahres 1942 hier angebracht. Die Anbringung geschah während der Amtszeit des ersten Kreishauptmannes und Kreisstandortführers der NSDAP der Kreishauptmannschaft Reichshof, des SS-Sturmbannführers Dr. Heinz Ehaus.«[110]

Ehaus war nicht nur federführend an der Deportation der Juden beteiligt, sondern scheute auch nicht vor eigenhändigen Misshandlungen und Morden zurück. Im Mai oder Juni 1943 spätabends beobachtete eine deutsche Stenotypistin des SD in Rzeszów/Reichshof aus dem Fenster ihrer Wohnung wie Ehaus im Hof der gegenüber gelegenen Kreisburg mehrere Juden erschoss. In offensichtlich betrunkenem Zustand soll er

108 Präg/Jacobmeyer, Diensttagebuch, S. 523f. (Eintrag vom 13.7.1942). Das folgende Zitat ebenda, S. 524.

109 Der Kreishauptmann in Rzeszów/Reichshof, Lagebericht für den Monat August 1940, 30.8.1940, BAB, R 52 III/23, Bl. 2f.; Der Kreishauptmann in Rzeszów/Reichshof, Lagebericht für den Monat September 1940, 30.9.1940, IPN, NTN 275, Bl. 83f. u. 87f.; Der Kreishauptmann in Rzeszów/Reichshof, Lagebericht für den Monat Oktober 1940, 30.10.1940, BAB, R 52 III/24, Bl. 101f.; Der Kreishauptmann in Rzeszów/Reichshof, Lagebericht für den Monat Januar 1941, 30.1.1941, BAL, B 162/Dok.-Slg. Polen, Ordn. 347, Bl. 275f.

110 Zitiert nach: Wójcik, Rzeszów, S. 161. Vgl. auch Poradowski, Zagłada, część III, S. 93.

»ein sogenanntes Scheibenschießen auf Juden« veranstaltet haben. Ungefähr zehn Juden mussten um den schwankenden Ehaus im Kreis herumgehen. Nach und nach erschoss er die Juden mit seiner Pistole. Am nächsten Tag war das auf ihrer Dienststelle Gesprächsthema, wobei jemand der Zeugin sagte, sie müsse sich nicht aufregen, da Ehaus so etwas schon häufiger getan habe, wenn er betrunken war.[111]

Aus dem Kreis Jasło wurden die meisten Juden ab Mitte August nach Bełżec deportiert. Zuvor hatten jedoch einige Massenerschießungen im Kreis stattgefunden, an deren Organisation und Durchführung Kreishauptmann Walter Gentz federführend beteiligt war. Gentz war, ähnlich wie Ehaus, der dominierende Besatzungsfunktionär in Jasło. Er hatte beste Beziehungen nach Krakau; mit Gouverneur Wendler und dem SSPF Scherner war er befreundet, und beide waren häufig in Jasło zu Besuch, so dass dort der Eindruck entstand, Gentz sei »eine Art verlängerter Arm«[112] des SSPF. Außerdem kümmerte er sich um fast jede Kleinigkeit und scheute nicht davor zurück, sich in Angelegenheiten der örtlichen Sicherheitspolizei einzumischen. Zu dessen Leiter hatte er ein gutes Verhältnis, allerdings soll Gentz einen schärferen Kurs gegen die Juden vertreten. Auch ihm wurde der Ehrgeiz nachgesagt, seinen Kreis als Erster »judenfrei« machen zu wollen.[113]

In Żmigród, einer Kleinstadt rund 15 Kilometer südöstlich von Jasło mit etwa 10 000 Einwohnern, lebten 1942 rund 2 000 Juden. Der dortige Judenrat erhielt am 1. Juli 1942 die Anweisung, dass sich am 7. Juli alle Juden versammeln müssten. Am frühen Morgen des 7. Juli umstellten Angehörige der Sicherheitspolizei Jasło, der Gendarmerie sowie der polnischen und ukrainischen Polizei den Ort. Der Platz, auf dem sich die Juden versammeln mussten, wurde zusätzlich von örtlicher Gendarmerie sowie polnischer und ukrainischer Polizei abgesperrt. Für die Deutschen wurde Bier ausgeschenkt. Im Laufe des Vormittags erschien Gentz mit mehreren Männern, und die »Aktion« konnte beginnen. Er befahl den Juden, ihr Geld und ihre Schmucksachen abzuliefern. Anschließend suchten die Deutschen mehrere hundert arbeitsfähige Juden aus und

111 Vernehmung von S.G., 27.3.1963, BAL, B 162/II 212 AR 1434/66, Bl. 6. Zitat ebenda.

112 Vernehmung von H.S.-K., Leiter des Wirtschaftsamts der Kreishauptmannschaft, 19.1.1965, StArch Münster, StA Dortmund Zentralstelle, 45 Js 31/64, Bd. 2, Bl. 129.

113 Ebenda; Vernehmung von Alfred Schödl, stellvertretender Kreishauptmann in Jasło, 20.7.1965, ebenda, Bd. 6, Bl. 63 f.; Vermerk der StA Dortmund, 6.8.1965, ebenda, Bd. 6, Bl. 128 f.

sammelten sie auf der gegenüberliegenden Seite des Platzes. Währenddessen fuhren mehrere Lastwagen vor, auf die die alten Menschen sowie die Mütter mit Kindern steigen mussten. Da offenkundig das »Soll« noch nicht erreicht worden war, wurden wahllos weitere Personen brutal aus der Menschenmenge gegriffen und auf die Lastwagen gezwungen. Die gesamte Selektion der Opfer fand unter Gentz' Leitung statt. Er ließ es sich nicht nehmen, sich persönlich als Herr über Leben oder Tod zu gebärden. Er schritt die Reihen der Juden ab und zog immer wieder einzelne Personen mit seinem Spazierstock am Hals heraus. Auch vor direkter Gewaltanwendung schreckte er nicht zurück. Den Vorsitzenden des Judenrats, Hersch Eisenberg, und den Leiter des jüdischen Hilfskomitees schlug er derart brutal zusammen, dass diese blutüberströmt zusammenbrachen.[114]

Die Lastwagen brachten die beiden und die übrigen Männer, Frauen und Kinder zu Erschießungsgruben außerhalb der Stadt, die der polnische Baudienst vorbereitet hatte. Dort mussten sich die Opfer ausziehen und wurden anschließend am Grubenrand erschossen. In mehreren Stunden erschossen die Angehörigen der Sicherheitspolizei mindestens 1000 Menschen. Die tatsächliche Zahl der Opfer dürfte weitaus höher gewesen sein, da bis auf 300 bis 500 Arbeitskräfte die meisten Juden aus Żmigród erschossen wurden. Gentz muss irgendwann die Leitung der »Aktion« in der Stadt abgegeben und am Ort des Massakers das Kommando übernommen haben. Wieder griff er sich den Vorsitzenden des Judenrats heraus und malträtierte ihn. Die Schützen der Gestapo und der Kreishauptmann tranken fortwährend viel Alkohol, so dass sie bald betrunken waren. Vom Morden hielt sie das jedoch nicht ab. Zur gleichen Zeit, als Gentz die Ermordung der Juden aus Żmigród leitete und immer betrunkener wurde, lag seine Frau in Jasło in den Wehen und brachte einen Sohn zur Welt.[115]

114 Vernehmung von A.D., 27.12.1964, StArch Münster, StA Dortmund Zentralstelle, 45 Js 31/64, Bd. 4, Bl. 8f.; Vernehmung von Z.O., 25.12.1964, ebenda, Bd. 4, Bl. 20f.; Vernehmung von C.E., 29.1.1965, ebenda, Bd. 4, Bl. 114ff.; Vernehmung von N.L., 9.2.1966, ebenda, Bd. 9, Bl. 173ff.; Sachstandsvermerk und Einstellungsverfügung der StA Dortmund, 45 Js 31/64, ebenda, Bd. 14, Bl. 109ff.

115 Sachstandsvermerk und Einstellungsverfügung der StA Dortmund, 45 Js 31/64, StArch Münster, StA Dortmund Zentralstelle, 45 Js 31/64, Bd. 14, Bl. 109ff.; Aussage von J.C., 24.1.1972, ebenda, Protokoll der Hauptverhandlung, Bd. 4, Bl. 536.

Kurz vor der Erschießung der Juden aus Żmigród geschah im Juni 1942 Ähnliches in Frysztak, etwa 15 Kilometer nordöstlich von Jaslo.[116] Am Tag, als die »Aktion« beginnen sollte, fuhr Kreishauptmann Gentz zusammen mit dem Leiter des Wohnungsamtes und dem Kreisschulrat nach Frysztak, wo die Juden bereits auf einem Platz versammelt waren. Dort fand die Selektion der Opfer statt. Ab dem Mittag wurden die arbeitsunfähigen Menschen auf Lastwagen gedrängt und in einen Wald zu vorbereiteten Gruben gebracht. Die Absperrung des Geländes übernahm der Sonderdienst des Kreishauptmanns. Die Juden mussten sich entkleiden und einzeln an die Gruben treten, wo sie von den Gestapoleuten erschossen wurden. Die Lastwagen nahmen die Kleidung der Ermordeten mit zurück. Als die ersten beiden Massengräber voll waren, mussten Arbeiter des polnischen Baudienstes diese mit Kalk bestreuen und zuschütten. Währenddessen kamen weitere Juden und wurden an einer dritten Grube ermordet. Insgesamt wurden mindestens 1000 Menschen erschossen, möglicherweise auch bis zu 2000. Kreishauptmann Gentz gab sich bei den beiden Erschießungen nicht mit der Rolle des Kommandierenden und Zuschauers zufrieden. Bei mindestens einem der Massaker erschoss er eigenhändig mehrere Juden.[117] Mitte August bis Anfang September 1942 kam es schließlich zur Deportation der Juden aus dem gesamten Kreis, die Gentz auf einer Parteiversammlung freudig angekündigt hatte und an der er und sein Apparat maßgeblich beteiligt waren. Insgesamt etwa 16000 Juden wurden nach Bełżec deportiert und dort ermordet.[118]

Anfang November 1942 kam es im Kreis Miechów zu einem Massenmord, der den großen Handlungsspielraum der Kreishauptleute zeigt. Es war der stellvertretende Kreishauptmann, der diesen selbst angeordnet und geleitet hatte. Durch umfangreiche Deportationen im August und September 1942 war der Kreis nahezu »judenfrei« geworden. In der Stadt

116 Sachstandsvermerk und Einstellungsverfügung der StA Dortmund, 45 Js 31/64, StArch Münster, StA Dortmund Zentralstelle, 45 Js 31/64, Bd. 14, Bl. 104.

117 Vernehmung von L.R., Leiter des Wohnungsamtes, 30.11.1965, StArch Münster, StA Dortmund Zentralstelle, 45 Js 31/64, Bd. 7, Bl. 136f.; Vernehmung von L.R., 14.9.1971, ebenda, Sitzungsprotokolle, Bd. 1, Bl. 35f.; Zeugenaussage von J.C., 24.1.1972, ebenda, Protokolle der Hauptverhandlung, Bd. 4, Bl. 534ff.; Zeugenaussage von A.B., 12.1.1972, ebenda, Protokolle der Hauptverhandlung, Bd. 3, Bl. 487ff.

118 Sachstandsvermerk und Einstellungsverfügung der StA Dortmund, 45 Js 31/64, StArch Münster, StA Dortmund Zentralstelle, 45 Js 31/64, Bd. 14, Bl. 120ff.; Podhorizer-Sandel, O zagładzie, S. 96.

Miechów lebten nur noch wenige hundert »Arbeitsjuden« sowie Juden, die aus ihren Verstecken in das Ghetto zurückgekehrt waren. In den anderen Orten der Kreishauptmannschaft gab es nur noch wenige Juden.[119]

Kreishauptmann Kalpers war ab Mitte Oktober 1942 zu einer längeren Kur in Deutschland und kehrte erst Ende Dezember zurück. In der Zwischenzeit leitete Friedrich Schmidt stellvertretend die Verwaltung. Schmidt war 1901 in Eckernförde als Sohn eines Kaufmanns geboren worden und hatte nach der Schule zunächst eine Banklehre gemacht, dann bei einer Hamburger Bank gearbeitet, bevor er Volkswirtschaft und Rechtswissenschaften studierte; 1926 promovierte er zum Dr. rer. pol. und absolvierte seine Referendarausbildung. Der NSDAP trat er schon im Dezember 1931 bei. Nach mehrjähriger Banktätigkeit wurde er 1934 Bürgermeister im pommerschen Belgard, 1935 in Greifenberg. Von dort kam er im Oktober 1939 ins Generalgouvernement und war Stadtkommissar in Borek Fałęcki, vom Oktober 1940 bis Januar 1942 in Nowy Sącz/Neu-Sandez. Dort hatte er energisch die Arisierung und die Konzentration der Juden vorangetrieben. Die *Krakauer Zeitung* berichtete am 28. Juni 1941 über Schmidts Wirken in Nowy Sącz/Neu-Sandez: »Mit aller Energie arbeitet der Stadtkommissar von Neu-Sandez, Friedrich Schmidt, in dessen Händen seit etwas über acht Monaten die Leitung der Neu-Sandezer Stadtverwaltung liegt, daran, dem Stadtbild ein deutsches Gesicht zu geben. Sauber und schmuck soll Neu-Sandez werden. An die Stelle der schmutzigen und unfreundlichen jüdischen Läden sollen helle und saubere Geschäfte treten.«[120]

Mit energischen antijüdischen Maßnahmen schaffte er es aber nicht nur in die *Krakauer Zeitung*, sie waren vielmehr auch ein probates Mittel, sich gegenüber Vorgesetzten zu profilieren. Augenscheinlich wird dies im Zeugnis, das Kreishauptmann Reinhard Busch Schmidt über seine Tätigkeit in Nowy Sącz/Neu-Sandez im März 1943 ausstellte und in dem er Schmidts Erfolge bei der »Arisierung« besonders hervorhob.[121] Busch war Schmidts antijüdisches Handeln offenkundig nicht nur positiv aufgefallen, er befand es zudem als besonders geeignet, um Schmidts Qualitäten der Distriktsregierung gegenüber anzupreisen. Busch konnte von einem

119 Schwurgerichtsklage, 2 Ks 1/71, 20.4.1972, StA Kiel, 2 Js 916/64, Presseheft, S. 37 der Anklageschrift.

120 Krakauer Zeitung, »Neu-Sandez wird schöner«, 28.6.1941. Nachweise zur Biographie Schmidts bei der Kurzbiographie im Anhang.

121 Der Kreishauptmann, Zeugnis, 19.3.1943, APK, Der Gouverneur des Distrikts Krakau 55, Bl. 5.

antisemitischen Grundkonsens in der deutschen Besatzungsverwaltung ausgehen, aufgrund dessen »Verdienste« bei der Verfolgung der Juden besonders karriereförderlich sein konnten. Davon ging auch Schmidt selbst aus, denn er schickte im Juni 1943 unter anderem dieses Zeugnis an das Personalamt in Krakau.[122]

Nach einer halbjährigen Tätigkeit als stellvertretender Kreishauptmann und Leiter des Amtes für Innere Verwaltung in der Kreishauptmannschaft Dębica, wo Schmidt als »ein schnell zupackender, entschlussfreudiger Beamter«[123] in Erinnerung blieb, kam er Anfang August 1942 in gleicher Funktion an die Kreishauptmannschaft Miechów. An seiner radikal antisemitischen Einstellung ließ er dort von Anfang an keinen Zweifel. Kaum dass er die Vertretung von Kreishauptmann Kalpers übernommen hatte, verbot er jede weitere Arbeit von Juden für die Kreishauptmannschaft. Bis dahin hatten noch einige Juden in der Garage der Dienststelle gearbeitet. Die damit ihrer überlebensnotwendigen Arbeit beraubten Juden wurden nun von dem nicht minder antisemitischen Chef der Sicherheitspolizei in Miechów, Bayerlein, in deren Garagen beschäftigt. Bei den deutschen Mitarbeitern der Kreishauptmannschaft war Schmidt als fanatischer Nationalsozialist und Antisemit bekannt. Einer polnischen Angestellten der Kreishauptmannschaft gegenüber soll Schmidt mehrfach gesagt haben, dass die Juden einer niederen Rasse angehörten, die man liquidieren müsste.[124] Dass er auch bereit war, entsprechend zu handeln, trat im November 1942 zutage.

Am 8. November ließ Schmidt eine Bekanntmachung aushängen, in der er eine »Umsiedlung« der Juden aus ihren Wohnorten im Kreis ankündigte und drohte: »Wer Juden in den von Juden freigemachten Wohnungen Unterschlupf gewährt oder sie begünstigt oder in den freigemachten Räumen ganz gleich welcher Art plündert, wird auf Grund der Verordnung gegen Volksschädlinge vom 5.9.1939 mit dem Tode bestraft.«[125] Am gleichen Tag begannen Transporte von Juden aus den umliegenden Orten in die Kreisstadt. In den nächsten Tagen hob der

122 Schreiben Schmidts an das Personalamt beim Gouverneur des Distrikts Krakau, 3.6.1943, APK, Der Gouverneur des Distrikts Krakau 55, Bl. 1.

123 Dienstleistungs-Zeugnis des Kreishauptmanns in Debica, 29.5.1943, APK, Der Gouverneur des Distrikts Krakau 55, Bl. 3.

124 Aussage von D.J., 21.6.1967, StA Kiel, 2 Js 916/64, Bd. 8, Bl. 965 f.; Aussage von P.G., 22.6.1967, ebenda, Bl. 951; Aussage von J.T., 13.9.1967, ebenda, Bl. 1147; Aussage von O.S., 30.8.1967, ebenda, Bd. 8, Bl. 1124; Schwurgerichtsklage, 2 Ks 1/71, 20.4.1972, ebenda, Presseheft, S. 45 der Anklageschrift.

125 BAL, B 162/Dok.-Slg. Verschiedenes, Ordn. 135, Bl. 210.

polnische Baudienst im Wald von Chodów eine Grube aus. Diese Nachricht fand ihren Weg auch ins Ghetto von Miechów, so dass sich manche Juden, denen der Zweck einer solchen Grube natürlich bekannt war, wenig später versteckten, um nicht selbst Opfer einer Erschießung zu werden.[126]

Am frühen Morgen des 18. November umstellten deutsche und polnische Polizisten das Ghetto in Miechów. Den Juden wurde befohlen, sich vor der Synagoge zu versammeln. Dorthin kam Schmidt mit anderen Deutschen und übernahm das Kommando. Zunächst wurden wieder einige Facharbeiter ausgesondert, dann befahl Schmidt den Juden, sich zu einer Marschkolonne zu formieren und zum Sitz der Kreishauptmannschaft zu gehen. Er begleitete den Zug und sah auf dem Weg einen ehemaligen jüdischen Mitarbeiter der Kreishauptmannschaft und sagte ihm, er solle sich den anderen anschließen, denn da sei er gut aufgehoben. Am Ziel angelangt, wurden die Juden auf den Gefängnishof geführt, wo Gendarmerie und Sonderdienst sie bewachten. Nach einiger Zeit ließ Schmidt Gendarmerie und Sonderdienst antreten und befahl ihnen den Abtransport der Juden. Diese wurden dann gruppenweise mit Lastwagen in ein etwa drei bis vier Kilometer entferntes Waldstück bei Chodów gebracht, wo die Erschießungsgrube vorbereitet worden war.[127]

Dort mussten sich alle Juden ausziehen und an die Grube treten, wo die deutschen Erschießungskommandos sie töteten. Kurz nach Beginn des Massakers kam auch Schmidt dorthin. Kaum angekommen, beteiligte er sich aktiv an der Ermordung der Juden. Nach einiger Zeit passierte jedoch etwas, was diese Mordaktion aus vielen anderen heraushob, so dass alle Beteiligten und die Bevölkerung sie besonders erinnern konnten. Einer der Todeskandidaten griff Schmidt mit einem Messer an und verletzte ihn schwer am Hals. Ein polnischer Arzt wurde geholt, und Schmidt kam schließlich in ein Krankenhaus. Die Erschießung der Ju-

126 Schwurgerichtsklage, 2 Ks 1/71, 20.4.1972, StA Kiel, 2 Js 916/64 , Presseheft, S. 37 der Anklageschrift; Vernehmung von A.K., 20.3.1967, ebenda, Bd. 7, Bl. 776 f.; Aussage von S.P., 29.3.1968, ebenda, Bd. 9, Bl. 1460 f.; Vernehmung von H.T., 23.6.1964, BAL, B 162/6 AR-Z 40/62, Bd. 3, Bl. 518; Aussage von M.M., 4.4.1967, StA Kiel, 2 Js 916/64, Bd. 7, Bl. 760 f.

127 Vernehmung von A.K., 20.3.1967, StA Kiel, 2 Js 916/64, Bd. 7, Bl. 775; Aussage von D.J., 21.6.1967, ebenda, Bd. 8, Bl. 967; Vernehmung von A.G., 30.6.1964, ebenda, Bd. 3, Bl. 501; Aussage von I.Z., 25.10.1968, ebenda, Bd. 10, Bl. 1676.

den im Wald ging unterdessen weiter. Insgesamt wurden an diesem Tag 400 bis 600 Menschen ermordet.[128]

Der Vorfall im Wald verbreitete sich wie ein Lauffeuer in der deutschen, polnischen und jüdischen Bevölkerung und war *das* Gesprächsthema. Auch über den Kreis Miechów hinaus wurde das Ereignis schnell bekannt. Kurz nach der Verletzung erhielt Schmidt im Distriktkrankenhaus in Krakau, in das er noch in der Nacht gebracht worden war, Besuch von SSPF Scherner. In einer Vernehmung berichtete Schmidt davon: »Dabei äusserte er [Scherner] mir gegenüber, daß ich, wenn ich durch den Angriff des Juden getötet worden wäre, für eine ordentliche Sache gestorben wäre. Ich erinnere, daß Scherner bei dieser Gelegenheit mich noch damit tröstete, daß er sagte, wenn ich dabei gestorben wäre, hätte ich das beruhigende Gefühl haben können, daß für mich noch einige Juden mehr mitgegangen seien.«[129] Nach Schmidts Rückkehr waren die Umstände seiner schweren Verletzung zumindest in der Dienststelle des Kreishauptmanns erneut Gesprächsthema.[130] Dem Leiter des Baudienstes gegenüber brüstete sich Schmidt mit der Erschießung im Wald und sagte ihm »in einem sehr kalten und zynischen Ton«, wie sich der Baudienstleiter in einer Vernehmung erinnerte: »Wenn es schief gegangen wäre, hätte es sich doch gelohnt, denn das Verhältnis wäre 1 zu 125 gewesen.«[131]

Schmidts Initiative brachte ihm nicht nur einen persönlichen Besuch des SSPF und dessen Anerkennung ein. Als er schon nicht mehr in Miechów war, sondern Stadthauptmann von Tschenstochau geworden war, bemühte sich sein neuer Vorgesetzter, Gouverneur Kundt, noch im November 1944, als bereits große Teile des Generalgouvernements von der Roten Armee besetzt worden waren, um die Verleihung des Verwun-

128 Vernehmung von K.R., 26.8.1964, BAL, B 162/6 AR-Z 40/62, Bd. 3, Bl. 530; Schwurgerichtsklage, 2 Ks 1/71, 20.4.1972, ebenda, Presseheft, S. 41f. der Anklageschrift.

129 Vernehmung von Friedrich Schmidt, BAL, B 162/6 AR-Z 40/62, Bd. 4, Bl. 724f.

130 Vernehmung von Oskar Schmidt, Landkommissar in Karzimierz Wielka, 2.6.1969, BStU, MfS HA IX/11, RHE-West 306, Bl. 52; Vernehmung von J.S., 23.7.1962, BAL, B 162/6 AR-Z 40/62, Bd. 1, Bl. 180; Vernehmung von J.V., 19.11.1962, ebenda, Bd. 2, Bl. 312; Vernehmung von H.T., 23.6.1964, ebenda, Bd. 3, Bl. 518; Vernehmung von J.P., 14.8.1964, ebenda, Bd. 4, Bl. 597; Vernehmung von Friedrich Schmidt, ebenda, Bd. 4, Bl. 722ff.; Vernehmung von Ch.W., 13.2.1968, ebenda, Bd. 7, Bl. 1345; Vernehmung von F.Z., 31.1.1967, ebenda, Bd. 8, Bl. 1509.

131 Vernehmung von H.T., 23.6.1964, BAL, B 162/6 AR-Z 40/62, Bd. 3, Bl. 518.

detenabzeichens an Schmidt. Kundt begründete seinen Antrag mit den Vorfällen vom November 1942: »Dr. Schmidt hat bei einer von ihm als ehemaliger stellvertretender Kreishauptmann in Miechow, Distrikt Krakau, *selbst angeordneten* Aussiedlung von Juden eine nach ärztlichem Gutachten lebensbedrohliche Schnittverletzung erlitten. Die Verletzung wurde ihm von einem ihn anspringenden Juden zugefügt. [...] Dr. Schmidt ist der Verleihung des Verwundetenabzeichens voll und ganz würdig. Hinsichtlich seines tapferen Verhaltens und Einsatzes zur Zeit der Verwundung habe ich keinen Zweifel.«[132] Im Dezember 1944 wurde Schmidt die Auszeichnung verliehen.[133] Seiner Karriere war diese späte »Würdigung« jedoch nicht mehr förderlich; im Januar 1945 mussten die Deutschen Tschenstochau räumen.

Nach den Deportationen

Nach den systematisch betriebenen »Räumungen« der Ghettos war der Massenmord noch nicht an sein Ende gekommen. Unmittelbar daran anschließend setzte die Jagd nach versteckten Juden ein, in die die Besatzer, darunter auch die Kreishauptleute, viel Energie steckten. Hier zeigte sich Kreishauptmann Hans Claß erfinderisch. In seiner Kreishauptmannschaft Sanok, im äußersten Südosten des Distrikts Krakau, waren ab dem 5. September 1942 innerhalb von etwas mehr als einer Woche rund 13 000 Juden nach Bełżec deportiert und dort ermordet worden. Nach Beendigung der großen »Aussiedlungen« aus dem Kreis veröffentlichte Claß am 14. September eine Bekanntmachung, der zufolge drei Ghettos bestehen bleiben sollten: Sanok, Trepczy und Zasław. Mit dieser Methode erhoffte er sich, vieler versteckter Juden habhaft zu werden. Der HSSPF griff das Vorgehen von Kreishauptmann Claß auf und erhob es zur Praxis im gesamten Generalgouvernement.[134] Erneut erwies sich ein Kreishauptmann als Vorreiter einer allgemeinen Besatzungspraxis.

Der HSSPF Krüger veröffentlichte nach dem vorläufigen Abschluss der Deportationen in die Vernichtungslager am 28. Oktober 1942 eine Polizeiverordnung über die Bildung von Ghettos in den Distrikten Lublin

132 Der Gouverneur des Distrikts Radom an den Chef der Kanzlei des Generalgouverneurs, betr. Verleihung des Verwundetenabzeichens an Stadthauptmann m.d.F.b. Friedrich Schmidt in Tschenstochau, 21.11.1944, StA Kiel, 2 Js 916/64, Dokumentenband II, Bl. 43 f. (Hervorhebung vom Verf.).

133 Schwurgerichtsklage, 2 Ks 1/71, 20.4.1972, ebenda, Presseheft, S. 43 der Anklageschrift.

134 Vgl. Podhorizer-Sandel, O zagładzie, S. 97 f.

und Warschau. Er verfügte, dass Juden in diesen Distrikten ab dem 1. Dezember nur noch in wenigen festgelegten Ghettos sowie Zwangsarbeitslagern leben durften.[135] Eine ähnliche Verordnung für die übrigen drei Distrikte folgte im November 1942.[136] Hunger und Verzweiflung sowie die Bedrohung durch feindlich gesinnte Teile der polnischen Bevölkerung trieben zahlreiche geflohene Juden zurück in diese Ghettos; die Deutschen hatten das zweifellos erhofft und förderten es durch Versprechungen, man könne dort in Ruhe leben und arbeiten. Auch wer die Zeichen richtig deutete, befand sich in einer nahezu ausweglosen Situation. Die Flucht mit gefälschten Papieren oder das Leben im Versteck bedurften langer und sorgfältiger Vorbereitung, sie waren überdies sehr gefährlich und in der Regel sehr teuer. Calel Perechodnik, ein Mitglied des jüdischen Ordnungsdienstes im Ghetto Otwock, schrieb dazu noch während der Besatzung: »Wenn es um das Verlassen des Ghettos geht und um Wohnsitznahme im polnischen Viertel, so gab es einige Gründe dafür, warum es die Juden nicht getan haben, auch wenn ihnen bewußt war, wie schrecklich ihre Situation war. Einerseits hat ihnen die Gendarmerie eingetrichtert, daß das Verlassen des Ghettos gleichbedeutend sei mit dem Todesurteil, andererseits herrschte eine panische Angst vor Polen. Die Juden befürchteten, im polnischen Viertel ausgeraubt und der Gendarmerie ausgeliefert zu werden. Vor den Gendarmen konnte man sich noch verstecken, oder ihnen ausweichen – schließlich gab es davon nicht viele auf den Straßen, aber wie sollte man sich vor den Polen verstecken, die ganz leicht Juden erkennen können.«[137] Vielen blieb daher nichts anderes übrig, als in diese Ghettos zurückzukehren bzw. diese gar nicht erst zu verlassen.

Die erhoffte Ruhe in den verbliebenen Ghettos war nur von kurzer Dauer. Bald schon schnappte die Falle zu: Erneut trieben SS und Polizei die Juden zusammen und deportierten sie in die Vernichtungslager oder erschossen sie direkt an Ort und Stelle; nur wenige Menschen kamen in Zwangsarbeitslager. Das begann im Distrikt Warschau ab November

135 Vgl. Der Höhere SS- und Polizeiführer, Polizeiverordnung über die Bildung von Judenwohnbezirken in den Distrikten Warschau und Lublin, 28.10.1942, in: Doc. Occ. VI, S. 605 ff.

136 Polizeiverordnung des Höheren SS- und Polizeiführers über die Errichtung von jüdischen Wohnbezirken in den Distrikten Radom, Krakau und Galizien, 10.11.1942, in: Faschismus, Getto, Massenmord, S. 344 f.

137 Perechodnik, Mörder, S. 53. Dass diese Furcht nicht unbegründet war, zeigen zahlreiche Erinnerungen: Fuss, Als ein anderer leben, S. 54 f. u. 91; Weinstein, Aufzeichnungen, S. 112 f., 195 f., 223 ff. u. 309.

1942 und zog sich bis in den Mai 1943 hin. Schlusspunkt dieser Mordwelle im Distrikt war die endgültige Niederschlagung des Aufstands im Warschauer Ghetto Mitte Mai. Allein aus Warschau wurden mehr als 60 000 Menschen nach Treblinka deportiert.[138] Im Distrikt Radom wurden die verbliebenen vier Ghettos im Januar 1943 innerhalb einer Woche weitgehend geräumt; mehrere hundert Menschen erschossen SS und Polizei sofort, die übrigen etwa 16 000 Menschen deportierten sie nach Treblinka. Weitere Selektionen, Erschießungen und Deportationen in den Ghettos und Zwangsarbeitslagern folgten in den darauffolgenden Wochen. Die letzten Ghettos wurden im Sommer und Herbst 1943 aufgelöst, die Arbeitslager schließlich im Sommer 1944.[139]

Im Distrikt Lublin vollzogen SS und Polizei die Auflösung der Ghettos im Frühjahr 1943 und deportierten die dort lebenden Juden ins Vernichtungslager Sobibór. Das gleiche Schicksal traf die Insassen der Arbeitslager des Wasserwirtschaftsamtes; zeitgleich begann die Auflösung der Zwangsarbeitslager Trawniki, Poniatowa und Budzyń. Die Ermordung der wenigen noch lebenden Juden wurde nach dem Häftlingsaufstand im Vernichtungslager Sobibór am 14. Oktober 1943 beschleunigt. Am 3., 5. und 7. November 1943 wurden in einem großangelegten blutigen Massaker unter der Tarnbezeichnung »Aktion Erntefest« 45 000 Juden in Poniatowa, Trawniki und Majdanek erschossen. Lediglich kleine Arbeitskommandos blieben in Lublin, Majdanek und Trawniki zurück. Außerdem bestanden nach wie vor die Zwangsarbeitslager Budzyń, Biała Podlaska, Dęblin, Puławy und Zamość, in denen Arbeiten für die Wehrmacht verrichtet wurden. Ab Februar 1944 wurden auch diese Lager geräumt und die inhaftierten Juden wegen der vorrückenden Front nach Westen verschleppt.[140]

Im Distrikt Krakau kam es bereits unmittelbar nach der Verordnung des HSSPF Krüger zu erneuten Deportationen aus den restlichen Ghettos, in Rzeszów/Reichshof wieder unter aktiver Beteiligung von Kreishauptmann Ehaus und Stadtkommissar Pavlu. SS und Polizei deportierten oder töteten im November 1942 etwa 10 000 Menschen. Danach

138 Schlussbericht der ZStL, 16.10.1968, BAL, B 162/II 211 AR-Z 78/66, Bd. 6, Bl. 563; Brustin-Berenstein, Deportacje, S. 97 f.; Kopówka, Żydzi, S. 73; Szczechura, Życie, S. 48; Engelking/Leociak, Getto, S. 720 ff.; Ainsztein, Widerstand, S. 305 ff.; Gutman, Jews, S. 307 ff. u. 364 ff.

139 Vgl. Młynarczyk, Organisation, S. 184 f.; ders., Judenmord, S. 276 f. u. 354 ff. Seidel, Besatzungspolitik, S. 336 ff.; Rutkowski, Martyrologia, S. 115 ff.

140 Vgl. Pohl, »Judenpolitik«, S. 165 ff.; Berenstein, Martyrologia, S. 42 ff.; Grabitz/Scheffler, Spuren, S. 328 ff.; Marszałek, Majdanek, S. 138 ff.

verkleinerten sie die Ghettos und teilten sie: Ghetto A wurde Zwangsarbeitslager der SS, Ghetto B war für die nichtarbeitenden Juden bestimmt. Im Frühjahr und September 1943 wurden jedoch auch diese »liquidiert« und viele Menschen direkt erschossen, Tausende wurden nach Auschwitz deportiert und dort getötet und einige Arbeitsfähige in die Zwangsarbeitslager gebracht, die 1944 aufgelöst wurden.[141] Im Distrikt Galizien, wo nach den Deportationen noch die meisten Juden im Generalgouvernement lebten, begannen die Auflösungen der Ghettos Anfang 1943. Da Bełżec geschlossen war, ermordeten SS und Polizei ihre Opfer in großen Massakern vor Ort. Die Ermordung der Insassen der Zwangsarbeitslager folgte im Sommer 1943.[142]

Nach den großen »Aussiedlungsaktionen« und den Ghettoliquidierungen setzten die Besatzungsbehörden alles daran, auch noch der letzten versteckt lebenden Juden habhaft zu werden. Gegenüber der polnischen Bevölkerung setzte man auf ein System von Zuckerbrot und Peitsche: Massive Einschüchterungen, die Androhung und vielfache Vollstreckung der Todesstrafe für Polen, die Juden Hilfe leisteten, auf der einen Seite und Auslobungen von Belohnungen für den Verrat oder die Aushändigung untergetauchter Juden auf der anderen Seite. In Węgrów zum Beispiel wurden ein Bäcker, seine Frau und der sechzehnjährige Sohn erschossen, weil der Mann versteckten Juden Brötchen verkauft hatte. Allein im Kreis Siedlce sind im Februar/März 1943 150 Juden getötet worden, die sich versteckt hatten.[143] Einzelerschießungen von untergetauchten Juden waren an der Tagesordnung. Die Täter machten sich nicht einmal mehr die Mühe, die Spuren zu verwischen. Einen durchaus typischen Fall aus Warschau schilderte Wilm Hosenfeld, Besatzungsoffizier in Warschau, in seinem Tagebuch: »Ein junger Mann suchte mich heute morgen auf. [...] Er arbeitet hier in einem Lazarett. Er war Augenzeuge

141 Vgl. Urteil des LG Bochum, 16 Ks 1/68, 10.7.1969, in: Justiz und NS-Verbrechen, Bd. 32, S. 370ff.; Urteil des LG Memmingen, Ks 5/68, 10.7.1969, in: ebenda, Bd. 32, S. 474f.; Urteil des LG Hamburg, (50) 38/67, 14.1.1969, in: ebenda, Bd. 31, S. 567ff.; Urteil des LG Kiel, 2 Ks 4/66, 10.7.1970, in: ebenda, Bd. 34, S. 364. Vgl. auch Podhorizer-Sandel, O zagładzie, S. 98ff.

142 Vgl. Pohl, Judenverfolgung, S: 248ff. u. 348ff.

143 Vgl. Departament Informacji Delegatury Rządu RP na Kraj, Pro memoria o sytuacji w kraju Generalne Gubernatorstwo i Ziemie Wschodnie w okresie 25 II – 24 III 1943 r., in: Pro memoria, S. 299; Der Stadthauptmann in Tschenstochau, Bekanntmachung betr. Beherbergung von geflüchteten Juden, 24.9.1942, in: Faschismus, Getto, Massenmord, S. 319. Vgl. auch Browning, »Judenjagd«, passim; Musial, Zivilverwaltung, S. 308ff.; Pohl, »Judenpolitik«, S. 168ff.; Seidel, Besatzungspolitik, S. 348ff.

gewesen, wie ein Zivilist von drei deutsch[en] Polizisten erschossen wurde. Sie verlangten seine Papiere und stellten fest, daß er ein Jude war. Man führte ihn in einen Torweg und erschoß ihn. Den Mantel nahmen sie mit, die Leiche ließen sie liegen.«[144] Solange das Ghetto noch existiert hatte, waren manchmal auch öffentliche Erschießungen im Ghetto vorgenommen worden, um die übrige Ghettobevölkerung abzuschrecken.[145] Einzelne Kreishauptleute waren bereits sehr früh erfinderisch und initiativ geworden, indem sie der Bevölkerung Belohnungen versprachen, so wie im geschilderten Fall von Kreishauptmann Zimmermann im Kreis Grójec. Im Kreis Końskie hatte der Kreishauptmann nach Aussagen eines Gendarmeriebeamten eine Prämie ausschließlich für polnische Polizisten ausgelobt. Jeder Polizist, der einen Juden außerhalb der Ghettos aufgriff, sollte die Brieftasche des Opfers und zehn Pfund Zucker von der Kreishauptmannschaft erhalten.[146]

Am 13. März 1943 wandte sich der SSPF des Distrikts Warschau an alle Kreishauptleute im Distrikt und ordnete an, »daß sofort mit größter Energie alle noch in den einzelnen Städten bzw. auf dem Lande befindlichen Juden, besonders die ohne Armbinde sich frei bewegenden, die also durch die bisherigen Aussiedlungsaktionen nicht erfaßt werden konnten, festzustellen und der Gendarmerie zur Liquidierung zuzuführen sind«[147]. Er regte an, den Sonderdienst und die polnische Polizei für das Aufspüren untergetauchter Juden zu verwenden, aber auch auf V-Leute und die Bevölkerung zurückzugreifen. Personen, die zur Ergreifung eines Juden entscheidend beigetragen hatten, sollten als Belohnung bis zu einem Drittel des Vermögens der Juden bekommen. Der Handlungsspielraum der Kreishauptleute bei der Jagd auf versteckte Juden war praktisch grenzenlos, wie schon das Rundschreiben voraussetzte: »Ich bitte, diese Aktion nach Rücksprache mit den zuständigen Gend[armerie]-Zugführern *nach Ihrem eigenen Ermessen* zu organisieren.« Der Kreishauptmann in Ostrów zum Beispiel strich gerade diesen Absatz dick an und unterstrich die entscheidenden, hier hervorgehobenen Worte zusätzlich. Der einzelne Kreishauptmann hatte zwei Optionen: Er konnte sich für eine besonders nachdrückliche und intensive Suche nach unter-

144 Hosenfeld, »Ich versuche jeden zu retten«, S. 718 (Eintrag vom 16.6.1943).

145 Vgl. Datner, Zbrodnie, S. 11.

146 Vernehmung von J.O., 23.2.1967, BAL, B 162/II 212 AR 1456/66, Bl. 57.

147 Rundschreiben des SS- und Polizeiführers im Distrikt Warschau an die Kreishauptleute des Distrikts, betr. Feststellung und Liquidierung der sich frei bewegenden Juden, 13.3.1943, APW, KHm Ostrów 70, Bl. 50. Das folgende Zitat ebenda (Hervorhebung vom Verf.).

getauchten Juden entscheiden, oder er behandelte diese Aufgabe sehr nachlässig, wobei er sich auf Personalmangel und vordringlichere Aufgaben wie die Ernteerfassung oder Aushebung von Zwangsarbeitern zurückziehen konnte.

Die Zahl der ermordeten Juden wegen des unerlaubten Verlassens der Ghettos lässt sich kaum mehr exakt bestimmen, geht aber in die Tausende. Dokumentierte Einzelerschießungen können aber einen Eindruck von der Dimension dieses »nachgelagerten« Massenmordes vermitteln: Von August bis Dezember 1942 erschoss *ein* Gendarm in nur *einer* Gemeinde der Kreishauptmannschaft Nowy Sącz/Neu-Sandez 13 Juden. In dem Ort Oleszyce im Kreis Rawa Ruska erschossen deutsche Gendarmen und ukrainische Polizisten gemeinsam im ersten Quartal 1943 insgesamt 172 Juden, die aus dem Ghetto in Lubaczów geflohen waren. Ein polnischer Polizist erschoss im Frühjahr 1943 neun Juden in Kosin in der Kreishauptmannschaft Jarosław. Im Kreis Tarnów erschoss ein Angehöriger des Sonderdienstes des Kreishauptmanns drei Juden, die sich versteckt hatten.[148] Solche Beispiele ließen sich endlos aneinanderreihen. Die Täter gehörten den verschiedensten Exekutivorganen an. Vielfach entdeckten sie die versteckten Juden im Einzeldienst und hatten die freie Wahl, ob sie die Juden auslieferten bzw. direkt ermordeten oder aber laufenließen. Vonseiten der Widerstandsorganisationen der Linken und der Heimatarmee versuchte man der Beteiligung von Polen, insbesondere von polnischen Polizisten, an der Jagd nach versteckten Juden entgegenzuwirken, indem die Untergrundpresse vermehrt von Einzelfällen berichtete, in denen dabei kollaborierende Polen verurteilt worden waren.[149]

Holocaust und Öffentlichkeit

Der Bestimmungsort und das Schicksal der Deportierten wurden rasch unter Deutschen, Polen und Juden bekannt. Am 29. März 1942 notierte Zygmunt Klukowski in seinem Tagebuch, dass aus dem 30 Kilometer entfernten Izbica die einheimischen Juden nach Bełżec deportiert worden seien. Die jüdische Bevölkerung seiner Heimatstadt war ratlos, was zu tun sei – ruhig abwarten oder sich verstecken? Um nähere Informationen über das Schicksal der deportierten Juden Izbicas zu erlangen, sandten sie einen nichtjüdischen Kundschafter nach Bełżec aus. Nur wenig

148 Vgl. Datner, Zbrodnie, S. 19 ff. Dort zahlreiche weitere Einzelbeispiele.
149 Vgl. Friedrich, Polen, S. 216 f. Dort zahlreiche Beispiele.

später, am 8. April, konnte Klukowski seinem Tagebuch Einzelheiten anvertrauen: »Wir wissen jetzt mit absoluter Sicherheit, dass jeden Tag je ein Zug mit 20 Waggons aus Richtung Lublin und einer aus Richtung Lemberg nach Bełżec kommt. Hier lassen sie die Juden aussteigen und treiben sie hinter einen Stacheldrahtzaun und töten sie mit Strom oder Gas. Anschließend verbrennen sie die Leichen. Auf der Strecke sehen die Leute, vor allem Eisenbahner, furchtbare Szenen, weil die Juden bereits wissen, wohin und zu welchem Zweck sie gebracht werden. Zudem geben sie ihnen nichts zu essen oder zu trinken. [...] Leute aus Lublin erzählten mir von absolut unglaublichen Vorkommnissen, die den Juden dort widerfahren: Davon, dass kleine Kinder aus dem Fenster geworfen werden; dass Kranke an Ort und Stelle erschossen werden, Gesunde außerhalb der Stadt; davon dass sie zu Tausenden nach Bełżec verbracht werden.«[150] Unter den Juden löste dieses Wissen große Beunruhigung aus. Immer wenn sie einen deutschen Zugriff vermuteten, versteckten sich viele in der Stadt oder flüchteten gar aus der Stadt.[151]

Aus Zamość, 20 Kilometer östlich von Szczebrzeszyn und rund 45 Kilometer nordwestlich von Bełżec, wurden am 11. April 1942 über 2000 Juden nach Bełżec deportiert und dort ermordet. Einem dreizehnjährigen Jungen aber gelang die Flucht aus Bełżec. Am 13. April kam er wieder nach Zamość und berichtete dem Judenrat vom Morden.[152] Wie die Deportationen und Ermordung der Juden in Bełżec blieben der Bevölkerung im weiteren Umkreis auch die lokalen Massenerschießungen nicht verborgen. Das von den Männern des Reservepolizeibataillons 101 am 13. Juli 1942 in Józefów verübte Massaker hielt Klukowski, der etwas mehr als 20 Kilometer entfernt wohnte, bereits unter dem 17. Juli in seinem Tagebuch fest.[153]

150 Klukowski, Dziennik, S. 254 (Eintrag vom 8.4.1942). Juden aus Sokołów im Distrikt Warschau sandten ebenfalls einen polnischen Kundschafter aus, der lange Zeit auf dem Ghettogebiet gelebt hatte und daher viele Kontakte zu ihnen hatte. Die Juden hatten davon gehört, dass im Juni 1942 etwa 4000 Menschen aus dem Ghetto in Biała Podlaska nach Sobibór »ausgesiedelt« worden seien. Sie wollten nun wissen, was mit diesen Menschen passiert ist. Dies berichtet der Sohn des polnischen Kundschafters in seinen Erinnerungen. Vgl. Pietrzak, Sokołów Podlaski, S. 36ff.

151 Vgl. Klukowski, Dziennik, S. 255 (Eintrag vom 13.4.1942).

152 Vgl. Życie i zagłada, S. 153f. Das geht aus den Anfang 1946 verfassten Erinnerungen des Vorsitzenden des Judenrats von Zamość, Mieczysław Garfinkiel, hervor.

153 Vgl. Klukowski, Dziennik, S. 274 (Eintrag vom 17.7.1942).

Bald schon weitete sich das Wissen vom Massenmord an den Juden über die zunächst betroffenen Regionen hinaus aus und wurde schnell zum Gesprächsthema im gesamten Generalgouvernement, auch und vor allem unter den Deutschen. Anfang Juni 1942 schrieb zum Beispiel Heinz Doering, der erst rund fünf Wochen zuvor nach Krakau gekommen war, in einem Brief an seine Mutter: »Krakau ist jetzt fast judenfrei. Lublin, früher die Hochburg des Weltjudentums, ist ganz judenfrei. Die Ghettos werden zumeist gesprengt, weil die Häuser so verdreckt, verlaust u. verkommen sind, dass Reparieren nicht mehr hilft. Die Juden selber sind ›umgesiedelt‹. Näheres mündlich. Uns tun die bestimmt nichts mehr. Die Strassenkehrertrupps sind seit einigen Tagen auch verschwunden. Dadurch bin ich erst draufgekommen. Jetzt transportiert man die Juden aus dem Reich hierher. Mit ihnen wird ähnlich verfahren werden. Der Führer hat einmal gesagt, dass der nächste Weltkrieg das Ende des Judentums in Europa bedeuten werde. Sie haben es wohl nicht so wörtlich aufgefasst, wie es gemeint war. Jetzt sind hier nur noch einzelne jüdische Handwerker, die noch nicht entbehrt werden können. Das übrige mauschelt bei Abraham.«[154] Auf solchen Wegen gelangten die Informationen tausendfach schließlich auch nach Deutschland. Im gesamten Generalgouvernement war der Massenmord ein offenes Geheimnis.[155]

Die nichtjüdische polnische Bevölkerung wusste, wenn sie nicht ohnehin in der Umgebung der Mordstätten wohnte, auch sehr bald von den Tötungen. Der *Biuletyn Informacyjny* berichtete Anfang Juni 1942 erstmals vom Vernichtungslager Bełżec, es gebe Hinweise, dass dort Tausende Juden ermordet würden. Bislang seien mehr als 70 000 Juden dorthin deportiert worden, obwohl das Lager gerade mal 10 000 Personen fasse. Überdies würden fast keine Lebensmittel ins Lager geliefert, sondern Löschkalk. Außerdem sei Kleidung waggonweise aus dem Lager geholt worden. Der systematische Charakter des Mordens trat schnell zutage, so dass die Autoren des Untergrundorgans in späteren Ausgaben Einzelheiten berichten konnten. Bereits am 18. Juni informierten sie ihre Leser davon, dass die Ermordung der Juden System habe und nur die arbeitsfähigen Juden vom Massenmord ausgenommen würden. Detaillierte Nachrichten über Bełżec publizierten sie Mitte August: »Das Lager verfügt über ein eigenes Nebengleis, das vom Bahnhof zum Lager führt. Ins

154 Brief von H. Doering an seine Mutter, 1.6.1942.

155 Vgl. Longerich, »Davon haben wir nichts gewusst!«, S. 218 ff.; Bajohr/Pohl, Holocaust, S. 55 ff.; Bankier, Meinung, S. 139 ff.; Dörner, Deutschen, zum Beispiel S. 389 ff.; Pohl, Judenverfolgung, S. 310 u. 313 ff.; Seidel, Besatzungspolitik, S. 330.

Lager werden die Züge von deutschem Personal geleitet. Die Züge fahren zwischen zwei Baracken ein, auf der rechten eine Baracke für Männer, auf der linken für Frauen. Dort ziehen sich die Juden für die ›Dusche‹ aus, die in einer dritten Baracke vorgenommen wird. Dabei handelt es sich tatsächlich um eine Mordstätte. Die Tötung erfolgt einem Bericht zufolge mittels Gas, nach einem anderen Bericht mit Hilfe von Strom. Die Leichen werden mit einer speziellen Bahn zu einer sehr tiefen Grube gebracht, die von Juden unmittelbar hinter dem Stacheldraht ausgehoben wurde.«[156] Im Juli 1942 wurde auch die Londoner Exilregierung von ihrem Vertreter im Lande über die Morde in Bełżec informiert. Sein Bericht beruhte auf Informationen eines Deutschen, der am Ort arbeitete.[157]

In Warschau waren die brutalen Deportationen und der Massenmord allgemeines Gesprächsthema. Wilm Hosenfeld vertraute seinem Tagebuch am 25. Juli 1942 an: »Wenn das wahr ist, was in der Stadt erzählt wird, und zwar von glaubwürdigen Menschen, dann ist es keine Ehre, deutscher Offizier zu sein, dann kann man nicht mehr mitmachen. Aber ich kann es nicht glauben. – In dieser Woche sollen schon 30 000 Juden aus dem Ghetto herausgeführt sein, irgendwo nach dem Osten. Was man mit ihnen macht, ist trotz aller Heimlichkeit auch schon bekannt. Irgendwo, nicht weit von Lublin, hat man Gebäude aufgeführt, die elektrisch heizbare Räume haben, die durch Starkstrom, ähnlich wie ein Krematorium, geheizt werden. In diese Heizkammern werden die unglücklichen Menschen hereingetrieben und dann bei lebendigem Leib verbrannt. An einem Tag kann man so Tausende umbringen.«[158] Der *Biuletyn Informacyjny* informierte seine Leser ab Ende Juli 1942 über Einzelheiten der Ereignisse im Warschauer Ghetto und mit recht genauen Angaben zur Dimension des Verbrechens.[159]

Doch auch aus der Provinz drangen detaillierte Informationen über das mörderische Geschehen in die ehemalige Hauptstadt vor. Die Bruta-

156 Vgl. Biuletyn Informacyjny Nr. 22 (126), 3.6.1942, in: Biuletyn Informacyjny, część II, S. 963 f.; Biuletyn Informacyjny Nr. 24 (128), 18.6.1942, in: ebenda, S. 981; Biuletyn Informacyjny Nr. 32 (136), 13.8.1942, in: ebenda, S. 1045, Zitat ebenda.

157 Vgl. AK w dokumentach, Bd. 2, S. 288.

158 Hosenfeld, »Ich versuche jeden zu retten«, S. 630.

159 Vgl. Biuletyn Informacyjny Nr. 30 (134), 30.7.1942, in: Biuletyn Informacyjny, część II, S. 1028 f.; Biuletyn Informacyjny Nr. 31 (135), 6.8.1942, in: ebenda, S. 1037 f.; Biuletyn Informacyjny Nr. 32 (136), 13.8.1942, in: ebenda, S. 1046; Biuletyn Informacyjny Nr. 33 (137), 20.8.1942, in: ebenda, S. 1054.

lität, mit der die Deutschen etwa in Siedlce gegen die Juden vorgegangen sind, war bald schon über den Kreis hinaus bekannt, zum Teil bis in grausamste Details, wie der folgende ausführliche Auszug aus dem Tagebuch von Wilm Hosenfeld illustriert: »Ein Sonderführer, der an dem Fechtturnier teilnahm, berichtete mir von den Greueltaten der Sonderkommandos in der Kreisstadt Sie[d]lce. Er war so empört und aufgebracht, daß er ganz vergaß, daß wir in einer größeren Gesellschaft waren, worunter sich auch ein leitender Gestapobeamter befand. Man trieb die Juden eines Tages aus dem Ghetto heraus und führte sie durch die Straßen, – Männer, Frauen, Kinder. Dabei wurde schon eine Anzahl erschossen, vor aller Öffentlichkeit, vor den dortigen Deutschen und der poln Bevölkerung. Im Blut sich wälzende Frauen ließ man ohne Hilfe in der Sonnenhitze liegen, Kinder, die sich versteckt hatten, warf man aus den Fenstern. Dann trieb man die Tausenden auf einen Platz in der Nähe des Bahnhofs, wo angeblich Züge bereitstehn sollten, um sie abzutransportieren; drei Tage ließ man sie in der Sonnenglut liegen, ohne Nahrung, ohne Trinken. Wenn sich jemand erhob, wurde er sofort erschossen. Und das alles in der Öffentlichkeit. Dann wurden sie abtransportiert, 200 Menschen in einem Viehwagen, in dem sonst 42 Platz haben. Wohin, weiß niemand. Was macht man mit ihnen? Weiß auch niemand! Aber es kann nicht verborgen bleiben. Es gelingt immer mehreren zu entfliehen, und durch sie kommen die Wahnsinnstaten an die Öffentlichkeit. Der Ort heißt Triplinka [sic] im Osten des Generalgouvernements. Dort werden die Wagen ausgeladen. Viele sind schon tot. Das ganze Gelände ist mit Mauern abgesperrt. Die Wagen fahren hinein und werden entladen. Die Toten neben den Geleisen aufgeschichtet, die ankommenden gesunden Männer müssen die Leichenberge wegschaffen, müssen neue Gruben graben und die gefüllten zuwerfen, dann werden sie erschossen. Andre Transporte kommen und schaffen die vorhergehenden weg. Die nach Tausenden zählenden Frauen und Kinder müssen sich entkleiden, werden in eine fahrbare Baracke getrieben und werden da vergast. Die Baracke fährt an eine Grube [sic], und die Leichen werden mittels einer Vorrichtung, indem sich eine Seitenwand öffnet und der Boden sich hebt, in die Grube gekippt. So geht das nun schon wochenlang. Aus allen Teilen Polens holt man die unglücklichen Menschen zusammen, einen Teil tötet man gleich an Ort und Stelle, weil nicht genügend Laderaum zur Verfügung steht. Wenn sie zuviel sind, transportiert man sie ab. Ein furchtbarer Leichengeruch liegt über der ganzen Gegend.«[160] Einmal

160 Hosenfeld, »Ich versuche jeden zu retten«, S. 653 f.

mehr zeigt sich, dass der Mord an den Juden im Generalgouvernement allgemeines Gesprächsthema war und das Wissen darüber bis ins Detail gehen konnte. Auch wenn Hosenfeld hier in Bezug auf die Einzelheiten der Mordtechnik in Treblinka falsch informiert war, sind seine Vorstellungen von einer teilweisen »Industrialisierung« des Massenmords zutreffend.

Von dem Massenmord an den Juden im Generalgouvernement erfuhren auch zahlreiche Soldaten, die auf der Durchreise zur Front in der Sowjetunion oder auf dem Heimweg mit eigenen Augen sehen konnten, was mit den Juden passierte. Am 21. August 1942 abends machte ein Truppentransport Halt in Siedlce, als dort die »Aktion« gegen die Juden begann. Unter den Soldaten befand sich der Österreicher Hubert Pfoch, nach dem Krieg unter anderem SPÖ-Abgeordneter im Wiener Landtag. Er und seine Kameraden wurden bereits abends während der Essensausgabe Zeugen der Verbrechen in Siedlce. In seinem Tagebuch hielt Pfoch fest: »Von Zeit zu Zeit Geballer, krachen Schüsse. In einiger Entfernung steht ein Güterzug, und eine Masse Menschen, 7000 Juden, wie sich's später rausstellt, hocken auf dem Bahndamm, sowie einer oder der andere aufsteht, wird auf ihn geschossen, Kopfschuß, fällt um, tot.«[161] Am nächsten Tag sahen die Soldaten mit an, wie die Juden in die Waggons gepfercht wurden. Erschüttert notierte Pfoch seine Beobachtungen: »Wir fahren ganz knapp an den Juden vorbei. Bleiben dann stehen. Der Güterzug auf dem Nebengleis, ein langer Bahnsteig, Menschenmasse, es sind Ostjuden, abgemagert, zerlumpt. Haben schon zwei Tage kein Essen und kein Wasser erhalten. Es kommen öfter Lastautos, die mit jüdischer Polizei besetzt sind, und die karren die Toten weg. Entsetzliche Szenen beim Verladen der Juden in die Viehwaggons. 180 Juden in einen Waggon. Erwachsene, die Eltern in den einen, die Kinder in einem andern Waggon, und ständig krachen Schüsse der Wachmannschaft, die aus ukrainischen Freiwilligen besteht.«[162] Der Deportationszug verließ Siedlce vor den Soldaten, später holten sie diesen jedoch an einem anderen Bahnhof ein. Die Soldaten bekamen Brechreiz von dem Leichengeruch, der sich dort ausgebreitet hatte. Pfoch konnte seinen Zugführer dazu bewegen, zu protestieren. Gemeinsam mit ihm und einem weiteren Soldaten gingen sie zu einem SS-Offizier, der den Zug begleitete, und begründeten ihren Protest mit einer drohenden Demoralisierung der

161 Tagebuch von Hubert Pfoch, Eintrag vom 21.8.1942, in: Im Strom der Zeit, S. 22f.

162 Ebenda, S. 23 (Eintrag vom 22.8.1942).

Soldaten. Der SS-Mann wies den Protest zurück, beschimpfte sie und drohte ihnen, auch sie nach Treblinka zu bringen. Pfoch gelang es aber noch, heimlich vier Fotos zu machen.[163]

»Komplicen im welthistorischen Sinne«

Von Mitte März bis November 1942 fuhren fast täglich Züge in die Vernichtungslager der »Aktion Reinhardt«. Insgesamt wurden mindestens 1255000 polnische Juden aus dem Generalgouvernement in dieser Zeit vergast. Die SS-Männer, Polizisten und andere erschossen weit über 80000 Männer, Frauen und Kinder vor Ort. Dieses Verbrechen unglaublichen Ausmaßes war aber nicht allein das Werk fanatisierter SS-Männer oder Polizisten. Der Massenmord dieser Dimension war das Gemeinschaftswerk vieler verschiedener Funktionäre in den unterschiedlichsten Institutionen. Die Ermordung der Juden war ein hochgradig arbeitsteilig organisierter Prozess, in den viele Entscheidungsträger eingebunden waren.

Die Kreis- und Stadthauptleute waren integraler Teil des arbeitsteiligen Massenmords. Ihr Beitrag war grundlegend für einen effizienten Ablauf, indem sie die Konzentration der Juden in den Ghettos organisierten und eine unerbittliche Isolationspolitik betrieben. Während einige Kreishauptleute ergangene Anordnungen »nur« effizient und reibungslos umsetzten, gingen andere erfindungsreich, entschlussfreudig und initiativ vor. Sie ließen sich auch nicht durch Verordnungen bremsen, die ihrer eigenen Besatzungspolitik womöglich im Wege standen. Das wurde jedoch nicht gerügt. Stattdessen griffen übergeordnete Dienststellen die Eigeninitiativen einzelner Kreishauptleute dankbar auf und machten sie anderen zum Vorbild oder erhoben sie zu allgemeiner Besatzungspraxis.

Als die Deportationszüge zu rollen begannen, waren die Kreishauptleute weiterhin beteiligt, auch wenn die Deportationen offiziell unter der Regie der SSPF liefen. Ihr Handlungsspielraum war sehr groß: Jeder einzelne Kreishauptmann konnte für sich entscheiden, wie eng er in den Deportations- und Mordprozess involviert werden *wollte*. Er konnte sich weitgehend aus allem heraushalten und nur das gerade Nötigste tun, wie zum Beispiel die Registrierung der Juden durchführen zu lassen und deren Ergebnisse zu übermitteln. Hier besteht für den Historiker ein Quellenproblem. Konkrete Taten lassen sich, bei allen Schwierigkeiten,

163 Vgl. ebenda.

relativ einfach nachweisen. Das Unterlassen einer Handlung konkret zu belegen ist aber nahezu unmöglich.

Demgegenüber manifestiert sich ein starkes Engagement in der Verfolgung und Ermordung der Juden sehr deutlich in den Quellen. Eine Reihe von Kreishauptleuten beteiligte sich sehr umtriebig. Manche gingen dabei bis zum Äußersten; sie halfen nicht nur bei der Vorbereitung und Organisation des Völkermords, sie mordeten auch selbst. Der Beteiligungsgrad am Massenmord war von einer Vielzahl von Gesichtspunkten abhängig, die sich grob unter den Stichworten Intention und Situation fassen lassen. Intentionale Faktoren liegen in der Persönlichkeit des jeweiligen Kreishauptmanns. Darunter fallen ideologische Dispositionen wie ein radikaler völkischer Antisemitismus, starker Ehrgeiz und Geltungsdrang. Die »Judenpolitik« als zentrales Element deutscher Besatzungspolitik bot sich für eine Profilierung geradezu an, zumal das »Objekt« dieser Politik, die jüdische Bevölkerung, rechtlos und absolut vogelfrei war. Andere Faktoren liegen in den jeweiligen lokalen und situativen Konstellationen: Die Dominanz des Kreishauptmanns als Verwaltungsführer vor Ort auch anderen Dienststellen gegenüber, persönliche Rivalitäten oder Animositäten und schließlich die lokale Zusammenarbeit auf anderen Feldern der Besatzungspolitik.

Allgemein herrschte, unabhängig vom Beteiligungsgrad, im gesamten Besatzungsapparat ein antisemitischer Grundkonsens vor: Die Juden galten als »Ballast«, den es, so oder so, loszuwerden galt.[164] Am 1. August 1942 hielt Generalgouverneur Frank eine Ansprache auf einer Großkundgebung der NSDAP in Lemberg. Darin kam er gleich zu Beginn ausführlich auf die Juden zu sprechen: »Ich spreche hier nicht von den Juden, die wir hier noch haben; mit diesen Juden werden wir auch fertig. Übrigens habe ich heute gar nichts mehr davon gesehen. Was ist denn das? Es soll doch in dieser Stadt einmal Tausende und Abertausende von diesen Plattfußindianern gegeben haben, – es war keiner mehr zu sehen. Ihr werdet doch am Ende mit denen nicht böse umgegangen sein? (Große Heiterkeit) Immerhin auch dieses Problem packen wir Nationalsozialisten nach unserem Parteiprogramm an. Es war gerade hier besonders deutlich.«[165] Franks Andeutungen auf den laufenden Massenmord verstand das Publikum selbstverständlich. Auch seine weiteren vulgär-antisemitischen Auslassungen bedachte es mit »lebhaftem Beifall« und »großer Heiterkeit«. Die Besatzungselite war sich einig.

164 Vgl. Pohl, Judenverfolgung, S. 304.

165 Präg/Jacobmeyer, Diensttagebuch, S. 532 f. (Eintrag vom 1.8.1942).

Auf einer Polizeibesprechung im Januar 1943 in Krakau, auf der auch Konflikte zwischen der Zivilverwaltung und der SS offen ausgetragen wurden, herrschte im Hinblick auf die Ermordung der Juden jedenfalls Übereinstimmung. Gouverneur Zörner berichtete aus dem Distrikt Lublin, die »Judenevakuierung«, wie er den Massenmord selbst im Kreis der Mitwisser und Mittäter verschleierte, »sei bei den meisten Deutschen als eine notwendige Maßnahme hingenommen worden«[166]. Gouverneur Wendler freute sich über die ausgezeichnete Zusammenarbeit mit dem SSPF im Distrikt Krakau und darüber, dass die »Judenaktion [...] eigentlich ohne besondere Unruhe vonstatten gegangen« sei.

Die vielfach betonten Konflikte zwischen SS und Zivilverwaltung an der Spitze fanden, mit einigen Ausnahmen vor allem im Distrikt Lublin, in den Kreisen kaum Niederschlag. Ihre Ursachen lagen auch nicht in widerstreitenden Zielen bei der Verfolgung der Juden. Allenfalls gab es mancherorts persönlich begründete Konflikte um Kompetenzen, aber keine sachlichen Differenzen. Manche Konflikte hatten ihre Ursache lediglich in der Eitelkeit der jeweiligen Führungsperson in Verwaltung und SS; oder Kreishauptleute kritisierten, nicht früh genug über den genauen Termin einer »Aktion« informiert worden zu sein. Die »Aktion« an sich oder ihr Ziel war jedoch stets unstrittig. Reibungen entstanden aber aufgrund der Methoden. Nicht jedem Verwaltungsbeamten sagte zu, dass die Morde in aller Öffentlichkeit und derart exzessiv begangen wurden. Dahinter stand aber weniger eine Kritik an den Morden an sich als vielmehr der Wunsch, diese mögen entfernt im Geheimen und »sauber« ablaufen. Charakteristisch für diese Haltung ist die Reaktion von Heinz Doering auf eine Beobachtung, die er in Krakau machte. Er beobachtete, wie einige jüdische Zwangsarbeiter von ihrem Bewacher mit einer Peitsche geprügelt und angetrieben wurden. Dazu schrieb er seiner Mutter: »Mit der Ausrottung der Juden aus Europa gehe ich ganz einig. Aber diese sadistische Prügelei ist nicht mehr feierlich. Gegen die Quälerei von Schlachtvieh hat man Gesetze erlassen. So sollte man m.E. die Juden beseitigen, aber nicht noch zum Spass peinigen, wenn man auf der anderen Seite glaubt, ihre Arbeit nicht entbehren zu können, worüber ich allerdings wieder anderer Meinung bin. Ich wäre mehr für restlose Beseitigung.«[167]

Die Ermordung der Juden war gemeinsames Ziel, lediglich in der Art und Weise der Durchführung bestanden Differenzen. Diese sollten dem

166 Ebenda, S. 609 (Eintrag vom 25.1.1943). Das folgende Zitat ebenda, S. 610.
167 Brief von H. Doering an seine Mutter, 29.9.1942.

Erreichen des gemeinsamen Ziels aber nicht im Wege stehen. Generalgouverneur Frank brachte es während der Januar-Sitzung 1943 in der ihm eigenen Art auf den Punkt: »Wir sind jetzt verpflichtet zusammenzuhalten. Jeder muß dem anderen Verständnis entgegenbringen, er muß überzeugt sein, daß er sein Bestes tut. Voraussetzung ist immer, daß wir keine persönliche Lockerung eintreten lassen. Wir wollen uns daran erinnern, daß wir alle miteinander, die wir hier versammelt sind, in der Kriegsverbrecherliste des Herrn Roosevelt figurieren. Ich habe die Ehre, Nummer 1 zu sein. Wir sind also sozusagen Komplicen im welthistorischen Sinn geworden. Gerade deshalb müssen wir uns zusammenfinden, wir müssen zusammen fühlen, und es wäre lächerlich, wenn wir irgendwelche Streitigkeiten über Methoden austragen wollten.«[168] Für ernsthafteren Konfliktstoff zwischen einzelnen Behörden, SS- und Polizei, der Wehrmacht sowie der Rüstungsindustrie sorgte hingegen die Frage der jüdischen Zwangsarbeiter. Ein Interesse an einem langfristigen Überleben der Zwangsarbeiter war allerdings für keine der Konfliktparteien ein ernsthaftes Motiv. Strittig war allein, *wann* die Zwangsarbeiter in das Mordprogramm einbezogen werden sollten, nicht aber *ob*.

168 Präg/Jacobmeyer, Diensttagebuch, S. 612.

IV. Selbstdeutungen im Zeichen der Niederlage

Der Niedergang der Macht der Kreis- und Stadthauptleute war ein langer und verschlungener Prozess, der spätestens Anfang 1943 einsetzte. Das Bild einer möglichen Niederlage zeichnete sich seitdem immer schärfer ab. Die von der Propaganda genährten Illusionen zerstoben, und die Zuversicht auf den sicher geglaubten Endsieg geriet ins Wanken. Kaum ein Tag im Generalgouvernement verging ohne Attentate auf deutsche Funktionäre oder polnische Kollaborateure. Anschläge auf Züge und Behörden der Besatzungsverwaltung waren an der Tagesordnung. Zahlreiche Deutsche fielen dem massiven Widerstand weiter Teile des polnischen Volkes zum Opfer. In den folgenden Monaten erlebten die Besatzer in manchen Gebieten einen totalen Kontrollverlust. Die Reaktion der Besatzer war höchst widersprüchlich: Bis zum Schluss schwankte die Okkupationspolitik orientierungslos zwischen blindwütiger Brutalität und Ansätzen einer realitätsblinden »neuen«, »elastischen« Polenpolitik hin und her. Der Besatzungsapparat spaltete sich aber nicht in zwei Fraktionen. Vielmehr torkelte oft ein und derselbe Funktionär von Tag zu Tag kopflos von einem Extrem zum anderen.

Die Einkesselung der 6. Armee in Stalingrad und schließlich ihre Niederlage, während die deutsche Propaganda mit riesigem Aufwand unablässig Illusionen schürte, verursachten bei den Deutschen einen tiefgreifenden Schock. Für viele rückte erstmals die Möglichkeit ins Bewusstsein, als Verlierer aus dem Krieg hervorgehen zu können. Stalingrad verstanden viele als Wendepunkt des Krieges. Kritische Äußerungen über die Taktik und Propaganda wurden hinter vorgehaltener Hand, aber auch offen ausgesprochen.[1]

Für die Deutschen im Generalgouvernement war Stalingrad nicht minder schockierend, bedeutete es für sie doch mehr noch als für die Bevölkerung im Reich eine greifbare Bedrohung. Ein eventueller schneller Vormarsch der Roten Armee traf sie nicht nur deutlich früher als das Reich, der Sieg der sowjetischen Armee in Stalingrad bedeutete vor allem auch Rückendeckung und Auftrieb für die Widerstandsbewegung und damit eine konkrete Gefährdung für deutsche Funktionäre im besetzten

1 Vgl. zum Beispiel Meldungen aus dem Reich (Nr. 356), 4.2.1943, in: Boberach (Hg.), Meldungen, Bd. 12, S. 4750 f.; Brief von H. Doering an seine Frau und seine Mutter, 3.2.1943. Vgl. auch Kallis, Niedergang, S. 231 ff.; Kershaw, Hitler-Mythos, S. 232 ff.

Polen. Manche fürchteten sich vor den Konsequenzen, die eine Niederlage nach sich ziehen würde. Andere reagierten mit einem trotzigen Fanatismus nach dem Motto »Jetzt erst recht!«. Allgemein grassierten Angst und Nervosität, bisweilen sogar Panik.[2] Bei den Polen und Juden rief die empfindliche Niederlage große Freude und Hoffnungen hervor, die sich zum Teil in abstruse Gerüchte über das Tempo des Vormarsches der Roten Armee steigerte. In Rzeszów/Reichshof verspotteten Graffiti die Deutschen und ihre Propaganda vom Sieg an allen Fronten: »Deutschland liegt an allen Fronten« war über Nacht auf zahlreiche Wände geschrieben worden.[3]

Die drakonische Umsiedlungs- und Germanisierungspolitik, die Himmler im Raum Zamość unter dem Kommando von SSPF Globocnik durchführen ließ, führte zu geradezu anarchischen Zuständen in Teilen des Distrikts Lublin. Die Polen im gesamten Generalgouvernement waren sehr beunruhigt wegen dieser Politik. Die Befürchtung wuchs, nach den Juden selbst ins Visier der Mörder zu geraten. Die für das Reich so wichtige Rekrutierung polnischer Arbeitskräfte sowie die Abfuhr von Nahrungsmitteln zeitigten immer geringere Erfolge und drohten ganz zum Erliegen zu kommen. Dem begegneten die Kreishauptleute sowie die anderen Ebenen des Besatzungsapparats, indem sie die Terrorschraube unerbittlich weiter anzogen. Zugleich aber setzte bei verschiedenen Funktionären ein zaghaftes Umdenken ein, wohl weniger aus Überzeugung als vielmehr aus der Not heraus. Erstmals diskutierten führende Vertreter des Okkupationsregimes Abmilderungen des Kurses und politische Zugeständnisse an die Bevölkerung als mögliche Alternative zur Terrorpolitik. Der Zufall spielte ihnen dabei offenbar in die Hände: Die Entdeckung der Massengräber von Katyń sollte einen Ansatzpunkt dafür bieten und die propagandistische Begleitmusik liefern.[4]

Sie wollten den Mord an den polnischen Offizieren propagandistisch ausschlachten, um einen Teil der Polen für den deutschen »Abwehrkampf gegen den Bolschewismus« zu gewinnen. Außerdem setzten sie darauf, sich die antisemitische Haltung vieler Polen nutzbar zu machen, und führten eine polnischsprachige antisemitische Propaganda zu ungekannter Blüte. Frank und seine Mannschaft flankierten den Propagandafeld-

2 Brief von H. Doering an seine Frau und seine Mutter, 28.1.1943; Sprawozdanie sytuacyjne z Ziem Wschodnich za pierwszy kwartał 1943 r., April 1943, in: Ziemie Wschodnie (2005), S. 23.

3 Vgl. Kotula, Losy, S. 149 f.

4 Vgl. Broszat, Polenpolitik, S. 168 ff.; Madajczyk, Okkupationspolitik, S. 110 f.; Kleßmann, Kriegführung, S. 73 f.; Eisenblätter, Grundlinien, S. 361 ff.

zug mit strategisch motivierten Zugeständnissen an die Polen: Größere kulturelle Freiräume, Wiedereröffnung von Priesterseminaren, die Zulassung von polnischen technischen Fachschulen und vor allem die Einstellung des Siedlungsprogramms in der Region Zamość. Mit weitergehenden Vorstellungen konnte sich der Generalgouverneur bei Hitler jedoch nicht durchsetzen. Frank war ohnehin durch den Machtkampf gegen Himmler, Bormann und andere geschwächt. Er hatte einen Wandel der Polenpolitik herbeiführen wollen durch die Verringerung der Nahrungsmittellieferungen an das Reich zugunsten der Bevölkerung, einen Stopp von »Befriedungsaktionen« und Kollektivstrafen, die Zulassung polnischer Freiwilliger zum Wehrdienst sowie eine Stärkung polnischer Instanzen in der Verwaltung.[5]

Die Ernsthaftigkeit der Bemühungen Franks muss allerdings stark bezweifelt werden. Die Herrschaftspraxis, wie sie die Kreishauptleute auf Weisung oder mit Rückendeckung Franks betrieben, strafte seine Worte Lügen. Einen Monat nachdem er Hitler seine Vorschläge unterbreitet hatte, verkündete der Generalgouverneur den »Ernteausnahmezustand« und drohte der polnischen Bevölkerung mit drakonischen Strafen. Auch die »Arbeitererfassung« ging ungebrochen brutal weiter. Franks diffuse Vorstellungen von einer »neuen Polenpolitik« waren einzig und allein taktisch motivierte, in sich widersprüchliche Manöver. Anfang 1944 machte er in einer Ansprache vor den Politischen Leitern und Mitarbeitern der Distriktstandortführung der NSDAP im Distrikt Krakau keinen Hehl daraus. Ihm ging es um die Aufrechterhaltung der Ruhe im Rücken der deutschen Front. Nach dem erhofften Sieg wäre es mit den moderateren Tönen schnell wieder vorbei: »Wenn wir den Krieg einmal gewonnen haben, dann kann meinetwegen aus den Polen und aus den Ukrainern und dem, was sich hier rumtreibt, Hackfleisch gemacht werden, es kann gemacht werden, was will.«[6] Frank verkörpert die Paradoxie deutscher Besatzungspraxis in dieser Zeit geradezu idealtypisch.

Nach Hitlers grundsätzlicher Ablehnung wurden Änderungen der Polenpolitik im Generalgouvernement in Eigenregie betrieben und auf sehr kleiner Flamme gekocht. Auf Kreisebene riefen die Deutschen zum Beispiel polnische Verwaltungsausschüsse mit beratender Funktion ins Leben. Diese und andere Maßnahmen kamen aber nicht nur viel zu spät.

5 Vgl. Broszat, Polenpolitik, S. 168 ff.; Madajczyk, Okkupationspolitik, S. 111 ff.; Eisenblätter, Grundlinien, S. 361 ff.; Kochanowski, Teufel, passim. Zur Propaganda vgl. Fox, Fall, passim; Głowiński, O nowy porządek, S. 300 ff.; Król, Polska, S. 411 ff.; Jockheck, Propaganda, S. 148 ff.

6 Präg/Jacobmeyer, Diensttagebuch, S. 772 (Eintrag vom 14.1.1944).

Sie waren auch nur taktische und halbherzig umgesetzte Winkelzüge und deshalb in polnischen Augen diskreditiert. Mehr noch: Die Besatzer legten sich selbst Steine in den Weg und konterkarierten ihre eigenen Neuansätze mit Terror und Unterdrückung. Angesichts dessen und vor dem Hintergrund der Erfahrungen mit mehr als drei Jahren deutscher Besatzung konnten Frank und seine Gefolgsleute den Polen nur als falsche Propheten erscheinen; ihre löchrigen Schafskleider verbargen den Wolf darunter nicht.

Von einer kohärenten Besatzungspolitik kann, wenn es sie denn je gegeben hat, für die letzten beiden Jahre deutscher Herrschaft im Generalgouvernement keine Rede mehr sein, immer mehr zerfiel die Verwaltung in den Kreisen. Angst und Anflüge von Resignation ergriffen viele Besatzungsfunktionäre. Brutalität und neue, mildere Töne oder gar Konzessionen an die Polen wechselten sich ab oder verliefen parallel und unkoordiniert. Phasen der Beruhigung an der Front gingen regelmäßig mit einem deutlichen Anstieg des deutschen Terrors einher, besonders in den frontnäheren Gebieten wie dem Distrikt Galizien.[7] Gerade dann aber wurde für die meisten Polen offenbar, dass ein Ende ihrer Unterdrückung und Verfolgung durch die Deutschen klar abzusehen war. Zygmunt Klukowski beobachtete, dass die Bewegungsfreiheit der Beamten der Kreishauptmannschaft immer kleiner wurde. Aus Angst vor Attentaten verbarrikadierten sie sich immer stärker und gaben sich dem Alkohol hin. Er folgerte daraus: »In all dem sehen wir deutliche Anzeichen des beginnenden Zerfalls in der deutschen Verwaltung. Das bedeutet, wir treten in die Schlussphase des Krieges.«[8]

Je weiter die Front vorrückte, desto kopfloser agierten viele Deutsche. Ihre Bemühungen, die Polen zum Schulterschluss im Kampf gegen die Sowjetunion zu gewinnen, trugen immer groteskere Züge. Beispiele aus dem Frühjahr 1944 illustrieren das. Die Überlieferung eines besonderen Schauspiels verdanken wir Franciszek Kotula aus Rzeszów/Reichshof. Kreishauptmann Ehaus hielt dort im Februar 1944 eine Versammlung der Bevölkerung im Zentrum ab. Ein Orchester sorgte für den musikalischen Rahmen und spielte sogar polnische Musik. Ehaus, bislang besonders radikaler Herrscher und wie kaum ein anderer verhasst, schlug wie aus heiterem Himmel ganz neue Töne an: Aus den zuvor immer als »Nichtdeutsche« titulierten Polen wurden in seiner Ansprache nun plötz-

7 Vgl. Meldunek tygodniowy 11-K II, 14.4.1944, in: Ziemie Wschodnie (2006), S. 53.

8 Klukowski, Dziennik, S. 331 (Eintrag vom 14.5.1943).

lich »Liebe Polen!«, ja sogar »Liebe Bürger!«. Ehaus stellte die Bedrohung durch den Bolschewismus heraus, den es gemeinsam zu bekämpfen gelte. Am Ende seiner Rede versuchte er eine Kopie der knapp ein Jahr zurückliegenden Inszenierung von Goebbels' berühmter Rede zum totalen Krieg im Berliner Sportpalast. Als Statisten mussten in Rzeszów/Reichshof junge Polen vom Baudienst und andere herhalten. Sie beantworteten Ehaus' Stakkato an Fragen stereotyp mit Ja oder Nein. Mit einem »Do widzenia« beendete Ehaus schließlich seinen Auftritt und trat im Takt des Krakowiaks schunkelnd ab. Die erstaunte Menge ging unter den Augen der Gestapo schweigend auseinander. Nachher aber, so Kotula, war die Freude groß: Um die Deutschen müsse es, so der Tenor, schon sehr schlecht bestellt sein, wenn sie auf diese Art um die Polen würben.[9] Veranstaltungen dieser Art waren Teil einer großangelegten Propaganda-Initiative in allen Kreisen.

Im Kreis Krakau-Land erklärte Gouverneur von Burgsdorff den deutschen Mitarbeitern der Kreishauptmannschaft am 9. Februar 1944, die bisherige Behandlung der Polen müsse revidiert werden, die Polen müssten gut behandelt werden. Auf einer Versammlung im Anschluss daran überhäufte Kreishauptmann Albert Schaar die überraschten polnischen Mitarbeiter mit Komplimenten, und Gouverneur von Burgsdorff lobte ihre Loyalität und versicherte ihnen, ein Sieg der Deutschen werde auch ein Sieg der Polen sein. Auf einem weiteren Treffen der Bürgermeister und Gemeindevorsteher zeichnete der Kreishauptmann fünf der aus seiner Sicht verdienstvollsten Gemeinden aus und übergab ihnen jeweils ein Sparbuch mit einer Einlage von 20 000 Złoty. Darunter befand sich auch eine Gemeinde, in der Schaar noch im Sommer 1943 eine »Befriedungsaktion« durchgeführt hatte, der zahlreiche Menschen zum Opfer gefallen waren. In einer anderen ausgezeichneten Gemeinde hatte die Sicherheitspolizei unmittelbar vor der Propagandaveranstaltung, im Dezember 1943 und Januar 1944, noch Massenverhaftungen durchgeführt. Schaars Anwandlungen waren nur ein kurzes Intermezzo. Bald schon erwiesen sie sich als hohle Propagandaphrasen. Spätestens als zur Erntezeit die Kontingente bei den Bauern eingezogen wurden, zeigte Schaar wieder sein wahres Gesicht. In der Gegend von Myślenice, südlich von Krakau, regierte der Terror. Im November ließ Schaar zum Beispiel in einem Dorf mehrere Höfe wegen der Verweigerungshaltung der Bauern niederbren-

9 Vgl. Kotula, Losy, S. 174 f. (Eintrag vom 10.2.1944).

nen. In Dobczyce, südöstlich von Krakau, kündigte er aus dem gleichen Grund an, den ganzen Ort einäschern zu lassen.[10]

Der Autoritätsverlust der Deutschen war in den ersten Monaten des Jahres 1944 trotz allen Terrors weit vorangeschritten. Ein Vorfall in der Kreishauptmannschaft Dębica führt dies vor Augen. Dort endete in Mielec eine Propagandaveranstaltung des Kreishauptmanns im Fiasko. Für eine Versammlung der Vögte waren zuvor drei Redner aus den Reihen der polnischen Gemeindevorsteher bestimmt worden. Von diesen drei erschien aber nur einer, noch dazu vollkommen betrunken. In seiner Erwiderung auf die feierliche Ansprache von Kreishauptmann Zinser sagte der polnische Redner: »Wir wollen die Bolschewisten hier nicht, aber wir wären froh, wenn auch ihr von hier verschwändet.«[11] Über die Konsequenzen dieses tollkühnen Auftritts ist nichts bekannt. Auf einer offiziellen Propagandaveranstaltung spuckte ein Pole, wenn auch unter Alkoholeinfluss, verbal vor dem Kreishauptmann aus – der Niedergang deutscher Macht im Generalgouvernement war augenfällig weit fortgeschritten.

In vielen Regionen des Generalgouvernements erlebten die Besatzungsorgane den Verlust jeglicher Kontrolle. Staatssekretär Bühler zeigte sich alarmiert. Auf einer Arbeitsbesprechung im Mai 1944 berichtete er, ganze Kreise würden von »Banden« beherrscht und mit der Dienststelle eines Landkommissars sei erstmals eine deutsche Verwaltungsstelle im Generalgouvernement offiziell aufgegeben worden.[12] Aus dem Kreis Siedlce berichtete Kreishauptmann Friedrich Seemann über eine zeitweise Beunruhigung der deutschen Bevölkerung, hervorgerufen durch das Näherrücken der Front und die veranlasste Abreise deutscher Frauen und Kinder aus den Distrikten Lublin und Galizien ins Reich. Die Polen im Kreis, so Seemann, legten eine »versteifte Haltung« an den Tag. Sie gingen davon aus, dass die deutsche Herrschaft nur noch von kurzer Dauer sei. Überdies sei der Bevölkerung, wie er verbittert berichtete, die Schwäche der Deutschen vor Augen geführt worden: Mitte März 1944 durchquerte »eine Bande von 1500 bis 2000 Bolschewisten« unbehelligt den

10 Vgl. Departament Informacji Delegatury Rządu RP na Kraj, Pro memoria o sytuacji w Kraju (»Generalna Gubernia«) w okresie 9 II do 9 III 1944 r. i uzupełnienie z okresu poprzedniego, 27.3.1944, in: Pro memoria, S. 549; Biuletyn Informacyjny Nr. 105 (313), 18.12.1944, in: Biuletyn Informacyjny, część IV, S. 2756f.

11 Vgl. Departament Informacji Delegatury Rządu RP na Kraj, Pro memoria o sytuacji w Kraju (»Generalna Gubernia«) w okresie 9 II do 9 III 1944 r. i uzupełnienie z okresu poprzedniego, 27.3.1944, in: Pro memoria,, S. 546. Zitat ebenda.

12 Vgl. Präg/Jacobmeyer, Diensttagebuch, S. 841 (Eintrag vom 8.5.1944).

Kreis und versorgte sich auf dem Weg mit frischen Pferden, Lebensmitteln und Material. Seemann sah nur einen Weg, dem zu begegnen: »Der Druck der deutschen Verwaltung muss so stark sein, dass er den Terror der Banditen mehr als ausgleicht.« Mit allen verfügbaren Kräften und mit Unterstützung durch die Wehrmacht wollte er die deutschen Anordnungen durchsetzen. Seine bisherige Herrschaftspraxis ließ keinen Zweifel daran, dass dies mit äußerster Brutalität geschehen wäre. Konkret kündigte er die Einweisung aller Bauern, die ihren Pflichten nicht nachkämen, in sein Arbeitslager an.[13]

Bewirken konnten Seemanns Maßnahmen jedoch nicht viel, im Gegenteil: Die Lage in seinem Kreis verschlechterte sich zusehends. Die Widerstandsgruppen beherrschten bereits einige Gebiete souverän. In einer Gemeinde konnten die gelagerten Kartoffeln nicht abtransportiert werden, da der Untergrund es den Bauern verboten hatte. Er kontrollierte sogar tagsüber die Einhaltung des Verbots durch berittene Patrouillen. Es breitete sich, so Seemann, ein Gefühl von Unsicherheit aus, denn mehrfach waren Deutsche oder kooperierende Polen erschossen worden. Er monierte, dass »Sühnemassnahmen für Überfälle auf Deutsche in Form von Erschiessung Fremdvölkischer seit längerer Zeit unterblieben«[14] waren. Er selbst verfügte nicht über ausreichend Kräfte, um die ihm angemessen scheinende Rache selbst in die Tat umzusetzen.

Angesichts solcher Zustände waren die Deutschen stark verunsichert, nervös und bisweilen in Panik. In Krakau erhielten sie nach Informationen des londontreuen Untergrunds die Empfehlung, nach der Sperrstunde für Polen nicht ohne Waffen und ausreichend Munition auf die Straßen zu gehen, auch deutsche Frauen erhielten die Erlaubnis, Waffen zu tragen, und bekamen Schießkurse erteilt. Die wachsende Angst entlud sich aber nicht nur in Gewalt und ungehemmtem Terror. Ohne dass sich ihre Politik oder ihre Einstellung den Polen gegenüber grundsätzlich geändert hätte, legten einige Deutsche den polnischen Mitarbeitern gegen-

13 Bericht des Kreishauptmanns in Siedlce für die Monate Februar und März 1944, 8.4.1944, APW, Amt des Distrikts Warschau 68, Bl. 1 v. Die Situation war auch in den Monaten vorher nicht besser, wie aus Berichten des Vertreters der Exilregierung nach London hervorgeht. Dieser zitiert u. a. aus dem Lagebericht des Kreishauptmanns in Siedlce für Dezember 1943 und Januar 1944 mit dem gleichen Tenor. Vgl. Departament Informacji Delegatury Rządu RP na Kraj, Pro memoria o sytuacji w Kraju (»Generalna Gubernia«) w okresie od 10 III do 10 IV 1944 r. i uzupełnienie z okresu poprzedniego, ohne Datum, in: Pro memoria, S. 579.

14 Bericht des Kreishauptmanns in Siedlce für die Monate April und Mai 1944, 2.6.1944, APW, Amt des Distrikts Warschau 68, Bl. 4 u. 4 v. Zitat ebenda, Bl. 4.

über plötzlich ein betont freundliches Verhalten an den Tag. Durch diesen oberflächlichen Wandel in letzter Minute hofften sie wohl, ihre Haut retten zu können. Vor allem als die ersten Flüchtlingstrecks die Städte des Generalgouvernements erreichten und die Front immer näher kam, konnten die Polen fast belustigt die Metamorphosen mancher Besatzungsfunktionäre und offen ausgetragene interne Streitigkeiten beobachten.[15]

Der Vormarsch der Roten Armee auf das Gebiet des Generalgouvernements sowie der innere und äußere Zerfall der deutschen Macht setzten eine neue Dynamik in Gang. In einem letzten Aufbäumen versuchten die Kreishauptleute, durch eine martialische Drohkulisse gepaart mit antibolschewistischer Propaganda die polnische Bevölkerung in den deutschen Endkampf einzubinden. Dabei erfuhr die Politik der Kreishauptleute durch die Verschlechterung der Kriegslage und infolge des Warschauer Aufstands häufig einen Radikalisierungsschub. Die Vorgehensweise von Kreishauptmann Volkmann im Kreis Łowicz, einem der westlichsten Kreise des Generalgouvernements, ist dafür exemplarisch. Hatte Volkmann sich noch im Frühjahr 1944 bei der Arbeiterrekrutierung übereifrig ins Zeug gelegt und mit drakonischen Strafandrohungen und Vollstreckungen sein Soll übererfüllt, sprach er sich Anfang Juni 1944 dezidiert gegen Zwangsmaßnahmen bei der Rekrutierung von Arbeitern für die Wehrmacht aus.[16] Zur gleichen Zeit engagierte er sich nachdrücklich für eine stärkere Beteiligung der Polen in der Verwaltung.

Im Juni und Juli 1944 wandte sich Volkmann durch Plakataushänge an die Bevölkerung, um Arbeitskräfte für den Bau von Abwehrstellungen zu gewinnen. Fast schon im Ton des besorgten Landesvaters warb er um die Bevölkerung, zeigte Verständnis für ihre Lage und erklärte die Dringlichkeit der Maßnahmen: »Ich bin mir völlig darüber im klaren, dass eine weitere Abziehung von Arbeitskräften im jetzigen Augenblick angesichts der Ernte gerade die Landbevölkerung in teilweise erhebliche Schwierig-

15 Vgl. Departament Informacji Delegatury Rządu RP na Kraj, Pro memoria o sytuacji w Kraju (»Generalna Gubernia«) w okresie od 9 II do 9 III 1944 r. i uzupełnienie z okresu poprzedniego, 27.3.1944, in: Pro memoria, S. 569; Departament Informacji Delegatury Rządu RP na Kraj, Pro memoria o sytuacji w Kraju (»Generalna Gubernia«) w okresie od 10 III do 10 IV 1944 r. i uzupełnienie z okresu poprzedniego, ohne Datum, in: Pro memoria, S. 584; Rybicki, Pod znakiem, S. 297 ff. u. 331; Sprawozdanie sytuacyjne z Ziem Wschodnich za pierwszy kwartał 1943 r., April 1943, in: Ziemie Wschodnie (2005), S. 24.

16 Lagebericht des Kreishauptmanns in Łowicz, 1.6.1944, APW, Amt des Distrikts Warschau 66, Bl. 7 v.

keiten bringen wird. Es geht jedoch in der augenblicklichen Situation darum, mit Hilfe dieser Arbeitskräfte zu verhindern, dass der Bolschewist den Kreis Lowitsch, die Höfe und Häuser der Lowitscher Bauern und Bürger überschwemmt.« Den Arbeitern sicherte er gute Verpflegung und Unterbringung sowie die Entlassung nach zwei Monaten zu. An den Rest der Bevölkerung appellierte er, für die Eingezogenen einzuspringen und bei der Ernte zu helfen. Direkte Strafandrohungen sprach er nicht aus; er beließ es lediglich bei einer vage gehaltenen indirekten Drohung und der Erwartung, »dass Zwangsmaßnahmen, die angesichts der augenblicklichen Lage mit aller Härte durchgeführt werden müssten, sich auch diesmal als nicht notwendig erweisen«[17].

Nur eine Woche später hatte sich der Ton deutlich geändert. Volkmann stemmte sich vehement gegen eine Flut von Gerüchten, die den Kreis überschwemmt und Panik verursacht hätten. Die Folge davon war, dass, so Volkmann, »kleine Teile der Bevölkerung begonnen haben, nicht mehr ihre Pflichten so ordentlich und anständig zu erfüllen, wie bisher«. Wer seine Pflichten nicht »nach bestem Können und Wissen« erfülle, dem stellte er »schwerste Bestrafung durch die Standgerichte« in Aussicht, letztlich die kaum verklausulierte Ankündigung der Todesstrafe.[18]

Volkmann fuhr einen Schlingerkurs: Mal gerierte er sich als harter Zuchtmeister der Polen, der drohend die Peitsche schwang und auch einmal zuschlug, mal als treusorgender Landesvater. Unmittelbar nach Beginn des Warschauer Aufstands ließ er einen Aufruf an die Bevölkerung aushängen, in dem er beide Haltungen zugleich an den Tag legte. Volkmann suchte nun den Schulterschluss mit den Polen, indem er sie pathetisch auf einen antibolschewistischen Abwehrkampf einschwören wollte und historische Bezüge zum sogenannten Wunder an der Weichsel von 1920 herstellte: »Männer u. Frauen des Kreises Lowitsch! Nach 25 Jahren ergeht wiederum der Ruf an Euch alle Kräfte einzusetzen, um die Bolschewiken vom heimatlichen Boden fernzuhalten. Wenn auch der letzte Mann und die letzte Frau in diesen Stunden und Tagen zum Spaten greift und mitarbeitet, wird abermals dem Ansturm des asiatischen Untermenschentums an der Weichsel Halt geboten werden.«[19] Verweigerer würde er rücksichtslos bestrafen, schließlich sah er die Schicksalsstun-

17 Kreishauptmann in Łowicz, Einberufungsanordnung, 19.7.1944, IPN, Afisze i plakaty 33 t/16. Zitate ebenda.

18 Der Kreishauptmann in Łowicz, Bekanntmachung, 26.7.1944, AAN, Niemieckie władze okupacyjne 1939-1945 214/V-14, Bl. 113. Zitate ebenda.

19 Aufruf des Kreishauptmanns in Łowicz, 2.8.1944, IPN, Afisze i plakaty 33 t/17. Im polnisch-sowjetischen Krieg hatten die polnischen Verbände Mitte August

de Europas gekommen. Seinen Drohungen folgten bald Taten: In manchen Orten ließ er zur Strafe den gesamten Viehbestand beschlagnahmen, in der Kreisstadt waren Verhaftungen und Einweisungen in Volkmanns Arbeitslager Małszyce an der Tagesordnung.[20] Nur wenige Monate später sollte Volkmann seine Zeit im Generalgouvernement mit einem Federstrich vollständig aus seiner Biographie tilgen und ein »neues Leben« beginnen.

Je näher die Front kam, desto mehr geriet die deutsche Herrschaft in den frontnahen Kreisen aus den Fugen. Naturgemäß traten Zerfallserscheinungen und Panik zuerst in den östlichen Gebieten des Generalgouvernements auf, die als Erste in Reichweite der Roten Armee gerieten. Dort waren die Behörden der Kreishauptleute, wie alle anderen auch, fast ausschließlich damit beschäftigt, Akten zu verbrennen und die Räumung vorzubereiten. Aber auch in den anderen Teilen des Generalgouvernements arbeiteten die Deutschen fieberhaft an der Vernichtung der bürokratischen Hinterlassenschaft ihres Terrorregimes. Viele Funktionäre versuchten spätestens jetzt, ihren Besitz, oft von der einheimischen Bevölkerung geraubt, nach Westen in Sicherheit zu schaffen.[21] Allerorten arbeiteten sie an der Beseitigung der Spuren ihrer Verbrechen. Massengräber wurden geöffnet und die sterblichen Überreste der Opfer verbrannt. Die einheimische Bevölkerung, stark gefährdet durch den Radikalisierungsschub in der Endphase, beobachtete das befriedigt. Die Flucht der Deutschen nach Westen und der Abtransport von Sachen aller

1920 den Vormarsch der sowjetischen Armee an der Weichsel überraschend aufhalten können und anschließend den Krieg für sich entscheiden können.

20 Der Kreishauptmann in Łowicz, Bekanntmachung, 6.12.1944, AAN, Niemieckie władze okupacyjne 1939-1945 214/V-14, Bl. 118. Zum Arbeitslager Małszyce vgl. Obozy, S. 314.

21 Schreiben des Gouverneurs des Distrikts Krakau an den Präsidenten der Hauptabteilung Innere Verwaltung, betr.: Räumungsvorbereitungen, 9.2.1944, BAB, R 52 III/1, Bl. 29 f.; Schreiben des Präsidenten der Hauptabteilung Innere Verwaltung an die Gouverneure der Distrikte Galizien und Lublin, 18.3.1944, ebenda, Bl. 108 u. 110; Der Kreishauptmann in Czortków an den Gouverneur des Distrikts Galizien, betr.: Allgemeine Lage in der Kreishauptmannschaft Czortków (Zwischenbericht), 20.3.1944, BAB, R 52 III/2, Bl. 8; Der Leiter der Abteilung Bevölkerungswesen und Fürsorge im Distrikt Galizien, Aktennotiz über eine Reise mit dem Gouverneur durch den Distrikt, 9.4.1944, ebenda, Bl. 53 ff.; Karmiński, Diariusz, S. 301 (Einträge vom 3. u. 5.8.1944); Sprawozdanie sytuacyjne z Ziem Wschodnich, Februar 1944, in: Ziemie Wschodnie (2005), S. 118.

Art erinnerte viele Polen in ihrem Ausmaß und bisweilen chaotischen Verlauf an die Zustände auf polnischer Seite im September 1939.[22]

Genaueren Einblick in die Vorgänge während der letzten Tage der deutschen Besatzung haben wir für den Kreis Nowy Targ/Neumarkt am Fuße der Hohen Tatra im äußersten Südwesten des Generalgouvernements. Hier ist ein sogenanntes vorläufiges Kriegstagebuch des Kreishauptmanns für die Zeit von Mitte Januar bis Ende Februar 1945 sowie des Stadtkommissars von Zakopane von Mitte Januar bis Anfang Februar überliefert.[23] Minutiös führte Kreishauptmann Hans Malsfey Buch über Telefonate, Treffen mit Regierungsvertretern, Militärs und anderen sowie über erlassene Anordnungen. Aus den Eintragungen treten der innere Zerfall des Herrschaftsanspruchs der Deutschen, die souveräne Kontrolle ganzer Gebiete durch den polnischen Widerstand und die Endsieg-Illusionen mancher Funktionäre klar zutage.

Kreishauptmann Malsfey verdankte der Partei seinen Aufstieg. Nach dem Ersten Weltkrieg war er längere Zeit in Freikorps und bis 1922 im Jungdeutschen Orden aktiv gewesen und schon 1922 der NSDAP beigetreten. Nach der Machtübernahme 1933 avancierte er vom Techniker im Katasteramt Witten zum Bürgermeister in Sassnitz, später in Pasewalk. Die Besetzung Polens bescherte ihm einen weiteren Karriereschub: Von 1939 bis 1941 war er Stadtkommissar in Zakopane und ab 1941 schließlich Kreishauptmann des Kreises Nowy Targ/Neumarkt.

Malsfey verhielt sich in der Endphase, folgt man seinem Kriegstagebuch, wie ein Fels in der Brandung: Während alles um ihn herum in Auflösung begriffen war, die benachbarten Kreise Schritt für Schritt geräumt wurden und andere Deutsche im Kreis immer kopfloser handelten, legte Malsfey unbeirrt eine zuversichtliche Haltung an den Tag. Am 18. Januar 1945 notierte er, dass die Flüchtlinge aus Krakau Unruhe in den Kreis brächten, betonte zugleich aber, dass dazu kein Anlass bestehe, »da der Russe in diesen menschenleeren Raum nicht vorstossen wird. Ich stehe nach wie vor auf dem Standpunkt, dass dieser Raum feindfrei bleiben wird.«[24] Am Abend trat er der Unruhe auf einem »Betriebsappell der Gefolgschaft« seiner Behörde entgegen: zur Besorgnis gebe es keinen

22 Vgl. Biuletyn Informacyjny Nr. 20 (227), 18.15.1944, in: Biuletyn Informacyjny, część III, S. 2019. Spector, Shmuel: Aktion 1005 – Effacing the Murder of Millions. In: HGS 5 (1990). S. 157-173;; Klukowski, Dziennik, S. 391 (Eintrag vom 19.1.1944); Karmiński, Diariusz, S. 295ff. (Einträge vom 23. u. 30.7.1944).

23 BA-DH, ZA VI 1902, A. 11, o.P.

24 Der Kreishauptmann in Nowy Targ/Neumarkt, Vorläufiges Kriegstagebuch, 18.1.1945, BA-DH, ZA VI 1902, A. 11.

Grund. Zu diesem Zeitpunkt waren bereits weite Teile des Generalgouvernements in der Hand der Roten Armee, Kielce wurde am 15. Januar, Tschenstochau am 17., Petrikau am 18. und Krakau am 19. Januar von der sowjetischen Armee eingenommen.[25]

Malsfeys Realitätsverleugnung konnte jedoch den rapiden Zerfall der Disziplin und der deutschen Autorität nicht aufhalten. Deutsche Geschäftsleute veranstalteten einen Ausverkauf ihrer Waren zu Schwarzmarktpreisen und stahlen sich davon. Malsfey konnte das nur nachträglich zur Kenntnis nehmen und mit hilfloser Wut quittieren: »Beide sind Angsthasen und sollten sich schämen.«[26] Er ließ es sich aber nicht nehmen, noch Ende Februar 1945, nach vollzogener Räumung seines Kreises, mehrere dieser Kaufleute zu denunzieren. Manche Dienststellen verließen den Kreis auf eigene Faust, in anderen war an einen auch nur annähernd geregelten Betrieb nicht mehr zu denken – was hätten sie denn noch verwalten können? Mitarbeiter gaben sich dem Alkohol hin und waren zu sinnvoller Beschäftigung nicht mehr in der Lage. Widerstandsgruppen und kriminelle Banden konnten vielfach unbehelligt handeln. Während eine Gruppe sich am helllichten Tage in der landwirtschaftlichen Kreishandelsgenossenschaft bediente, räumte eine andere eine Tonne Getreide aus einem Speicher ab. Deutsche wurden in ihren Wohnungen überfallen, getötet oder entführt. Das Nebeneinander von ungebrochenem deutschen Herrschaftsanspruch und anarchischen Zuständen war nicht mehr zu übersehen: Der Leiter des Wirtschaftsamtes musste sogar hilflos zusehen, wie Kinder seine Behörde ausplünderten.[27]

Am 23. Januar schließlich verließen bis auf eine kleine Gruppe um Malsfey alle Mitarbeiter Nowy Targ/Neumarkt, weinend von Polen verabschiedet, wenn man Malsfeys Darstellung Glauben schenken mag. In seinem Kriegstagebuch notierte er anschließend: »Neumarkt ist still geworden. Die Divisionen sind durchgezogen. – Weitere Plünderungen werden gemeldet. – Die Stadt macht einen trostlosen Eindruck. Heimatlose Hunde, zum grössten Teil von Deutschen hinterlassen, treiben sich

25 Vgl. Hillgruber/Hümmelchen, Chronik, S. 258 f.

26 Der Kreishauptmann in Nowy Targ/Neumarkt, Vorläufiges Kriegstagebuch, BA-DH, ZA VI 1902, A. 11, 25.1.1945

27 Der Kreishauptmann in Nowy Targ/Neumarkt (Dienststab in Annaberg) an den Dienststab des Gouverneurs Krakau in Annaberg, betr.: Namhaftmachung von Personen, die sich im GG als unzuverlässig erwiesen haben, 24.2.1945, BA-DH, ZA VI 1902, A. 11, o.P.; Der Kreishauptmann in Nowy Targ/Neumarkt, Vorläufiges Kriegstagebuch, ebenda, passim.

umher.«[28] Augenfälliger konnte der Machtzerfall für Malsfey kaum werden. Drei Tage später konnten sich die wenigen zurückgebliebenen Deutschen den Tatsachen nicht mehr versperren: Der Rückzug wurde beschlossen und fand vermutlich am darauffolgenden Tag, am 27. Januar, statt. Das Kriegstagebuch des Stadtkommissars von Zakopane schloss mit der bezeichnenden Würdigung ihrer vermeintlichen historischen Leistungen: »Abschließend ist festzustellen, daß die Zivilverwaltung im Kreise Neumarkt bis zum letzten Augenblick in den verwalteten Gebieten restlich und erst abrückte, als das Zurücksetzen der Fronttruppen eine Amtstätigkeit von selbst ausschloß.«[29] Damit räumten die Deutschen einen der letzten Kreise, und die mehr als fünf Jahre dauernde Herrschaft der Kreis- und Stadthauptleute im Generalgouvernement ging zu Ende.

Viele Kreishauptleute erlebten den schleichenden Zerfall des NS-Regimes aber schon nicht mehr im Generalgouvernement. Sie waren bereits zuvor zur Wehrmacht eingezogen, hatten sich wegbeworben oder wurden an andere Dienststellen versetzt. Heinz Doering zum Beispiel war im August 1943 endlich Kreishauptmann des Kreises Opatów im Distrikt Radom geworden, übte diesen Posten aber kaum ein Jahr aus. In seinem Falle kamen zu den allgemeinen Zusammenbrucherfahrungen noch private Schicksalsschläge hinzu. Im April 1944 geriet er mit seiner Frau in einen Hinterhalt; Doering überlebte den Überfall unverletzt, seine Frau jedoch erlag am gleichen Tag ihren Verletzungen.[30]

Doering erlebte in den darauffolgenden Wochen einen totalen Zusammenbruch und war zur Ausübung seines Amtes kaum mehr in der Lage. Die Regierung des Generalgouvernements enthob ihn daraufhin seines Postens; das Reichsinnenministerium entschied, ihn als Landrat nach Aussig zu versetzen.[31] Doering blieb jedoch nicht lange dort, Anfang März 1945 wurde er zur Regierung nach Trier abgeordnet, obwohl der Großteil der Region bereits in der Hand der Amerikaner war.[32] »Für

28 Der Kreishauptmann in Nowy Targ/Neumarkt, Vorläufiges Kriegstagebuch, BA-DH, ZA VI 1902, A. 11, 23.1.1945.

29 Kriegstagebuch des Stadtkommissariats Zakopane, BA-DH, ZA VI 1902, A. 11, 4.2.1945.

30 Kreishauptmann Doering an Ministerialrat Fritz Siebert, 5.6.1944, NL Doering.

31 Reichsministerium des Innern, Ministerialrat Tittel, an Ministerialdirektor von Helms, 2.9.1944, Sonderarchiv Moskau, 720k-5-1536, Bl. 43 v.

32 Abschrift Fernschreiben des Reichsinnenministeriums an den Regierungspräsidenten in Aussig, 6.3.1945, Sonderarchiv Moskau, 720k-5-1536, Bl. 83; Doering, Mensch, Bl. 789.

mich begann damit das Ende«, kommentierte Doering seine nun einsetzende Odyssee durch die Trümmerlandschaft des zerfallenden NS-Reiches. Doering fühlte sich von Ministerium und Partei verraten und verkauft. Er sah sich daher nun seiner Treuepflicht entbunden: »Mit diesem Staat u. seinen verkommenen Amtsträgern«, schrieb er später, »wollte ich nichts mehr gemein haben!« Anfang Mai 1945 wurde er schließlich in Mühldorf von den Amerikanern interniert.[33]

Auch wenn Doering in seinen nach dem Krieg im Internierungslager entstandenen Aufzeichnungen manches zugespitzt und mit nachträglichen Schlussfolgerungen überlagert haben mag, tritt ein Prozess der Distanzierung dennoch klar zutage. Dieser speiste sich aus seinem persönlichen Schicksal, dem Gefühl, im Beruf verkannt und abgeschoben worden zu sein, und aus der Beobachtung des Zusammenbruchs. Ein geradliniger Distanzierungs- und Desillusionierungsprozess, angefangen vom »langen Kriegsende« über den endgültigen Zusammenbruch bis hin zu Internierung und Entnazifizierung, lässt sich daraus aber nicht konstruieren, sondern eine verschlungene Entwicklung mit widerstreitenden Einstellungen und Gefühlen. Die gewonnene Distanz erwies sich später als Ausdruck einer großen Enttäuschung und geplatzter Hoffnungen. Bereits in alliierter Internierung sahen Doering und mit ihm viele andere manches wieder anders.

Das Kriegsende

Setzte der Niedergang auch weit vor 1945 ein, war die endgültige Niederlage im Mai 1945 doch eine tiefe Zäsur für die Kreis- und Stadthauptleute. Jetzt zerstoben endgültig alle Illusionen eines Endsiegs und damit auch die Hoffnung, ihre Machtposition und den damit verbundenen Lebensstil bewahren zu können. Das Kriegsende und die darauffolgenden Wochen erfuhren sie in sehr unterschiedlichen Situationen. Sosehr sich aber ihre Lage beim totalen Zusammenbruch des NS-Regimes unterschied, so sehr glich sie sich schnell wieder in den Internierungslagern der Alliierten. Bedeutete das Ende der Kämpfe für viele Deutsche ein Gefühl der Erleichterung und vielfach auch das Ende von Angst und Unsicherheit, galt für die meisten Kreishauptleute das Gegenteil: Das Kriegsende markierte für sie den Beginn von Angst, Unsicherheit und Ungewissheit, drohte ihnen doch nun, für ihre Taten zur Rechenschaft gezogen zu werden.

33 Doering, Mensch, Bl. 256, 806f. u. 883. Zitate, ebenda, Bl. 806f. Ebenda, Bl. 806.

Das tatsächliche Kriegsende empfanden viele Kreishauptleute trotz aller vorangegangenen möglichen Desillusionierungsprozesse als tiefgreifende persönliche und nationale Demütigung. Hans-Adolf Asbach, seit Februar 1943 bei der Wehrmacht, befand sich Anfang Mai mit seiner Einheit in der Nähe von Wismar, als sich für ihn die Ereignisse überschlugen. Kaum hatten die Soldaten vom Tod Hitlers erfahren, gerieten sie auch schon in amerikanische Gefangenschaft: »Traurig und keines Wortes fähig, zerschlagen wir die wenigen Karabiner und Pistolen und lagern uns am Wegrand. Der erste feindl. Lkw fährt vorbei, eine grinsende Tommyfratze sieht uns an. Wir sehen nicht hin. Es ist alles aus.«[34] Der persönliche und nationale Zusammenbruch traf ihn so tief, dass Selbstmordgedanken bis in den Sommer hinein immer wieder aufkamen.[35] Das gilt auch für andere Kreishauptleute. Nur einer aber zog die drastischste Konsequenz, die man unmittelbar aus dem verlorenen Krieg ziehen konnte: Heinz Ehaus ermordete seine zwei Kinder und nahm sich anschließend gemeinsam mit seiner Frau das Leben.[36]

Heinz Doering, Anfang Mai 1945 interniert, kleidete seine Gefühle angesichts von Niederlage und Internierung in ein Gedicht mit dem Titel »Die Nacht von Hersbruck. Eine Elegie«, das er noch im gleichen Monat im Internierungslager Hersbruck verfasste. In dem Gedicht drückt Doering vieles von dem aus, was nicht wenige Kreishauptleute zu jener Zeit und in den darauffolgenden Monaten und Jahren wohl dachten. Er sah sich und das ganze deutsche Volk in der Rückschau als »betrogen«, »missbraucht« und »mit tönenden Worten getäuscht«. Die Toten seien »sinnlos geopfert«, die Ideale verraten worden[37]:

»Denn wo wir alle geglaubt, da seh'n wir uns heute betrogen,
Und wie stets auf der Welt, so büsst nun der Kleine, Verführte
Ahnungslos der Grossen Verrat, die schon längst sich gerettet,
Büsst, weil er treulich gedient und geglaubt, seinem Volke zu nützen,
Büsst die erfüllte Pflicht und die uneigennützige Arbeit.«[38]

34 Asbach, Soldatenzeit, o.P.

35 Asbach, Tagebuchaufzeichnungen 1945, S. 3 (Eintrag vom 17.8.1945).

36 Troschke, Polen, BA Bayreuth, Ost-Dok. 13/234, Bl. 53. Troschke, Leiter des Amtes für Wirtschaft in Rzeszów/Reichshof, zufolge soll sich das in Lauban in Niederschlesien zugetragen haben, als die Rote Armee unaufhaltsam näher kam. Zum Mord und Selbstmord kam es erst am 8. Mai 1945 in Johannisbad.

37 Alle Zitate: Doering, Die Nacht von Hersbruck. Eine Elegie. Das Gefühl, belogen und betrogen worden zu sein, war auch bei deutschen Kriegsgefangenen weit verbreitet. Vgl. Zagovec, Gespräche, S. 377.

38 Doering, Die Nacht von Hersbruck. Eine Elegie. Die folgenden Zitate ebenda.

Doering und die meisten Deutschen stilisierten sich zu treuen Idealisten, die nun für die Taten einer verbrecherischen Führungsclique zu Unrecht büßen müssen. So dichtete er sich aus jeder Verantwortung und nahm schon im Mai 1945 genau die Haltung ein, mit der viele Deutsche später den Unstimmigkeiten der Entnazifizierungspolitik begegnen sollten.

Blind für die wahren Opfer des Regimes und für seine eigene Rolle, konstruierte er für sich und die Deutschen eine Opferrolle:

»Doch dies gemarterte Volk begrüsst aufatmend das Ende,
Das es befreit von seinen Bedrückern und alle den Leiden
Jener furchtbaren Jahre«.

Der Politik, Reden, Versammlungen und Phrasen überdrüssig, hoffe das Volk nur noch auf bessere Zeiten und die Großmut der Sieger und wolle nicht mehr als das private Glück in der Familie. Wo alles andere in Trümmern lag, wo das künftige Schicksal vollkommen ungewiss war, galt ihm die Familie als einziger Halt und Quelle der Zuversicht. Geradezu autosuggestiv beschwor er die Pflicht für die Familie, um der Verzweiflung Herr zu werden und die zwischen den Zeilen durchscheinenden Selbstmordgedanken abzuwehren. Doering glaubte sich nicht nur in seinen Idealen verraten, ohne klar zu benennen, von wem, sondern auch von den Alliierten getäuscht. Vor allem aber sah er sich gedemütigt:

»Stacheldraht ist hier ringsum und Maschinengewehre bedrohen
Jeden Versuch, ihm zu nahen. Und du bist — entehrt und gefangen!
Ehrlos –? Mehr nicht als jeder, der treu seine Pflichten erfüllt hat,
Treu dem Gesetz, das ehrlich zu halten, auch er einst beschworen,
Ohne Nutz und Gewinn, doch mit reichlichen eigenen Opfern!«

Den Alliierten warf er einen vermeintlichen Widerspruch zwischen Anspruch und Wirklichkeit vor. Hätten sie noch während des Krieges Meinungsfreiheit, Ordnung und Recht sowie Frieden propagiert, sei nach Kriegsende alles anders gekommen:

»Aber der Freiheit erstes Geschenk, es ist – Internierung
Aller, die anders geglaubt, – und der Hunger in ihrem Gefolge!«

Die unterstellte bewusste Täuschung setzte er schließlich mit Täuschung und Verrat durch den Nationalsozialismus gleich. Er schreckte auch nicht davor zurück, einen Vergleich der Internierung mit den Konzentrationslagern durchklingen zu lassen: »Neu ist auch nicht, dass den Unschuldigen man misshandelt und einsperrt«.

Mit möglichen Gründen für die Internierung sowie den damit verbundenen Absichten setzte sich Doering in seinen Versen auch auseinander. Generös räumte er ein, dass eine Strafe angemessen sei, so wie ein Vater seine Kinder züchtigen müsse, wenn diese vom Wege abkämen. Welche Form der Strafe er für die angemessene hielt, ließ er offen, dass es aber auf keinen Fall die Gefangenschaft sein konnte, daran ließ er keinen Zweifel. Das schien ihm unangemessen, denn den Grund für die Internierung verniedlichte er zu einer bloßen Meinungsverschiedenheit:

»denn wir sind ja Gefangne – gefangen,
Weil wir anders gedacht von des Vaterlands Wohle als jene,
Die uns hier eifrig bewachen«.

Geradezu naiv erscheint seine Auseinandersetzung mit den von ihm vermuteten Zielen der Internierung, Umerziehung und Verhinderung eines Aufruhrs:

»Wie man uns schmählich betrog, das erkannten wir längst schon alleine,
Wandten längst uns schon ab von der Täuschung vergangenen Wahnes,
Wollten Ruhe allein, zu schaffen daheim für die Unsern,
Fern dem politischen Trubel und denken an keinerlei Aufruhr«.

Die eigene Exkulpierung setzte also unmittelbar bei Kriegsende ein, wenn sie nicht gar das Ergebnis schon weit früher entwickelter Rechtfertigungsstrategien war. Schnell entfaltete sie sich zu einem gesamtgesellschaftlichen Phänomen mit großer Wirkungsmacht. Sichtbar wird hier auch bereits ein Muster: Das eigentliche Problem wird gar nicht erst berührt, indem Verschiebungen vorgenommen werden, mit denen man sich dann bequem auseinandersetzen kann. Es ging eben nicht darum, ob und wie die Deutschen betrogen oder getäuscht worden sind, oder um den Verrat vermeintlich richtiger Ideale. Solche »Taschenspielertricks« sollten vielen die Bewahrung einer positiven Kontinuität in ihren Biographien ermöglichen.

Eine kleine Gruppe von ehemaligen Kreishauptleuten versuchte, sich den Maßnahmen der Alliierten zu entziehen und ihre Vergangenheit zu vertuschen, indem sie eine falsche Identität annahmen. Der bekannteste Fall ist die Neuerfindung des Claus-Peter Volkmann, zuletzt Kreishauptmann in Łowicz, der gegen Kriegsende den Namen Peter Grubbe annahm. Volkmann hatte sich zusätzlich abgesichert, indem er sich vom Ortskommandanten von Łowicz einen Entlassungsschein aus der Wehrmacht hatte ausstellen lassen.[39] Dies erweckte den Anschein, Volkmann sei lediglich in der Wehrmacht gewesen, so dass ihm allenfalls die Kriegsgefangenschaft drohte. Auf diese Weise doppelt geschützt, machte er sich von Hannover aus an die Organisation seines »zweiten Lebens«. Dabei wählte er zunächst den naheliegenden Weg: Er suchte Kontakt zu Kollegen aus dem Generalgouvernement, die es bereits wieder zu etwas gebracht hatten. In Hannover erfuhr er, dass Franz Josef Schöningh zu den Lizenzträgern der *Süddeutschen Zeitung* gehörte. Schöningh war zuvor stellvertretender Kreishauptmann in Tarnopol gewesen. Volkmanns Unterfangen war von wenn auch bescheidenem Erfolg gekrönt: Die Zeitung veröffentlichte einen Artikel von ihm, kurz darauf fing er bei der *Schwäbischen Zeitung* in Leutkirch an. Der Anfang seiner später beachtlichen journalistischen Laufbahn war gemacht.[40] Andere, wie Josef Krämer oder Richard Wendler, taten es Volkmann gleich und legten sich vorübergehend eine neue Identität zu; Wendler gelang es so immerhin, der Auslieferung an Polen zu entgehen.[41]

Von den Maßnahmen der Alliierten blieben die wenigsten ehemaligen Kreishauptleute unbehelligt. Außer Volkmann gelang dies Fritz Adolf Schmidt, von Juni 1941 bis Februar 1944 Kreishauptmann des Kreises Krasnystaw. Nach kurzer Kriegsgefangenschaft in Österreich tauchte er bei seiner Schwester in der Nähe von Dachau unter. Hans Werner von Bülow kam nach Kriegsende in Mittenwald lediglich für wenige Tage in Haft und betrieb danach unbehelligt Handel mit Kunstwerken.[42]

Von ihnen abgesehen, standen im Prinzip alle ehemaligen Kreishauptleute bald nach Kriegsende vor der gleichen Situation: Sie hatten den totalen Absturz erlebt. Ihre steile Karriere war zunichte. Das, woran sie geglaubt und wofür sie sich eingesetzt hatten, lag in Scherben. Sie waren, zumindest für den Moment, gescheiterte Existenzen mit ungewisser Zukunft. Das war für manche ein Anlass zur bilanzierenden Rückschau,

39 Vgl. Völklein, Schuld, S. 110.

40 Vgl. ebenda, S. 112; Grubbe, Peter, Kinder zwischen den Mühlsteinen der Zeit, Süddeutsche Zeitung, 26.3.1946, S. 5. Zu Schöningh vgl. Hoser, Lizenzblatt, S. 123f.

41 Zu Krämer: Polizeipräsident Braunschweig, Beschuldigten-Vernehmung, 20.9.1945, IPN, BD 1055, Bl. 7ff.; Lilla, Statisten, S. 333. Zu Wendler: Abschrift des Spruchs der Zentral-Spruchkammer Nord-Württemberg, 20.12.1948, IPN, BD 306, Bl. 186; Urteil des Bayerischen Verwaltungsgerichtshofes, 28.7.1959, HStA München, Verwaltungsgerichtshof 375, Bl. 52.

42 Vgl. Musial, Zivilverwaltung, S. 392; Interview mit Hans Werner von Bülow, 28.4.2007.

zumal die meisten in den Internierungslagern mehr als genug Zeit dafür hatten. Hans-Adolf Asbach, der sich in Schleswig-Holstein als Landarbeiter verdingte, führte 1945 Tagebuch und verfasste ab Anfang 1947 umfangreiche autobiographische Aufzeichnungen über sein gesamtes Leben bis in die Nachkriegsgegenwart. Doering, im Internierungslager in einer anderen Situation als Asbach, begann Anfang November 1945 mit autobiographischen Aufzeichnungen, nachdem er eine Rolle Toilettenpapier ergattert hatte, auf der er Tagebuch führen konnte. Die ursprünglich verfolgte Absicht, nur seine Lebensgeschichte zu verfassen, trat später immer weiter in den Hintergrund zugunsten von allgemeinen Erörterungen der Geschichte, seiner Dichtung, der Zustände im Internierungslager, religiöser Überlegungen und anderer Themen.

Beide verstanden ihre Notizen als Rechenschaftsbericht, in erster Linie für ihre Kinder. Außerdem dürften ein zumindest unterschwellig vorhandenes Schuldbewusstsein und Schuldvorwürfe, ohne dass sie unbedingt direkt angesprochen worden waren, einen gewissen Rechtfertigungsdruck erzeugt haben.[43] Bei allen Besonderheiten der beiden Verfasser und ihrer Schriften spricht doch vieles dafür, dass sie in vielen Punkten exemplarischen Charakter auch für andere Kreishauptleute beanspruchen können.

Auseinandersetzung mit dem Nationalsozialismus

Die Sicht Asbachs und Doerings auf ihre eigene Vergangenheit und auf die Geschichte des Nationalsozialismus war stark beeinflusst von einer geradezu trotzigen Reaktion auf die neuen Realitäten. Für eine kritische Auseinandersetzung mit ihrer jüngsten Geschichte war kaum Raum, ging es ihnen doch in erster Linie darum, die Glanzzeiten ihrer eigenen Biographie entgiftet zu bewahren, sich gleichsam in der Rückschau selbst zu entnazifizieren. In den unsicheren unmittelbaren Nachkriegsjahren mit einer mehr als ungewissen Perspektive war es für sie von enormer Bedeutung, vor sich selbst und vor der eigenen Familie bestehen zu können, sich ihrer selbst zu vergewissern. Anknüpfungspunkte für die »Selbst-Entnazifizierung« fanden sie sowohl in realen Ereignissen aus der Besatzungszeit im Generalgouvernement als auch in den Mythisierungen und Dämonisierungen, mit denen viele in der Nachkriegszeit die NS-Diktatur und ihre Verbrechen von sich fernhielten.

43 So zumindest der Befund für viele deutsche Kriegsgefangene. Vgl. Zagovec, Gespräche, S. 378.

Typisch in der Rückschau Doerings und Asbachs war das Denken in Polaritäten: Verwaltung versus SS, Fachleute versus Parteikarrieristen, Idealisten versus Fanatiker usw. Sie selbst standen immer auf der richtigen Seite der meist nachträglich imaginierten oder zweckmäßig zugespitzten Gegensätze. Diese simple, aber ebenso erfolgreiche Strategie verfolgten nach 1945 viele Deutsche, bot sie doch den Königsweg, um mittels Dämonisierung kleiner klar abgegrenzter Kreise jede Schuld oder auch nur Verantwortung von sich zu weisen und bereits bloßes Nachdenken darüber zu unterdrücken.[44]

Die ehemaligen Kreishauptleute und andere Besatzungsfunktionäre konnten bei der Stilisierung der Zivilverwaltung zur sauberen, um Aufbau bemühten Verwaltung die nicht erst seit Kriegsende grassierende Dämonisierung der SS nutzen, die in der deutschen Gesellschaft für die Verbrechen des Regimes praktisch allein verantwortlich gemacht wurde. An Glaubwürdigkeit konnte das zusätzlich dadurch gewinnen, dass es im Generalgouvernement auf Regierungsebene sowie vor allem im Distrikt Lublin tatsächlich in Einzelfragen massive Gegensätze zwischen Verwaltung und SS gegeben hatte. Diese betrafen seinerzeit die meisten Kreishauptleute allerdings gar nicht oder nur marginal, bezogen sich zudem nicht auf die Grundsätze und Ziele der Besatzungspolitik und waren vor allem Teil eines Machtkampfes zwischen Frank auf der einen und Himmler, Bormann und Lammers auf der anderen Seite. Mit solchen »realen« Anknüpfungspunkten war es ein Leichtes, alles auf die SS abzuwälzen. Asbach schrieb in seinen Erinnerungen geradezu prototypisch: »Im übrigen war in der Verwaltung des Generalgouvernements alles im Aufbau begriffen. Vieles wurde falsch angefasst, durchweg aber war der Wille vorhanden, saubere Verhältnisse zu schaffen u. Volk u. Land der hart ringenden Heimat dienstbar zu machen. [...] Einzig der SS ist es vorbehalten geblieben, von dieser Linie einer sauberen, gerechten und menschlichen Verwaltungspraxis abgewichen zu sein. Sie war selbstherrlich, keiner Belehrung zugänglich und, wie sich erwies, völlig unabhängig. [...] Rücksichtslos nahm sie ihre Interessen, so wie sie sie auffasste, wahr und das alles in einem fremden Land, einem seit Jahrzehnten feindlichen Volkstum gegenüber. Aber diese erschütternde Erkenntnis konnte in uns erst langsam reifen, unser Gefühl empörte sich wohl dagegen, man wollte sie innerlich nicht wahrhaben, bis wir sie schliesslich dumpf resignierend als gegebene Tatsache hinnehmen mußten.«[45] Deutlicher lässt sich

44 Vgl. zum Beispiel Foschepoth, Reaktion, S. 154.
45 Asbach, Krakau, Bl. 65.

der Mythos von einer geradezu engelsgleichen Verwaltung kaum zeichnen, die dem Treiben der barbarischen SS mit hilflosem Zorn zusehen musste.

Eine klare Distanz zur Ermordung der Juden aufzubauen war für die ehemaligen Besatzer besonders wichtig. Die Herstellung einer Verbindung von ihnen zur Verfolgung und Ermordung der Juden stellte schon in den ersten Nachkriegsjahren die größte Bedrohung dar, hätte dies doch eine Verurteilung oder Auslieferung viel wahrscheinlicher gemacht. So überrascht es auch kaum, dass Asbach in seinem Tagebuch genau in diesem Kontext auf das Thema zu sprechen kam. Empört schrieb er davon, dass Polen 50 000 Deutsche wegen ihrer Beteiligung an der Ermordung der Juden namhaft gemacht habe. Mit Blick auf die Vertreibung der Deutschen sprach Asbach Polen jede moralische Berechtigung ab, Kriegsverbrecher auch nur namhaft zu machen, geschweige denn abzuurteilen zu wollen. Weiter schrieb er: »Die Ausrottung der Juden erfolgte – so wurde uns gesagt – als Gegenmaßnahme gegen die systematische Ermordung der Wolgadeutschen. Sie wurde befohlen durch einen Geheimbefehl, der nur den mit der Ausführung betrauten Dienststellen der Sicherheitspolizei und des SD zugänglich gemacht wurde. Alle anderen Dienststellen des Generalgouvernements waren froh, daß sie nichts mit dieser Aufgabe zu tun hatten. Die Menschen in der Sicherheitspolizei mußten dem Befehl gehorchen.«[46] Er entzog sich also jeder Verantwortung und verlängerte die strikte Trennung in einen kleinen Kreis von Eingeweihten und in die Masse der Ahnungslosen bis in die Gegenwart: »Wer den Befehl erlassen hat, hat niemand bisher erfahren außerhalb der Polizeidienststellen.«[47]

Die Tatsache, dass Antisemitismus sowie die Ermordung der Juden besonders heikle Themen waren, war Asbach bewusst. Er versuchte nachträglich, etliche antisemitisch eingefärbte Passagen seiner Aufzeichnungen zu übertünchen, allerdings nur mit mäßigem Erfolg. Er schien erkannt zu haben, dass der Antisemitismus derart tabuisiert war, dass er auch in privaten, nur für die Familie bestimmten Aufzeichnungen getilgt werden sollte.[48] Ein Einstellungswandel stand nicht unbedingt hinter den Retuschen. Allenfalls kann man darin erste Anzeichen für einen An-

46 Asbach, Landarbeiter, Bl. 30.

47 Ebenda

48 Es gibt Hinweise darauf, dass Asbach die Änderungen in Vorbereitung auf Memoiren vornahm. Vgl. Aufstieg und Fall eines schillernden Politikers, in: Schleswig-Holsteinische Landeszeitung, 12.3.1975.

passungsprozess nach außen, für eine oberflächliche Selbst-Entnazifizierung sehen.

Zu einer kritischen Bewertung ihrer Laufbahn im Nationalsozialismus und ihrer Tätigkeit als Kreishauptmann war weder Asbach noch Doering in der Lage. Doering kam in seiner Lebensbeschreibung nicht auf seine Zeit als Kreishauptmann zu sprechen und berührte nur gelegentlich die Zeit im Generalgouvernement. Allgemein sah er sich, auch schon als Landrat in Mühldorf, in der Rückschau als Opfer von Intrigen und als verratener Idealist. Asbach schilderte sich als ein um Aufbau und Ausgleich bemühter Landesherr, der sich um die Bevölkerung gleich einem fürsorglichen Familienvater kümmerte. Welche Zuständigkeiten ein Kreishauptmann hatte und wie seine Arbeit aussah, wie Asbach die Vorgaben umsetzte und sich zur allgemeinen Besatzungspolitik verhielt, all das bleibt im Dunkeln. Asbach hat, folgt man seinen Aufzeichnungen, von nichts gewusst, nichts Schlimmes getan und musste hilflos dem Treiben anderer zusehen. Die Frage nach eigener Schuld und Verantwortung blendete er komplett aus. Traf die Kritik die Verwaltung, was nur selten vorkam, war der Personenkreis stark eingegrenzt, oder die Kritik berührte ausschließlich marginale Fragen.

Seinen Nachfolger als Kreishauptmann in Janów Lubelski zeichnete Asbach sehr negativ, wodurch die eigene Amtszeit in noch hellerem Licht erstrahlte. Er stilisierte sich durch die Kritik indirekt zum väterlichen Gutsherrn, der »den Laden zusammenhält«, sich um »seine Leute« kümmert und für sie ein offenes Ohr hat: »Erst einige Tage nach meiner Abfahrt, erschien mein Nachfolger: Nichtfachmann, alter Pg u. Träger des goldenen Parteiabzeichens. Er führte ein Regiment ein, das ihn zum bestgehassten Mann des Kreises machte. Mein Mitarbeiterstab stob wie ein aufgestörter Taubenschwarm auseinander. Soweit sie mir nicht nachfolgten, baten sie um Versetzung, voran der Kreislandwirt. Sogar aus der Bevölkerung erhielt ich wiederholt Telegramme, in denen um Hilfe gegen die drakonischen Maßnahmen des ›Neuen‹ gebeten wurde. Ich konnte ihnen nicht mehr helfen.«[49]

Die Erfahrungen der Besatzungszeit im Nachkriegsdeutschland und der Maßnahmen der Alliierten bewogen Asbach zu Vergleichen mit seiner eigenen Zeit als Besatzer. In Nienburg beispielsweise beobachtete er, dass sehr viele Häuser vom englischen Militär in Beschlag genommen worden seien und die Deutschen diese räumen mussten. In seiner Kritik daran verstieg sich Asbach zu der Äußerung: »Das taten wir nie, sondern

49 Asbach, Krakau, Bl. 91.

lebten gemeinsam mit dem fremden Volk in dessen Behausungen! Auch darin waren wir Wilden doch noch bessere Menschen.«[50] Mit einfachen sprachlichen Mitteln ließ Asbach das Handeln der Briten noch als verwerflich und das eigene Verhalten in hellerem Licht erscheinen: Während die Engländer es sich alleine in *Häusern* bequem machten, teilten sich die Deutschen im Generalgouvernement mit den Einheimischen sogar deren *Behausungen*. Asbachs Behauptung ist angesichts der Lebensumstände der Deutschen und besonders der Kreishauptleute im besetzten Polen geradezu grotesk. Aber das Konstrukt hat eine eigene Realität, denn in den ersten Tagen als Kreishauptmann in Brzeżany lebte er tatsächlich bei einer ukrainischen Familie. Ähnlich wie bei der Betonung des tiefen Gegensatzes zwischen SS und Verwaltung funktioniert auch hier eine Reinwaschungsstrategie, die viele in der Zukunft anwenden sollten: Reale Bezugspunkte, und seien sie auch noch so klein und unbedeutend, wurden durch Weglassungen, Verschiebungen und Absolutsetzung zu einer exkulpierenden Tatsache verbogen.

Alles in allem war auf diese Weise schon in der frühen Nachkriegszeit der schützende Mythos von der sauberen Verwaltung geboren, an dem alle Kritik abprallen musste. Dieser wirkte nach außen gegen etwaige Vorwürfe aus der Gesellschaft oder Nachstellungen der Justiz, nach innen in die Familien und nicht zuletzt auch als eine Art psychischer Selbstschutz. Verbunden war dies mit der aus heutiger Sicht naiven Hoffnung auf spätere Anerkennung. Asbach sah schon sehr früh in der Verwaltungsarbeit im besetzten Polen ein Ruhmesblatt der Geschichte, das es noch zu schreiben gelte: »Was im allgemeinen aber geleistet worden ist, das soll dem deutschen Verwaltungsbeamten erst nachgemacht werden. […] Eine unparteiischere Geschichtsschreibung wird auch das einmal anerkennen müssen.«[51] Seine autobiographischen Aufzeichnungen sah er wohl als einen Grundstein dafür.

In Ansätzen kritischer war die Sicht auf die Jahre der NS-Herrschaft und ihre Bewertung. Die Beschäftigung Asbachs und Doerings mit der jüngsten Geschichte kreiste im Wesentlichen um die Bereiche NS-Ideologie, Partei und SS, Hitler sowie den Krieg und seine Ursachen. Asbach beschäftigte sich mit diesen Themenkomplexen vor allem im Kontext seiner Autobiographie, das heißt, sie waren in der Darstellung stärker mit dem eigenen Leben verwoben und unterlagen in diesem Zusammenhang

50 Asbach, Landarbeiter, Bl. 43 (Eintrag vom 1.11.1945).
51 Asbach, Krakau, Bl. 70.

einem stärkeren Rechtfertigungsdruck bzw. -willen. Doering hingegen betrachtete diesen Zeitraum isolierter vom eigenen Werdegang.

Beide Autoren waren tief verwurzelt in der NS-Ideologie. Zu einer kritischen Sicht auf den Nationalsozialismus, die zugleich immer auch Selbstkritik gewesen wäre, waren sie so früh nach dem Ende der NS-Herrschaft weder willens noch in der Lage. Vorherrschender Tenor war, und damit wussten sie sich mit vielen Deutschen damals einig, dass es sich um gute Ideen gehandelt habe, in Teilen schlecht oder falsch in die Tat umgesetzt. In einer Umfrage vom April 1946 bekundeten immerhin 55 Prozent der befragten Deutschen diese Meinung.[52] In seiner Auseinandersetzung mit dem Parteiprogramm der NSDAP kam Doering zu einer ähnlichen Beurteilung. Dieses habe im Grunde genommen zwei Teile: Einer sei zeitbedingt, »stark kommunistisch infiziert« und betreffe ökonomische Belange. Der andere Teil des Programms aber sei »weiter nichts wie uraltes deutsches Gedankengut, Selbstverständlichkeiten für jeden anständigen Menschen. Sie gipfeln in ein paar Sätzen: Pflichterfüllung gegen Familie, Staat und Volk. Das ist alles nicht neu, nicht einmal die Rassenfrage.«[53] Er sah darin nur eine geschickte Neukomposition alter Ideen, die mit einer aufwändigen Propaganda populär gemacht worden seien. Bedauernd fügte er hinzu: »Deshalb ist es ja auch so beklagenswert, dass diese an sich so guten Ideen einem solch üblen Gesindel in die Hände gefallen ist [sic].« Doering meinte damit die SS, den Kreisleiter der NSDAP seines Heimatkreises Mühldorf und nicht näher bezeichnete Bonzen. Sie hätten die an sich guten Ideen in den Dreck gezogen.

Von einer kritischen Bewertung der NS-Ideologie und des Parteiprogramms war das weit entfernt. Allerdings betrieb Doering eine gewisse Entideologisierung. Den kompromittierendsten Teil, die Rassenideologie, versuchte er mit einer anderen Strategie zu entschärfen: Hatte er einen Teil des Programms bereits in eine lange NS-freie Tradition eingereiht, sah er bei der Rassenideologie gar biblische Ursprünge und Traditionen. Nirgends sonst als im Alten Testament sei der Rassegedanke derart scharf vertreten, über Jahrtausende durchgehalten und konsequent in die Praxis umgesetzt worden. In perfider Weise schrieb er der Rassenideologie somit letztlich Ursprünge in der jüdischen Tradition zu. Verbit-

52 Vgl. Merrit/Merrit, Public opinion, S. 105. Befragt worden waren 1192 Personen in der amerikanischen Besatzungszone und im amerikanischen Sektor Berlins. In den folgenden Monaten stieg der Anteil stetig, vgl. Merrit, Democracy, S. 97.

53 Doering, Mensch, Bl. 567 (Eintrag vom 6.1.1946). Das folgende Zitat ebenda, Bl. 568.

tert sah er angesichts der vermeintlichen biblischen Ursprünge grobe Ungerechtigkeit in der Behandlung der Deutschen am Werke: »Wenn aber andere den gleichen Gedanken pflegen, dann ist das durchaus verwerflich!« Die Grundideen des Nationalsozialismus bewertete Doering nach wie vor ungebrochen positiv. Seine Kritik galt allenfalls der Umsetzung.[54]

Das gravierendste Problem der Kritik einer vermeintlich schlechten Umsetzung an sich guter Ideale stellte die Bewertung des einstmals hochverehrten »Führers« dar. Hitler ist in den Notizen Asbachs und Doerings, auch wenn sie sich mit dem Nationalsozialismus beschäftigen, auffallend wenig präsent. Es drängt sich der Eindruck auf, dass er geradezu beschwiegen wurde. Augenscheinlich waren die einst überzeugten Nationalsozialisten und Hitler-Anhänger nach dem totalen Zusammenbruch zunächst nicht in der Lage, auch ihr Hitler-Bild modifiziert in die neue Zeit hinüberzuretten. In Asbachs Aufzeichnungen ist Hitler nie wirklich Gegenstand der Erörterungen. Doering kam lediglich in zwei Einträgen ausführlicher auf ihn zu sprechen, beschäftigte sich aber, wie er schrieb, monatelang immer wieder mit Hitlers Person.

Erstmals schrieb Doering seine Beschäftigung mit Hitler am 19. November 1945 nieder, zwei Wochen nach Beginn seiner Aufzeichnungen. An vorderster Stelle stand für ihn ein Widerspruch zwischen den Bündnisbestrebungen Hitlers mit England auf der einen und dessen Antisemitismus auf der anderen Seite: »Wie kann man so töricht, oder als verantwortlicher Politiker so wahnwitzig oder so beschränkt sein, zu glauben, man könne in Deutschland die Juden schikanieren u. totschlagen u. mit den Juden in England als deren Regierenden ein Bündnis machen.«[55] Jedes Kind, so Doering, wisse doch, »dass die Juden über die ganze Welt zusammenhalten«. Seine Kritik fiel entsprechend massiv aus: »krassester Dilettantismus« und »kurzsichtige Beschränktheit«. Offen blieb allerdings, was Doering kritikwürdiger erschien – die Hoffnung auf ein Bündnis mit England oder aber mangelnde taktische Zurückhaltung bei der Verfechtung des Antisemitismus.

Widersprüche zwischen der Rassenideologie und der Bündnispolitik erblickte Doering auch in Hitlers Japanpolitik. In Japan sah er »die ungeheuerliche Gefahr, die der weissen Welt von den Farbigen überhaupt drohte«, da es deren Exponent gewesen sei. Nur Japan sei in der Lage gewesen, gegen die »weiße Welt« vorzugehen und habe dies auch mit

54 Ebenda, Bl. 381 (Eintrag vom 4.12.1945). Zitat ebenda.
55 Ebenda, Bl. 195 (Eintrag vom 19.11.1945). Zum Folgenden ebenda, Bl. 194ff.

dem Ziel der Vernichtung vorbereitet und betrieben. Doerings Vorwürfe gipfelten in rhetorische Fragen, die das Fortwirken der Rassenideologie entlarven: »Gibt es [...] in der grossen Politik keine Rassenschande? War das nur ein Vorrecht der Familie u. war nicht diese Form der politischen Rassenschande unvergleichlich viel gefährlicher?« Das Bündnis mit Japan hat Doerings Einschätzung zufolge erheblich zur Niederlage Deutschlands beigetragen, denn es habe den Kriegseintritt der Vereinigten Staaten nach sich gezogen. Amerika habe in Europa keine Interessen verfolgt, wohl aber in Ostasien, so dass es ein Bündnis Deutschlands mit Japan nicht habe hinnehmen können. Doering sah einen weiteren Grund, durch den die deutsche Rassenideologie noch entschärft wurde: In Amerika und auch in England habe man eben die Rassenfrage viel deutlicher und unromantischer gesehen als in Deutschland. Mit anderen Worten lag der Fehler der Rassenideologie in Deutschland nicht in ihren Prämissen und Inhalten, sondern lediglich in einem Zuviel an Romantik: »Auch hier war Hitler der politische Romantiker, der Dilettant.« Seine Kritik an Hitler kratzte so lediglich an der Oberfläche und diente letztlich einer Fortführung des Hitler-Mythos. Die Grundideen ließ er unangetastet. Denn diese kritisch zu sezieren wäre an die eigene ideologische Substanz gegangen und war daher ausgeschlossen.

Gut ein halbes Jahr später kam Doering erneut auf Hitler zurück. Seit er interniert war, hatte er »immer wieder über Hitlers Charakter u. dessen Entwicklung gegrübelt«.[56] Nun glaubte er, endlich eine Lösung gefunden zu haben, die in einer Apotheose Hitlers gipfelte. Am Anfang war dessen Glaube »an sich und seine Sendung *und* an sein Volk«: »Er war erfüllt von den Idealen, die er predigte, er glaubte fanatisch an seine Ideen, an das Edelste, Höchste, was er verkündete. Und er glaubte kompromisslos an die Güte des Volkes, das er rief u. das er [für] fähig hielt, diese Ideale zu verwirklichen. Er glaubte blindlings, sein Volk sei so, wie er es sich erträumte, so ideal, so hochherzig, so edel u. selbstlos, so rein u. opferbereit, so heldisch, so begeistert, so adlig –!« In Doerings Lesart erscheint Hitler als einsame Lichtgestalt, als Heiliger, dessen gläubiger Idealismus dem Verrat zum Opfer fiel: »Dann aber kam die Wirklichkeit, es kamen der Machthunger u. die Habgier seiner Mitarbeiter, all die unendliche Flut von moralischem Dreck vom kleinsten u. fernsten Blockleiter bis zu seinen nächsten, engsten Mitarbeitern, es kam die brutale und skrupellose Ausnutzung seiner heiligen Ideen durch eine gierige

56 Ebenda, Bl. 923 (Eintrag vom 25.5.1946). Das Folgende nach ebenda, Bl. 923. Alle Zitate ebenda. (Hervorhebung im Original).

Schicht seines Volkes, durch dies ganze Volk, es kamen Intrigen u. Rankünen, es kam — es kam — und schliesslich kamen Treubruch u. Mordversuche in seiner allernächsten Umgebung. Gerade die, die er erst zu etwas gemacht hatte, die ihm restlos alles verdankten, verrieten ihn am ersten: Röhm, die Generäle, die Industrie — u. schliesslich das ganze Volk.«

Nach Doering schlugen Hitlers verräterisch und brüsk zurückgewiesene selbstlose Liebe und fanatischer Glaube um in Verbitterung und fanatischen Hass, denn: »Er war kein Heiliger, dessen allumfassende Liebe selbst die dreckigsten Enttäuschungen zu überstehen vermag.« Aber was war er dann? »Er war nur ein Genie, ein Staatsmann, ein Idealist.« Der so zurückgewiesene Hitler sei dem Cäsarenwahn verfallen und habe »seine hassvolle Enttäuschung in Orgien der Grausamkeit u. des Blutes« ausgetobt; sein Hass sei so maßlos geworden, wie sein Glaube maßlos gewesen sei. Nun nimmt in Doerings Darstellung die dramatische Götterdämmerung zwangsläufig ihren Weg: »Sieht er sich selber stürzen, weil überall verraten, so sollen sie alle mit hinunter zur Hölle, die ihn enttäuschten, belogen u. verrieten, alle, alle! Und so setzt er, als er infolge des unüberwindlichen Verrates das Ende kommen sieht, die ganze Energie zur Vernichtung, zur Rache ein! Erst will er das Volk, das ihn verriet, in den Abgrund stürzen, ehe er selber fallen muss.« Auch hier liegt ein identifikatorisches Modell vor. Denn im Kern sah Doering Hitler wie sich selbst: als verratenen und alleingelassenen Idealisten.

Internierung

Der wohl tiefgreifendste Einschnitt für die ehemaligen Kreis- und Stadthauptleute war die soziale Deklassierung und die Internierung durch die Alliierten. Etliche der einst mächtigen Besatzungsfunktionäre mussten sich nun als Landarbeiter, Schaffner, Vertreter und dergleichen durchschlagen, zum Teil drei Jahre und länger. Ein Ende dieser demütigenden Situation konnten sie in der frühen Nachkriegszeit kaum absehen. Härter traf es diejenigen unter ihnen, die von den Alliierten verhaftet und auf ungewisse Zeit eingesperrt wurden. Von den 120 Kreis- und Stadthauptleuten, die das Kriegsende überlebten, waren mindestens 51 interniert. 16 blieben definitiv auf freiem Fuß, während für 53 keinerlei Informationen vorliegen. Nur sieben waren nicht länger als ein Jahr in Haft, allerdings schloss sich bei manchen die Auslieferung an Polen und eine längere Gefängnisstrafe an. Elf saßen drei Jahre oder länger ein, bei den meisten aber lag die Haftdauer zwischen einem und drei Jahren. Unabhängig von der Dauer ihrer Internierung standen alle zum Zeitpunkt ihrer Verhaftung und noch lange danach vor der gleichen Situation: Sie wussten weder, wie lange sie hinter Stacheldraht einsitzen mussten, noch konnten sie die drohenden Konsequenzen abschätzen.

Aussagen über die Wirkung der Internierung zu treffen stößt auf Schwierigkeiten, da in den meisten Fällen keine Quellen vorhanden sind, die darüber Aufschluss geben könnten. Meist sind lediglich Zeitpunkt, Dauer und Ort der Internierung bekannt. Einen intensiven Einblick in die Folgen der Internierung für die Betroffenen und in ihre Reaktionen darauf erlauben nur die Aufzeichnungen von Doering. Doering war von Mai 1945 bis September 1948 in mehreren Lagern in Bayern interniert. Von November 1945 bis Januar 1947 führte er Tagebuch. Auch wenn es sich um das Zeugnis eines Einzelnen handelt, sind Doerings Aufzeichnungen in vielen Punkten exemplarisch.[57]

Die Alliierten sahen in der Internierungspolitik in erster Linie ein Instrument für die Sicherung ihrer Truppen im besetzten Deutschland, weniger für eine wie auch immer geartete Umerziehung der betroffenen Deutschen. Die Angst vor einer Untergrundbewegung war anfangs groß, Goebbels' Werwolf-Propaganda hatte direkte Folgen in der alliierten Besatzungspolitik gezeitigt. Drei Personengruppen sollten festgenommen und interniert werden: Personen, die in Verdacht standen, Kriegsverbrechen begangen zu haben (*war criminals*); Personen, von denen nach Einschätzung der Alliierten eine potentielle Gefährdung ihrer Streitkräfte und Einrichtungen ausging, ohne dass klare Kriterien definiert wurden (*security threats*, *security suspects*); schließlich Personen, und das waren die meisten, die aufgrund bestimmter Ränge innerhalb der NSDAP, Gestapo, SS, des SD und anderer NS-Organisationen sowie der Verwaltung interniert wurden (*automatic arrest*). Auf Grundlage dieser Kategorien führten die Alliierten unmittelbar nach dem Einmarsch, noch während des Fortdauerns der Kampfhandlungen, die ersten Verhaftungen durch.[58] Die Kreishauptleute konnten von allen drei Kategorien betroffen sein. Die meisten fielen unter den automatischen Arrest entweder wegen ihrer Ränge in NS-Organisationen oder wegen ihres Rangs in der Verwaltung. Einige figurierten allerdings auch auf den bereits während

57 Zur Internierungspolitik vgl. Wember, Umerziehung; Horn, Internierungs- und Arbeitslager; Schick, Internierungslager. Erinnerungsberichte zum Beispiel: Beck, Tagebuch; Vogel, M-AA 509.

58 Vgl. Schick, Internierungslager, S. 302f.; Meyer, Internierung, S. 25ff.; Horn, Internierungs- und Arbeitslager, S. 17ff.; Wember, Umerziehung, S. 35ff.

des Krieges geführten Kriegsverbrecherlisten als gesuchte Personen und wurden deshalb interniert.

In nur wenigen Monaten nahmen die Alliierten anhand ihres Kriterienkatalogs viele Personen in Haft. Zwischen Mai 1945 und Dezember 1946 verhafteten die Amerikaner rund 170 000 Personen. Die britischen Streitkräfte internierten bis zum 31. Mai 1946 in ihrer Zone 71 250 Personen, von denen rund ein Drittel aufgrund einer Revision der Verhaftungskategorien bis Ende Mai 1946 bereits wieder entlassen wurde. Zur Unterbringung der Häftlinge richteten sie Internierungslager ein, die sogenannten Civil Internment Camps, für die sie ehemalige Kriegsgefangenenlager, Kasernen sowie vormalige Konzentrationslager (zum Beispiel Esterwegen, Neuengamme und Dachau) nutzten. In der britischen Besatzungszone blieben diese Lager bis zum Ende ihres Bestehens unter britischer Leitung, während die Amerikaner sie ab Oktober 1946 sukzessive in deutsche Hand gaben.[59]

Bei allen Unterschieden in der Verwaltung der Lager in der britischen und der amerikanischen Zone, im Detail glichen sich die Wirkungen der Internierung auf die Betroffenen in beiden Zonen doch sehr. Einer selbstkritischen Auseinandersetzung mit der eigenen Rolle im NS-Staat stand oft die Selbsteinschätzung im Wege, unschuldiges Opfer alliierter Maßnahmen zu sein. Nach sieben Monaten Internierung schrieb Doering, sich wieder zum selbstlosen Idealisten stilisierend: »Wo in der Weltgeschichte hat es das schon einmal gegeben, dass Männer ohne Untersuchung, ohne Verhör, ohne Urteil so lange eingesperrt werden, weil sie die Gesetze ihres Vaterlandes erfüllt u. ihrem Volke mit ganzer Hingabe gedient haben!«[60]

Die Selbstzuschreibung einer Opferrolle durch die einst willigen Funktionäre und Profiteure des NS-Staates war nicht nur gängige Reaktion auf ihre gegenwärtige Situation, sondern auch Muster für die Sicht auf ihr Handeln vor der Kapitulation. Doering sah die Internierung als das Ergebnis einer tragischen Konstellation, der er in jedem Fall zum Opfer gefallen wäre: »Wir werden als aktive Mitarbeiter des bisherigen, allseits

59 Vgl. Niethammer, Entnazifizierung, S. 255 f.; Schick, Internierungslager, S. 304; Horn, Internierungs- und Arbeitslager, S. 46 f.; Meyer, Internierung, S. 28. Die Zahlenangaben weichen im Detail voneinander ab. Wember, Umerziehung, S. 38 u. 49 ff.; Horn, Internierungs- und Arbeitslager, S. 45 u. 100; Schick, Internierungslager, S. 304 ff.

60 Doering, Mensch, Bl. 380 (Eintrag vom 4.12.1945). Ähnlich auch an anderen Stellen, ebenda, Bl. 913 f. (25.5.1946), Bl. 1191 (15.9.1946). Im gleichen Tenor auch Beck, Mann S. 10 ff. (Eintrag vom 24.6.1945).

anerkannten Staates bestraft. Wir würden es nicht, wenn wir diesem Staat nicht gehorcht hätten. Das heisst also auf einen allgemeinen Nenner gebracht: Gehorche ich der bestehenden Regierung nicht, dann straft sie mich. Gehorche ich aber der bestehenden Regierung, dann straft mich die nachfolgende, weil man nie voraussehen kann, was sie als verbrecherisch ansehen wird. Das Ergebnis ist also die erschütternde Tatsache: Wie man's macht, ist's falsch! Leiste ich den derzeit Regierenden Widerstand, dann schlägt er mich tot. Gehorche ich ihm, dann schlägt mich sein Nachfolger tot.«[61] Auf diese Art konnte er jede Kritik oder Selbstkritik von sich fernhalten und konstruierte sich zum hilflosen Opfer einer ausweglosen Lage. Bei Doering gipfelte das schließlich in einer trotzigen Eigen-Mythisierung: »Was für das Christentum die Märtyrer waren, das sind wir für den Nationalsozialismus.«[62] Damit war für ihn die Analogie noch nicht ausgeschöpft: »Und wie damals das Christentum, so wird sich dereinst auch unsere Lehre durchsetzen u. die Welt erfüllen. Denn sie ist wahr und richtig.«

Verbitterung und Trotz waren aber nicht nur Ausdruck einer uneinsichtigen Haltung, sondern resultierten auch aus oft verkürzt wahrgenommenen Ungereimtheiten alliierter Praxis: Die meisten Verhaftungen fußten nicht auf individuellen Schuldvorwürfen, sondern auf einem pauschalen Kriterienkatalog; die Untersuchungen gingen nur schleppend voran; Namensverwechslungen führten nicht zu einer umgehenden Entlassung, sondern oft vergingen noch Monate. Verbitterung und regelrechter Hass auf die Alliierten waren häufig die Folge, gesteigert durch die geplatzte Illusion, die Internierung sei nur ein kurzes Zwischenspiel. Diese Konstellation erschwerte eine innere Umkehr der Betroffenen, wenn sie überhaupt dazu willens gewesen waren. Nach allem, was wir wissen, war zeitweise das Gegenteil der Fall: Die NS-Weltanschauung trieb in den Lagern neue Blüten.[63]

In der Reaktion auf das simple Muster der alliierten Maßnahmen zeigten sich die Internierten weitgehend geschlossen. Auch darf man nicht vergessen, dass die einstige NS-Elite durch die Internierung auf engem Raum konzentriert und von Entwicklungen in der übrigen Gesellschaft weitgehend isoliert war. Nirgends sonst fanden sich so viele Menschen an einem Ort, deren Einzelbiographien so eng mit der nationalsozialisti-

61 Ebenda, Bl. 1170 f. (Eintrag vom 28.8.1946).

62 Ebenda, Bl. 1047 (Eintrag vom 23.6.1946). Das folgende Zitat ebenda.

63 Doering, Mensch, Bl. 862 f. (Gründonnerstag 1946); Horn, Internierungs- und Arbeitslager, S. 205, 218 u. 233 f.; Wember, Umerziehung, S. 190 f.; Schick, Internierungslager, S. 306 ff.; Kogon/Römhild, Internierungslager, S. 27.

schen Ideologie und der Diktatur verwoben waren. Hier bestand eher die Gefahr einer Radikalisierung oder Renazifizierung, als dass sich ein geeignetes Umfeld für eine selbstkritische Besinnung bilden konnte. Doch bei aller Einigkeit nach außen war die Lagergesellschaft innerlich zerrissen; Neid und Missgunst grassierten, und eine oft aus ehemaligen NS-Eliten bestehende Lageraristokratie führte zu Verwerfungen.[64]

Doering, lange Zeit ohne jeglichen Kontakt zur Familie, beobachtete mit Abscheu, wie sich im Lager eine Oberschicht bildete, der es aus seiner Sicht an nichts mangelte, ohne dass sie Solidarität mit anderen zeigte: »Volksgemeinschaft war doch etwas, was gerade von der Partei so eifrig gepredigt wurde. Hier im Lager zeigt sie sich mit besonderem Erfolge: Die einen bekommen grosse Pakete mit den leckersten Esswaren u. kochen u. braten den ganzen Tag u. speisen mit Apetit [sic] und Genuss u. lassen die andern, die nichts oder nur wenig haben u. daher oft masslos hungern, mit der grössten Gelassenheit und Selbstverständlichkeit dabei zuschauen!«[65] In der beißenden Kritik drückte sich nicht nur Hungerneid aus. Die Zustände im Lager und das Verhalten mancher Insassen führten auch zu Desillusionierungen. Den nach wie vor zugkräftigen Maßstab der Volksgemeinschaftsideologie sah Doering im Lager durch das Benehmen ihrer einstigen Verfechter und Profiteure desavouiert. Aber er rückte nicht von ihr ab, sondern nutzte sie weiterhin als Maßstab. Das Desillusionierende lag vielmehr im Verhalten der einstigen NS-Elite, zu der er sich selbst nicht zählte.

Bei den politischen Leitern und anderen führenden Nationalsozialisten beobachtete er ein würdeloses Verhalten und letztlich Verrat an den ungebrochen positiv bewerteten Idealen. Aus Verbitterung darüber schrieb er zugespitzt: »Es gibt hier im Lager zwei Kategorien von Menschen: Das eine sind die (sehr seltenen) anständigen Leute, das andere sind die – politischen Leiter. Sie sind in der erdrückenden Mehrheit.«[66] Die Kluft zwischen Anspruch und Wirklichkeit muss auf Doering sehr tief gewirkt haben – beinahe wie ein Schock. Wenige Wochen nach seiner Verhaftung widmete er dem Verhalten seiner Mithäftlinge, besonders der politischen Leiter, ein langes Gedicht mit dem programmatischen Titel »Helden – Menschen – Lumpen. Hersbrucker Epigramme«. Würdeloses Verhalten, Anbiedern bei den Amerikanern, Opportunismus,

64 Vgl. Horn, Internierungs- und Arbeitslager, S. 205, 218, 233 f. u. 238 ff.; Wember, Umerziehung, S. 182 ff.; Schick, Internierungslager, S. 306 ff.; Kogon/Römhild, Internierungslager, S. 27 ff.

65 Doering, Mensch, Bl. 822 (Eintrag vom 9.3.1946).

66 Ebenda, Bl. 823 (Eintrag vom 9.3.1946).

Egoismus – all das sah Doering in vollster Blüte und machte in den Epigrammen seiner tiefen Verachtung und seinem Hass Luft:

»II. Gibt's denn das auch?! – Da lungern die stolzen politischen Leiter,
Die doch noch gestern so hoch über dem Feind sich gedünkt,
Heut' als Gefangne am Tor bei dem amerikanischen Posten,
Schnorren, ob er nicht vielleicht wegwirft den Zigarrenrest! – [...]
XI. Gibt's denn das auch?! – Noch gestern priesen sie laut und belehrend
Volksgemeinschaft als Ziel und Kameradschaft sie an: –
Hier sind Fünftausend zur Probe; doch hassen sie einer den andern;
Wären die Posten nicht da, schlügen um nichts sie sich tot! [...]
XVIII. Gibt's denn das auch?! All diese politischen Muster, die bisher
Stolz vor dem staunenden Volk Hüter gespielt der Moral:
Hier bestehlen sie sich, dass die Elstern vor Neide erblassen,
Kleidung, Wäsche und Brot, – nichts ist hier sicher im Camp!
XIX. Gibt's denn das auch?! Verächtlich redeten sie von des Feindes
Sprache noch gestern voll Hohn, lehnten zu lernen sie ab:
Heute besuchen sie alle voll Eifer die englischen Kurse,
Mindestens dreie zugleich! – Stolz war der Deutsche von je!«[67]

Kritik und Desillusionierung waren allerdings enge Grenzen gesteckt, drangen sie doch nie zum Kern vor. Sie funktionierten immer nach dem Muster »Wir und die anderen«, mehr noch nach dem Schema »*Ich* und die anderen«. Das eigene Verhalten blieb von jeglicher Kritik stets abgeschottet. Wahre Blüten trieb die Doppelmoral, das Messen mit zweierlei Maß, in Doerings Vorwürfen einer Wendehals-Mentalität:

»I. Gibt's denn das auch?! – Sie waren doch gestern noch eifrige Nazi,
Drängten nach Würden und Amt, nützten erschlichene Macht: –
Heute war's keiner aus sich, denn sie wurden einst alle ›gezwungen‹,
Alle ›gewaltsam gepresst–.‹ – Alle –? Wer zwang sie denn dann?! [...]
VIII. Gibt's denn das auch?! – Noch gestern schwuren sie blindlings auf Hitler,
Glaubten fanatisch an ihn: – Alles, was er tat, war recht! –
Nun sich das Blättchen gewendet, nun wissen sie alle ›seit Jahren‹,

67 Doering, Helden – Menschen – Lumpen. Hersbrucker Epigramme. 29.6.-3.7.1945.

Dass er rein gar nichts verstand, ja, dass er selbst nichts getaugt!«[68]

All das, was Doering für sich reklamierte, ließ er für die meisten anderen nicht gelten. Seinen Mitgefangenen ließ er nichts durchgehen, die meisten verachtete er zutiefst wegen ihres Verhaltens im Lager und ihrer, in seinen Augen, verlogenen Haltung: »Ich kann kaum beschreiben, wie mir vor diesem Parteibonzen-Gesindel ekelt! [...] Diese Zwangsgesellschaft u. die Tatsache dass man nicht eine Minute den ganzen Tag über allein für sich sein kann, ist das Schlimmste an dem ganzen Lager.«[69]

Doch so kritisch er sich auch gegen viele Mithäftlinge zeigte, ließ er am Ende keinen Zweifel daran, dass in erster Linie den Alliierten sein Hass galt:

»XXVII. Freudig begrüssten wir euch als Befreier von quälendem Terror!
Heute, da ihr euch gezeigt, gilt euch nur lodernder Hass«[70]

Was er wenige Verse zuvor als billige Ausrede gebrandmarkt hat, scheint in den letzten Zeilen wieder als pauschale Entschuldigung auf: »Wir« hatten unter »quälendem Terror« zu leiden, von dem man befreit werden musste. Mehr noch: Die Hauptschuld lastete seiner Meinung nach nicht auf Partei und SS, sondern auf den Alliierten. Diese hätten durch den Versailler Vertrag Deutschland in so tiefe Not getrieben, dass daraus zwangsläufig Radikalismus hervorgehen musste. Den gleichen Fehler begingen sie laut Doering nun wieder, nur dass diesmal der Bolschewismus siegen werde.[71]

Die vermutlich folgenreichste Erfahrung der unmittelbaren Nachkriegsjahre war der totale soziale Absturz, den die meisten als schmerzliche Demütigung empfanden. Nun waren die einstigen Besatzer all der Annehmlichkeiten ihres früheren Amtes beraubt, litten zeitweise unter Hunger, verwahrlosten und hatten zunächst keine Perspektive, dass sich ihre Lage in absehbarer Zeit spürbar bessern würde. Wie ein roter Faden zieht sich die daraus resultierende Verzweiflung durch Doerings Aufzeichnungen. Sieben Monate nach seiner Verhaftung schrieb er: »Ich hätte nie geglaubt, so leben zu können: alles, aber auch restlos alles im Leben verloren zu haben, ohne jede Hoffnung je wieder hochkommen zu

68 Ebenda. Ähnlich: Doering, Mensch, Bl. 249 f. (Eintrag vom 24.11.1945), 697 f. (15.2.1946).
69 Doering, Mensch, Bl. 699 f. (Eintrag vom 15.2.1946).
70 Doering, Helden – Menschen – Lumpen. Hersbrucker Epigramme.
71 Doering, Mensch, Bl. 697 f. (Eintrag vom 15.2.1946).

können, ja, mit der Gewissheit, es nicht zu können, schon weil ich zu alt bin, und doch leben zu können! Nicht Selbstmord zu begehen!«[72] Aus diesen Erfahrungen scheinen, ohne dass es sich in den Quellen niederschlägt, die meisten langfristig die Konsequenz gezogen zu haben, sich zumindest nach außen den neuen Verhältnissen anzupassen und sich – von Ausnahmen abgesehen – von der Politik fernzuhalten. Nie wieder wollten sie so tief fallen.

Gegenwartskritik

Gleichwohl beobachteten sie die aktuelle politische Entwicklung aufmerksam und kommentierten sie ausführlich in ihren Tagebüchern. Vor allem der Politik der Alliierten sowie dem Verhalten der deutschen Bevölkerung galt ihre Kritik, vermeintliche »Nestbeschmutzung« sowie die Säuberungsmaßnahmen und Widersprüche alliierter Politik standen im Mittelpunkt. Die Formen der Auseinandersetzung mit Schuld und Verantwortung für die NS-Verbrechen, sei es institutionalisiert im Rahmen der Entnazifizierung oder im privaten und öffentlichen Bereich, lehnten Asbach und Doering rundweg ab. Die Politik der Alliierten galt ihnen als verlogen, die Alliierten selbst verurteilten sie als verachtenswert und kulturlos. Umso schlimmer erschien es ihnen, dass sich, aus ihrer Sicht, viele Deutsche bei den neuen Herren anbiederten.

Doering hatte im Internierungslager Gelegenheit, regelmäßig amerikanische Zeitschriften zu lesen, und nahm eine »Analyse« der Reklame vor, da sich in ihr »Seele u. Kulturzustand des betreffenden Volkes«[73] zeige. Dabei stellte er fest, dass ausschließlich Konsumgüter beworben würden, Bücher und anderes aber gar nicht vorkämen: »Alles, was irgendwie nach Kultur aussieht, fehlt in all diesen Zeitschriften völlig u. restlos. Es sind eben die grossen Kulturbringer!« Eine Erklärung für diesen »Befund« hatte er bereits früher mit Hilfe seines rassistischen und biologistischen Weltbildes gefunden: Große Kulturleistungen könnten, so Doering, nur im Schoße des eigenen Volkes geboren werden. Sobald man dieses verlasse, höre es damit auf. Amerika als Einwanderungsland fehlte in Doerings Sicht ein »geschlossene[s] Volksganze[s]«, »ein Volk im biologischen Sinne« gebe es dort nicht: »Es gibt nur ein politisches Staatsgefühl […]. Politik, und erfülle sie auch noch so intensiv alle Geis-

72 Doering, Mensch, Bl. 398 (Eintrag vom 6.12.1945). Ähnlich auch: Asbach, Landarbeiter, Bl. 6 (Eintrag vom 23.8.1945) u. Bl. 9 (24.8.1945).

73 Doering, Mensch, Bl. 560 (Eintrag vom 2.1.1946). Das folgende Zitat ebenda, Bl. 561.

ter, ist kein Ersatz für Blut u. wird nie bewirken, was allein das Blut vermag.«[74] Von diesen Amerikanern nun beherrscht zu werden, ihnen auf Gedeih und Verderb ausgeliefert zu sein, das erschien als Schmach.

Dieses Gefühl wurde dadurch noch stärker, dass die Alliierten vielen Internierten als verlogen galten und ihre Politik den wirklichen Erfordernissen und Gefahren der Gegenwart gegenüber blind sei:

> »Gibt's denn das auch?! – Sie verkünden uns Freiheit, verlangen gar Freundschaft, –
> Dann aber sperr'n sie uns ein, trennen von Weib uns und Kind,
> Hindern auch jeden Verkehr mit den Lieben und lassen uns hungern,
> Reissen uns aus dem Beruf — : Freundschaft?! – Ja, – Stalin, der lacht!«[75]

Die belanglosesten Dinge stünden im Vordergrund, während die Gefahr aus »dem Osten«, eine »Bolschewisierung Europas«[76], immer größer werde. Der aufkommende Kalte Krieg wurde aufmerksam registriert, und es wurde, wie bereits gegen Kriegsende, enttäuscht zur Kenntnis genommen, dass auch jetzt der als dringend notwendig angesehene gemeinsame Kampf gegen den Bolschewismus ausbleiben sollte: »Sie [die Alliierten] vergnügen sich an den Qualen der Internierten u. dem nationalen Selbstmord der Entnazifizierung, statt gegen die drohende Gefahr zusammenzustehen. Sie züchten Hass u. Bürgerkrieg u. innere Zerfallenheit in einer Zeit, wo der letzte Mann an die Gewehre gehören würde.«[77]

Noch schärfer in der Kritik standen die Vergangenheitspolitik der Alliierten und die Positionierung der Deutschen dazu, war man doch selbst unmittelbar davon betroffen. Jede Kritik am Nationalsozialismus oder gar Schuldeingeständnisse erschienen Doering und Asbach als Nestbeschmutzung, würde- oder ehrloses Verhalten und Anbiederung an die Alliierten: »Ich vermag keine Zeitung zu lesen, keinen Rundfunk zu hören: Es ekelt mich zu sehr, sehen und hören zu müssen, wie Deutsche sich drängen, ihr eigenes Nest u. ihr eigenes Volk u. ihre eigenen Mitbürger zu besudeln, dem Feind möglichst schön u. liebdienerisch zu

74 Ebenda, Bl. 246 (Eintrag vom 22.11.1945). Die vorhergehenden Zitate ebenda, Bl. 245f.

75 Doering, Helden – Menschen – Lumpen. Hersbrucker Epigramme.

76 Doering, Mensch, Bl. 642 (Eintrag vom 22.1.1946).

77 Ebenda, Bl. 1199 (Eintrag vom 15.9.1946). Zu den Hoffnungen auf eine »Auseinandersetzung« mit der Sowjetunion: Asbach, Landarbeiter, Bl. 7 (Eintrag vom 23.8.1945).

begegnen.«[78] Doering beschimpfte die Deutschen als ein Volk von »servilen Lumpen u. speichelleckerischen Bedienstetenseelen«, die besinnungslos den gerade Mächtigen folgten.

Erklärungen deutscher Politiker sowie von Kirchenvertretern zur Frage von Schuld und Verantwortung registrierten beide aufmerksam und kommentierten sie ablehnend. Das sogenannte Stuttgarter Schuldbekenntnis der evangelischen Kirche vom Oktober 1945 wies Asbach brüsk zurück. Durch die »charakterlose Schuldanerkenntnis« werde den Alliierten ein neuer Vorwand geboten, in dessen Folge Millionen Menschen neue Leiden auf sich nehmen müssten.[79] Schon vorher hielt er etliche Äußerungen von Kirchenvertretern oder von deutschen Politikern zur Schuldfrage fest und stellte dem einen angeblich von den Alliierten »bewußt betriebenen Hungerfeldzug gegen das deutsche Volk«[80] entgegen, zu dem all diese Leute schweigen würden. Verbittert notierte er: »[D]ie Selbstzerfleischung und Selbstanklage wird zum System erhoben. [...] Statt daß sie [die Kirchen] das Gewissen der Welt, soweit es ein solches noch gibt, aufrütteln, kriechen sie in Selbstzerknirschung auf dem Boden herum.« Dass sich die Kirchen zu den wichtigsten vergangenheitspolitischen Fürsprechern für die Internierten, für die Kriegsverbrecher und für andere ehemalige Nationalsozialisten entwickeln sollten, sahen weder Asbach noch Doering.[81]

Zu einer wahren Hassorgie steigerte sich die kirchenfeindliche Haltung Doerings, nachdem via Lautsprecher eine Predigt von Kardinal Michael von Faulhaber im Lager übertragen worden war. Der Kardinal erinnerte unter anderem an die kirchenfeindlichen Anwandlungen des Nationalsozialismus und sagte weiter: »Dann kamen die Zeiten, wo die Armbinden mit dem Hakenkreuz zu Haufen in den Kehrrichtwagen lagen. Die Mühlen Gottes mahlen und die Weltgeschichte wird zum Weltgericht. Es gibt also tatsächlich ein unheimliches Nachwirken der Sünden eines Geschlechts in die nächstfolgenden Geschlechter hinein.«[82] Doering erging sich daraufhin in wüsten Beleidigungen des Kardinals,

78 Doering, Mensch, Bl. 393 (Eintrag vom 4.12.1945). Das folgende Zitat ebenda, Bl. 536 (29.12.1945).

79 Asbach, Landarbeiter, Bl. 44 (Eintrag vom 2.11.1945). Zitat ebenda.

80 Ebenda, Bl. 29 (Eintrag vom 6.10.1945). Das folgende Zitat ebenda.

81 Zur Rolle der Kirchen vgl. zum Beispiel Frei, Vergangenheitspolitik, S. 137 ff.

82 Schlusswort Kardinal Faulhabers zum 1200-Jahr-Jubiläum Tegernsee, 24.9.1946, S. 3, Erzbischöfliches Archiv München, NL Faulhaber, Nr. 4227.

den er als »bösartigen Greis« und »Heuchler« beschimpfte.[83] Schließlich gipfelt sein Tagebucheintrag in einer antisemitisch grundierten Hasstirade mit den bereits eingespielten Selbstidealisierungen: »Wenn aber heute Hunderttausende eingekerkert werden, weil sie ihr Volk über alles geliebt u. selbstlos dafür bis zum Letzten gearbeitet haben u. den Krieg nur durch den Verrat gerade jener Kreise verloren, die jetzt an der Macht sind und sich als ›bessere Menschen‹ u. als ›Richter‹ aufzuspielen wagen, und zu denen auch jener Kardinal gehört u. zwar in vorderster Linie der Totengräber und Verräter seines Volkes, – wenn Millionen und Abermillionen um alles gebracht sind, im Elend verrecken, wenn man den Nazis alles nimmt, sie bestiehlt u. plündert[,] sie aus der kleinsten Wohnung jagt, ihnen selbst das letzte Bett wegreisst, ihnen jeden Beruf unmöglich macht, ihren Kindern Schulbesuch u. Studium verbietet, kurz wenn sich der ganze bestialische, satanische Hass des Judentums austobt, – dann ist das alles Gott wohlgefällig. Dann ist das nur gerecht u. ganz in Ordnung! Und das Ganze nennt sich Christentum! Nein, das ist Gotteslästerung, der richtige Name dafür ist: Katholische Kirche!« Mit Verachtung strafte Doering daher auch all jene Mitgefangenen, die sich nun wieder der Religion und den Kirchen zuwandten. Diese hatten in den Internierungslagern zeitweise Hochkonjunktur.[84]

Im Gegensatz zu Doering erging sich Asbach nicht in hasserfüllten Pauschalurteilen über *die* Deutschen, sondern sog jede Äußerung seiner Mitbürger, in der Ablehnung der Alliierten und der Vergangenheitspolitik durchschimmerte, zufrieden auf. Gleichwohl sparte er nicht mit Kritik und strafte gegenteilige Meinungen und Erscheinungen mit Verachtung.[85] Zufrieden registrierte er Anfang November 1945, dass sich die Stimmung im Lande gewandelt habe und vermehrt antikommunistische und antidemokratische Graffiti zu sehen seien: »Man hat den Eindruck, daß die Nazis eher noch zunehmen, denn abgenommen haben.« Asbach hörte mit an, wie ein Pastor die Verbrechen entschuldigte, indem er feststellte, es sei halt Krieg gewesen und da habe es Kriegsverbrechen auf al-

83 Zitate: Doering, Mensch, Bl. 1206f. (Eintrag vom 24.9.1946). Das folgende Zitat ebenda, Bl. 1207ff.

84 Ebenda, Bl. 888ff. (Eintrag vom 4.5.1946). Vgl. dazu auch Wember, Umerziehung, S. 208ff.

85 So zum Beispiel Erich Kästners Gedicht »Die andere Möglichkeit«, das mit den Versen endet »Wenn wir den Krieg gewonnen hätten – / zum Glück gewannen wir ihn nicht!«, Kästner, Bei Durchsicht meiner Bücher, München 1989, S. 113. Dazu Asbachs Kritik: Asbach, Landarbeiter, Bl. 11 (Eintrag vom 13.9.1945).

len Seiten gegeben. Und, so der Pastor, die Friedensverbrechen seien dagegen tausendfach schlimmer.[86]

Uneingeschränkt negativ war die Wahrnehmung des Nürnberger Prozesses gegen die Hauptkriegsverbrecher. Doering verurteilte es als Akt der Barbarei, die Besiegten einzusperren, zu verurteilen und hinzurichten.[87] Der vorwurfsvolle Topos »Siegerjustiz« durchzog auch Asbachs Kritik. Überdies sah er eine lenkende Regie am Werke, denn pünktlich nach Ende des Bergen-Belsen-Prozesses beginne nun der Nürnberger Prozess, so dass das Volk unablässig mit Prozessberichten »gefüttert« werde. Fern jeden Unrechtsbewusstseins spricht er konsequent von »angeblichen Verbrechen« und »angeblichen Straftaten«.[88] Den somit in Frage gestellten und zumindest abstrakt bleibenden deutschen Verbrechen stellte er die sehr konkreten »Verbrechen« der Alliierten gegenüber, zum Beispiel »den millionenfachen Tod an deutschen Frauen und Kindern durch Terrorangriff«. Mit derart simplen Aufrechnungsstrategien diffamierte er das Verfahren als Willkürjustiz und blockte jede selbstkritische Auseinandersetzung mit den NS-Verbrechen ab. Asbach und Doering vertraten damit 1945/46 eine Minderheitenposition, auch wenn Asbach mit einer Art Privatempirie zu dem Ergebnis kam, dass der Prozess nur noch Ablehnung auslöse. Amerikanischen Umfragen zufolge bewerteten im Herbst 1946 78 Prozent der Befragten den Prozess als fair; nur vier bis sechs Prozent waren gegenteiliger Auffassung, nicht wenige davon saßen in den Internierungslagern der Alliierten ein.[89]

Schon unmittelbar nach Kriegsende war Doerings und Asbachs Erinnerung höchst selektiv: Wenn sie deutsche Verbrechen überhaupt thematisierten, dann entpersonalisierten sie diese, spielten sie herunter und hielten sie durch Abstraktion fern. Auch beschränkten sie die Täterschaft auf eine klar abgegrenzte kleine, anonym bleibende Gruppe, die sie dämonisierten und von der sie sich dadurch positiv abhoben. Das ging einher mit der Betonung einer eigenen Opferrolle, sei es persönlich durch Verlust von Angehörigen und Besitz, sei es gesamtgesellschaftlich, wobei der Luftkrieg und seine Folgen, Flucht und Vertreibung sowie die schlechte Versorgungslage nach Kriegsende im Vordergrund standen. Sie knüpften an bereits während der Besatzungszeit wirksame Selbstkons-

86 Asbach, Landarbeiter, Bl. 42 (Eintrag vom 1.11.1945). Zitat ebenda.

87 Doering, Mensch, Bl. 907 f. (Eintrag vom 16.5.1946).

88 Asbach, Landarbeiter, Bl. 52 f. (Eintrag vom 23.11.1945). Zitate ebenda., Bl. 53. Das folgende Zitat ebenda, Bl. 40 (20.10.1945).

89 Asbach, Landarbeiter, Bl. 39 (Eintrag vom 20.10.1945); Wember, Umerziehung, S. 187. Umfrageergebnisse nach: Weinke, Nürnberger Prozesse, S. 99.

truktionen an, die nun, alles überlagernd absolut gesetzt, positives Leitmotiv ihrer Lebenserzählung wurde.

Propaganda aus dem Untergrund

Nicht alle ehemaligen Kreishauptleute entsagten der Politik und taten ihre Meinung nur intern kund. Als besonders schillernde Figur sollte sich in der Nachkriegszeit Joachim Nehring erweisen, vor Kriegsende Kreishauptmann in Kamionka Strumiłowa im Distrikt Galizien. Noch als Kreishauptmann hatte Nehring sich auf das nahende Kriegsende vorbereitet und sich selbst Papiere auf den Namen Ernst Heyn ausgestellt, dabei den Geburtsnamen seiner Frau nutzend. Nach Kriegsende war er in Österreich in einem Kriegsgefangenenlager inhaftiert. Er floh, bei dem Versuch, die Grenze zu queren, wurde er aufgegriffen und verhaftet. Im Gefängnis hielt er der Befragung nicht lange Stand und offenbarte seine wirkliche Identität, »verlegte« seinen Parteibeitritt allerdings von 1932 auf Frühjahr 1933.[90] Nehring wurde in ein Kärntner Internierungslager gebracht und von dort im Dezember 1947 nach Sandbostel überführt. Nach einer Vernehmung in Stade floh er aus dem Spruchgericht und tauchte unter. Ab Anfang 1949 lebte er unter falschem Namen in München. Am 19. Dezember 1949 stellte er sich schließlich dem Spruchgericht Bielefeld, das das Verfahren schon wegen Geringfügigkeit eingestellt hatte, weil Nehring seit Kriegsbeginn dauernd beim Heer gewesen sei, ohne noch Kontakt zur SS gehabt zu haben.[91]

Zu dem Zeitpunkt wusste noch niemand, dass Nehring seit Monaten aus der Illegalität heraus als Herausgeber und Autor der hektographierten Schrift *Der Scheinwerfer* politische Propaganda betrieben hatte. Meldungen und Gerüchte über den *Scheinwerfer* und die dahinterstehenden Personen geisterten immer wieder durch die Presse. Nur einen Tag bevor Nehring sich dem Spruchgericht stellte, brachte die *Münchner Allgemeine* in großer Aufmachung auf der Titelseite einen Bericht über den *Scheinwerfer* und erging sich in Spekulationen über dessen Hintermänner und Geldgeber. Die dahinterstehende Organisation, so die *Münchner Allgemeine*, sei in diversen Großstädten Westdeutschlands vertreten. Finan-

90 Vorläufiger Vernehmungsbericht (Übersetzung), 6.8.1945, BAK, Z 42 IV/3909, Bl. 7.

91 Der Öffentliche Kläger bei dem Spruchgericht Bielefeld, Vernehmung von Joachim Nehring, 19.12.1949, BAK, Z IV/3909, Bl. 39; Verfügung des Öffentlichen Klägers beim Spruchgericht Bielefeld, 9.4.1949, ebenda, Bl. 32; Vernehmungsprotokoll, 15.3.1950, StArch München, SpKa 1236, Bl. 7 v.

ziert werde die Herausgabe des Untergrundblattes »aus russischen Quellen«, »durch einen Ausländer, der den Ostblockstaaten angehört«. Schließlich wartete der Artikel noch mit der Nachricht auf, dass Kontakte nach Österreich zu den Machern des gleichartigen Organs *Die Spinne* aufgenommen worden seien und eine Zusammenarbeit angestrebt werde.[92] Die Behörden in Nordrhein-Westfalen hatten auch ein Auge auf den Kreis um den *Scheinwerfer*, tappten allerdings im Dunkeln und ergingen sich lediglich in Spekulationen, indem sie Kontakte der »Katakombe Scheinwerfer«, in der sie eine feste Organisation sahen, zu anderen Organisationen wie der Bruderschaft des ehemaligen Hamburger Gauleiters Karl Kaufmann vermuteten. Tatsächliche Anhaltspunkte oder gar Beweise gab es aber keine. Wie fest und wie groß die »Organisation« um den *Scheinwerfer* tatsächlich war und wer ihr zuzuordnen ist, bleibt im Dunkeln.[93]

Vermutlich auch durch die Presseberichte motiviert, suchte Nehring bald schon die Öffentlichkeit. Anfang März 1950 schaffte er es auf die Titelseite vom *Echo der Woche*, ohne aber seine Identität preiszugeben. Stolz meldete das Blatt, es habe die Jagd der Presse nach der großen Enthüllungsgeschichte über die angebliche Untergrundorganisation »Katakombe Scheinwerfer« gewonnen. Nehring hatte dem *Echo der Woche* bei einem konspirativen Treffen ein exklusives Interview gegeben. Er wandte sich zuallererst gegen die Veröffentlichungen der letzten Zeit, besonders gegen die *Münchner Allgemeine*, und dementierte einige der Sensationsmeldungen: Eine fest organisierte Gruppe existiere nicht, finanziert werde der *Scheinwerfer* durch Spenden von Freunden und Lesern, keinesfalls aus »dem Osten«. Stolz bezifferte Nehring die Auflage auf 2000 Exemplare, zu denen noch selbstständige Nachdrucke in Höhe von 3000 bis 4000 kämen, so dass der Leserkreis bei 20 geschätzten Lesern pro Exemplar sage und schreibe 40000 bis 50000 Personen stark sei.[94]

Nach dieser wohl übertriebenen Selbstdarstellung kam das Gespräch auf die politische Ausrichtung Nehrings. Er bestritt neonazistische Be-

92 Wieder »Scheinwerfer« in München, Braunhemden als Sowjetagenten?, in: Münchner Allgemeine 2 (1949), Nr. 51, 18.12.1949, S. 1. Zitate ebenda.

93 Vgl. Extremismus-Berichte des Innenministeriums NRW an den Landtag oder Landesbehörden 1950, S. 26f., http://www.im.nrw.de/sch/doks/vs/ib1950.pdf [29.12.2003]. So auch Tauber, Eagle, Bd. 1, S. 122 u. 200 sowie Bd. 2, S. 1081f. Im Gegensatz zum Extremismus-Bericht werden die Kontakte zur Bruderschaft u.a. bei Tauber als Tatsache hingestellt, ohne dass er einen Beleg anführt.

94 Vgl. Echo der Woche 4 (1950), Nr. 134, 3.3.1950, S. 1f. Das folgende Zitat ebenda, S. 2.

strebungen, betonte aber, eine pauschale Verurteilung des NS-Regimes abzulehnen. Man solle aus dessen Fehlern lernen, ohne das Positive zu verleugnen. Die Überwindung des Klassenkampfes und die Methoden bei der Bekämpfung der Arbeitslosigkeit könne man als positives Erbe annehmen. Sein Ziel sei eine kontrollierte autoritäre Staatsführung mit einer »organische[n] Auslese«, »die von unten herauf zum Aufbau einer neuen Führungsschicht beiträgt«. Keine zwei Wochen später gab er in einem langen Brief an das *Echo der Woche* seine richtige Identität preis und gab diesem erneut ein ausführliches Interview, diesmal über seine eigene Vergangenheit. Beides erschien erneut als großer Aufmacher auf der Titelseite. Anschließend stellte er sich der Polizei.[95]

Nehring selbst führte in seinem Brief eine Reihe von Gründen für sein Heraustreten aus der Illegalität an. Trotz des Risikos habe er der Tatsache Rechnung tragen wollen, dass »jeder, der eine Sache vertritt, den Mut haben muß, dafür auch mit seiner Person einzutreten«. Zu Zeiten von Lizenzpresse und Entnazifizierung habe keine andere Möglichkeit bestanden, die eigenen Auffassungen zu verbreiten, als aus dem Untergrund heraus. Nun sei, nach der Veröffentlichung im *Echo der Woche*, wenigstens der Versuch einer Diskussion unternommen worden, so dass er auch selbst für seinen Standpunkt eintreten wolle und vor allem auch übertriebener Berichterstattung etwas entgegensetzen wolle. Schließlich stilisierte er sich zum selbstlos Handelnden, dem es auch um den Schutz anderer gehe: Er wolle die Atmosphäre »entgiften« und alle diejenigen, die direkt oder indirekt mit dem *Scheinwerfer* zu tun hätten, »vor politischer Verfolgung bewahren«.

Die Presse spekulierte über die wirklichen Gründe für Nehrings Schritt an die Öffentlichkeit und vermutete in erster Linie Geldmangel als Triebfeder.[96] Ob das eine Rolle gespielt hat, lässt sich heute nicht mehr nachvollziehen. Aus Nehrings Äußerungen spricht vor allem ein ausgeprägter Geltungsdrang; dafür brauchte es aber eine breite Öffentlichkeit, in der Illegalität ließ er sich schwerlich befriedigen. Im offenen Brief an das *Echo der Woche* pflegte Nehring schon vorsorglich das Selbstbild von einem Märtyrer für die gute Sache: Da er in München polizeilich gemeldet sei, stehe es den Behörden nun frei, gegen ihn vorzugehen, wenn sie, entgegen seiner Auffassung, bei ihm strafbare Handlungen vermuteten. »In diesem Falle würde ich mit dem beruhigenden Gefühl ins Gefängnis

95 Vgl. Echo der Woche 4 (1950), Nr. 136, 17.3.1950, S. 1f. Zum Folgenden ebenda. Zitate S. 2.

96 Vgl. Die Abendzeitung 3 (1950), Nr. 63, 16.3.1950, S. 1.

gehen, daß es notwendig ist, für die Freiheit einer unabhängigen Meinung im derzeitigen demokratischen Deutschland *Opfer zu bringen, und in der absoluten Gewißheit, daß Opfer niemals umsonst gebracht werden.*«[97] Sein Märtyrertum aber konnte Nehring nur im Lichte der Öffentlichkeit zelebrieren und sich nutzbar machten. Welcher Art aber war die hehre Sache, der Nehring sich als Märtyrer hingeben wollte?

Im *Scheinwerfer* gab es im Wesentlichen drei Schauplätze, auf denen Nehring seinen Kampf ausfocht: scharfe Kritik an den Alliierten und der entstehenden Bundesrepublik, im Kontrast dazu die eigenen Zukunftsvorstellungen und schließlich das rückwärtsgewandte Reinwaschen vermeintlich positiver Elemente des Nationalsozialismus einhergehend mit einer Art Geschichtspolitik in eigener Sache. Geradezu prototypisch für Letztgenanntes ist ein großer Artikel Nehrings zum Tode von Otto Wächter, ehemals Gouverneur des Distrikts Galizien und damit Nehrings damaliger unmittelbarer Vorgesetzter. Ihm stellte er den ehemaligen Gauleiter Ostpreußens und Reichskommissar Ostland, Erich Koch, gegenüber, der kurz zuvor in Hamburg verhaftet worden war. Wächter hatte nach 1945 mit Hilfe des notorischen Fluchthelfers Bischof Alois Hudal unter falschem Namen in Rom gelebt, wo er am 10. September 1949 starb.[98]

Nehring verurteilte Koch und »seine feige Flucht aus seinem ostpreußischen Gau« scharf und warf ihm vor, sich angeblich als Belastungszeuge im Prozess gegen den ehemaligen Feldmarschall Erich von Manstein angeboten zu haben. Damit habe Koch »jeden Anspruch auf Korpsgeist verscherzt«; Wächter jedoch strahlte im Vergleich dazu in hellstem Licht und konnte noch nach seinem Tode von diesem »Korpsgeist« profitieren. Beide, Koch und Wächter, zeigten Nehring zufolge »das zwiespältige Gesicht einer revolutionären Epoche« und forderten »zu einer vergleichenden Geschichtsforschung« heraus. Wer aber berufen war, diese Geschichtsforschung zu betreiben, stand für Nehring unmissverständlich fest: »Wir, die wir die Idee, der wir uns als Idealisten verschworen haben, nicht feige verleugnen, weil das Schicksal gegen uns entschied, sind zugleich die einzigen, die das Recht und die Pflicht haben, unerbittlich zu untersuchen, was gut und was schlecht in unserer jüngsten Vergangen-

97 Echo der Woche 4 (1950), Nr. 136, 17.3.1950, S. 2. (Hervorhebung im Original).

98 Gouverneur Dr. Wächter zum Gedächtnis. Rückblick auf ein tragisches Kapitel deutscher Geschichte, in: Der Scheinwerfer Nr. 38 (1949), S. 7ff., StArch München, SpKa 1236, o.P. Koch wurde im Mai 1949 von britischer Militärpolizei verhaftet und im Februar 1950 an Polen ausgeliefert, wo er 1986 in Haft starb. Vgl. Klee, Personenlexikon, S. 322f. u. 648; Meindl, Gauleiter, S. 466ff.

heit war, und daraus die Lehren für die Zukunft zu ziehen.«[99] Mit anderen Worten: Die bis dato hartnäckig an ihren Idealen festhaltenden Nationalsozialisten sollten über sich selbst und den Nationalsozialismus zu Gericht sitzen, mit dem erklärten Ziel, das vermeintlich Gute für die Zukunft zu bewahren.

Welchem Zweck diese »unerbittliche« Geschichtsforschung à la Nehring wirklich diente, blieb dem damaligen Leser in Bezug auf die Person Nehrings jedoch unklar. Gouverneur Wächter war nach Nehrings Lesart bei der vermeintlichen Wahrung der Interessen von Polen und Ukrainern (die jüdische Bevölkerung lässt Nehring wohlweislich unerwähnt) kein Einzelkämpfer, sondern primus inter pares: Gemeinsam mit führenden Männern aus der Verwaltung habe Wächter trotz der Querschüsse von Koch und anderen viel »für das deutsche Ansehen und zur Ausgestaltung freundschaftlicher Beziehungen zum ukrainischen Volke geleistet«. Damit war Nehring bei sich selbst angekommen und hob, verborgen im Nekrolog auf Wächter, zum Loblied auf die eigene Vergangenheit an: Die Leistung Wächters und seiner Mitstreiter »bildet ein Ehrenblatt in der Geschichte der so viel geschmähten deutschen Verwaltung besetzter Gebiete«.

Einmal bei sich selbst angekommen, kannte Nehrings Hymne auf die Verwaltung des Distrikts Galizien kein Halten mehr. Galizien muss, folgt man Nehrings Darstellung, eine Insel der Glückseligkeit und Harmonie inmitten des Krieges gewesen sein, wo »trotz kriegsbedingter Härten Gesetz und Recht« herrschten und viel für Gewerbe und Landwirtschaft unternommen wurde; Hochschulen und Gymnasien hätten die Ukrainer erstmals durch die Deutschen bekommen. Wichtige Maßnahmen wurden, so Nehring, nur nach Beratung mit der einheimischen Bevölkerung verfügt. So verwundert es auch kaum, dass sich der Gouverneur und seine Mitstreiter »gelegentlichen Übergriffen *anderer Stellen*« entgegenstemmten und das von ihnen geschaffene harmonische Miteinander so gut sie konnten verteidigten.

Neben der Volksgemeinschaftsideologie erweist sich auch der Antisemitismus als ein zentrales und wirkungsmächtiges Element der nationalsozialistischen Ideologie. Die Vollstrecker der antisemitischen Verfolgungs- und Mordpolitik im Generalgouvernement, ob als bloße Exekutoren, ob vorpreschend, erfindungsreich und initiativ, konnten

99 Gouverneur Dr. Wächter zum Gedächtnis, in: Der Scheinwerfer Nr. 38 (1949), S. 7. Zitate ebenda. Die folgende Darstellung nach ebenda, S. 7 ff. Zitate ebenda. (Hervorhebung vom Verf.).

sich davon kaum oder nur langsam lösen. Allerdings erkannten sie nach 1945 schnell das absolute Tabu und unterließen daher jede offen antisemitische Äußerung. Im Gegensatz zu manchen hielt Nehring sich mit mehr oder minder öffentlichen Äußerungen zwar nicht zurück, legte dabei bisweilen allerdings Vorsicht an den Tag, indem er Antisemitismus notdürftig in Ironie kleidete und damit zu verbergen suchte.[100]

Der Paravent solcher Vorsicht war nicht immer undurchsichtig. In einem langen Artikel entgegnete Nehring Antisemitismus-Vorwürfen. Dabei bediente er sich des alten antisemitischen Musters, dem zufolge die Juden selbst verantwortlich für den Antisemitismus und ihre Ermordung seien. Der Tabuisierung des Antisemitismus trug er insofern Rechnung, als er seine Ausführungen mit einer hohlen Distanzierung garnierte: »Niemand in unseren Reihen wird auch nur ein Wort der Rechtfertigung für das System von Auschwitz finden«.[101] Was hier wie eine unmissverständliche Distanzierung daherkommt, negierte Nehring im Folgenden kaum verhüllt, wenn er zunächst, gespickt mit einem Zitat aus Hitlers »Mein Kampf«, die Schuld dem antisemitischen Feindbild schlechthin, den sogenannten Ostjuden, zuwies: »aber auch der Weg nach Auschwitz begann in den Jahren nach 1918, als das östliche Ghetto als ›Ferment der Dekomposition‹ nach Deutschland eindrang.« Auf tatsächliche Verwerfungen zwischen deutschen Juden und Ostjuden rekurrierend suggerierte er nun einen gemeinsamen Abwehrkampf von assimilierten deutschen Juden und deutschen Nichtjuden gegen die »Invasion« aus »dem Osten«.

Die Trennung in »gute« und »böse« Juden trieb Nehring auf die Spitze und entlarvte sich dabei selbst: »Dass der entfesselte apokalyptische Sturm, für den nicht wir alleinverantwortlich sind, *auch* diese Juden [die deutschen, national gesinnten Juden] in den Untergang mitriss, empfinden auch wir als eines der tragischsten Kapitel der grossen Tragödie, die wir miterlebten.« Also war nach seiner Auffassung die Mehrheit der Opfer zu Recht ermordet worden. Das Töten erwähnte er aber auch hier mit keinem Wort, vielmehr kleidete er die Ermordung der Juden in die exkulpierenden Metaphern eines Naturereignisses. Nicht Menschen waren am Werke, sondern ein »apokalyptische[r] Sturm«, nicht getötet, sondern »in den Untergang gerissen« wurden die Juden; ein unausweichlicher, unaufhaltbarer Vorgang, doppelt »tragisch«: »eines der *tragischsten* Kapitel der grossen *Tragödie*«. An diese Apologie des Holocaust knüpfte

100 Samuel statt Siegfried, in: Der Scheinwerfer Nr. 40 (1949), S. 10.

101 Jetzt erst recht, in: ebenda, Nr. 43 (1950), S. 5. Die folgenden Zitate ebenda. (Hervorhebungen vom Verf.).

Nehring weiter an. Die Konsequenz, die gezogen werden sollte, bestand für ihn darin, »böse« Juden im neuen Deutschland aus einflussreichen Positionen zu entfernen. An vorderster Stelle stand für ihn ausgerechnet ein Fürsprecher für die Opfer des Nationalsozialismus, nämlich Philipp Auerbach, Staatskommissar für rassisch, religiös und politisch Verfolgte in Bayern, den Nehring als »ungekrönten König« von Bayern und »gefährlichsten Vorkämpfer eines neuen Antisemitismus« diffamierte.

Mit der gleichen Energie, mit der Nehring sich verdeckt reinwusch, sich gegen eine Verurteilung des Nationalsozialismus wehrte und antisemitische Stereotype verbreitete, wandte er sich auch gegen die Entnazifizierung und, ebenso wie Asbach und Doering, gegen eine vermeintliche Anbiederung an die Alliierten und die neuen Verhältnisse sowie gegen diese neuen Verhältnisse und die entstehende Bundesrepublik selbst. Der *Scheinwerfer* war allerdings nicht nur ein Organ rückwärtsgewandten Reinwaschens, sondern auch Medium für die Verbreitung der Staats- und Gesellschaftsvorstellungen von Nehring und seinen Mitstreitern und sollte, bis deren Stunde gekommen sei, der »Erhaltung der geistigen Substanz« und der »Herstellung einer Verbindung unter den Trägern dieser Substanz« dienen.[102] Worin allerdings die Zukunftspläne bestanden, blieb oft hinter blumigen Formulierungen verborgen. So gehe es um »das Streben nach Sachlichkeit anstelle doktrinärer Verbohrtheit, nach charakterlicher Sauberkeit anstelle der Korrumpierung durch das Lizenzsystem, nach einer wahrhaft europäischen Konzeption anstelle westlicher oder östlicher Kolonialsysteme«[103].

Die sich in Deutschland bietenden Alternativen Demokratie oder Kommunismus lehnte Nehring ab; an ihre Stelle müssten neue Ideen treten. Diese nebulös bleibenden Ideen sollten ihm zufolge geboren werden aus den vermeintlich positiven Erfahrungen und Elementen des Nationalsozialismus in Kombination mit den Erfahrungen aus »dem Erleben der Gegenwart«. Konkreter wollte oder konnte er nicht sein, aber eines stand fest: Staat und Gesellschaft sollten autoritär verfasst sein, kontrolliert »durch ein organisches System leistungsmässiger Auslese«. Das zu erläutern blieb einem langen Artikel in einer späteren Ausgabe des *Scheinwerfers* vorbehalten. Nehring sah sich an der Schwelle einer neuen welthistorischen Epoche. Liberalismus und Marxismus seien am Ende: »Damit erhebt sich vor uns, die wir ungebrochen durch die Apokalypse

102 Die illegitime Verfassung, in: Der Scheinwerfer Nr. 34 (1949), S. 1. Zitate ebenda.

103 Konstruktive Politik, in: Der Scheinwerfer Nr. 37 (1949), S. 2. Die folgenden Zitate ebenda, S. 5.

einer sterbenden Welt geschritten sind, eine Verantwortung, der wir uns nicht entziehen können: Durch die Kraft einer neuen Idee das Chaos, das Nichts zu überwinden.«[104]

Die Demokratie sah Nehring als Etikettenschwindel, da nicht das Volk herrsche, sondern sich im Würgegriff der Parteien befände, die immer nur Partikularinteressen verträten. In einem solchen System sei keine Auslese möglich. Nicht die Masse aller Wähler solle »eine Scheinherrschaft ausüben«, sondern eine »neue Führungsschicht«, eine »Auslese der Besten, Tüchtigsten, Charaktervollsten aus der Masse«. Das solle ein »organisch wachsender Aufbau« von unten nach oben sein: Die Bürger eines bestimmten Bezirkes sollten einen Bürgermeister oder Bezirksvorsteher wählen, die wiederum im nächsten Schritt für ein größeres Gebiet einen Vertreter wählten, bis schließlich nach einem derartigen »stufenartigen Ausleseprozess« ein Reichstag gebildet worden sei, in dem die Besten aus dem Volk vertreten seien. Ergänzt werde dieser durch eine berufsständische Kammer, in der Vertreter verschiedener Bereiche wie Wissenschaft, Wirtschaft oder Kultur aufgrund ihres Amtes oder qua Ernennung durch das Staatsoberhaupt vertreten seien. Vorreiter dieses Ausleseprozesses sei, so Nehring nebulös, »Der Bund«, in dem Menschen mit »geistigen und charakterlichen Führungsqualitäten« versammelt seien. Hier solle bereits die künftige Auslese durchgeführt werden.[105] Mit anderen Worten: Nehring und seine Mitstreiter sahen sich an der Spitze der »neuen Ordnung« in Deutschland. Wie sie sich selbst sahen, dokumentiert die »Bergsteigerlegende«, die einige Ausgaben zuvor publiziert worden war:

Einst war, so die Legende, eine Gruppe mutiger Männer aufgebrochen, um einen hohen Gipfel des Landes zu erklimmen. An der Schneegrenze angekommen, sahen sie den wirklich ernsten Kampf erst auf sich zukommen. Sie sammelten sich und verbanden sich mit einem Seil und strebten weiter nach oben. Den Gipfel schon vor Augen löste sich aber eine Lawine und riss alle mit sich, manche starben, manche befreiten sich aus dem Seil und »schwammen« an der Oberfläche der Lawine mit. Nach dem Stillstand der Lawine bot sich ihnen ein Bild der Verwüstung, doch machten sie sich sofort an die Rettung ihrer Kameraden. Manche zogen sich danach in die Stille zurück, um ihre Gedanken zu ordnen, andere gingen ins Tal, da sie, wie sie nun sagten, immer schon gegen die Bergbe-

104 Das Prinzip der Auslese. Überwindung der Demokratie durch gesellschaftliche und politische Neuordnung. – Erkenntnisse auf Grundlagen einer geistigen Revolution, in: Der Scheinwerfer Nr. 41 (1949), S. 2.

105 Vgl. ebenda, S. 6ff. Zitate ebenda, S. 6.

steigung gewesen seien. Aber die meisten »machten sich *wieder* auf den Weg, dem Gipfel entgegen, freilich langsamer als das erste Mal«[106] und auf verschiedenen Wegen: »Und da sind sie alle jetzt noch unterwegs. Aber an der Grenze des ewigen Schnees, vor dem letzten steilen Anstieg, da werden sie sich *wieder* treffen und auf einander warten, und da werden sie auch *wieder* das Seil um sich schlingen – denn das ist ganz geblieben und einer trägt es im Rucksack mit sich und wird es *wieder* hervorholen für seine Kameraden, wenn es an der Zeit ist.«

Die bemühte Metapher konstruiert Nehring als selbstlosen Idealisten, der, gemeinsam mit vielen anderen, Höheres anstrebt, kurz vor dem Ziel aber von einem gewaltigen Naturereignis zurückgeworfen wird, für das weder er noch die anderen verantwortlich sind. Eisern hält er am Ziel fest, trägt die Idee, die unversehrt geblieben ist, in sich und macht sich erneut unter widrigen Umständen auf den Weg, um sich, wenn der richtige Zeitpunkt gekommen ist, mit den Kameraden zu treffen und erneut den Gipfel zu erklimmen. Idee und Ziel sind die gleichen geblieben, sie werden nicht hinterfragt. Lediglich einige der einstigen Weggefährten hat der Mut verlassen, und sie haben sich opportunistisch angepasst und die einstigen Ideale verleugnet.

106 Bergsteigerlegende, in: Der Scheinwerfer Nr. 36 (1949), S. 10. Das folgende Zitat ebenda. (Hervorhebungen vom Verf.).

V. Politische Abrechnung nach 1945

1. Entnazifizierung

In den ersten Nachkriegsjahren mussten nahezu alle ehemaligen Kreis- und Stadthauptleute die Mühlen der Entnazifizierung durchlaufen. Diese glimpflich zu überstehen war oft Voraussetzung für die Fortsetzung bzw. den Neubeginn einer Karriere. Daher hatten viele von ihnen schon früh ihr Hauptaugenmerk darauf gerichtet, sich eine günstige Ausgangsposition zu verschaffen, indem sie Kontakt zu ehemaligen Kollegen aus dem Generalgouvernement suchten. Einmal gefunden, konnte sich so ein informelles Netzwerk bilden; gegenseitig bescheinigten sich die ehemaligen Besatzer eine anständige Haltung, Bemühungen um Besserungen für die einheimische Bevölkerung, zum Teil stellten sie ihr Verhalten auch als Widerstand dar. Hatte erst einmal einer von ihnen das Verfahren erfolgreich durchlaufen, konnte er als offiziell Entlasteter in den anderen Verfahren umso wirkungsvoller zugunsten der Kollegen auftreten. Das ist aber nur die eine – letztlich formale – Seite der Entnazifizierung der Kreishauptleute, die, wie noch zu zeigen ist, eine Geschichte des Scheiterns ist. Eine andere Frage ist jedoch, wie der Säuberungsprozess auf die Betroffenen gewirkt hat und welche, mitunter erst langfristig wirksamen Konsequenzen sie daraus zogen.

Die in den westlichen Besatzungszonen anfangs unterschiedlichen Praktiken glichen sich mehr und mehr einander an. Bis Ende 1947 ging die Durchführung der Entnazifizierung, immer noch unter alliierter Oberaufsicht, schrittweise auf deutsche Behörden über. Vereinfacht dargestellt ergab sich folgender Ablauf: Nach Ausfüllen eines umfangreichen Fragebogens folgte eine Verhandlung vor einer Spruchkammer bzw. einem Entnazifizierungsausschuss. Dort konnten die Betroffenen Schuldvorwürfe entkräften oder widerlegen. Am Ende stand die Einstufung in eine von fünf Kategorien: Hauptschuldiger, Belasteter, Minderbelasteter, Mitläufer und Entlasteter. In Berufungsverhandlungen sowie in Gnadenverfahren konnten die Fälle einer erneuten Überprüfung unterzogen werden.[1] Die Einzelfallprüfung lief wegen des enormen Aufwands der ursprünglichen Absicht einer raschen Durchführung der Ent-

1 Vgl. Vollnhals, Entnazifizierung, S. 7 ff. Grundlegend: Niethammer, Entnazifizierung, vor allem S. 335 ff. u. 538 ff.; Schuster, Entnazifizierung, S. 300 ff.; Hesse,

nazifizierung zuwider. Mit zunehmender Dauer des Verfahrens verloren die Alliierten das Interesse daran und übten aus innen- und außenpolitischen Gründen schließlich Druck auf die deutschen Ministerien aus, die Entnazifizierung zu einem schnellen Abschluss zu bringen. Auch in der deutschen Bevölkerung und in den Parteien machte sich bald Unzufriedenheit breit. Da die potentiell schwerwiegenden Fälle zunächst zurückgestellt worden waren, profitierten nun ausgerechnet sie von der veränderten Interessenkonstellation und gingen verhältnismäßig milde aus. Nicht zuletzt deswegen geriet die gesamte Entnazifizierungspraxis in Verruf.[2] Abgesehen von der veränderten politischen Situation stieß die Entnazifizierung in der Alltagsarbeit der Spruchkammern und Entnazifizierungsausschüsse an ihre Grenzen, da diese nur selten die vielfältigen sozialen Bindungen und Verpflichtungen durchbrechen konnten, die viel dazu beitrugen, aus dem Verfahren die vielgescholtene »Mitläuferfabrik« (Niethammer) zu machen.[3]

Der Fall Nehring

Im Oktober 1950, als für fast alle Deutschen das Kapitel Entnazifizierung längst abgeschlossen war, begann sie für Joachim Nehring erst. Nachdem er aus der Illegalität herausgetreten war und sich ersten Verhören der Münchner Polizei unterzogen hatte, begann in München sein Spruchkammerverfahren, begleitet von relativ ausführlicher Presseberichterstattung. Im Unterschied zu den anderen ehemaligen Kreishauptleuten und auch den allermeisten Deutschen wurde nicht nur Nehrings Vergangenheit als Kreishauptmann verhandelt, sondern auch sein Verhalten nach Kriegsende, was nicht unwesentlich zu dem vergleichsweise harten Urteil beitrug. Er konnte nicht, wie viele andere zuvor, im Kielwasser des Kalten Krieges als Entlasteter oder Mitläufer durchs Netz schlüpfen, die Spruchkammer stufte ihn als Belasteten ein. Anders als sonst in der Endphase der Entnazifizierung ließ die Kammer bei der Festlegung der Strafe kaum Milde walten: Sie verurteilte Nehring zu vier Jahren Haft in einem Arbeitslager, von der bis dahin verbüßten Internierungszeit sollte lediglich ein Jahr angerechnet werden. 25 Prozent seines Vermögens sollten zu-

Konstruktionen, S. 240 ff.; Henke, Säuberung, passim; Grohnert, Entnazifizierung; Möhler, Entnazifizierung.

2 Vgl. Vollnhals, Entnazifizierung, S. 21 ff.; Niethammer, Entnazifizierung, S. 483 ff.; Schuster, Entnazifizierung, S. 112 ff.

3 Vgl. Henke, Trennung, S. 55 f. Exemplarisch für Ansbach und Fürth: Woller, Gesellschaft, S. 95 ff.

gunsten der Wiedergutmachung eingezogen werden, darüber hinaus legte ihm die Kammer für 15 Jahre umfangreiche Berufsbeschränkungen auf, die eine Arbeit in Presse und Rundfunk, als Schriftsteller, als Lehrer sowie in führenden Positionen, insbesondere öffentlichen Ämtern, ausschlossen. Durch das Urteil war ihm jede politische Tätigkeit untersagt, das aktive und passive Wahlrecht entzogen. Obendrein verlor Nehring sämtliche Pensions- oder Rentenansprüche.[4] Damit konnte er nun die Rolle als Märtyrer ausfüllen, die er bereits im März 1950 vorsorglich für sich reklamiert hatte.

Nicht nur wegen der Härte des Urteils weist Nehrings Spruchkammerverfahren einige Besonderheiten auf: Außergewöhnlich ausführlich widmete sich die Kammer auch seiner Vergangenheit als Kreishauptmann sowie seiner Karriere vor 1939. Ebenso eingehend stand sein Verhalten nach der Kapitulation auf dem Prüfstand. Und schließlich legte Nehring eine uneinsichtige Haltung an den Tag und hielt, ohne Rücksicht auf prozesstaktische Abwägungen, an seinen politischen Auffassungen fest. Gerade hierin unterschied er sich von allen anderen ehemaligen Kreishauptleuten, die – zumindest nach außen – mehr Anpassungsbereitschaft an den Tag legten.

Gleichwohl, und darin war er sich mit den anderen einig, vertrat Nehring das Bild von der sauberen, um Hilfe bemühten Verwaltung, das nicht allein der Verteidigungsstrategie geschuldet war, sondern zu einem festen Bestandteil der Selbstkonstruktion vieler ehemaliger Kreishauptleute geworden war, an die sie wohl mehr oder weniger selbst glaubten. Den Vorwürfen der Anklage, die sich auf das Diensttagebuch Franks und andere Nürnberger Dokumente stützte, konnte Nehring einen Trumpf entgegenhalten: Er beantragte die Ladung von Franz Josef Schöningh.

Schöningh war ein Entlastungszeuge, wie er besser kaum zu finden war. Als erster Lizenzträger und Herausgeber der *Süddeutschen Zeitung* konnte er qua Amt mit einer von höchsten alliierten Stellen attestierten Unbedenklichkeit auftreten. Im Verfahren gegen Nehring erfüllte Schöningh die an ihn gestellten Erwartungen voll: Er betonte, dass es zwischen Verwaltung und SS sehr starke Spannungen gegeben habe, beide voneinander strikt getrennt gewesen seien und jeglicher Terror einzig

4 Spruch der Hauptkammer München gegen Joachim Nehring, 30.10.1950, StArch München, SpKa 1236, o.P. Als Beispiele für die Presseberichterstattung vgl. Nehring bejaht Hitlers Rassenpolitik, Süddeutsche Zeitung, 19.10.1950; Nehrings Tätigkeit in Polen, ebenda, 30.10.1950; Neofaschismus vor der Spruchkammer, Frankenpost, 21.10.1950.

und allein der SS zuzuschreiben sei. Schöningh hob sogar noch, um der ihm zugedachten Rolle zu genügen, zusätzlich hervor, dass die Verwaltung des Distrikts Galizien im Vergleich zu den anderen Distrikten besonders sauber gewesen sei. Kein Kreishauptmann, so Schöninghs fadenscheiniges Argument, stand wegen seiner Arbeit im Distrikt Galizien nach 1945 auf einer polnischen Verbrecherliste.[5] Polen hatte wohl einige Auslieferungsanträge gestellt oder die Kreishauptleute auf Kriegsverbrecherlisten gesetzt, allerdings wegen Verbrechen, die sie vor oder nach ihrer Tätigkeit im Distrikt Galizien begangen haben. Für zwei von ihnen, für Gerhard Hager und für seinen ehemaligen Vorgesetzten Mogens von Harbou, hatte Schöningh sich zudem eingesetzt, indem er ihnen, auf Briefpapier der *Süddeutschen Zeitung*, entsprechende entlastende Bescheinigungen ausstellte.[6]

Mit dieser Aussage beteiligte sich Schöningh, vor allem aus eigennützigen Motiven, an der Behinderung einer wirksamen Aufklärung der Tätigkeit der Kreishauptleute im Rahmen ihrer Entnazifizierung. Mehr als ein Jahr vor seinem Auftritt im Verfahren gegen Nehring hatte er sich noch als Kritiker der Entnazifizierung hervorgetan: Während eines Amerikabesuchs gab er der *Washington Post* ein Interview, in dem er die fehlgeschlagene Entnazifizierung beklagte und die Schuld vor allem bei den Alliierten suchte. In erster Linie warf er ihnen vor, wirksame Aufklärung über den Nationalsozialismus durch den vermeintlichen Kollektivschuldvorwurf verhindert zu haben. Notwendig sei es, deutsche Persönlichkeiten für eine Aufklärung zu gewinnen und viele verständliche und erschwingliche Bücher, Broschüren und Filme unters Volk zu bringen.[7] Schöningh forderte also eine kritische Aufklärung, die er in Teilen in den Entnazifizierungsverfahren, wenn er selbst direkt oder indirekt betroffen war, selbst zu verhindern suchte. Außer einem Zeugen wie Schöningh,

5 Protokoll der öffentlichen Sitzung am 11. Oktober 1950, S. 14 f. StArch München, SpKa 1236. In der Berichterstattung der *Süddeutschen Zeitung* blieb der Auftritt ihres Herausgebers unerwähnt.

6 Auslieferungsanträge lagen vor bei von Harbou, Losacker, Hager und Asbach. Vgl. IPN, PMW-BZW 131, Bl. 26, 46 u. 330; IPN, PMW-BZW 585, Bl. 22; IPN, Delegat Polski do UNWCC 76, Bl. 5 f.; IPN, GKBZH w Polsce 957, Bl. 12 u. 18; The Central Registry of War Criminals and Security Suspects, Final Consolidated Wanted List, Part 1: A-L, Germans Only, June 1948, S. 131 u. 135; Bestätigung Schöninghs für Gerhard Hager, 13.11.1945, HStA Düsseldorf, NW 1023-06612, o.P.; Bestätigung Schöninghs für Mogens von Harbou, 12.10.1945; Eidesstattliche Erklärung Schöninghs, 16.3.1946, beide in Privatbesitz.

7 Vgl. Münchner Journalist sagt Tatsachen, in: Süddeutsche Zeitung, 21.7.1949, S. 5.

den die Kammer letztlich auch als selbst Betroffenen hätte einstufen können, waren vor allem die ukrainischen Zeugen, mit denen der bekanntermaßen ukrainophile Nehring aufwarten konnte, sehr wichtig für seine Entlastung.[8]

Nehring selbst räumte ein, dass er im Sinne eines deutschen Sieges die Leistungsfähigkeit des Generalgouvernements nutzbar machen wollte, allerdings, wie er betonte, »auf einer korrekten und menschlichen Grundlage«.[9] Entscheidend sei für ihn der Kampf gegen den Bolschewismus und für eine europäische Einigung unter deutscher Hegemonie gewesen, Gedanken, die er auch im *Scheinwerfer* nachhaltig propagiert hatte. Soweit er sich nicht gravierend selbst belastete, berichtete er mit verhältnismäßig großer Offenheit von der Arbeit als Kreishauptmann, mehr zumindest als es viele seiner Kollegen zeitlebens vermochten: Er bestritt nicht den Einsatz des Sonderdienstes bei der Einziehung der Kontingente sowie dessen Beteiligung an Polizeiaktionen gemeinsam mit der Gendarmerie. Auch habe er Bauern, die ihrer Ablieferungspflicht nicht oder nur ungenügend nachgekommen seien, Strafen auferlegt, so etwa Geldstrafen, die Beschlagnahme von Vermögen oder auch Haftstrafen. In Bezug auf die Rekrutierung von Arbeitskräften für das Reich gab Nehring – zum Teil durchaus zutreffend – zu Protokoll, dass sich anfangs viele aus der Bevölkerung freiwillig gemeldet hätten, die gestiegenen Anforderungen aus dem Reich schließlich aber ohne Zwang nicht mehr zu erfüllen gewesen seien. Außerdem negierte er keineswegs, dass die Gendarmerie dem Kreishauptmann unterstellt war, was in den späteren Ermittlungen gegen die Kreishauptleute ein neuralgischer Punkt war und von ihnen in der Regel rundweg bestritten wurde.

So erstaunlich Nehrings Redseligkeit zunächst auch ist, wies sie doch zentrale blinde Flecken auf. Bei dem für ihn bedrohlichsten Thema, der Verfolgung und Ermordung der Juden, stritt er seine Beteiligung ab. Mehr noch: Nehring reklamierte für sich, den Juden, wo er nur konnte, geholfen zu haben, indem er Handwerker für die Kreishauptmannschaft verpflichtet habe, vor allem um sie vor der Deportation zu bewahren. Dass einige jüdische Handwerker, wie fast überall im Generalgouvernement, von den Deportationen zunächst verschont blieben, ist unstrittig, dagegen ist die von Nehring postulierte Rettungsabsicht mehr als fraglich. Am Ende seiner Aussage ließ Nehring keinen Zweifel daran, »dass

8 Protokoll der öffentlichen Sitzung am 10. Oktober 1950, S. 6 f., StArch München, SpKa 1236.

9 Protokoll der öffentlichen Sitzung am 11. Oktober 1950, S. 11, StArch München, SpKa 1236. Zum Folgenden ebenda, S. 11 ff. Zitat S. 18.

ich noch heute stolz darauf bin, dass ich mich seinerzeit für das Amt des Kreishauptmanns zur Verfügung gestellt habe. Hinsichtlich der Durchführung meines Amtes fühle ich mich in keiner Beziehung schuldig und nach keiner Richtung hin in meinem Gewissen belastet.«

Schließlich wandte sich die Kammer Nehrings politischen Aktivitäten nach 1945 zu und konzentrierte sich auf den *Scheinwerfer*, für den Nehring die volle Verantwortung übernahm. Ein Teil seiner Verteidigungsstrategie basierte darauf, auf anerkannte Kritiker des Parlamentarismus zu verweisen und Antisemitismus in Abrede zu stellen. Bei der Rechtfertigung seiner Beurteilung des Nationalsozialismus führte er ausländische »Kronzeugen« an, die seine Sicht angeblich teilten – bis heute ein Dauerbrenner in der rechtsradikalen Szene. Auch in den anderen Punkten blieb Nehring seinem Standpunkt treu und wich nicht von seinen Veröffentlichungen im *Scheinwerfer* ab.[10]

Die Kammer sah seine Einreihung in die Kategorie der Belasteten als gerechtfertigt an, da sie die Position des Kreishauptmanns, zu Recht, als eine führende Stellung wertete und er im *Scheinwerfer* NS-Gedankengut propagiert habe. Sie sah in Nehring einen überzeugten Nationalsozialisten, der für sich schlechterdings nicht das Recht auf politischen Irrtum in Anspruch nehmen könne, zumal er seiner Überzeugung, nach eigenen Aussagen, immer treu geblieben sei. Bei der Würdigung seiner Arbeit in Polen stützte sich die Kammer vor allem auf Franks Diensttagebuch sowie andere Nürnberger Dokumente, die sie eingehend zu Rate gezogen hatte. Durch diese Gründlichkeit unterschied sie sich wesentlich von anderen Spruchkammern. Auf Grundlage dieser umfassenden Beweiserhebung kam die Kammer zu dem Schluss, dass Nehrings angebliche Unkenntnis von Verbrechen gegen Polen und Juden während seiner Arbeit in Krakau unglaubwürdig sei. Sodann kam sie zu der für Verfahren gegen ehemalige Kreishauptleute einmaligen Feststellung: »Es ist keine Rechtfertigung, wenn der Betroffene heute einen scharfen Trennungsstrich zwischen der Zivilverwaltung des Generalgouvernements und dem Wirken der selbständigen SS- und Gestapostellen im Generalgouvernement ziehen will, um die Erstere zu entlasten und alle schändlichen Handlungen in den Bereich der SS zu verweisen.« Um keinen Zweifel offenzulassen fügte sie hinzu: »Mag die SS noch so entsetzliche Schuld auf sich geladen haben: das kann die Zivilverwaltung nur relativ entlasten. Gemessen an allen Masstäben [sic] der Menschlichkeit und des

10 Protokoll der öffentlichen Sitzung am 18. Oktober 1950, S. 21ff., StArch München, SpKa 1236.

Rechts ist diese Zivilverwaltung ebenfalls mit schwerster Schuld belastet.«[11] Mit dieser Einschätzung stand die Kammer alleine da, und es sollten Jahre vergehen, bis Teile der bundesdeutschen Justiz zu einem ähnlichen Urteil kamen.

Entscheidend für den Spruch war die Bewertung der Position eines Kreishauptmanns, da laut Befreiungsgesetz diejenigen Hauptschuldige seien, die in den Verwaltungen der besetzten Gebiete eine führende Stellung gehabt hätten. Auch hier war die Kammer ihrer Zeit weit voraus: Sie sah bei den Kreishauptleuten »ausserordentliche Weisungsbefugnisse und Zuständigkeiten zentralisiert« und hob die »fast absoluten Machtvollkommenheiten« eines Kreishauptmanns hervor. Daher wies sie auch den Vergleich zum Landrat als irreführend zurück, da dieser noch nicht einmal den Bruchteil der Zuständigkeiten eines Kreishauptmanns gehabt habe und überdies erheblich kleinere Kreise zu verwalten hatte.[12] Die Hauptkammer München kam damit zu Erkenntnissen und Wertungen, die denen in der Gesellschaft beinahe diametral entgegenstanden und die in dieser klarsichtigen Einschätzung erst in den sechziger und siebziger Jahren am Ende jahrelanger Ermittlungen Geltung finden sollten.

Das Verfahren hob sich in einem weiteren Punkt deutlich von anderen ab: Die Aussagen der Entlastungszeugen wurden einer kritischen Beurteilung unterzogen. Offensichtlich wurden die geladenen Zeugen auch überprüft. Bereits am ersten Verhandlungstag lehnte der Vorsitzende der Kammer die Vernehmung des Zeugen Heinz Georg Neumann ab, der zunächst Landkommissar in Limanowa und schließlich Leiter der Präsidialkanzlei beim Gouverneur des Distrikts Galizien gewesen war. Neumann hatte diese Tätigkeiten 1946 in seinem Fragebogen unterschlagen und so die Einstufung als Mitläufer erreicht.[13] Den anderen Zeugen widmete sich die Kammer in der Urteilsbegründung. Die entlastenden Aussagen des ehemaligen Chefs der Pressestelle in der Krakauer Regierung, Emil Gassner, wies sie zum Beispiel als »ein Entlastungsversuch in eigener Sache« zurück. Auch Schöninghs Aussage ging die Kammer nicht

11 Hauptkammer München, Spruch, Begründung, 30.10.1950, S. 1ff., StArch München, SpKa 1236. Zitate ebenda, S. 5.

12 Ebenda, S. 10f. Zitate ebenda.

13 Protokoll der öffentlichen Sitzung am 10. Oktober 1950, S. 10, StArch München, SpKa 1236.

auf den Leim.[14] Die Bewertungen hatten auch vor der Berufungskammer Bestand, die lediglich das Strafmaß etwas herabsetzte.[15]

Der Fall Doering

Eine kleine Gruppe hatte nach dem Krieg in ihren Entnazifizierungsverfahren massive Schwierigkeiten. Diese gründeten nicht auf ihrer Tätigkeit als Kreishauptmann, sondern auf ihren Positionen davor oder danach. Die Probleme, auf die sie trafen, traten unter Umständen umso krasser zutage, wenn sie sich nach dem Krieg an ihren alten Wirkungsstätten niederließen oder in deren Nähe interniert waren und dort ihre Verfahren durchgeführt wurden. Anders als für ihre Tätigkeit in Polen konnten hier Belastungszeugen ausfindig gemacht werden, die zum Teil noch eine Rechnung mit ihnen offen hatten. Exemplarisch für diese kleine Gruppe ehemaliger Kreishauptleute ist Heinz Doering.[16]

Sein Verfahren zog sich relativ lange hin. Im Dezember 1946 hatte er den Fragebogen zu seiner politischen Vergangenheit ausgefüllt. In den darauffolgenden Monaten bemühte er sich um eidesstattliche Versicherungen, während die Spruchkammer umfangreiche Ermittlungen anstellte. Sie zog an Doerings früheren Wirkungsstätten in Bayern Erkundigungen bei den Behörden und Parteien ein, wandte sich über die Presse hilfesuchend an die Bevölkerung und sichtete zahlreiche Dokumente. Die Anschuldigungen gegen Doering konzentrierten sich auf den Vorwurf, die Verhaftung mehrerer politischer Gegner des Nationalsozialismus veranlasst, sich propagandistisch für die NS-Diktatur engagiert und ausgesprochen kirchenfeindlich verhalten zu haben.[17]

Im November 1947 reichte der öffentliche Kläger die Klageschrift ein; er beantragte, Doering in die Gruppe der Hauptschuldigen einzureihen, da er »ein fanatischer und brutaler Nazi« sei, der »viel Unheil unter der Bevölkerung veranlasst« habe.[18] Es verging wiederum ein halbes Jahr, bis der Fall vor der Spruchkammer zur Verhandlung kam. In der öffent-

14 Hauptkammer München, Spruch, Begründung, 30.10.1950, S. 6, 8 u. 11, StArch München, SpKa 1236. Zitat S. 6.

15 Spruch der Berufungskammer München, 26.2.1951, StArch München, SpKa 1236.

16 Zu dieser Gruppe zählen außer Doering noch Erich von Bergen, Josef Krämer und Fritz Schwitzgebel.

17 Dazu viele einschlägige Unterlagen in Doerings Spruchkammerakte, StArch München, SpKA 297.

18 Der öffentliche Kläger der Spruchkammer des Lagers Regensburg, Klageschrift, 26.11.1947, ebenda, Bl. 151.

lichen Sitzung am 15. Juni 1948 traten gleichermaßen Be- und Entlastungszeugen auf. Bei der Entscheidung folgte die Spruchkammer den Belastungszeugen sowie den Dokumenten, die beigezogen worden waren: Sie stufte Doering als Hauptschuldigen ein. Damit gingen empfindliche Strafen einher: Vier Jahre Arbeitslager, von denen aufgrund der Internierung etwas über drei Jahre als bereits verbüßt galten, Einzug seines Vermögens bis auf 500 DM als Wiedergutmachungsleistung, Verlust der Renten- und Pensionsansprüche, das Verbot, ein öffentliches Amt zu bekleiden sowie Notar oder Rechtsanwalt zu werden, der Verlust des passiven und aktiven Wahlrechts und schließlich das Verbot, Mitglied einer Partei zu werden und sich politisch aktiv zu engagieren; auf zehn Jahre durfte er nicht mehr als gewöhnliche Arbeit verrichten.[19]

Mit dieser Entscheidung stand Doering, damals 54 Jahre alt, vor dem Bankrott. Zwar wurde er bereits Anfang September 1948 aus der Internierung entlassen, aber es bestand kaum Aussicht, seine Lage in absehbarer Zukunft entscheidend zu verbessern. Mit dieser Einstufung und den auferlegten Beschränkungen waren ihm fast alle Wege, ein Auskommen für sich und seine Familie zu finden, verbaut. Doering ging in die Berufung und erreichte die Einreihung in die Gruppe der Belasteten. Ansprüche auf Renten- oder Pensionszahlungen brachte ihm das allerdings nicht ein. Erst auf dem Gnadenweg wurde ihm mit Rücksicht auf seine familiäre Lage ein Teil der Pension zugesprochen.[20]

Der Fall Losacker

In manchen Fällen zeitigte die Entnazifizierung geradezu groteske Ergebnisse. Die Spruchkammern oder Entnazifizierungsausschüsse begnügten sich nicht mit der bloßen formalen Entlastung der Betroffenen, sondern bescheinigten ihnen ohne belastbare Grundlage obendrein, Widerstand gegen den Nationalsozialismus geleistet zu haben. Mit diesem amtlichen Leumundszeugnis wurden sie zu wertvollen Entlastungszeugen in anderen Verfahren gegen ihre einstigen Kollegen. Außerdem stand damit einer raschen und verheißungsvollen neuen Karriere kaum etwas im Wege.

19 Die Spruchkammer des Internierungslagers Regensburg, Spruch, 27.7.1948, ebenda, Bl. 234.

20 Berufungskammer München, I. Senat, Spruch, 31.5.1950, ebenda, o.P.; Der Minister für politische Befreiung in Bayern an das Bayerische Staatsministerium des Innern, 10.7.1951, HStA Bayern, MInn 83391, Bl. 13; Telefonische Auskunft der Familie, 25.2.2004.

Exemplarisch dafür steht der Fall von Ludwig Losacker, der im Generalgouvernement einen steilen Aufstieg vom Kreishauptmann bis hin zum Gouverneur des Distrikts Krakau und Präsidenten der Hauptabteilung Innere Verwaltung geschafft hatte, bis es 1943 zum jähen Absturz kam. Losacker war 1943 einer der Exponenten einer »neuen« Polenpolitik im Generalgouvernement und plädierte aus taktischen Gründen für eine Kursänderung. Daraus ergaben sich Konflikte mit Himmler, etwa wegen dessen Siedlungspolitik in der Region von Zamość oder im Zuge einer geplanten Neugliederung des Generalgouvernements. Zu Fall kam Losacker schließlich aber, als er sich für einen polnischen Arzt verwandte, der wegen einer Abtreibung zum Tode verurteilt worden war. Daraufhin wurde Losacker von Himmler unter Abberufung von sämtlichen Ämtern zur Waffen-SS eingezogen, um »zunächst Gelegenheit zur Frontbewährung« zu haben.[21]

Losacker wurde nach Kriegsende vom amerikanischen Counter Intelligence Corps (CIC) verhaftet und in Kornwestheim, später in Dachau interniert. Seine Lage schien nun brenzlig zu werden, stand er doch auf der Kriegsverbrecherliste der von Polen gesuchten Personen. Zudem hatte Polen für ihn einen Auslieferungsantrag wegen des Verdachts der Beteiligung an Massenmord und anderen Verbrechen gestellt.[22] Polens Interesse an ihm als einem wichtigen Mitglied der deutschen Besatzungsverwaltung hatte aus seiner Sicht durchaus eine lebensbedrohliche Qualität, musste er doch mit der Möglichkeit rechnen, in Polen zum Tode verurteilt zu werden. Um dem zu entgehen, zog Losacker alle Register: Er bediente sich der Lüge, der Täuschung, einer Heerschar von Entlastungszeugen und bekleidete sich mit dem Nimbus eines Widerstandskämpfers.

Exemplarisch dafür sind zwei selbstverfasste lange Elaborate über seinen Berufsweg: Eines vom Juni 1946, mit dessen Hilfe er beim CIC seine Entlassung aus der Internierung erreichen wollte. Eine weitere Selbstdarstellung verfasste Losacker Mitte Juni 1947 in Dachau aus Anlass einer bevorstehenden Vernehmung durch Offiziere der polnischen Militärmission. Mit Hilfe der nun schon umfangreicher gewordenen Verteidigungsschrift wollte er eine drohende Auslieferung verhindern. In beiden Texten konstruierte er von sich das Bild eines aufrechten, stets um Hilfe bemühten Beamten, der nicht davor zurückschreckte, Widerstand zu

21 Schreiben von Staatssekretär Stuckart, RMI, an Staatssekretär Bühler (Entwurf), 4.10.1943, Sonderarchiv Moskau, Fond 720k/5, delo 5852, Bl. 127. Zitat ebenda.

22 IPN, PMW-BZW 585, Bl. 22 u. 51; ebenda, PMW-BZW 131, Bl. 46; ebenda, GKBZHwP 957, Bl. 18.

leisten und sich damit selbst in Lebensgefahr zu bringen, sei es im Generalgouvernement oder anderswo. An dieser Selbstkonstruktion hielt er zeitlebens fest.

War nach seiner Selbstdarstellung bereits der berufliche Werdegang in den dreißiger Jahren geprägt von Widerstand und Konflikten mit der Partei, sollte er in Polen den Schritt vom inneren Bruch mit dem Regime zum offenen Widerstand machen. Nach Studium und Vorbereitungsdienst trat er in die badische Verwaltung ein und wurde Stellvertreter des Polizeidirektors von Baden-Baden. Dort sei er gegen Korruption und Amtsmissbrauch vorgegangen und habe deswegen schwere Konflikte mit dem badischen Innenminister gehabt. Später sei sogar, so Losacker, aus Baden ein Parteigerichtsverfahren gegen ihn angestrengt worden, da er eine Wahl oder Volksabstimmung 1935/36 als Fälschung oder Betrug bezeichnet habe. Das Verfahren sei aber vom Reichsinnenministerium niedergeschlagen worden.[23] Weder in seiner Personalakte des Innenministeriums noch in den Parteiunterlagen findet sich ein Hinweis auf Losackers Version.

Im Januar 1936 wechselte Losacker ins Reichsinnenministerium, wo er vor allem mit Fragen des Reichsbürgerrechts, der Staatsangehörigkeit sowie der Rassenpolitik befasst war. Dabei ging es in erheblichem Maße um nichts weniger als um die Durchführung der Nürnberger Rassengesetze von 1935. Das ließ er unter den Tisch fallen und verbreitete die Version, er sei wegen der Nürnberger Gesetze freiwillig aus dem Staatsdienst ausgetreten.[24] Naturgemäß findet sich, darauf konnte Losacker bauen, weder ein Hinweis für noch gegen seine Lesart in der Personalakte. Losackers Verwaltungsdienst vor dem Kriege war angesichts seiner späteren Karriere weder für die Amerikaner noch für Polen relevant. Daher war seine Darstellung weniger ein Baustein der eigenen Verteidigung als vielmehr ein Erzählelement, das die Entwicklungsgeschichte vom passiven zum aktiven Widerstandskämpfer stringenter und plausibler erscheinen lassen sollte.

Im Zentrum des Interesses stand selbstverständlich seine Zeit in Polen. Darauf konzentrierte sich Losacker bei seiner Verteidigung, und hier trieben Lücken, Lügen und Legenden regelrecht Blüten. Die Zuständigkeiten eines Kreishauptmanns siedelte er vor allem im sozialen Bereich

23 Losacker an den C.I.-Offizier Wohl, 21.6.1946, IPN, BD 13, Bl. 124f.

24 Der Reichs- und Preußische Minister des Innern, Dienstleistungszeugnis (Entwurf), 31.8.1937, Sonderarchiv Moskau, Fond 720k/5, delo 5852, Bl. 54; Erklärung Losackers vom 14.6.1947, IPN, BD 13, Bl. 22; Losacker an den C.I.-Offizier Wohl, 21.6.1946, ebenda, Bl. 124;

an. Wichtiger für ihn war jedoch festzuhalten, auf welchen Gebieten er *keine* Zuständigkeit gehabt habe: SS und Polizei, Judenverfolgung, Konzentrationslager, Arbeiterverschleppung, Gerichtswesen sowie Demontage und Raub von Wirtschaftsgütern und Kunstwerken.[25] Wie es der Zufall wollte, waren das genau jene Bereiche, in denen die meisten und schlimmsten Verbrechen seitens der deutschen Besatzungsorgane verübt worden waren und auf die sich naturgemäß die polnischen Vorwürfe konzentrierten. Nur im Hinblick auf die SS und das Gerichtswesen deckte sich Losackers Version mit der Realität.

Geradezu abenteuerlich wurde es, wenn er abstritt, mit der Judenverfolgung oder Rekrutierung von Arbeitskräften zu tun gehabt zu haben. Zur Verfolgung der Juden schrieb er lapidar: »Solange ich in Jaslo war (Januar 1941), fand keinerlei Judenverfolgung statt.« Weiter heißt es: »Juden wurden nicht enteignet, auch in ihrer geschäftlichen Tätigkeit keinen besonderen Beschränkungen unterworfen.« Die Zwangsarbeiterpolitik habe in alleiniger Verantwortung des Arbeitsamtes gestanden. Seine Rolle dabei, so die Selbststilisierung, bestand im Protest gegen Zwang und Gewalt sowie gegen die schlechte Behandlung der Polen im Deutschen Reich. Als Erfolg verbuchte er für sich, dass die Arbeiter aus seinem Kreis regelmäßig Urlaub erhielten, ihre Angehörigen in Polen mit Geld unterstützen konnten und in Deutschland von polnischen Priestern betreut werden durften. Dafür führte er eine Reihe polnischer Zeugen an, vornehmlich aus der Verwaltung. Da bis zum Ende seiner Zeit als Kreishauptmann weder ein Ghetto eingerichtet worden war noch Deportationen von Juden durchgeführt worden waren, hoffte Losacker wohl darauf, dass hier nicht so genau hingeschaut werde. Außerdem konnte er auf eine umfassende Vernichtung der Akten setzen.

Die wenigen überlieferten Dokumente aus seiner Amtszeit sprechen jedoch in weiten Teilen eine andere Sprache und strafen seine Darstellung Lügen: Anfang Juni 1940 berichtete Kreishauptmann Losacker der Regierung in Krakau davon, dass der Judenrat immer seltener die angeforderte Zahl von Juden für Zwangsarbeiten stellte. Daraufhin habe er in einer Polizeiaktion 150 Juden verhaften und zwei Tage ohne jede Verpflegung einsperren lassen. Am dritten Tag mussten sie auf seine Weisung zwölf Stunden arbeiten. Hiervon unterrichtete er die Bevölkerung durch Aushang, worauf er hinzufügte: »Außer den von mir erlassenen besonderen Maßnahmen ordne ich daher an, daß ab heute, Samstag, den 25. Mai

25 Erklärung Losackers vom 14.6.1947, IPN, BD 13, Bl. 22f. Zum Folgenden ebenda. Zitat Bl. 22 v.

1940, kein Jude, keine Jüdin und kein jüdisches Kind in Jaslo die Straße betreten darf. Auch das Hinausschauen aus dem Fenster ist untersagt.«[26] Für den August 1940 berichtete Losacker zufrieden nach Krakau, dass sich die Schließung von 300 jüdischen Geschäften günstig auswirke, der zentrale Platz der Stadt sei nun von Juden geräumt.[27] Die Diskriminierung und Verfolgung der Juden in Jasło, die Losacker nach dem Krieg für seine Amtszeit gänzlich in Abrede gestellt hat, fand tatsächlich unter seiner Federführung statt, wobei er, wie das Beispiel zeigt, durchaus einen grausamen Einfallsreichtum an den Tag legte.

Nicht minder taktisch war sein Verhältnis zur Wahrheit, wenn es um die Arbeitererfassung ging: Zwar konstatierte er für den Mai 1940, dass die »robusteren Formen« weniger Erfolg brächten, und führte dies zum Teil auf unsinnige Gerüchte zurück, für deren Verbreitung er die Juden verantwortlich machte, sowie auf eine grundsätzliche »Abneigung des Polen vor Arbeit«. Allerdings bemängelte er auch tatsächliche Missstände wie eine schlechte Behandlung der Polen im Reich. Was Losacker nach dem Krieg aber vollmundig als fortwährenden Protest umdeuten wollte, stellte sich tatsächlich anders dar. Seine Schlussfolgerung aus den nach Krakau berichteten Problemen war eben nicht die Forderung nach einem Ende der Gewalt, ganz im Gegenteil: »Trotzdem durch die geschilderten Umstände der polizeiliche Zwang bei der Landarbeiterverschickung wenig ausrichtet, würde ich es für unangebracht halten, nunmehr von ihm abzulassen.« Er befürchtete, die Polen würden andernfalls über eine nachgiebige Verwaltung triumphieren.[28]

Einen Monat später, im Juni 1940, legte Losacker ein weiteres Zeugnis dafür ab, was er unter dem Schutz der Bevölkerung und einem freundschaftlichen Verhältnis verstand; beides reklamierte er nach dem Krieg für sich. Er bemühte sich in seinem Bericht an Krakau, sich als erfolgreich zupackender Kreishauptmann zu profilieren: In einer Ziegelei waren fast alle Arbeiter in einen Streik getreten. Schon eine Stunde nach Streikbeginn ließ er den Arbeitern bekanntgeben, der Streik sei ein Sabo-

26 Der Kreishauptmann des Kreises Jasło, Lagebericht über die Zeit von Mitte Mai 1940 bis Ende Mai 1940, 2.6.1940, BAL, B 162/Dok.-Slg. Polen, Ordner 348, Bl. 539. Losacker berichtet hier auch von der Zwangsarbeit der Juden, die beim Arbeitsamt auf seine Weisung hin organisiert worden sei.

27 Der Kreishauptmann des Kreises Jasło, Lagebericht für den Monat August 1940, 29.8.1940, BAB, R 52 III/22, Bl. 77 f.

28 Der Kreishauptmann des Kreises Jasło, Lagebericht über die Zeit von Mitte Mai 1940 bis Ende Mai 1940, 2.6.1940, BAL, B 162/Dok.-Slg. Polen, Ordner 348, Bl. 538 f. Zitate ebenda.

tageversuch und alle, die weiterhin die Arbeit niederlegten, würden durch ein Sondergericht abgeurteilt. Außerdem sei der Arbeitsausfall durch Mehrarbeit auszugleichen, deren Umfang der Ziegeleibesitzer festlegen sollte. Stolz meldete Losacker an Krakau, dass die Arbeiter bereits am nächsten Tag wieder die Arbeit aufgenommen hätten.[29] Den Ziegeleibesitzer, der während der Besatzung zeitweise Bürgermeister war, führte Losacker nach dem Krieg als Entlastungszeugen an.

Mit seinem Aufstieg innerhalb der deutschen Besatzungsverwaltung nahm auch, so Losackers Selbststilisierung, sein Widerstand zu: Als Amtschef des Distrikts Galizien habe er versucht, Juden und Polen, wo er nur konnte, zu helfen. Für Verbrechen gegen Polen und Juden waren nach Losackers Lesart allein SS und Polizei zuständig, die sich seinem Zugriff vollkommen entzogen hätten. Neuralgischer Punkt bei dieser Darstellung war allerdings Losackers hoher SS-Rang. Doch auch hier war er um keine Erklärung verlegen: Wahrheitswidrig behauptete er, bis 1940 lediglich Scharführer, in einer anderen Version Unterscharführer, gewesen zu sein; tatsächlich war er bereits Oberscharführer. Als Kreishauptmann sei es schließlich notwendig geworden, den SS-Rang an seinen Dienstrang in der Verwaltung anzugleichen. Er habe seine Ernennung zum Sturmbannführer durchgesetzt, »[u]m mich gegen die SS- und Polizei-Dienststellen durchsetzen zu können«[30]. Nun war der Weg frei für den »Widerstandskämpfer« Losacker. »Jetzt erst konnte ich Polen, kirchliche Kreise und Juden wirklich schützen. Zwischen meiner Verwaltung und der Bevölkerung bahnte sich dadurch ein freundliches und loyales Verhältnis an.«[31] Nach dieser Angleichung seines SS-Ranges sei er, betont Losacker, in der SS nicht mehr befördert worden, er unterschlägt dabei allerdings seinen späteren Aufstieg zum Obersturmbannführer in der SS. Absolut unverträglich mit seiner Version von seinem strikten Widerstand gegen SS und Polizei war die Tatsache, dass er bereits seit Mai 1936 ehrenamtlich für den SD tätig gewesen und im November 1937 schließlich in den SD aufgenommen worden war.[32] Auch dieses Detail

29 Der Kreishauptmann des Kreises Jasło, Lagebericht für den Monat Juni 1940, 2.7.1940, BAL, B 162/Dok.-Slg. Polen, Ordner 348, Bl. 678 f.

30 Erklärung Losackers vom 14.6.1947, IPN, BD 13, Bl. 22 v. Vgl. auch Losacker an den C.I.-Offizier Wohl, 21.6.1946, IPN, BD 13, Bl. 125. Zu seinen tatsächlichen SS-Rängen vgl. SS-Mitgliedskarte, BAB (ehem. BDC), RS, Losacker, Ludwig, 29.7.1906.

31 Losacker an den C.I.-Offizier Wohl, 21.6.1946, IPN, BD 13, Bl. 125 f.

32 SS-Mitgliedskarte, BAB (ehem. BDC), RS, Losacker, Ludwig, 29.7.1906.

unterschlug er in seinen sonst so ausführlichen Rechtfertigungsschriften.

Kulminationspunkt seiner Selbstheroisierung ist die Darstellung seiner Zeit als Präsident der Hauptabteilung Innere Verwaltung und der Umstände seines Absturzes. Das Unheil vorausahnend habe er sich gegen die Ernennung zum Hauptabteilungspräsidenten gewehrt, da ihm »nun der entscheidende Gang mit meinen brutalen Gegnern nicht erspart bleiben würde«. Sein Einsatz für die Begnadigung des zum Tode verurteilten polnischen Arztes sei schließlich der Anlass für Himmler gewesen, »zum endgültigen Schlag« gegen ihn auszuholen: Losacker wurde aus seinen Ämtern im Generalgouvernement entfernt und zur Waffen-SS eingezogen. So weit deckt sich Losackers Darstellung mit den Tatsachen, seinen jähen Absturz verdankte er in der Tat den Bemühungen für die Begnadigung eines polnischen Arztes, der bei einer deutschen Frau eine Abtreibung vorgenommen hatte.[33]

Zur Selbstheroisierung brauchte Losacker aber noch ein dramatisches Element, und so kolportierte er, Himmler habe ihn ursprünglich zum Tode verurteilt, weil er ununterbrochen gegen die SS gearbeitet habe. Einzig durch die Fürsprache von Staatssekretär Wilhelm Stuckart vom Reichsinnenministerium habe das Todesurteil rückgängig gemacht werden können. Weder Losackers Personalakte noch SS- und Parteiunterlagen aber stützen die dramatische Wendung, die er der Geschichte nachträglich gibt. Für seine Version konnte er den ehemaligen Staatssekretär Stuckart anführen, der ihm eine entsprechende Erklärung schrieb. Stuckart saß, wie Losacker auch, seinerzeit im Internierungslager Dachau ein, so dass sich ausreichend Gelegenheit zu entsprechenden Absprachen gefunden haben dürfte. Darüber hinaus verfolgte Stuckart mit seiner Erklärung ein Eigeninteresse, da sie zugleich auch ihn selbst in positivem Licht erstrahlen ließ. Damit nicht genug, Losacker brachte sogar noch eine Ohrenzeugin bei, die Stuckarts Erklärung verblüffend detailliert bezeugte. Sie wollte einen Anruf Himmlers bei Stuckart zu Hause teilweise mitangehört haben, in dem es darum gegangen sei, dass Losacker abgesetzt und erschossen werden sollte. Beide gaben der Geschichte eine weitere dramatische Steigerung, indem sie davon berichteten, dass Losacker nach dem besagten Anruf Himmlers telefonisch gewarnt worden sei.

33 Losacker an den C.I.-Offizier Wohl, 21.6.1946, IPN, BD 13, Bl. 126, Zitate ebenda. Vermerk des Reichsführers-SS und Reichsminister des Innern, 26.9.1943, BAB (ehem. BDC), SSO, Losacker, Ludwig, 29.7.1906; RMI, Staatssekretär, an Staatssekretär Bühler, 4.10.1943 (Entwurf), Sonderarchiv Moskau, Fond 720k/5, delo 5852, Bl. 127; Nollau, Amt, S. 57 ff.

Losacker sei in der gleichen Nacht noch nach Berlin geflohen. Wenig später sei es Stuckart gelungen, Himmler von seiner ursprünglichen Absicht abzubringen. Das Ganze ad absurdum führte schließlich die eidesstattliche Erklärung von Losackers Wirtschafterin. Sie konnte neben einer allgemeinen Bestätigung von Losackers angeblicher Regimefeindlichkeit zu dem konkreten Fall lediglich das beitragen, was Losacker ihr später selbst erzählt hatte. Mit anderen Worten: Losacker stellte sich hier unter anderem Namen selbst eine Erklärung aus.[34]

Neben zahlreichen deutschen Zeugen führte Losacker zu seiner Entlastung auch eine Reihe polnischer Zeugen an, vor allem aus der polnischen Verwaltung des Kreises Jasło sowie aus den Reihen des Polnischen Hauptfürsorgeausschusses, mit dem er als Präsident der Hauptabteilung Innere Verwaltung häufig zu tun hatte. Die polnischen Behörden vernahmen einige davon und noch weitere Personen aus Jasło. Daraus ergaben sich allerdings keine konkreten Belastungen, die in einem Auslieferungsverfahren Bestand gehabt hätten. Im Gegenteil: Manche Zeugen berichteten davon, dass Losacker sich erfolgreich für einige verhaftete Polen eingesetzt habe. Außerdem verglichen sie seine Amtszeit als Kreishauptmann häufig mit der seines Nachfolgers Gentz, der, auch weil er später amtierte, viel direkter in die Terrorpolitik involviert war. Noch wertvoller waren für Losacker die Zeugen aus den Reihen des Polnischen Hauptfürsorgeausschusses, denn sie lernten Losacker als einen Exponenten einer »neuen« Polenpolitik kennen, der die Arbeit des Ausschusses unterstützte.[35] Für alle diese Zeugen galt jedoch, dass sie in ihren Aussagen große Vorsicht walten lassen mussten, da sie sich schnell des Vorwurfs der Kollaboration ausgesetzt sehen konnten.

Nicht zuletzt wegen der positiven oder zumindest nicht negativen Zeugenaussagen aus Polen sowie der Vielzahl sonstiger Entlastungszeugnisse konnte Losacker seine drohende Auslieferung an Polen abwenden. Es ist nicht erkennbar, dass die polnischen Behörden bei ihren Ermittlungen auch deutsche Dokumente herangezogen haben, aus denen sich, wie oben in Ausschnitten gezeigt, durchaus Belastungen ergeben hätten.

34 Losacker an den C.I.-Offizier Wohl, 21.6.1946, IPN, BD 13, Bl. 126; Erklärung Losackers vom 14.6.1947, IPN, BD 13, Bl. 25 v.; Eidesstattliche Erklärung von Wilhelm Stuckart, 3.1.1947, GLA, 461 A/59/54/620, o.P.; Eidesstattliche Erklärung von R.-I.J., 31.7.1946, ebenda; Eidesstattliche Erklärung von J.L., 19.8.1946, ebenda; Eidesstattliche Erklärung von J.L., 19.8.1946, ebenda.

35 Aussage von W.D-Rz., 4.8.1947, IPN, BD 13, Bl. 7ff.; Aussage von J.R., 11.8.1947, ebenda, Bl. 40f.; Aussage von Edmund Seyfried, 1.9.1947, ebenda, Bl. 72f.; Erklärung des Grafen Adam Ronikier, 27.5.1947, GLA, 461 A/59/54/620, o.P.

Daher kam die Polnische Militärmission zu dem Schluss, dass das Auslieferungsbegehren nicht weiterverfolgt werden sollte. Losacker war damit einer der hochrangigsten Besatzungsfunktionäre, auf den die polnischen Behörden Zugriff hatten und der dennoch der Auslieferung entging. Damit endete im September 1947 seine Internierung, Losacker war nun ein freier Mann, lediglich die Entnazifizierung musste er noch durchlaufen, um seine berufliche Zukunft organisieren zu können.[36] Dem Verfahren konnte er nach dem erfolgreichen Ausgang der Untersuchung durch die polnischen Behörden relativ gelassen entgegensehen. Die nicht vollzogene Auslieferung konnte und sollte er nun als ein weiteres As in seiner Verteidigung ausspielen können.

Nach seiner Entlassung kam schließlich sein Entnazifizierungsverfahren in Gang, in dem er Gelegenheit haben sollte, seinen Trumpf auszuspielen. Im November 1947 schickte er dem Entnazifizierungs-Hauptausschuss Hannover eine sechzehnseitige Selbstdarstellung sowie dreißig Entlastungserklärungen. Bereits im Begleitschreiben trat er ausgesprochen selbstbewusst und offensiv auf und ließ keinen Zweifel offen, wie sein Verhalten zu verstehen sei: »Nach aussen war ich Nationalsozialist, meine Handlungen jedoch waren unzweideutig die eines erklärten Antifaschisten. In dem romantischen Überschwang der Jugend bin ich der nationalsozialistischen Bewegung beigetreten. Als ich aber erkannte, was hinter der gleissenden Fassade des Nationalsozialismus an verbrecherischen Instinkten lauerte, habe ich nicht gezögert, alle Konsequenzen zu ziehen, die man von mir erwarten musste. Nach Parteigerichtsverfahren und Ausscheiden aus dem Staatsdienst beschritt ich in Polen den Weg aktivsten und erbittertsten Widerstandes, bis ich von Himmler selbst zum Tode verurteilt wurde.« Er vergaß natürlich nicht, zu erwähnen, dass seine Überprüfung durch Amerikaner und Polen seine »Schuldlosigkeit« erwiesen habe, was für seine Beurteilung »von entscheidender Bedeutung« sei.[37]

Losackers Selbstdarstellung für die Entnazifizierung basierte im Wesentlichen auf seinen Rechtfertigungsschriften für die amerikanischen und polnischen Behörden, war aber mit zusätzlichen Lügen garniert. Auch war der Ton gegenüber dem Entnazifizierungsausschuss forscher

36 Polish Liaison Detachment Deputy Theater Judge Advocates Office an Główna Komisja Badani Zbrodni Wojennych, 20.10.1947, IPN, BD 13, Bl. 100; Entlassungsschein des Ministeriums für politische Befreiung, Württemberg-Baden, 24.9.1947, GLA, 461 A/59/54/620, o.P.

37 Schreiben Losackers an den Entnazifizierungs-Hauptausschuss für den Stadtkreis Hannover, 24.11.1947, GLA, 461 A/59/54/620, o.P. Zitate ebenda.

und seine Widerstandslegende um einige Details angereichert und pointierter, was alleine ein Blick auf die Zwischenüberschriften illustriert: »Verwaltungstätigkeit als Basis aktiven Widerstandes«, »Kampf für Menschlichkeit«, »Zusammenarbeit mit der polnischen Widerstandsbewegung« und schließlich »Höhepunkt des Konfliktes mit der SS und Verurteilung durch Himmler zum Tode«[38].

Die Spruchkammer Heidelberg – Losacker war zwischenzeitlich dorthin gezogen – zeigte sich offenkundig von dessen Ausführungen und seiner Armada an Entlastungszeugen beeindruckt und stufte ihn als entlastet ein. In der Begründung folgte sie Losackers Selbstkonstruktion und bescheinigte ihm, dass er »nach dem Mass seiner Kräfte aktiv Widerstand gegen die nationalsozialistische Gewaltherrschaft geleistet hat«[39]. Die Metamorphose vom Kreishauptmann zum »Widerstandskämpfer« war damit zu einem erfolgreichen, amtlich beglaubigten Abschluss gekommen.

Die Kreishauptmannschaft Jasło wäre, folgte man den Ergebnissen der Entnazifizierung, ausschließlich von aktiven Widerstandskämpfern beherrscht worden, denn Losackers Nachfolger in Jasło, Walter Gentz, konnte ebenfalls erfolgreich eine Widerstandslegende etablieren. Der Entnazifizierungsausschuss des Kreises Warburg reihte ihn im März 1949 in die Gruppe der Entlasteten ein. Auch in diesem Fall folgte der Ausschuss leichtgläubig den beigereichten Entlastungserklärungen und bescheinigte Gentz, dass er »als Gegner des Nationalsozialismus anzusprechen ist, der in der Tat Widerstand geleistet hat«[40]. Damit machte der Ausschuss sich Gentz' Selbstdarstellung und die von ihm eingereichten eidesstattlichen Erklärungen zu eigen. Die Fälle Losacker und Gentz glichen sich nicht nur in ihrem Ergebnis: Beide reklamierten für sich, die Räumung eines beschlagnahmten Klosters zugunsten der Wehrmacht verhindert zu haben.[41] Der Entnazifizierungsausschuss wurde auch nicht stutzig, obwohl Gentz aus fadenscheinigen Gründen erst im No-

38 Ludwig Losacker, Lebenslauf und Sachdarstellung, 22.11.1947, S. 1, GLA, 461 A/59/54/620, o.P. Zitate ebenda, S. 4, 8, 9 u. 11.

39 Spruch der Spruchkammer Heidelberg, 30.8.1948, S. 2 v., GLA, 461 A/59/54/620, o.P.

40 Entscheidung des Entnazifizierungsausschusses des Kreises Warburg, 23.3.1949, HStA Düsseldorf, NW 1070-00790, o.P.

41 Eidesstattliche Erklärung von R.G., 4.12.1948, HStA Düsseldorf, NW 1070-00790, o.P.; Eidesstattliche Erklärung von T.F., 17.11.1947, ebenda; Erklärung Losackers vom 14.6.1947, IPN, BD 13, Bl. 22 v.

vember 1948 seine Entnazifizierung einleitete. Dafür dürfte die Angst vor einer Auslieferung an Polen ausschlaggebend gewesen sein.

Durch die amtliche Bestätigung der Widerstandslegende wurde Losacker, auch schon nach Ende der Überprüfung durch Amerikaner und Polen, zu einem gefragten Entlastungszeugen für andere Kreishauptleute und Besatzungsfunktionäre. Diese Rolle füllte er gerne aus, konnte er so doch schon früh seine Lesart der deutschen Besatzungspolitik verbreiten und seine Selbstkonstruktion zementieren. Bereitwillig attestierte er allen politische Unbedenklichkeit, eine Amtsführung zugunsten der einheimischen Bevölkerung und eine resistente Haltung der vermeintlich allmächtigen SS gegenüber. Er unterstrich seine Glaubwürdigkeit, indem er stereotyp die Widerstandslegende und das angebliche Todesurteil bemühte. Zudem hob er die erfolgreich abgewehrte Auslieferung hervor. Bereits unmittelbar nach Ende der Untersuchung durch die polnischen Behörden stellte er einem Kreishauptmann aus dem Distrikt Galizien ein Entlastungszeugnis aus, in dem er nachdrücklich konstatierte: »Dieser Tatbestand [Widerstand und Todesurteil] ist in seinem ganzen dramatischen und kämpferischen Detail Gegenstand eingehender Prüfung amerikanischer und polnischer Dienststellen gewesen und darf als *endgültig feststehend* gelten.«[42]

Die Kreis- und Stadthauptleute und die Entnazifizierung

Die überwiegende Mehrheit der ehemaligen Kreishauptleute durchlief die politische Säuberung ohne viel Aufwand relativ unbeschadet. Einer gründlichen Untersuchung ihrer politischen Vergangenheit oder ihrer Tätigkeit im Generalgouvernement mussten sie sich nicht stellen. In der Regel war es damit getan, einen Fragebogen nebst einigen entlastenden Erklärungen einzureichen, eine kurze Verhandlung über sich ergehen zu lassen und die Entscheidung abzuwarten. Diese fiel bei den meisten mit einer Einstufung als Entlasteter oder Mitläufer milde aus.

Von den insgesamt 117 Kreis- und Stadthauptleuten waren mindestens 34 nicht mehr von der Entnazifizierung betroffen, da sie vorher gestorben oder an Polen ausgeliefert worden waren. Von den verbleibenden 83 liegen in 44 Fällen die Spruchkammer- bzw. Entnazifizierungsakten vor, so dass das zugrundeliegende Sample 53 Prozent der potentiell Betroffenen umfasst. Mehrheitlich kamen die Verfahren in der ersten Instanz in

42 Eidesstattliche Erklärung Ludwig Losackers für Gerhard Littschwager, 31.10.1947, BAK, Z 42 V/1333, Bl. 43 (Hervorhebung vom Verf.).

den Jahren 1948 bis 1950 zum Abschluss, wenige bereits 1947 und lediglich jeweils eines in den Jahren 1951 und 1952. Die Fälle entstammen fast ausnahmslos der britischen und der amerikanischen Besatzungszone, was in erster Linie am Stand der archivalischen Erschließung der Akten liegt.[43] Überdies dürften sich die meisten in diesen Besatzungszonen aufgehalten haben. In der Regel handelt es sich um erstinstanzliche Entscheidungen, wegen des günstigen Ausgangs des Verfahrens hatte kaum einer Anlass für ein Berufungsverfahren.

Für die meisten war die Entnazifizierung mit Abschluss des Verfahrens unmittelbar beendet. Wenn ihnen überhaupt Sühnemaßnahmen auferlegt wurden, waren diese in der Regel durch die Anrechnung der Internierungszeit bereits verbüßt oder bewegten sich im Rahmen von kaum mehr als symbolischen Geldzahlungen; in manchen Fällen kam der nicht minder symbolische befristete Verlust des passiven Wahlrechts hinzu. Auch die in die Kategorien I bis III eingestuften Kreis- und Stadthauptleute konnten die hier empfindlicheren Auflagen in Berufungsverfahren oder durch Gnadenentscheide deutlich abmildern. Mindestens ein ehemaliger Kreishauptmann, Albert Schaar, durchlief die Entnazifizierung in der sowjetischen Besatzungszone bzw. DDR. Er wurde im November 1949 vom Kriminalamt Halle als Verbrecher eingestuft, verlor passives und aktives Wahlrecht und unterlag Berufsbeschränkungen.[44]

Bei der genauen Analyse der Entnazifizierungsverfahren zeigt sich, dass sie sich in den meisten Punkten sehr ähnelten und auffallend stark von Stereotypen geprägt waren, die teilweise weit über die Gruppe der Kreishauptleute hinaus verbreitet waren. Das betrifft vor allem die bisweilen recht ausführlichen Rechtfertigungen zum Parteibeitritt, aber auch die Argumentationsmuster in den Entlastungserklärungen.[45] Überdies lässt sich ein Korpus stereotyper Argumentationsmuster erkennen, der spezifisch für die Beamten im Generalgouvernement war – charakte-

43 Oft ist der Aufenthaltsort des Betreffenden zwischen 1945 und 1949/50 nötig, um eine Akte finden zu können. Da es sich bei den Kreis- und Stadthauptleuten um keine regional gebundene Gruppe handelt, ist dieser meist unbekannt. Damit fehlt die Basis einer erfolgversprechenden Recherche, da in vielen Archiven lediglich die Originalkarteien der einzelnen Spruchkammern als Findmittel zur Verfügung stehen. Zu den Zahlen im Einzelnen vgl. Tab. 14.

44 Entnazifizierungskommission des Kreises Bitterfeld, Protokoll der 69. Verhandlung, 29.1.1948, BStU, MfS BV Halle ASt 7119, Bl. 5; Kriminalamt Halle, Beschluss, 8.11.1949, ebenda, Bl. 9.

45 Vgl. Arbogast, Herrschaftsinstanzen, S. 221ff. Hier bezogen auf die Kreisleiter der NSDAP in Württemberg.

ristisch wahrscheinlich für die ehemaligen Funktionäre aller Besatzungsverwaltungen zumindest im deutsch besetzten Ost- und Südosteuropa.

Die ehemaligen Kreis- und Stadthauptleute sahen sich in den Entnazifizierungsverfahren hinsichtlich ihrer Parteimitgliedschaft, etwaigen auffälligen Karrieresprüngen nach 1933 und vor allem auch ihrer Tätigkeit als Kreishauptmann einem besonderen Rechtfertigungsdruck ausgesetzt. Wenn es darum ging, plausible »Entschuldigungen« für den Beitritt zur NSDAP 1933 oder davor zu finden, brachten sie mehrheitlich zwei stereotype Erklärungen vor: Die zugespitzte Situation in der politischen Auseinandersetzung gegen Ende der Weimarer Republik habe sie zu der Überzeugung gebracht, angesichts der Notlage des deutschen Volkes politisch nicht abseits stehen zu können. Da die demokratischen Parteien abgewirtschaftet hätten und es gegolten habe, die Gefahr des Kommunismus abzuwehren, habe man sich für einen Beitritt zur NSDAP entschieden. Dabei betonten einige, dass sie sich von den sozialistischen Elementen der Programmatik der Nationalsozialisten angesprochen gefühlt hätten.[46] Dieses Begründungsmuster war offenkundig Gemeingut vieler Deutscher, die sich vor den Entnazifizierungsausschüssen und Spruchkammern rechtfertigen mussten, so auch zum Beispiel bei vielen ehemaligen Kreisleitern der NSDAP.[47] Andere betonten einen starken Druck, der auf sie ausgeübt worden sei und dem sie schließlich, aus Rücksicht auf ihre Familie usw., nachgegeben hätten.[48]

Hermann Görgens bemühte ein anderes, durchaus gängiges Klischee: Er sei 1933 zunächst dem Zentrum beigetreten, um eine Einparteienherrschaft zu verhindern. Nach der Auflösung der Zentrumspartei trat er der NSDAP bei, da er der Überzeugung gewesen sei, innerhalb der NSDAP »am besten gegen die Auswüchse einer Diktatur wirken«[49] zu können. Martin Lenz, zeitweise Kreishauptmann in Ostrów Mazowiecka, war

46 Zum Beispiel Alfons Kalpers, Mein Verhältnis zum Nationalsozialismus, 15.4.1948, HStA Düsseldorf, NW 1002-L-60887, o.P.; Eberhard Franke, Ergänzender Lebenslauf, 24.6.1948, ebenda, NW 1065-00874, o.P.; Kurt Driessen, Lebenslauf, 12.2.1948, ebenda, NW 1097-04426, o.P.; Niederschrift über die öffentliche Sitzung des Entnazifizierungs-Hauptausschusses Eckernförde, 8.3.1949, LASH, 460.1/268, Bl. 10; Hans Augustin, Beruflicher und politischer Werdegang, 24.6.1947, BAK, Z 42 IV/6904, Bl. 6.

47 Vgl. Arbogast, Herrschaftsinstanzen, S. 221 f.

48 Lebenslauf des Heinz Ritter, 26.1.1948, StArch Ludwigsburg, EL 902/6, Bü. 17867, Bl. 42 v.; Carl Schmid an Spruchkammer Stuttgart, 30.10.1946, ebenda, EL 902/20, Bü. 37/16/830, Bl. 13.

49 Hermann Görgens, Bemerkungen, o.D. (Januar 1947), HStA Düsseldorf, NW 1002-L-33403, o.P.

nach eigenen Angaben bis 1933 Mitglied des republikanischen Richterbundes und befürchtete nach den Wahlen im März 1933, Opfer politischer Verfolgung zu werden. Um sich davor zu schützen, sei er im April 1933 der NSDAP beigetreten, habe aber deren Zielen innerlich ablehnend gegenübergestanden.[50] Lediglich einer bekannte offen, was wohl für einige derjenigen, die 1933 eilig der Partei beigetreten waren, gegolten hat: Der Ehrgeiz, in ihrem Beruf voranzukommen, trieb viele in die NSDAP. Alfred Kipke, nach eigenen Angaben vor 1933 Mitglied der Deutschen Volkspartei, schrieb dazu: »Ich war Beamter, es gab nur noch eine Partei, die ›Regierungspartei‹, ich hatte einen gesunden Berufsehrgeiz und wollte nicht sitzen bleiben.«[51]

In Bezug auf ihre Funktion in Polen waren vor allem die Fragen erklärungsbedürftig, wie sie überhaupt zur Tätigkeit dort gekommen waren, warum sie auf ihrem Posten blieben und wie sie sich in ihrem Amt verhielten. Die Erklärungsversuche zeichnen sich durch eine auffällige Gleichförmigkeit aus. Fast alle betonten die vermeintlich strikten Gegensätze zwischen SS und Verwaltung. Einzelne bemühten sich über allgemeine Einlassungen hinaus, individuelle Widerstandsakte glaubhaft zu machen. Nicht selten übernahmen die Ausschüsse oder Spruchkammern diese Selbstdarstellungen unkritisch, bisweilen fast wörtlich, in ihrer Entscheidung.[52]

Neben inhaltlichen Seiten legten viele auch auf formale Aspekte großes Gewicht. So unterstrichen alle hier untersuchten Personen, sie seien ohne ihr Zutun ins Generalgouvernement abgeordnet oder sogar »strafversetzt« worden, was in vielen Fällen auch zutraf, ohne dass es besondere Aussagekraft über ihr Verhalten dort hätte. Zwei Personen maßen diesem Punkt immerhin so viel Bedeutung bei, dass sie es vorzogen, zu lügen und ihre Bewerbung um eine Übernahme in die Besatzungsverwaltung zu verschweigen und stattdessen eine Abordnung zu behaupten.[53] Obendrein hoben einige hervor, sie seien nicht in ein Beamtenverhältnis über-

50 Martin Lenz an den Vorstand der Anwaltskammer Köln, 22.4.1947, HStA Düsseldorf, NW 1048-40-00260, o.P.

51 Alfred Kipke, Sonderbogen zu Fragen 106-110 des Fragebogens, 2.9.1948, HStA Hannover, Nds 171 Hildesheim 12817, Bl. 7.

52 So zum Beispiel beim ehemaligen Stadthauptmann von Tschenstochau, Eberhard Franke. Begründung, o.D., HStA Düsseldorf, NW 1065-00874, o.P.

53 So Otto Busse und Alfons Kalpers: Niederschrift über die öffentliche Sitzung des Entnazifizierungs-Hauptausschusses Eckernförde, 8.3.1949, LASH, 460.1/268, Bl. 10; Alfons Kalpers, Mein Verhältnis zum Nationalsozialismus, 15.4.1948, HStA Düsseldorf, NW 1002-L-60887, o.P.

nommen worden, wofür sie als Ursache politische Vorbehalte gegen sie konstruierten, obgleich es sich mehr um eine formale Frage des Stellenplans handelte. Zusätzlich unterstrichen sie, lediglich kommissarisch Kreishauptmann gewesen zu sein und niemals eine endgültige Ernennungsurkunde erhalten zu haben, was allerdings in der Praxis keinerlei Konsequenzen für ihre Stellung innerhalb des Besatzungsapparats hatte.[54]

Folgen wir den Einlassungen der ehemaligen Kreishauptleute nach 1945, wurde das Generalgouvernement auf Kreisebene von Leuten verwaltet, die sich durch eine ausgesprochen polenfreundliche Haltung und einen unermüdlichen Kampf gegen SS und Polizei auszeichneten und daher bald schon politisch beargwöhnt wurden. Aus diesen Gründen, so reklamierten einige im Entnazifizierungsverfahren für sich, seien sie später, aus freien Stücken freilich, zur Wehrmacht gekommen oder zu ihren Heimatdienststellen zurückbeordert worden.[55]

Das konnte aber nur für sich in Anspruch nehmen, wer das Generalgouvernement vorzeitig wieder verlassen hatte. Wer dort bis zur Räumung blieb, befand sich nach 1945 theoretisch in größerer Erklärungsnot. Doch auch für diesen Fall war schnell eine stereotype Begründung gefunden: »Nach eingehenden Beratungen mit vertrauten Freunden, auch aus polnischen Kreisen, bin ich im Amt geblieben, denn es konnte bei der gesamten Situation garkein Zweifel bestehen, dass nach meiner etwaigen Ablösung auf jeden Fall ein scharfer Gegner des Polentums an meine Stelle getreten wäre.«[56] Diese Version ließ sich mit Leichtigkeit durch eidesstattliche Erklärungen untermauern und wurde vom Ausschuss bereitwillig übernommen. Für eine eingehende Überprüfung fehlte der Wille, bisweilen wohl auch die Möglichkeit.

Da die meisten beweisbare Widerstandshandlungen nicht vorweisen konnten, erhielten Marginalien einen höheren Stellenwert, mit denen sie ihre moralische Anständigkeit untermauern wollten. Ein kirchlich ge-

54 Zum Beispiel Alfons Kalpers, Mein Verhältnis zum Nationalsozialismus, 15.4.1948, HStA Düsseldorf, NW 1002-L-60887, o.P.; Eberhard Franke, Ergänzender Lebenslauf, 24.6.1948, ebenda, NW 1065-00874, o.P.

55 Lebenslauf des jur. Heinz Ritter, 26.1.1948, StArch Ludwigsburg, EL 902/6, Bü. 17867, Bl. 43; Eberhard Franke, Ergänzender Lebenslauf, 24.6.1948, ebenda, NW 1065-00874, o.P.; Carl Schmid an die Spruchkammer Stuttgart, 30.10.1946, StArch Ludwigsburg, EL 902/20, Bü. 37/16/830, Bl. 13; Werner Ansel an den öffentlichen Kläger bei der Spruchkammer Leonberg, 24.10.1946, ebenda, EL 902/14, Bü. 95, Bl. 25.

56 Alfons Kalpers, Mein Verhältnis zum Nationalsozialismus, 15.4.1948, HStA Düsseldorf, NW 1002-L-60887, o.P.

prägtes Elternhaus, eine kirchliche Trauung oder die Taufe der Kinder, regelmäßige Gottesdienstbesuche, jüdische Mitschüler und ein bescheidener Lebensstil im besetzten Polen – all das waren zum Teil nicht nachprüfbare, letztlich aber irrelevante Argumente in der Entlastungsstrategie, die einen Diskurs der Anständigkeit in die Verfahren einschleusten, der die gesamte Entnazifizierung rasch dominieren sollte. Eine Vielzahl an Entlastungserklärungen bediente diesen Diskurs, und die Kammern boten diesem viel Raum, auch in ihren Entscheidungsbegründungen. So bescheinigte beispielsweise Hans Dos, ehemals Sachbearbeiter in der Hauptabteilung Innere Verwaltung, seinem ehemaligen Kollegen Eberhard Franke, dass er in ihm »einen anständigen, ehrenhaften und charakterfesten Mann, der sich allseits grösster Wertschätzung erfreute«[57], kennengelernt habe. Stichhaltige Entlastungspunkte konnte Dos nicht vorweisen. In Bezug auf die Tätigkeit in der Regierung des Generalgouvernements wusste er nur von einer angeblichen Ablehnung der NS-»Ostpolitik« zu berichten, in der sie sich beide einig gewesen seien. Daher sei er, Dos, zur Wehrmacht abkommandiert worden, so wie es Franke später auch passiert sei. Was Dos hier bezeugte, ließ sich nicht nur in keiner Weise nachprüfen, sondern diente auch seiner eigenen Entlastung und Selbstdarstellung als Regimegegner. Neben angeblichen regimekritischen Gesprächen und Bemerkungen gab es eine Reihe weiterer stereotyper Argumente, die als entlastend angeführt wurden: hohe Popularität bei der Bevölkerung, absolute Bewegungsfreiheit auch ohne Bewachung, anständiges Verhalten gegenüber polnischen Mitarbeitern etc.[58] Erklärungen solcher Qualität sind Legion in den Entnazifizierungs- und Spruchkammerakten.

Die ehemaligen Besatzer fanden nach 1945 schnell wieder zueinander. Dies lag auch daran, dass sie nicht selten in den gleichen Internierungslagern einsaßen. Aus diesen früh wiedergefundenen Kontakten bildeten sich schnell Netzwerke heraus, in denen man sich gegenseitig entlastende Erklärungen ausstellte. Keiner aus diesem Personenkreis hatte auch nur annähernd ein Interesse daran, durch wahrheitsgemäße und vollständige Erklärungen den ehemaligen Kollegen Probleme zu bereiten, hätte dies doch immer zugleich auch die eigene Tätigkeit in ein schlechtes Licht

57 Hans Dos, Erklärung, 14.6.1947, HStA Düsseldorf, NW 1065-00874, o.P. Zum Folgenden vgl. ebenda.

58 Fritz Rheinisch, Zeugnis (Abschrift), 8.2.1948, NL von Rebay; Hans Hermannsdörfer, Eidesstattliche Versicherung, 9.12.1947, ebenda; Theodor Frank, Eidesstattliche Versicherung, 29.3.1947, ebenda; Wilhelm Rackebrandt, Eidesstattliche Erklärung, 21.8.1948, HStA Düsseldorf, NW 1023-06350, o.P.

gerückt. Häufig basierten die eidesstattlichen Versicherungen auf vorherigen Absprachen und waren ausgerichtet auf die jeweilige Verteidigungsstrategie.[59]

Solche Absprachen, auch wenn sie auf eindeutige Lügen hinausliefen, waren keine Seltenheit. Die Netzwerke, deren informelle Bildung sich in den Akten andeutet, unterschieden sich zum Teil, je nachdem in welchem Distrikt der Betroffene tätig gewesen war. Im Fall der ehemaligen Besatzungsfunktionäre aus dem Distrikt Galizien lässt sich das beobachten: Wilhelm Rackebrandt, zeitweise persönlicher Referent von Losacker, stellte diesem sowie den ehemaligen Kreishauptleuten Viktor von Dewitz und Berthold Pütter eidesstattliche Versicherungen aus. Rackebrandt war ein wertvoller Entlastungszeuge, da er spätestens ab 1948 in der niedersächsischen Staatskanzlei arbeitete.[60] Losacker ließ sich von Gerhard von Jordan, ehemals Kreislandwirt im Distrikt Galizien, eine Bescheinigung ausstellen und stellte wiederum diesem eine aus. Außerdem tauschte von Jordan entsprechende Erklärungen mit Volkmann und Harry von Craushaar aus.[61] Schöningh stellte ebenfalls Bescheinigungen für die Kreishauptleute Hager und von Harbou aus. Viktor von Dewitz, vor 1945 Kreishauptmann in Stryj, ließ sich nicht nur von ehemaligen Kollegen eidesstattliche Versicherungen schreiben, er ließ sich sogar von Hermann Görgens, dem Kreishauptmann des damaligen Nachbarkreises, als Rechtsanwalt vertreten. Eine systematische Untersuchung der Entnazifizierungs- und Spruchkammerakten der ehemaligen Besatzungsfunktionäre aus dem Distrikt Galizien würde sicher weitere Verästelungen des Netzwerks zutage fördern.

59 Zum Beispiel im Entnazifizierungsverfahren von Eberhard Franke: Hermann Stegemann, Eidesstattliche Erklärung, 23.4.1948, HStA Düsseldorf, NW 1065-00874, o.P.; Begründung, o.D., ebenda.

60 Wilhelm Rackebrandt, Eidesstattliche Erklärung für Ludwig Losacker, 11.7.1946, GLA, 461 A/59/54/620, o.P.; ders., Eidesstattliche Erklärung, 21.8.1948, HStA Düsseldorf, NW 1023-06350, o.P.; ders., Eidesstattliche Erklärung, 9.10.1948, ebenda, NW 1068-PO-00063, o.P. Später wurde Rackebrandt Ministerialrat am Bundesrechnungshof. Vgl. Musial, Zivilverwaltung, S. 364.

61 Gerhard von Jordan, Eidesstattliche Erklärung, 10.7.1946, GLA, 461 A/59/54/620, o.P. Musial, Zivilverwaltung, S. 358.

Eine vorläufige Bilanz

Die Entnazifizierung ist, betrachtet man sie vom formalen Ergebnis her, im Wesentlichen gescheitert – an der Verteidigungsfront der Betroffenen, an der Abwehr der Nachkriegsgesellschaft insgesamt, nicht zuletzt auch an sich selbst, an ihren prozeduralen Mängeln und dem schwindenden Interesse der Alliierten. Das lässt sich auch für die Kreis- und Stadthauptleute konstatieren. Dieser Befund ist zwar unumstritten, greift aber, darin ist sich die Forschung seit längerem weitgehend einig, zu kurz. Eine Untersuchung alleine der formalen Ergebnisse hat zwar ihre Berechtigung, zumal ihnen die Betroffenen selbst hohe Bedeutung beimaßen und das Resultat der Entnazifizierung bei ihren Bemühungen, im öffentlichen Dienst wieder Fuß zu fassen, durchaus eine wichtige Rolle spielte. Außerdem haben Verteidigungsstrategie und -argumente sowie die Netzwerke eine hohe Bedeutung für das Selbstbild der ehemaligen Kreis- und Stadthauptleute erlangt und sollten, nachdem sie in der Entnazifizierung zuerst eingeübt worden waren, in den späteren Ermittlungsverfahren erneut zum Tragen kommen. Eine nur auf die formalen Aspekte konzentrierte Herangehensweise lässt aber die Wirkung auf die Betroffenen außer Acht.[62] Da die Auswirkungen der Maßnahmen zur politischen Säuberung – Entlassungen, Internierung, Entnazifizierung, drohende Auslieferung – sich häufig erst in einem längeren Prozess zeigten, können an dieser Stelle zunächst nur Vorüberlegungen angestellt werden, die später wiederaufgegriffen und ergänzt werden.

Die Fallbeispiele verdeutlichen, dass die Wirkung von Internierung und Entnazifizierung sehr unterschiedlich ausfiel. Am deutlichsten ist der Befund im Fall von Joachim Nehring, denn auf ihn vermochten die politischen Säuberungsmaßnahmen offensichtlich nicht zu wirken. Er ließ von seinem politischen Engagement im rechtsradikalen und national-neutralistischen Milieu zeitlebens nicht mehr ab. Eine selbstauferlegte Zurückhaltung aufgrund der gemachten Erfahrungen ist nicht erkennbar. In der Bundesrepublik wirklich angekommen ist er wohl nie.

Ähnliches gilt für Heinz Doering. Nach seiner Entlassung aus dem Internierungslager, die Ehe war inzwischen geschieden worden, lebte er alleine mit seinen zwei kleinen Kindern in sehr armen Verhältnissen. Als er weder bei der Kirche noch anderswo Unterstützung fand, wandte er

62 Vgl. Henke, Trennung, S. 54 ff.; Rauh-Kühne, Entnazifizierung, S. 70; Herbert, NS-Eliten, S. 100; Frei, Hitlers Eliten, S. 308 f. Zur Bedeutung des Ergebnisses der Entnazifizierung für die Wiedereingliederung in den öffentlichen Dienst vgl. zum Beispiel Schuster, Entnazifizierung, S. 413 f.

sich der KPD zu, da ihm von dort die dringend benötigte Hilfe zuteil wurde. Er bekam Lebensmittel, und Frauen aus der Partei halfen ihm im Haushalt und mit den Kindern. Im November 1951 nahm Doering noch an einer kommunalpolitischen Tagung in der DDR teil, gut ein halbes Jahr später aber brach er mit der KPD. Nach diesem Intermezzo lebte er sehr zurückgezogen, suchte Zuflucht in seiner Dichtung und war verbittert darüber, wie man nach dem Krieg mit ihm umgegangen war.[63] Nachdem er wahrscheinlich immer wieder Scherereien wegen des Ausgangs seiner Entnazifizierung gehabt hatte, notierte er in den fünfziger Jahren sarkastisch: »Ich bin nur neugierig, ob ich nicht eines Tages noch im Himmel meinen Entnazifizierungsbescheid vorlegen muss.«[64] Über seine Verbitterung verlor er jeden Maßstab und notierte selbstmitleidig, dass die Entnazifizierung, wenn es denn Verbrechen gegen die Menschheit gebe, eines der schwersten davon sei.[65] Doering blieb zwar ein aufmerksamer Beobachter der Politik in der Bundesrepublik, hielt sich nach seinem Abenteuer in der KPD aber von jedem Engagement fern. Von Führerideologie und Antisemitismus konnte er sich aber zeitlebens nicht lossagen, wovon nicht zuletzt das Hitler-Bild zeugt, das bis zu seinem Tod in seinem Schlafzimmer hing.[66] Mitte der fünfziger Jahre schrieb er in einer Mischung aus Verbitterung und Trotz: »Ich habe im Laufe des Lebens ungezählte Menschen kennen gelernt, politisch von ganz rechts bis ganz links, denn ich war begeisterter Nationalsozialist, wie jeder anständige Deutsche, und bin, wie sich zeigen wird, eine Zeit lang auch bei den Kommunisten gelandet. Aber die Treue hielten mir nur die alten Kameraden der NSDAP.«[67] Die junge Demokratie lehnte er ab, trug dies jedoch nicht nach außen, sondern machte sich in politischen Epigrammen oder Dramen Luft. Insofern haben es Internierung und Entnazifizierung zwar nicht vermocht, einen nachhaltigen Umdenkungs- und Umorientierungsprozess in Gang zu setzen, aber anders als bei Nehring beschränkte sich Doerings antidemokratische Einstellung auf Äußerungen im Privaten.

63 Der Präsident des Verwaltungsgerichts München an Regierungsrat Rager, Staatsministerium des Innern, 9.6.1953, HStA Bayern, MInn 83391, Bl. 24; Landratsamt Mühldorf, Bestätigung, 8.6.1953, ebenda, Bl. 25; Katholisches Stadtpfarramt St. Nikolaus, Mühldorf, betr.: Herr Dr. Doering, 8.6.1953, ebenda, Bl. 26.

64 Doering, Einfälle, Ausfälle, Abfälle, o.D.

65 Ebenda.

66 Telefonische Auskunft der Familie, 25.2.2004.

67 Doering, Ein ganz gewöhnlicher Mensch. Ein Leben. Manuskript, ca. 1954.

Ludwig Losacker hatte nach dem Krieg durch seinen Absturz von 1943 einen Startvorteil. Nicht nur konnte er daraus die skizzierte Legende vom Widerstandskämpfer stricken, mit der er die Entnazifizierungsprozedur mit Leichtigkeit bestehen konnte. Anders als bei den anderen, die bis zum Ende in Amt und Würden waren, hatte er seinen ganz persönlichen Niedergang, seine soziale Deklassierung und damit einhergehend auch eine gewisse Desillusionierung bereits zwei Jahre vor Kriegsende erlebt. Mit diesem Erfahrungsvorsprung dürfte ihm die Anpassung an die veränderten Verhältnisse nach 1945 leichter gefallen sein. Die Internierung und vor allem das schwebende Auslieferungsverfahren wirkten dann als Katalysator in dem bereits laufenden Anpassungsprozess. Der für ihn günstige Ausgang der Entnazifizierung hat ihn allerdings – soweit das noch möglich war – in seiner Selbstkonstruktion enorm bestärkt. Diese hat er später nicht nur im Privaten im Kreise ehemaliger Kameraden gepflegt, sondern auch offensiv nach außen vertreten.

Der jeweilige Werdegang der einzelnen Kreis- und Stadthauptleute nach 1945 deutet sehr stark darauf hin, dass Losacker als durchaus exemplarisch zu sehen ist: Der zunächst radikale Einschnitt durch Internierung und Entnazifizierung hat ihnen nachdrücklich vor Augen geführt, dass sie mit einem Festhalten an der NS-Ideologie in der neuen Situation nicht nur nichts erreichen konnten, sondern dass sie sich im persönlichen Fortkommen damit massiv schaden würden. Die Ideologie haben sie – wenn überhaupt – allenfalls im privaten Raum gepflegt, und auch da dürfte sie nicht selten mit den Jahren verblasst sein, so dass am Ende bloße Nostalgie in der Erinnerung an die für sie große Zeit im Generalgouvernement blieb. Es spricht viel dafür, dass die Mehrheit der ehemaligen Besatzer sich aber mit politischen Äußerungen, die irgendeinen Bezug zur Vergangenheit herstellten, ganz zurückhielt. Oft wussten die Kinder nicht, was die Väter vor 1945 überhaupt konkret gemacht hatten.[68]

Bald schon nach dem Ende von Internierung und Entnazifizierung wurde die – anfangs wahrscheinlich rein opportunistische und oberflächliche – Anpassung belohnt. Die meisten fanden schnell in respektable Stellungen zurück und erlebten einen zum Teil beachtlichen Aufstieg. Das dürfte erheblich zu einer Verfestigung der äußerlichen Anpassung auch nach innen beigetragen haben. Ein Wandel zu überzeugten Demokraten und eine selbstkritische Analyse der eigenen Vergangenheit gin-

68 Diese Befunde stützen sich auf viele Gespräche des Verfassers mit den Nachkommen der Kreishauptleute.

gen damit nicht unbedingt einher. Zugute kam ihnen, dass die Gesellschaft kaum eine Vorstellung von dem hatte, was Besatzungspolitik in Polen überhaupt bedeutet hat und dass – durchaus in selbstentlastender Absicht – allgemein die SS für alle Verbrechen verantwortlich gemacht wurde, während die Zivilverwaltung mit den Konnotationen »unpolitisch« und »sauber« belegt war.

Schließlich trug auch ein grundlegender Mangel der Entnazifizierung dazu bei, dass es vielfach nicht zu einer ehrlichen Auseinandersetzung mit der eigenen Verantwortung und Teilhabe an Verbrechen und Unrecht gekommen ist. Im Mittelpunkt der gesamten Prozedur standen häufig formale Aspekte wie die Frage nach Mitgliedschaften in NS-Organisationen sowie nach dem Rang innerhalb der NS-Hierarchie. Dies und die pauschale Verhaftungspraxis eröffnete die Möglichkeit, das gesamte System als fragwürdig anzusehen und sich zu Unrecht verfolgt zu sehen. Solange die formalen Aspekte im Vordergrund der Verfahren standen, konnten sie zudem für sich den Schluss ziehen, dass ihre Arbeit als Kreishauptmann im Grunde genommen unbedenklich gewesen war. Weder von alliierter noch von deutscher Justiz hatten sie etwas zu fürchten. Es blieb der polnischen Justiz vorbehalten, sich in einigen Prozessen der ehemaligen Besatzungsfunktionäre anzunehmen.

2. Auslieferung und Prozesse in Polen

Polens Kriegsverbrecherpolitik und die dortigen Prozesse gegen NS-Täter nach 1945 waren Höhepunkt der Bemühungen des Landes um eine Ahndung deutscher Verbrechen während der Besatzungszeit. Diese Anstrengungen setzten nicht erst nach Ende des Krieges ein, sondern bereits unmittelbar nach Beginn der deutschen Okkupation. Nahezu gleichzeitig mit den ersten Kriegs- und Besatzungsverbrechen begann die polnische Exilregierung, Vorkehrungen für deren Ahndung zu treffen. Daneben arbeitete während der deutschen Fremdherrschaft eine funktionsfähige Untergrundjustiz, die einige deutsche Täter und ihre polnischen oder ukrainischen Kollaborateure verurteilte und die Urteile von Spezialformationen der Heimatarmee vollstrecken ließ.

Die polnischen Ahndungsbemühungen

Bei ihren Anstrengungen, die deutschen Kriegs- und Besatzungsverbrechen strafrechtlich zu ahnden, schlug die polnische Exilregierung zwei Wege ein: Zum einen verfügte sie bereits im Dezember 1939 die systematische Sammlung von Beweismaterial über die Verbrechen und ihre Täter. Zum anderen bemühte sie sich in diplomatischen Initiativen bei den Alliierten um verbindliche Regelungen für eine Bestrafung der NS-Täter nach dem Krieg. Diese Aktivitäten begleitete sie propagandistisch, indem sie die Weltöffentlichkeit über die Verbrechen neuen Charakters in Polen informierte, um damit ihren Initiativen mehr Nachdruck zu verleihen. Bei all ihren Anstrengungen war die Exilregierung auf eine funktionierende Verbindung zur Heimat und auf die tatkräftige Unterstützung der sich formierenden Untergrundgruppierungen angewiesen. Nur diese konnten und sollten das Material schon während des Krieges liefern, das für eine spätere Abrechnung mit den Besatzern unentbehrlich war.[1]

Zur Unterstützung angehalten waren nicht nur die organisierten Widerstandsgruppen, sondern jeder polnische Bürger. Die Untergrundpresse verbreitete regelmäßig Aufrufe an die Bevölkerung, diese solle für eine zukünftige Abrechnung mit den Deutschen Beweise sammeln und diese möglichst mit konkreten Fakten wie den Namen der Täter, Zeugen etc. stützen, die den Gerichten ihre Arbeit erleichtern würden. Zugleich informierte die illegale Presse die Polen über die Aktivitäten der Exilregie-

1 Vgl. Kobierska-Motas, Ekstradycja, cz. 1, S. 37ff.; dies., Rząd Polski, S. 175; Borodziej, »Hitleristische Verbrechen«, S. 408.

rung und ihre Fortschritte in dieser Angelegenheit, wohl auch um die Moral der polnischen Gesellschaft zu heben.[2] Wer im besetzten Polen also auch nur annähernd regelmäßig Zeitschriften des Untergrunds las, wusste von den Initiativen und ihren Erfolgen und konnte zumindest darauf hoffen, dass seine gegenwärtigen Unterdrücker zu gegebener Zeit ihre gerechte Strafe erhielten.

Anfang 1943 waren die diplomatischen Bemühungen der polnischen Exilregierung und anderer bereits von ersten Erfolgen gekrönt; ein entscheidender weiterer Schritt stand kurz bevor. Seit Beginn der Okkupation hatte die Exilregierung sich nicht nur der Dokumentation der NS-Verbrechen gewidmet, sondern in Kooperation mit weiteren Exilregierungen besetzter Länder Absprachen bezüglich ihrer Ahndung getroffen. Eine Initiative Polens und der tschechischen Exilregierung mündete schließlich im Januar 1942 in eine gemeinsame Konferenz unter polnischer Leitung, auf der die Erklärung von St. James verabschiedet wurde. Die Vertreter von neun deutsch besetzten Staaten verkündeten, dass die Verfolgung von NS-Verbrechern zu ihren grundlegenden Kriegszielen gehöre. Alle, die Befehle dazu erteilt hatten oder die Taten selbst begangen hatten, sollten aufgespürt, der Justiz übergeben und bestraft werden. Der polnische Premierminister im Exil, Władysław Sikorski, unterstrich in seiner Ansprache auf der Konferenz die große Bedeutung der Übereinkunft, mit der das Völkerrecht in eine neue Richtung gelenkt werde.[3]

Gut ein Jahr später, Ende März 1943, zog die polnische Regierung gesetzgeberische Konsequenzen; Präsident Władysław Raczkiewicz erließ ein Dekret über die strafrechtliche Verantwortung für Kriegsverbrechen, die alle Bürger des Deutschen Reiches und der mit ihm verbündeten Staaten ebenso treffe wie diejenigen, die in ihrem Interesse arbeiteten. Dabei berief man sich auf den Begriff des Völkerrechtsbruchs und auf das polnische Strafgesetzbuch von 1932.[4] Im Oktober 1943 reagierten schließlich auch Großbritannien, die Sowjetunion und die USA auf die

2 Vgl. zum Beispiel Biuletyn Informacyjny, 10.5.1940, in: ebenda, część I, S. 146; Biuletyn Informacyjny Nr. 48 (152), 10.12.1942, in: ebenda, część II, S. 1171; Biuletyn Informacyjny Nr. 12 (219), 23.3.1944, in: ebenda, część III, S. 1903. Vgl. auch Basak, Kwestia, passim.

3 Vgl. Erklärung von St. James, 13.1.1942, in: Pilichowski (Hg.), Ściganie, S. 109 f.; Auszug aus der Ansprache von Sikorski vom 13.1.1942, ebenda, S. 111. Kobierska-Motas, Rząd Polski, S. 175 f. u. 186 ff.; Kegel, Podstawy, S. 255 f.; Kochavi, Prelude, S. 19 f.

4 Vgl. Borodziej, »Hitleristische Verbrechen«, S. 408.

Initiativen und den wachsenden Druck seitens der Exilregierungen sowie der Öffentlichkeit und verabschiedeten Ende Oktober 1943 auf der Drei-Mächte-Konferenz in Moskau eine Erklärung über deutsche Grausamkeiten, mit der die Auslieferung von NS-Tätern nach einem siegreichen Ausgang des Krieges erstmals in Aussicht gestellt und allgemein geregelt wurde. Demnach sollten die Deutschen, die für Verbrechen in den besetzten Ländern verantwortlich waren oder an diesen teilgenommen hatten, an diejenigen Länder ausgeliefert werden, in denen sie ihre Verbrechen begangen hatten, um dort vor Gericht gestellt zu werden. Lediglich für diejenigen, deren Taten örtlich nicht beschränkt waren, behielten sich die drei Mächte eine eigene gemeinsame Verurteilung vor, so wie es letztlich im Nürnberger Hauptkriegsverbrecherprozess auch geschehen sollte.[5]

Nahezu gleichzeitig mit der Moskauer Drei-Mächte-Konferenz wurde die United Nations War Crimes Commission (UNWCC) ins Leben gerufen, der die Koordination von Ermittlungen obliegen sollte, indem sie Material sammeln und Prinzipien für die Bestrafung der Täter ausarbeiten sollte. Zentral sollte jedoch die Erstellung von Kriegsverbrecherlisten sein, wobei drei Kategorien zu unterscheiden waren: Angeklagte bzw. Beschuldigte, Verdächtige und Zeugen. Bis Juli 1947 erschienen 60 Listen mit insgesamt 28 440 Personen, von denen Polen fast ein Viertel (6 197) gemeldet hatte. Die sechzehn beteiligten Staaten, die Sowjetunion war nicht darunter, bildeten nach Gründung der UNWCC nationale Einrichtungen, die Beweise sammeln und diese an die UNWCC weiterleiten sollten, um die betreffenden Personen auf die Listen setzen zu lassen. Der Eintrag war, zumindest zeitweise, nach dem Krieg Voraussetzung für die Auslieferung von Tätern. Die polnische Exilregierung richtete unmittelbar nach Einrichtung der UNWCC ein Büro für Kriegsverbrecherfragen ein, dessen Kriegsverbrecherkartei im Dezember 1943 bereits 4000 Namen umfasste. Mitte 1944 wurde innerhalb des Büros eine Abteilung gegründet, die sich eigens mit den deutschen Verbrechen gegen die Juden beschäftigen sollte.[6]

5 Vgl. Musial, NS-Kriegsverbrecher, S. 25; Kegel, Podstawy, S. 256; Bloxham, Pragmatismus, S. 141. Die Moskauer Erklärung ist abgedruckt in: Ueberschär (Hg.), Nationalsozialismus, S. 285 f. Zum Druck seitens der Exilregierungen vgl. Kochavi, Prelude, S. 20 ff.

6 Vgl. Kegel, Podstawy, S. 256 f.; Kobierska-Motas, Rząd Polski, S. 178 f. u. 193 f.; dies., Międzynarodowe listy, S. 317 ff. Dort auf S. 329 ff. auch eine detaillierte Aufstellung aller 60 Listen.

Mit der Besetzung Deutschlands trat die Kriegsverbrecher- und Auslieferungspolitik in eine neue Phase, denn jetzt konnte man der Täter habhaft werden. Das polnische Büro für Kriegsverbrecherangelegenheiten reagierte darauf, indem es polnische Verbindungsoffiziere zu den jeweiligen alliierten Streitkräften entsandte. Diese sicherten ab Sommer 1945 umfassend Beweise, indem sie die zahlreichen befreiten polnischen »Fremdarbeiter« befragten; außerdem erschlossen sie anderes Beweismaterial. Diese Einrichtung war aber nur von kurzer Dauer, da die Westalliierten auf Druck Stalins die polnische Exilregierung fallenließen und die neuen Machthaber in Warschau anerkannten.[7]

Seit ihrer Machtübernahme in Polen waren die Kommunisten in der Kriegsverbrecherfrage nicht untätig geblieben. Am 31. August 1944 verkündete das Polnische Komitee der Nationalen Befreiung das sogenannte Augustdekret, in dem für alle, die an Tötungen oder an politisch, »rassisch«, ethnisch oder religiös motivierter Verfolgung beteiligt waren, die Todesstrafe in Aussicht gestellt wurde.[8] Das Augustdekret wurde wesentliche Grundlage für die Verurteilung deutscher NS-Täter, mehr noch aber für die massenhafte Verurteilung tatsächlicher oder vermeintlicher polnischer Kollaborateure. Es mutierte zu einem Instrument der stalinistischen Machtsicherung im Land. Zur Aufklärung der Kriegsverbrechen in und an Polen wurde am 29. März 1945 die Hauptkommission für die Untersuchung der deutschen Verbrechen in Polen (*Główna Komisja Badania Zbrodni niemieckich w Polsce – GKBZNwP*) gegründet, die eine Schlüsselrolle bei der Vorbereitung der Auslieferungen und der Prozesse spielen sollte. Die Hauptkommission sollte durch umfangreiche Sammlungen von Dokumenten, Befragungen, Exhumierungen etc. Beweismaterial sichern und auf dieser Grundlage Auslieferungsanträge sowie Anklagen erstellen.[9]

Die Gründung der Hauptkommission war eine wichtige Voraussetzung für eine erfolgreiche Ahndung der NS-Verbrechen, allerdings hielten sich die Beschuldigten außerhalb ihrer Reichweite auf. Im Gegensatz zu den anderen ehemals deutsch besetzten Ländern verfügte Polen als einziges Land über keine Vertretung im besetzten Deutschland, die sich der Kriegsverbrecherfrage hätte annehmen können. Obendrein bestand zu den exilpolnischen Verbindungsoffizieren keinerlei Kontakt. Nachdem bereits der polnische Vertreter bei der UNWCC die Hauptkommis-

7 Vgl. Kobierska-Motas, Rząd Polski, S. 195 f.; Musial, NS-Kriegsverbrecher, S. 26.

8 Vgl. Borodziej, »Hitleristische Verbrechen«, S. 410 f.

9 Vgl. Pilichowski, Badanie, S. 4 ff.; Musial, NS-Kriegsverbrecher, S. 27 f.; Borodziej, »Hitleristische Verbrechen«, S. 410 ff.

sion vor der Gefahr gewarnt hatte, dass der Eindruck mangelnden Interesses Polens an einer Auslieferung der Täter entstehen könnte, regte das britische Außenministerium im Dezember 1945 die Einrichtung einer polnischen Militärmission an. Eine ähnliche Anregung kam Anfang 1946 vonseiten der Amerikaner. Erst jetzt verfügte Warschau die Gründung der Polnischen Militärmission zur Untersuchung von Kriegsverbrechen.[10]

Die Militärmission war für die Auslieferung von Kriegsverbrechern an Polen zuständig, sollte sich aber auf die wichtigsten Fälle konzentrieren, um effektiver arbeiten zu können und um die polnische Justiz nicht zu überfordern. Allerdings stellten ihre Mitglieder schnell fest, dass zu befürchten sei, viele Kriegsverbrecher könnten straffrei davonkommen. Daher machten sie sich für eine »Massenauslieferung« stark, der das polnische Justizministerium Ende April schließlich zustimmte. Nun galt es, Auslieferungsanträge für all diejenigen zu stellen, die in Polen oder gegen polnische Bürger Verbrechen verübt hatten. Damit standen die anfangs nur sechzehn Mitglieder der Militärmission vor einer gigantischen Aufgabe. Bereits zu Beginn ihrer Tätigkeit verfügten sie über Beweismaterial zu etwa 3000 Tätern, erhielten aber rasch zusätzliches umfangreiches Material von Briten und Amerikanern. Außerdem übergaben die exilpolnischen Verbindungsoffiziere, nach einer kurzen Periode parallelen Arbeitens, umfassende Unterlagen an die Militärmission und kooperierten zeitweise mit ihr.[11]

Ende März 1946 trafen zwei jeweils acht Personen umfassende Gruppen der Militärmission in Deutschland ein, je eine für die amerikanische und eine für die britische Zone. Unmittelbar danach fand die erste Auslieferung von NS-Tätern an Polen statt. Am 29. März 1946 wurden der Gauleiter des Reichsgau Wartheland, Arthur Greiser, und der Gouverneur des Distrikts Warschau, Ludwig Fischer, ausgeliefert. Bald folgten weitere: am 25. Mai der Warschauer Stadthauptmann, Ludwig Leist, Staatssekretär Joseph Bühler sowie der letzte Gouverneur des Distrikts Krakau, Carl Ludwig von Burgsdorff. Die polnische Presse berichtete ausführlich über die neu eingerichtete Militärmission und deren erste Erfolge.[12]

10 Vgl. Kobierska-Motas, Ekstradycja, cz. I, S. 90ff.; Gondek, Polskie Misje, S. 27f.

11 Vgl. Kobierska-Motas, Ekstradycja, cz. I, S. 94ff.; dies.: Rząd Polski, S. 180f.

12 Vgl. Kobierska-Motas, Ekstradycja, cz. I, S. 118ff.; zum Beispiel: Życie Warszawy, Nr. 61 (490), 2.3.1946, S. 1; ebenda, Nr. 79 (508), 20.3.1946, S. 1; ebenda, Nr. 90 (519), 31.3.1946, S. 1; ebenda, Nr. 144 (573), 26.5.1946, S. 1.

Die Mitarbeiter der Militärmission gingen trotz vielfältiger technischer und organisatorischer Probleme rege ans Werk. Sie sahen systematisch die Verzeichnisse der deutschen Internierten durch, suchten die Unterstützung von Opferverbänden, sichteten erhebliche Mengen an Dokumenten, führten Verhöre und stellten schließlich auf Grundlage dieser Erhebungen das Material für Auslieferungsanträge zusammen. Bei ihren Bemühungen um eine Auslieferung der Täter galt die Maßgabe, sich auf diejenigen Personen zu konzentrieren, die auf den nationalen oder internationalen Kriegsverbrecherlisten standen. Die sogenannte Massenauslieferung sollte nur noch verfolgt werden, wenn sie nicht mit diesen Fällen kollidierte. So gelang es den Vertretern der Militärmission in der amerikanischen Zone, immerhin insgesamt 1524 Auslieferungsanträge zu stellen, im Fall von 941 Personen gaben die amerikanischen Stellen dem Antrag auf Auslieferung allerdings nicht statt. In der britischen Besatzungszone erarbeiteten sie bis Ende Juni 1948 941 Auslieferungsanträge. Insgesamt gelang es den polnischen Behörden, die Auslieferung von 1817 Personen aus den vier Besatzungszonen zu erreichen, überwiegend aus der amerikanischen Zone (vgl. Tab. 15).[13]

Die zum Teil erheblichen Schwankungen bei den Auslieferungen zwischen den einzelnen Jahren hingen nicht allein mit der Effektivität der polnischen Militärmission zusammen, sondern vor allem auch mit der Auslieferungspraxis der Alliierten vor dem Hintergrund ihrer Deutschlandpolitik. Nach einer Phase relativer Großzügigkeit in Auslieferungsfragen verschärften die Amerikaner im Laufe des Jahres 1947 ihre Anforderungen und verhängten schließlich eine Frist bis zum 31. Dezember 1947. Danach ließen sie Auslieferungen nur noch in Ausnahmen zu. Ähnlich war die Entwicklung in der britischen Besatzungszone. Nach einer ausgesprochen liberalen Auslieferungspraxis wollten sich die britischen Behörden, auch auf Druck aus Großbritannien, der mutmaßlichen Kriegsverbrecher entledigen und die Internierungslager leeren. Daher sollten alle mutmaßlichen Kriegsverbrecher nach dem 1. Oktober 1947 entlassen werden, wenn von keiner Seite ein Auslieferungsantrag gestellt worden war. Schließlich wurden die Beweisanforderungen schrittweise erhöht. Ab Ende Februar 1948 bestand für die britische Zone in Hamburg ein Auslieferungstribunal, vor dem fortan alle anhängigen Auslieferungsbegehren verhandelt werden mussten. Diese im Grunde genommen vorgezogene Gerichtsverhandlung erschwerte Auslieferungen erheblich. Der antragstellende Staat musste in jedem Einzelfall stichhal-

13 Vgl. Kobierska-Motas, Ekstradycja, cz. I, S. 98, 118 ff., 143 ff., 161 f. u. 171.

tiges Beweismaterial vorlegen, zu dem sich der Betroffene mit Hilfe eines Anwalts äußern konnte. Zudem konnte er Zeugen benennen, die das Tribunal anhörte. Der antragstellende Staat jedoch war nicht verfahrensbeteiligt. Das Tribunal gab eine Empfehlung an den Militärgouverneur ab, der den Fall abschließend entschied. Bereits unmittelbar nach Einrichtung berichtete die Militärmission ernüchtert nach Warschau, dass Ende Februar 1948 52 Auslieferungsanträge vor dem Tribunal verhandelt worden seien, bei denen zuvor schon eine Zusage zur Auslieferung vorgelegen habe. Von 175 »polnischen Fällen« bis Ende November 1949 wurden lediglich 29 positiv entschieden. Ab dem 1. September 1948 wurden in der britischen Zone nur noch Auslieferungsanträge bearbeitet, wenn das zur Last gelegte Verbrechen auch im Sinne des deutschen Strafgesetzbuches Mord war. Das kam in der Praxis einem fast vollständigen Auslieferungsstopp gleich.[14]

Zur stetigen Verschärfung bis hin zum faktischen Abbruch der Auslieferungen trugen nicht nur die Veränderung der politischen Großwetterlage im aufziehenden Kalten Krieg und die damit einhergehende Änderung der Deutschlandpolitik der Westalliierten bei. Auch rechtliche und politische Bedenken gegen eine Auslieferung von Personen in den stalinistischen Machtbereich fanden in Großbritannien und den Vereinigten Staaten vermehrt Gehör, bestärkt durch Proteste von deutscher Seite. Bei den Internierten war von Beginn an die Angst vor einer Auslieferung groß, da viele fest mit einem unfairen Verfahren und der Todesstrafe rechneten. Überdies kursierten wilde Gerüchte über Misshandlungen begünstigt durch die Konzentrationspolitik von Briten und Amerikanern: Die Briten internierten alle Auslieferungskandidaten gemeinsam in Fischbek, ab 1948 in Fallingbostel, die Amerikaner in einem gesonderten Teil des Internierungslagers Dachau. Panik und Niedergeschlagenheit kulminierten in diesen Lagern immer dann, wenn wieder Transporte mit Häftlingen abgingen. Immer wieder gab es Selbsttötungen oder Versuche, sich das Leben zu nehmen, sei es aus bloßer Angst oder weil die Auslieferung tatsächlich bevorstand.[15]

14 Sprawozdanie Polskiej Misji Wojskowej dla Spraw Zbrodni Wojennych Oddział w Strefie Brytyskiej za miesiąc luty 1948 r., 5.3.1948, IPN, PMW BZW 25, Bl. 30; Musial, NS-Kriegsverbrecher, S. 30 ff.; Kobierska-Motas, Ekstradycja, cz. I, S. 61 ff. u. 154 ff.; Kegel, Podstawy, S. 262.

15 Der Leiter der Rechtsauskunftsstelle im 6. C.I.C. an das Zentraljustizamt für die Britische Zone, betr.: Selbstmord von Internierten wegen drohender Auslieferung nach Polen, 24.6.1948, BAK, Z 42 I/399, Bl. 21 f.; Losacker, Schwierigkeit, S. 208, BAK, NL 1466. Als Beispiel für kritische Berichterstattung über das Aus-

Der ehemalige Kreishauptmann Mogens von Harbou entzog sich am 18. Dezember 1946 der unmittelbar bevorstehenden Auslieferung durch Suizid.[16] Ähnlich war es im Fall von Hans Scheu, vor 1945 Kreishauptmann in Sochaczew und wegen seines fanatischen Kurses im Visier des Untergrunds. Nach dem Krieg gelang es den polnischen Behörden, seinen Aufenthaltsort ausfindig zu machen. Im Juni 1946 beantragte der polnische Vertreter bei der UNWCC die Verhaftung Scheus, um anschließend dessen Auslieferung betreiben zu können. In der Zwischenzeit entfalteten die Hauptkommission in Warschau sowie regionale Behörden des Kreises Sochaczew rege Aktivitäten, um Beweise und Zeugen ausfindig zu machen. Zwei Tage nach seiner Verhaftung im März 1947 verhörte ihn ein Mitarbeiter der Militärmission, Scheu stritt in dem Verhör jede Verantwortung für Verbrechen ab. Dennoch konnte und musste er wohl davon ausgehen, wegen seiner zahlreichen Verbrechen an Polen ausgeliefert und vielleicht auch zum Tode verurteilt zu werden. Einen Tag nach seiner Vernehmung entzog er sich dem, indem er sich in seiner Zelle erhängte.[17]

Die Gemengelage aus Suiziden, Selbsttötungsversuchen, Auslieferungen und haltlosen Gerüchten kulminierte im Oktober 1948 im Auslieferungslager Fallingbostel in einem Hungerstreik der Gefangenen, darunter auch Karl Glehn. Dem war die beabsichtigte Auslieferung von sieben Gefangenen an Polen vorangegangen. Zwei von ihnen nahmen sich das Leben, ein weiterer unternahm einen Suizidversuch; die übrigen vier Internierten aber wurden ausgeliefert. Die Insassen richteten Proteste unter anderem an das britische Außenministerium und wandten sich hilfesuchend an den Bischof von Chichester. In einem Brief an den britischen Gouverneur forderten sie den sofortigen Stopp von Auslieferungen an Polen, da es »unter bolschewistischer Führung ein Polizeistaat unter russischem Diktat« geworden sei. Stattdessen wünschten sie, vor ein britisches Militärgericht gestellt zu werden, da dieses »frei vom Geist des Bolschewismus«[18] sei. Dem deutschen Lagerleiter gegenüber begründeten sie ihren Vorstoß damit, dass es in Polen keine Verteidiger gebe, in der Bevölkerung aus Angst vor Repressalien niemand zu entlastenden

lieferungstribunal vgl. Hans Meckel, Vor dem Auslieferungs-Tribunal, Ein richterliches Verfahren hat die Willkür abgelöst, in: Deutsche Zeitung, 30.11.1949, S. 14; Wember, Umerziehung, S. 267 ff.

16 Vgl. IPN, PMW BZW 590, Bl. 63 u. 63 v.

17 IPN, BD 220, Bl. 8 u. 8 v., 14 u. 42; IPN, GKBZHwP 358, Bl. 9 ff.

18 Schreiben an den Herrn Gouverneur, 3. C.I.C. Fallingbostel, 17.10.1948, StArch Darmstadt, H 13 D Nr. 1290/222, Bl. 351 f. Zitate ebenda.

Aussagen bereit sei, dass die Deutschen Zwangsarbeit in Bergwerken leisten müssten, dass 50 Gefangene ertränkt worden seien und die Todesstrafe die Regel sei.[19] Nichts von alledem war zutreffend. Wilde Gerüchte hatten zu hysterischen Angstzuständen geführt.

Der Hungerstreik wurde bald publik. *Die Zeit* berichtete drei Tage nach dessen Beendigung unter der Überschrift »Lieber tot, als an die Polen ausgeliefert« ausführlich und mitfühlend. Josef Müller-Marein, Feuilletonchef der *Zeit* und Verfasser des Artikels, blies in das gleiche Horn wie die Inhaftierten und wurde nicht müde, zu betonen, dass doch »schon« drei Jahre seit dem Krieg vergangen seien. Nun müsse es, suggerierte er mehrfach, doch genug sein, zumal die Deutschen den Frieden nicht mehr bedrohten. Zudem berichtete er ausführlich über Unschuldige, die interniert seien oder gar ausgeliefert und in Polen misshandelt worden seien, über Polen, die aus Angst vor Verfolgung keine entlastenden Aussagen machen wollten, über Auslieferungsanträge gegen Unschuldige, einzig gestellt in der Hoffnung, die Namen systemfeindlicher Polen herauszufinden.[20]

Mit zeitlicher Verzögerung berichtete auch die Schweizer Zeitung *Die Tat* über den Hungerstreik in Fallingbostel und die Auslieferungen an Polen im Allgemeinen. Der Autor zeigte sich sehr verwundert darüber, dass nach einem Auslieferungsstopp im Falle anderer osteuropäischer Staaten trotzdem Auslieferungen (»Deportationen«) an Polen stattfänden. Auch er suggerierte, es gehe den kommunistischen Machthabern mehr darum, Polen aufzuspüren, Antikommunisten und Mitglieder des londontreuen Widerstands, die für die Deutschen aussagten. Wie in vielen Berichten arbeitete auch die *Tat* im Dienste einer klar ausgerichteten Sensationsmache mit vollkommen überhöhten und aus der Luft gegriffenen Zahlen – 3 000 Personen seien bereits an Polen ausgeliefert worden, noch einmal so viele säßen noch in Auslieferungslagern ein.[21] Auch deut-

19 Vgl. Wember, Umerziehung, S. 272; Hungerstreik gegen Auslieferung, in: Welt und Christ, 5.11.1948.

20 Vgl. Josef Müller-Marein, Lieber tot, als an die Polen ausgeliefert, in: Die Zeit, 28.10.1948. In einem Schreiben vom 6. Dezember 1948 an das Zentral-Justizamt für die Britische Zone verstieg sich Müller-Marein zu der Behauptung, in Fallingbostel säßen größtenteils Unschuldige ein, ohne dass er Beispiele nennen konnte oder wollte. Vgl. BAK, Z 21/1299, Bl. 66. Müller-Marein hatte vor 1945 u.a. Beiträge für den Völkischen Beobachter und Das Reich verfasst und war Autor von Landserromanen. Vgl. von der Heide/Wagener, »Weiter rechts als die CDU«, S. 169 u. 175; Klee, Kulturlexikon, S. 423.

21 G. von Uxull, Menschenjagd im Namen der Menschlichkeit, in: Die Tat, 4.12.1948, zit. nach Abschrift in: BAK, Z 21/1298, Bl. 61-63.

sche Behörden operierten mit haltlosen Zahlen. In einem undatierten Vermerk des Zentral-Justizamts für die britische Zone sprach der Verfasser davon, dass aus einem einzigen britischen Internierungslager allein im zweiten Halbjahr 1947 315 Personen an Polen ausgeliefert worden seien, mehr als doppelt so viele wie aus der gesamten britischen Besatzungszone tatsächlich im ganzen Jahr ausgeliefert worden waren.[22]

Kreishauptleute vor dem Auslieferungstribunal

Polen begehrte die Auslieferung von mehreren Kreishauptleuten aus der britischen Zone. Der Mehrzahl von ihnen kam die Änderung der britischen Auslieferungspolitik zugute: Die polnischen Auslieferungsanträge in ihren Fällen wurden lange nach Ende der liberalen Praxis in der britischen Zone gestellt. Daher kamen diese Anträge zur Verhandlung vor dem Auslieferungstribunal in Hamburg, das sich in allen Fällen für eine Ablehnung aussprach. Die Ursachen hierfür sind nicht allein in der nunmehr rigiden Verfahrensweise der britischen Besatzungsmacht zu suchen, sondern auch in grundlegenden Problemen bei der Beweiserbringung, vor denen polnische Behörden standen. Diese reichten von eher banalen organisatorischen Mängeln wie schlechter Personalausstattung und daraus resultierender Überlastung der ermittelnden Dienststellen über Beweisnot wegen der umfassenden Aktenvernichtung der Deutschen vor ihrem Abzug bis hin zu der Tatsache, dass Zeugen nur schwer beizubringen waren, weil viele Opfer deutscher Besatzungspolitik tot, wegen der Bevölkerungsverschiebungen und Deportationen nur schwer auffindbar waren oder Europa bereits verlassen hatten.

Ein relativ gut dokumentierter Fall, der vor dem Auslieferungstribunal verhandelt worden war, ist der des ehemaligen Kreishauptmanns von Tomaszów, Karl Glehn, den amerikanische Einheiten im Juni 1945 verhaftet und für ein Jahr interniert hatten. Anschließend ließ er sich in Köln nieder, wo er im März 1947 Arbeit fand. Mitte Februar 1948 wurde Glehn erneut festgenommen, nachdem ihn ehemalige Einwohner von Tomaszów auf der Straße erkannt hatten. Anfang März musste er sich in Celle einem Gerichtsverfahren stellen, das aber aus Mangel an Beweisen mit Freispruch endete. Noch am gleichen Tag kam er jedoch wieder in Haft, diesmal wegen des Verdachts auf Verbrechen gegen die Menschheit. Zu

22 Vermerk, o.D., BAK, Z 21/1298, Bl. 11. Auch das Hamburger Abendblatt führte an, dass innerhalb von sechs Monaten aus nur einem Lager 300 Personen an Polen ausgeliefert worden seien. Vgl. Hungerstreik in Fallingbostel, Hamburger Abendblatt, 25.10.1948, S. 2.

Glehns Verhaftung trug ein Zeitungsartikel in der *Niedersächsischen Volksstimme* bei, der einen Tag vor der Verhandlung erschienen war. Der Artikel stützte sich auf Zeugenaussagen jüdischer Überlebender aus Tomaszów, die sie im Februar und März 1948 bei den Jüdischen Komitees in Hannover und Celle abgelegt hatten. Die polnische Militärmission wurde umgehend aktiv und stellte einen Auslieferungsantrag. Dennoch kam Glehn nach wenigen Tagen wieder auf freien Fuß, da er nicht auf einer UNWCC-Liste vermerkt war. Die wiedergewonnene Freiheit war jedoch nur von kurzer Dauer, Anfang September 1948 wurde er wegen der gleichen Vorwürfe erneut festgenommen und im Auslieferungslager Fallingbostel interniert. Dort engagierte er sich in der Rechtsberatungsstelle für Mitgefangene und war auch in die Protestaktion der Internierten involviert, möglicherweise sogar Verfasser des Protestschreibens.[23]

Glehns Verhandlung begann am 25. Oktober mit der Präsentation der Vorwürfe gegen ihn und mit der Anhörung von Belastungszeugen. Ihm wurde die eigenhändige Tötung von acht Juden, die Anordnung von Erschießungen von Juden und Polen sowie Beteiligung an der Verfolgung der Juden zur Last gelegt. Dabei stützte man sich unter anderem auf die Aussagen von vier jüdischen Überlebenden, die vor dem Tribunal aussagten. Einer von ihnen gab zu Protokoll, gesehen zu haben, wie Glehn am 27. Oktober 1942 anlässlich der Deportation von mehreren tausend Juden am Bahnhof gewesen sei und dort selbst einen älteren Mann erschossen habe. Ein Schneider aus Tomaszów, der Glehn den Anzug geschneidert hatte, den er am Verhandlungstag trug, berichtete, wie Glehn vor seinen Augen Menschen geschlagen und erschossen habe. So habe er einen jüdischen Schneider im Hof der Schneiderei erschossen, da dieser einen Anzug nicht rechtzeitig fertiggestellt habe. Diese Aussage bestätigte der dritte Zeuge, ein Tischler, der den Vorgang in der Nähe der Tischlerwerkstatt

23 Karl Glehn, Anlage zum Fragebogen vom 2.9.1948, HStA Düsseldorf, NW 1049-00447, o.P.; Rechtsanwalt Müller an den Parteivorstand der SPD in Hannover, 15.1.1949, ebenda; Prosecution Department c/o HQ Kreis Group Celle an Polish Military Mission für the Investigations of War Crimes in Europe, 8.3.1948, IPN, BD 637, Bl. 52; Gerichtsgefängnis Celle, Bescheinigung, 7.12.1948, StArch Darmstadt, H 13 D Nr. 1290/94, Bl. 35; Karl Glehn, Vernehmung vor dem polnischen Hauptmann Grabowski am 20.2.1948, o.D., ebenda, Bl. 137ff.; Sprawozdanie Polskiej Misji Wojskowej dla Spraw Zbrodni Wojennych Oddział w Strefie Brytyjskiej za miesiąc luty 1948 r., 5.3.1948, IPN, PMW BZW 25, Bl. 31; Sprawozdanie z działalości Oddz. Brytyjskiego Polskiej Misji Wojskowej dla Spraw Zbrodni Wojennych za miesiąc marzec 1948, 8.4.1948, ebenda, Bl. 34; Karl Glehn, Verhandlungsverlauf vor dem Tribunal am 25.10.1948, 26.10.1948, StArch Darmstadt, H 13 D Nr. 1290/94, Bl. 127.

beobachtet hatte. Der vierte und letzte Belastungszeuge, ein Schuster aus Tomaszów, schilderte, dass seine vierjährige Tochter vor seinen Augen von Glehn erschossen worden sei. Der Verteidiger, dessen Fragen im Protokoll nicht enthalten sind, vermutete hinter den Aussagen Absprachen und erwirkte Aufschub, um Entlastungszeugen für Glehn beibringen zu können.[24]

Am nächsten Verhandlungstag trat ein weiterer Belastungszeuge auf, der im Herbst 1941 unter Glehns Aufsicht gemeinsam mit etwa 400 Juden vom Sonderdienst aus dem Ghetto geholt und zur Zwangsarbeit nach Zawada gebracht worden war. Einige Tage danach sei Glehn mit dem stellvertretenden Kreishauptmann Frees dort erschienen und habe mangelnden Arbeitseifer moniert. Zur Abschreckung hätten sie zwei Männer vor aller Augen erschossen. Ferner habe er eines Tages aus seinem Haus an der Grenze des Ghettos in Tomaszów beobachtet, wie Glehn ein kleines Mädchen erschossen habe, das sich außerhalb des Ghettos aufgehalten hatte. Am letzten Verhandlungstag im Dezember erhielt Glehn die Gelegenheit, sich zu den Vorwürfen zu äußern, die er allesamt zurückwies. Dabei scheute er auch vor absurd anmutenden Argumenten nicht zurück: Er habe nie jüdische Arbeiter aus dem Ghetto holen und zur Zwangsarbeit nach Zawada bringen lassen. Eine solche Aktion, so Glehn, hätte mehrere Stunden dauern müssen, wofür ihm schlicht die Zeit gefehlt habe. Glehn berief sich zur Untermauerung seiner Unschuld darauf, dass er unbescholten aus dem Internierungslager Moosburg entlassen worden war und dass das Verfahren gegen ihn in Celle mit seiner Freilassung geendet habe.[25]

In der gleichen Verhandlung traten vier Entlastungszeugen auf, darunter Ernst Woltje, der mit einer bemerkenswerten Karriere aufwarten konnte. Er arbeitete während der Besatzungszeit in der Abteilung Innere Verwaltung im Distrikt Radom, deren Leiter er ab Januar 1943 war. Als er vor dem Tribunal auftrat, war Woltje Öffentlicher Kläger beim Entnazifizierungsausschuss in Hannover; offenkundig war damit der Bock zum Gärtner gemacht worden. Woltjes neue Position wird der ausschlaggebende Punkt daür gewesen sein, dass Glehn ihn als Entlastungszeugen aufrufen ließ. Konkretes zu den Vorwürfen konnte Woltje nämlich nicht

24 Protokoll der Verhandlung des Auslieferungstribunals, 15.9.1948, StArch Darmstadt, H 13 D Nr. 1290/94, Bl. 6; Protokoll der Verhandlung des Auslieferungstribunals, 25.10.1948, ebenda, Bl. 8 ff.

25 Protokoll der Verhandlung des Auslieferungstribunals, 19.11. u. 15.12.1948, ebenda, Bl. 13 ff. u. 20 ff.

beitragen, sondern lediglich ein allgemeines – selbstredend positives – Leumundszeugnis ausstellen.[26]

Zum Ende der Verhandlung hob Glehns Verteidiger ausführlich auf Widersprüche zwischen den Zeugenaussagen ab. Damit rannte er offene Türen ein: Bereits während der ersten Verhandlungstage hatte der Vorsitzende in seinen Notizen zu einzelnen Zeugen vermerkt, dass sie unglaubwürdig seien. Lediglich den Zeugen, der zum Komplex Zawada ausgesagt hatte, hielt er für einen sehr guten und klaren Zeugen, der auch im Kreuzverhör nicht ins Wanken geraten sei. Anfang 1949 sprach der Vorsitzende die Empfehlung aus, Glehns Auslieferung wegen Unglaubwürdigkeit der Zeugen abzulehnen. An der Aussage des einzigen für glaubwürdig befundenen Zeugen bekrittelte er, dass dieser sich nicht erinnern konnte, ob Glehn das Mädchen morgens oder nachmittags erschossen habe. Obendrein erschien dem Vorsitzenden die Distanz von 30 bis 50 Metern, aus der der Zeuge den Vorfall beobachtet hatte, als zu groß. Die Auslieferung Glehns wurde daher abgelehnt.[27] Das Auslieferungstribunal stand, wie es scheint, bereits unter stärkerem Druck, Auslieferungsfälle sehr rigide zu handhaben, oder kam dem Kurswechsel der britischen Besatzungsmacht vorauseilend entgegen, wenn derart geringfügige Kritik an einer im Übrigen als glaubwürdig eingestuften Zeugenaussage ausreichte, das Auslieferungsbegehren abzulehnen.

In dem Verfahren spielten auch eidesstattliche Erklärungen eine Rolle. Eine Reihe ehemals im Distrikt Radom tätiger Deutscher verwandte sich für Glehn, indem sie im Wesentlichen die von Glehn wahrheitswidrig aufgestellte Behauptung bestätigten, dass einzig SS und Polizei für die Ghettos verantwortlich gewesen seien und dass alleine das Arbeitsamt, das Glehn nicht unterstanden habe, für die Verschickung von Arbeitskräften nach Deutschland zuständig gewesen sei. Außerdem hoben viele auf seine persönliche Integrität ab. Solche Erklärungen stellten auch darin bereits routinierte ehemalige Spitzenfunktionäre des Generalgouvernements aus, so zum Beispiel Ludwig Losacker und dessen Nachfolger als Präsident der Hauptabteilung Innere Verwaltung, Harry von Craushaar. Die akut drohende Auslieferung an Polen führte dazu, dass sich

26 Ebenda, Bl. 25 ff.

27 Ebenda, Bl. 27 ff.; Chairman's Notes and Recommendation, ebenda, Bl. 31 ff.; Recommendation – Case No. P. 122, 3.1.1949, ebenda, Bl. 3; IPN, GKBZHwP 961, Bl. 5.

auch sonst eher zögerliche Personen bereit fanden, eine Erklärung auszustellen.[28]

Detaillierte Absprachen wurden in solchen Fällen noch bereitwilliger mitgemacht als in »normalen« Entnazifizierungsverfahren. Eine politische Überprüfung der Entlastungszeugen seitens des Tribunals fand nicht statt. Das teilte Glehn auch einem alten Bekannten aus Tomaszów mit, um dessen Befürchtungen zu zerstreuen. Glehn wandte sich aus dem Internierungslager heraus an frühere Bekannte und Mitarbeiter und bat diese um Bescheinigungen. Dabei beschränkte er sich nicht, den gewünschten Tenor solcher Erklärungen im Brief mehr als nur zu suggerieren, sondern verschickte vollständige Entwürfe bzw. drang auf Änderung einzelner Passagen, die andernfalls zu seinen Lasten hätten ausgelegt werden können oder die ihm noch nicht positiv genug erschienen.[29]

Parallel dazu bemühte sich seine Familie um die Mobilisierung der Öffentlichkeit. Sein Bruder wandte sich an den evangelischen Landesbischof und den niedersächsischen Ministerpräsidenten Hinrich Wilhelm Kopf. Letzterer war selbst ins Visier der polnischen Auslieferungspolitik geraten, da er zeitweise bei der Haupttreuhandstelle Ost angestellt und mit der Beschlagnahme polnischen Vermögens befasst war.[30] Außerdem versorgte Glehns Bruder die Presse mit Material, unter anderem gab er den Protestbrief der Internierten von Fallingbostel weiter. Glehns Frau versuchte die FDP in Nordrhein-Westfalen für ihren Mann einzuspannen und traf dort auf offene Ohren; der Anwalt hatte den Parteivorstand

28 Zum Beispiel: M.L., Eidesstattliche Erklärung, 20.4.1948, StArch Darmstadt, H 13 D Nr. 1290/170, Bl. 150-152; Ludwig Losacker, Eidesstattliche Versicherung, 26.10.1948, ebenda, Nr. 1290/94, Bl. 92; Harry von Craushaar, Eidesstattliche Erklärung, 15.10.1948, ebenda, Bl. 43 f.

29 Schreiben Glehns an Albert Asel, 21.11.1948, StArch Darmstadt, H 13 D Nr. 1290/222, Bl. 413 u. 413 v.; Schreiben Glehns an Albert Asel, 26.11.1948, ebenda, Bl. 424. Albert Asel war Leiter des Verpflegungslagers der Organisation Todt in Tomaszów. Glehns Wunsch nach einer Erklärung kam er nach, vgl. Eidesstattliche Erklärung, 24.12.1948, ebenda, Nr. 1290/94, Bl. 39 f. Vgl. auch Schreiben Glehns an M.L., seine Sekretärin, 20.11.1948, StArch Darmstadt, H 13 D Nr. 1290/222, Bl. 410.

30 Polens Auslieferungsbegehren gegen Kopf und dessen Vergangenheit wurden in der polnischen Presse ausführlich behandelt. Vgl. zum Beispiel Życie Warszawy, Nr. 24 (1167), 24.1.1948, S. 1; ebenda, Nr. 28 (1171), 28.1.1948, S. 2; ebenda, Nr. 29 (1172), 29.1.1948, S. 2; ebenda, Nr. 32 (1175), 1./2.2.1948, S. 3; ebenda, Nr. 151 (1204), 3.6.1948. Kopf war bereits 1919 der SPD beigetreten und nach der Machtübernahme von den Nationalsozialisten 1934 aus dem Staatsdienst entlassen worden.

der SPD in Hannover für den Fall interessiert. Schließlich wandte sich Frau Glehn auch an ein Mitglied des britischen Unterhauses und bat dieses um Intervention beim britischen Hauptquartier in Herford, wo die endgültige Entscheidung über ihren Mann getroffen werden sollte. Besonders hob sie die Selbstmorde im Auslieferungslager Fallingbostel hervor, die in den Wochen zuvor für viel Aufsehen gesorgt hatten.[31] Ob diese Bemühungen zur ablehnenden Entscheidung der Briten beigetragen hatten, muss offenbleiben. Jedenfalls haben sich, in welcher Form auch immer, Konrad Adenauer, Erich Ollenhauer und Ministerpräsident Kopf für Glehn eingesetzt.[32]

Glehn berief sich bei seiner Verteidigung nicht allein auf die Entlastungszeugnisse, sondern erwies sich als erfinderisch. Im Verhör vor dem Tribunal am 15. Dezember 1948 berichtete er von einer bemerkenswerten Begebenheit, durch die er sich zusätzlich entlastet sah: Auf dem Rückweg von einer Versammlung sei er durch einen Ort gekommen, dessen Markplatz vollkommen menschenleer gewesen sei. Plötzlich habe er Schüsse gehört und sei daraufhin in die Apotheke am Platz gegangen. Dort habe man ihm gesagt, dass der Ort von Widerstandskämpfern umzingelt sei und drei Wehrmachtssoldaten gefangen genommen worden seien. Glehn habe sich auf Nachfrage als Kreishauptmann zu erkennen gegeben, sei aber nicht gefangen genommen worden. Auf sein Verlangen seien die drei Soldaten freigelassen worden. Schließlich habe man ihn auch gewarnt, weiterzufahren, da ihm sonst Gefahr drohe. Er solle lieber den Weg, den er gekommen war, zurückfahren.[33]

Glehn maß dem für seine Verteidigung so hohe Bedeutung bei, dass er sich nicht allein auf seine eigene Einlassung vor dem Tribunal verlassen wollte. Er versicherte sich der Zeugenaussage seines damaligen Kreislandwirts Kurt Straube, den er vor seiner Internierung besucht hatte. Im Oktober 1948 schickte Glehn ihm aus Fallingbostel eine vorbereitete

31 Brief des Bruders an Karl Glehn, 26.10.1948, ebenda, Bl. 376. Zitat ebenda; Schreiben von Rechtsanwalt Müller an Hans Stephan, Parteivorstand der SPD, 15.1.1949, ebenda, Bl. 523 ff.; Schreiben des Landesverbands Nordrhein-Westfalen der FDP an H. Glehn, 19.1.1949, ebenda, Bl. 532; Schreiben von Rechtsanwalt Müller an H. Glehn, 25.1.1949, ebenda, Bl. 541; Schreiben von H. Glehn an Stokes, 31.1.1949, ebenda, Bl. 545.

32 So Glehn im Entnazifizierungsverfahren: Schreiben Glehns an den Hauptentnazifizierungsausschuss des Regierungsbezirks Köln, 16.3.1949, HStA Düsseldorf, NW 1049-00447, o.P.

33 Protokoll der Verhandlung des Auslieferungstribunals, 15.12.1948, StArch Darmstadt, H 13 D Nr. 1290/94, Bl. 21.

eidesstattliche Versicherung, die Straube nur noch unterschreiben musste, was dieser auch bereitwillig tat. In dieser Erklärung bestätigte er Glehns Version und folgerte daraus: »Wer als Deutscher in Polen etwas Unrechtes den Polen getan hatte und in die Hände von Partisanen fiel, dessen Schicksal war besiegelt. Für mich war dieses Vorkommnis der überzeugende Beweis dafür, dass Dr. Glehns und auch meine Arbeit in polnischen Kreisen als korrekt angesehen worden ist.«[34] Nachdem das Verfahren im November wider Erwarten nicht abgeschlossen worden war, verfuhr Glehn ähnlich und schickte Straube eine vorformulierte Ergänzung für dessen Entlastungserklärung, die auf die neuen Vorwürfe zugeschnitten war. Außerdem versuchte er, andere zu einer Bestätigung dieser Geschichte zu bewegen.[35] Im Auslieferungsverfahren hatte die Legende von der dramatischen Begegnung mit polnischen Partisanen Bestand, ohne dass sie aber die Bedeutung erlangte, die Glehn ihr beimaß.

An dieser Legende hielt Glehn auch in den folgenden Jahren fest und schmückte sie mit weiteren Details aus. In einem Gespräch mit Johannes Hopf vom Bundesarchiv im Sommer 1960, in dem Glehn ohnehin keine kritischen Fragen fürchten musste, erzählte er erneut die Geschichte, diesmal etwas dramatisiert und mit Spannungselementen versehen.[36] Erst durch das Ermittlungsverfahrens der Staatsanwaltschaft Darmstadt gegen Glehn wurde dieser Legende der Boden entzogen. Konfrontiert mit seiner eidesstattlichen Erklärung, musste Straube eingestehen, dass diese von Glehn vorgefertigt war und in den wesentlichen Inhalten bewusst falsch und zum Teil frei erfunden war. Eine derart dramatische Begegnung mit polnischen Widerstandskämpfern hatte nie stattgefunden. Straube und Glehn kamen seinerzeit erst in den Ort, als die Partisanen längst abgezogen waren. Nie, das musste Straube einräumen, hatten sie sich in irgendeiner Gefahr befunden.[37]

34 Kurt Straube, Eidesstattliche Erklärung, 19.10.1948, HStA Düsseldorf, NW 1049-00447, o.P.; Schreiben Glehns an Straube, 12.10.1948, StArch Darmstadt, H 13 D Nr. 1290/222, Bl. 338.

35 Schreiben Glehns an Straube, 20.11.1948, StArch Darmstadt, H 13 D Nr. 1290/222, Bl. 412; Schreiben Glehns an M.L., 20.11.1948, ebenda, Bl. 410.

36 BA Bayreuth, Niederschrift eines Tonbandgespräches zur Dokumentation der Kreis- und Stadtverwaltungen des Generalgouvernements, hier: Kreis Jendrzejow 1939-1940, Kreis Tomaszow Mazowiecki 1940-45, 20.8.1960, Ost-Dok 13/309, Bl. 10. Ausführlicher zur Ostdokumentation des Bundesarchivs und den Gesprächen mit ehemaligen Kreishauptleuten vgl. Kap. 9.

37 Vernehmung von Hugo Kurt Straube, 12.2.1965, StArch Darmstadt, H 13 D Nr. 1290/8, Bl. 1324f.

Glehn stand mit seiner Legende von einer vermeintlichen folgenlosen Begegnung mit polnischen Widerstandskämpfern weder allein, noch war er der Erfinder dieser Mär. Viele Kreishauptleute bedienten sich ihrer. Mehr als zwei Jahre vor ihm war zum Beispiel mit Wilhelm Schäfer bereits ein anderer Kreishauptmann auf die Idee gekommen, sich ein solches Treffen von dritter Seite bestätigen zu lassen. Ein ehemaliger Gutspächter im Kreis Busko trieb diese Entlastungsstrategie in einer Bescheinigung für Schäfer auf die Spitze: Im Juli 1944 habe ihm der polnische Kutscher Schäfers von einer solchen Begegnung berichtet. Die Kutsche des Kreishauptmanns sei von Partisanen angehalten worden. Nachdem diese aber gehört hätten, dass sie es mit dem Kreishauptmann zu tun hätten, hätten sie Schäfer versichert, er könne sich jederzeit frei im Kreis bewegen, ihm werde nichts geschehen. Der Gutspächter behauptete weiter, dass ihm häufiger aus Widerstandskreisen versichert worden sei, dass Schäfer sich Tag und Nacht frei und ohne jede Gefahr in seinem Kreis bewegen könne.[38] Diese an sich schon unglaubwürdige Einlassung wird noch unwahrscheinlicher durch den Umstand, dass das vermeintliche Gespräch mit dem Kutscher im Juli 1944 stattgefunden haben soll, als kaum ein Deutscher in einer führenden Position sich ohne erhebliche Gefahr frei bewegen konnte. Überdies unterstellt der »Freifahrschein« seitens des Widerstands eine Homogenität des polnischen Untergrunds, die es zu keinem Zeitpunkt gegeben hat. Für den unwahrscheinlichen Fall, dass Schäfer eine solche Zusicherung von den Mitgliedern *einer* Untergrundorganisation erhalten hätte, hätte es immer noch zahlreiche andere Gruppierungen gegeben, die eine Bedrohung für ihn dargestellt hätten.

Die Mär von derartigen Begegnungen wurde vermutlich in den Internierungslagern der Alliierten geboren, in denen sich viele einstige Beamte aus dem Generalgouvernement nach den Wirren in der Kriegsendphase wieder trafen und Gelegenheit hatten, Absprachen zu treffen, Strategien zu entwickeln und sich gegenseitig Entlastungszeugnisse auszustellen bzw. Kontaktadressen auszutauschen.

Doch zurück zu Glehn: Die sich über Monate hinziehende Ungewissheit, ob es zu einer Auslieferung an Polen kommt, hat Glehn sehr zugesetzt. Seinen alten Anschauungen treu, kommentierte er das Verfahren in einem Brief an seinen Anwalt bitter: »Die Macht der Juden wird immer

38 F.H., Erklärung, 27.5.1946 (Abschrift), StArch Ludwigsburg, EL 902/5, Bü 4824, Bl. 10.

noch unterschätzt.«[39] Der weitere Verlauf seiner Sache vor dem Tribunal beruhigte ihn keineswegs. Im Gegenteil: Nach seiner eigenen Vernehmung war er sehr niedergeschlagen und vermutete, dass die Entscheidung längst gegen ihn gefallen sei. Außerdem bedrückte ihn der Umstand, dass der Vorsitzende des Tribunals schon in weitaus leichteren Fällen eine Auslieferung befürwortet habe. Die gleichzeitig zu seinen Verhandlungen positiv beschiedenen Auslieferungsanträge sind in ihrer Wirkung auf Glehn und die übrigen Auslieferungskandidaten im Wartestand kaum zu unterschätzen, zumal es auch in dieser Zeit immer wieder zu Suiziden kam.[40] Die Wirkung dieser Vorfälle war auch deshalb so stark, weil in Fallingbostel zu diesem Zeitpunkt deutlich weniger als 100 Internierte einsaßen, es sich also keinesfalls um eine große und anonyme Lagergemeinschaft handelte.

Die innere Bindung dieser Lagergemeinschaft, verstärkt durch die gemeinsam erfahrene Bedrohung und die vereinte Protestaktion, war so stark, dass Glehn sich sogleich nach seiner Entlassung bis zur Auflösung des Lagers weiter für seine ehemaligen Lagerkameraden einsetzte. Im März 1949 wandte er sich an Konrad Adenauer, den Präsidenten des Parlamentarischen Rates in Bonn, dem er die Zustände im Lager hinsichtlich Verpflegung und Behandlung seitens der Briten als durchaus korrekt schilderte. Das alles trete aber »gegenüber der seelischen Not zurück«, die äußerst groß sei und von der man sich nur schwer ablenken könne. Die Verhandlungen vor dem Tribunal und die Auslieferungen seien Tagesgespräch unter den Gefangenen. Viele hielten der Nervenanspannung der langen Wartezeit auf eine endgültige Entscheidung von sechs bis zehn Wochen nicht stand und setzten ihrem Leben ein Ende. Kaum einer wolle es darauf ankommen lassen, »sich der bolschewistischen Justiz übergeben« zu lassen, viele nähmen sich daher lieber das Leben. Träte anstelle der Auslieferung an Polen die Überweisung der Fälle an ein britisches Gericht, wäre, so Glehn, viel für die Internierten gewonnen.[41]

Welchen Erfolg er mit seiner Eingabe erzielt hat, bleibt ungewiss. Sie war, das ist zu vermuten, nur eine von vielen, die in der Masse ihre Wir-

39 Schreiben Glehns an Rechtsanwalt Müller, 16.11.1948, StArch Darmstadt, H 13 D Nr. 1290/222, Bl. 399.

40 Schreiben Glehns an Rechtsanwalt Müller, 17.12.1948, ebenda, Bl. 478 u. 478 v.; Schreiben Glehns an Rechtsanwalt Müller, 21.12.1948, ebenda, Bl. 485; Schreiben von Rechtsanwalt Müller an Hans Stephan, Parteivorstand der SPD, 15.1.1949, ebenda, Bl. 525.

41 Schreiben Glehns an den Präsidenten des Parlamentarischen Rates, Konrad Adenauer, 19.3.1949, StArch Darmstadt, H 13 D Nr. 1290/222, Bl. 562. Zitate ebenda.

kung auf einen großen Teil der Politik und der Kirchen nicht verfehlt haben. Politik und Kirchen setzten sich jedenfalls bei den Alliierten vehement für ein Ende der Auslieferungen, der Kriegsverbrecherprozesse in Deutschland und für eine Amnestie bereits verurteilter NS-Täter ein. Die Politik der Alliierten war in weiten Teilen bereits im Fluss, so dass die Kriegsverbrecher-Lobby in vielen Punkten offene Türen einrannte.[42] Das Auslieferungslager Fallingbostel wurde am 2. Juni 1949, wenige Monate nach Glehns Entlassung, aufgelöst, und die restlichen Internierten kamen in das Werler Kriegsverbrecher-Gefängnis und in ein Hamburger Gefängnis. Außerdem gab es 1949 nur noch acht Auslieferungen an Polen, im Jahr darauf lediglich zwei, darunter allerdings einen kapitalen Fall: den ehemaligen Gauleiter von Ostpreußen, Erich Koch.[43]

Glehn, nach seiner Entlassung aus Fallingbostel zunächst arbeitslos, musste nun noch seine Entnazifizierung betreiben, um beruflich wieder Fuß fassen zu können. Das geriet zur reinen Formsache und war innerhalb kürzester Zeit abgeschlossen. Die für ihn entscheidenden Vorbereitungen hatte er bereits getroffen: Die Erklärungen gegen seine Auslieferung konnten erneut ihren Zweck erfüllen. Es überrascht nicht, dass Glehn nun auch den Ausgang des Auslieferungsverfahrens hervorhob und auf die Fürsprache Adenauers, Ollenhauers und Kopfs verwies. Zudem machte er sich die mittlerweile praktizierte schnelle und großzügige Abwicklung der Entnazifizierung als Argument zunutze, indem er darauf verwies, dass sogar Alt-Parteigenossen immer häufiger in die Kategorie der Entlasteten eingestuft würden. Vielleicht hatte er damit überzogen. Denn der Ausschuss stufte ihn als Mitläufer ein und entzog ihm das passive Wahlrecht. Zwar würdigte man die Entlastungszeugnisse, sah in Glehn aber einen hemmungslosen Karrieristen, bei dem Vorsicht am Platze sei. Auch wenn es nicht die von Glehn erhoffte volle Entlastung war, ließ sich mit dieser doch milden Entscheidung trefflich leben. Ein ehemaliger Mitinternierter vermittelte Glehn eine Stelle bei der Steinzeughandelsgesellschaft in Hannover, wo er bald Karriere machte. Nach Anläufen, wieder Verwendung in der Verwaltung zu finden, ließ Glehn davon ab, da er, wie er in den sechziger Jahren aussagte, erst abwarten wollte, wie sich seine neu erworbene Stelle entwickelte.[44] Wahrscheinli-

42 Vgl. Frei, Vergangenheitspolitik, S. 135ff.; BAK, Z 21/1299, passim.

43 Vgl. Wember, Umerziehung, S. 273. Zu Koch vgl. auch Frei, Vergangenheitspolitik, S. 173f.

44 Schreiben Glehns an den Hauptentnazifizierungsausschuss des Regierungsbezirks Köln, 16.3.1949, HStA Düsseldorf, NW 1049-00447, o.P.; Beschluss des Entnazifizierungs-Hauptausschusses für den Regierungsbezirk Köln, 25.4.1949,

cher erscheint jedoch, dass die Erfahrungen der vergangenen Jahre und die Sorge vor einer erneuten Überprüfung Glehn abschreckte.

Vor Gericht

Auch wenn die Auslieferung in mindestens acht Fällen scheiterte und sich zwei ehemalige Kreishauptleute einer Auslieferung durch Suizid und andere durch das Abtauchen in die Illegalität entzogen, waren die Bemühungen der polnischen Behörden immerhin in acht Fällen von Erfolg gekrönt: Fünf wurden 1946, zwei 1947 und einer 1948 an Polen ausgeliefert. Die Hälfte der ehemaligen Kreis- und Stadthauptleute kam aus der amerikanischen Besatzungszone, drei aus der britischen und einer aus der französischen. Es kam jedoch nur in fünf Fällen zum Prozess; Otto Bethke starb Anfang 1948 in polnischer Haft, und Friedrich Seemann nahm sich ein halbes Jahr nach seiner Auslieferung das Leben. Helmuth Otto, für wenige Wochen im September und Oktober 1939 de facto Stadthauptmann in Warschau, konnte, nachdem er im Oktober 1946 ausgeliefert worden war, Polen ohne Prozess im März 1948 wieder verlassen.[45]

Gesetzliche Grundlage für die Prozesse gegen ehemalige Besatzungsfunktionäre in Polen war das Augustdekret von 1944. Kurz nach dessen Verabschiedung gab es erste Prozesse gegen NS-Täter auf polnischem Boden.[46] Am 22. Januar 1946 wurde das Oberste Nationaltribunal (*Najwyższy Trybunał Narodowy* – NTN) gegründet, das fortan oberste Instanz bei der Verfolgung von Kriegsverbrechen in Polen war, zuständig vor allem für diejenigen Täter, die an Polen ausgeliefert wurden, es sei denn, das NTN verwies die Fälle an die Bezirksgerichte. Nach dem Urteil im Nürnberger Hauptkriegsverbrecher-Prozess gab es eine Novelle des Augustdekrets, mit der auch die Mitgliedschaft in den für verbrecherisch erklärten Organisationen unter Strafe gestellt wurde. Damit waren die wesentlichen Grundlagen für die Prozesse gegen deutsche Kriegsverbrecher geschaffen, mit deren Hilfe das NTN in seinen beiden ersten Verfahren zum Beispiel den ehemaligen Gauleiter des Reichsgaus War-

ebenda; Vernehmung von Karl Glehn, 12.11.1964, BAL, B 162/II AR-Z 12/63, Bd. 4, Bl. 661.

45 Vgl. Kobierska-Motas, Ekstradycja, cz. II, S. 40, 57, 65 f., 146, 148, 176 u. 211.

46 Vgl. Borodziej, »Hitleristische Verbrechen«, S. 419 f.; Kobierska-Motas, Ekstradycja, cz. II, S. 23, Anm. 19.

theland, Arthur Greiser, oder den einstigen Lagerkommandanten von Płaszów, Amon Göth, im Sommer 1946 zum Tode verurteilte.[47]

Der dritte Prozess vor dem NTN richtete sich gegen führende Funktionäre aus dem Distrikt Warschau. Vom 17. Dezember 1946 bis zum 24. Februar 1947 mussten sich der ehemalige Gouverneur des Distrikts Warschau, Ludwig Fischer, der langjährige Stadthauptmann von Warschau, Ludwig Leist, der erste KdS im Distrikt, Josef Meisinger, sowie der erste KdO, Max Daume, vor dem Tribunal verantworten. Die polnischen Justizbehörden entschieden sich dafür, die vier in einem gemeinsamen Prozess anzuklagen, in dem die deutschen Verbrechen im Distrikt Warschau insgesamt geahndet werden sollten. Das Verfahren hatte für die Bevölkerung Warschaus hohe Bedeutung, standen doch erstmals die führenden Funktionäre vor Gericht, die für viele ihrer Leiden maßgeblich verantwortlich gewesen waren. Dementsprechend war der Prozess von starken Emotionen in der Stadt, in der Presse und im Zuschauerraum selbst begleitet, die sich auch in heißen Gefechten zwischen Anklage und Verteidigung niederschlugen, bis hin zu heftigen Wortwechseln zwischen Angeklagten und Zeugen. Neben einer Vielzahl an Zeugen holte das Gericht Gutachten über verschiedene Aspekte der Besatzungspolitik und der Tätigkeit der Angeklagten ein.[48]

Am 3. März 1947 verkündete das Tribunal sein Urteil: Fischer, Meisinger und Daume verurteilte es zum Tode, Leist zu einer Gefängnisstrafe von acht Jahren. Zentrales Element des Urteils war ein Novum in der polnischen Rechtsprechung, das grundlegende Bedeutung auch für spätere Prozesse gegen ehemalige Funktionäre aus den Reihen der Verwaltung erlangen sollte: Das Oberste Nationaltribunal folgte der Forderung der Staatsanwaltschaft und stufte die Verwaltung des Generalgouvernements vom Kreis- und Stadthauptmann an aufwärts als verbrecherische Organisation ein. Die Kreishauptleute schloss das Tribunal ausdrücklich

47 Vgl. Kubicki, Zbrodnie, S. 42f. u. 64f.; Cyprian/Sawicki, Siedem wyroków, S. Xff.; Kobierska-Motas, Ekstradycja, cz. II, S. 9f.; Musial, NS-Kriegsverbrecher, S. 36 u. 38; Borodziej, »Hitleristische Verbrechen«, S. 412f. u. 420; Rappaport, Orzecznictwo, S. 226. Das Dekret vom 22.1.1946 ist abgedruckt in Pilichowski (Hg.), Ściganie, S. 488ff.

48 Protokoll der Hauptverhandlung, IPN, NTN, 72-81; Cyprian/Sawicki, Oskarżamy, S. 117f. Die Gutachten liegen gedruckt vor: Pilichowski (Hg.), Ekspertyzy, Bd. 2, S. 149ff., S. 197ff. u. S. 209ff.; ders. (Hg.), Ekspertyzy, Bd. 8, S. 30ff., S. 126ff. u. S. 135ff. u. S. 221ff. Über den Prozess wurde fast täglich in der Presse berichtet, häufig auf der Titelseite, vgl. zum Beispiel Życie Warszawy, 13.12.1946 bis 5.3.1947.

ein, da diese einen eigenen breiten Zuständigkeitsbereich hatten, in dem sie das Leben der Bevölkerung durch Anordnungen »von oben« regelten, aber auch nach eigenem Ermessen massiv eingriffen. Das Tribunal maß den Konflikten zwischen Verwaltung und SS keine entlastende Bedeutung bei, denn ihnen hätten häufig Prestigefragen, persönliche Animositäten, Meinungsverschiedenheiten lediglich im Hinblick auf Tempo und Methode der Terrorpolitik und schließlich Machtkämpfe um die Beute dieser Politik zugrunde gelegen.[49]

Unter anderem auf Grundlage dieses neuen Straftatbestands wurde Ludwig Leist verurteilt, da er als Stadthauptmann innerhalb der Verwaltung eine führende Position innegehabt hatte. Im Hinblick auf seine Mitgliedschaft in der NSDAP wurde er von der Anklage, Mitglied einer verbrecherischen Organisation zu sein, freigesprochen, da ihm keine führende Position innerhalb der Partei nachgewiesen werden konnte. Ferner sah das Gericht weder einen Beweis für eine Teilnahme Leists an Verbrechen gegen die Zivilbevölkerung in Form von Mord oder Verbringung in Gefängnisse der Gestapo oder Konzentrationslager noch für eine Mitarbeit oder Mitverantwortung an den Verbrechen gegen die Bevölkerung im Zusammenhang mit der Niederschlagung des Warschauer Aufstands und der anschließenden Errichtung von Lagern. Zur Last gelegt wurden Leist zwei Fälle, in denen er nach Auffassung des Gerichts nachweisbar Mitarbeiter der Stadtverwaltung zur Strafe in das Arbeitslager Treblinka eingewiesen hatte, sowie seine Beteiligung an der schrittweisen Einrichtung des Warschauer Ghettos. Die anderen Anklagepunkte, Zerstörung des kulturellen Guts Polens und Vernichtung und Raub jüdischen Besitzes, hielt das Tribunal für nicht erwiesen.[50]

Zugute gehalten wurde Leist, dass seine Amtsführung in den Bereichen, in denen er frei entscheiden konnte, nicht allzu sehr von den Grundsätzen der Haager Konvention abgewichen sei. Darüber hinaus waren die Zeugenaussagen des ehemaligen polnischen Bürgermeisters von Warschau, Julian Kulski, und weiterer polnischer Mitarbeiter der Stadtverwaltung ausschlaggebend für das Gericht. Sie bezeugten, dass Leist kaum in die Belange der polnischen Stadtverwaltung eingegriffen

49 NTN, Sentencja wyroku w imieniu Rzeczypospolitej Polskiej, 3.3.1947, in: Cyprian/Sawicki, Siedem wyroków, S. 57ff.; Przemówienie końcowe prokuratora N.T.N. Jerzego Sawickiego, in: Cyprian/Sawicki, Oskarżamy, S. 150f.; Życie Warszawy, Nr. 43 (829), 14.2.1947, S. 2. Vgl. dazu auch: Rybczyński, Kierownictwo, passim.

50 NTN, Sentencja wyroku w imieniu Rzeczypospolitej Polskiej, 3.3.1947, in: Cyprian/Sawicki, Siedem wyroków, S. 74ff.

habe, aufgeschlossen gegenüber dem Erhalt kultureller Güter wie zum Beispiel Denkmäler gewesen sei und sich obendrein für die Freilassung verhafteter polnischer Angestellter starkgemacht habe. Vor allem die Aussage von Bürgermeister Kulski wirkte sich sehr positiv für Leist aus, denn dieser bekundete, »es wäre schwierig gewesen, einen Deutschen, einen Nationalsozialisten zu finden, der eine Rolle in der deutschen Verwaltung spielte, der günstiger für uns gewesen wäre«. Leist habe, so das Gericht, gezeigt, dass noch ein Funke Menschlichkeit in ihm gewesen sei, was sich auch in seinem korrekten Verhalten dem Judenratsvorsitzenden Adam Czerniaków gegenüber und in Anzeichen von Mitgefühl für die Juden in Warschau gezeigt habe. Auch wesentliche Teile des polnischen Untergrunds schätzten Leist, im Gegensatz zu vielen anderen führenden Funktionären im Distrikt Warschau, als wenig schädlich ein.[51] All diese Entlastungsmomente betonte die polnische Presse entsprechend, da sie es für notwendig erachtete, der Bevölkerung zu erklären, warum Leist im Gegensatz zu den anderen Angeklagten nicht zum Tode verurteilt worden war. Leist war, Beobachtungen der Presse zufolge, selbst von dem geringen Strafmaß überrascht. Der Prozessberichterstatter von *Życie Warszawy* schätzte das Urteil als Zeichen dafür ein, dass die polnische Justiz zu einer differenzierten Behandlung derjenigen in der Lage sei, die immerhin einige wenige gerettet hätten.[52]

Leists Vorgänger in Warschau, Oskar Rudolf Dengel, war der letzte Kreis- bzw. Stadthauptmann, dessen Auslieferung Polen erfolgreich betrieben hat. Im Januar 1948 übergaben ihn die Amerikaner an die polnischen Behörden; der Prozess gegen Dengel fand aber erst drei Jahre später, im März 1951, statt. Dengel kam noch während der Militärverwaltung nach Warschau. Nach kurzer Zeit übernahm er die deutsche Stadtverwaltung und holte sich Vertrauensleute aus Würzburg nach, darunter auch seinen Nachfolger Leist. Anfang März 1940 musste er seinen Posten räumen. Dabei wurde, wie sich der damalige polnische Bürgermeister Warschaus Kulski erinnerte, bei einer Kofferkontrolle entdeckt, dass Dengel sich an städtischem Eigentum bereichern wollte. Laut Kulski zeichneten Dengel ein brutaler Charakter und ausgesprochener Polenhass aus.[53]

Gegen Kriegsende war Dengel Anfang April 1945 in seinem Heimatort Waldbüttelbrunn von amerikanischen Streitkräften verhaftet worden. Musste er fest mit einer Verhaftung rechnen, da er immerhin stellvertre-

51 Ebenda, S. 87ff. Zitat ebenda, S. 89. Vgl. auch Życie Warszawy, Nr. 28 (814), 30.1.1947, S. 2.

52 Vgl. Życie Warszawy, Nr. 62 (848), 5.3.1947.

53 Vgl. Kulski, Zarząd, S. 56f.

tender NSDAP-Gauleiter von Unterfranken und Regierungsvizepräsident in Würzburg war und zudem Mitglied der SS im Rang eines SS-Obersturmführers, so überraschte ihn doch, von welcher Seite ihm nun Gefahr drohte. Dass ihm, der schon seit den zwanziger Jahren für den Nationalsozialismus aktiv war, ausgerechnet die wenigen, in der Erinnerung wohl längst verblassten Monate in Warschau zum Verhängnis werden sollten, verwunderte ihn doch sehr.[54]

Angesichts der brutalen Besatzungsherrschaft in Polen und der millionenfachen Morde nehmen sich die Vorwürfe gegen Dengel fast geringfügig aus. Die Anklage legte ihm in erster Linie zur Last, Mitglied in der als verbrecherische Organisation deklarierten Führung der Verwaltung des Generalgouvernements gewesen zu sein. Überdies warf ihm die Staatsanwaltschaft die finanzielle und wirtschaftliche Diskriminierung der jüdischen Bevölkerung und der polnischen Mitarbeiter der Stadtverwaltung vor. Schließlich klagte man Dengel wegen zweier Vergehen an, zu deren Realisierung es während seiner Amtszeit allerdings nicht mehr gekommen war: Zum einen hatte er zum Ende seiner Warschauer Zeit den Abtransport von Inventar aus seinem Amtssitz nach Würzburg angeordnet, was sein Nachfolger Leist aber verhinderte. Zum anderen hatte Dengel umfassende Planungsarbeiten für die Umgestaltung Warschaus initiiert, welche die Metropole ohne Rücksicht auf die Bevölkerung auf eine vollständig germanisierte Provinzstadt zurückgeworfen hätte.[55] Das Woiwodschafts-Gericht in Warschau verurteilte Dengel Ende März 1951 nach nur drei Verhandlungstagen zu 15 Jahren Gefängnis.[56]

Dass Dengel, der nur wenige Monate im Generalgouvernement war, ungleich härter als sein Nachfolger bestraft wurde, ist neben der eliminatorischen Stadtplanung vermutlich in erster Linie auf die sehr negativen Aussagen ehemaliger polnischer Beamter zurückzuführen, die unter seinem Polenhass zu leiden gehabt hatten. Leists sachlich-nüchternes Verhalten stand dagegen in scharfem Kontrast. Außerdem hob sich Leist von Dengel ab, weil er sich nicht persönlich bereichert hatte und sogar dessen Versuch, Raubgut nach Deutschland zu verschieben, vereiteltete.[57]

54 Protokoll der Vernehmung Dengels, 18.4.1947, IPN, SAW 68/69, Bl. 31.

55 Akt oskarżenia przeciwko Oskarowi Rudolfowi Denglowi, 21.11.1950, IPN, SAW 67, Bl. 2ff. Zu den Umbauplänen vgl. Klain, Warschau, passim; Szarota, Warschau, S. 309f.

56 Sąd Wojewódzki dla m. st. Warszawy, Sentencja wyroku w imieniu Rzeczypospolitej Polskiej, 30.3.1951, IPN, SAW 67, Bl. 72ff.

57 Vgl. Kulski, Zarząd, S. 64; Protokół przesłuchania świadka, 19.10.1950, IPN, SAW 68/69, Bl. 164 u. 164 v.; Protokół rozprawy głównej, 28.3.1951, IPN, SAW

1947 kam es auch zum Prozess gegen den ehemaligen Kreishauptmann des Kreises Warschau-Land, Hermann Rupprecht. Er gehörte zu den wenigen Kreishauptleuten, die ihr Amt während der gesamten Besatzungszeit an einem Ort versahen. Erst im Januar 1945 räumte er seine Stelle. Nach Kriegsende wurde er interniert und im November 1946 an Polen ausgeliefert. Dort überwies die Staatsanwaltschaft am NTN den Fall im Februar 1947 an das Bezirksgericht Warschau, vor dem das Verfahren schließlich im Dezember geführt wurde. Es fand in der Presse bei weitem nicht mehr die Resonanz, die der Prozess gegen Fischer und die anderen gefunden hatte. Lediglich Notizen im hinteren Zeitungsteil befassten sich damit.[58]

Die Anklage gründete in zwei Punkten auf den Vorwurf der Mitgliedschaft in einer verbrecherischen Organisation: Einerseits zählte sie Rupprecht als Standortführer der NSDAP zum Korps der Politischen Leiter der NSDAP, andererseits gehörte er als Kreishauptmann zur Führung der Verwaltung im Generalgouvernement. Außerdem warf ihm die Staatsanwaltschaft eine Reihe von Verbrechen vor, die ihrer Einschätzung nach über das normale Maß der Beteiligung in diesen Organisationen hinausgingen und die zentrale Bereiche der deutschen Besatzungsherrschaft in Polen betrafen: Die Verfolgung und Ermordung der Juden, die Verschickung polnischer Arbeitskräfte ins Deutsche Reich und damit zusammenhängende Repressionen, die Ausbeutung der Landwirtschaft und schließlich einzelne Terrorakte gegen Teile der polnischen Bevölkerung wie zum Beispiel Anordnungen zur Geiselnahme und Einweisungen von Polen und Juden in Arbeits- oder Straflager.[59]

Besonderes Gewicht legte die Anklage auf Rupprechts Beteiligung an der Verschickung von Arbeitskräften sowie an der Verfolgung und Ermordung der Juden. Ersterem habe er die größte Aufmerksamkeit gewidmet. Rupprecht habe persönlich die Zahlen der zu stellenden Arbeiter für einzelne Gemeinden festgesetzt, den Vögten und Schulzen in Versammlungen mit Repressionen gedroht und solche auch persönlich angeordnet. An der Verfolgung der Juden sei er beteiligt gewesen, weil er nicht nur die Einrichtung von Ghettos angeordnet habe, sondern durch

67, Bl. 45 u. 45 v.; Sąd Wojewódzki dla m. st. Warszawy, Sentencja wyroku w imieniu Rzeczypospolitej Polskiej, 30.3.1951, IPN, SAW 67, Bl. 82 u. 82 v.

58 Vgl. Życie Warszawy, Nr. 342 (1128), 14.12.1947, S. 9; ebenda, Nr. 347 (1133), 19.12.1947, S. 4; Nr. 348 (1134), 20.12.1947, S. 4.

59 Prokuratura Sądu Okręgowego w Warszawie, Akt oskarżenia przeciwko Hermannowi Rupprechtowi, 31.7.1947, IPN, SAW 26, Bl. 3 ff.

persönliche Eingriffe die Grenzen der Ghettos zum Nachteil der jüdischen Bevölkerung verändert habe.[60]

In einer ausführlichen Anklageerwiderung stellte sich Rupprecht als befehlsgebundenen Besatzungsfunktionär dar, der nur die Befehle aus Berlin, Krakau oder Warschau umsetzen musste. Jede Eskalation der Besatzungspolitik führte er auf diese Befehle zurück oder belastete damit bereits Verstorbene, während er sich selbst Abmilderungen gutschrieb. Außerdem negierte er in einigen Punkten seine Zuständigkeit als Kreishauptmann. So sei er in den ersten Jahren der Besatzung für die »Erfassung« polnischer Arbeitskräfte gar nicht zuständig gewesen. Erst als die »freiwilligen« Meldungen nach dem Überfall auf die Sowjetunion stark rückläufig gewesen und die Anforderungen aus dem Reich zugleich erheblich gestiegen seien, seien die Kreishauptleute Mitte 1942 angewiesen worden, sich voll für die Erfüllung der Kontingente einzusetzen. Erreichte der Kreishauptmann dies nicht, drohten, so Rupprecht, nicht nur der Bevölkerung Zwangsmaßnamen, sondern ihm selbst hätte dann ein Disziplinarverfahren ins Haus gestanden. Diese Gefahr habe er auf sich zukommen sehen. Im Herbst 1942 sei in seinem Kreis der niedrigste Stand bei der Arbeitererfassung erreicht worden, was ihm heftige Vorwürfe des Gouverneurs und des Leiters der Abteilung Arbeit eingebracht hätte. Der Gouverneur habe ihm schließlich den Befehl erteilt, harte Maßnahmen zu ergreifen.[61]

Daneben betonte Rupprecht, dass er als Laufbahnbeamter in das Generalgouvernement abgeordnet worden sei und sich nicht aus eigener Initiative um einen Posten dort beworben habe. Weder der polnischen noch der jüdischen Bevölkerung habe er feindlich gegenübergestanden. Überdies sei der mögliche Handlungsrahmen eines Kreishauptmanns derart beschränkt gewesen, dass auch ein Nachfolger nicht anders hätte handeln können.[62]

Bereits nach sechs Verhandlungstagen zog sich das Gericht zur Beratung zurück. Im Prozess sagten zahlreiche Zeugen aus, vor allem Polen, die während der Besatzung als Vogt oder Schulze in der Verwaltung gearbeitet hatten oder in der Behörde des Kreishauptmanns beschäftigt waren. Die Zeugenaussagen bestätigten in den wesentlichen Punkten die Anklage, brachten aber naturgemäß über die konkrete Befehlslage und Zuständigkeitsregelung keinen Aufschluss. Soweit sich aus dem Ver-

60 Ebenda, Bl. 4 ff.

61 H. Rupprecht an Sąd Okręgowy, betr.: Anklageerwiderung, 25.8.1947, IPN, SAW 26, Bl. 62 u. 62 v.

62 Ebenda, Bl. 1 ff. u. 67 ff.

handlungsprotokoll überhaupt schließen lässt, waren die Zeugen keinem besonderen Druck ausgesetzt. Neben Belastendem kam immer wieder auch Positives über den Angeklagten zur Sprache, sei es der an sich belanglose Umstand, dass Rupprecht manchen höflich und sachlich gegenübertrat, oder aber auch Fälle, in denen er bei Polizeidienststellen erfolgreich zugunsten Verhafteter intervenierte. Zugute gehalten wurde ihm zudem ein besonderes Engagement im Bereich der Fürsorge. Belastende Aussagen machten aber den weitaus überwiegenden Teil aus, darunter auch der seltene Fall, dass ein Besatzungsfunktionär einen anderen noch lebenden belastete. Der frühere Bezirkslandwirt Rudolf Zimmer sagte zum Arbeitslager für Polen in Zacisze aus. Er bestritt, selbst zur Einweisung von Polen in das Lager befugt gewesen zu sein, da dies ausschließlich in den Zuständigkeitsbereich des Kreishauptmanns gefallen sei. Da Zimmers Verfahren noch ausstand, ging es ihm bei seiner Aussage weniger um eine Belastung Rupprechts oder eine persönliche Abrechnung mit diesem als vielmehr um seine eigene Entlastung.[63]

Am 19. Dezember verurteilte das Gericht Rupprecht zu fünfzehn Jahren Gefängnis. Das Berufungsgericht in Warschau kassierte das Urteil im März 1950 und erhöhte das Strafmaß ohne nähere Begründung auf lebenslänglich.[64] Für Rupprecht jedoch hatte dies, im Nachhinein betrachtet, allem Anschein nach keine negativen Auswirkungen, er wurde Ende 1956 aus der Haft entlassen und kehrte nach Deutschland zurück. Die psychische Belastung wird nach dem für ihn niederschmetternden Ergebnis der Berufungsverhandlung allerdings erheblich gewesen sein. Konnte er nach dem ersten Urteil noch damit rechnen, nach einigen Jahren, bei guter Führung auch frühzeitig, wieder entlassen zu werden, musste er nach der Revision davon ausgehen, den Rest seines Lebens hinter Gittern zu verbringen.

War es den polnischen Behörden gelungen, einer Reihe führender Vertreter der deutschen Verwaltung im Distrikt Warschau habhaft zu werden und sie vor Gericht zu stellen, darunter alle drei Leiter der Warschauer Stadtverwaltung, den Gouverneur, den Kreishauptmann des Kreises Warschau-Land, den Warschauer Polizeidirektor und den Leiter

63 Protokół rozprawy głównej, 12.12.1947, IPN, SAW 27, Bl. 4 u. 4 v.; Protokół rozprawy głównej, 13.12.1947, ebenda, Bl. 7 v.; Protokół rozprawy głównej, 16.12.1947, ebenda, Bl. 17 u. 17 v. Zimmer wurde am 23.7.1948 zu sechs Jahren Gefängnis verurteilt. Vgl. Kobierska-Motas, Ekstradycja, cz. II, S. 250.

64 Sąd Okręgowy w Warszawie, Sentencja wyroku, 19.12.1947, IPN, SAW 27, Bl. 96 ff.; Sąd Apelacyjny w Warszawie, Sentencja wyroku, 11.3.1950, ebenda, SAW 29, Bl. 125 ff.

der Abteilung Finanzen des Distrikts, war die Auslieferungsbilanz für andere Regionen schütter. Es ist zu vermuten, dass Warschau wegen seiner besonderen Leidensgeschichte während der deutschen Besatzungsherrschaft und wegen des hohen Symbolgehalts im Zentrum der Bemühungen stand. Noch dazu war die Beweislage hier günstiger, da relativ viele deutsche Akten den Krieg überdauert hatten und Warschau Zentrum des polnischen Widerstands war, so dass detailliertere Informationen über die Verbrechen und ihre Täter vorlagen. Nur im Falle der Zentrale, der Regierung in Krakau, fiel die Bilanz ähnlich positiv aus: Neben den Staatssekretären Josef Bühler und Ernst Boepple erreichte Polen die Auslieferung der Hauptabteilungspräsidenten Friedrich Siebert (Innere Verwaltung) und Alfred Spindler (Finanzen) sowie von einigen Referenten aus dem zweiten Glied.[65]

Die prominentesten Fälle aus den anderen Distrikten betreffen zwei Kreishauptleute, die während der Besatzung innerhalb der Verwaltungshierarchie aufgestiegen waren: Friedrich Egen, zunächst Kreishauptmann des Kreises Radom und ab Anfang 1940 zugleich Vizegouverneur und Amtschef im Distrikt Radom, und Georg Eisenlohr, bevor er im Februar 1942 Vizegouverneur und Amtschef im Distrikt Krakau wurde, nacheinander Kreishauptmann in den Kreisen Nowy Targ/Neumarkt und Jarosław. Egen war im Dezember 1946 aus der amerikanischen, Eisenlohr im Juli 1947 aus der französischen Besatzungszone ausgeliefert worden. Im September 1948 verurteilte das Bezirksgericht Radom Egen zu zwölf Jahren Gefängnis. Eisenlohr musste kraft Urteils des Bezirksgerichts Krakau vom Dezember 1948 fünf Jahre Gefängnis verbüßen. 1951 starb er in polnischer Haft. Gegen beide war, wie in den anderen Fällen auch, ihre leitende Funktion in der Verwaltung ins Feld geführt worden. Konkrete Verbrechen konnten Egen nicht nachgewiesen werden.[66]

Die Bilanz der juristischen Ahndung der deutschen Besatzungsverbrechen im Generalgouvernement bis Ende der vierziger Jahre fällt zwiespältig aus: Generalgouverneur Frank wurde in Nürnberg als Hauptkriegsverbrecher angeklagt und zum Tode verurteilt, ebenso wie Arthur Seyß-Inquart, Franks erster Stellvertreter. Gegen die Staatssekretäre Bühler und Boepple liefen Prozesse in Polen, an deren Ende ebenfalls die

65 Vgl. Musial, Zivilverwaltung, S. 355; Kobierska-Motas, Ekstradycja, cz. II, S. 39f., 43f., 51, 71, 125, 168, 176, 190, 213 u. 216.

66 Sąd Okręgowy w Radomiu, Wyrok, 28.9.1948, IPN, SORd 170, Bl. 206ff.; Prokuratura Sądu Okręgowego w Krakowie, Akt oskarżenia przeciwko Drowi Georgowi Eisenlohrowi, 5.7.1948, IPN, SOKr 645, Bl. 182ff.; Sąd Okręgowy w Krakowie, Wyrok, 3.12.1948, ebenda, SOKr 646, Bl. 90ff.

Todesstrafe stand. Von den Gouverneuren mussten sich Ludwig Fischer (Distrikt Warschau) und Curt von Burgsdorff (Distrikt Krakau) vor polnischen Gerichten verantworten; Fischer wurde zum Tode verurteilt, von Burgsdorff zu drei Jahren Haft. Alle anderen Gouverneure lebten entweder nicht mehr oder konnten sich den Behörden entziehen: Karl Lasch (Distrikt Radom und Galizien) war bereits vor Kriegsende gestorben, Ludwig Losacker (Distrikt Krakau) entging, wie geschildert, der Auslieferung, Richard Wendler (Distrikt Krakau und Lublin) war untergetaucht, ebenso Otto Wächter (Distrikt Krakau und Galizien). Ernst Zörner (Distrikt Lublin) hatte sich vermutlich gegen Kriegsende das Leben genommen. Ernst Kundt (Distrikt Radom) ist wegen seines Engagements in der SdP nach dem Krieg an die Tschechoslowakei ausgeliefert und dort zum Tode verurteilt worden.[67]

Außer den acht ehemaligen Kreis- bzw. Stadthauptleuten wurden nur sehr wenige Personen aus den Reihen der Zivilverwaltung auf Kreisebene an Polen ausgeliefert. Aus der relativ großen Gruppe der Land- und Stadtkommissare musste sich lediglich Bernhard Giesselmann, ehemals Stadtkommissar in Przemyśl, vor einem polnischen Gericht verantworten. Er wurde 1948 zu zehn Jahren, in der Berufung 1950 zu 14 Jahren Haft verurteilt, jedoch nach einer Amnestie bereits im Mai 1956 entlassen. Des Weiteren lieferten die Alliierten je einen Kreis- und Bezirkslandwirt sowie einen Leiter eines Arbeitsamts und einen stellvertretenden Leiter an Polen aus, die zu Gefängnisstrafen verurteilt wurden, mit Ausnahme des ehemaligen Chefs des Arbeitsamts Krakau, Otto Klingbeil, der zum Tode verurteilt und hingerichtet wurde.[68] Manchem ehemaligen Besatzer gelang während des Transports nach Polen die Flucht.[69]

In Haft

Über die Haft der Kreis- und Stadthauptleute in Polen gibt es nur sehr wenige Informationen. Während der Verbüßung der Strafe dürften sich die meisten ruhig verhalten und alles vermieden haben, was eine frühzeitige Haftentlassung hätte gefährden können. Friedrich Egen verhielt sich

67 Vgl. Musial, Zivilverwaltung, S. 352f. Zum Bühler-Prozess ausführlich: Kułakowski, Proces, S. 177-265.

68 Vgl. Kobierska-Motas, Ekstradycja, cz. II, passim. Zu Giesselmann vgl. auch Rachfał, Ściganie, S. 81.

69 So zum Beispiel Josef Brandl, ehemals Leiter der Abteilung für Wirtschaft in den Distrikten Krakau und Galizien, ab 1944 Amtschef im Distrikt Galizien. Vgl. Życie Warszawy, Nr. 331, 3.12.1946, S. 2.

nach Einschätzung des Gefängnisdirektors tadellos. Mithäftlingen, vor allem deutschen, gegenüber war er verschlossen und äußerst wortkarg. Er ging Gesprächen über die Besatzungszeit oder über Politik aus dem Weg. Alles war darauf ausgerichtet, engen Kontakt zur Familie zu halten und die baldige Freilassung zu erreichen. Erst die politischen Ereignisse 1955, unter anderem die Moskau-Reise von Bundeskanzler Adenauer, ließen Egen eine gewisse Lethargie überwinden und wohl die Hoffnung auf seine Entlassung aufkeimen.[70] Von deutscher Seite wurde Egen, soweit das möglich war, während der Haft von der Rechtsschutzstelle für Deutsche im Ausland des Hilfswerks der Evangelischen Kirche in Deutschland über einen Mittelsmann mit Geld versorgt, mit dem er sich die Rationen aufbessern konnte. Zudem unternahm die Rechtsschutzstelle den Versuch, über einen polnischen Anwalt eine Revision beim Obersten Volksgerichtshof zu erreichen. Dabei engagierte sich auch Ernst Woltje für Egen, der nach eigener Darstellung in den meisten Spruchkammerverfahren und Auslieferungsverhandlungen ehemaliger Kollegen als Zeuge oder Anwalt hilfreich war.[71] 1956 schließlich kehrte Egen nach Deutschland zurück, wobei die Aktivitäten der Rechtsschutzstelle wohl keine Rolle gespielt haben dürften.

Eine Ausnahmeerscheinung war Ludwig Leist. Im Prozess vor dem Obersten Nationaltribunal gab er bereitwillig Auskunft über seine Tätigkeit, verharrte nicht in alten Loyalitätsstrukturen und scheute auch nicht davor zurück, seine Mitangeklagten zu belasten. All dies würdigte das Gericht in seinem Urteil. Im Sommer 1951 führte Tadeusz Walichnowski mit Leist umfangreiche Gespräche über dessen Laufbahn und seine Tätigkeit in Warschau. Folgt man der Darstellung Walichnowskis, sah Leist sowohl die Prozessführung als auch das Urteil als fair und gerechtfertigt an; auch an den Haftbedingungen konnte er nichts aussetzen. Zu Gesprächen über seine Vergangenheit fand er sich gerne bereit, der Anregung, er möge doch seine Erinnerungen verfassen, mochte er jedoch nicht folgen. Leist vermutete, ohnehin nicht mit offenen Armen in

70 Naczelnik Centralnego Więzienia w Szczecinie, Opinia, 28.9.1955, IPN, SORd 170, Bl. 221.

71 Ernst Woltje an Regierungsrat Wagner, Innenministerium Württemberg/Baden, 11.9.1950, HStA Stuttgart, EA 2/150, Bü. 268, Bl. 135 u. 135 v.; Zentrale Rechtsschutzstelle an Innenministerium Württemberg/Baden, betr.: Rechtsschutzsache Dr. Friedrich Egen, 7.5.1951, ebenda, Bl. 139; Das Hilfswerk der Evangelischen Kirche in Deutschland, Rechtsschutzstelle für Deutsche im Ausland, an Rooschütz, 24.3.1953, ebenda, Bl. 140 u. 140 v.; Ernst Woltje an das Innenministerium des Landes Württemberg-Baden, 6.6.1956, ebenda, Bl. 152 u. 152 v.

Deutschland empfangen zu werden, da seine verhältnismäßig geringe Strafe sicher Misstrauen hervorgerufen habe. Das würde durch selbstverfasste und in Polen veröffentlichte Erinnerungen nur unnötig verstärkt.[72]

In den Gesprächen stellte er sich als ganz normaler Deutscher dar, der seine Karriere dem unbedingten Vertrauen in das System zu verdanken habe. Bei seiner Arbeit als Stadthauptmann seien ihm oftmals die Hände gebunden gewesen, da er befehlsgebunden gewesen sei. Leist sah sich in einer fast ausweglosen Situation: Er habe die Anordnungen von Kriegsverbrechern umsetzen und zugleich darauf achten müssen, dadurch nicht selbst zum Kriegsverbrecher zu werden. Entsprechend offen charakterisierte Leist seine Vorgesetzten Frank und Fischer, auch aus dem Interesse der Distanzierung. In Fischer sah er einen überzeugten Nationalsozialisten und willigen Vollstrecker der von Hitler und Frank vorgegebenen brutalen antipolnischen Politik. Die Todesurteile gegen Frank und Fischer hielt er für gerechtfertigt.[73]

Angesprochen auf seine eigene Rolle bei der Verfolgung der Juden und der Einrichtung des Warschauer Ghettos, wies Leist jedoch kategorisch jede Verantwortung für die »gravierendsten« Maßnahmen von sich. Die Verordnungen zur Einrichtung des Ghettos seien nicht von ihm. In vielen Fällen habe Fischer Leists Namen ohne sein Wissen eigenmächtig dazusetzen lassen und nach einigen Protesten mit der Gestapo gedroht. Er selbst habe lediglich Anordnungen in zweitrangigen Angelegenheiten erlassen. Obendrein betonte er, dass der Errichtung des Warschauer Ghettos Fischers besondere Aufmerksamkeit gegolten habe und sein eigener Spielraum sehr begrenzt gewesen sei. Mit diesen nur zum Teil zutreffenden Argumenten wollte Leist zwar seine eigene Verantwortung herunterspielen; ganz leugnen konnte und wollte er sie im Gegensatz zu fast allen anderen ehemaligen Besatzern jedoch nicht. Immerhin räumte er ein, dass er sich durch die Ausführung von Befehlen mitschuldig gemacht habe und die gesamte Ausrichtung der Politik in Warschau falsch gewesen sei, wofür er dann auch bestraft worden sei.[74]

72 Vgl. Walichnowski, Rozmowy, S. 6f., 10 u. 14. Walichnowski war später einer der führenden Ideologen während der antisemitischen Welle im März 1968 in Polen. In den siebziger Jahren wurde er Generaldirektor der Staatlichen Archive in Polen und war assoziierter Professor für Politikwissenschaft an der Universität Warschau. Vgl. Eisler, Jerzy, Polski rok 1968, Warszawa 2006, S. 124; http://www.gazetapolska.pl/?module=content&lead_id_334 [14.8.2007].

73 Vgl. Walichnowski, Rozmowy, S. 17, 33f. u. 53ff.

74 Vgl. ebenda, S. 67ff.

Ähnlich argumentierte er bezüglich anderer Bereiche der Besatzungspolitik. Dabei führte er zwar immer wieder auch Schutzbehauptungen ins Feld, die seinen eigenen Anteil kleiner erscheinen lassen sollten. Allerdings war der Spielraum des Stadthauptmanns von Warschau, ähnlich wie der des Stadthauptmanns in Krakau, tatsächlich begrenzter als in anderen Regionen, da beiden Städten ein hoher Symbolwert beigemessen wurde und sowohl die Gouverneure als auch die Regierung dementsprechend stark die konkrete Politik bestimmten und in sie eingriffen. Außerdem war durch die hohe Präsenz von SS- und Polizeibehörden eine andere Situation gegeben. Das Besondere an der Einstellung Leists ist daher weniger, dass er etwa bereitwillig Rechenschaft ablegte – das tat er nur sehr bedingt, viele blinde Flecken blieben unangetastet. Vielmehr zeichnet ihn aus, dass er sich intensiv mit der nationalsozialistischen Vergangenheit im Allgemeinen und der deutschen Besatzungspolitik in Polen im Besonderen beschäftigte und überhaupt seine eigene Verantwortung reflektierte. Daraus erlangte er die Einsicht, dass es sich bei dem Okkupationsregime um ein in weiten Teilen verbrecherisches Unterfangen gehandelt hatte. Leist fand dafür, im Gegensatz zu den meisten anderen, allem Anschein nach aufrichtige Worte des Bedauerns – zum Teil bereits während der Besatzung. Und schließlich räumte er trotz aller blinden Flecken eine persönliche Mitschuld oder Mitverantwortung ein.

Offenbar hatten die Auslieferung an Polen und schließlich die Verhandlung vor dem Obersten Nationaltribunal hohe Wirkung auf Leist und setzten einen Prozess der Selbstbefragung in Gang oder verstärkten ihn. Auslieferung und Prozess stellten einen tiefen Einschnitt im Leben Leists und der anderen ehemaligen Besatzungsfunktionäre dar. Sie bargen durchaus das Risiko einer späteren Radikalisierung in sich, konnten aber auch als Katalysator für einen Distanzierungs- und Anpassungsprozess wirken. Als er den polnischen Behörden zur Auslieferung übergeben worden war, hatte Leist fest mit einem Racheakt in Polen und seinem sicheren Tod gerechnet, zumal auch er zum Teil haarsträubende Gerüchte über das Schicksal der Ausgelieferten gehört hatte.[75]

Anfang 1954 wurde Leist entlassen und kehrte zu seiner Familie in die Bundesrepublik zurück. Für ihn kam eine Wiedereinstellung als Beamter nicht mehr in Frage, da er bei seiner Ankunft in der Bundesrepublik bereits 63 Jahre alt war. Auch bei Oskar Dengel, der zum Zeitpunkt seiner Entlassung 1956 schon 57 Jahre alt war, ging es in erster Linie um die Pension. Gleichwohl bemühte er sich noch gegen den Widerstand des

75 Vgl. ebenda, S. 134 f.

Erzbischöflichen Ordinariats vergeblich um eine Stellung in der Würzburger Verwaltung.[76] Hermann Rupprecht kehrte nach einer Amnestie Anfang 1957 heim. Es dauerte nicht lange, bis er die Wiedereinstellung in den Staatsdienst erreichte: Anfang 1958 wurde er bei seinem früheren Arbeitgeber, der Regierung von Schwaben, als Oberregierungsrat beschäftigt und stieg dort bis zum Oberregierungsdirektor auf, bevor er 1970 in den Ruhestand ging.[77]

Als die in Polen Verurteilten im Laufe der fünfziger Jahre in die Bundesrepublik zurückkehrten, hatten viele ihrer ehemaligen Kollegen bereits beachtliche Karrieren begonnen. Manche der Rückkehrer machten diese Entwicklung nun, wie Rupprecht, im Schnelldurchgang und holten den Vorsprung der anderen rasch wieder ein.[78] Auslieferung und Haft in Polen waren offenkundig gemeinschaftsstiftende Erfahrungen. Nach der Ankunft in der Bundesrepublik schlossen sich zahlreiche Rückkehrer zur sogenannten »Kameradschaft der Polenheimkehrer« zusammen. Neben den ehemaligen Kreis- und Stadthauptleuten Dengel, Egen, Leist und Rupprecht stehen auf der Adressenliste der Kameradschaft der ehemalige SSPF des Distrikts Warschau, Arpad Wigand, der ehemalige Leiter der Außendienststelle des KdS in Piotrków/Petrikau, Hermann Altmann, und der dortige ehemalige Oberstaatsanwalt Hellmuth Holland.[79] Ob deren Aktivitäten über ein loses Kontakthalten hinausging und die Kameradschaft etwa eine Netzwerkfunktion für den beruflichen Wiedereinstieg übernahm, bleibt unklar.

76 Erzbischöfliches Ordinariat an den Regierungspräsidenten in Würzburg, 18.10.1957, S. 5, Bayer. HStA, MInn 83358, o.P.

77 Vernehmung von Hermann Rupprecht, 28.4.1975, BAL, B 162/211 AR-Z 77/66, Bd. 1, Bl. 295ff.

78 Der ehemalige Präsident der Hauptabteilung Innere Verwaltung, Friedrich Wilhelm Siebert, zum Beispiel wurde nach seiner Rückkehr aus Polen Bürgermeister in Prien. Vgl. Klee, Personenlexikon, S. 581.

79 Adressenliste der Kameradschaft, BAL, B 162/II 206 AR 1543/64, Bd. 1, Bl. 60-67.

3. Ermittlungen in der Bundesrepublik

Schon Anfang Februar 1955 erwiesen sich die alten Seilschaften als überaus nützlich. Aufgeschreckt durch eine Vorladung des Landgerichts Stuttgart, entfaltete der schleswig-holsteinische Sozialminister Hans-Adolf Asbach hektische Betriebsamkeit. Asbach war als Zeuge in zwei Entschädigungsverfahren geladen, um über die Ghettoisierung und Errichtung von Zwangsarbeitslagern in »seinen« Kreisen Janów Lubelski und Brzeżany auszusagen.[1] Ohne rechte Vorstellung von einem solchen Verfahren befürchtete er negative Konsequenzen für sich, mindestens in Gestalt von »erneuten politischen Angriffen«[2]. Sogleich griff der Minister zum Telefonhörer, um sich mit Ludwig Losacker über das weitere Vorgehen zu beraten. Asbach war so beunruhigt, dass er dem einschlägig erfahrenen Losacker bis nach Genf hinterhertelefonierte. Dieser empfahl, sich an einen alten Kollegen zu wenden: Rechtsanwalt Adolf Schmidt, wie Asbach auch früher Kreishauptmann im Distrikt Lublin.[3]

Asbach folgte dem wohlmeinenden Rat, zitierte in einem Brief an Schmidt ausführlich aus den Vorladungen und bat den einstigen Kollegen um seine »Ansicht zu dieser bemerkenswerten Aktion«. Schmidt erwies sich als wohlinformiert und konnte Asbach etwas beruhigen: Auch er sei einige Tage zuvor in einer Entschädigungssache in Stuttgart als Zeuge vernommen worden und habe vom vernehmenden Richter erfahren, dass auch Asbach in Kürze geladen werde. Hintergrund der gewünschten Zeugenaussagen sei, dass »so erhebliche Schädensansprüche jüdischer Emigranten«[4] in Baden-Württemberg geltend gemacht würden, dass die dortigen Behörden umfangreicher ermitteln wollten, um die Ansprüche abzuwehren oder zumindest herabzusetzen. Der Richter wolle nicht, beruhigte Schmidt Asbach, die genauen Zuständigkeiten von SS und Verwaltung ausloten, sondern lediglich wissen, ob und wann ein Ghetto existiert habe und ob dieses hermetisch abgeriegelt gewesen sei. Schließlich besänftigte Schmidt Asbach nochmals ausdrücklich: »Wegen persönlicher Erlebnisse oder Eingriffe werden Sie sicherlich nicht befragt werden.« Nachdem Asbach in Stuttgart ausgesagt hatte, konnte er

1 Ladungen des LG Stuttgart an Asbach, 2.2.1955, BAL, B 162/II 212 AR 1412/66, Bd. 2, Bl. 358ff.

2 Schreiben Asbachs an Ludwig Losacker, 28.2.1955, ebenda, Bl. 367.

3 Schreiben Asbachs an Rechtsanwalt Adolf Schmidt, 17.2.1955, ebenda, Bl. 362. Das folgende Zitat ebenda, Bl. 363.

4 Schreiben von Rechtsanwalt Schmidt an Asbach, 18.2.1955, ebenda, Bl. 364. Das folgende Zitat ebenda, Bl. 365.

Schmidt und Losacker erleichtert darüber informieren, dass die Vernehmung »in dem von Ihnen vorausgesagten Sinne abgelaufen«[5] sei. Ohne durch kritisches Insistieren des Richters in Bedrängnis gebracht worden zu sein, konnte Asbach seine Version zum Besten geben und jedes Wissen von örtlichen Erschießungen von Juden ebenso wie eine Ghettoisierung abstreiten.[6]

In Stuttgart hatte er die Namen weiterer Zeugen zu Protokoll gegeben. Um nichts dem Zufall zu überlassen, wandte er sich nun an diese, seine ehemalige Sekretärin sowie zwei frühere Kreislandwirte: »Im Zuge der Wiedergutmachungsgesetze«, erläuterte Asbach den drei ehemaligen Mitarbeitern, »versucht eine Anzahl von Juden dadurch zu Geld zu kommen, daß sie die Behauptung aufstellen, sie seien jahrelang in Ghettos oder ähnlichen Zwangsarbeitslagern festgehalten und ihrer Freiheit beraubt worden.«[7] Er habe Angaben über die Maßnahmen der deutschen Behörden gegen die Juden in Janów Lubelski und Brzeżany machen müssen. Beflissen meldete ihm seine ehemalige Sekretärin Ende April, dass sie eine Ladung bekommen habe und »dann entsprechend berichten«[8] werde. Alle drei verhielten sich im Sinne Asbachs und stellten eine Ghettoisierung der Juden in Abrede. So waren bereits früh Strategie und Kanäle für Absprachen eingeübt, die später in den Ermittlungsverfahren der sechziger Jahre wieder zum Tragen kommen sollten.

Vom Zufallsprinzip zur systematischen Ermittlungstätigkeit

Die meisten Kreishauptleute blieben in den fünfziger Jahren unbehelligt und konnten sich ganz auf ihre Karrieren konzentrieren und sich in ihrer wiedergewonnenen Behaglichkeit einrichten. Das änderte sich erst Ende des Jahrzehnts allmählich. Rund zehn Jahre nach der Entnazifizierung mussten sie nun – für viele sicher unerwartet – wieder Rede und Antwort stehen. Das hing eng mit grundlegenden vergangenheitspolitischen Entwicklungen in der Bundesrepublik in der zweiten Hälfte der fünfziger Jahre zusammen. Im öffentlichen Diskurs war der Nationalsozialismus zwar schon vom Beginn ihrer Geschichte an präsent, gegen Ende des

5 Schreiben Asbachs an Schmidt, 4.3.1955, ebenda, Bl. 366; Schreiben Asbachs an Losacker, 28.2.1955, ebenda, Bl. 367.

6 Vernehmung von Hans-Adolf Asbach, 25.2.1955, BAL, B 162/202 AR-Z 76/61, Bd. 1, Bl. 8 ff.

7 Entwurf eines Schreibens von Asbach an G.S., Heinz Kettner u. Friedrich Ernst Goritz, 12.3.1955, BAL, B 162/II 212 AR 1412/66, Bd. 2, Bl. 369.

8 Schreiben von G.S. an Asbach, 27.4.1955, ebenda, Bl. 376. Zitat ebenda.

Jahrzehnts vollzog sich aber eine deutliche Verschiebung. Nun richtete sich der Blick – zumindest kurzzeitig – stärker auf die NS-Gewaltverbrechen (NSG), die systematische Verfolgung und Ermordung der Juden sowie auf personelle Kontinuitäten; Film und Theater setzten sich verstärkt mit dem Thema auseinander und lösten heftige Debatten aus. Zugleich sahen sich zahlreiche Personen in Politik, Verwaltung, Justiz und Wirtschaft Vorwürfen wegen ihrer NS-Vergangenheit ausgesetzt, oft durch Kampagnen aus der DDR.[9] Bedeutende Impulse kamen von der Justiz. Nach einem fast vollständigen Stillstand in der Ermittlungstätigkeit Mitte der fünfziger Jahre sorgten gegen Ende des Jahrzehnts und zu Beginn der sechziger Jahre der Ulmer Einsatzgruppenprozess 1958, der Eichmann-Prozess 1961 in Jerusalem sowie der erste Auschwitz-Prozess 1963 bis 1965 in Frankfurt am Main für eine zeitweise Bewusstseinsschärfung in Teilen der Gesellschaft.[10]

Entscheidende Veränderungen vollzogen sich dadurch auch in der Ermittlungsarbeit der bundesdeutschen Justiz, wozu vor allem der Einsatzgruppenprozess in Ulm und die DDR-Kampagnen beigetragen haben: Die Justizminister der Länder einigten sich im Oktober 1958 auf die Gründung der Zentralen Stelle als zentrale Vorermittlungsbehörde. Diese neuartige Zentrale Stelle, die Anfang Dezember 1958 ihre Arbeit aufnahm, sollte NS-Verbrechen an Zivilpersonen untersuchen, die außerhalb des Gebietes der Bundesrepublik begangen worden waren und in keinem direkten Zusammenhang mit den Kriegshandlungen standen. Vor allem dachte man dabei an die Verfolgung und Ermordung der Juden in den Lagern und Ghettos sowie die Verbrechen der Einsatzgruppen. Die Tätigkeit der Zentralen Stelle war allerdings ausdrücklich beschränkt auf die Einleitung von Vorermittlungen, das heißt in erster Linie auf die Sammlung von Unterlagen zu den Verbrechenskomplexen; Exekutivbefugnisse einer Staatsanwaltschaft besaß sie nicht, konnte also nicht selbst Durchsuchungsbeschlüsse oder Haftbefehle erwirken oder selbst Anklage erheben. Hier war sie auf die Kooperation der Staatsanwaltschaften angewiesen. Nach Abschluss der Vorermittlungen übergaben die Ludwigsburger Ermittler das Verfahren an die jeweils zuständige Staatsanwaltschaft. Diese musste die Zentrale Stelle fortan über den weiteren Verlauf der Ermittlungen auf dem Laufenden halten und ihr die

9 Vgl. Frei, Hitlers Eliten, S. 329 ff.; von Miquel, Ahnden, S. 27 ff.; Weinke, Verfolgung, S. 76 ff.; Siegfried, Aufarbeitung, S. 78 ff.; Roth, Theater, S. 48 ff.; Leide, NS-Verbrecher, S. 73 ff.; Braunbuch, passim.

10 Vgl. von Miquel, Ahnden, S. 146 ff.; Greve, Umgang, S. 43 ff.; Rückerl, NS-Verbrechen, S. 132 ff.; Weinke, »Alliierter Angriff«, S. 57 ff.

anfallenden Vernehmungsprotokolle, Dokumente und abschließenden Vermerke zuschicken. Dadurch wurde die Zentrale Stelle in die Lage versetzt, die Ermittlungsarbeit zu koordinieren und Parallelermittlungen zu vermeiden. In Nordrhein-Westfalen rief das Justizministerium wegen der Fülle von NSG-Verfahren im Land zum 1. Oktober 1961 bei der Staatsanwaltschaft Dortmund die Zentralstelle im Lande Nordrhein-Westfalen zur Bearbeitung von Strafverfahren wegen nationalsozialistischer Massenverbrechen (Zentralstelle) ins Leben, die Verfahren, für die Staatsanwaltschaften aus Nordrhein-Westfalen zuständig waren, übernehmen sollte.[11]

Die Zuständigkeiten Ludwigsburgs hielten die Justizminister bewusst eng begrenzt, an einer wirklich umfassenden und systematischen Ermittlung der NS-Verbrechen hatten sie kein Interesse. Für manche war vor allem die Beruhigung des Auslands Motiv für die Gründung der Zentralen Stelle. Überdies war sie von vornherein als Behörde auf Abruf angelegt, bis 1965 auch Mord verjährt wäre. Die Verjährung bei Totschlag trat bereits am 8. Mai 1960 ein, so dass ein Gutteil der Ermittlungen ohnehin obsolet geworden war. Dieser Widerwille mancher Landesjustizminister schlug sich auch in der mangelnden personellen und räumlichen Ausstattung nieder. Doch nicht nur diese mehr oder minder bewusst angelegten organisatorischen Probleme behinderten die Ludwigsburger Ermittler in ihrer Arbeit. Bisweilen gravierende Schwierigkeiten bereitete ihnen die Kooperation mit den Staatsanwaltschaften und der Polizei. Vor allem personelle Kontinuitäten im Polizeiapparat führten dazu, dass Anfragen gar nicht oder nur sehr schleppend bearbeitet und Ermittlungen nur zögerlich und halbherzig angestellt wurden, zumal manch ein Polizeibeamter selbst zum Kreis der potentiell Verdächtigen gehörte. Undichte Stellen und eine wirksame Kameraderie unterliefen daher manchmal die Aufklärungsbemühungen. Diesen Problemen begegnete man bald mit der Einrichtung von Sonderkommissionen, die sich aus sorgsam ausgewählten Polizeibeamten zusammensetzten.[12]

Ein zusätzliches Hindernis einer raschen und effektiven Ermittlungstätigkeit resultierte aus dem eklatanten Mangel fundierter historischer

11 Vgl. Rückerl, NS-Verbrechen, S. 143 ff.; von Miquel, Ahnden, S. 162 ff.; Weinke, »Alliierter Angriff«, S. 61 f.; Greve, Auschwitz, S. 43 ff.; ders., Umgang, S. 48 ff.; Pauli, Zentrale Stelle, S. 47 f.; Fleiter, Zentrale Stelle, S. 32 f.; Kapischke, Zentralstelle, S. 6 f.; Maaß, Zentralstelle.

12 Vgl. Rückerl, NS-Verbrechen, S. 144 u. 146 f.; von Miquel, Ahnden, S. 180 ff.; Greve, Umgang, S. 52 ff.; ders., Auschwitz, S. 45 f. u. 54 ff.; Fleiter, Zentrale Stelle, S. 33 ff.; Weinke, »Alliierter Angriff«, S. 73 f.; Pauli, Zentrale Stelle, S. 54.

Forschung zu den Verbrechenskomplexen. In allen Bereichen mussten sich die Ermittler die Grundlagen für ihre Arbeit selbst schaffen. Sie fertigten Übersichten und Darstellungen zu vielen NS-Verbrechen an, die vielfach erst in den neunziger Jahren in den Fokus der geschichtswissenschaftlichen Forschung gerieten. Aufs engste damit verbunden war die Frage des Zugangs zu den einschlägigen Archivalien. Für die Untersuchung der Tatbeteiligung der Zivilverwaltung des Generalgouvernements waren in erster Linie Dokumente in polnischen Archiven relevant. Der Zugang zu diesen Unterlagen blieb den Ermittlern wegen des Alleinvertretungsanspruchs der Bundesregierung lange Zeit verwehrt. Erst im Februar 1965, im Zuge hektischer Sondierungen im Vorfeld der drohenden Verjährung von Mord, waren erste Recherchen in Polen möglich, die bald intensiv ausgedehnt wurden und erhebliche Mengen an Beweismaterial zutage förderten. Auf ähnliche Probleme stießen die Staatsanwälte beim Rechtshilfeverkehr. Zudem war der Staatssicherheitsdienst der DDR darum bemüht, den Zugriff westdeutscher Ermittler auf das Aktenmaterial in Polen zu verhindern, um dieses für eigene Kampagnen exklusiv verwenden zu können. Das behinderte die Recherchen aber nur partiell.[13] Trotz all dieser Erschwernisse entwickelte sich Ludwigsburg – entgegen den Erwartungen und Hoffnungen mancher Politiker – bald schon zu einer umtriebigen und in einigen Bereichen wirkungsvollen Ermittlungsbehörde.

Als die wenigen Staatsanwälte 1958/59 ihre Arbeit in Ludwigsburg aufnahmen, fanden sie bezüglich der deutschen Verbrechen in Polen fast nichts vor, worauf sie sich hätten stützen können. Bis dato waren kaum diesbezügliche Urteile ergangen; lediglich Gerald Reitlingers 1956 in deutscher Übersetzung erschienene Gesamtdarstellung über »Hitlers Versuch der Ausrottung der Juden Europas« lieferte ihnen einen ersten groben Überblick.[14] Sie konzentrierten ihre Ermittlungen daher zunächst auf die Vernichtungslager sowie auf den Stab des SSPF in Lublin, in

13 Vgl. von Miquel, Ahnden, S. 276ff.; Weinke, Verfolgung, S. 209ff.; Pauli, Zentrale Stelle, S. 52f. Die drohende Verjährung von Mord wurde 1965 verhindert, indem der Beginn der Frist auf den 1. Januar 1950 verschoben wurde. 1969 wiederum verlängerte der Bundestag die Verjährungsfrist um zehn Jahre, 1979 schließlich wurde die Verjährung ganz abgeschafft. 1965 erweiterte sich außerdem die Zuständigkeit der Zentralen Stelle auch auf NS-Gewaltverbrechern im Inland, und die Dienststelle wurde personell erheblich aufgestockt. Vgl. von Miquel, Ahnden, S. 224-369.

14 Vgl. Reitlinger, Gerald, Die Endlösung. Hitlers Versuch der Ausrottung der Juden Europas 1939-1945. Berlin 1956.

dessen Händen die Organisation der »Aktion Reinhardt« gelegen hatte. Im Zuge der Ermittlungen erkannten sie jedoch bald, dass damit nur ein Teil der Verbrechen gegen die Juden erfasst würde; die zahlreichen lokalen Erschießungen im Vorfeld der Deportationen zum Beispiel konnten sie auf diese Art nicht aufklären. Daher weiteten sie die Vorermittlungen systematisch aus, indem jeweils ein Verfahren für den Apparat des SSPF in jedem Distrikt eingeleitet wurde sowie jeweils eines für jeden Kreis, das die Gesamtheit der dort begangenen Verbrechen zum Gegenstand haben sollte. Durch diese Systematik waren viele ehemalige Kreishauptleute und andere Angehörige der Zivilverwaltung von den Ludwigsburger Ermittlungen direkt betroffen.[15] Gegen andere wurden aufgrund eingegangener Anzeigen Verfahren eingeleitet. Die Staatsanwälte stießen fast ausnahmslos auf die geschilderten Schwierigkeiten, die sie bei ihren Ermittlungen behinderten, sofern sie diese überhaupt ernsthaft betrieben.

Typische Probleme

Das war kaum der Fall in dem Ermittlungsverfahren gegen Werner Zimmermann, den ehemaligen Kreishauptmann des Kreises Grójec.[16] Im Juli 1967 waren die Vorermittlungen in Ludwigsburg abgeschlossen, und das Verfahren gelangte zur Staatsanwaltschaft Koblenz. Nun geschah lange Zeit nichts. Das lag nicht nur an der Staatsanwaltschaft. Der Rechtshilfeverkehr mit Polen verlief äußerst schleppend: Ein erstes Ersuchen stellte die Zentrale Stelle im Februar 1967; mehr als drei Jahre später, erst im Juli 1970, kamen aus Polen einige Dokumente sowie Zeugenaussagen. Später folgten sukzessive weitere Zeugenaussagen. Unterdessen unternahm der Koblenzer Staatsanwalt nichts. Im Dezember 1971 teilte er der Zentralen Stelle mit, dass er »vorerst mit den Ermittlungen noch innehalten«[17] wolle, da weiteres Material aus Polen zu erwarten sei. Konsterniert fragte Staatsanwalt Lamberg aus Ludwigsburg daraufhin Mitte 1972 an: »Schließlich bitte ich Sie, uns mitzuteilen, ob Ihre Schreiben vom 4.2.1970, 16.3.1971 und 6.12.1971 dahin zu verstehen sind, daß seit

15 Vgl. Blank, Beispiel, S. 43 ff.

16 Die folgenden Ausführungen stützen sich ausschließlich auf die Ludwigsburger Akten, da die Akten der StA Koblenz aufgrund des Landesarchivgesetzes Rheinland-Pfalz nicht zugänglich waren. Für das hier behandelte Problemfeld reichen die Ludwigsburger Akten aber allem Anschein nach aus.

17 Schreiben der StA Koblenz an die Zentrale Stelle, 6.12.1971, BAL, B 162/II 211 AR-Z 76/66, Bd. 3, Bl. 279.

der Abgabe der Akten am 6.7.1967 nur die von der polnischen Hauptkommission zur Verfügung gestellten Ermittlungsergebnisse angefallen sind.«[18] Ganze sieben Wochen später erhielt Ludwigsburg die Bestätigung der zwischen den Zeilen durchschimmernden Befürchtung. Oberstaatsanwalt Braun aus Koblenz teilte mit, dass lediglich »Randermittlungen« angestellt worden seien, der Rest sei »im Einvernehmen« mit dem Justizministerium zurückgestellt worden.[19]

Fortan war das Klima frostiger, und es herrschte immer wieder für längere Zeit Funkstille zwischen Koblenz und Ludwigsburg. Im September 1973 erkundigte sich die Zentrale Stelle nach dem Stand des Verfahrens. Die Reaktion aus Koblenz bestand lediglich darin, eine Woche darauf Vernehmungsniederschriften aus Polen zu schicken, um sie von der Zentralen Stelle übersetzen zu lassen. Nach den vorangegangenen Erfahrungen war dies wohl Antwort genug. Ein gutes Jahr später allerdings wollte der Ludwigsburger Staatsanwalt Frischeisen doch Genaueres wissen. Diesmal ging er jedoch auf Nummer sicher und griff Anfang Oktober 1974 zum Telefon, doch auch das half nicht: Oberstaatsanwalt Braun vertröstete Frischeisen darauf, dass er sich die Akten erst im nächsten Monat ansehen könnte, sich dann aber unaufgefordert melden werde. Das geschah nicht. Ludwigsburg erkundigte sich mehrfach ohne Erfolg nach dem Stand der Ermittlungen. Erst Ende März 1976 teilte man aus Koblenz mit, dass das Landeskriminalamt nun die Ermittlungen führe und dies noch einige Zeit dauern werde. Erst jetzt begannen die Koblenzer Behörden damit, auch deutsche Zeugen und Beschuldigte zu vernehmen. Kopien der Vernehmungsprotokolle aber bekam die Zentrale Stelle, wie sonst eigentlich üblich, erst gar nicht zu Gesicht. Dort hatten die Mitarbeiter offenbar schon so weit resigniert, dass sie sich Nachfragen ersparten. Schließlich wechselte auch noch der bearbeitende Staatsanwalt in Koblenz; der neue Sachbearbeiter brauchte über vier Monate, um sich in das Verfahren einzuarbeiten. Kaum war das geschehen, machte er sich daran, die abschließende Verfügung zu verfassen. Weitere Verzögerungen führten dazu, dass die Abschlussverfügung erst Mitte 1980 vorlag. 18 Jahre nach Einleitung der Vorermittlungen durch die Zentrale Stelle stellte die Staatsanwaltschaft Koblenz das Verfahren gegen Werner Zimmermann nunmehr ein, nachdem sie sich 13 Jahre lang überwiegend auf

18 Schreiben der Zentralen Stelle an die StA Koblenz, 20.6.1972, ebenda, Bd. 4, Bl. 552.

19 Schreiben der StA Koblenz an die Zentrale Stelle, 7.8.1972, ebenda, Bl. 562.

das Verwalten der Akten und eine Blockadehaltung gegenüber Ludwigsburg beschränkt hatte.[20]

Dass ungeachtet aller objektiven Schwierigkeiten der Ermittlungsarbeit auch politische Faktoren eine Rolle gespielt haben, belegt das Verfahren gegen Justus Rubehn, geführt von der Kieler Staatsanwaltschaft. Rubehn war von Juli 1942 bis September 1943 Kreishauptmann des Kreises Radom-Land. Nach dem Krieg wurde er Ende der vierziger Jahre wieder in den Staatsdienst übernommen und stieg im schleswig-holsteinischen Innenministerium bis zum Ministerialrat auf, bevor er Mitte der sechziger Jahre pensioniert wurde. Kaum war er Kreishauptmann geworden, organisierte er auch schon den Transport von 69 Juden in das Vernichtungslager Sobibór. Anfang August 1942 informierte er den Leiter der Unterabteilung Bevölkerungswesen und Fürsorge im Distrikt Lublin, »daß durch ein Sonderdienstkommando 69 Juden aus Ryczowol in das Lager Sobibor des SS- und Polizeiführers im Distrikt Lublin überführt worden sind«[21]. Damit lag der dokumentarische Beweis für eine von einem Kreishauptmann selbstständig organisierte Deportation in ein Vernichtungslager vor.

Rubehn war bereits im Januar 1963 im Rahmen eines anderen Verfahrens von einem Kieler Staatsanwalt zu diesem Dokument befragt worden, der allerdings keinen Anlass zu weiteren Ermittlungen gesehen hatte. Erst 1972 leitete die Zentrale Stelle ein Vorermittlungsverfahren ein und gab dies am 16. Mai 1972 an Kiel ab. Bereits fünf Monate später stellte man dort das Verfahren ein, ohne auch nur eine einzige Vernehmung durchgeführt zu haben. Man hatte sich auf die Auswertung anderer Ermittlungsverfahren beschränkt und entgegen der Empfehlung Ludwigsburgs Rubehn nicht einmal als Beschuldigten vernommen. Der Kieler »Ermittler«, der Rubehns Vernehmung von 1963 zurate gezogen hatte, begründete seine Entscheidung damit, dass dessen Erklärungen

20 Schreiben der Zentralen Stelle an die StA Koblenz, 18.9.1973, ebenda, Bl. 714; Schreiben der StA Koblenz an die Zentrale Stelle, 24.9.1973, ebenda, Bd. 5, Bl. 715; Aktenvermerk, 1.10.1974, ebenda, Bd. 6, Bl. 1298; Schreiben der Zentralen Stelle an die StA Koblenz, 4.3.1975, 12.1.1976 u. 10.3.1976, ebenda, Bl. 1299-1301; Schreiben der StA Koblenz an die Zentrale Stelle, 29.3.1976, ebenda, Bl. 1302; Schreiben der StA Koblenz an das Bayerische Landeskriminalamt, 21.11.1978, ebenda, Bd. 7, Bl. 1464; Schreiben der StA Koblenz an das Bayerische Landeskriminalamt, 28.3.1979, ebenda, Bl. 1479; Abschlussverfügung der StA Koblenz, 15.10.1980, ebenda, Bd. 8, Bl. 1656-1841, hier Bl. 1656ff. u. 1830.

21 Der Kreishauptmann des Kreises Radom-Land an den Leiter der Unterabteilung Bevölkerungswesen und Fürsorge im Distrikt Lublin, 4.8.1942, zitiert nach: Musial, Zivilverwaltung, S. 301.

nicht zu widerlegen seien. Dieser hatte 1963 ausgesagt, das Schreiben kurz nach Dienstantritt mit einer Reihe anderer Unterlagen lediglich zur Unterschrift vorgelegt bekommen zu haben, ohne den gesamten Vorgang gekannt zu haben. Darüber hinaus habe er seinerzeit nicht gewusst, dass die Juden in Vernichtungslager deportiert wurden, um dort ermordet zu werden.[22]

NSG-Verfahren waren innerhalb der deutschen Justiz unbeliebt. Sie belasteten die Staatsanwaltschaften enorm und waren einer Karriere nicht unbedingt förderlich. Immer wieder versuchten einzelne Ermittlungsbehörden daher, diese Verfahren gar nicht erst anzunehmen. Davon profitierte auch Wilhelm Schäfer, der während der gesamten Besatzungszeit Kreishauptmann in Busko im Distrikt Radom gewesen war. 1963 leitete die Zentrale Stelle Vorermittlungen ein, um die Verbrechen im Kreis Busko aufzuklären. Nach umfänglichen Ermittlungen gab sie das Verfahren im Juli 1965 an die Staatsanwaltschaft Mosbach, da dort der Hauptbeschuldigte lebte. Die Zentrale Stelle hielt in ihrem Abschlussbericht aber ausdrücklich fest, dass eine Tatbeteiligung Schäfers möglich sei, was aber noch geklärt werden müsste. Nach mehr als einem Jahr nahm sich der Hauptbeschuldigte das Leben; die Mosbacher Staatsanwaltschaft griff die Gelegenheit beim Schopf, erklärte sich für nicht mehr zuständig und gab das Verfahren an die Kasseler Ermittlungsbehörde weiter. In Kassel stellte man das Verfahren gegen den Hauptbeschuldigten nach einem Vierteljahr ein. Da, so der Oberstaatsanwalt, nun Schäfer als Beschuldigter in Betracht komme, sei nicht mehr seine Behörde, sondern die Staatsanwaltschaft Tübingen zuständig. Tübingen reichte das Verfahren nach Entscheidung des Generalstaatsanwalts direkt an die Staatsanwaltschaft Stuttgart. Da man in Stuttgart die Übernahme ablehnte, war die Odyssee des Verfahrens noch nicht am Ende; es wurde von dort an Kassel zurückgegeben.[23] Dort zog man daraus den Schluss, dass die Stuttgarter Kollegen »die Einleitung eines Ermittlungsverfahrens gegen Schäfer mangels Schlüssigkeit irgendwelcher konkreter Beschuldi-

22 Einstellungsverfügung der StA Kiel, 17.10.1972, BAL, B 162/II 206 AR-Z 56/72, Bd. 1, Bl. 152 ff.; Schreiben der StA Kiel an die ZStL, 8.12.1972, ebenda, Bl. 151; Abschlussbericht der ZStL, 10.5.1972, ebenda, Bl. 131.; Vernehmung von Justus Rubehn, 18.1.1963, BAL, B 162/206 AR-Z 363/59, Bd. 5, Bl. 792.

23 Schlussbericht der ZStL, 28.6.1965, BAL, B 162/206 AR-Z 29/63, Bd. 4, Bl. 530; StA Mosbach an die ZStL, 7.12.1966, ebenda, Bd. 6, Bl. 1090; Der OStA beim LG Kassel an die ZStL, 6.6.1967, ebenda, Bl. 1095; StA Tübingen an die ZStL, 28.6.1967, ebenda, Bl. 1108; StA Stuttgart an die ZStL, 19.7.1967, ebenda, Bl. 1111.

gungen abgelehnt«[24] haben, und legte die Akten weg. Vier Monate darauf, inzwischen hatte man in Stuttgart die Zuständigkeit anerkannt, stellte die dortige Staatsanwaltschaft das Verfahren ein, ohne dass gegen diesen jemals tatsächlich Ermittlungen angestellt worden wären.[25] Den beteiligten Behörden war offenkundig mehr daran gelegen, sich das Verfahren schnellstmöglich vom Hals zu schaffen, als daran, Verbrechen aufzuklären. Der lachende Dritte war Schäfer.

Doch nicht nur ermittlungshemmende Einstellungen aufseiten der Staatsanwaltschaften waren für den häufig unbefriedigenden Ausgang der Verfahren ursächlich. Erhebliche Schwierigkeiten bereitete die Beschaffung dokumentarischen Beweismaterials. Hier war man auf die Kooperationsbereitschaft polnischer Behörden angewiesen, die manchmal zu wünschen übrig ließ. Das lag nicht allein an politischen Hemmnissen auf polnischer Seite, sondern auch an der rigiden Informationspolitik der deutschen Ämter. Diese kamen oft dem Wunsch Polens nicht nach, über Fortgang und Ergebnis der Ermittlungsverfahren informiert zu werden. Manche Verfahren konnten nicht abschließend bearbeitet werden, da die angeforderten Dokumente aus Polen nicht geliefert wurden, in anderen Fällen, so scheint es, diente dies als willkommener Vorwand, die Ermittlungen einzustellen.[26]

Im Oktober 1963 leitete die nordrhein-westfälische Zentralstelle Ermittlungen gegen den ehemaligen Stadthauptmann von Tschenstochau Eberhard Franke ein. Auslöser war eine DDR-Nachrichtensendung vom August 1963, in der massive Vorwürfe gegen Franke erhoben wurden. Die gleichen Vorwürfe erschienen einen Monat darauf in einem großaufgemachten Artikel in der Ostberliner *neuen bild zeitung*. Die Quelle der Vorwürfe gegen Franke war nicht dazu angetan, den Ermittlungseifer der Dortmunder Zentralstelle zu beflügeln. Außer Routinearbeiten wie der Anhörung Frankes oder einer Überprüfung der Unterlagen aus dem Document Center unternahm die Staatsanwaltschaft nicht viel und verfügte Ende Januar 1966 die Einstellung des Verfahrens. Erst auf Anraten des Justizministeriums nahm sie das Verfahren wieder auf. Vonseiten des Ministeriums wurde angeraten, zunächst polnische Zeugen zur Vernehmung zu laden. Im Mai 1967 schließlich erging ein Rechtshilfeersuchen an Polen, das jedoch einige Zeit ohne Antwort blieb, woraufhin in Dortmund das Verfahren Mitte Dezember 1968 erneut eingestellt wurde. Ein

24 StA Kassel an die ZStL, 24.7.1967, ebenda, Bl. 1112.
25 Einstellungsverfügung der StA Stuttgart, 30.11.1967, ebenda, Bl. 1125.
26 Verfügung der ZStL, 30.8.1973, BAL, B 162/II 212 AR 1464/66, Bd. 2, Bl. 215.

gutes halbes Jahr später jedoch trafen aus Polen Zeugenaussagen ein, die dort bereits im Herbst 1967 aufgenommen worden waren. Diese wurden in Dortmund zu den Akten genommen, ohne dass man Anlass zu intensiveren Ermittlungen gesehen hätte. Im Juni 1974 schließlich konnten die Ermittler das Verfahren endgültig als abgeschlossen betrachten, da Franke nun verstorben war.[27] In diesem Fall kam beides zusammen: Ein offensichtlich ausgeprägter Widerwille seitens der Staatsanwaltschaft, aufgrund von Vorwürfen aus der DDR ein Verfahren ernsthaft zu betreiben, und auf der anderen Seite die unverständliche Trägheit der polnischen Hauptkommission, die eineinhalb Jahre benötigte, bereits vorliegende Zeugenaussagen zu verschicken.

Das Verfahren gegen Hans-Adolf Asbach

Bei weitem nicht alle Ermittlungsverfahren gegen die Kreishauptleute zeichnen sich durch einen derartigen an Rechtsvereitelung grenzenden Unwillen zum Ermitteln aus, wenngleich auch die anderen in aller Regel mit der Einstellung des Verfahrens endeten. Einige Staatsanwälte führten die Verfahren sehr engagiert, standen in reger Verbindung mit Ludwigsburg und tauschten sich regelmäßig mit Kollegen anderer Staatsanwaltschaften aus, mit denen sie Teile der Ermittlungsarbeit koordinierten. Dennoch hatten sie mit erheblichen Problemen zu kämpfen. Eines der zentralen Verfahren war hier zweifellos das gegen den ehemaligen schleswig-holsteinischen Sozialminister Asbach, das, wäre es jemals zur Hauptverhandlung gekommen, wohl eines der spektakulärsten NSG-Verfahren hätte werden können. Dazu kam es, aus einer Reihe zu erörternder Gründe, jedoch nie.

Seinen Anfang nahm das Verfahren 1961 mit einer Anzeige eines jüdischen Arztes, der während des Krieges im Kreis Brzeżany gelebt hatte. In den folgenden Jahren scheint es in Ludwigsburg unter ferner liefen gehandhabt worden zu sein. Als das Verfahren Anfang 1964 von dort an die

27 Verfügung von OStA Fricke, 25.10.1963, StArch Münster, StA Dortmund, Zentralstelle, 45 Js 23/65, Bd. 1, Bl. 1; »›NBZ‹ enthüllt: Dortmunder Rechtsanwalt war Brauner Satan der Stadt Tschenstochau«, in: neue bild zeitung, September 1963, ebenda, Bl. 14; StA Dortmund, Einstellungsverfügung, 28.1.1966, ebenda, Bl. 135 ff.; Vermerk, 7.3.1966, StArch Münster, StA Dortmund, Zentralstelle, 45 Js 23/65, Berichtsheft, Bl. 17; Rechtshilfeersuchen an Polen, 9.5.1967, ebenda, Bd. 1, Bl. 156 ff.; StA Dortmund, Vermerk, 12.12.1968, ebenda, Bl. 163 ff.; GKBZHwP an die Zentralstelle Dortmund, 28.7.1969, ebenda, Bd. 2, Bl. 2; Sterbeurkunde Nr. 797 des Standesamts Erlangen, ebenda, Bl. 61.

Staatsanwaltschaft Kiel abgegeben wurde, umfasste die Akte nur dürftige 64 Blatt; anders als in den anderen Verfahren gegen die Kreishauptleute hatte Ludwigsburg aus ungeklärten Gründen in diesem Fall keine gründlichen Vorermittlungen angestellt. Diese fehlende Vorarbeit musste der in NSG-Verfahren unerfahrene Sachbearbeiter der Kieler Staatsanwaltschaft schließlich mühsam nachholen, was er – anders als seine Koblenzer Kollegen – unmittelbar nach Übernahme des Verfahrens mit großem Engagement tat.[28]

Die Brisanz des Verfahrens offenbarte sich bereits in dessen Anfangsstadium: Irgendwie hatte ein Journalist der *Kieler Nachrichten* Wind davon bekommen und beim Pressereferenten des Justizministeriums nachgehakt. Obwohl dieser den Journalisten darauf aufmerksam machte, dass Asbach noch nicht vernommen worden sei und eine derart frühe Berichterstattung den Ermittlungen schaden könnte, überraschten die *Kieler Nachrichten* ihre Leser am folgenden Tag mit der Überschrift »Oberstaatsanwalt in Kiel ermittelt gegen Asbach: War der frühere BHE-Minister an Judenvernichtungen beteiligt?«[29]. Überregionale Zeitungen zogen in den nächsten Tagen nach. Einzelheiten der Vorwürfe gegen Asbach erfuhr der Leser ebenso wenig, wie ihm eine auch nur annähernde Vorstellung von dem vermittelt wurde, was er sich unter einem »Kreishauptmann im Osten«[30] vorzustellen hatte.[31]

Das Medienecho erwies sich als Strohfeuer; der Fall Asbach verschwand für längere Zeiten aus den Gazetten. Für Sensationsartikel fehlten schlicht die Grundlagen, da sich Justizministerium und Staatsanwaltschaft bedeckt hielten. So verpuffte das Rauschen im Blätterwald fast folgenlos. Nur einer profitierte von der kurzen, aber breiten Berichterstattung in diesem frühen Stadium der Ermittlungen: Der Beschuldigte Asbach. Er erfuhr, wie alle, erst aus den Medien, dass ein Verfahren gegen ihn anhängig war. Damit war ihm Gelegenheit gegeben, sich darauf einzustellen und Zeugen zu kontaktieren. Asbach zögerte keine

28 Der OStA an den schleswig-holsteinischen Justizminister, betr.: Ermittlungsverfahren gegen den Minister a.D. Hans-Adolf Asbach, 23.10.1964, LASH 786/2478, Bl. 34ff.; Der OStA an den schleswig-holsteinischen Justizminister, betr.: Ermittlungsverfahren gegen den Minister a.D. Hans-Adolf Asbach, 10.12.1964, ebenda, Bl. 52ff.; Interview mit Heinz Hadeler, 3.12.2007.

29 Kieler Nachrichten, 5.9.1964.

30 »Vorwürfe gegen Vertriebenenchef«, in: Frankfurter Rundschau, 11.9.1964.

31 Vgl. »Ermittlungen gegen Asbach«, in: Frankfurter Allgemeine Zeitung, 7.9.1964; »Asbach wehrt sich gegen Vorwürfe«, in: Frankfurter Rundschau, 9.9.1964; »Es war einmal ein Minister«, in: Die Zeit, 18.9.1964.

Sekunde – bereits am Tag nach dem ersten Bericht schrieb er dem Bundesvorsitzenden der Gesamtdeutschen Partei (GDP) Hermann Ahrens, um sich die Rückendeckung seiner Parteifreunde zu sichern. Asbach betonte, nichts mit den Vorwürfen zu tun zu haben. Wichtiger jedoch als die Unterstützung seiner Parteifreunde war der Versuch, über schleswig-holsteinische Landespolitiker Einfluss auf das Verfahren zu nehmen. Mitte September 1964 schrieb Asbach dem damaligen Ministerpräsidenten Helmut Lembke und beschwerte sich über die Presseveröffentlichungen. Von einem Ermittlungsverfahren gegen ihn sei ihm bis heute nichts bekannt. Vom Ministerpräsidenten erwartete Asbach, dass dieser alles tun werde, um Ehre und Ansehen des ehemaligen Landesministers wiederherzustellen. Eine direkte Reaktion des Regierungschefs aber ist nicht überliefert.[32]

Asbach war zutiefst getroffen davon, mit seiner Vergangenheit wieder in die Schlagzeilen geraten zu sein, die er als »Pressehetze« empfand: »Presse, Fernsehen und Rundfunk stürzen sich mit Wonne auf Verleumdungen«, beklagte er Ende Oktober in einem Tagebucheintrag. Verbittert prangerte er die NSG-Verfahren an, die er als »Rachejustiz« schmähte. Mit »prozessualen Kniffen« sei die Verjährungsfrist verlängert worden. Geradezu selbstmitleidig und seine juristische Ausbildung außer Acht lassend monierte Asbach, dass einem Mörder nach 20 Jahren vergeben werde, wenn er sich gut geführt habe, nicht aber denen, »die auf Befehl und unter den nie wieder zu rekonstruierenden Kriegsverhältnissen« aktiv waren.[33]

Asbach bemühte nicht nur politische Kanäle oder erging sich in Selbstmitleid und Tiraden gegen die bundesdeutsche Justiz. Unmittelbar nach den Presseveröffentlichungen reaktivierte er die alten Verbindungen, die sich bereits Mitte der fünfziger Jahre so hervorragend bewährt hatten. Im September 1964 suchte er seine ehemalige Sekretärin in Hamburg auf, die bereits durch die Medien im Bilde war. Von ihr wollte er wissen, ob sie eine Aussage gegen ihn gemacht habe. Als sie Asbach erzählte, sie habe von zwei »Umsiedlungen« von Juden erzählt, die auf seine Anordnung stattgefunden hätten, schärfte er ihr ein, sie solle nichts zugeben.[34] Das

32 Asbach an den Ministerpräsidenten Helmut Lembke, 14.9.1964, ebenda, Bl. 401 ff.

33 Tagebucheintrag 30.10.1964, BAL, B 162/II 212 AR 1412/66, Bd. 2, Bl. 405 f. Zitate ebenda.

34 Vernehmung von G.S., 18.2.1971, BAL, B 162/208 AR-Z 76/61, Bd. 14, Bl. 2872 f.; Vernehmung von G.S., 6.4.1965, BAL, B 162/II 212 AR 1412/66, Bd. 1, Bl. 137 u. 148 f.

war für Asbach eminent wichtig: Die rund 600 Juden, die im Mai oder Juni 1942 laut Aussage der Sekretärin auf seinen Befehl hin zusammenkamen und von der Gendarmerie geleitet Brzeżany verlassen mussten, wurden nach einigen Kilometern von Angehörigen der Sicherheitspolizei aus Tarnopol übernommen und an vorbereiteten Gruben erschossen.[35] Damit drohte Asbach, wegen Beihilfe zum Mord belangt zu werden.

Nachdem der Staatsanwalt Asbachs Sekretärin Anfang April 1965 vernommen hatte, bestand für ihn ein erster Verdacht auf Zeugenbeeinflussungen. Daher und wegen drohender Verjährung führte Staatsanwalt Hadeler in der Woche darauf eine unangemeldete Durchsuchung bei Asbach durch und beschlagnahmte einige Briefe, die die bereits geschilderten Zeugenabsprachen in den fünfziger Jahren aufdeckten.[36] Damit hielt er den konkreten Beweis für solche Abstimmungen in Händen und konnte seine Ermittlungen entsprechend darauf ausrichten. Bei Vernehmungen ehemaliger Mitarbeiter der Kreishauptmannschaft stellte sich heraus, dass Asbach auch sie besucht hatte, um mit ihnen über das Verfahren zu sprechen, wenngleich diese Zeugen Beeinflussungen oder Absprachen leugneten.[37] Doch zunächst musste die Kieler Justiz eine formale Hürde nehmen, um das Verfahren überhaupt fortführen zu können. Asbach hatte sich Mitte Dezember 1964 in Kiel abgemeldet und zog darauf nach Eutin, wo er sich allerdings erst Ende April 1965 anmeldete. Dadurch ergab sich ein Wechsel in der Zuständigkeit, da Eutin in das Zuständigkeitsgebiet der Staatsanwaltschaft Lübeck fiel. Dies hätte eine Verzögerung des Verfahrens nach sich gezogen, da ein neuer Bearbeiter sich erst hätte einarbeiten müssen. Ob Asbach dies intendiert und auf ein Eintreten der Verjährung spekuliert hatte, lässt sich nur mutmaßen. Zu diesem Zuständigkeitswechsel kam es jedenfalls nicht, da der General-

35 Die Aussage der Sekretärin stützte später auch der ehemalige Gendarmeriezugführer, dem zufolge Asbach gesagt habe, die Juden würden zu frech, die Gendarmerie solle sie wegführen, später übernehme dann die Sicherheitspolizei. StA Kiel, Vermerk, 25.10.1965, BAL, B 162/II 212 AR 1412/66, Bd. 1, Bl. 185.

36 Der OStA an den schleswig-holsteinischen Justizminister, betr.: Ermittlungsverfahren gegen den Minister a.D. Hans-Adolf Asbach, 22.6.1965, LASH 786/2478, o.P.; StA Hadeler, Vermerk zu den Ergebnissen der Durchsuchung, o.D., BAL, B 162/II 212 AR 1412/66, Bd. 2, Bl. 258ff.

37 Vernehmung von F.N., 3.5.1965, BAL, B 162/208 AR-Z 76/61, Bd. 2, Bl. 391f.; Vernehmung von Fritz Tichy, 19.6.1965, ebenda, Bd. 2, Bl. 527f.; Vernehmung von Friedrich Ernst Goritz, 11.3.1966, ebenda, Bd. 8, Bl. 1407 u. 1418.

staatsanwalt die Kieler Staatsanwaltschaft und ihren Sachbearbeiter damit beauftragte, das Verfahren fortzuführen.[38]

Die grundlegenden Probleme traten in der ersten Vernehmung Asbachs zutage, die der Staatsanwalt Mitte Mai 1965 führte. Asbach stritt die Vorwürfe gegen ihn rundweg ab und zeigte sich wohlpräpariert für seine Verteidigung. Schon in die Schilderung seines Lebenslaufes streute er Informationen ein, die dem Nachweis seiner Unschuld in manchen Punkten dienten. Ihm wurde zur Last gelegt, er habe Anfang Oktober 1941 angeordnet, dass alle männlichen Juden sich in Brzeżany versammeln mussten. Aus diesen seien etwa 600 Angehörige der sogenannten »Intelligenzberufe« ausgesucht und von der Sicherheitspolizei außerhalb der Stadt erschossen worden. Kreishauptmann Asbach war anfangs jedoch für den Kreis Rohatyn zuständig und wechselte erst nach einigen Wochen nach Brzeżany. In seiner Vernehmung hielt er den Termin des Umzugs wegen des erhobenen Vorwurfs bewusst vage und sprach davon, im »Spätherbst« seinen Dienstsitz gewechselt zu haben, was eher an November denken lässt.[39] Ein Blick in seine nach Kriegsende angefertigten autobiographischen Aufzeichnungen jedoch hätte genügt, um festzustellen, dass Asbach bereits im September nach Brzeżany wechselte und damit sehr wohl die fraglichen Anordnungen gegeben haben konnte.[40] Ein weiterer zentraler Vorwurf war seine Beteiligung an der Erschießung von mindestens 2000 Juden durch die Sicherheitspolizei aus Stanisławów/Stanislau in Rohatyn im März 1942. Er soll zuvor den Auftrag zum Ausheben der Massengräber erteilt und die Arbeiten fortwährend kontrolliert haben. Außerdem wurde ihm zur Last gelegt, am Tag des Massenmordes vor Ort gewesen zu sein und die nicht tödlich getroffenen Opfer eigenhändig mit sogenannten »Gnadenschüssen« ermordet zu haben. Rohatyn, so Asbach, sei irgendwann 1942 aus seinem Kreis ausgegliedert und erst später wieder an die Kreishauptmannschaft Brzeżany angeschlossen worden. Damit wäre er in der fraglichen Zeit gar nicht für dieses Gebiet zuständig gewesen und somit unschuldig. Die bewusst vage

38 Der OStA an den schleswig-holsteinischen Justizminister, betr.: Ermittlungsverfahren gegen den Minister a.D. Hans-Adolf Asbach, 22.6.1965, LASH 786/2478, o.P.; Bewersdorff, Ermittlungsverfahren, S. 17. Die Entscheidung stützte sich auf § 145 Abs. 1 Gerichtsverfassungsgesetz.

39 Vernehmung von Hans-Adolf Asbach, 18.5.1965, BAL, B 162/208 AR-Z 76/61, Bd. 2, Bl. 420.

40 Asbach, Krakau, Bl. 103 f.

gehaltenen zeitlichen Angaben und fehlende Quellen sollten ein erhebliches Hindernis für die Staatsanwaltschaft darstellen.[41]

Asbach stritt jede Zuständigkeit für die Judenpolitik ab und stellte Konflikte zwischen Verwaltung und SS in den Mittelpunkt seiner Aussage. Diese Streitigkeiten hätten zu einer zunehmenden Einschränkung seiner Befugnisse geführt, so dass er daraus schließlich die Konsequenzen gezogen und sich freiwillig zur Wehrmacht gemeldet habe. Da die Gendarmerie an vielen Mordaktionen beteiligt war, interessierte die Ermittler deren Verhältnis zum Kreishauptmann besonders. Asbach sagte hierzu aus, dass er ein sachliches Weisungsrecht nur in Fragen gehabt hätte, in denen er als Kreishauptmann zuständig gewesen sei. Außerdem habe die Gendarmerie in seinem Kreis »ein Sonderleben« geführt. Erschießungen in seinem Kreis wollte er weder gesehen noch etwas davon gehört haben.[42]

Parallel zu den Vernehmungen zahlreicher Zeugen war die Staatsanwaltschaft damit beschäftigt, sich wichtige Grundlagen für das Verfahren zu erarbeiten, indem sie systematisch Gesetze, Verordnungen, zeitgenössische Presseberichterstattung etc. auswertete. Außerdem mussten andere Ermittlungsverfahren gegen Kreishauptleute aus dem Distrikt Galizien herangezogen werden. Da in den sechziger Jahren mehrere Staatsanwaltschaften gegen Verwaltungsangehörige aus diesem Distrikt ermittelten und alle vor den gleichen Problemen standen, arbeiteten sie eng zusammen und bemühten sich um einen raschen Informationsaustausch und um eine Koordinierung der Recherchen. Regelmäßig trafen sich die Staatsanwälte zu Arbeitstreffen, auf denen sie die spezifischen Probleme ihrer Verfahren diskutierten und ein arbeitsteiliges Vorgehen koordinierten. Die Staatsanwaltschaft Berlin etwa erhielt die wichtige Aufgabe, das genaue Unterstellungsverhältnis von Gendarmerie und ukrainischer Polizei zu klären. Auf eine Aufteilung von Vernehmungen, die für Galizien-Verfahren allgemein relevant sein könnten, konnten sich die Staatsanwälte nicht einigen. Manche führten aber Vernehmungen gemeinsam mit Kollegen durch; Kiel kooperierte eng mit den Berliner Ermittlern, die gegen den Bundesverwaltungsrichter Hans-Walter Zinser ermittel-

41 Vernehmung von Hans-Adolf Asbach, 18.5.1965, BAL, B 162/208 AR-Z 76/61, Bd. 2, Bl. 420.

42 Ebenda, Bl. 425 u. 429 f. Zitat ebenda, Bl. 429; Fortsetzung der Vernehmung von Hans-Adolf Asbach, 19.5.1965, ebenda, Bl. 435 ff.; Fortsetzung der Vernehmung von Hans-Adolf Asbach, 20.5.1965, ebenda, Bl. 445.

ten, sowie mit der Hamburger Staatsanwaltschaft, die nach Abgabe aus Kiel ein Verfahren gegen Asbachs Nachfolger Werner Becker führte.[43]

Von der Zentralen Stelle erwarteten die Staatsanwälte die Einrichtung eines Referats, das sich ausschließlich mit der Verantwortlichkeit der Zivilverwaltung im Generalgouvernement an den Massentötungen der Juden beschäftigen sollte, indem von dort zentral die Suche nach Dokumenten in großen Archiven wie dem Bundesarchiv oder dem Militärarchiv vorgenommen werden sollte. Die Umsetzung dieser Forderung scheiterte zunächst an Personalengpässen in Ludwigsburg, dann hatte der zuständige Referent keinen Arbeitsplatz, und als dieser schließlich zur Verfügung stand, wurde der vorgesehene Sachbearbeiter in einem anderen Bereich eingesetzt.[44]

In Ludwigsburg war man allerdings der Meinung, dass Verfahren gegen die Kreishauptleute im Gegensatz zu denen gegen die Gebietskommissare nicht allzu ergiebig seien; diese seien wie eine Wolke, aus der keine Blitze zu erwarten seien. Die Staatsanwälte aber argumentierten politisch: Es komme nicht immer darauf an, auch tatsächlich zu einer Anklage zu kommen. Wegen der vielfach gehobenen Stellung vieler ehemaliger Kreishauptleute in der Bundesrepublik sei von außen ein starkes Interesse zu erwarten. Dieses Argument fruchtete bei den Ludwigsburger Kollegen aber nicht. Staatsanwalt Blank stellte klar, dass die Zentrale Stelle auch in Zukunft keine gesonderten Vorermittlungen gegen Kreis-

43 StA Berlin, Vermerk, betr.: Arbeitsbesprechung der mit Galizien-Verfahren befassten Staatsanwälte am 8./9.4.1965 in Berlin, 12.4.1965, StArch Ludwigsburg, EL 317 III Bü. 280 o.P.; StA Berlin, Vermerk über das Ergebnis der Arbeitsbesprechung vom 24.-26.11.1965 in Berlin, 1.12.1965, ebenda; Der OStA an den schleswig-holsteinischen Justizminister, betr.: Ermittlungsverfahren gegen den Minister a.D. Hans-Adolf Asbach, 22.6.1965, LASH, 786/2478, o.P.; Erster Staatsanwalt Pries (Kiel), Mitwirkung der Verwaltungsstellen bei der Endlösung der Judenfrage, in: Niederschrift über die Zweite Arbeitstagung der in der Bundesrepublik mit der Strafverfolgung von NS-Gewaltverbrechen befaßten Staatsanwälte in Stuttgart vom 31. Mai bis zum 4. Juni 1965, Ludwigsburg o.J., S. 74 ff.; Antrag der StA Hamburg auf Eröffnung der Voruntersuchung, 10.8.1973, BAL, B 162/II 208 AR797/66, Bd. 5, Bl. 1271 ff.

44 Der OStA an den schleswig-holsteinischen Justizminister, betr.: Ermittlungsverfahren gegen den Minister a.D. Hans-Adolf Asbach, 22.6.1965, LASH, 786/2478, o.P.; Staatsanwalt Hadeler an den schleswig-holsteinischen Justizminister, betr.: Konferenz der Justizminister am 21. April 1966, 4.4.1966, ebenda, Bl. 141 f.; Staatsanwaltschaft Berlin an den Senator für Justiz, Bericht über Arbeitsbesprechung vom 8./9.4.1965 in Berlin, 28.6.1965, StArch Ludwigsburg, EL 317 III Bü. 280, o.P.

hauptleute durchführen werde. Deren Strafverfolgung hänge, da sie in der Regel Mordaktionen und Deportationen nicht eigenständig durchgeführt hätten, von der Aufklärung der Verbrechen der Sicherheitspolizei und anderer SS- und Polizeidienststellen ab. Daher werde die Zentrale Stelle an der regionalen Ausrichtung der Ermittlungsverfahren festhalten.[45]

Die Anstrengungen einer engen Kooperation trugen nur begrenzt Früchte. Zwar wurden wichtige Erkenntnisse schnell ausgetauscht und Doppelermittlungen zumindest in Teilen vermieden. Dennoch stand letztlich jeder Ermittler vor dem gleichen Problem, dem betreffenden Kreishauptmann nachweisen zu müssen, zum Zeitpunkt der Deportation der Juden bereits von deren beabsichtigter Tötung gewusst zu haben. Leugnete der Kreishauptmann das standhaft, konnte er, wenn er nicht anderweitig an lokalen Morden beteiligt war, nicht belangt werden. Selbst wenn in einem Fall der lückenlose Nachweis gelungen wäre, hätte diese Erkenntnis nicht auf andere Fälle übertragen werden können. In jedem einzelnen Verfahren hätte der Nachweis von Neuem geführt werden müssen.

Neben diesem allgemeinen Problem wartete jedes Verfahren mit sehr spezifischen Schwierigkeiten auf. Die Ermittlungen gegen Asbach waren reich daran. Obwohl Hadeler Zeugenabsprachen und Beeinflussungen relativ früh auf die Spur gekommen war und auch zum Gegenstand von Vernehmungen machte, wurden sie ungebrochen fortgesetzt. Einen Monat nach der ersten Vernehmung Asbachs, Mitte Mai 1965, suchte der Staatsanwalt dessen damaligen Stellvertreter, den Stadtkommissar von Brzeżany, Fritz Tichy, auf, zu dem Asbach seit Anfang der fünfziger Jahre wieder Kontakt hatte. Nun stellte sich heraus, dass Asbach Tichy eine Woche vor der Vernehmung besucht hatte und sich mit diesem über das Verfahren unterhalten hatte, angeblich um diesen nach Zeugen zu fragen. Tichys Aussage und mehr noch seine weitere Rolle im Verfahren aber zeigen, dass er als Darsteller in einer Inszenierung nach einem gemeinsam verfassten Drehbuch auftrat. Asbach schilderte er als eigenwilligen Menschen, der sich oft gegen seine Vorgesetzten aufgelehnt und in ständigen Spannungen zur Sicherheitspolizei gestanden habe, die ihre Maßnahmen ihnen gegenüber verheimlicht habe. Dessen überdrüssig, habe Asbach schließlich gegen Widerstände im Distrikt seine Einberu-

45 Erster Staatsanwalt Pries (Kiel), Mitwirkung der Verwaltungsstellen bei der Endlösung der Judenfrage, in: Niederschrift über die Zweite Arbeitstagung der in der Bundesrepublik mit der Strafverfolgung von NS-Gewaltverbrechen befaßten Staatsanwälte in Stuttgart vom 31. Mai bis zum 4. Juni 1965, Ludwigsburg o.J., S. 77 ff.

fung zur Wehrmacht erreicht. Von »Aktionen« gegen die Juden habe er gar nichts miterlebt, darüber sei zwar allgemein gemunkelt worden, aber darunter sei nicht die Tötung, sondern die Verschickung zum Arbeitseinsatz verstanden worden.[46] Dass ihm hier ein eingeübtes Schauspiel dargeboten wurde, konnte Hadeler bestenfalls ahnen; Beweise hierfür sollte er erst später in Händen halten.

Zunächst nahmen die Ermittlungen mit der Vernehmung weiterer Zeugen ihren normalen Gang. Der Verdacht gegen Asbach verdichtete sich, da der ehemalige Gendarmeriezugführer und weitere Zeugen Asbach schwer belasteten.[47] Schließlich betrat im Dezember 1965 ein Zeuge die Bühne, der bereits von anderen mehrfach ins Spiel gebracht worden war. Gemeinsam mit seinen Berliner Kollegen vernahm Hadeler Ludwig Losacker, der – wie eingangs geschildert – schon in den fünfziger Jahren die Fäden bei den Zeugenabsprachen in der Hand gehalten hatte, was er aber bestritt. Allerdings war das wenig glaubwürdig, musste er doch zugeben, im September 1965 den ehemaligen Kreishauptmann und jetzigen Bundesrichter Hans-Walter Zinser angerufen zu haben, nachdem Losacker die seinerzeit angereisten Staatsanwälte abgewimmelt hatte, da er angeblich nicht genug Zeit habe. Zinser jedoch lehnte mit Rücksicht auf das laufende Verfahren jeden Kontakt ab. An Losackers Rolle als spiritus rector der Legende von der sauberen Verwaltung hatte sich nichts geändert: Zunächst breitete er vor den Vernehmenden die Geschichte seines angeblichen Widerstands aus, der ihm fast das Leben gekostet hätte, und auch sonst bewegte sich seine Aussage in den gewohnten Argumentationsbahnen. Er berichtete von einem Erlass der Distriktverwaltung, dass sich die Kreishauptleute an den »Judenaktionen« nicht beteiligen dürften, ohne diesen – wohlweislich – genauer datieren zu können. Schließlich war es ihm wichtig, gewissermaßen präventiv, zu Protokoll zu geben, dass »falls tatsächlich irgend ein Kreishauptmann sich an einer Judenvernichtungsmaßnahme beteiligt haben sollte«, das nicht verallgemeinert werden dürfte; im Allgemeinen hätten die Kreishauptleute das Vorgehen von SS und Polizei strikt abgelehnt.[48] Gegen Losacker selbst hatte die nordrhein-westfälische Zentralstelle 1962/63 halbherzige Ermittlungen durchgeführt, die durch eine Anzeige des

46 Vernehmung von Fritz Tichy, 19.6.1965, BAL, B 162/208 AR-Z 76/61, Bd. 2, Bl. 527 ff.

47 Vernehmung von L.G., 13.7.1965, ebenda, Bd. 3, Bl. 689 ff.; Vernehmung von E.S., 16./17.3.1966, ebenda, Bd. 7, Bl. 1333 ff.

48 Vernehmung von Ludwig Losacker, 10./11.12.1965, ebenda, Bd. 6, Bl. 1118 ff. Zitat ebenda, Bl. 1126.

Schriftstellers Thomas Harlan ausgelöst worden waren. Kein Jahr nach der Anzeige jedoch wurde das Verfahren eingestellt, ohne dass die Dortmunder Ermittler auch nur den Versuch unternommen hätten, durch umfangreiche Vernehmungen Licht ins Dunkel zu bringen.[49]

Staatsanwalt Hadeler ging mit den Vernehmungen anders als die meisten seiner Kollegen um. In der Regel erschien er unangemeldet und tastete sich langsam zum Gegenstand des Verfahrens vor, um den Zeugen oder Beschuldigten Gelegenheit dazu zu geben, sich langsam in die Zeit zurückzuversetzen. Außerdem diktierte er nicht unmittelbar im Anschluss an die Vernehmung das Protokoll und ließ es dann unterschreiben, sondern schickte es den Vernommenen später mit der Bitte zu, Korrekturen und Ergänzungen vorzunehmen.[50] Das hatte den Vorteil, dass keiner der Befragten die Aussagen später leicht »anfechten« konnte. Die Kehrseite dieser Praxis war allerdings, dass damit genauen Absprachen und einem Austausch der Protokolle Tür und Tor geöffnet wurde.[51] Losacker schickte die Niederschrift seiner Vernehmung erst mehr als einen Monat später zurück; Zeit genug also, die neuralgischen Punkte zu überdenken und gegebenenfalls Absprachen mit anderen zu treffen. Nun war er sich, wie er Hadeler mitteilte, sicher, dass der Erlass an die Kreishauptleute, sich nicht an »Aktionen« der Sicherheitspolizei zu beteiligen, erst im Herbst 1942 ergangen sei und dass vielen Angehörigen der Verwaltung erst da bekannt geworden sei, »daß Juden in verschiedenen Fällen umgebracht worden sind«[52]. Diese Datierung dürfte kaum ein Zufall gewesen sein, da die »Aussiedlungen«, an denen Asbach, seiner Version nach auf ausdrückliche Anordnung aus Lemberg, beteiligt war, im Sommer 1942 stattgefunden hatten. Am Schluss seines Briefes vergaß Losacker aus gutem Grund nicht, zu betonen, dass weder Asbach noch andere an ihn herangetreten seien. Ob das tatsächlich zutrifft, lässt sich angesichts des Verhaltens von Losacker und Asbach zuvor und im weiteren Verlauf der Ermittlungen stark bezweifeln, zumal Losacker mit der

49 Leiter der Zentralstelle im Lande Nordrhein-Westfalen für die Bearbeitung von nationalsozialistischen Massenverbrechen, Vermerk, 12.7.1963, StArch Münster, Q 234 Nr. 2118, Bl. 204ff.

50 Interview mit Heinz Hadeler, 3.12.2007.

51 Beispiele dafür finden sich in: Schlussbericht in der Ermittlungssache gegen den Minister a.D. Hans-Adolf Asbach in Eutin-Fissau und andere wegen des Verdachts des Mordes oder der Beihilfe zum Mord, 22.7.1968, StA Kiel, 2 Js 753/65, S. 196f. [Künftig: Schlussbericht, 22.7.1968].

52 Schreiben von Losacker an Staatsanwalt Hadeler, 18.1.1966, BAL, B 162/208 AR-Z 76/61, Bd. 6, Bl. 1131. Das folgende Zitat ebenda.

gewählten Formulierung bewusst offenlässt, ob *er* von sich aus Kontakt zu Asbach aufgenommen hat.

Asbach mag zu diesem Zeitpunkt vielleicht keine Absprachen mit Losacker getroffen haben, spätestens wenige Monate darauf aber tauschten sie sich erneut über das Verfahren aus. Losacker bestätigte Asbach, schon um seiner selbst willen, dass bei den Verbrechen gegen die Juden keine Zuständigkeit der Verwaltung bestanden habe: »Die Verwaltung hatte keinen Einfluß auf die SS- und Polizeiführer. [...] Die Distriktchefs und Kreishauptleute hatten keine Zuständigkeit und konnten nicht auf diesem Gebiet tätig werden.«[53] Voller Hoffnung teilte Asbach seinem Anwalt Losackers Einlassungen mit und schilderte ihm, Losacker sei von Himmler zum Tode verurteilt worden und sei »einer der anständigsten u. aufrichtigsten Menschen, die meinen Lebensweg gekreuzt haben«[54]. Mit Losackers Brief sah Asbach sich schon »ein wesentliches Stück voran gekommen«. Obgleich der Brief nur eine Variation dessen beinhaltet, was Losacker im Asbach-Verfahren, wie in zahlreichen anderen Ermittlungsverfahren auch, schon verbreitet hatte, knüpfte Asbach so viel Hoffnung daran, dass er der Staatsanwaltschaft übergeben wurde. Der Staatsanwalt sah die Bedeutung des Briefes in einem anderen Punkt und schickte ihn an die Zentrale Stelle, »da damit zu rechnen ist, daß Dr. Losacker in fast allen NSG-Verfahren als Zeuge benannt werden wird«[55].

Parallel dazu verfolgte Asbach eine andere Strategie. Anfang März 1966 wandte er sich an seinen ehemaligen Kabinettskollegen Otto Wittenburg (Deutsche Partei, DP), den Justizminister in der Regierung unter Ministerpräsident Walter Bartram (CDU). Jemand hatte Asbach darauf aufmerksam gemacht, dass laut »Deutschlandvertrag«[56] von 1955 keine Ermittlungen mehr angestellt werden dürften, wenn in der gleichen Sache bereits von alliierten Behörden Urteile ergangen oder Ermitt-

53 Schreiben von Hans-Adolf Asbach an Ludwig Losacker, 7.7.1966, NL Asbach; Schreiben von Ludwig Losacker an Hans-Adolf Asbach, 13.7.1966, BAL, B 162/208 AR-Z 76/61, Bd. 9, Bl. 1727. Zitat ebenda.

54 Schreiben von Hans-Adolf Asbach an Rechtsanwalt L., 18.7.1966, NL Asbach. Das folgende Zitat ebenda.

55 Schreiben von Staatsanwalt Hadeler an die Zentrale Stelle, 22.8.1966, BAL, B 162/208 AR-Z 76/61, Bd. 9, Bl. 1742. Zu dem Zeitpunkt war Losackers bereits in mindestens neun anderen Ermittlungsverfahren als Zeuge aufgetreten.

56 Asbach bezieht sich auf den »Vertrag zur Regelung aus Krieg und Besatzung entstandener Fragen«, den sogenannten Überleitungsvertrag. Er legte fest, dass alle Verfahren der deutschen Gerichtsbarkeit entzogen bleiben sollten, die von alliierten Gerichten endgültig abgeschlossen oder eingestellt waren. Vgl. Weinke, »Angriff«, S. 56.

lungen durchgeführt worden seien. Daraus schöpfte Asbach neue Hoffnung: Nach Bekanntwerden von Vorwürfen in der nationalen und internationalen Presse gegen ihn seien 1950 Ermittlungen angestellt worden, in die auch die Briten eingeschaltet gewesen seien. Diese Angelegenheit wollte er nun gerne mit Wittenburg besprechen, da dieser seinerzeit mit der Durchführung der Überprüfung beauftragt worden sei.[57] An diesen Strohhalm klammerte sich Asbach länger, obwohl ihm als Jurist hätte klar sein müssen, dass für ihn daraus kein Kapital zu schlagen war. Bei der Überprüfung der Vorwürfe aus der Presse 1950 hatte es sich um keine förmlichen Ermittlungen gehandelt, sondern lediglich um Erkundigungen des Justizministers unter anderem bei der britischen Besatzungsmacht. Hinweise deuten darauf hin, dass Asbach noch über einen anderen Kanal Einfluss auf das Verfahren nehmen wollte: Hans-Werner Otto, unter Asbach Staatssekretär im Sozialministerium und ebenfalls einschlägig vorbelastet, war nach wie vor in der Regierung, ab 1967 als Staatssekretär im Innenministerium.[58]

Auch wenn Asbachs Abheben auf den Deutschlandvertrag eine juristische Sackgasse war, wird offenbar, dass er im Hintergrund alle Verbindungen nutzte, um die Ermittlungen auf anderem Wege zu seinen Gunsten zu beeinflussen. Von den meisten dieser Versuche erfuhr die Kieler Staatsanwaltschaft direkt nichts. Erheblich beeinträchtigt wurde das Verfahren, wie sich erst im September 1966 herausstellte, von ganz anderer, gänzlich unerwarteter Seite: Schon am 14. Juni 1965 hatte der Bundesnachrichtendienst (BND) die Kieler Akten angefordert, da Asbachs früherer Stellvertreter Tichy im Rahmen einer Sicherheitsüberprüfung »in Erscheinung getreten« sei. Obwohl der angegebene Grund fadenscheinig und der BND ein *Auslands*geheimdienst war, erhielt er Anfang Juli die Akten, die er Mitte August an die Staatsanwaltschaft zurückschickte.[59] Erst ein gutes Jahr darauf sollte der Staatsanwalt durch einen Zufall den Hintergründen dieser ungewöhnlichen Anfrage und den Konsequenzen für das Verfahren auf die Spur kommen.

Anfang September 1966 führte Staatsanwalt Hadeler bei Tichy eine Hausdurchsuchung durch und deckte zunächst Losackers zentrale Rolle bei Zeugenabsprachen und der Konstruktion einer einheitlichen Vertei-

57 Schreiben von Hans-Adolf Asbach an Minister a.D. Wittenburg, 9.3.1966, NL Asbach.

58 Schreiben von Hans-Adolf Asbach an Minister a.D. Wittenburg, 2.6.1967. Hier bittet er um Rücksendung eines Briefes von Otto.

59 Staatsanwalt Hadeler, Vermerk, September 1966, StA Kiel, 2 Js 753/65, Handakten (vertraulich), Bl. 8. Zitat ebenda.

digungslinie auf. Aus einer beschlagnahmten Gesprächsnotiz Tichys ergab sich, dass dieser kurz vor seiner erneuten Vernehmung – diesmal durch eine Vorladung angekündigt – Kontakt mit Losacker aufgenommen hat, der ihn entsprechend instruierte: »1) Bestätigung, dass keinerlei Zuständigkeit der Verwaltung gegeben war, gegenteiliger Erlass Bauers, – alleinige Zuständigkeit der Pol.[izei] u. S.[S]! *Bindende* Grundlage auch in anderen Prozessen (Fellenz[60]). A[sbach]: mehrfache Bitte zum Dienst in der WM [Wehrmacht] entlassen zu werden, – Bestätigung, dass kein willfähriges Instrument im Gegenteil: unbequemer Untergebener«[61]. Hadeler wertete diesen Vermerk zutreffend als eine Vorgabe Losackers, die auch für die anderen Ermittlungsverfahren gegen Kreishauptleute und andere Angehörige der Verwaltung des Generalgouvernements Geltung hatte: »Dieses ist offenbar der von Dr. Losacker ausgegebene Leitsatz für die Einlassung der ehemaligen leitenden Angehörigen der Zivilverwaltung.«[62]

Das allein war allerdings kein spektakuläres Ermittlungsergebnis, da Losackers Rolle auch zuvor schon eindeutig zu charakterisieren war. Viel brisanter war die Entdeckung, dass Tichy beim BND arbeitete, eben der Organisation, die gut ein Jahr zuvor die Verfahrensakten angefordert hatte. Noch ein weiterer Faden führte zum BND: Heinz Georg Neumann, ein enger Mitarbeiter Losackers in Lemberg und Krakau[63], war Regierungsdirektor beim BND in Pullach. Die Fäden liefen bei Losacker zusammen, der wie eine Spinne im Netz die Verteidigungslinie vorgab und die Zeugenabsprachen koordinierte. Besorgniserregend für den weiteren Fortgang der Ermittlungen war ein weiterer Fund in Tichys Wohnung. Es fand sich eine Notiz, die sich mit einem Dortmunder Verfah-

60 Martin Fellenz war Stabsführer des SSPF im Distrikt Krakau und maßgeblich an der Organisation der dortigen Ermordung der Juden beteiligt. 1966 wurde er vom Landgericht Kiel zu 7 Jahren Haft verurteilt. Vgl. Urteil des LG Kiel, 27.1.1966, in: Justiz und NS-Verbrechen, Bd. 23, S. 69 ff.

61 Tichy, Vermerk, betr.: A.-Erm., 27.7.1966, StA Kiel, 2 Js 753/65, Personalakten, Bd. XVII, o.P. (Hervorhebung im Original).

62 Schlussbericht, 22.7.1968, StA Kiel, 2 Js 753/65, S. 198.

63 Neumann meldete sich freiwillig für den Dienst im GG. Ab Januar 1940 war er Landkommissar in Limanowa, anschließend stellvertretender Kreishauptmann in Przemyśl. Ab Anfang 1942 war er Leiter der Präsidialkanzlei des Distrikts Galizien und kurzzeitig unter Losacker in Krakau. Anfang 1944 kam er als stellvertretender Kreishauptmann nach Kołomyja/Kolomea, um dann schließlich ab Februar wieder in alter Funktion in Lemberg tätig zu werden. Ab 1956 arbeitete Neumann beim BND. Vernehmung von Heinz Georg Neumann, 3.10.1966, StA Kiel, 2 Js 753/65, Handakten (vertraulich), Bl. 52 ff.

ren gegen Werner Best befasste, dessen Adjutant Tichy nach seiner Tätigkeit im Generalgouvernement gewesen war. Diese Informationen über ein laufendes Verfahren hat Tichy laut eigener Aussage von einem Mitarbeiter des BND erhalten.[64] Nun war nicht mehr auszuschließen, dass der BND, oder einzelne Mitarbeiter, systematisch Außenstehende mit Informationen über NS-Verfahren versorgten und so die Arbeit der Justiz behinderte. Es sei, so Staatsanwalt Hadeler, nicht auszuschließen, »daß die Akten seinerzeit beim Bundesnachrichtendienst in falsche Hände geraten sind«[65], und schlug daher Nachforschungen beim BND vor. Zu diesem Zeitpunkt kannte Hadeler aber nur die Spitze des Eisberges.

Als er schließlich gemeinsam mit seinen Berliner Kollegen einen Monat nach der Durchsuchung bei Tichy den zuvor kranken Neumann vernehmen konnte, kamen durch Neumanns dilettantisches Vorgehen und entschlossenes Handeln der Staatsanwälte auch tiefere Schichten des Eisbergs zum Vorschein. Neumann hatte noch zu einigen Beamten aus dem Distrikt Galizien Kontakte, den intensivsten Kontakt hatte er jedoch zu Losacker, mit dem er sich wenige Wochen vor der Vernehmung noch ausgetauscht hatte. Sie hätten, so Neumann, auch über die Ermittlungsverfahren gesprochen, wobei Losacker beklagt habe, dass nach so langer Zeit noch gegen Angehörige der Verwaltung ermittelt würde, »die sich damals in Widerspruch zur Politik der Reichsregierung gesetzt«[66] hätten. Neumann stritt kategorisch ab, beim BND Einblick in die Ermittlungsakten gehabt zu haben.

Sodann überreichte Neumann den Ermittlern einige Dokumente aus den Beständen des Document Center, die aus den dortigen Akten über Losacker stammten. Diese Unterlagen hatte sich Neumann über den BND beschaffen lassen. Offenbar auf Nachfragen der Staatsanwälte erklärte er, dass der BND vor einigen Jahren eine Stelle eingerichtet habe, die für die Überprüfung der eigenen Mitarbeiter zuständig sei. Diese Stelle sei gebildet worden, als der Nachrichtendienst wegen der Vergangenheit einzelner Mitarbeiter mehrfach ins Gerede gekommen sei. Gelegentlich erweise der BND »Personen die die Arbeit des BND fördern« Gefälligkeiten. Grund für diese unkonventionelle Materialbeschaffung

64 Staatsanwalt Hadeler, Schreiben an diverse StA (Entwurf), 9.9.1966, StA Kiel, 2 Js 753/65, Handakten (vertraulich), Bl. 3.

65 Staatsanwalt Hadeler, Vermerk, September 1966, StA Kiel, 2 Js 753/65, Handakten (vertraulich), Bl. 8.

66 Vernehmung von Heinz Georg Neumann, 3.10.1966, StA Kiel, 2 Js 753/65, Handakten (vertraulich), Bl. 57.

seien vor allem Angriffe gegen Losacker in der DDR-Presse gewesen. Die Dokumente habe er dann an Losacker weitergeleitet.[67]

Da die Ermittler die fraglichen Unterlagen aus dem Document Center bereits kannten, sprang ihnen sofort ins Auge, dass Neumann ein Dokument unterschlagen hatte: In einem Lebenslauf von 1940 hatte Losacker sich gerühmt, sich bereits vor 1933 am Kampf gegen den jüdischen Professor Emil Julius Gumbel in Heidelberg beteiligt zu haben. Neumann stritt jedoch ab, dieses Dokument, das Losacker in etwas anderem Licht erscheinen lässt, überhaupt erhalten zu haben. Vehement wies er den Vorhalt zurück, die Unterlagen auf Losackers Wunsch für dieses Verfahren beschafft zu haben und diese mit dessen Wissen zu den Akten zu geben. Ein Anruf beim BND förderte schließlich die Information zutage, dass Neumann den Auftrag zur Beschaffung von Dokumenten wenige Tage nach Losackers Vernehmung im Dezember 1965 erteilt hatte und dass unter den Unterlagen auch der fragliche Lebenslauf Losackers war. Derart in die Enge getrieben, verstieg sich Neumann nun darauf, diesen Lebenslauf nicht gelesen zu haben, da er wegen einer Krankheit zeitweise nur auf einem Auge habe lesen können. Bei dieser Version blieb er trotz intensiver Nachfragen der Ermittler. Diese hielten fest: »die Überlassung der Dokumente durch Sie [Neumann] bei der heutigen Vernehmung erfolgte einseitig, um Dr. Losacker in ein besseres aber falsches Licht zu rücken«[68].

Staatsanwalt Hadeler hatte nun nicht nur mit dem Versuch politischer Einflussnahme, von dem er nur Teile kannte, und einem regelrechten Dickicht an Kontakten untereinander, Zeugenabsprachen und Beeinflussungen zu tun, sondern auch mit Geheimdienstverbindungen besonderer Qualität. Diese »unzulässigen Verdunkelungsmaßnahmen unter mißbräuchlicher Ausnutzung ihrer gegenwärtigen Stellung« hielt er in einem Vermerk fest und forderte, dass diesen »energisch entgegengetreten werden muß, wenn man sich nicht diesen Übergriffen beugen will«. Was die Konsequenzen für das Ermittlungsverfahren gegen Asbach anging, ließ er keinen Zweifel offen: »Anderenfalls wäre die Fortsetzung der Ermittlungen erfolglos.«[69] Umgehend informierte er die Kollegen, die auch gegen Kreishauptleute ermittelten, von diesen ungeheuerlichen

67 Ebenda, Bl. 58 ff. Zitat ebenda, Bl. 59.

68 Ebenda, Bl. 60 ff. Zitat Bl. 68.

69 Staatsanwalt Hadeler, Vermerk, Oktober 1966, StA Kiel, 2 Js 753/65, Handakten (vertraulich), Bl. 13 f. Zitate ebenda.

Vorgängen.[70] Auf Nachfrage speiste der Präsident des BND Reinhard Gehlen den Kieler Oberstaatsanwalt mit der fadenscheinigen Erklärung ab, dass die Akten zur Überprüfung »der Sicherheitslage des Dr. Tichy benötigt« worden seien und festgestellt werden sollte, ob Tichys Angaben über seinen Werdegang dem BND gegenüber mit denen im Asbach-Verfahren übereinstimmten. Kein Unbefugter habe Einblick in die Akten gehabt und Informationen daraus seien weder innerhalb des BND noch außerhalb weitergegeben worden.[71] Nach der gesamten Vorgeschichte sind ernsthafte Zweifel daran angebracht.

Nach vier Jahren intensiver Ermittlungsarbeit legte Staatsanwalt Hadeler im Juli 1968 schließlich einen umfangreichen Schlussbericht vor, in dem er mit spitzer Feder mit den diversen Legendenbildungen und Lügen der Protagonisten des Verfahrens ins Gericht ging. Unumgänglich war es in diesem Zusammenhang, Losackers Einlassungen zu seinem vermeintlichen Widerstand zu werten. Seine Auseinandersetzungen mit Vertretern von SS und Polizei hätten lediglich Zuständigkeitsabgrenzungen, aber nicht – wie vielfach behauptet – »Judenfragen« betroffen, zumal die Ermordung der Juden zum Zeitpunkt der Konflikte, Frühjahr 1943, bereits weit fortgeschritten gewesen sei und die Verwaltung diese bislang gebilligt oder begrüßt habe. Auch im Hinblick auf das Verhältnis zur Gendarmerie, das in allen diesen Verfahren von zentraler Bedeutung war, ließ sich die Staatsanwaltschaft Kiel von den Leugnungsstrategien der Beteiligten nicht irremachen. Für sie stand unmissverständlich fest, dass der Kreishauptmann Weisungsbefugnisse gegenüber der Gendarmerie hatte, die außer in disziplinären Fragen sehr weitreichend waren.[72]

Aus dem Schlussbericht ergaben sich in einigen Fällen massive Vorwürfe gegen Asbach, so dass es für diesen »eng« zu werden drohte. Just in diesem Moment kam es zu einer wichtigen Personalentscheidung in der Kieler Staatsanwaltschaft: Zum 1. September 1968 wurde Staatsanwalt Hadeler an das Kraftfahrtbundesamt in Flensburg abgeordnet. Hadeler, gesundheitlich durch das Asbach-Verfahren bereits in Mitleidenschaft gezogen, stimmte dem schließlich zu und wechselte, nachdem er den

70 Schreiben von Staatsanwalt Hadeler an die StA Stuttgart, Berlin, Darmstadt, Hamburg, Bremen, den Leiter der Zentralen Stelle in Nordrhein-Westfalen sowie die Zentrale Stelle in Ludwigsburg, betr.: Ermittlungsverfahren gegen den Minister a.D. Hans-Adolf Asbach, 12.10.1966, ebenda, Bl. 21 ff.

71 Schreiben des Präsidenten des BND an den Leitenden OStA Dr. Thamm pers., betr.: Ermittlungsverfahren gegen Hans-Adolf Asbach u.A. wegen Mordes oder der Beihilfe zum Mord, 14.11.1966, ebenda, Bl. 28. Zitate ebenda.

72 Schlussbericht, 22.7.1968, StA Kiel, 2 Js 753/65, S. 59 ff. u. 112 ff.

Schlussbericht geschrieben hatte, nach Flensburg.[73] Auch wenn im Vorfeld dieser Entscheidung keine politischen Einflussnahmen, womöglich von Asbach über seine alten Verbindungen angestoßen, nachweisbar sind, liegt die Vermutung nahe, dass diese für das Verfahren so schädliche Personalentscheidung genau dem Zweck dienen sollte, diesem brisanten Verfahren die Zähne zu ziehen und es auf kaltem Wege ins Leere laufen zu lassen.[74]

Erst ein halbes Jahr nach Hadelers Abordnung war ein Nachfolger da, der sich erst noch in das Verfahren einarbeiten musste. Mitte August stellte die Staatsanwaltschaft schließlich den Antrag auf Einleitung der Voruntersuchung, die das Landgericht Lübeck am 10. Oktober 1969 eröffnete. Diese dauerte, ohne substantiell Neues hervorzubringen, bis August 1974; über ein Jahr später beantragte der Untersuchungsrichter, Asbach außer Verfolgung zu setzen, da die Beweislage für einen Prozess nicht ausreichend sei. Ende März 1976 schloss sich das Landgericht Lübeck dem an und stellte das Verfahren ein – wenige Tage vor Asbachs Tod.[75]

Auch wenn aus dem einst vielversprechenden spektakulären Ermittlungsverfahren ein zahnloser Papiertiger geworden war, stellte es doch für Asbach als Beschuldigten eine enorme Belastung und Störung eines friedlichen Ruhestands dar. Das gilt umso mehr, als im Zuge der Entscheidung, die Voruntersuchung einzuleiten, der Fall nach jahrelanger Stille wieder bundesweit für Schlagzeilen sorgte. Nachdem Asbach von der Entscheidung des Landgerichts erfahren hatte, schrieb er einem befreundeten Richter am Landesarbeitsgericht Kiel: »Ich bin und war in den vergangenen Tagen und grauenvollen Nächten nicht imstande, einen klaren Gedanken zu fassen.«[76]

Weitaus mehr Energie setzte er aber nun darein, sich gegen Presseveröffentlichungen zur Wehr zu setzen. Nach langer Pause berichteten die Medien Ende 1969 wieder über das Verfahren Asbach.[77] Die Artikel

73 Vgl. Bewersdorff, Ermittlungsverfahren, S. 56ff.; Interview mit Heinz Hadeler, 3.12.2007.

74 Im Gespräch mit dem Verfasser konnte Heinz Hadeler zwar keinen Nachweis für Einflussnahmen anführen, hielt dies aber aufgrund seiner Erfahrungen für sehr gut möglich und wollte es auf keinen Fall ausschließen.

75 Bewersdorff, Ermittlungsverfahren, S. 60ff.

76 Schreiben von Hans-Adolf Asbach an W.W., 9.11.1969, NL Asbach.

77 Vgl. »Voruntersuchung gegen Asbach eröffnet«, in: Kieler Nachrichten, 27.11.1969; Ludwigsburger Kreiszeitung, 27.11.1969; »Schwere Beschuldigungen gegen früheren Landesminister Hans-Adolf Asbach«, in: Die Welt, 2.12.1969;

zeichneten sich allerdings wieder dadurch aus, dass sie lediglich das wiedergaben, was der Presse seitens des Justizministeriums bekanntgegeben wurde.[78] Hintergrundinformationen zur deutschen Besatzungspolitik in Polen oder zu den Aufgaben eines Kreishauptmanns lieferte keine Zeitung. Die *Süddeutsche Zeitung* ging in ihrem Bericht so weit, sogar die Tatsache, dass Asbach Kreishauptmann war, als noch zu beweisenden Verdacht darzustellen, indem sie schrieb: »Asbach *soll* vom Sommer 1941 bis Anfang 1943 Kreishauptmann gewesen sein.«[79] Karl Schild klärte seine Leser in der *Tat* immerhin darüber auf, dass die Zivilverwaltung in Polen in der Regel an den Massenmorden beteiligt gewesen ist und die Voraussetzungen dafür geschaffen hatte.[80]

Einen »Mitstreiter« hatte Asbach in dem *Welt*-Journalisten Manfred Beer, der Anfang Dezember 1969 über das Verfahren gegen Asbach berichtet hatte, nicht ohne diesen selbst relativ ausführlich zu Wort kommen zu lassen. Zuvor hatte er Asbach angerufen und diesen zu beruhigen versucht: »Herr Minister regen Sie sich nicht zu sehr auf! Wir stellen Ihnen die ›Welt‹ zur Verfüg[un]g.«[81] Doch das konnte die Belastung nicht mindern, die das immer noch schwebende Ermittlungsverfahren und die sporadischen Presseberichte für Asbach bedeuteten. Bis zum Ende des Verfahrens kam der gesundheitlich in Mitleidenschaft gezogene Asbach nicht mehr zur Ruhe, zu sehr fühlte er sich zu Unrecht verfolgt und den Vorwürfen wehrlos ausgesetzt. Obendrein traten Antifa-Gruppen auf den Plan und verteilten in Asbachs Wohnort und im Umland Flugblätter gegen ihn, beschmierten die Zufahrtstraße zu sei-

»56 Aktenbände gegen Ex-Minister Asbach«, In: Süddeutsche Zeitung, 8.12.1969, S. 3; »Das ›reine Gewissen‹ des Ministers a.D. Hans-Adolf Asbach«, In: Die Tat, Nr. 50, 13.12.1969.

78 Justizministerium Schleswig-Holstein, Pressereferent, Presseinformationen zum Verfahren gegen den ehemaligen Landesminister Hans-Adolf Asbach, 1.12.1969, NL Asbach.

79 Vgl. »56 Aktenbände gegen Ex-Minister Asbach«, In: Süddeutsche Zeitung, 8.12.1969, S. 3. (Hervorhebung vom Verf.).

80 Vgl. »Das ›reine Gewissen‹ des Ministers a.D. Hans-Adolf Asbach«, In: Die Tat, Nr. 50, 13.12.1969.

81 Notiz von Hans-Adolf Asbach, o.D., vermutlich Ende November 1969, NL Asbach. Der Kontakt zu Beer reicht offenkundig weiter zurück. Asbach hatte ihm bereits 1964 eine Kopie seines Schreibens an den Bundesvorsitzenden der GDP Ahrens zugeschickt. Schlussbericht, 22.7.1968, S. 206.

nem Haus und dieses selbst.[82] Auch die Presse berichtete gegen Ende des Verfahrens erneut ausführlicher.[83]

Der Prozess gegen Joachim Nehring

So wie Joachim Nehrings gesamter Lebensweg nach 1945, verglichen mit dem der anderen Kreishauptleute, eine Ausnahmeerscheinung war, so war es auch das Ermittlungsverfahren gegen ihn. Man kommt kaum umhin, einen Zusammenhang zwischen seiner politischen Biographie und dem Verlauf des Verfahrens gegen ihn zu vermuten. Er war der einzige Kreishauptmann, gegen den in der Bundesrepublik ein Prozess geführt wurde, obwohl die Vorwürfe keineswegs grundsätzlich anders lauteten als in den anderen Fällen. Auch die Beweislage unterschied sich nicht wesentlich von anderen Verfahren, sie war sogar bedeutend dürftiger. Die niedersächsischen Justizbehörden hatten bei Nehring offenbar weit weniger Hemmungen, das Verfahren bis zum Prozess voranzutreiben, als im Fall des ehemaligen Staatssekretärs im niedersächsischen Wirtschaftsministerium Otto Wendt, der etwa zur gleichen Zeit wie Nehring Kreishauptmann im Distrikt Galizien geworden war. Bereitwillig folgte die Staatsanwaltschaft Göttingen hier den Aussagen Wendts und seines Stellvertreters von Jordan und stellte das Verfahren wegen Verjährung ein.[84]

82 Kommunistischer Bund, Flugblatt »Mörder gesucht«, August 1975, NL Asbach; ders., Flugblatt »Antifa-Aktion gegen Asbach beweist einmal mehr: Kripo und rechtes Gelichter decken Nazi-Mörder!«, Dezember 1975, ebenda; ders., Flugblatt »Hans-Adolf Asbach gehört endlich hinter Gitter!«, 1975/76, ebenda; ders., Flugblatt, »Ermittlungen gegen Asbach sollen eingestellt werden«, 24.1.1976, ebenda; Hans-Adolf Asbach an Rechtsanwalt W., 9.8.1975, ebenda; Hans-Adolf Asbach, Vermerk betr. Schmierereien des »KB« am 7.8.1975 u.w., 5,9.1975, ebenda.

83 Vgl. »Voruntersuchung gegen früheren Minister läuft noch«, in: Holsteiner Courier, 12.7.1974; »Ex-Minister unter Verdacht des Judenmordes«, in: Süddeutsche Zeitung, 2.4.1975, S. 5; »Die Justiz ermittelt seit nunmehr 14 Jahren gegen einen Kieler Ex-Minister«, in: Frankfurter Rundschau, 2.5.1975, S. 4; »Kein Verfahren gegen Asbach?«, in: Umschau am Abend, NDR 2, 3.12.1975, Manuskript in NL Asbach; »Verfahren gegen Minister a.D. Asbach soll eingestellt werden«, in: Holsteiner Courier, 4.12.1975; »Kein NS-Verfahren gegen Ex-Minister«, in: Schleswig-Holsteinische Landeszeitung, 4.12.1975; »Verfahren gegen Asbach soll eingestellt werden«, in: Kieler Nachrichten, 4.12.1975; »Ungenügende Beweislage«, in: Jüdische Allgemeine, 12.12.1975.

84 StA Göttingen, Einstellungsverfügung, 19.5.1969, BAL, B 162/II 208 AR 3404/65, Bl. 21ff. Die Ludwigsburger Akte dieses Verfahrens umfasst lediglich einen schmalen Band mit 27 Blatt. Allein dieser Umstand zeigt nach Erfahrung des Verfassers in der Arbeit mit den Akten der ZStL, dass die StA Göttingen keine

Im Gegensatz zu Wendt bewegte sich Nehring im politischen Abseits. Er blieb den alten Anschauungen treu und bewegte sich in den fünfziger Jahren in nationalneutralistischen Kreisen ehemaliger Wehrmachtsoffiziere und -soldaten, einstiger HJ-Führer und SS-Leute ebenso wie verdeckt agierender Kommunisten. Innerhalb kurzer Zeit schaffte Nehring es in die Führungsriege diverser, meist sehr kurzlebiger sektiererischer Gruppierungen und Publikationsorgane, deren gemeinsamer Nenner die Propagierung eines blockfreien wiedervereinten Deutschland als Mittler zwischen Ost und West, die Verherrlichung deutscher Militärtradition und die Bekämpfung der Westintegration der Bundesrepublik war. Eine weitere Gemeinsamkeit, über die nicht gerne gesprochen wurde, die aber schnell ruchbar wurde, lag in der Finanzierung und Steuerung dieser Zirkel: Sie waren Teil der Westarbeit der SED und wurden von dort großzügig finanziert.[85]

Der SED ging es in den fünfziger Jahren vor allem um die Infiltration rechter Kreise, um das »Einsammeln« politisch heimatloser Rechter, wobei sie sich auf die ehemaligen Soldaten und das Offizierskorps der Wehrmacht konzentrierte. Sie sollten, straff organisiert und ohne erkennbare Verbindung »zum Osten«, gleichsam als Trojaner die Westintegration der Bundesrepublik von innen bekämpfen. Von moralischen Skrupeln oder anderen Hemmungen ließ man sich dabei nicht bremsen.[86] Eine der Organisationen, die diese Sammlungsfunktion erfüllen sollte, war die Arbeitsgemeinschaft für nationale Wehrfragen und deren Organ *Militärpolitisches Forum*, das sich vor allem an ehemalige Offiziere richtete.[87]

Ende 1952 stieß Nehring zum *Militärpolitischen Forum*, in dem er regelmäßig den politischen Leitartikel und weitere Artikel verfasste – zunächst noch anonym, ab 1955 dann namentlich gezeichnet. Das Jahr 1955 brachte schließlich Nehrings »Durchbruch« im nationalneutralistischen

großen Ermittlungsanstrengungen unternommen und auch keine enge Kooperation mit der ZStL gesucht haben kann. Die Akten der StA Göttingen wurden 1976 vernichtet. Schriftliche Mitteilung der StA Göttingen an den Verfasser, 4.1.2008; telefonische Auskunft der StA Göttingen, 13.3.2008.

85 Vgl. Gallus, Neutralisten, S. 237 ff.; ausführlich auch Tauber, Eagle, Bd. 1, S. 147 ff.

86 Vgl. Gallus, Neutralisten, S. 237; Jenke, Verschwörung, S. 287 f.; Bohn, Karte, Teil III, S. 1610.

87 Bericht Nehrings, 6.8.1959, BStU, MfS, AP 14851/62, Bl. 18; Gallus, Neutralisten, S. 241 ff.; Tauber, Eagle, Bd. 1, S. 193 ff.; Jenke, Verschwörung, S. 289; Bohn, Karte, Teil III, S. 1610 f.

Biotop: Ende Januar war er maßgeblich an der Organisation eines Gesamtdeutschen Offizierstreffens in Ost-Berlin beteiligt, und im Juni war er neben Generalfeldmarschall a.D. Friedrich Paulus einer der Hauptredner auf der Ostberliner Ersten gesamtdeutschen Soldatentagung. Im Sommer 1955 übernahm er zunächst inoffiziell, ab März 1956 dann offiziell die Leitung des *Militärpolitischen Forums*, später *Nationalpolitisches Forum*, und des Arminius-Verlags. Im Oktober 1955 gründete Nehring gemeinsam mit George Ebrecht, ehemals SS-Gruppenführer und stellvertretender HSSPF in Königsberg, den Bund für deutsche Einheit e.V.[88]

Nehrings Bedeutung innerhalb der neutralistischen Organisationen und seine umtriebigen Aktivitäten waren allerdings nur von kurzer Dauer. Rivalisierenden Personen und Gruppen konnten Nehrings rege Kontakte in die DDR und seine Auftritte dort ebenso wenig verborgen bleiben, wie die damit verbundene finanzielle Abhängigkeit. Je mehr Nehring deswegen ins Kreuzfeuer der Kritik geriet, desto uninteressanter wurde er für seine Kontaktpersonen in der DDR, deren Rechnung nur aufgehen konnte, wenn ihr Engagement im Verborgenen blieb.[89] Das trug dazu bei, dass das gesamte Unternehmen in dieser Besetzung wertlos wurde. Im Herbst 1958 wurde die Finanzierung des *Nationalpolitischen Forums* eingestellt. Nehring bemühte sich in den folgenden Monaten noch eifrig um die weitere Herausgabe der Schrift und um ein Wiederaufleben der Ost-Finanzierung. Alle Versuche aber scheiterten; im Frühjahr 1959 stand Nehring vor dem Scherbenhaufen seines politischen Lebens: Hochverschuldet musste er das *Nationalpolitische Forum* einstellen.[90]

Nach einem gescheiterten Versuch, sich in der DDR niederzulassen oder für diese weiter im Westen tätig zu sein, sagte er sich von der Politik los und arbeitete, nach einem Zwischenspiel als Nachtwächter, als Über-

88 Bericht Nehrings, 6.8.1959, BStU, MfS, AP 14851/62, Bl. 19; Gallus, Neutralisten, S. 246f.; Tauber, Eagle, Bd. 1, S. 200ff.; Bohn, Karte, Teil III, S. 1613; Jenke, Verschwörung, S. 292. Zu Ebrecht vgl. BAB (ehem. BDC), Ebrecht, George, 24.7.1895, RS; Klee, Personenlexikon, S. 124.

89 Vgl. Im nationalen Mäntelchen, in: Rheinischer Merkur, 19.8.1955, S. 4; Einen schlechtern find'st du nicht …, in: Die Zeit, Nr. 26, 30.6.1955, S. 2, hier allerdings ohne namentliche Erwähnung Nehrings. Scheinwerfer auf Joachim Nehring, in: Deutsche Soldaten-Zeitung, Nr. 7, Juli 1956, S. 4.

90 Bericht Nehrings, 6.8.1959, BStU, MfS, AP 14851/62, Bl. 19ff.; MfS Bezirksverwaltung Magdeburg an MfS Hauptverwaltung A/V, 23.4.1959, ebenda, Bl. 29ff.; Abteilung XV, Bericht, betr.: Bund für deutsche Einheit e.V., 12.3.1959, ebenda, Bl. 42ff.; Hauptabteilung I, Abteilung MfNV, betr.: Nationalpolitisches Forum – Arminius Verlag, 22.2.1959, ebenda, Bl. 58ff.

setzer französischer, vorwiegend belletristischer Literatur.[91] Bereits im Anfangsstadium der Ermittlungen waren die Zentrale Stelle und die Staatsanwaltschaft Stade, die das Verfahren gegen Nehring übernommen hatte, umfassend über seine politische Vergangenheit nach 1945 informiert. Durch Ermittlungen des niedersächsischen Landeskriminalamts war den Behörden zudem bekannt, dass sie es bei Nehring mit einem Außenseiter zu tun hatten, der hoch verschuldet war und zurückgezogen lebte.[92] Nehring war, so viel stand früh fest, nach dem Krieg nicht wie seine Kollegen in hohe Positionen in Verwaltung oder Justiz gekommen; er war kein Jurist und verdankte seinen Aufstieg in Polen augenscheinlich seinem Engagement im Partei- und Propagandaapparat.

Die Zentrale Stelle kam aufgrund ihrer Vorermittlungen bereits zu dem Schluss, dass Nehring zu denjenigen Kreishauptleuten gehört habe, »die sich an den Judenaktionen aktiv beteiligten, obwohl dies keineswegs notwendig gewesen wäre«[93]. Nachdem Nehring Anfang 1965 durch die Aussage einer in den Vereinigten Staaten lebenden Zeugin in den Verdacht geraten war, einen Juden erschossen zu haben und an der Organisation von örtlichen Massenerschießungen sowie der Deportation ins Vernichtungslager beteiligt gewesen zu sein, wurde Haftbefehl gegen ihn erlassen. Wegen der Höhe der zu erwartenden Strafe wurde erhöhte Fluchtgefahr festgestellt.[94] Bereits dieser Schritt war ungewöhnlich; andere Staatsanwaltschaften griffen zu diesem Mittel bei ähnlichen Vorwürfen nur, wenn der begründete Verdacht der Verdunkelungsgefahr bestand. Im März 1965 wurde Nehring verhaftet, zwei Monate später jedoch wieder auf freien Fuß gesetzt.

Im weiteren Verlauf der Ermittlungen wurde das Verfahren ausgeweitet, unter anderem auf Wilhelm Rebay, da dieser zum Zeitpunkt der Deportationen der Juden Kreishauptmann und damit Nehrings Vorgesetzter gewesen war. Bei beiden war nun zu überprüfen, ob sie die Deportationen unterstützt und sich dadurch womöglich der Beihilfe zum

91 MfS, AP 14851/62, Bl. 6. Bericht über Joachim Nehring, 2.10.1959, ebenda, Bl. 8ff.; »... und nichts dazugelernt?«, Kristall, Nr. 14, 1960, S. 31 u. 45.

92 Verfügung der StA Dortmund, 8.5.1963, StArch Stade, Rep. 171a Stade Nr. 1515, Bl. 1-3; Abschlussbericht der ZStL, 9.6.1964, ebenda, Rep. 171a Stade Nr. 1543, Bl. 3ff.BAL, B 162/II 208 AR-Z 14/64, Bd. 1, Bl. 60ff.; Vermerk des Landeskriminalpolizeiamtes Niedersachsen, 15.8.1963, ebenda, Bl. 58;

93 Abschlussbericht der ZStL, 9.6.1964, StArch Stade, Rep. 171a Stade Nr. 1543, Bl. 8.

94 Vernehmung von R.T., 16.2.1965, ebenda, Bl. 206ff.; Haftbefehl gegen Nehring, 12.3.1965, ebenda, Bl. 264.

Mord schuldig gemacht hatten. Darüber hinaus richteten sich die Ermittlungen gegen Nehring, da dieser am 9. November 1941 sowie am 28. Oktober 1942 jeweils einen Juden eigenhändig erschossen haben soll und weil ihm die Anordnung der Erschießung von etwa 3000 Juden am 21. September 1942 und von weiteren 600 Juden am 10. November 1942 zur Last gelegt wurde.[95] Beim Nachweis der organisatorischen Mitwirkung Rebays und Nehrings an den Deportationen stießen die Ermittler in Stade trotz intensiver Bemühungen auf die gleichen Schwierigkeiten wie ihre Kollegen andernorts. Daher stellte die Staatsanwaltschaft Stade das Verfahren gegen Rebay und Nehring in diesem Punkt im November 1968 ein.[96] Gleichwohl ging man in Stade von einer »*bewußte[n] Unterstützung der Vernichtungsaktionen* durch leitende Beamte der deutschen Zivilverwaltung«[97] aus, versprach sich hier aber wegen der Erfahrungen der Kollegen und wegen des lückenhaften Beweismaterials keinen Erfolg. Von weiteren Vernehmungen erhoffte man sich ebenfalls nichts, da man zu der realistischen Einschätzung gekommen war: »Es wird davon auszugehen sein, dass alle noch lebenden Beamten der deutschen Zivilverwaltung im ehemaligen Generalgouvernement, die sich [...] einer aktiven Unterstützung des Massenmordes an der jüdischen Bevölkerung schuldig gemacht haben, aufgrund einer ausdrücklichen oder stillschweigenden Übereinkunft jegliche Einschaltung der Zivilverwaltung in die Vernichtungsaktionen leugnen.«

Damit traf die Staatsanwaltschaft den Nagel auf den Kopf – auch im Verfahren gegen Nehring gab es Kontakte und Absprachen untereinander. Nehrings Vorgänger Wilhelm Rebay war in den Besitz von Durchschlägen seiner Vernehmungen in Stade gelangt und fertigte davon Abschriften sowie Zusammenfassungen an. Notizen Rebays und andere Kontakte deuten darauf hin, dass sie für Nehring und für den früheren Kreislandwirt in Kamionka bestimmt waren. Sie tauschten sich überdies über die damaligen Geschehnisse telefonisch aus. Außerdem erhielt Rebay zur Rekonstruktion mancher Ereignisse Einblicke in die Briefe, die der Kreislandwirt seiner Frau aus Polen geschrieben hatte. Nehring wiederum wandte sich an den Kreislandwirt und bat diesen um die Bestätigung, dass er an einer »Judenaktion« in Radziechów weder teilgenommen

95 StA Stade, Sachstandsvermerk, 14.6.1967, StArch Stade, Rep. 171a Stade Nr. 1539, Bl. 567f.

96 StA Stade, Verfügung, 21.11.1968, ebenda, Bl. 684ff.

97 StA Stade, Vermerk über den derzeitigen Stand der Voruntersuchungssache gegen Nehring, 12.4.1977, StArch Stade, Rep. 171a Nr. 1542, Bl. 10. (Hervorhebung im Original). Das folgende Zitat ebenda, Bl. 15f.

noch diese befehligt hätte. Eine gleichlautende Anfrage ging aller Wahrscheinlichkeit nach auch an Rebay.[98] Aus den wenigen und zum Teil schwer nachvollziehbaren Unterlagen ergibt sich der Eindruck, dass diese drei Personen zeitweise regen Kontakt untereinander hatten, sich um eine Rekonstruktion der genauen zeitlichen Abläufe bemühten und darauf aufbauend eine Verteidigungsstrategie geschmiedet oder zumindest Absprachen in einzelnen Punkten getroffen haben.

Die Einzelvorwürfe gegen Nehring verfolgte die Staatsanwaltschaft jedoch weiter. Aufgrund aufwendiger Zeugenbefragungen und einer angespannten Personaldecke in der Behörde kam es erst im September 1978 zur Anklage gegen Nehring.[99] Angeklagt wurde Nehring des Mordes aus Rassenhass und Menschenverachtung in drei Fällen: Wegen der beiden eigenhändigen Erschießungen am 9. November 1941 und am 28. Oktober 1942. Weiter wurde ihm zur Last gelegt, am 21. September 1942, ohne dazu verpflichtet gewesen zu sein, etwa 3000 Juden aus verschiedenen Orten zum Erschießungsort begleitet zu haben und während der Mordaktion anwesend gewesen zu sein. Dabei habe er verhindert, dass ein Vater mit seinem fünfzehnjährigen Sohn nach Hause gehen konnte, so dass auch der Junge erschossen wurde. Die Staatsanwaltschaft wies in der Anklage allerdings auf Widersprüche der Hauptbelastungszeugin hin. Diese hatte eine der beiden Einzeltötungen Jahre zuvor einem SS-Mann zur Last gelegt. Darauf aufmerksam gemacht, sei sie aber bei den Anschuldigungen gegen Nehring geblieben.[100]

Im August 1981 endete der Prozess mit Freispruch. In ihrer Urteilsbegründung wischten die Richter die Erkenntnisse aus den vielen bis dahin gelaufenen Ermittlungsverfahren beiseite und schrieben zur Ermordung der Juden allgemein: »Die Regierung oder Verwaltung im Generalgouvernement wurde dabei nicht eingeschaltet, sie wurde allenfalls über bevorstehende Aktionen informiert.« Aber, insoweit nahm das Gericht die

98 Diverse Abschriften der Vernehmung von Wilhelm Rebay von Ehrenwiesen vom 21.5.1965, NL Rebay; Schreiben von H.H. an Joachim Nehring, 10.1.1968 (Abschrift), ebenda; Stenographische Notizen Rebays, 3.1.1968, ebenda; Chronologische Übersicht 1941 u. 1942 sowie 1943, ebenda. Bei der Rekonstruktion der Abläufe ab 1941 stützte sich Rebay neben den Briefen des Kreislandwirts auf eigene Einträge in seinen Kalendern dieser Jahre sowie auf diverse Verordnungen und den Katzmann-Bericht.

99 StA Stade, Bericht an den niedersächsischen Minister der Justiz, 22.11.1968, StArch Stade, Rep. 171a Nr. 1520, Bl. 30f.; StA Stade, Bericht an den niedersächsischen Minister der Justiz, 22.6.1977, ebenda, Bl. 70.

100 StA Stade, Anklageschrift, 11.9.1978, BAL, B 162/II 208 AR-Z 14/64, Bd. 3, Bl. 754f. u. 791ff.

historische Realität dann doch zur Kenntnis, es könne nicht ausgeschlossen werden, dass sich einzelne Mitarbeiter der Verwaltung aus eigenem Antrieb an solchen Mordaktionen beteiligt hätten.[101] Im Einzelnen standen erhebliche Widersprüche in den Aussagen der Belastungszeugin einer Verurteilung im Weg.[102] Damit endete der einzige Prozess gegen einen Kreishauptmann, der je in der Bundesrepublik geführt worden ist, nach mehr als 17 Jahren Ermittlungen wie alle anderen Verfahren gegen Nehrings Kollegen ohne eine rechtskräftige Verurteilung.

Seine politischen Ambitionen, die lange Jahre geschlummert hatten, aktivierte Nehring 1977 wieder; er trat mit einem monatlich erscheinenden *Informationsbrief* erneut an die Öffentlichkeit. An seinen Vorstellungen hatte sich in all den Jahren nichts verändert. Große Hoffnung setzte er nun auf die Anti-Atom-Bewegung, die sich seiner Meinung nach aber stärker gegen die Nato richten und für eine atomwaffenfreie Zone in Mitteleuropa eintreten müsse.[103] Eine Instrumentalisierung der Friedensbewegung für die Interessen rechter Organisationen konnte aber nur scheitern. Nehring wandte sich in den folgenden Jahren vermehrt rechtsradikalen und neonazistischen Gruppen und Personen wie Otto Ernst Remer oder Manfred Roeder zu.[104]

Die Wiederherstellung des Deutschen Reiches unter Einschluss der ehemaligen Ostgebiete als neutraler Mittler zwischen Ost und West war die Konstante in Nehrings politischem Denken nach 1945. *Der* rote Faden seiner Weltanschauung, sei es vor oder nach 1945, war zeitlebens ein ausgeprägter Nationalismus und vor allem Antipolonismus. Diesen vertrat und propagierte er in zahlreichen Schriften von den zwanziger bis in die achtziger Jahre hinein, für ihn ging er 1939 in den Krieg, und er prägte seine Arbeit im Generalgouvernement. In der Bundesrepublik ließ er nicht davon ab, beides vehement zu vertreten.

Nehrings Entwicklung verdeutlicht, dass denjenigen in der Bundesrepublik fast alle Türen offen standen, die bereit waren, von ihren alten ideologischen Vorstellungen abzulassen bzw. diese nicht mehr offen und unverändert zu verfolgen. Wer aber, wie Nehring, diese Bereitschaft nicht an den Tag legte und sich noch dazu quer zum vorherrschenden Anti-

101 LG Stade, Urteil gegen Joachim Nehring, 24.8.1981, StArch Stade, Rep. 171a Stade Nr. 1528, Bl. 92. Zitat ebenda.

102 Ebenda, Bl. 94ff.

103 Vgl. Nehring, Schwarzbuch; Nehring, »Verrat«; Nehring (Hg.), Informationsbrief.

104 Informationsbrief, 2 (1978), Nr. 10, April 1978, S. 3; ebenda, 4 (1980), Nr. 10, Oktober 1980, S. 2f. Zu Remer vgl. Jesse, Porträt, passim.

kommunismus verhielt, geriet schnell ins politische und oft auch soziale Abseits. Bei solchen Leuten hatte die Justiz, so scheint es, weniger Beißhemmungen.

Die Verfahren gegen Walter Gentz und Friedrich Schmidt

Andere Verfahren gelangten bis zur Anklageerhebung oder bis kurz davor, ohne dass es allerdings zum Prozess kam. Das war der Fall in den Verfahren gegen Walter Gentz[105], den ehemaligen Kreishauptmann von Jasło, sowie gegen Friedrich Schmidt, den damaligen stellvertretenden Kreishauptmann in Miechów, beide im Distrikt Krakau. Sie hatten sich durch eine sehr weitreichende Beteiligung an der Deportation der Juden und vor allem an den örtlichen Erschießungen hervorgetan und wurden durch zahlreiche Zeugenaussagen stark belastet. Diese Aussagen wogen umso schwerer, als beide wegen körperlicher Behinderungen von den Zeugen mühelos und zweifelsfrei identifiziert wurden: Schmidt kam mit einem sogenannten Klumpfuß zur Welt, Gentz war in frühen Jahren an Kinderlähmung erkrankt – beide hinkten daher auf einem Bein.

Gut ein Jahr vor Beginn der Ermittlungen war Walter Gentz zum leitenden Ministerialrat im nordrhein-westfälischen Finanzministerium befördert worden, was den Ermittlungen der Dortmunder Zentralstelle eine gewisse Brisanz verlieh. Die hochrangige Position von Gentz sowie die bereits im frühen Ermittlungsstadium vorliegenden massiven Beschuldigungen veranlassten die Dortmunder Ermittler in Rücksprache mit dem Generalstaatsanwalt, das Verfahren mit Vorrang zu bearbeiten. Außerdem sollte der bearbeitende Staatsanwalt gegebenenfalls zunächst persönlich Ermittlungen durchführen.[106] Das bedeutete nichts anderes, als den Kreis der Eingeweihten aufgrund von Gentz' leitender Stellung in der Ministerialbürokratie erst einmal klein zu halten.

Die Vorwürfe gegen Gentz waren derart fundiert, dass die Staatsanwaltschaft im September 1965 schließlich ausreichend Anlass sah, eine erhöhte Fluchtgefahr zu konstatieren. Sie beantragte daher Haftbefehl, der kurz darauf vollstreckt wurde. Gentz konnte seine Freilassung unter Auflagen erreichen. Einige Monate später bescheinigte ihm ein amtsärztliches Gutachten Vernehmungs-, Verhandlungs- und Reiseunfähigkeit,

105 Zum Zeitpunkt der Einsichtnahme in die Akten waren Band 1 sowie die Bände 16 bis 24 der Akten nicht auffindbar, so dass hier über die Einleitung des Verfahrens keine Aussagen gemacht werden können.

106 Verfügung, 9.11.1964, StArch Münster, StA Dortmund Zentralstelle, 45 Js 31/64, Berichtsheft 1, Bl. 12.

so dass die Staatsanwaltschaft trotz Widerspruchs und trotz der Tatsache, dass Gentz bis zu seiner Verhaftung ohne Einschränkungen gearbeitet und eine Auslandsreise geplant hatte, klein beigeben musste.[107] Da Gentz zur gleichen Zeit die Versetzung in den vorzeitigen Ruhestand beantragte, verlor das Argument der Staatsanwaltschaft sein Gewicht. Ob er genau dies bezweckte oder von ihm befürchteten Schritten des Ministeriums zuvorkommen wollte oder aber tatsächlich gesundheitliche Gründe ausschlaggebend waren, lässt sich nicht mehr zweifelsfrei klären. Bezeichnend ist jedoch, dass das nordrhein-westfälische Kabinett eigens beschloss, die sonst üblichen persönlichen Worte und vor allem auch die Dankesformel im Zurruhesetzungserlass wegzulassen.[108] Damit hatte der von allen Seiten als sehr ehrgeizig beschriebene Gentz zumindest mittelbar wegen des Verfahrens seine Karriere vorzeitig beenden müssen. Seine Versetzung in den Ruhestand konnte er – wenn auch auf eigenen Antrag geschehen – wegen der Kabinettsentscheidung als »unehrenhafte Entlassung« verstanden haben. Als die Staatsanwaltschaft wenige Monate darauf die Einleitung der Voruntersuchung gegen ihn beantragte, an deren Ende mit gewisser Wahrscheinlichkeit die Anklageerhebung hätte stehen können, entzog er sich dem weiteren Zugriff der Justiz, indem er seinem Leben ein Ende setzte.[109] Ob am Ende eine Verurteilung gestanden hätte, muss offenbleiben; andere Verfahren lassen daran allerdings zweifeln.

Die Ermittlungen gegen Schmidt kamen Anfang 1960 durch eine anonyme Anzeige ins Rollen. Bald schon verdichtete sich der Verdacht, dass er die Ermordung der etwa 125 Juden in Miechów befehligt hatte, zumal die Staatsanwaltschaft auch den belastenden Vorschlag des Gouverneurs aus Radom zur Verleihung des Verwundetenabzeichens fand. Innerhalb kurzer Zeit lagen bereits so stichhaltige Indizien für seine Schuld vor,

107 Der Leiter der Zentralstelle im Lande Nordrhein-Westfalen für die Bearbeitung von nationalsozialistischen Massenverbrechen bei dem Leitenden OStA in Dortmund an das AG Düsseldorf, 6.9.1965, ebenda, Bd. 8, Bl. 1ff.; AG Düsseldorf, Haftbefehl, 7.9.1965, ebenda, Bl. 7ff.; Beschluss des AG Düsseldorf, 21.10.1965, ebenda, Bl. 43; Dr. R., Amtsärztliches Gutachten, 5.5.1966, ebenda, Bl. 85ff.; Widerspruch der Zentralstelle gegen das amtsärztliche Gutachten, 13.5.1966, ebenda, Bl. 90f.

108 Auszugsweise Abschrift aus dem Protokoll der 896. Sitzung des Kabinetts Nordrhein-Westfalens, 6.7.1966, HStA Düsseldorf, NW Pe 7902, Personalakte Gentz, Bl. 75f.; Der Finanzminister des Landes Nordrhein-Westfalen an Walter Gentz, 19.7.1966, ebenda, Bl. 82.

109 Sachstandsvermerk und Einstellungsverfügung, 16.1.1967, ebenda, Bd. 14, Bl. 1-159; Nordrhein-Westfälisches Landeskriminalpolizeiamt an die Zentralstelle NRW, 27.1.1967, ebenda, Bd. 8, Bl. 127f.

dass das Verfahren schon 1965 zur Voruntersuchung zugelassen wurde. Diese erhärtete den Verdacht und förderte weitere Anschuldigungen zutage. Nach rund siebenjähriger Ermittlungstätigkeit reichte die Staatsanwaltschaft im April 1971 Klage gegen ihn ein.[110]

Die Vorwürfe konzentrierten sich auf den Massenmord im November 1942. Schmidt wies diese zurück und befleißigte sich dabei einer bisweilen bizarren Logik. Neben der von allen ehemaligen Kreishauptleuten behaupteten Nichtzuständigkeit hob er darauf ab, den jüdischen Zeugen ihre Glaubwürdigkeit abzusprechen, indem er ihnen unterstellte, zum Teil aus Rache ein vitales Interesse an der Verurteilung des jeweiligen Beschuldigten zu haben, gleich ob er tatsächlich schuldig sei oder nicht. Außerdem argumentierte er, dass er als Verwaltungsbeamter – wenn er denn überhaupt eine Anordnung zur Erschießung erlassen hätte – zuvor eine Vorbesprechung mit allen Beteiligten abgehalten hätte, um die Aufgaben zu verteilen. Darüber hätte er einen Vermerk verfasst. Da es für eine solche Besprechung keine Zeugen gebe und ein Aktenvermerk von ihm darüber nicht vorhanden sei, müsse er unschuldig sein. Zu dem Antrag des Gouverneurs, durch den er zusätzlich stark belastet wurde, merkte er an, dass die dort enthaltene Passage, Schmidt habe die »Aussiedlung« selbst angeordnet, falsch sei und nur zwecks besserer Begründung des Anliegens so formuliert worden wäre.[111]

Überraschend und zur großen Enttäuschung der Staatsanwaltschaft wies das Landgericht Flensburg die Klage zurück und setzte Schmidt außer Verfolgung. Zwar sah das Gericht Schmidt als erheblich belastet,

110 Anonyme Anzeige an die StA Köln, 20.1.1960, StA Kiel, 2 Js 916/64, Sonderband A, Bl. 2; ZStL, Aktenvermerk, 5.10.1964, ebenda, Bd. 4, Bl. 554; Nordrhein-Westfälisches Landeskriminalpolizeiamt an die ZStL, 24.9.1960, ebenda, Sonderband A, Bl. 9; Nordrhein-Westfälisches Landeskriminalpolizeiamt, Bericht über das bisherige Ermittlungsergebnis, 23.9.1960, ebenda, Bl. 10 f.; BAL, B 162/6 AR-Z 40/62, Bd. 4, Bl. 718; »Voruntersuchung gegen Schleswiger Rechtsanwalt«, in: Flensburger Tageblatt, 15.5.1965; »Rechtsanwalt Friedrich Schmidt aus der Haft entlassen«, in: ebenda, 18.5.1965; Der Leitende OStA Kiel an den Untersuchungsrichter beim LG Flensburg, 13.12.1968, ebenda, Bd. 11, Bl. 1746 ff.; StA bei dem LG Kiel, Schwurgerichtsklage, 20.4.1971, ebenda, Presseheft, Bl. 7-65.

111 StA bei dem LG Kiel, Schwurgerichtsklage, 20.4.1971, ebenda, Presseheft, Bl. 7 f., 43 ff.; Friedrich Schmidt an den Untersuchungsrichter beim LG Flensburg, 23.3.1967, ebenda, Bd. 7, Bl. 733 ff.; Friedrich Schmidt an den Untersuchungsrichter beim LG Flensburg, 7.1.1969, ebenda, B. 11, Bl. 1759.

ohne allerdings »einen hinreichenden Verdacht für seine Täterschaft«[112] zu erkennen, so dass der Grundsatz in dubio pro reo – Im Zweifel für den Angeklagten – anzuwenden sei. Für das Gericht bestanden »erhebliche Zweifel an dem Wahrheitsgehalt« der Zeugenaussagen. Die Vorgänge lägen bereits fast 30 Jahre zurück, so dass die Aussagen auch mit Erzählungen anderer oder durch die Vorhalte der Vernehmenden beeinflusst und durch »Legendenbildung« verfälscht worden sein könnten. Gerade Letzteres sei im Falle Schmidts besonders wahrscheinlich, da dessen Verletzung durch einen Juden besonders aufsehenerregend war. Ausführlich ging das Gericht dann auf tatsächliche und vermeintliche Widersprüche in den Zeugenaussagen ein, wobei es die Aussagen Deutscher offenkundig weniger kritisch wertete als die überlebender Juden.[113]

Die – letztlich unerhebliche – Einschätzung von Mitarbeitern der Kreishauptmannschaft und anderen Deutschen, sie hielten eine Leitung der Erschießung durch Schmidt für ausgeschlossen und trauten ihm einen eigenhändigen Mord nicht zu, ließ das Gericht unkritisch stehen. Anders verfuhr es mit Zeugenaussagen überlebender Juden. Einer sagte aus, gehört zu haben, wie Schmidt den SS-Männern noch vor Abtransport der Juden zum Wald den Befehl erteilte, Gold und Wertsachen in einen Koffer zu packen. Diese Aussage bestätigte ein anderer Zeuge. Das reichte dem Gericht nicht aus, es monierte, dass diese Beobachtung nicht von weiteren Augenzeugen bestätigt werde. Außerdem könnten die beiden Zeugen falschen Schlussfolgerungen erlegen sein. Zweifel meldete das Gericht auch an, weil einer der beiden Zeugen Schmidt in einer SS-Uniform gesehen haben wollte, was er aber in einer späteren Vernehmung wieder abschwächte. Obendrein hatte er Schmidt auf einem Foto zweifelsfrei wiedererkannt. Dazu erklären die Richter lapidar: »Eine Verwechslung kann auch hier trotz allem nicht ausgeschlossen werden.«[114] Die Möglichkeit, solche Zweifel und die Widersprüche in den Aussagen in der Hauptverhandlung zu klären, schloss das Landgericht Flensburg durch seine Entscheidung aber aus.

Insgesamt scheint das Gericht seine Aufmerksamkeit stärker auf zum Teil unerhebliche Widersprüche gelenkt zu haben, als sich auf die wesentlichen Übereinstimmungen zu konzentrieren. Beispielsweise listete

112 LG Flensburg, Beschluss, 13.12.1971, ebenda, Bd. 13, Bl. 2361. Das folgende Zitat ebenda, Bl. 2362.

113 Mündliche Auskunft von StA Horst Richter, Nov. 2007; LG Flensburg, Beschluss, 13.12.1971, StA Kiel, 2 Js 916/64, Bd. 13, Bl. 2359 ff.

114 LG Flensburg, Beschluss, 13.12.1971, StA Kiel, 2 Js 916/64, Bd. 13, Bl. 2363 u. 2374. Zitat ebenda, Bl. 2375.

es unterschiedliche Versionen auf, warum Schmidt mit dem Messer verletzt worden sei, obwohl diese Frage nebensächlich und naturgemäß von allen Zeugen nur mit Mutmaßungen beantwortet werden konnte. Zudem legte das Gericht eine frappierende Unkenntnis der Situation im Generalgouvernement an den Tag. Den Vorwürfen gegen Schmidt etwa hielt es entgegen, dass seit Juni 1942 ausschließlich die Sicherheitspolizei für »jüdische Angelegenheiten« zuständig gewesen sei und ein Kreishauptmann damit von Amts wegen nichts mehr zu tun gehabt habe. Der Aussage eines Zeugen hielt es entgegen, es sei aus Gründen der Bewachung undenkbar, dass zunächst alle Juden in mehreren Transporten zur Erschießungsstätte gebracht worden seien und dann erst getötet worden seien, da, so das Gericht, »sich sonst zu viele Menschen angesammelt hätten«[115]. Diese und andere Aussagen standen konträr zu Erkenntnissen, die bereits 1971 aus zahlreichen anderen Ermittlungsverfahren gewonnen worden waren und die dem Gericht hätten bekannt sein können und müssen.

Die Staatsanwaltschaft Kiel legte gegen den Beschluss umgehend Beschwerde ein. Sie monierte die überkritische Herangehensweise an die Zeugenaussagen, ohne dass das Gericht überhaupt einen persönlichen Eindruck von den Zeugen gewonnen hatte. Darüber hinaus musste sie das Gericht daran erinnern, dass es immerhin Augenzeugen waren, die außerdem über grausame Ereignisse berichteten. Das Erinnerungsvermögen könne, da es die einzige örtliche Erschießung war, auch nicht durch eine Vielzahl solcher Massenmorde getrübt worden sein. Schließlich musste die Staatsanwaltschaft darauf aufmerksam machen, dass Kreishauptleute auch nach dem Juni 1942 sehr wohl in die Judenpolitik eingeschaltet waren oder sich selbst einschalteten. Auch blieb es der Staatsanwaltschaft vorbehalten, die für einen versierten Juristen pure Selbstverständlichkeit auszusprechen, dass die Aussagen der deutschen Zeugen kritischer zu werten sind, als es das Landgericht getan hat, da diese häufig selbst beteiligt waren und daher Gefahr liefen, sich selbst zu belasten, wenn sie gegen Schmidt aussagten. Zu guter Letzt machten die Ermittler auf die wesentlichen Übereinstimmungen der Aussagen im Kern aufmerksam und mahnte das Gericht, nicht jede Aussage für sich zu werten und für die Überführung von Schmidt für ungeeignet zu erklären, sondern diese im Zusammenhang zu sehen. Die Argumente

115 LG Flensburg, Beschluss, 13.12.1971, StA Kiel, 2 Js 916/64, Bd. 13, Bl. 2363 ff. Zitat ebenda, Bl. 2369.

drangen nicht durch; das Oberlandesgericht verwarf die Beschwerde.[116] Trotz einer weitreichenden Beteiligung, entschlossen geführter Ermittlungen und vorliegender stichhaltiger Beweise kam Schmidt ungeschoren davon.

Eine Bilanz

Bilanziert man die Ermittlungsanstrengungen der bundesdeutschen Justiz bei der Aufklärung der Beteiligung der Kreishauptleute an den Verbrechen im Generalgouvernement, fällt das Ergebnis zunächst ernüchternd aus: Kein einziger der beteiligten Besatzungsfunktionäre der Verwaltung – gleich welche Position er innehatte – wurde durch ein bundesdeutsches Gericht rechtskräftig verurteilt. Ausschließlich diejenigen, die nach dem Krieg an Polen oder andere Staaten ausgeliefert worden waren, wurden von den dortigen Gerichten zur Rechenschaft gezogen. Lediglich Joachim Nehrings Fall kam vor Gericht, endete dort aber mit Freispruch. Nur in den allerwenigsten Verfahren kam es überhaupt – wie dargestellt – zur Anklage, allerdings ohne Erfolg, sei es weil der Antrag auf Eröffnung der Hauptverhandlung abgewiesen wurde, sei es weil die Beschuldigten sich durch Selbsttötung entzogen. In allen übrigen Fällen stand am Ende die Einstellung, da der Beschuldigte entweder während der meist langwierigen Ermittlungen verstorben war oder aber weil es nach Einschätzung der Staatsanwaltschaft an Beweisen für seine Schuld mangelte.

Etwa ein Drittel der Kreishauptleute sah sich nach dem Krieg Ermittlungsverfahren in der Bundesrepublik ausgesetzt, eine etwa gleich große Gruppe war bereits während des Krieges oder noch vor Gründung der Zentralen Stelle verstorben, so dass hier die Anstrengungen der Justiz zu spät kamen. Alle Übrigen wurden wegen unzureichender Informationen zur Person gar nicht erst ausfindig gemacht oder aber fielen aus dem Ermittlungsraster der Zentralen Stelle heraus, da sie entweder nur vor den Ghettobildungen und Deportationen in die Vernichtungslager oder aber nach deren endgültigem Ende, nicht aber währenddessen im Amt waren. In ihrem Fall ging man daher davon aus, dass eine Beihilfe zum Mord nicht vorliegen könne. Somit haben die Zentrale Stelle und die Staatsanwaltschaften gegen alle ihnen seinerzeit bekannten Kreishaupt-

116 StA Kiel an das LG Flensburg, 26.1.1972, ebenda, Bl. 2393ff.; Schleswig-Holsteinisches OLG, Beschluss, 15.1.1973, ebenda, Bl. 2429ff.

leute Ermittlungsverfahren geführt, sofern wegen ihrer Amtszeit der Anfangsverdacht einer Beihilfe zum Mord gegeben war.

Die Ursachen für dieses mager ausfallende Resultat sind vielfältig und wurden zum Teil bereits von der Forschung benannt.[117] Zunächst stand das allgemeine gesellschaftliche und politische Klima einer Aufklärung der NS-Verbrechen entgegen, zumal durch verschiedene vergangenheitspolitische Maßnahmen die zuvor von den Alliierten unternommenen Anstrengungen teilweise wieder rückgängig gemacht worden waren. Entsprechend gering ausgeprägt war die Neigung innerhalb der deutschen Justiz, NS-Verfahren in Gang zu setzen, zumal sich vor Gründung der Zentralen Stelle der Grundsatz »Wo kein Kläger ist, ist auch kein Richter« negativ auswirkte. Die Ermittlungsbehörden wurden erst tätig, wenn sich ein Kläger einfand, sprich wenn ein Überlebender Namen und Aufenthaltsort seines einstigen Peinigers kannte und diesen bei der Justiz anzeigte. Einen Anlass, von Amts wegen tätig zu werden, sahen die deutschen Juristen nach 1945 nicht. Die gerade im Justizwesen enorme personelle Kontinuität nach 1945 wird daran ihren Anteil gehabt haben.

Erfolg oder Misserfolg der Ermittlungen hingen aber nicht alleine von der Einstellung der ermittelnden Beamten ab. Auch diejenigen von ihnen, die bereitwillig und engagiert ihre Arbeit machten, standen vor erheblichen Problemen: Die chronische Unterbesetzung der mit NS-Verfahren befassten Referate und eine daraus resultierende Überlastung der wenigen Staatsanwälte behinderte – das mag wiederum politisch gewollt gewesen sein – eine effektive Ermittlungstätigkeit. Vor allem aber war es der lange zeitliche Abstand zu den Ereignissen, der eine Aufklärung erschwerte. Zeugen waren entweder gar nicht oder nur sehr schwer auffindbar. Sie sollten sich nun, auch weil anderes Beweismaterial kaum vorhanden war, nach zwanzig Jahren »gerichtsverwertbar«, das heißt mit Namen und Daten, widerspruchsfrei an die Täter und ihre Taten erinnern. Das war und konnte nur in Ausnahmen der Fall sein. Allzu oft waren die Anwälte der Beschuldigten, aber auch Staatsanwälte, sehr spitzfindig im Aufspüren vermeintlicher oder tatsächlicher Widersprüche in den Zeugenaussagen. Das führte zusammen mit der enormen psychischen Belastung dazu, dass einige gar nicht erst bereit waren, vor deutschen Staatsanwälten oder Gerichten Aussagen zu machen.

117 Vgl. Musial, Zivilverwaltung, S. 371 f.; Seidel, Besatzungspolitik, S. 381; Klemp, »Nicht ermittelt«, S. 351 ff. Die folgende Darstellung stützt sich in Teilen auf diese Werke.

Weitaus gravierender als die vorgenannten Gründe war jedoch die Beihilferechtsprechung, der zufolge ab 1968 zusätzlich ein Täterwille nachgewiesen werden musste, damit der Tatbestand der Beihilfe zum Mord gegeben war. Andernfalls konnte der Tatbeitrag der Kreishauptleute etwa im Zusammenhang mit den Deportationen in die Vernichtungslager allenfalls als Beihilfe zum Totschlag gewertet werden, die aber seit 1960 verjährt war. Die Staatsanwaltschaften mussten den Kreishauptleuten daher nachweisen, dass diese zum Zeitpunkt ihrer Beteiligung an den Deportationen bereits vom geplanten Mord an den Juden gewusst hatten. Bestritten diese das jedoch, war der Nachweis nicht zu führen, so dass am Ende die Einstellung des Verfahrens stand. Die ehemaligen Besatzer hielten die Verteidigungsstrategie, dieses Wissen zu leugnen, in aller Regel durch, wenn sie nicht jedwede Beteiligung überhaupt abstritten. Massive Zeugenabsprachen und -beeinflussungen erschwerten zielführende Ermittlungen zusätzlich.

Kamen die angeführten Faktoren in allen NSG-Verfahren zum Tragen, spielte bei den Ermittlungen gegen Angehörige der Zivilverwaltungen im deutsch besetzten Osteuropa noch ein spezifischer Umstand eine Rolle. Es gelang ihnen, im Einklang mit dem seinerzeit vorherrschenden Geschichtsbild von der alleinverantwortlichen SS, das Bild einer »anständigen« und »sauberen« Verwaltung zu etablieren, dem manche Staatsanwaltschaften auf den Leim gingen. Andere Ermittler drangen mit ihren realistischeren Gegenbildern bei Gericht nicht durch. Einige kritische und engagierte Staatsanwälte gelangten mit viel Aufwand zu Ergebnissen, die dem vorherrschenden Geschichtsbild und der Selbstkonstruktion der Akteure der Besatzungsverwaltung diametral entgegengesetzt waren. Erst in den neunziger Jahren erreichte die Forschung den Kenntnisstand der Justiz der sechziger Jahre und konnte ihn in vielen Punkten erweitern.[118]

Bei allem Erfolg, den die betroffenen Kreishauptleute mit ihrer Verteidigungsstrategie hatten, zeitigten die Ermittlungsverfahren Wirkung bei ihnen, zumal sie den für sie günstigen Ausgang anfangs keinesfalls voraussetzen konnten. Ihre Vergangenheit empfanden sie weder, wie Ulrich Herbert für die NS-Eliten allgemein konstatierte, als potentielle Bedrohung ihrer neugewonnenen Stellung in der Gesellschaft der Bundesrepublik, noch mieden sie den Kontakt zu den ehemaligen Mitarbeitern.[119]

118 Vgl. neben den Ergebnissen dieser Arbeit zur Zivilverwaltung im Reichskommissariat Ostland: Danker, Versuch, passim.

119 Vgl. Herbert, NS-Eliten, S. 109.

Vielmehr war häufig das Gegenteil der Fall: Manche erzählten bereitwillig und viel über ihre Zeit im Generalgouvernement, und viele suchten und pflegten intensiv die Kontakte zu alten Kameraden. Doch waren das lediglich fortbestehende Bindungen im internen Kreis, die vor allem im Privaten gepflegt wurden. Nach außen aber, darin ist Herbert zuzustimmen, waren sie durchaus bedacht, nicht allzu viel preiszugeben. Durch die Ermittlungsverfahren aber liefen sie Gefahr, zumindest ins Gerede zu geraten, sprach sich doch der nicht alltägliche Besuch eines Staatsanwalts und von Polizisten in einer Behörde oder einer Kleinstadt schnell herum und bot Raum für Mutmaßungen sowie Klatsch und Tratsch. Werner Ansel zum Beispiel bat den ermittelnden Staatsanwalt, das Verfahren beschleunigt durchzuführen, »da er als Landrat in einer sehr exponierten Stellung stehe und als Wahlbeamter besonders auf seinen Ruf bedacht sein müsse«[120]. Helmut Weihenmaier bat die Vernehmungsbeamten aus Sorge vor Gerede im Landratsamt, ihn zu weiteren Vernehmungen nicht mehr in seiner Behörde aufzusuchen.

In wenigen Fällen führten die Ermittlungen zum vorzeitigen Karriereende, wie das Beispiel von Walter Gentz gezeigt hat. Gerhard Littschwager, Kreishauptmann in Czortków und ab 1955 in der hessischen Sozialgerichtsbarkeit, geriet dem Anschein nach unter Druck seitens seines Vorgesetzten, nachdem gegen ihn ein Ermittlungsverfahren eingeleitet worden war und der Antrag auf Eröffnung der Voruntersuchung 1962 unmittelbar bevorstand. In seiner Verzweiflung wandte sich Littschwager an Ludwig Losacker, der ihm zur vorzeitigen Pensionierung riet. Im April 1963 schließlich wurde Littschwager vorgeblich aus gesundheitlichen Gründen pensioniert, bemühte sich jedoch um anderweitige Beschäftigung. Auch hier hatte Losacker seine Finger im Spiel: Er schrieb dem Hauptgeschäftsführer der Vereinigung der hessischen Arbeitgeberverbände, Losackers früherer Wirkungsstätte, und empfahl diesem Littschwager. Littschwager kam schließlich als Schadenssachbearbeiter bei der Krawag unter, verglichen mit der Position eines Sozialrichters sicherlich ein Abstieg.[121]

120 StA Stuttgart, Aktenvermerk, o.D., StArch Ludwigsburg, EL 317 III Bü 280, o.P.

121 Ludwig Losacker an Gerhard Littschwager, 22.11.1962, StArch Darmstadt, H 13 D Nr. 1074/18, Bl. 3979. gestellt. Vgl. StA Darmstadt, Antrag auf Eröffnung der Voruntersuchung, 26.11.1962, BAL, B 162/208 AR 611/60, Bd. 1, Bl. 87 ff.; Ludwig Losacker an den Hauptgeschäftsführer der Vereinigung der hessischen Arbeitgeberverbände, 26.11.1963, StArch Darmstadt, H 13 D Nr. 1074/18, Bl. 3979.; Ludwig Losacker an Gerhard Littschwager, 3.1.1964, ebenda.

VI. Nachkriegskarrieren

Der Karrierevorsprung derjenigen, die nicht ausgeliefert worden waren und Internierung und Entnazifizierung durchlaufen hatten, war zum Zeitpunkt der Rückkehr der in Polen Verurteilten häufig beträchtlich. Das betraf aber nicht alle und war auch für die letztlich Erfolgreichen unter ihnen anfangs nicht immer frei von Schwierigkeiten. Keinesfalls konnten sie nach der Entlassung aus der Internierung davon ausgehen, dass einer vielversprechenden Karriere nichts im Wege stehen werde. Der Prozess war bestenfalls offen. Allerdings gab es ehemalige Kollegen, die schon Ende der vierziger Jahre einen verheißungsvollen Wiedereinstieg in den Beruf gefunden hatten, so dass für viele andere zumindest die vage Aussicht auf einen ähnlichen Weg bestand und sie überdies auf Unterstützung aus den Reihen derjenigen hoffen konnten, die es bereits »geschafft« hatten.

Für 61 ehemalige Kreis- und Stadthauptleute liegen über ihre Karrieren nach 1945 gesicherte Informationen vor, also für gut die Hälfte der Ausgangsgruppe. Zieht man die 30 Personen ab, die noch während des Krieges bzw. bis Ende der vierziger Jahre gestorben sind, machen diese 61 rund zwei Drittel aus, so dass eine hohe Repräsentativität vorliegt. Von ihnen knüpften 34 Personen (55 Prozent) dort an, wo sie vor dem Krieg aufgehört hatten – sie erreichten eine Wiedereinstellung in den Staatsdienst, zwölf von ihnen jedoch erst mit einer gewissen Verzögerung und mit Schwierigkeiten. Alle Übrigen wählten einen anderen Weg, sei es, weil ihre Wiederverwendung in der Verwaltung abgelehnt worden war, sei es, weil sie diese aus Angst vor einer erneuten Überprüfung ihrer Vergangenheit gar nicht erst angestrebt hatten, oder sei es aus anderen Gründen. Zehn wurden Rechtsanwalt oder Notar und übten diesen Beruf noch lange Zeit aus, drei fanden Anstellung in Wirtschaftsverbänden, und die übrigen 14 machten sich selbstständig, gingen in die Politik, arbeiteten als Journalist oder in der freien Wirtschaft. Die überwiegende Mehrheit fand nach dem Krieg also eine ihrem Ausbildungsstand entsprechende Position und machte weiter Karriere.

Wiedereinstiege in die Verwaltung

Wenn sie nicht schon mit dem Rückzug aus dem Generalgouvernement ihre Stelle im Staatsdienst eingebüßt hatten, verloren die ehemaligen Kreishauptleute spätestens im Zuge der Säuberungen der Alliierten zusammen mit zahlreichen anderen Beamten ihr Amt. Einen wichtigen Erfolg bei ihren Bemühungen um Wiedereinstellung konnte diese Gruppe in den Verhandlungen des Parlamentarischen Rates in Bonn verbuchen. Der dort beschlossene Grundgesetz-Artikel 131 erlegte dem Gesetzgeber auf, »[d]ie Rechtsverhältnisse von Personen einschließlich der Flüchtlinge und Vertriebenen, die am 8. Mai 1945 im öffentlichen Dienst standen, aus anderen als beamten- oder tarifrechtlichen Gründen ausgeschieden sind und bisher nicht oder nicht ihrer früheren Stellung entsprechend verwendet werden«[1], gesetzlich zu regeln. Das war eine wichtige Voraussetzung für den Wiedereinstieg vieler ehemaliger Kreis- und Stadthauptleute. 1951 verabschiedete der Bundestag schließlich das sogenannte »131er«-Gesetz, das alle dienstfähigen Anspruchsberechtigten als »Beamte zur Wiederverwendung« einstufte und ihnen, soweit sie zehn Dienstjahre vorweisen konnten, ein Übergangsgehalt bis zur Unterbringung im Staatsdienst zugestand.[2]

Wer nicht zuvor schon zum Zuge gekommen war, drängte nun, mit dem Gesetz im Rücken, in die Verwaltungen, die eine rapide Zunahme an ehemaligen Parteigenossen verzeichneten. Zahlreiche Beamte hatten aber schon vor Inkrafttreten des Gesetzes ab 1947/48 eine Wiedereinstellung erreicht, konnten aber zunächst nicht bruchlos an ihre frühere Position anknüpfen, sondern mussten häufig eine Rückstufung in Kauf nehmen.[3] Den wenigsten ehemaligen Kreishauptleuten gelang das, wenn sie sich denn überhaupt darum bemühten und nicht zunächst davor zurückschreckten.[4] In den meisten Fällen spielte die Einstufung in die verschiedenen Entnazifizierungskategorien im Wiedereinstellungsverfahren durchaus eine Rolle. Schwierigkeiten und Verzögerungen sind nicht selten darauf zurückzuführen. Das unterstreicht die hohe Bedeutung auch des formalen Ausgangs der Entnazifizierung.

Eine markante Ausnahme bilden hier diejenigen, die vor ihrer Tätigkeit in Polen in der württembergischen oder badischen Verwaltung wa-

1 Artikel 131 Grundgesetz. Zitiert nach: Frei, Vergangenheitspolitik, S. 70. Wengst, Beamtentum, S. 58 ff.

2 Vgl. Frei, Vergangenheitspolitik, S. 70 ff.; Wengst, Beamtentum, S. 152 ff.; Langhorst, Berufsbeamtentum, S. 64 f.; Grotkopp, Beamtentum, S. 266 ff. Der volle Name des Gesetzes lautete »Gesetz zur Regelung der Rechtsverhältnisse der unter Artikel 131 des Grundgesetzes fallenden Personen«.

3 Vgl. Frei, Vergangenheitspolitik, S. 84 ff.; Ruck, Korpsgeist, S. 231 ff.

4 So zum Beispiel Viktor von Dewitz, der sich bereits 1946 um eine Wiederverwendung bemühte. Schreiben des Regierungspräsidenten in Köln an Viktor von Dewitz, 23.11.1946, HStA Düsseldorf, BR-PE 6942, o.P.

ren. Alfons Oswald, ehedem Kreishauptmann des Kreises Dębica und Leiter der Abteilung Innere Verwaltung im Distrikt Radom, kehrte bereits Ende 1945 als Landrat in Säckingen in den Staatsdienst zurück, allerdings um eine Dienstaltersstufe zurückgesetzt. Zugute kamen ihm dabei aktenkundige Konflikte mit der NSDAP in den dreißiger Jahren und eine relativ distanzierte Haltung zum NS-Regime. Mit dieser fast bruchlosen Karriere stand Oswald allerdings allein da. Die übrigen ehemaligen Kreishauptleute aus der Region konnten derart frühe Erfolge nicht vorweisen. Sie fanden eine Wiederanstellung 1947/48, waren damit aber den meisten Kollegen immer noch weit voraus.[5]

Für andere Regionen Deutschlands lässt sich diese Regelform nicht feststellen. Gleichwohl konnten auch anderswo einige ehemalige Kreishauptleute Ende der vierziger Jahre relativ umstandslos wieder in die Verwaltung zurückkehren. Manche von ihnen suchten wegen anfänglicher Schwierigkeiten zunächst einen Ausweg in der Wiederzulassung als Rechtsanwalt, nutzten aber die erste sich bietende Gelegenheit zu einer Anstellung im öffentlichen Dienst. Dafür ist Wilhelm Rebay von Ehrenwiesen exemplarisch. Ende April 1948 als Mitläufer eingestuft und aus der Internierung entlassen, bemühte er sich intensiv um seine Wiederverwendung im Staatsdienst; zahlreiche Bewerbungen blieben ohne Erfolg. Schließlich beantragte er die Erlaubnis zum anwaltlichen Probedienst, der Voraussetzung für eine Zulassung als Rechtsanwalt. Im Juni 1949 schließlich erhielt er die Zulassung und ließ sich in Eichstätt nieder. Ein gutes Jahr später schaffte er den Sprung in die Verwaltung.[6]

Manchmal korrespondierten verzögerter Einstieg und rasche Karriere. Walter Gentz bemühte sich erst seit Mitte 1949 um eine Anstellung bei der Düsseldorfer Finanzverwaltung. Seine Versuche scheiterten zunächst daran, dass keine Planstellen frei waren und bereits andere für frei werdende Stellen vorgemerkt waren. Gentz kam bei einem Anwalt unter und wurde Gutachter für den Verein deutscher Ingenieure. Erst im Juli 1951 kam er als Angestellter zum Düsseldorfer Finanzamt, wo er im März 1952 als Regierungsrat verbeamtet wurde; ein Jahr darauf erlangte er schließ-

5 Zum Beispiel Werner Ansel, Carl Hermann Rieger, Heinz Ritter, Carl Schmid und Helmut Weihenmaier.

6 Rebay an das Oberpräsidium Rheinpfalz-Hessen, 3.8.1948, NL Rebay; Rebay an Ministerialdirektor Ritter von Lex, Bayerisches Staatsministerium des Innern, 12.8.1948, ebenda; Rebay an das Bayerische Staatsministerium des Innern, 12.8.1948, ebenda; Bayerisches Staatsministerium des Innern an Rebay, 4.10.1948, ebenda; Bayerisches Staatsministerium der Justiz an Rebay, 5.11.1948, ebenda; Bayerisches Staatsministerium der Justiz an Rebay, 21.4.1949, ebenda.

lich mit der Beförderung zum Oberregierungsrat den alten Stand. Über die Oberfinanzdirektion setzte er dann seine Laufbahn im nordrhein-westfälischen Finanzministerium fort, wo er bis zum leitenden Ministerialrat aufstieg.[7]

Besonders steil verlief die Karriere von Otto Wendt, von Januar 1943 bis zur Räumung Kreishauptmann in Złoczów im Distrikt Galizien. 1949 kam er zunächst in der Verwaltung in Osterode unter. Ab 1952 verlief seine Laufbahn in Niedersachsen dann rasant: Nach kurzem Intermezzo im Vertriebenenministerium wurde Wendt im November 1952 Regierungsdirektor im Ministerium für Wirtschaft und Verkehr. Von dort kam er ins Innenministerium und war zeitweise Polizeipräsident in Oldenburg. Anfang 1955 schließlich wurde Wendt Regierungspräsident in Stade. Er engagierte sich für den Gesamtdeutschen Block/BHE (GB/BHE), für den er 1959 in den niedersächsischen Landtag einzog. Sein Mandat nahm er allerdings nur kurze Zeit wahr, da er im Juli 1959 als Staatssekretär im Ministerium für Wirtschaft und Verkehr die nächste Stufe seiner Karriereleiter erklomm.[8] Auch ehemalige Besatzungsfunktionäre anderer Ebenen machten steile Karrieren auf Landes- und Bundesebene.[9]

Diese Hinweise legen es zunächst nahe, den Vorgang einer »Renazifizierung« oder gar Unterwanderung der Institutionen der Bundesrepublik durch ehemals führende NS-Funktionäre zuzuordnen. Das greift jedoch nicht nur zu kurz, sondern meist scheint das Gegenteil dessen geschehen zu sein: Die einst so reibungslos funktionierenden und überzeugten Besatzer funktionierten erneut reibungslos, nicht wenige von ihnen wahrscheinlich auch mehr und mehr überzeugt. Die allerwenigsten vertraten die alte Weltanschauung noch offen; kaum einer arbeitete zum Schaden der jungen Demokratie, vom moralischen Schaden allerdings eines solchen Laisser-faire in der Personalpolitik abgesehen. Dass dieser Perso-

7 Personalbogen, 20.11.1952, Nebenakte Nr. 1, HStA Düsseldorf, NW Pe 7902, o.P.; Personalbogen, 30.3.1951, Personalakte, ebenda, o.P.; Gentz an den Finanzminister des Landes Nordrhein-Westfalen, 27.7.1949, ebenda, Bl. 3; Der Oberfinanzpräsident Düsseldorf an den Finanzminister des Landes Nordrhein-Westfalen, 12.9.1949, ebenda, Bl. 6; Finanzministerium Nordrhein-Westfalen, Vermerk, betr.: Beförderung des Herrn MinRat Dr. Walter Gentz, 22.2.1963, ebenda, Bl. 53. Ähnlich bei Albrecht, Augustin, von Dewitz, Rubehn, Schwender, Strößenreuther, Zettelmeyer und Ziegenmeyer.

8 Schriftl. Mitteilung des Niedersächsischen Ministeriums für Wirtschaft, Arbeit und Verkehr, 9.10.2003; Wer ist wer?, S. 2148; Abgeordnete, S. 403. Die Personalakte Wendts wurde leider nicht freigegeben.

9 Vgl. Musial, Zivilverwaltung, S. 362 f.; Braunbuch, S. 364.

nenkreis sich politisch den neuen Konditionen fügte, ist trivial. Denn für sie bestand angesichts der Integrationsangebote und der zum Teil lukrativen und einflussreichen Posten gar kein Anlass mehr zum offenen Festhalten an der alten Ideologie. Warum sollten sie ein System, das sie so bereitwillig aufnahm und ihnen derartige Chancen eröffnete, bekämpfen oder offen ablehnen – zumal das alte System und die alte Ideologie, dem sie engagiert gedient hatten, so nachhaltig und unwiederbringlich zusammengebrochen war?

Netzwerke und Karrieren in der Justiz

Außer in die Verwaltung strebten einige Kreishauptleute und zahlreiche andere ehemalige Beamte des Generalgouvernements in die Justiz der Bundesrepublik, vornehmlich in die Verwaltungs- und in die neu gegründete Sozialgerichtsbarkeit.[10] Hans-Walter Zinser, vor seiner Zeit als Kreishauptmann Regierungsrat im württembergischen Innenministerium, sogar persönlicher Referent des Innenministers, gelang der früheste Einstieg in die erfolgreiche Karriere. Er verdingte sich nach Kriegsende, nur kurz interniert, zunächst als Hilfsarbeiter. Nach seiner Entnazifizierung 1948 wurde er 1949 Verwaltungsgerichtsrat in Stuttgart, 1950 schon Oberverwaltungsgerichtsrat. 1953 erreichte Zinsers rasante Karriere ihren Höhepunkt, er stieg zum Bundesrichter am Bundesverwaltungsgericht in Berlin auf.[11]

Zinser war nicht der einzige ehemalige Besatzungsfunktionär am Bundesverwaltungsgericht, auch Karl Klein schaffte es bis zum Bundesrichter. Klein war persönlicher Referent von Staatssekretär Bühler, den er schon aus Schulzeiten kannte. Wie Zinser kam auch Klein aus dem Südwesten; vor dem Krieg war er Amtsgerichtsrat in Stuttgart, wohin er nach der Räumung des Generalgouvernements zurückkehrte. Im Sommer 1945 wurde er entlassen, fand anschließend eine Stelle beim Evangelischen Hilfswerk, bevor er Anfang 1946 interniert wurde. 1947 folgte Kleins Auslieferung an Polen. Im Oktober 1948 kehrte er zurück, ohne dass es in Polen zum Prozess gekommen war. Zurück in Stuttgart, bekam er beim Oberbürgermeister sogleich eine Stelle. 1953 schließlich stieg

10 Beispiele für andere ehemalige Verwaltungsangehörige aus dem GG, die in der Justiz Karriere machten, führt Musial an. Vgl. Musial, Zivilverwaltung, S. 361f.

11 Vorschlag zur Ernennung des Regierungsrats Dr. Walter Zinser zum Kreishauptmann, 2.12.1943, BA-DH, ZJ 105, A. 5, o.P.; Bundesinnenministerium an Hans-Walter Zinser, 2.4.1953, HStA Stuttgart, EA 2/150, Bü. 1942, Bl. 191; Wer ist Wer?, S. 2255.

Klein zum Oberverwaltungsgerichtsrat in Stuttgart auf. Offenbar beflügelt durch Zinsers Laufbahn, strebte auch Klein die Stelle eines Bundesrichters an und wandte sich mit seinem Anliegen direkt an Zinser. Im Mai 1955 wurde er Richter am Bundesverwaltungsgericht.[12]

Klein bemühte nicht nur die Beziehungen zu Zinser, um zum Ziel zu kommen, sondern hatte Kontakte zu etlichen Angehörigen der Besatzungsverwaltung, die hohe Positionen erlangt hatten und untereinander Verbindung hielten. Kleins bei weitem wichtigste Verbindung führte über Bonn nach Kiel ins Ministerium für Arbeit und Soziales, wo Hans-Adolf Asbach seit 1950 Minister war. Asbach hatte schon seit Längerem wieder Kontakt zu Lothar Weirauch, einst Leiter der Abteilung Bevölkerungswesen und Fürsorge in Krakau, der nun Bundesgeschäftsführer der FDP war. Am 13. März 1954 schrieb Weirauch an den Minister in der Sache Klein, da in Kürze der Richterwahlausschuss in Bonn über die Besetzung weiterer Stellen beim Bundesverwaltungsgericht entscheide. Weil Asbach als seinerzeit zuständiger Landesminister in dem Gremium vertreten war, bat Weirauch ihn darum, sich der Bewerbung anzunehmen und sich für Klein einzusetzen.[13]

In seiner herausragenden Position konnte Asbach sich auch für andere verwenden und sie in seinem direkten Zuständigkeitsbereich mit Stellen versorgen und ihr Fortkommen fördern. Unmittelbar davon profitiert hat sein Kollege aus dem Distrikt Lublin Hartmut Gerstenhauer, der bis Herbst 1940 Kreishauptmann in Krasnystaw gewesen war, einem Nachbarkreis von Asbachs früherer Wirkungsstätte. Für Gerstenhauer war das Kriegsende, das er in Thüringen erlebte, gleichbedeutend mit einem herben sozialen Absturz. Nach längerer Krankheit verhaftete ihn das NKWD zwar nur für einige Tage; dennoch musste er immer befürchten, gefoltert oder in die Sowjetunion verschleppt zu werden. Wieder in Freiheit, verließ er die sowjetische Besatzungszone und zog nach Lübeck. Anders als viele seiner früheren Kollegen kam er nicht in Internierungshaft, blieb aber längere Zeit arbeitslos und behalf sich dann mit Gelegenheitsarbeiten und betätigte sich als Vertreter. Diesen unsicheren Zustand konnte er im Sommer 1948 beenden, indem er bei den Lübecker Verkehrsbetrieben

12 Vorschlag zur Ernennung des Oberlandesgerichtsrates Karl Klein zum Ministerialrat, 30.11.1942, BA-DH, ZJ 41, A. 19, o.P.; Vernehmung von Karl Klein, 17.1.1966, BAL, B 162/II 212 AR-Z 25/62, Bd. 4, Bl. 735 ff. Musial vermutet eine Kooperation Kleins mit den polnischen Behörden im Fall Bühler, der Klein seine rasche Rückkehr ohne Prozess zu verdanken habe. Vgl. Musial, Zivilverwaltung, S. 362, Anm. 43.

13 Schreiben Weirauchs an Hans-Adolf Asbach, 13.3.1954, NL Asbach.

eine Stelle als Schaffner bekam, immer noch weit entfernt von seiner früheren Position. Ende des Jahres stufte der Lübecker Entnazifizierungs-Hauptausschuss ihn als Mitläufer in Kategorie 4 ein; damit war der Weg frei, sich um eine Wiederanstellung im Staatsdienst zu bemühen, was Gerstenhauer auch sogleich tat. Erst im Mai 1950 wurde er Regierungsrat zur Wiederverwendung im Oberversicherungsamt in Schleswig, wo er sofort den Vorsitz einer Spruchkammer übernahm. Mitte 1952 schließlich war er wieder regulär Regierungsrat.[14]

Nachdem Asbach im Herbst 1950 Minister geworden war, kümmerte er sich im Zuge der Einrichtung der neuen Sozialgerichtsbarkeit sogleich um seinen ehemaligen Amtskollegen. Er sorgte dafür, dass dieser ab Anfang 1954 als Landessozialgerichtsrat die Leitung des Sozialgerichts in Schleswig übernehmen konnte und nach nur einem halben Jahr zum Sozialgerichtsdirektor ernannt wurde.[15] Im November 1962, lange nach Asbachs Rücktritt, erreichte Gerstenhauer den Höhepunkt seiner Karriere – er wurde Senatspräsident am Landessozialgericht in Schleswig. Der Justiz war zwar sowohl Gerstenhauers Vergangenheit bekannt als auch seine Mitwisserschaft im Fall des zur Fahndung ausgeschriebenen »Euthanasie-Arztes« Werner Heyde, der jahrelang unter falschem Namen als Arzt und Gutachter für die schleswig-holsteinischen Sozialgerichte tätig war, sie sah darin aber keinen Hinderungsgrund für eine Beförderung Gerstenhauers.[16]

Manche einstige Kreishauptleute waren zögerlicher und praktizierten erst einige Zeit als Rechtsanwalt, bevor sie sich um eine Stelle in der Justiz bemühten oder sich ihnen die Gelegenheit dazu bot. Bernhard von Trotha, vordem Kreishauptmann in Kołomyja/Kolomea, arbeitete von April 1949 bis Anfang 1954 zunächst als Rechtsanwalt, war in Mainz beim Ausgleichsamt beschäftigt und wurde erst 1957 Verwaltungsrichter in

14 Vernehmung von Hartmut Gerstenhauer, 16.1.1962, BAL, B 162/208 AR-Z 268/59, Bd. 14, Bl. 2845 f.; Spruchentscheidung des Entnazifizierungs-Hauptausschusses für die Hansestadt Lübeck, 30.12.1948, Archiv der Hansestadt Lübeck, Entnazifizierungsausschuss Soll-Liste 14682, o.P.; Schreiben Gerstenhauers an den schleswig-holsteinischen Ministerpräsidenten Lüdemann, 18.3.1949, LASH, 786/91, Bl. 2; Personalnachweis für Beamte, o.D., ebenda, o.P.; Schreiben Gerstenhauers an Ministerialdirigent Hahn, 25.10.1949, ebenda, Bl. 8; Handschriftlicher Lebenslauf Gerstenhauers, 19.2.1950, ebenda, Bl. 21 f.

15 Vermerk, 31.12.1953, LASH 786/91, Bl. 73; Der Ministerpräsident des Landes Schleswig-Holstein, Vermerk, 2.1.1954, ebenda, Bl. 77. Vgl. auch Godau-Schüttke, Holocausttäter, S. 375; ders., Heyde/Sawade-Affäre, S. 127.

16 Vgl. Godau-Schüttke, Heyde/Sawade-Affaire (1994), S. 444 ff.; ders., Heyde/Sawade-Affäre (1998), S. 32 ff. ders., Holocausttäter, S. 369 ff.

Schleswig-Holstein. Asbachs Nachfolger in Brzeżany, Werner Becker, arbeitete von 1948 bis 1956 als Rechtsanwalt in Hamburg, dann wurde er Verwaltungsrichter. Eine frühere Bewerbung um Übernahme in den Justizdienst hatte Becker auf Anraten des Personalsachbearbeiters am Oberlandesgericht Hamburg wegen seiner Tätigkeit im Generalgouvernement zurückgezogen. Bis zum Präsidenten des Oberverwaltungsgerichts Mainz schaffte es Curt Englaender, längere Zeit Stadthauptmann in Lublin. Englaender hatte die ersten Nachkriegsjahre als Angestellter einer Samenhandlung zugebracht. Nach erfolgter Entnazifizierung beantragte er im Herbst 1947 die Wiederzulassung als Rechtsanwalt. Seine Arbeit im Generalgouvernement ließ er im Antrag allerdings unter den Tisch fallen, im beigefügten Lebenslauf ist für die Jahre ab 1942 nur nebulös vom »Kriegseinsatz« die Rede.[17]

Auch andere Beamte der Zivilverwaltung stiegen in der Justiz der jungen Bundesrepublik auf: Hans Wilden, Leiter der Unterabteilung Kirchenwesen in der Krakauer Regierung, wurde Bundesrichter in Karlsruhe; Walter Weber, ehemals Staatsanwalt am Sondergericht Chełm/Cholm, schaffte es bis zum Oberlandesgerichtsrat in Düsseldorf, und Peter Hamacher, vor 1945 Leiter des Amtes für Preisüberwachung im Distrikt Lublin, stieg bis zum Oberverwaltungsgerichtsrat am nordrhein-westfälischen Oberverwaltungsgericht auf.[18] Es drängt sich die Frage auf, warum gerade die Verwaltungs- und Sozialgerichtsbarkeit hohe Anziehungskraft auf die ehemaligen Besatzungsfunktionäre ausübte bzw. ihnen gute Karrierechancen bot. Selbstverständlich brachten sie als Verwaltungsjuristen die notwendigen Voraussetzungen dafür mit; aber ihr Erfolg war wohl auch von Zufällen und sich bietenden Gelegenheiten abhängig, wie die alte Bekanntschaft Gerstenhauers, Zinsers und Kleins zu Asbach, der über die entsprechenden Möglichkeiten verfügte. Und schließlich steht zu vermuten, dass manche aufgrund ihrer Erfahrungen jede auch nur in Ansätzen politisch behaftete Tätigkeit in Zukunft meiden wollten. Das gewährleistete eine Stelle in der Sozial- oder Verwaltungsgerichtsbarkeit bestens. Im Übrigen bot vor allem die Sozialgerichtsbarkeit Karrieremöglichkeiten, da sie erst Mitte der fünfziger Jahre

17 Vernehmung von Bernhard von Trotha, 23.11.1967, BAL, B 162/202 AR-Z 277/60, Bd. 25, Bl. 9083; Vernehmung von Werner Becker, 11.7.1967, ebenda, B 162/II208 AR 797/66, Bd. 2, Bl. 519f.; Schreiben Englaenders an den Justizminister des Landes Nordrhein-Westfalen, 31.10.1947, HStA Düsseldorf, BR-PE 1676, Bl. 87f.; Handschriftlicher Lebenslauf Englaenders, 3.11.1947, ebenda, Bl. 89.

18 Vgl. Musial, Zivilverwaltung, S. 361f.

aufgebaut wurde und einen dementsprechend hohen Bedarf an Juristen zu decken hatte.

Vom Kreishauptmann zum Landesminister: Hans-Adolf Asbach

Die bemerkenswerteste Karriere von allen aber gelang Hans-Adolf Asbach, der zum Minister für Arbeit, Soziales und Vertriebene in Schleswig-Holstein aufstieg. Nachdem Asbach im Juni 1945 aus britischer Kriegsgefangenschaft entlassen worden war, verdingte er sich bis Ende März 1946 zunächst als Landarbeiter. Anschließend begann er eine Ausbildung zum Maurer, die er Ende April 1948 abschloss. Bis zum Ende des Jahres arbeitete er noch in diesem Beruf, wurde dann allerdings arbeitslos. Asbach war in dieser Zeit Rechtsberater für Flüchtlinge und Vertriebene und wurde alsbald Sozialreferent in der pommerschen Landsmannschaft.[19] Sein Engagement in Flüchtlingsfragen war die Brücke zur Politik: Er gehörte zu den elf Gründungsmitgliedern des Bundes der Heimatvertriebenen und Entrechteten (BHE), der sich im Januar 1950 auf Initiative von Waldemar Kraft gebildet hatte. Dank einer engen Verflechtung mit Vertriebenenverbänden und des hohen Flüchtlingsanteils in Schleswig-Holstein gelang es rasch, eine Parteiorganisation aufzubauen und die Mitgliederzahlen zu steigern. Bei den Landtagswahlen im Juli 1950 erzielte der BHE einen durchschlagenden Erfolg: Mit 23,4 Prozent wurde er nach der CDU zweitstärkste Kraft im Land und zog mit 15 Abgeordneten, darunter fünf Direktmandate, in den Landtag ein.[20]

Asbach gewann im Wahlkreis Eutin-Ost, wo Flüchtlinge und Vertriebene fast die Hälfte der Bevölkerung ausmachten, mit 39,9 Prozent – das beste Ergebnis für den BHE in Schleswig-Holstein – ein Direktmandat.[21] Der BHE war damit Zünglein an der Waage. Nach zähen Koalitionsverhandlungen einigte man sich mit dem Wahlblock[22] Ende August

19 Landesregierung Schleswig-Holstein, Sozialministerium, Personalbogen für Sozial- und Arbeitsminister Hans-Adolf Asbach, o.D., StA Kiel, 2 Js 753/65, Sonderband IV, Bl. 64; Internationales Biographisches Archiv (Munzinger-Archiv), Lieferung 43/64, 24.10.1964.

20 Vgl. Neumann, Block, S. 27ff.; Hausmann, BHE, S. 239; Stöss, Der Gesamtdeutsche Block/BHE, S. 1430f.; Schäfer, Gemeinschaft, S. 29ff. u. 52; Albert, Übernahme, S. 295; Rott, Block, S. 24ff. Vgl. auch die Erinnerungen Asbachs an seine Ministerzeit [im Folgenden: Asbach, Minister], S. 1ff., NL Asbach.

21 Vgl. Schäfer, Gemeinschaft, S. 53.

22 Zum Wahlblock hatten sich CDU, FDP und die Deutsche Partei (DP) zusammengeschlossen. Ausführlich dazu Varain, Parteien, S. 156ff.; Albert, Übernahme, S. 285ff.

schließlich auf die Bildung einer gemeinsamen Regierung unter Walter Bartram als Ministerpräsident. Die im Wahlblock vertretenen Parteien gingen schließlich auf die zentralen Forderungen des BHE ein – baldige Kommunalwahlen, einen Lastenausgleich für Flüchtlinge und Vertriebene und die Beendigung der Entnazifizierung. Gerade das Letzte hatten sich die anderen Parteien ohnehin selbst auf ihre Fahnen geschrieben, auch wenn der BHE es im Wahlkampf besonders vehement propagiert hatte.[23]

Von den fünf zu besetzenden Ministerposten bekam der BHE zwei: neben Asbach selbst Parteichef Kraft, der stellvertretender Ministerpräsident und Finanzminister wurde. Vor allem Asbachs herausragendes Wahlergebnis war ausschlaggebend dafür, dass die Wahl auf ihn fiel. Die übrigen drei Ministerämter entfielen auf je eine Partei des Wahlblocks. Von Beginn an sah sich das Kieler Kabinett wegen der wachsenden Bedeutung NS-belasteter Personen in der Regierung Vorwürfen ausgesetzt. In Erwiderung auf die Regierungserklärung von Ministerpräsident Bartram zeigte sich der Oppositionsführer der SPD, der damalige Kieler Oberbürgermeister Andreas Gayk, hinsichtlich der demokratischen Zuverlässigkeit mancher neuer Minister besorgt und forderte Klarheit über die Gerüchte über deren politische Vergangenheit. Solche Äußerungen blieben aber vereinzelt und verstummten bald schon wieder.[24]

In der Kritik stand von Anfang an auch Asbach, anfangs wegen seiner eigenen Vergangenheit, später zusätzlich aufgrund seiner Personalpolitik. Noch vor Vereidigung des Kabinetts titelte die *Frankfurter Rundschau* auf Seite eins »Renazifizierung großen Stils in Schleswig-Holstein« und präsentierte Asbach und seine Vergangenheit als Kreishauptmann und Rechtsberater bei der Deutschen Arbeitsfront (DAF) als Beispiel für die als Renazifizierung bezeichnete Entwicklung im Norden.[25] Der Hannoveraner *Neue Vorwärts* sprach von einer »Koalition aus SA, SS und NSDAP«, die skandinavische Presse berichtete davon, und im britischen Unterhaus sahen sich Labour-Abgeordnete wegen der Entwicklung an der Förde zu Anfragen veranlasst.[26] Der *Spiegel* widmete sich im Dezember der Vergangenheit der BHE-Minister, indem er Krafts Lebenslauf ausbreitete und auch Asbach aufs Korn nahm. Allerdings firmierte As-

23 Asbach, Minister, S. 7; Schäfer, Gemeinschaft, S. 56ff.; Varain, Parteien, S. 220ff.; Albert, Übernahme, S. 302f. Zum Folgenden vgl. ebenda.

24 Asbach, Minister, S. 14.

25 Vgl. Frankfurter Rundschau, 2.9.1950, S. 1.

26 Vgl. Neuer Vorwärts 8.9.1950. Zitiert nach: Schleswig-Holsteinischer Landtag, Antwort, S. 14. Zitat ebenda.

bach nur als Gauhauptstellenleiter der DAF in Stettin, seine Jahre als Kreishauptmann fielen unter den Tisch.[27] Die Presseberichterstattung und die Enthüllungen über seine Vergangenheit beunruhigten Asbach aber kaum. Sie blieben auf der formalen Ebene und verpufften schnell. Die Journalisten, die sich auf die Darstellung des ohnehin Bekannten beschränkt hatten, recherchierten nicht weiter.

Ende November 1950 berichtete die *New York Herald Tribune* gestützt auf den Bericht der *Frankfurter Rundschau* über die neue schleswig-holsteinische Regierung und die NS-Vergangenheit ihrer Mitglieder. Ausführlich widmete sich der Artikel auch Asbachs Biographie nach 1933, der, so hieß es, unter dem Verdacht stehe, in der Ukraine Massenmorde begangen zu haben. Nach dem Krieg habe Asbachs verheerender Ruf als Nationalsozialist außerdem seine Wiederzulassung als Rechtsanwalt verhindert.[28] Erstaunlicherweise war es dieser Artikel, nicht der Bericht der *Frankfurter Rundschau*, der in Kreisen ehemaliger Besatzungsfunktionäre wahrgenommen wurde und viele Reaktionen hervorrief. Zwei Wochen nach Erscheinen schickte der Vater einer ehemaligen Mitarbeiterin Asbachs diesem den Artikel zu, um ihn auf »diese niederträchtigen Verleumdungen« aufmerksam zu machen, in denen er ein »Dokument des straflosen Ehrenbanditentums« sah. Überdies bot er Asbach, nicht ganz uneigennützig, Entlastungszeugnisse an, verband er doch den Kontakt zu Asbach mit der Hoffnung, dass dieser seinem Sohn, einem Arzt, eine Stelle verschaffen könnte.[29] Asbach sah in dem Artikel »eine bestellte Arbeit aus deutschen Kreisen« und fühlte sich durch zahlreiche Zuschriften darin bestätigt, »dass ich in der Ausübung meines damaligen Amtes auf weitgehende menschliche Zustimmung gestossen bin«, schließlich habe nicht einmal Polen seine Auslieferung verlangt.[30]

Asbach seinerseits verschickte den Zeitungsartikel an frühere Kollegen. Mit ihnen wusste er sich einig in der Einordnung der Vorwürfe. Ludwig Losacker, zu dem Asbach seit seiner Ernennung zum Minister wieder Kontakt hatte, verband seine Reaktion mit einer Klage über die vergangenen Jahre: »Es ist der sattsam bekannte Ton, der uns nun schon seit 5 Jahren geläufig ist. Wir dürfen dabei aber nicht vergessen, dass es viele gibt, die auf Grund solcher infamer Gemeinheiten noch schwerste Nach-

27 Vgl. Der Spiegel 4 (1951), Heft 51, 20.12.1950, S. 5f.

28 Auszug aus New York Herald Tribune, 23.11.1950, BAL, B 162/II 212 AR 1412/66, Bd. 2, Bl. 262f.

29 Schreiben von V.P. an Asbach, 8.12.1950, NL Asbach, Ordner 97, o.P. Zitate ebenda.

30 Schreiben Asbachs an V.P., 28.12.1950, ebenda. Zitate ebenda.

teile haben, ja hinter Gittern sitzen müssen.« Auch Losacker witterte hinter dem Artikel eine Verschwörung, deren »Drahtzieher« man ausfindig machen müsse.[31] Der ehemalige Landkommissar in Podhajce, Hans-Rudolf Krüger, nahm kein Blatt vor den Mund und erging sich in antisemitischen Verschwörungstheorien: In dem »reichlich nach Knoblauch duftenden Presse-Erzeugnis« erkannte er eine »ausgesprochen probolschewistische Tendenz«, obwohl es heutzutage, so Krüger, doch Wahnsinn sei, Deutsche derart anzugreifen, denn diese hätten mit ihrem entschlossenen Antibolschewismus doch von jeher Recht gehabt. »Denn wer könnte heute ein besserer Verteidiger der antibolschewistischen Welt sein, als der deutsche ehemalige Nat[ional]-Soz[ialist]? Als Amerika noch ein guter Freund der Russen zu sein glaubte, standen wir schon jahrelang im Kampf gegen diese.« Auch Krüger bot an, mit Entlastungserklärungen bereitzustehen.[32] Asbach hatte es aber gar nicht nötig, auf solche Hilfsangebote einzugehen, da man sich in Schleswig-Holstein gegen derartige Vorwürfe immun zeigte.

Bald schon wurde es wieder ruhiger um Asbach und seine Vergangenheit. Die Regierung widmete sich nun ihrem vereinbarten Programm, auf dessen Prioritätenliste die Vergangenheitspolitik ganz oben stand. Bereits in seiner ersten Regierungserklärung hatte Ministerpräsident Bartram einen Schlussstrich unter die allgemein verhasste Entnazifizierung angekündigt. Im Dezember 1950 hatte der Deutsche Bundestag Richtlinien für einen einheitlichen Abschluss der Entnazifizierung beschlossen, denen zufolge Verfahren mit dem Ziel einer Einstufung in die Kategorien III oder IV nach dem 1. Januar 1951 nicht mehr zulässig sein sollten und anhängige Verfahren einzustellen seien, Berufsbeschränkungen sollten entfallen, mit wenigen Ausnahmen für die Kategorien I und II. In Schleswig-Holstein ging man rasch an die Umsetzung: Am 17. März 1951 trat das Gesetz zur Beendigung der Entnazifizierung in Kraft, das in entscheidenden Punkten über die Richtlinien des Bundestags hinausging. Alle bis dahin in die Kategorien III oder IV eingestuften Personen wurden denen der Kategorie V gleichgestellt. Damit erhielten nun alle vormals aus dem öffentlichen Dienst Entlassenen dieser Kategorien das

31 Schreiben Losackers an Asbach, 28.12.1950, BAL, B 162/II 212 AR 1412/66, Bd. 2, Bl. 289. Zitat ebenda.

32 Schreiben Hans-Rudolf Krügers an Asbach, 11.1.1951, ebenda, Bl. 269f. Zitate ebenda, Bl. 269.

Recht auf Wiedereinstellung; sämtliche Gehalts- oder Renten- bzw. Pensionskürzungen fielen fortan weg.[33]

Damit war man weit über die Linie des Bundestags hinausgegangen, wie Innenminister Paul Pagel auch freimütig im Landtag einräumte. Bedenken wegen der personalpolitischen Folgen, trotz grundsätzlichen Einverständnisses zur raschen Beendigung der Entnazifizierung, äußerte lediglich die SPD-Fraktion offen, deren Vorsitzender Wilhelm Käber weitsichtig von einer »Art von Wiedergutmachung für ehemalige Nationalsozialisten«[34] sprach. Er befürchtete ein Rollback in der Verwaltung: Da keine neuen Stellen eingerichtet werden könnten, müssten vorhandene freigemacht werden, was wohl in Zukunft nach dem Rezept »Demokraten hinaus« geschehe. Einige Monate darauf sah er seine Vermutungen bestätigt und prangerte an, dass das Gesetz »zu einer Renazifizierung in großem Umfange benutzt worden ist«. Auch Innenminister Pagel, einziger Nicht-Parteigenosse im Kabinett, zeigte sich anlässlich der Beratungen zum Entnazifizierungsschlussgesetz sehr besorgt. Seinem Tagebuch vertraute er im März 1951 an: »Man kann mit Recht allmählich von einer Renazifizierung sprechen. Merkwürdig, wie selbstverständlich die alten Nazis auftreten und wie feige sie im Grunde sind, wenn man ihnen hart entgegentritt.«[35] In Schleswig-Holstein, und nicht nur dort, war allerdings kaum jemand gewillt, Letzteres zu tun, glaubte man doch, nun einen Schlussstrich unter die Auseinandersetzung mit dem Nationalsozialismus gezogen zu haben.

Ebenso wie man bei der Abwicklung der Entnazifizierung in Schleswig-Holstein so weit über das vom Bundestag angeregte Maß hinausging wie kein anderes Bundesland, kannte auch die Wiedereinstellung von Beamten und Angestellten aus dem öffentlichen Dienst der NS-Zeit kein Maß und übertraf wiederum alle anderen Bundesländer. Während die anderen Bundesländer noch bemüht waren, die Wiedereinstellungen weitgehend auf Personen aus dem jeweiligen Land zu beschränken, ging man in Schleswig-Holstein großzügiger zu Werke. Hier fanden auch solche, die in anderen Bundesländern abgelehnt worden waren, umstandslos wieder eine Stelle. Bis Anfang Februar 1954 waren rund 6000 ehema-

33 Vgl. Bohn, »Schleswig-Holstein«, S. 174, 176 u. 184; Christen, Entnazifizierung, S. 203 ff.; Danker, Vergangenheits»bewältigung«, S. 34. Zu Entwicklung und Hintergründen auf Bundesebene vgl. Frei, Vergangenheitspolitik, S. 54 ff.

34 Zitiert nach Christen, Entnazifizierung, S. 207. Das folgende Zitat nach ebenda, S. 209.

35 Tagebuch von Paul Pagel, Eintrag vom 14.3.1951. Zitiert nach Varain, Parteien, S. 223, Anm. 902. Vgl. auch Kasten, »Ansehen«, S. 268.

lige Mitarbeiter des öffentlichen Dienstes in Schleswig-Holstein wieder in ihren Beruf zurückgekehrt. Die im Ausführungsgesetz zu Grundgesetz-Artikel 131 vorgesehene Quote von 20 Prozent der Stellen für die vor 1945 im öffentlichen Dienst Bediensteten überschritt Schleswig-Holstein um ein Vielfaches, nicht ohne Stolz: »Wir haben 50% hereingenommen, also wesentlich mehr als unser Soll«, bilanzierte Ministerpräsident Kai-Uwe von Hassel am 2. Oktober 1956 vor dem Landtag.[36] Einen nicht unwesentlichen Beitrag dazu hat Hans-Adolf Asbach in seinem Zuständigkeitsbereich geleistet.

Asbach schwang sich zum »Impresario der schleswig-holsteinischen Entnazifizierungsabwicklung«[37] auf. Immer wieder kam er während seiner Ministerzeit auf die Entnazifizierung und ihre Beendigung durch die Landesregierung zurück. Anfang 1956 machte er mit Kommentaren zu einer Entscheidung der Berliner Spruchkammer von sich reden. Diese hatte das Vermögen des in Nürnberg verurteilten und in Spandau einsitzenden Großadmirals Karl Dönitz bis zu einer Höhe von 100 000 DM eingefroren. Asbach verteidigte Dönitz, er habe am Ende des Krieges doch nur versucht, zu retten, was noch zu retten war. Statt Dönitz' Frau durch die Entscheidung in »Sippenhaft« zu nehmen, so Asbach, solle man sich lieber der Gefahren bewusst werden, die der Bundesrepublik aus einer Verharmlosung des Kommunismus erwüchsen. Der BHE habe, worauf er stolz sei, schon 1950 an der Beendigung der Entnazifizierung mitgewirkt und so verhindert, dass sich eine Kluft innerhalb des Volkes auftue, die nur dem Kommunismus in die Hände gespielt hätte.[38] Bereits im Bundestagswahlkampf 1953, auch Asbach kandidierte für den BHE, waren die Entnazifizierung und ihr Abschluss in Schleswig-Holstein immer wiederkehrendes Thema seiner Wahlkampfauftritte gewesen. Er brandmarkte sie als »Gesinnungsschnüffelei«, die »Unrecht und Unglück« über die Betroffenen gebracht habe, so dass diese sich nun abseits jeder Politik hielten.[39]

Asbach agierte in einem gesellschaftlichen und politischen Umfeld, in dem er aus politischen Altlasten keine Gefahren mehr fürchten musste. Sogar vor antisemitisch grundierten Argumenten schreckte er nicht mehr

36 Vgl. Schleswig-Holsteinischer Landtag, Antwort, S. 17. Zitat ebenda.

37 Bohn, »Schleswig-Holstein«, S. 182.

38 Vgl. Asbach: Der Gefahren des Kommunismus bewußt werden, in: Schleibote, 19.1.1956; Asbach verteidigt Kriegsverbrecher, in: Norddeutsches Echo, 20.1.1956.

39 Vgl. BHE für einen lebensfähigen Mittelstand, in: Neueste Nachrichten, 21.8.1953. Zitate ebenda.

zurück. Dem farbig geschilderten Schicksal all der Entrechteten nach 1945 – Soldaten, Vertriebene, »Kriegsgeschädigte«, die deutsche Jugend und »Sowjetzonen-Flüchtlinge« – stellte er die Wiedergutmachung entgegen. Die »Entrechteten« seien diffamiert und brotlos gemacht worden, würden kaum Förderung erhalten und ihre Probleme seien jahrelang von Politik und Presse »totgeschwiegen« worden. Auf der anderen Seite die ein Jahr zuvor mit Mühe beschlossene Wiedergutmachung: »So besteht eine beschämende Diskrepanz zwischen den Leistungen des Israel-Abkommens für anonyme Geschädigte und dem Rechtsstatus der Sowjetzonenflüchtlinge.«[40] Dieser »beschämenden Diskrepanz« begegnete Asbach in seinem Zuständigkeitsgebiet, indem er auf personeller Ebene Vergangenheitspolitik betrieb und sich vieler zum Teil erheblich belasteter Personen annahm und sie mit Stellen versorgte. Damit begann er unmittelbar nach seiner Ernennung zum Minister.

Zu dieser Zeit war nicht nur die Presse auf ihn aufmerksam geworden, sondern auch etliche Kollegen aus dem Generalgouvernement, die sich an ihren nun prominenten Kameraden von einst wandten, vordergründig um alte Kontakte wieder aufzufrischen, vor allem aber in der Hoffnung auf einen einträglichen Posten. Unmittelbar nach Asbachs Vereidigung meldete sich sein ehemaliger Landkommissar Krüger und gratulierte ihm zum Karrieresprung, worin Krüger »in etwa die Rehabilitierung der vergangenen Jahre und der Arbeit der vergangenen Zeit« zu erkennen glaubte. Krüger selbst war nicht so viel Glück beschieden: Er verdingte sich zeitweise als Handelsvertreter und befand sich in einer Situation, die er als »alles andere als rosig« umschrieb. Daher bot er sich Asbach als persönlicher Referent oder als Abteilungsleiter im Sozialministerium an. Asbach konnte wegen einer allgemeinen Einstellungssperre Krügers Wunsch jedoch nicht nachkommen und vertröstete ihn.[41]

Auch der notorische Ludwig Losacker ließ mit seinen Glückwünschen nicht lange auf sich warten. Losacker hatte nach seiner Entlassung aus der Internierung und dem Abschluss des Entnazifizierungsverfahrens schnell wieder Fuß fassen können. 1948 wurde er Referent im Arbeitgeberverband für die chemische Industrie in Hessen, kurz darauf war er dort bereits Geschäftsführer. Wie er Asbach im Dezember 1950 schrieb, hatte er wieder Kontakt zu vielen »Kameraden von früher«, einen davon, den ehemaligen Leiter der Abteilung Beamtenrecht und Organisation in

40 Hans-Adolf Asbach, Wir und die Anderen, in: Neuer Deutscher Kurier, 13.6.1953. Die vorangegangenen Zitate ebenda.

41 Schreiben Krügers an Asbach, 9.9.1950, ebenda, Bl. 265 f. Zitate ebenda; Schreiben Asbachs an Krüger, 19.9.1950, ebenda, Bl. 268.

der Regierung des Generalgouvernements Gerboth, hatte er sogar bei sich im Verband unterbringen können.[42] In den folgenden Jahren hielten Asbach und Losacker engen Kontakt. Dabei konnten sie gemeinsam in Erinnerungen an ihre große Zeit »im Osten« schwelgen, was, so Asbach, »immer wieder eine Quelle von Freude und Genugtuung«[43] sei. Der Kreis der »Ehemaligen« aus dem Generalgouvernement, der sich um die beiden scharte, wurde schnell recht groß, was Losacker mit den Worten beschied: »Es ist offenbar doch ein zähes Geschlecht, das dort wirkte.«[44]

So wichtig die gemeinsamen Erinnerungen für die ehemaligen Besatzungsbeamten auch waren – sie waren nicht der einzige Kitt, der sie zusammenhielt. Beide verfügten über einflussreiche Stellen und gute Kontakte, so dass es durchaus lohnend schien, zu diesem Kreis zu gehören. Kaum war die Verbindung zwischen den beiden wiederhergestellt, unternahm Losacker einen ersten Vorstoß in diese Richtung. Er machte Asbach auf den ehemaligen Staatssekretär im Reichsinnenministerium, Wilhelm Stuckart, aufmerksam, der sich eventuell in Kiel melden werde.[45] Asbach versprach umgehend Hilfe; er werde »selbstverständlich alles tun, was in meinen Kräften steht, um Ihren Wünschen zu entsprechen«[46]. Inwieweit Asbach tatsächlich seinen Einfluss geltend gemacht hat, ist ungeklärt. Stuckart jedenfalls wurde im Oktober 1951 zum zweiten stellvertretenden Vorsitzenden des BHE in Niedersachsen gewählt und wurde für diesen wegen seiner Kontakte zu Hans Globke ins Bundeskanzleramt zu einem wichtigen Parteifunktionär.[47]

Gut drei Jahre später bestand erneut Anlass für Losacker, Asbach einen alten Bekannten aus dem Reichsinnenministerium zu empfehlen. In der Zwischenzeit war Asbach als Sozialminister für die ab 1954 neuinstallierte Sozialgerichtsbarkeit zuständig geworden und hatte damit Einfluss auf einen Bereich, der viele neue Stellen verhieß. Im Februar 1954 bat ihn Losacker, sich für den ehemaligen Landrat des Kreises Schweidnitz, Wil-

42 Schreiben Losackers an Asbach, 7.12.1950, BAL, B 162/ II 212 AR 1412/66, Bd. 2, Bl. 287. Zitat ebenda.

43 Schreiben Asbachs an Losacker, 20.12.1950, ebenda, Bl. 288.

44 Schreiben Losackers an Asbach, 28.12.1950, ebenda, Bl. 289.

45 Schreiben Losackers an Asbach, 9.2.1951, ebenda, Bl. 291. Stuckart gehörte zu den Teilnehmern der Wannsee-Konferenz am 20.1.1942 in Berlin. Im April 1949 war er im sogenannten Wilhelmstraßen-Prozess, einem der Nürnberger Nachfolgeprozesse, zu fast vier Jahren Haft verurteilt worden. 1953 kam er bei einem Autounfall ums Leben. Vgl. Klee, Personenlexikon, S. 611 f.

46 Schreiben Asbachs an Losacker, 17.2.1951, ebenda, Bl. 292.

47 Vgl. Neumann, Block, S. 72 f. u. 331; Tauber, Eagle, S. 922 f.

helm Adam, zu verwenden, der Geschäftsführer der Deutschen Krankenhausgesellschaft war. Adam jedoch strebte einen Richterposten an, vornehmlich am Bundessozialgericht, das sich im Aufbau befand. Für diese Stelle hatte die Bundesvereinigung der Deutschen Arbeitgeberverbände Adam vorgeschlagen. Dass Losacker auch hier im Hintergrund Strippen gezogen hat, ist wahrscheinlich. Da Asbach Sitz und Stimme im Richterwahlausschuss hatte, bat Losacker ihn direkt, sich für Adam einzusetzen.[48] Asbach sagte umgehend zu: »Die Angelegenheit Adam werde ich selbstverständlich in dem von Ihnen angeregten Sinne fördern, wenn ich auch sonst in solchen Fragen grundsätzlich keine Anregung weitergebe. Aber in diesem Falle ist es natürlich eine Ausnahme.«[49] Allerdings war er in seiner Personalpolitik nie von irgendwelchen Hemmungen gebremst; vielleicht ließ er sich nur nicht gerne von außen reinreden. Im Falle Adams erwies sich Asbachs Fürsprache als wirkungslos, die Berufung kam nicht zustande.[50]

Auch ohne Einflüsterungen von außen betrieb Asbach in seinem Zuständigkeitsgebiet eine Stellenbesetzungspolitik, die ihm bald schon Kritik eintrug. Dabei griff er nicht nur auf »Ehemalige« aus dem Generalgouvernement zurück. Kaum dass Asbach das Sozialministerium übernommen hatte, machte er den einschlägig erfahrenen Max Timm als Regierungsdirektor zum Leiter der Abteilung Arbeit. Mehrere Jahre war Timm Arbeitsamtsdirektor, bevor er 1938 Ministerialrat im Reichsarbeitsministerium wurde, 1942 Ministerialdirigent. Als solcher leitete er die Hauptabteilung Arbeitseinsatz und war damit maßgeblich an der Organisation der Arbeitskräftebeschaffung und der Koordination des Arbeitseinsatzes der sogenannten »Fremdarbeiter« beteiligt. Nach Einrichtung der Sozialgerichtsbarkeit 1954 war Timm auch für die schleswig-holsteinischen Sozialgerichte zuständig.[51] Kritik an der Förderung Timms durch Asbach übte die SPD-nahe *Schleswig-Holsteinische Volks-Zeitung*, die bei der Landesregierung allgemein die Tendenz ausmachte, auf Leute zurückzugreifen, die vor 1945 maßgebliche Positionen bekleidet hatten. Doch auch hier war die Kritik eher verhalten; die fragwürdige Personal-

48 Schreiben Losackers an Asbach, 9.2.1954, BAL, B 162/ II 212 AR 1412/66, Bd. 2, Bl. 302.

49 Schreiben Asbachs an Losacker, 15.2.1954, ebenda, Bl. 303.

50 Sein Name ist in der Festschrift zum 50-jährigen Bestehen des Bundessozialgerichts weder auf der Liste der Richter noch der ehrenamtlichen Richter zu finden. Vgl. Festschrift, S. 915 ff.

51 Personalnachweis für Beamte, 5.3.1953, LASH 761/1198, Bl. 1; Herbert, Fremdarbeiter, S. 195 u. 408; Godau-Schüttke, Heyde/Sawade, S. 126 f.

politik in Kiel wurde nur »mindestens eine Frage des politischen Taktes und Fingerspitzengefühls«[52] genannt. Mehr als zwanzig Jahre später schrieb Asbach in seinen Erinnerungen, ihm sei danach klar geworden, dass nach der »Hetze« wegen der Einstellung Timms die Presse an allem, was er als Minister künftig tue, Anstoß nehme.[53]

Weitaus wichtiger war aber eine andere Personalentscheidung Asbachs: Im Januar 1951 machte er Hans-Werner Otto für sechzehn Jahre zum Amtschef seines Ministeriums. Otto, 1908 in Breslau geboren, war bereits 1932 der NSDAP beigetreten und hatte rasch Karriere gemacht. 1939 wurde er Landrat in Feldkirch, Ende 1941 strebte er neue Herausforderungen an und bewarb sich mit Erfolg um einen »Osteinsatz«. Im Reichskommissariat Ukraine wurde er im Frühjahr 1942 zunächst Stadtkommissar in Nikolajew, Anfang 1943 schließlich dortiger Gebietskommissar, eine dem Kreishauptmann sehr ähnliche Position. Asbach und Otto teilten somit »Ost-Erfahrungen«, waren beide Flüchtlinge und engagierten sich – Otto hatte die Deutsche Partei im Wahlkampf angeführt – in rechten Parteien. Gemeinsam bestimmten sie nun maßgeblich die Personalpolitik im gesamten Sozialbereich Schleswig-Holsteins, sei es im Ministerium selbst, in der Sozialgerichtsbarkeit oder der Landesversicherungsanstalt. Dort installierten sie hemmungslos linientreue Mitarbeiter, deren NS-Belastung wohl eher als Qualifikation denn als Hinderungsgrund angesehen wurde.[54] Zugute kam ihnen dabei, dass an entscheidender Stelle in der Staatskanzlei mit Ernst Kracht, dem Chef der Landes- bzw. Staatskanzlei, jemand saß, der nicht nur ebenfalls auf eine einschlägige NS-Vergangenheit zurückblicken konnte, sondern dem selbst an einer solchen Personalpolitik gelegen war.[55]

Asbach konnte seine Personalpolitik dem Anschein nach jahrelang im Stillen betreiben, ohne dass nennenswerte Kritik in der Presse oder den anderen Parteien laut wurde. Wohl aber war sie Thema hinter vorgehal-

52 »Trotz schwerwiegenden Verdachtes: Dr. Timm Regierungsdirektor«, in: Schleswig-Holsteinische Volks-Zeitung, 3.11.1950.

53 Asbach, Minister, S. 12.

54 Vgl. Godau-Schüttke, Heyde/Sawade, S. 122 ff. Dort weitere Beispiele. Zahlreiche Beispiele für die Personalpolitik im Lande auch in: Schleswig-Holsteinischer Landtag, Antwort, S. 19 ff.

55 Vgl. Schleswig-Holsteinischer Landtag, Antwort, S. 15; Kracht, geb. 15.4.1890 in Neumünster, war von 1929 bis 1936 Landrat im Kreis Dithmarschen und wurde 1936 Oberbürgermeister von Flensburg. 1937 trat er der SS bei, wenig später wurde er Gaubeauftragter der Volksdeutschen Mittelstelle. Nach dreijähriger Internierung kam er 1950 in die Staatskanzlei. Vgl. ebenda; Klee, Personenlexikon, S. 333.

tener Hand. Wenn Kritik denn geäußert wurde, kam sie aus einer Ecke, die ihn kaum in Bedrängnis bringen konnte. Im September 1955 berichtete das kommunistische *Norddeutsche Echo* von Asbachs Ansinnen, als einziger Landesminister einen persönlichen Referenten einzustellen. Der dafür vorgesehene Kandidat hatte als Reichspropagandaleiter und Leiter des Gaupropagandaamts Nordmark von 1934 bis 1941 gewirkt, bevor auch er in Riga als Landespropagandaleiter »Osterfahrungen« sammelte. Weitere Beispiele von Asbachs Personalpolitik griff das Blatt aber nicht auf.[56]

Erst als sich politisch das Blatt für Asbach wendete, traten sowohl seine eigene NS-Vergangenheit als auch seine Klientelwirtschaft zutage. Eine schon länger anhaltende Krise innerhalb des BHE auf Bundesebene und in manchen Landesverbänden kulminierte in Schleswig-Holstein im Oktober 1957, nachdem die Partei bei den Bundestagswahlen mit 4,6 Prozent der Stimmen an der erstmals geltenden Fünf-Prozent-Hürde gescheitert war. Auch die zur Umgehung dieser Hürde erforderlichen drei Direktmandate hatte der BHE verfehlt. Erhebliche parteiinterne Spannungen, die sich auch an Asbachs Personalauswahl als Landesvorsitzender des BHE zwischen Partei und Fraktion entzündet hatten, waren bereits ein Jahr zuvor, im September 1956, aufgetreten, konnten angesichts der nahenden Bundestagswahlen allerdings noch abgewiegelt werden.[57] Nach dem für den BHE fatalen Ausgang der Bundestagswahl gab Asbach als Landesvorsitzender Mitte Oktober 1957 eine Erklärung ab, mit der er sein politisches Ende einläutete. Die Tatsache, so Asbach, dass die Deutsche Partei mit nur 3,2 Prozent der Stimmen in den Bundestag einziehe, der BHE mit 4,6 Prozent aber nicht, habe erwiesen, dass »dieses Wahlrecht unfair und undemokratisch ist«[58] und einseitig die anderen Parteien begünstige. Da der BHE als Interessenvertreter der Vertriebenen und Kriegsgeschädigten nicht mehr im Parlament vertreten sei, sei der Bundestag, so Asbachs Demokratieverständnis, »nicht ausreichend legitimiert [...], über ostdeutsche Probleme Entscheidungen zu treffen«. Der Bun-

56 Vgl. »Propaganda-Sozialministerium?«, in: Norddeutsches Echo, 17.9.1955.

57 Vgl. Vertrauensvotum für Asbach, in: Flensburger Tagesblatt, 28.10.1956; Das reinigende Gewitter blieb aus, in: ebenda, 30.10.1956; Differenzen im BHE nicht beigelegt, in: Kieler Nachrichten, 31.10.1956; Varain, Parteien, S. 246 ff.

58 Erklärung des schleswig-holsteinischen Ministers Hans-Adolf Asbach, Landesvorsitzender des GB/BHE, nach der Bundestagswahl 1957, in: Neumann, Block, S. 424. Das folgende Zitat ebenda.

desvorstand des BHE billigte später Asbachs Einlassungen und machte sie sich zu eigen.[59]

Mit dieser Erklärung hatte Asbach das Fass zum Überlaufen gebracht – nicht allein beim Ministerpräsidenten und dem Koalitionspartner CDU, sondern auch in der eigenen Fraktion. Schon in den Jahren zuvor war er immer wieder aus der Kabinettsdisziplin ausgeschert und hatte mit Ankündigungen und Vorschlägen Negativschlagzeilen gemacht, die für Unmut beim Regierungspartner gesorgt hatten.[60]

Im BHE stellte sich nach der verlorenen Bundestagswahl die Frage nach dem politischen Überleben. Die fortschreitende Integration der Vertriebenen und Flüchtlinge entzog der Partei mehr und mehr ihre Basis. Teile der Partei, darunter der Parteigründer und Vorsitzende Waldemar Kraft, waren schon früher zur CDU oder anderen Parteien übergetreten. In Schleswig-Holstein ging ein tiefer Riss durch die Partei: Auf der einen Seite stand die Landtagsfraktion, die den Ausweg in einer starken Hinwendung zur CDU und loyaler Mitarbeit in der Landesregierung suchte. Auf der anderen Seite trat der Landesverband unter Asbachs Führung für eine radikale Opposition gegen die Bundesregierung ein und betrieb eine Profilierung durch wachsende Radikalisierung.[61]

Zum offenen Bruch kam es nach der Bundestagswahl Mitte Oktober 1957. In der Fraktionssitzung am 21. Oktober kam es zu harten Auseinandersetzungen zwischen Asbach und der Fraktionsführung, die ihm laut *Spiegel* u.a. seine »Vorliebe für rechte Radikalitäten«[62] vorwarf. Nun kam auch Asbachs Personalpolitik erneut auf den Tisch. Man warf ihm vor, einseitig ehemalige Nationalsozialisten mit Parteiposten bedacht zu haben. Die Kritik bezog sich auch auf Heinz Reinefarth, den Bürgermeister von Westerland, der im Landesvorstand des BHE saß. Reinefarth war 1944 als HSSPF unter anderem führend an der Niederschlagung des Warschauer Aufstands beteiligt gewesen. Aus Protest gegen solche Besetzungen in der Partei waren bereits zuvor einige Landtagsabgeordnete von ihren Parteiämtern zurückgetreten.[63] Rücktrittsforderungen aus den Rei-

59 Vgl. Varain, Parteien, S. 259.

60 Vgl. Schleswig-Holsteiner Tagespost, 10.6.1953; Norddeutsches Echo, 3.6.1953; Der Block, 17.7.1953; Eckernförder Zeitung, 24.8.1953; Hans-Adolf Asbach, Was unterscheidet uns von den Lizenzparteien?, in: Deutscher Kurier, 20.6.1953; ders., Wir und die Anderen, ebenda, 13.6.1953.

61 Vgl. Neumann, Block, S. 215; Varain, Parteien, S. 256ff.

62 Der Spiegel 11 (1957), Heft 47, 20.11.1957, S. 15.

63 Vgl. ebenda; Schleswig-Holsteinische Volks-Zeitung, 12.12.1957. Zu Reinefarth vgl. Internationales Biographisches Archiv 23/1963, 27.5.1963; Klee, Per-

hen der Fraktion wehrte Asbach noch ab. Kurz darauf jedoch kam er mit seinem Rücktritt dem Ministerpräsidenten zuvor, der ihn zum Gespräch herbeizitiert hatte und entschlossen war, ihn als Minister zu entlassen.[64]

Etwa zwei Monate später wandte Asbach sich erneut öffentlich gegen die Vorwürfe bezüglich seiner Personalpolitik und seiner Kontakte zu radikalen Parteien und Gruppierungen: »Ich weiß heute noch nicht, wieviel ehemalige SS- oder SA-Männer ich im Sozialministerium um mich hatte oder in der Parteiführung um mich habe«[65], sagte Asbach starrsinnig im Dezember 1957 in Kiel. Diese Äußerung zeugte wohl kaum von dem Unvermögen, sich angesichts der Menge der Belasteten in seinem Umfeld einen Überblick darüber zu verschaffen. Darin konnte und wollte er – schon wegen seiner eigenen Vergangenheit – kein Problem sehen. Gerade dieser Personenkreis war eine wichtige Stütze seines zunehmend radikalen Kurses. Diese Linie Asbachs aber trug schließlich auch dazu bei, dass er 1960 von Herbert Beer, einem noch radikaleren Vertreter, als Landesvorsitzender ersetzt wurde.[66]

Die Vorwürfe, die immer wieder auf Reinefarth und Asbach selbst abzielten, blieben ausnahmslos sehr vage. Über Reinefarth hieß es lediglich, er sei SS-Gruppenführer und Generalleutnant der Polizei gewesen, welche Verbrechen sich aber damit verbanden, kam nicht zur Sprache. So auch bei Asbach: Unisono wurden ihm der Parteibeitritt im Frühjahr 1933 sowie seine Tätigkeit in der DAF vorgeworfen. Wenn seine Zeit als Kreishauptmann überhaupt zur Sprache kam, dann blieb sie äußerst nebulös, indem es hieß, Asbach sei nach Kriegsbeginn als Kreishauptmann in die innere Verwaltung gewechselt. Die meisten Journalisten hatten offenbar überhaupt keine Vorstellung, was sich damit verband, und wollten sie auch nicht haben. Der *Spiegel* zum Beispiel fand es nicht einmal erwähnenswert, dass es sich um die Verwaltung eines besetzten Landes handelte. Dieses auffällige Schweigen und Kratzen an der Oberfläche umfasste die gesamte Bandbreite der Journalisten, unabhängig von ihrer politischen Ausrichtung.[67]

sonenlexikon, S. 487. Reinefarth war Experte für Polizeifragen in der BHE-Fraktion.

64 Vgl. Asbachs sensationeller Rücktritt, in: Schleswig-Holsteinische Volks-Zeitung, 23.10.1957; Varain, Parteien, S. 259 f.

65 Zitiert nach: Der BHE will weiter mitregieren, in: Schleswig-Holsteinische Volks-Zeitung, 12.12.1957.

66 Vgl. Neumann, Block, S. 217.

67 Vgl. Der Spiegel 11 (1957), Heft 47, 20.11.1957, S. 15; Der BHE will weiter mitregieren, in: Schleswig-Holsteinische Volks-Zeitung, 12.12.1957. Im kommu-

Eine ernsthafte Gefährdung entwuchs Asbachs Karriere in diesem gesellschaftlichen und politischen Umfeld nicht aus seiner Vergangenheit. Asbachs politischer Untergang verdankt sich vielmehr den Auflösungserscheinungen innerhalb des BHE und seiner eigenen Unfähigkeit, auf diese Prozesse angemessen zu reagieren. In den 1958 neugewählten Schleswig-Holsteinischen Landtag zog der BHE mit nur noch fünf Abgeordneten ein, darunter auch Asbach und Reinefarth.[68] Es sollte Asbachs letzte Legislaturperiode als Abgeordneter sein. Einer Notiz im *Spiegel* zufolge brachte Asbach sich aber schon in der ersten Jahreshälfte 1958 für neue Posten ins Spiel: Er strebte an, Generaldirektor der Landesbrandkasse oder bei der Provinzial-Versicherung zu werden, woraus aber nichts wurde. Doch nicht nur Asbach, sondern auch andere sorgten sich um seine Unterbringung. Nach der *Spiegel*-Meldung habe der Vorsitzende der SPD-Landtagsfraktion Wilhelm Käber schon bald nach Asbachs Rücktritt angeregt, über dessen Zukunft nachzudenken.[69] 1959 schließlich wurde er Geschäftsführer der Wohnungsbaugesellschaft Nordmark und blieb dies bis Ende August 1964.

Jenseits von Verwaltung und Justiz

Nicht bei allen ehemaligen Kreishauptleuten verliefen die Karrieren nach 1945 so verhältnismäßig reibungslos und steil wie bei Asbach und bei denjenigen, die unter die Bestimmungen des »131er-Gesetzes« fielen. Eine kleine Gruppe von Kreishauptleuten verfügte über keine juristische Ausbildung oder ein abgeschlossenes Hochschulstudium. Sie hatten ihren Aufstieg zu Verwaltungschefs im besetzten Polen anderen Faktoren wie frühen und engen Parteibindungen, entsprechenden Kontakten oder schlicht der Personalnot im Generalgouvernement zu verdanken. In einigen Fällen rückten sie erst dort in den Staatsdienst ein; eine Anstellung in der Verwaltung in der Bundesrepublik kam daher kaum in Frage. Andere, die durchaus die nötigen Voraussetzungen vorweisen konnten, mieden diesen Weg womöglich ganz bewusst aus Sorge vor einer eingehenden politischen Überprüfung und anderen Unannehmlichkeiten. Oder aber sie hatten bereits abseits des öffentlichen Dienstes attraktive Posten

nistischen Norddeutschen Echo war Anfang 1956 lediglich von »Nazi-Regierungsreferent« die Rede. Vgl. Asbach verteidigt Kriegsverbrecher, in: Norddeutsches Echo, 20.1.1956.

68 Vgl. Varain, Parteien, S. 265.

69 Vgl. Der Spiegel 12 (1958), Heft 24, 11.6.1958, S. 65.

eingenommen, angesichts derer eine Rückkehr in den Staatsdienst keine Anziehungskraft mehr auf sie ausübte.

Von Ausnahmen abgesehen gilt in der Regel, dass sich der Berufsweg der ehemaligen Kreishauptleute nach 1945 in etwa so fortsetzte, wie er vor 1933/39 verlaufen war. Wer vorher eine Verwaltungslaufbahn eingeschlagen hatte, setzte diese in der Bundesrepublik fort; wessen Arbeitsbiographie vor dem Krieg sehr wechselhaft und unstet war, dessen Entwicklung verlief nach Kriegsende kaum anders. Ihre Zeit als Kreishauptmann stellte im Grunde genommen nur eine kurze Unterbrechung dar. Das Beispiel schlechthin für die letztgenannte Gruppe ist Hans Hack, dessen wechselvolle Biographie vor 1939 bereits eingehend geschildert wurde. Nach seiner Kündigung 1942 als Kreishauptmann betätigte sich Hack als Redner in der Wehrmacht in West- und Nordeuropa. Im Juni 1945 verhafteten ihn die Amerikaner, als er über die Grenze nach Österreich entkommen wollte; er blieb bis Ende 1948 in amerikanischer und französischer Internierungshaft. Unmittelbar im Anschluss daran verdingte er sich als Dolmetscher beim britischen Stab in Düsseldorf, war später Sprachlehrer und Vortragsredner, Vertreter, Mitarbeiter beim Bundesluftschutz, Inhaber eines Eiscafés und anderes mehr. Auch seine politische Odyssee setzte er fort: Nachdem er vor dem Krieg KPD und NSDAP durchlaufen hatte, suchte er in der FDP eine neue politische Heimat. In den sechziger Jahren wandte er sich der SPD zu.[70]

Die Werdegänge der anderen waren bei weitem nicht derart wechselhaft. Otto Busse, wie Hack einer der wenigen Nichtjuristen unter den Kreishauptleuten, war vor 1945 nur kurze Zeit im Staatsdienst gewesen. Für einige Monate war er bald nach der Machtübernahme 1933 Landrat im pommerschen Belgard gewesen, was er seinem frühen Parteibeitritt und seinem Engagement für die NSDAP zu verdanken hatte. Danach arbeitete er wieder als Landwirt, bevor er von März 1941 bis zum Sommer 1944 Kreishauptmann in Hrubieszów war. An diese jeweils nur kurzen Perioden im Staatsdienst konnte Busse nicht anknüpfen, da er beides einzig seinem Parteistatus zu verdanken hatte und keine fachlichen Voraussetzungen mitbrachte. Nach Jahren als Landarbeiter ließ sich Busse in den fünfziger Jahren als Kaufmann im Sauerland nieder.[71] Aber auch manche solcher Kreishauptleute, die durchaus die notwendigen Voraus-

70 Vernehmung von Hans Hack, 31.10.1967, BAL, B 162/202 AR-Z 277/60, Bd. 25, Bl. 8959 f.; Noetzel, Friedberg, S. 15. Laut Noetzel hat Hack 1953 für die FDP für den Bundestag kandidiert. Das ist unzutreffend. Vgl. Wahlbewerber, 1953, passim.

71 Vgl. Musial, Zivilverwaltung, S. 383.

setzungen für einen Wiedereinstieg in die Verwaltung oder die Wiederzulassung als Rechtsanwalt mitbrachten, wählten andere Wege.[72]

Lediglich einer der Kreishauptleute, deren Nachkriegsbiographie rekonstruiert werden konnte, lebte in der DDR: Albert Schaar, von 1939 bis 1942 Kreishauptmann in Sanok, anschließend bis zum Ende der Besatzungsherrschaft Kreishauptmann von Krakau-Land. Er war bis Oktober 1946 in sowjetischer Gefangenschaft, bevor er Angestellter in einer Firma und später bei einem Steuerberater in Bitterfeld wurde. Ende der vierziger Jahre verliert sich jedoch seine Spur, so dass die Karrieremöglichkeiten in der DDR hier im Dunkeln bleiben.[73]

Die weitaus meisten Kreishauptleute, die keine Wiedereinstellung im Staatsdienst anstrebten oder diese nicht erreichen konnten, verlegten sich darauf, sich als Rechtsanwalt selbstständig zu machen. Viele von ihnen setzten damit lediglich den Weg fort, den sie bereits vor dem Krieg – zumindest zeitweise – verfolgt hatten.[74] Oft konnten sie bereits kurz nach ihrer Entlassung aus der Internierung, also etwa ab 1948, als Rechtsanwalt tätig werden. Allerdings konnten auch Jahre vergehen, bis diese Möglichkeit offenstand. Das war bei Artur Buss, dem ehemaligen Kreishauptmann des Kreises Piotrków/Petrikau, der Fall. Buss war bis 1937 bei der Gestapo tätig, bevor er Ende 1937 in die Verwaltung wechselte. Nach dem Krieg war er fast drei Jahre lang interniert und wurde im April 1948 von der Spruchkammer Darmstadt wegen seiner Zeit bei der Gestapo in die Kategorie II eingestuft, was ein empfindliches Berufsverbot zur Folge hatte. Erst 1953 wurden die Berufseinschränkungen aufgehoben; 1954 erlangte er die Zulassung als Rechtsanwalt, 1959 zudem als Notar. Nebenbei war Buss für die CDU kommunalpolitisch aktiv. Von 1956 bis 1964 war er Stadtverordnetenvorsteher der Stadt Schotten; erst nach einem Hinweis des Landrats von Büdingen trat er bei den Wahlen 1964 nicht mehr an. Zu dieser Zeit hatte die Zentrale Stelle in Ludwigsburg bereits die Vorermittlungen gegen Buss eingeleitet. Seine Vergangenheit war nicht nur dem Landrat zu Ohren gekommen, auch in der hessischen Kleinstadt Schotten gab es offenbar Leute, die davon wussten, aber keine Veranlassung sahen, nachzufragen oder zu handeln. Im Gegenteil: 1962

72 Zum Beispiel Eberhard Franke, Gerhard Hager und Hans Werner von Bülow.

73 Volkspolizei-Kreisamt Bitterfeld, Schlußbericht, 18.2.1950, BStU, MfS BV Halle ASt 7119, Bl. 16; Verantwortliche Vernehmung von Albert Schaar, 18.10.1949, ebenda, Bl. 6.

74 Das gilt für Heinz Auerswald, Hermann Görgens, Anton Hofstetter, Josef Krämer, Martin Lenz, Fritz Schmidt und Richard Wendler. Hans Kujath war vor dem Krieg wenigstens drei Jahre Anwaltsassessor.

beteiligte sich der damalige Bürgermeister an einer Urkundenfälschung, indem er Buss' Tochter wegen einer Klassenfahrt nach Berlin, die die Gruppe im Transitverkehr auch durch die DDR führen sollte, einen Personalausweis mit einem falschen Geburtsort ausstellte: Nicht mehr Piotrków/Petrikau, sondern Schotten wurde nunmehr in das Dokument eingetragen.[75]

Peter Grubbe alias Claus Peter Volkmann

»Der ehemalige Nationalsozialist, dem es gelungen ist, unterzutauchen, sich verborgen zu halten, und der heute unter falschem Namen und mit falschen Papieren irgendwo ein ›zweites Leben‹ führt, ist sicherlich ein lockendes Thema.«[76] Als Peter Grubbe alias Claus Volkmann diese Zeilen im März 1950 beim Verfassen einer Theaterkritik schrieb, konnte er nicht ahnen, dass 45 Jahre später seine Kollegen dieses »lockende Thema« aufgreifen und seine Doppelidentität publik machen würden. Fünf Jahre nach Kriegsende, noch dazu in London, war sich Volkmann/Grubbe seiner Sache noch sicher genug, um über dieses Thema, sein eigenes verborgenes Lebensthema, einen Artikel zu schreiben.

Nicht ganz ein halbes Jahr nachdem im Frühjahr 1995 die »vertuschte Vergangenheit« des Aachener Germanistikprofessors »Hans Schwerte«, als die des SS-Hauptsturmführers und Mitarbeiters des SS-Ahnenerbes Hans Ernst Schneider bekanntgeworden war und für Aufregung gesorgt hatte, wurde im Nachgang mit Peter Grubbe ein weiterer Linksliberaler mit seiner »braunen« Vergangenheit konfrontiert. Ende September 1995 berichtete Philipp Maußhardt nach jahrelangen Recherchen in der *tageszeitung* (taz) von den »zwei Leben vor dem Tod« und von schwerwiegenden Vorwürfen gegen Grubbe alias Claus Volkmann. Weite Kreise in der Bundesrepublik erfuhren nun erstmals, dass Volkmann/Grubbe vor 1945 als Kreishauptmann in die Verfolgung und Ermordung der Juden in Ostgalizien verstrickt war. Bald schon blieb es nicht allein bei allgemeinen Vorhaltungen einer wie auch immer gearteten Beteiligung, sondern es

75 Einstellungsverfügung der StA Gießen, 29.3.1968, BAL, B 162/II 206 AR-Z 32/63, Bd. 11, Bl. 2159 f.; Hessisches Landeskriminalamt, Abt. V/SK, Vermerk, 16.7.1965, StArch Darmstadt, H 13 Gießen Nr. 692 Bd. 3, Bl. 742 f.

76 Peter Grubbe, »Nazis« auf der Bühne, in: Frankfurter Allgemeine Zeitung, 2.3.1950.

wurden handfeste Vorwürfe erhoben, Volkmann habe persönlich gemordet und sich auch noch auf Kosten der Juden bereichert.[77]

Der Fall sorgte aber nur für kurz anhaltende Aufregung in den Medien und rief hilflose Reaktionen mancher Journalisten hervor, stand doch nun ein vielgeachteter Kollege am Pranger, der mit vielen befreundet oder zumindest gut bekannt war und von manchen als journalistisches Vorbild betrachtet wurde. Wie aber sollten sie nun die zwei Leben zusammendenken: Kreishauptmann Claus Volkmann, tief verstrickt in die Verfolgung und Ermordung der Juden, und Peter Grubbe, streitbarer Journalist und linksliberaler Vorkämpfer für die Unterdrückten und Armen der Welt? Gerüchte und Ahnungen kursierten schon vor den »Enthüllungen« 1995; einen Anlass für Recherchen oder Nachfragen sah aber kaum einer der Kollegen. Der Journalist Otto Köhler bekannte 1995 in einem Interview freimütig, dass er bereits 20 Jahre zuvor etwas über Volkmann/Grubbe gehört habe, ohne dem nachgegangen zu sein.[78]

Wenn es um die eigene Profession und noch dazu um einen geachteten und linksliberalen Kollegen ging, wollte man offenkundig nichts Genaueres wissen und gab sich mit Allgemeinplätzen zufrieden. 1990 hatte Axel Eggebrecht, der mit Volkmann/Grubbe befreundet war, von dessen Vergangenheit aus einem Aufsatz in der Zeitschrift *Sinn und Form* erfahren und forderte ihn auf, dazu Stellung zu beziehen, was dieser notgedrungen auch tat. Selbstverständlich wies er alle Vorwürfe zurück und stellte sich als jemand dar, der mit anderen zusammen geholfen habe, wo er nur konnte. Schließlich rechtfertigte er dem Freund gegenüber sein Schweigen mit einer bizarren Logik: »Von meiner Tätigkeit im General-

77 Vgl. vor allem die Artikel von Philipp Maußhardt: »Es gibt zwei Leben vor dem Tod«, in: taz, 29.9.1995, S. 12 ff.; »Ich will das nicht vergessen«, in: taz, 11.10.1995, S. 3; »Selbstdarstellung eines Selbstbetrügers«, in: taz, 21./22.10.1995, S. 5. Ferner: Thomas Kleine-Brockhoff, »Der Verwalter des Schlachthauses«, in: Die Zeit, Nr. 42, 13.10.1995, S. 2; »Was geschah in Kolomea?«, in: Stern, Nr. 42, 12.10.1995, S. 206 ff.; »Dieses Gesicht und diesen Namen werde ich nie vergessen«, in: ebenda, S. 212; »Es war oft auch recht lustig«, in: Der Spiegel, 16.10.1995, S. 92 ff.; Thomas Sandkühler, »Arbeitsgemeinschaft Holocaust«, in: Die Zeit, Nr. 44, 27.10.1995, S. 15 ff. Zu Schneider/Schwerte vgl. König u. a. (Hg.), Vertuschte Vergangenheit; Leggewie, Schneider. Allerdings flossen auch Mythen in die Berichterstattung ein. Thomas Kleine-Brockhoff übernahm zum Beispiel unkritisch Losackers Legende, von Himmler zum Tode verurteilt und später begnadigt worden zu sein; als Grund führt Kleine-Brockhoff sogar vollkommen aus der Luft gegriffen »Hilfe für Juden« an. Losacker wird allerdings nicht namentlich erwähnt.

78 Vgl. Interview mit Otto Köhler, in: taz, 25.10.1995, S. 18.

gouvernement habe ich in Deutschland nur sehr wenigen Leuten etwas erzählt, weil mich danach nie jemand gefragt hat.«[79]

Mit seiner lange Zeit erfolgreichen Tarnung und Vertuschung hatte Volkmann/Grubbe selbst dafür Sorge getragen, dass niemand auf den Gedanken kommen konnte, er könne irgendetwas mit deutscher Besatzungsherrschaft in Polen oder anderswo zu tun haben. Zwar hatte er sich im Unterschied zu Schneider/Schwerte keine falschen Papiere beschafft, sondern den neuen Namen lediglich als Pseudonym für seine journalistische und schriftstellerische Arbeit angenommen. Gemeldet blieb er immer, darauf insistierte er nach der Aufdeckung nachdrücklich, unter dem Namen Volkmann; auch auf manchen Büchern fehlte nicht der Hinweis auf diesen Namen.[80] Wer aber Informationen zur Biographie des Journalisten Grubbe erhalten wollte, stieß auf markante Lücken im Lebenslauf: Im deutschen *Who's who* von 1967 zum Beispiel wird der Leser beim Eintrag »Grubbe, Peter« zwar auch auf »Volkmann, Klaus« verwiesen. Dort aber findet sich nach gängiger Praxis nur ein reingewaschener Lebensabriss: juristische Staatsprüfungen 1935 und 1939, 1948 Londoner Korrespondent der *Frankfurter Allgemeinen Zeitung* usw. Krieg und Besatzung haben in Volkmanns hier verbreiteter Biographie nie stattgefunden.[81]

So hat sich Volkmann doppelt getarnt und zusätzlich abgesichert. Das Pseudonym verhinderte, dass ehemals Verfolgte durch seine Artikel auf ihn aufmerksam werden konnten. Schaute doch jemand genauer hinter die Kulisse des Peter Grubbe, fand er keinen Hinweis in der Biographie des dahinter verborgenen Claus Volkmann, der auf eine Belastung hingewiesen hätte. Und drittens hat er sich zusätzlich geschützt, indem er bald nach dem Krieg nach London gegangen ist. Von dort berichtete er ab 1948 als Korrespondent der *Frankfurter Allgemeinen Zeitung*, ab 1953 für *Die Welt*. Außerdem bereiste er zahlreiche Länder, vornehmlich in der »Dritten Welt« und schrieb Bücher darüber. 1958 kehrte er nach Deutschland zurück und arbeitete in Hamburg bei der *Welt*, die er 1963 aus Protest gegen deren geänderte politische Ausrichtung verließ. Fortan arbeitete er bis 1988 für den *Stern* und verfasste auch für *Die Zeit* zahlreiche Artikel. Volkmann/Grubbe widmete sich weiterhin den Problemen der »Dritten Welt«, über die er weitere Bücher schrieb und zahlreiche Filme

79 Zitiert nach: Philipp Maußhardt, »Selbstdarstellung eines Selbstbetrügers«, in: taz, 21./22.10.1995, S. 5.

80 So zum Beispiel im Klappentext des 1981 erschienenen Buches »Was schert mich unser Staat, Report über den deutschen Bürgersinn«. Vgl. auch die Äußerungen Volkmanns in: Völklein, Schuld, S. 61 u. 119.

81 Vgl. Wer ist wer?, S. 2080.

drehte. Überdies engagierte er sich in der Gesellschaft für bedrohte Völker.[82]

Nichts konnte diese Bilderbuchkarriere trüben. Die wenigen Freunde und Kollegen, denen Volkmann zumindest einen Teil seiner Vergangenheit offenbarte, rieten ihm davon ab, diese öffentlich zu machen. Wichtiger noch: Sie alle hielten ebenfalls dicht. Etwas Unruhe rief erst das in den sechziger Jahren laufende Ermittlungsverfahren der Staatsanwaltschaft Darmstadt hervor. Dort wurde man im Rahmen der Aufklärung der Verbrechen im Kreis Kołomyja/Kolomea schnell auf Volkmann aufmerksam und lud ihn zu Vernehmungen nach Darmstadt vor. Das verheimlichte er seinem damaligen Chef Henri Nannen und den Kollegen, da er, wie er nach seiner »Enttarnung« in einem Interview bekannte, Angst davor gehabt habe, nicht mehr als Journalist arbeiten zu können. Auf die Frage, ob er denn keine Angst vor einer Bloßstellung durch Presseveröffentlichungen gehabt habe, gab Volkmann die selbstentlarvende Antwort: »Wenn da eine Zeitungsmeldung erschienen wäre, dann hätte sie sich mit dem Beschuldigten Volkmann beschäftigt, nicht mit Peter Grubbe.«[83] Offener konnte er Sinn und Zweck der Tarnung durch das Pseudonym kaum bekennen.

Nachdem Volkmann in den sechziger Jahren unbeschadet die Ermittlungen überstanden hatte, drohte ihm scheinbar von keiner Seite mehr Gefahr. Einzig in der DDR lebte ein alter Bekannter Volkmanns, der nicht lockerlassen wollte: Werner Steinberg, ein Journalist und Schriftsteller, mit dem Volkmann nach dem Krieg zeitweise zusammengearbeitet hatte, hatte noch alte Rechnungen mit dem erfolgreichen Kollegen im Westen offen. 1968 veröffentlichte Steinberg einen Kriminalroman, in dem er Volkmann/Grubbe, notdürftig kaschiert als Udo Volkmann bzw. Peter Grob, als jemanden darstellte, der kaltblütig mordete, um seine Tarnung nicht auffliegen zu lassen.[84] Dieser Krimi wurde, obwohl er 1970 auch als »Roman-Zeitung« weite Verbreitung fand, in Westdeutschland ebenso wenig beachtet wie entsprechende Informationen Steinbergs an den *Stern*. Erstaunlicher ist jedoch, dass auch in der DDR niemand einen Anlass zu einer gesteuerten Kampagne gesehen hat. Mehr Aufmerksamkeit erhielt erst ein Aufsatz Steinbergs 1989 in *Sinn und Form*, in

82 Vgl. Grubbe, Links immer leiser?, in: Der Spiegel 19 (1965), Heft 17, 21.4.1965, S. 136ff.; Wer ist wer?, S. 2080; schriftliche Auskunft des Archivs der Axel Springer AG, 6.3.2007; Weiß, Journalisten, S. 295f.

83 Vgl. Völklein, Schuld, S. 129. Zitat ebenda, S. 124.

84 Steinberg, Werner, Und nebenbei: Ein Mord, Roman-Zeitung Nr. 7/1970. Die Erstausgabe erschien 1968.

dem er nun auf eindeutige Fiktionalisierungen verzichtete und Volkmann/Grubbe mit einer Mischung aus Wahrem, Halbwahrheiten und Erfundenem offen attackierte.[85] Mindestens Axel Eggebrecht kannte diesen Text und sprach Volkmann darauf an. Weitere Kreise zog jedoch auch diese Veröffentlichung nicht.

Volkmann stellte sich nach der »Enthüllung« 1995 den kritischen Fragen seiner Kollegen scheinbar offen und gab ihnen bereitwillig Interviews. Allerdings schottete er fast alle Anwürfe gegen sich ab, indem er sich hinter Lügen, Halbwahrheiten und Legenden versteckte; immerhin hätte er bei einem allzu offenen Bekenntnis zu seinem Handeln ein Ermittlungsverfahren fürchten müssen. So schob auch er der SS die gesamte Verantwortung und Schuld in die Schuhe und grenzte die Zivilverwaltung strikt davon ab: Er habe nur als »Aushängeschild« gedient und wenig Einfluss gehabt, Anordnungen seien »von oben« gekommen und von ihm lediglich bekanntgemacht worden. Und schließlich bemühte er das mittlerweile Standard gewordene Argument, er sei geblieben, um Schlimmeres zu verhüten.[86]

Besonders interessant war es für Volkmanns Kollegen, Erklärungen für seine »Verwandlung« nach 1945 zu erhalten. Volkmann allerdings sah nichts Erklärungsbedürftiges darin, nicht einmal einen Wandel. Seiner Meinung nach war sein Nachkriegsengagement für die »Dritte Welt« nur konsequent: »Damals [im Generalgouvernement] konnte ich einzelnen helfen. Jetzt versuche ich vielen zu helfen – wenn auch nur mit Büchern und Filmen.«[87] Volkmann hatte sein früheres Leben abgekapselt, und das schon seit den ersten Nachkriegsjahren. Erinnerungslücken, Verschiebungen und Legendenbildungen rund fünfzig Jahre danach überraschen daher wenig.[88]

Erinnerungen und Selbstrekonstruktionen

Einige der ehemaligen Besatzungsfunktionäre nahmen wie etwa Doering und Asbach das Kriegsende zum Anlass, ihr bisheriges Leben zu bilanzieren und vor allem auch um ihre Erinnerungen an ihre bislang schönste

85 Vgl. Steinberg, Leiche.

86 Vgl. »Ich bin mit mir im reinen«. Der linksliberale Autor Peter Grubbe über seine NS-Vergangenheit als Kreishauptmann in Kolomea, in: Der Spiegel 41/1995, S. 250ff.; Völklein, Schuld, S. 66, 135 u. 141.

87 »Ich bin mit mir im reinen«, S. 252. Ähnliche Äußerungen auch in Völklein, Schuld, S. 180f.

88 Vgl. Frei, Identitätswechsel, S. 222.

Zeit im Leben festzuhalten. Andere griffen erst Jahrzehnte später als Pensionäre zur Feder, um der Familie und zum Teil auch einer breiteren Nachwelt ihre Version der Geschichte zu hinterlassen.[89] Alle Autoren verfolgten dabei, mit gewissen Abstufungen, die Strategie, die bereits in den Entnazifizierungsverfahren angewandt worden war und die auch Doering und Asbach in ihren Aufzeichnungen verfochten hatten: Die Behauptung einer strikten Polarität zwischen Zivilverwaltung und SS.

Eberhard Westerkamp, als Präsident der Hauptabteilung Innere Verwaltung in der Krakauer Regierung den realen Konflikten mit dem SS-Apparat noch am nächsten, strukturierte seine gesamten Erinnerungen nach diesem vermeintlich so absoluten Gegensatz. Westerkamp stilisierte die SS-Granden zu »Abgesandten einer auswärtigen Macht«, sich selbst als »heftig umstrittene Figur auf dem Schachbrett des politischen Machtkampfes zwischen Frank und Himmler«[90]. Vom ersten Augenblick an hat Westerkamp als aufrechter Verwaltungsfachmann zwischen den Fronten fintenreich agiert, ohne in Verbrechen verstrickt gewesen zu sein – in diesem Lichte wollte er gesehen werden. Tatsächlich aber waren er und seine Abteilung erheblich an der Organisation und Durchführung der Verfolgung der Juden beteiligt. Doch darüber schweigt er sich aus; lediglich die in einem Ermittlungsverfahren aufgeworfene Frage, wann er von der Ermordung der Juden erfahren habe, streift er kurz und stellt dabei die Authentizität des Diensttagebuchs von Generalgouverneur Frank in Frage, war dies doch eine auch ihn belastende Quelle.

Kaum anders verfuhren die anderen Verfasser. In ihren Berichten ergehen sie sich, wie Westerkamp auch, in banalen Anekdoten, geben der Zeit im Generalgouvernement einen Anstrich von Spiel und Abenteuer und stellen sich selbst als mitunter Schwejk-artigen, listigen Verfechter und Vorkämpfer einer sauberen und gerechten Besatzungspolitik dar.[91] Prototypisch ist auch hier wieder Ludwig Losacker, der Ende der siebziger, Anfang der achtziger Jahre seine Erinnerungen an das Generalgou-

89 Nur wenige veröffentlichten ihre Texte, so zum Beispiel Stumm, Ring; von Jordan, Polnische Jahre; Nollau, Amt. Bei Letzterem umfasst seine Zeit als Rechtsanwalt in Krakau nur ein Kapitel seiner Erinnerungen. Ludwig Losacker gab seine Erinnerungen an das Bundesarchiv, der ehemalige Präsident der Hauptabteilung Innere Verwaltung, Eberhard Westerkamp, schrieb sie lediglich für seine Familie.

90 Westerkamp, Schach, S. 34 u. 36.

91 Vgl. als Beispiele unter vielen: von Jordan, Polnische Jahre, S. 11; Losacker, Schwierigkeit, S. 33, 43, 45f.; Interview mit Hans Werner von Bülow, 28.4.2007.

vernement niederschrieb und ihnen den programmatischen Titel »Von der Schwierigkeit, ein Deutscher zu sein« gab.[92] Darin verbreitete er erneut seine schon sattsam bekannten Legenden um seine eigene Person und um die gesamte Verwaltung. Nach einigen Jahrzehnten der ständigen Wiederholung scheint Losacker seinen eigenen Lügen aufgesessen zu sein.

Losacker war daran gelegen, sich den ihm seiner Meinung nach gebührenden Platz in der Geschichte zu sichern. Daher hinterlegte er seine Erinnerungen zusammen mit zahlreichen eidesstattlichen Versicherungen aus dem Entnazifizierungsverfahren beim Bundesarchiv Koblenz.[93] Er hatte durchaus Anlass, besorgt um seinen Nachruhm zu sein. Nicht erst, seit 1975 die Edition des Diensttagebuchs von Hans Frank erschienen war, musste er fürchten, dass weniger ruhmreiche Details aus seiner Zeit im besetzten Polen ans Licht kommen könnten. Bereits das in den sechziger Jahren gegen ihn geführte Ermittlungsverfahren hat Dokumente hervorgebracht, die geeignet waren, seine Legenden ins Wanken zu bringen. Darauf reagierte er nun mit seinen Erinnerungen; vor einer Veröffentlichung scheute er jedoch noch zurück.

Losackers spätere Legendenbildung steht in krassem Widerspruch zu seinem Handeln im Generalgouvernement. Anfang Juni 1940 brüstete er sich mit seinem harten Durchgreifen gegen widerspenstige Polen und Juden. Er habe beobachtet, dass »die hiesige Judenschaft in ihrem Auftreten herausfordernder« geworden sei und dass der Judenrat nicht mehr die angeforderte Zahl an Zwangsarbeitern zur Verfügung stelle. Um sich zu profilieren, schilderte er dann ausführlich seine Reaktion: Er habe 150 Juden verhaften und zwei Tage ohne Verpflegung zusammenpferchen lassen. Am dritten Tag mussten sie zwölf Stunden Zwangsarbeit leisten. Zugleich habe er eine Bekanntmachung aushängen lassen, die er im vollen Wortlaut zitierte: »Die Judenschaft in Jaslo hat sich an meine Anordnungen nicht gehalten und sich vor allem von [sic] der Arbeit gedrückt. Außer den von mir erlassenen besonderen Maßnahmen ordne ich daher an, daß ab heute, Samstag, den 25. Mai 1940, kein Jude, keine Jüdin und kein jüdisches Kind in Jaslo die Straße betreten darf. Auch das Hinausschauen aus dem Fenster ist untersagt. Gegen die Juden, die sich an diese Anordnung nicht halten, wird mit den schärfsten Mitteln vorgegangen.«

92 Losackers Erinnerungen sind undatiert. Hinweise auf die Entstehungszeit vgl. Losacker, Schwierigkeit, S. 148, 175 u. 222.

93 BAK, NL 1466. Hier wird nach der Ausgabe zitiert, die die Familie dem Verfasser zur Verfügung gestellt hat.

Stolz vermerkte er, dass sich die Juden daran gehalten und die Polen den harten Kurs freudig aufgenommen hätten.[94]

Dieses Dokument war Bestandteil der Ermittlungsakten. Strafrechtlich zwar irrelevant, kratzte es doch am Image des Widerstandskämpfers und Gegners von Antisemitismus und Gewalt. Ausführlich widmete sich Losacker daher diesem Bericht in seinen Erinnerungen und nahm eine ebenso perfide wie letztlich plumpe Umdeutung vor: Jasło sei unter seiner Ägide »eine Oase des Friedens« gewesen, in der sich Juden geschützt gefühlt hätten. Nur der Judenratsvorsitzende habe ihm gegenüber die Befürchtung geäußert, dass es so nicht bleiben werde. Rings um Jasło mehrten sich die Anzeichen von Hass und Gewalt und es sei nur eine Frage der Zeit, bis auch Jasło davon betroffen sei. Losacker könne, so legte er dem Judenratsvorsitzenden in den Mund, gegen die Überzahl der anderen nicht siegen, er werde entweder scheitern oder zu Höherem berufen. Losacker habe ihm nicht widersprechen können, ihm aber zugesichert, »alles in meiner Kraft stehende [zu] tun, um den bedrängten Juden zu helfen«.[95]

Diese angeblich so paradiesischen Zustände waren aber auch von anderer Seite gefährdet. Die Juden, so Losacker, hätten sich frei bewegen können, seien aber angehalten worden, einige Straßen zu reinigen, um nach außen den Schein zu wahren. Doch diese läppische Pflicht sei, je besser die Verhältnisse geworden seien, desto stärker vernachlässigt worden. Der Judenratsvorsitzende sei dann eines Tages verzweifelt zu Losacker gekommen und habe ihn gebeten, ein Exempel zu statuieren. Losacker sei das gelegen gekommen, da er ein Eingreifen von außen befürchtete, was die Juden umso härter getroffen hätte. Daher hätte er in Absprache mit dem Judenrat die oben zitierte Anordnung herausgegeben. Sie sei schärfer formuliert worden, als sie tatsächlich umgesetzt worden sei. Mit wenigen Federstrichen war so ein antisemitischer Willkürakt zu einem fintenreichen Zug des »Widerstandskämpfers« Losacker umgedeutet worden, der sich fast verzweifelt für die Menschen aufopferte: »Es gab viele Stunden, in denen ich glaubte, verzweifeln zu müssen. Mir kam zu Bewußtsein, wie schäbig es doch war, wie bei der über die Juden in Jaslo verhängten Ausgangssperre mit verdeckten Karten zu spielen, nach außen so zu tun, als sei man mit dem von oben gesteuerten Kurs einverstanden, in Wirklichkeit aber bekämpfte man ihn. War dahinter noch ein Sinn? Was nützte es schon, die Kreishauptmannschaft Jaslo

94 Der Kreishauptmann des Kreises Jasło, Lagebericht über die Zeit von Mitte Mai 1940 bis Ende Mai 1940, 2.6.1940, BAL, B 162/Dok.-Slg. Polen, Ordner 348, Bl. 539 f. Zitate ebenda.

95 Losacker, Schwierigkeit, S. 41 f. Zitate ebenda.

zum Blühen zu bringen, wenn in anderen Gebieten noch Armut herrschte und Menschen verfolgt wurden? Nur der Gedanke, daß viele Menschen meine Hilfe brauchten und mir vertrauten und daß ich an meiner Seite tüchtige und engagierte Mitarbeiter hatte, ließ mich durchhalten.«[96]

Neben diesen vorwiegend privaten Selbstvergewisserungen und Selbststilisierungen erhielten viele »Ehemalige« aus dem Generalgouvernement bereits Anfang der fünfziger Jahre Gelegenheit, ihre Sicht der Dinge zu schildern und – wenn auch in bescheidenem Maße – Einfluss auf die Forschung zu nehmen. Anfang 1949 wurde in Tübingen das Institut für Besatzungsfragen gegründet, das vom Land Württemberg-Hohenzollern getragen wurde. Vordringlich bestand seine Aufgabe in der Beratung deutscher Behörden im Umgang mit alliierten Einrichtungen sowie in der Anfertigung von Gutachten bezüglich des Besatzungsrechts in Deutschland nach 1945. Ab Anfang der fünfziger Jahre wandte sich das Institut auch der deutschen Besatzungspolitik während des Zweiten Weltkriegs zu. Wichtiges Anliegen war dabei die Sammlung der Erinnerungen der ehemaligen Akteure. Diese dienten neben den damals zugänglichen Quellen, vor allem den einschlägigen Verordnungen, als Grundlage für die Ausarbeitungen des Instituts. Ausschlaggebend für die Befragung ehemals Beteiligter war, so der erste Institutsleiter Gustav von Schmoller in einer Anfang der achtziger Jahre entstandenen Institutsgeschichte, »daß nach 1945 praktisch alle Darstellungen über die deutschen Besetzungen von ausländischen Autoren stammten und daher aus verständlichen Gründen einseitig waren«[97].

Diese behauptete Einseitigkeit versuchte man nun ausgerechnet mit Hilfe der einst verantwortlichen Funktionäre zu überwinden. Wegen einer mangelhaften Personalausstattung suchte das Institut die Zusammenarbeit mit der Universität Tübingen. Von dort übernahmen Doktoranden einige der Themen. In rund zehn Jahren, von 1951 bis 1961, entstanden so 20 Arbeiten über verschiedene Aspekte deutscher Besatzungspolitik in West- und Osteuropa.[98] Das Institut und die mit ihm verbundenen Forscher nahmen Kontakt zu zahlreichen ehemaligen Besatzungsfunktionären auf, die sie zu Gesprächen besuchten oder per Fragebogen befragten und außerdem zu ausführlichen Stellungnahmen zu Studien aufforderten. Überdies gewannen sie einige Personen dafür, um-

96 Ebenda, S. 42 f. u. 45 f. Zitat ebenda, S. 45 f.

97 Gustav von Schmoller, Das Institut für Besatzungsfragen in Tübingen, S. 1 u. 38 f., BAK, B 120/227. Zitat ebenda, S. 38.

98 Ebenda, S. 39 ff. Das Institut wurde Anfang Oktober 1960 aufgelöst.

fangreiche Berichte zu verfassen, die ebenfalls Eingang in die Institutsreihe fanden.[99] Bei der Befragung ehemaliger Beamter aus dem Generalgouvernement beschränkte sich das Institut, soweit sich das heute nachvollziehen lässt, vor allem auf hochrangige Mitarbeiter aus der Krakauer Zentrale oder aus den Distrikten. Zu den »Auskunftspersonen« zählten zum Beispiel die ehemaligen Leiter bzw. Präsidenten der Hauptabteilung Ernährung und Landwirtschaft, Hellmut Körner und Karl Naumann, der Leiter der Abteilung Bevölkerungswesen und Fürsorge Lothar Weirauch sowie der Leiter der Abteilung Ernährung und Landwirtschaft im Distrikt Krakau, später Distrikt Galizien, Hanns Gareis. Sie und andere waren relativ leicht ausfindig zu machen, hatten sie doch alle, bis auf Körner, Karriere in der Bundesverwaltung oder aber, wie Naumann, als Landrat und später Landtagsabgeordneter gemacht. Zum Teil hielten sie Kontakt, so dass die Suche des Instituts nach Auskunftspersonen mühelos nach dem Schneeball-Prinzip funktionierte.

Die befragten ehemaligen Besatzer griffen die ihnen gebotene Möglichkeit, sich mitzuteilen, dankbar auf. Es war für sie nicht nur ein willkommener Anlass, in Erinnerungen zu schwelgen, sondern vor allem eine Gelegenheit, vermeintlichen Einseitigkeiten entgegenzutreten, wie dies ja auch vom Institut intendiert war. Herbert Göttel, ehemals Landkommissar im Distrikt Galizien, diente sich dem Institut beispielsweise selbst an. Göttel, in den fünfziger Jahren Oberregierungsrat im Bundeswirtschaftsministerium, war von Otto Bräutigam auf das Tübinger Institut aufmerksam gemacht worden. Er bot sich für Auskünfte an, nicht zuletzt, da es, so Göttel, nach wie vor deutsche Behörden gebe, die sich falsche Vorstellungen von der Arbeit im Generalgouvernement machten. Zwar sei auch manches zu verurteilen, er »begrüße aber jede Maßnahme, die geeignet ist, auch einmal über das Kenntnis zu geben, was an unserer dortigen Arbeit positiv und vor allem anständig war«[100].

99 So zum Beispiel Otto Bräutigam, der ab Juni 1941 die Abteilung Allgemeine Politik im Ostministerium geleitet hatte. Ab 1953 war Bräutigam Ministerialdirigent im Auswärtigen Amt und leitete dort die Abteilung Ost. Vgl. Klee, Personenlexikon, S. 69 f. Für das Institut verfasste er einen »Überblick über die besetzten Ostgebiete während des 2. Weltkrieges« (1954). Hans Luther, während des Krieges u.a. Kommandeur der Sicherheitspolizei in Bordeaux und damit maßgeblich für die drakonische Bekämpfung des französischen Widerstands verantwortlich, verfasste zu ebendiesem Thema eine »Studie« für das Institut. Zu Luther vgl. Klee, Personenlexikon, S. 384.

100 Schreiben von Herbert Göttel an Hedwig Meier, Institut für Besatzungsfragen, 25.6.1953, BAK, B 120/610, o.P.

Später zum »Arbeitseinsatz« der Bevölkerung befragt, schilderte Göttel zwar knapp, aber relativ zutreffend, dass die freiwilligen Meldungen bald nachließen und Zwang sehr verbreitet angewandt wurde. Zum Stichpunkt »Lebensbedingungen im besetzten Gebiet« aber fielen ihm nur die Deutschen ein, denen auch nachträglich noch sein Mitleid galt. Die Einheimischen, so Göttel, hätten vom Schwarzmarkt gelebt »und dabei z.T. zumeist besser als etwa die deutschen Beamten und Angestellten«[101]. Er zeichnete das Bild einer im Überfluss lebenden polnischen oder ukrainischen Bevölkerung, der die schlecht versorgten Deutschen gegenüberstanden. Die Deutschen hätten bei den Einheimischen »schwarz« kaufen müssen, »um überhaupt etwas zu haben«. Damit stellte Göttel die tatsächlichen Verhältnisse auf den Kopf. Nicht Hunger und Elend der unterdrückten Bevölkerung hatten sich ihm ins Gedächtnis eingebrannt, sondern eine andere Beobachtung: »Es bleibt dem Berichterstatter unvergesslich, dass zum Beispiel am Ostersonnabend 1940 deutsche Angehörige der Zivilverwaltung in Krakau vor einer Krakauer Bäckerei nach Brot ›anstanden‹.«

Andere standen dem in nichts nach. Karl Naumann und sein ehemaliger Mitarbeiter Erich Behr bemühten sich in einem Gespräch über die Studie Heinz von Strengs über die Landwirtschaft im Generalgouvernement, sogar noch die ohnehin spärlichen Hinweise auf die deutsche Ausbeutungspolitik streichen zu lassen und eine konstruktive »Aufbauarbeit« der Deutschen zu behaupten. Dabei beriefen sie sich in der Regel auf Marginalien und technische Details. Sie verstiegen sich zu der Argumentation, dass die Ablieferungen von Nahrungsmitteln an das Reich den Polen wegen der vielen polnischen Arbeiter im Reich verständlich sein sollten. Noch dazu wärmten auch sie die Legenden von angeblichen Begegnungen mit Partisanen wieder auf und steigerten sie ins Unermessliche.[102]

Ähnliche Zeitzeugen-Befragungen fanden nahezu parallel in größerem Maßstab statt. Johannes Hopf, Mitarbeiter des Bundesarchivs und vor 1945 Referent in der Krakauer Abteilung Bevölkerungswesen und Fürsorge, begann in den fünfziger Jahren eine Sammlung von Berichten ehemaliger Mitarbeiter der Besatzungsverwaltungen in Mittel- und Osteuropa

101 Herbert Göttel, betr.: Deutsche Besetzung im 2. Weltkrieg, Arbeitseinsatz von Bewohnern der besetzten Gebiete, o.D., S. 5, BAK, B 120/589, o.P. Die folgenden Zitate ebenda.

102 Vermerk, betr.: Landwirtschaft im Generalgouvernement, Arbeit von Streng, 26.8.1955, BAK, B 120/610, o.P.

und führte mit vielen von ihnen Interviews durch.[103] Hervorgegangen war das aus dem Großprojekt zur »Dokumentation der Vertreibung der Deutschen aus Ost-Mitteleuropa«, um den Mangel an Originalquellen durch Befragungen damals Verantwortlicher ausgleichen zu können. Das Generalgouvernement bezog man ein, da man bei vielen Maßnahmen in den eingegliederten Ostgebieten einen engen Zusammenhang zum dortigen Verwaltungshandeln sah. Möglichen Bedenken zuvorkommend, sicherte das Bundesarchiv den angeschriebenen Personen Anonymität zu oder, den Bericht nicht zu veröffentlichen.[104] Diese Berichte und Gespräche wurden Teil der sogenannten Ost-Dokumentation des Bundesarchivs. Anders als beim Institut für Besatzungsfragen waren hier auch ehemalige Kreishauptleute nennenswert beteiligt und teilten ihren Standpunkt mit.

Ohne von Hopf in ihrem Redefluss gebremst oder kritischen Fragen ausgesetzt zu werden, konnten die Kreishauptleute von sich und ihrer Besatzungspolitik ein von der Realität ungetrübtes Bild entwerfen: Die Erfassung der Arbeitskräfte für das Reich sei freiwillig vonstatten gegangen; gelegentliche Schwierigkeiten hätten durch Aufforderungen an die Schulzen und Bürgermeister überwunden werden können und im Allgemeinen seien die Polen gerne zur Arbeit ins Reich gefahren. Ferner hoben sie hervor, dass für die polnische Landwirtschaft viel erreicht worden sei und dass die Polen maßgeblich an der Erfassung der Kontingente beteiligt waren. Die behauptete gute und einvernehmliche Zusammenarbeit mit Polen wurde dieser Version von deutscher Besatzungspolitik zufolge einzig durch das Auftreten und Eingreifen der Sicherheitspolizei beeinträchtigt, die überhaupt für alles Negative verantwortlich gemacht wurde. Die Verfolgung und Ermordung der Juden im Generalgouvernement war in den Gesprächen oft nur ein Randthema, pflichtschuldig

103 Vgl. dazu knapp Musial, Zivilverwaltung, S. 367 f. Bei der Ost-Dokumentation arbeitete auch Heinz Buttkus, der bis März 1943 als Archivar im GG gearbeitet hatte. Vgl. dazu Lehr, »Osteinsatz«, S. 340.

104 Dienstwiebel, Vorbemerkung, 1.10.1956, im Findbuch: Ost-Dok. 8, Berichte von Angehörigen der politischen Führungsschicht aus den ostdeutschen Vertreibungsgebieten zum Zeitgeschehen von 1939 bis 1945 (Intelligenzberichte), o.O., o.J., S. 1 ff.; Muster für das Befragungsrundschreiben, BA Bayreuth, Alt-Reg. 3770, o.P.; Bundesarchiv, Merkblatt, Mai 1957, ebenda. Kritisch zur Dokumentation der Vertreibung: Beer, Spannungsfeld, passim.

abgehandelt auf die allgemeine Frage Hopfs »Was ist über die Juden zu berichten?«[105].

Waren etwaige anfängliche Bedenken gegen ein Gespräch erst überwunden, war manch einer nicht mehr zu bremsen und erzählte alles, was ihm schon länger auf dem Herzen lag. Nachdem Hermann Görgens, Kreishauptmann in Drohobycz und nach dem Krieg Rechtsanwalt in Düsseldorf, mit dem Hinweis überzeugt worden war, dass es auch um Berichte gehe, die von offizieller Überlieferung abweichen, bestritt er das Gespräch fast alleine; Hopf konnte sich auf die Rolle des Stichwortgebers beschränken. Großen Wert legte Görgens auf die Feststellung, dass ein starker Unterschied zwischen den Verordnungen auf dem Papier und der Praxis vor Ort bestanden habe. Die zum Teil große Ferne der Kreise von der Zentrale sowie ihre dünne Personaldecke hätten als Filter gewirkt und zu stärkeren Abweichungen von der intendierten Generallinie geführt – »Verwaltungsindividualisierung« nannte Görgens dies.[106] Aus dieser durchaus zutreffenden Beschreibung zog er den Schluss: »Wenn man geschichtlich die Arbeit der Deutschen im GG behandeln will, so muss man eine völlig individualisierende Betrachtungsweise anwenden. Damit scheidet eine Kollektivschuldlosigkeit, aber auch eine Kollektivschuld aus. Man muss jeweils im Einzelnen feststellen, *wie* die im GG Tätigen gearbeitet und sich verhalten haben. Man kann nicht sagen, es war irgendwo eine Verordnung, und dass daraus sich schon ein Unrecht ergibt.«[107]

So verwunderlich es auch ist, dass Görgens nicht – wie viele seiner ehemaligen Kollegen und Vorgesetzten – eine allgemeine »Kollektivschuldlosigkeit« behauptete, so wenig überrascht es, dass er diese für sich und andere aber doch in Anspruch nahm. Seine Kollegen charakterisierte er als »feinnervige, künstlerisch interessierte und allgemein menschlich achtenswerte Menschen«, die »nicht zur Verwaltungswillkür oder Grausamkeiten oder Rücksichtslosigkeiten neigten«. Als Beleg für seine »Schuldlosigkeit« führte er an, immer ein gutes Verhältnis zur Bevölke-

105 Zum Beispiel: Niederschrift einer Tonbandaufnahme zur Dokumentation der Kreishauptmannschaft Busko/G.G., Schäfer, 23.3.1961, BA Bayreuth, OstDok 13/306, Bl. 4ff.; Niederschrift eines Tonbandgesprächs zur Dokumentation der Kreisverwaltung Krasnystaw/GG, Adolf Schmidt, 28.4.1961, ebenda, OstDok 13/312, Bl. 10f.

106 Niederschrift eines Tonbandgespräches über die Kreisverwaltung Drohobycz zur Zeit der deutschen Besatzung, 19.4.1960, BA Bayreuth, OstDok 13/513, Bl. 3, 5, 7, 15 u. 17. Zitat Bl. 15.

107 Ebenda, Bl. 17. (Hervorhebung im Original).

rung gehabt zu haben. Allerdings, und das ist bemerkenswert, verschwieg Görgens Ungleichheiten zwischen den Deutschen und der übrigen Bevölkerung keineswegs, ebenso wenig den Umstand, dass es »Übergriffe« gegen Polen oder Ukrainer im Alltag gab.[108]

Im Gegensatz zu Hopfs anderen Gesprächspartnern kam Görgens ohne jeden Impuls von außen ausführlich auf die Verfolgung und Ermordung der Juden zu sprechen. Hier glaubte er durch das Verhalten seiner Mitarbeiter in besserem Licht dastehen zu können. Man gewinnt den Eindruck, dass besonders dieses Thema auf Görgens' Gewissen lastete, nicht zuletzt weil er von sich aus und sehr ausführlich darüber sprach. Obendrein betonte er mehrfach, die Schuld der Deutschen im Generalgouvernement sei nicht größer als die der Deutschen im Altreich, denn Deportationen habe es auch dort gegeben. Und schließlich erzählte er ausführlich von seinem Kreislandwirt Eberhard Helmrich, der viele Juden vor der Ermordung gerettet hatte. Görgens reklamierte daran nun einen gewissen Eigenanteil: Die von Helmrich organisierte bessere Versorgung der jüdischen Bevölkerung habe er gedeckt, die offenkundige jüdische Herkunft von Helmrichs Dienstmädchen ignoriert.[109]

Inwieweit dies zutrifft und Görgens Helmrich zumindest stillschweigend gewähren ließ, lässt sich nicht zweifelsfrei klären. In jedem Fall nutzte er den Mut seines Kreislandwirts zu seiner eigenen »Entlastung«. Das war ihm so wichtig, dass er 28 Jahre nach dem Gespräch dem Bundesarchiv mitteilte, Yad Vashem habe Helmrich als »Gerechter unter den Völkern« ausgezeichnet. Görgens wollte darin nicht nur die Ehrung eines Einzelnen erkennen, sondern eine Wertschätzung der deutschen Besatzungsverwaltung insgesamt: »Damit würden wohl Feststellungen in dem geführten Gespräch [mit Hopf 1960] über das Verhalten der deutschen Verwaltung und der Deutschen während des II. Weltkrieges auch von Israel bestätigt.«[110]

108 Ebenda, Bl. 13, 21, 41 u. 63f. Zitate ebenda, Bl. 13 u. 21.

109 Ebenda, Bl. 25ff. u. 31ff. Zu Helmrich vgl. Lexikon der Gerechten, S. 145ff.; Schmalz-Jacobsen, Bäume.

110 Schreiben von Hermann Görgens an das Bundesarchiv Koblenz, 19.12.1988, ebenda, o.P. Die Ehrung Helmrichs fand bereits 1965 statt, Görgens hatte davon offensichtlich erst sehr viel später erfahren.

Schluss

Die Kreis- und Stadthauptleute im besetzten Polen waren mehr als nur Transmissionsriemen der deutschen Herrschaft. In wichtigen Bereichen waren sie ihr Motor – mit verhängnisvollen Folgen für Polen und Juden. Das war nicht das Ergebnis von Unzulänglichkeiten im institutionellen Gefüge, sondern in diesem angelegt und durchaus gewollt. Generalgouverneur Frank räumte den Kreishauptleuten einen fast grenzenlosen Freiraum ein, den sie vom ersten Tag an nach Gusto, Temperament und lokalen Gegebenheiten nutzten. Franks Wort von der »typisch östlich illegalen Art« war keine leere Hülse, die in den Niederungen der alltäglichen Verwaltungsarbeit zerplatzte, sondern eine zutreffende Beschreibung der Realität im Generalgouvernement.

Der Aufbau der Besatzungsverwaltung fand von unten statt. In den ersten Tagen und Wochen waren die Kreishauptleute oftmals die einzig handlungsfähige Instanz der Zivilverwaltung. In dieser Zeit übten sie eine Arbeitsweise ein, von der sie fortan kaum mehr abwichen: Sie orientierten sich an den allgemeinen Vorgaben, setzten vor Ort aber die Prioritäten und bestimmten souverän über die Praxis. Ihren Handlungsspielraum begünstigte zunächst der Mangel an Regelungen in vielen Bereichen, später eine Flut von Verordnungen.

Dass die Kreis- und Stadthauptleute die Erwartungen des Regimes erfüllten und sich in seinem Sinne bewährten, war nicht die Folge einer stringenten und gezielten Personalauswahl. Eine solche Personalpolitik hat es nicht gegeben. Ein geordneter Aufbau der Verwaltung sollte nach Hitlers Willen nicht stattfinden. Der »Führer« betrachtete das Generalgouvernement vielmehr als Objekt der Ausbeutung und als Abschiebeterritorium für die Juden und Polen aus den eingegliederten Gebieten. Diese Regionen, als neue Bestandteile des Reiches nunmehr Exerzierplatz einer radikalen Germanisierungspolitik, genossen außerdem Priorität bei der Ausstattung mit Personal. Für das Generalgouvernement konnte und wollte man sich daher keine strengen Auswahlkriterien leisten. Wohl war die Gruppe der Kreishauptleute hinsichtlich sozialer Herkunft, Bildung und Ausbildung eine recht homogene Gruppe. Sie stammten aus dem bürgerlichen Milieu des Mittelstands, hatten eine gute Schulbildung genossen und meist auch studiert. Von ganz wenigen Ausnahmen abgesehen, waren sie in gesicherten Verhältnissen aufgewachsen und hatten meist noch in den Krisenjahren der Weimarer Republik einen Berufseinstieg in der Verwaltung, als Rechtsanwälte oder in der freien Wirtschaft gefunden. Diese Homogenität in Bildung und Ausbildung überrascht wenig, handelte es sich bei der Stelle eines Kreishauptmanns doch um eine hohe Position innerhalb der Verwaltung, die üblicherweise mit Akademikern, meist Juristen, besetzt wurde. Gleichwohl war rund die Hälfte von ihnen ohne Verwaltungserfahrung in ihr Amt gelangt.

Oberflächlich betrachtet, waren die Kreishauptleute eine auch ideologisch homogene Gruppe; wie nicht anders zu erwarten, waren sie fast ausnahmslos Mitglieder der NSDAP. Mehr als die Hälfte von ihnen war vor der »Machtergreifung« beigetreten, knapp ein Drittel 1933 und nur wenige später. Weit mehr als die Hälfte war zum Zeitpunkt des Parteibeitritts nicht älter als 30 Jahre. Im Vergleich zu den Landräten oder dem Führungskorps der Sicherheitspolizei und des SD war der Anteil der frühen Parteibeitritte bei den Kreishauptleuten weitaus höher. Eine signifikante Gruppe aber geriet in den dreißiger Jahren in zum Teil massive Konflikte mit Parteiinstanzen, wurde ihres Postens enthoben oder – zumindest zeitweise – aus der Partei ausgeschlossen. Das alles stand, wie auch frühere Mitgliedschaften in anderen Parteien bis hin zur KPD, einer Ernennung zum Kreishauptmann nicht im Wege. Ein ernst zu nehmendes ideologisches Auswahlkriterium vor ihrer Tätigkeit im Generalgouvernement hat es kaum gegeben, in diesem Punkt herrschte hohe Toleranz. Die Bewährung im nationalsozialistischen Sinne war erst im Amt verlangt.

Die jüngere Täterforschung hat als einen Erklärungsansatz für radikales Verhalten die generationelle Zusammensetzung bestimmter Tätergruppen angeführt.[1] Sie machte eine auffällige Häufung von Angehörigen der sogenannten Kriegsjugendgeneration aus. Die Kinder und Jugendlichen dieser Generation konnten nicht am Ersten Weltkrieg teilnehmen, verfolgten diesen gleichwohl begeistert. Ihre Nichtteilnahme sahen sie als eine verpasste Bewährungschance. In den zwanziger Jahren formten viele schließlich in der völkischen Studentenbewegung eine spezifische Ideologie aus, die sie dann in einer Institution neuen Typs wie dem Reichssicherheitshauptamt (RSHA) und unter den Bedingungen des Krieges in radikale Praxis übersetzten. Die Frage aber, wie das radikale Handeln derjenigen zu erklären ist, die diesem generationellen Schema nicht entsprechen, ist weitgehend unbeantwortet geblieben.

Auch unter den Kreishauptleuten gehörten mit fast zwei Dritteln auffallend viele der Kriegsjugendgeneration an. Das kann kaum überra-

1 Vgl. vor allem Herbert, Best; Wildt, Generation.

schen, denn welche Kohorte hätte die zahlreichen neuen Posten besetzen sollen? Der Erste Weltkrieg mag von nicht wenigen als verpasste Bewährungschance aufgefasst worden sein. Ihr weiterer Lebensweg spricht aber dafür, dass eine generationelle Erklärung womöglich auf die Kerngruppe der Holocaust-Täter beschränkt bleibt. Denn eine Radikalisierung in der völkischen Studentenbewegung lässt sich bei kaum einem der späteren Kreishauptleute feststellen. Überdies ist die Institution des Kreishauptmanns nicht als Institution neuen Typs zu bezeichnen, etwa vergleichbar dem RSHA. Das stärkste Argument gegen einen generationellen Erklärungsansatz aber ist die Herrschaftspraxis der Kreishauptleute: Vergleicht man diejenige der jungen Angehörigen der Kriegsjugendgeneration wie Asbach, Freudenthal, Gentz, Schmidt, Schwender oder Volkmann mit derjenigen der Älteren wie Bittrich, Brandt, Glehn oder Gramß, so lassen sich signifikante Unterschiede nicht feststellen. Radikale und initiativfreudige Besatzer waren sie alle – ob Jung oder Alt.

Die radikale Ausformung der Herrschaftspraxis war im Kern unabhängig von generationellen Zusammenhängen. Auch auf welchen Wegen die Kreishauptleute ins besetzte Polen kamen, spielte allenfalls eine untergeordnete Rolle. Ganz gleich, ob sie als Laufbahnbeamte, »strafversetzt« oder mehr oder minder widerwillig abgeordnet ins Generalgouvernement kamen, ob sie sich – ideologisch von einer zu erfüllenden historischen Mission durchdrungen – selbst bewarben oder aber ob sie sich als »Glücksritter« auf »in den Osten« machten: Einmal dort angekommen, mit den örtlichen Zuständen konfrontiert und ihre Handlungsfreiräume erkennend, wurden sie praktisch ausnahmslos zu Vorreitern, mindestens aber zu willfährigen Vollstreckern einer radikalen Besatzungspolitik.

Die Antwort auf die Frage, warum so viele Kreishauptleute extrem brutal agierten, liegt in einer Kombination aus intentionalen und situativen Erklärungsansätzen. Ihre radikale Praxis ging hervor aus einer Mischung ideologischer und mentaler Dispositionen: einem Pioniergefühl und historischen Sendungsbewusstsein mit großen Handlungsspielräumen, einer Wettbewerbssituation, Kulturschockerfahrungen, dem spezifischen Besatzermilieu, der Kriegssituation – und einer aus alledem abgeleiteten moralischen Rechtfertigung.

Viele Kreishauptleute kamen mit einer ausgeprägten Polenfeindlichkeit und dezidiertem Antisemitismus in den Osten. Hinzu kam nicht selten ein frühes Engagement in Freikorps, antipolnischen Grenzschutzverbänden oder in völkischen Parteien und Organisationen. An der Abneigung gegen Polen konnte auch der seit dem deutsch-polnischen

Nichtangriffspakt von 1934 verordnete Stopp antipolnischer Propaganda nichts ändern. Zu tief saß der Stachel der Gebietsverluste im Osten, die als tiefe nationale Demütigung empfunden wurden, zumal und gerade weil die als »minderwertig« eingestuften Polen nun über »urdeutsche« Territorien herrschten. Die erste Begegnung mit dem polnischen »Urfeind« wirkte dann in zweifacher Weise auf die Besatzer: Zum einen fanden sie die scheinbare Bestätigung der NS-Ideologie und ihrer eigenen Vorurteile in den gerade auf dem Lande ärmeren Lebensverhältnissen. Zum anderen erlebten sie eine Art Kulturschock. In Polen begegneten sie den bisher nur als Propagandazerrbild bekannten Ostjuden, die allein schon wegen ihrer großen Zahl den Kreishauptleuten bedrohlich erschienen. Die Folge war häufig eine Radikalisierung vor allem ihrer antisemitischen Einstellungen. Dem machten viele in entsprechenden Taten Luft. Das weitmaschige institutionelle Gefüge im Generalgouvernement und die damit verbundenen großen Handlungsspielräume verliehen den Mechanismen der Radikalisierung eine zusätzliche Dynamik. Zum Charakteristikum der Besatzungspolitik im Generalgouvernement wurde so, dass einzelne Kreishauptleute vorpreschten, neue Wege gingen und neue Methoden erprobten, ohne sich dabei um Zuständigkeiten oder Verordnungen zu kümmern. Sie bestimmten damit maßgeblich das Tempo und die Methoden, denn bald schon griffen die Distrikte oder die Regierung in Krakau viele dieser Initiativen auf und erhoben sie zur verbindlichen Grundlage der Besatzungspolitik.

Dieser Mechanismus der Radikalisierung funktionierte, in Abstufungen, auf allen zentralen Feldern der NS-Okkupationspolitik. Bei der Rekrutierung polnischer Arbeitskräfte für das Reich sowie bei der Ausplünderung der Landwirtschaft entschieden die Kreishauptleute letztlich frei über die Methoden, mit denen sie die allgemeinen Zielvorgaben erfüllen wollten. Sehr früh schon, als die Anwerbung »Freiwilliger« und ein Prämiensystem nicht die gewünschten Erfolge zeitigten, setzten einige auf die Anwendung von Gewalt und gaben damit den Weg vor. Sie führten Strafexpeditionen durch, erhoben Kollektivstrafen, beschlagnahmten Höfe, vertrieben Menschen, brannten Dörfer nieder, richteten Arbeits- und Straflager ein. Andere zogen später nach. Befördert wurde die Initiativfreudigkeit durch die Wettbewerbssituation; so kursierten zum Beispiel Listen mit den Ablieferungsquoten oder den »erfassten« Arbeitskräften in den einzelnen Kreisen eines Distrikts. Damit waren die Kreishauptleute dem direkten Vergleich untereinander ausgesetzt. Wer mit seiner brutalen Gangart Erfolge hatte und wessen Kreis oben auf der Liste figurierte, erfuhr eine Bestätigung in der Wahl seiner Mittel. Alle anderen waren dadurch einem Rechtfertigungs- und Handlungsdruck ausgesetzt: Ihnen legte dieses System nahe, die Methoden ihrer Kollegen zu übernehmen oder aber eigene Mittel und Wege zu finden, ihre Ergebnisse zu verbessern. Radikale Vorreiter gaben so den Ton an. Die Kriegssituation bot eine zusätzliche moralische Legitimation für ein Handeln, das die Kreishauptleute als Beitrag zum Überlebenskampf ihres Vaterlandes verstanden.

Zusätzliche Wurzeln der radikalen Praxis lagen bei einigen Kreishauptleuten sicherlich in ihren Biographien – frühe Gewalterfahrungen im Ersten Weltkrieg und in den Freikorps oder persönliche Betroffenheit durch die Versailler Grenzregelungen ließen die Hemmschwelle zur Gewalt sinken. Überdies konnte sich ein spezifischer fachlicher Hintergrund wie bei Alfred Brandt und Ernst Gramß zusätzlich radikalisierend auswirken: Beide sahen sich vor allem bei der Ausplünderung der polnischen Landwirtschaft in ihrem Ehrgeiz gefordert.

Den großen Handlungsspielraum der Kreishauptleute und ihren Willen, diesen auszuschöpfen, bekamen auch und gerade die Juden vom ersten Tag an zu spüren. Die Kreishauptleute entfalteten von sich aus Initiativen, die »von oben« mit keinem Wort angeordnet worden waren und die zeitweise sogar im Widerspruch zur Grundlinie der Judenpolitik standen. Sie konnten sich dabei immer auf den innerhalb der Verwaltung vorherrschenden antisemitischen Grundkonsens verlassen. Trotz der angestrebten »territorialen Lösung der Judenfrage«, der Hoffnung also, die Juden nach Madagaskar oder in ein »Judenreservat« abschieben zu können, richteten einige Kreishauptleute in ihren Bereichen Ghettos ein. Obwohl die Krakauer Führung dies als inopportun ablehnte, ließ man sie zunächst gewähren, solange diese Maßnahmen als lokale Problemlösungsstrategien verstanden werden konnten und den generellen Kurs nicht gefährdeten. Als später die territorialen Utopien zerplatzten, griffen übergeordnete Dienststellen die Initiativen aus einzelnen Kreisen wieder auf und nahmen sie zum Modell einer weitergehenden Ghettoisierungspolitik.

Durch die mit vermeintlichen oder tatsächlichen lokalen Sachzwängen begründeten frühen Ghettobildungen verschärften die Kreishauptleute die ohnehin schon schlimme Lage der Juden dramatisch und setzten eine unheilvolle Spirale in Gang: Sie überließen die Juden in den völlig überfüllten und heruntergekommenen Ghettos weitgehend sich selbst. In der Folge machten sich Hunger und Krankheiten breit. Um ihr Überleben zu sichern, waren die Juden gezwungen, das Ghetto heimlich zu verlassen und Lebensmittel zu beschaffen. Das führte zu einer stärkeren Verbreitung von Krankheiten wie dem Fleckfieber auch jenseits der Ghettos. Die dadurch steigende Seuchengefahr wiederum nahmen die Kreishauptleute zum Vorwand einer noch strengeren Isolierung der Juden vom Rest der Bevölkerung und zum Anlass einer unerbittlichen Jagd auf Juden außerhalb der Ghettos, in die sie auch die nichtjüdische Bevölkerung einzuspannen versuchten. Kurzum: Auf selbstgeschaffene Probleme reagierten die Kreishauptleute mit der Radikalisierung ihrer Politik, die wiederum die Probleme nur potenzierte. So erzeugten sie einen Handlungsdruck, der zu einer neuen Eskalationsstufe beitrug – dem Massenmord an den Juden.

Die Ghettoisierung der Juden führte zu katastrophalen Zuständen; schon bald glichen die Menschen immer mehr den nationalsozialistischen Propagandabildern. Diese Dehumanisierung der Opfer senkte die Hemmschwelle zum Mord nicht unerheblich. Die Zuständigkeit und Beteiligung der Kreishauptleute endete nicht, als der Massenmord begann. SS und Polizei waren auf das Engagement der Kreishauptleute bei der Organisation und Durchführung der Ermordung der Juden angewiesen. Diese Mitwirkung konnte – wie die dargestellten Fallbeispiele gezeigt haben – sehr weit gehen. *Wie* weit sie ging, hing nicht von Verordnungen, sondern in erster Linie von der persönlichen Entscheidung des Kreishauptmanns ab. Der mögliche Grad der Beteiligung reichte von der Nichtteilnahme über »bloß« organisatorische und logistische Hilfe (Konzentration und Registrierung der Juden, Bereitstellung von Lkw etc.) bis hin zur lokalen Gesamtleitung, zu eigenverantwortlich organisierten Massakern und zum eigenhändigen Töten. Damit kam der Persönlichkeit des einzelnen Kreishauptmanns, aber auch dem örtlichen Besatzermilieu, eine hohe Bedeutung für den Grad seiner Involvierung in den Massenmord zu.

Rasch bildete sich im Generalgouvernement eine spezifische Besatzungsgesellschaft mit örtlich variierenden Ausformungen heraus. Die große Machtfülle auf der einen, eine fast recht- und schutzlos ausgelieferte Bevölkerung auf der anderen Seite begünstigten die Entstehung eines fatalen »Herrenmenschen-Gefühls«. Fernab der Heimat, vieler gesellschaftlicher Konventionen und Kontrollinstanzen ledig, mitunter auch fern der Familie, glaubten viele, nun alle Freiheiten zu haben, einen exzessiven Lebensstil führen und sich hemmungslos bereichern zu können. Zugleich sahen sich nicht wenige als Pioniere in historischer Mission. Damit einher ging wohl eine Verschiebung der Wertmaßstäbe. Dieser Prozess, der bei Parteiaktivisten bereits 1933 einsetzte, erlebte »im Osten«, wo das soziale Umfeld wie ein Katalysator wirkte und den sozialmoralischen Wertewandel erheblich beschleunigte, eine spezifische Ausformung. Hier bildete sich ein korruptes und gewaltaufgeladenes Milieu, in dem vieles selbstverständlich schien und wurde, was selbst innerhalb der Reichsgrenzen 1942 noch undenkbar gewesen wäre. Charakteristisch für dieses Milieu war, dass in aller Regel die Radikalsten den Ton angaben. Wer zweifelte, gehörte zur Minderheit – und behielt seine Bedenken für sich. Der artikulierte Konsens ebnete Unterschiede ein; dass die Juden »Ballast« und »unnütze Esser« seien, die es so oder so loszuwerden gelte, blieb unwidersprochen. Konfliktpotential bot allenfalls die Wahl von Zeitpunkt und Methode. Bisweilen manifestierte sich die Ablehnung des Massenmords lediglich in Stilfragen: Die Ermordung der Juden galt als ausgemachte und notwendige Sache, »Exzesse« vor den Augen der Öffentlichkeit aber lehnten nicht wenige ab.

Für abweichende Meinungen war in diesem Milieu kaum Platz, geschweige denn für abweichendes Verhalten. In seltenen Fällen gab es jedoch auch dieses, wie das Beispiel des Kreishauptmanns von Harbou und, mit Abstrichen, auch das von Oswald gezeigt hat. Aber es gibt keine signifikanten Hinweise darauf, dass nicht auch die beiden, die einzelnen Juden geholfen haben, ansonsten ganz im Sinne des Systems agierten. Bei anderen wie Werner Ansel, der wegen der Verhaftung und Entlassung seines hitlerkritischen Vaters durchaus persönliche Gründe für eine ablehnende Haltung gehabt hätte, scheinen die moralische Werteverschiebung vor dem Krieg, das Besatzermilieu und die tonangebende Rolle radikaler Verfechter Wirkung gezeitigt zu haben.

Zwar besteht ein gravierendes Quellenproblem, abweichendes und zögerliches Verhalten oder gar entsprechende Einstellungen feststellen bzw. ausschließen zu können, da es für etliche Regionen und Kreishauptleute an einer auch nur annähernd geschlossenen Quellenüberlieferung mangelt. Im Laufe der Recherchen für diese Arbeit ist allerdings mehrfach ein anfangs »positiver« Eindruck durch die Gewinnung neuer Informationen hinfällig geworden. Je mehr Quellen hinzukamen, desto düsterer wurde das Bild – ausnahmslos.

Die Gruppe der radikalen Vorreiter war am einfachsten auszumachen. Sie stellte jedoch nicht die Mehrheit unter den Kreis- und Stadthauptleuten. Im Umkehrschluss bedeutet das aber nicht, dass alle anderen als zurückhaltend oder gar als Verfechter einer »sanften« Linie gelten können. Letztlich geht es nur um Abstufungen der Radikalität in einer insgesamt radikalen und brutalen Besatzungspolitik. Die meisten, wenn nicht alle Kreishauptleute standen etwa dem Gedanken einer Isolierung und Ghettoisierung der Juden positiv gegenüber. Manche brauchten – womöglich wegen ihres Temperaments – aber erst eine ausdrückliche Billigung oder Anordnung »von oben«, um aktiv zu werden. Wenn diese kam, gingen sie nicht weniger unerbittlich ans Werk als ihre entschlussfreudigeren Kollegen. Schließlich variierte der Handlungsdruck örtlich sehr stark, so dass mancherorts solche frühen Initiativen schlicht nicht notwendig schienen.

Weitere Faktoren, die zur steigenden Radikalisierung beigetragen haben, waren die polnische Widerstandsbewegung und der Kriegsverlauf. Mit zunehmender Kriegs- und Besatzungsdauer stiegen die Anforderungen an das Generalgouvernement, die deutsche Kriegswirtschaft mit Menschen und Material zu unterstützen. Das erwies sich wegen schwindender Ressourcen als schwierig. Außerdem änderten bedeutende Teile des Untergrunds ihre Taktik und griffen vermehrt deutsche Funktionäre direkt an, legten Teile der Verwaltung lahm und gewannen die Kontrolle über einige Gebiete. Eine radikale Kehrtwende in der Besatzungspolitik kam zu diesem Zeitpunkt schon nicht mehr in Frage; das stand auch weit außerhalb des Denkhorizonts der Besatzer. Ansätze einer zaghaften Kursänderung waren allein taktisch motiviert, kamen zu spät und wurden nur halbherzig angegangen. Derart eingezwängt in selbstgeschaffenen Schwierigkeiten, verstärktem Widerstand und erhöhten Anforderungen aus Berlin, suchten viele Kreishauptleute den Ausweg in einer erneuten Verschärfung der Gewalt. Doch auch dies konnte den zunächst schleichenden und schließlich totalen Machtverfall nicht aufhalten.

Die Frage, wie aus radikalen Vorreitern und Vollstreckern der NS-Besatzungspolitik nach 1945 augenscheinlich friedliche, gut integrierte Bundesbürger mit teilweise beachtlichen Karrieren werden konnten, lässt sich vordergründig einfach beantworten: Mit dem totalen Zusammenbruch der NS-Herrschaft implodierten auch die situativen Faktoren ihres extremen Handelns. Erklärungsbedürftig bleibt die umfassende und fast umstandslose Reintegration nach 1945 dennoch, zumal die Ideologie nicht über Nacht aus den Köpfen verschwand, in den ersten Nachkriegsjahren durchaus Anzeichen einer ideologischen Verhärtung zu beobachten waren und die Gefahr einer dauerhaft demokratiefeindlichen Selbstpositionierung mit entsprechendem Verhalten bestand. Eine Schlüsselrolle kam hier den unmittelbaren Nachkriegsjahren zu.

Die bedingungslose Kapitulation im Mai 1945 war trotz des schon früher einsetzenden schleichenden Niedergangs für die Kreis- und Stadthauptleute eine tiefgreifende erfahrungsgeschichtliche Zäsur. Die einst so mächtigen »kleinen Könige« fielen nach dem Ende ihrer Herrschaft in Polen sehr tief. Ihre Selbstherrlichkeit und aller Luxus waren dahin. Sie standen – wie alle, die sich an verantwortlicher Stelle für das NS-Regime engagiert hatten – vor dem persönlichen und politischen Bankrott. Was folgte, war die totale soziale Deklassierung. Fast alle, die den Krieg überlebt hatten, wurden von den Alliierten auf längere Zeit von ihren Familien getrennt und in Lagerhaft genommen. Nach zwei oder drei Jahren der Internierung mussten sich viele mit Arbeiten weit unter ihrem Ausbildungsniveau über Wasser halten; sie arbeiteten in der Landwirtschaft, als Vertreter, Hilfsarbeiter und dergleichen. Überdies war die juristische Ahndung mit Internierung und Entnazifizierung nicht vorüber – sie konnten weiterhin für ihre Taten zur Rechenschaft gezogen werden. Das Damoklesschwert einer Auslieferung an Polen, die größte Angst der einstigen Besatzungsfunktionäre, schwebte lange Zeit über ihnen.

Keineswegs wandten sich die vormaligen Kreis- und Stadthauptleute über Nacht vom Nationalsozialismus ab, und noch viel weniger leicht verwandelten sie sich in Demokraten. Das war ein längerer Prozess mit zunächst ungewissem Ausgang, der bei einigen wohl nie zum Abschluss kam. Anfangs überwog das Gefühl einer tiefen Demütigung, politisch wie persönlich. Man wähnte sich unschuldig, in seinem Idealismus betrogen und zu Unrecht hinter Stacheldraht gesperrt. Zeitweise trieb die NS-Ideologie, wie wir bei Heinz Doering gesehen haben, neue Blüten. Die alliierte Politik der Säuberung machte den meisten jedoch bald klar, dass ein offenes Beharren auf den alten ideologischen Standpunkten nur in eine Sackgasse führte und daher eine – zumindest nach außen – angepasste Haltung das Gebot der Stunde war, um der Perspektivlosigkeit zu entkommen. Wer wie Doering beharrlich an der nationalsozialistischen Weltanschauung festhielt oder wie Nehring eine autoritär verfasste Gesellschaft propagierte, der blieb im sozialen Abseits.

Die erste Nagelprobe war die Entnazifizierung. Sie führte dazu, dass sich die Kreishauptleute bei der Vorbereitung ihrer Verfahren in irgendeiner Weise mit ihrer Vergangenheit auseinandersetzen mussten. Sie mussten nun Anknüpfungspunkte für eine mögliche Verteidigungsstrategie suchen und Erklärungen für manchen Karriereschritt und manche Taten finden. Wie ehrlich oder unehrlich auch immer das Ergebnis dieser Auseinandersetzung ausfiel, es bedeutete doch eine Art Rechenschaft abzulegen vor sich selbst. Dabei entstanden Selbstbilder, die dem Leben eine Kontinuität über den Nationalsozialismus hinaus verliehen und eine Brücke in die Bundesrepublik schlugen. Der aufkommende Kalte Krieg und das nachlassende Interesse der Alliierten an der Entnazifizierung begünstigten diesen Anpassungsprozess zusätzlich, aus dem die meisten nun als »entlastet« hervorgingen. Dieses massenhafte Reinwaschen ehemals führender Nationalsozialisten war durchaus mehr als nur ein moralisches Skandalon. Das günstige formale Ergebnis der Entnazifizierung erleichterte ihren beruflichen Wiedereinstieg und war eine wichtige Voraussetzung für ihre umfassende Reintegration. Es war, wenn man so will, der Vorschuss der Gesellschaft an die »Ehemaligen«, auf deren Seite dann die Bringschuld lag, in Zukunft von der Ideologie zu lassen und sich den neuen Verhältnissen anzupassen. Denen, die diesem Angebot bereitwillig folgten, eröffneten sich schließlich neue und – vom Ergebnis her betrachtet – ganz beachtliche Karriereaussichten.

Die Kehrseite davon war eine Bestärkung der Kreishauptleute in ihrer Selbstkonstruktion. Wie Ludwig Losacker interpretierten nicht wenige ihre Entlastung im Entnazifizierungsverfahren als offizielle Beglaubigung ihres dort erfolgreich vertretenen Selbstbildes. Diesem konnte und wollte die Gesellschaft der fünfziger Jahre nichts entgegenhalten, da sie sich keine Vorstellung von der deutschen Besatzungsherrschaft in Polen machte. Damals etablierte sich ein Geschichtsbild, dem zufolge lediglich die in Nürnberg Verurteilten und Teile der SS für die Verbrechen des Regimes verantwortlich waren. Diese Interpretation konnten sich alle Besatzungsfunktionäre, und mit ihnen die Kreis- und Stadthauptleute, zunutze machen. Sie sprangen als Trittbrettfahrer auf den Zug der erfundenen Tradition einer sauberen und apolitischen Verwaltung auf und stilisierten sich zu redlich bemühten »Besatzern mit Herz«. In scharfer Abgrenzung gegenüber der SS wusch man sich, ohne auf Widerspruch zu stoßen, nach außen rein. Zumal diese Praxis an reale, wenngleich meist unbedeutende Bezugspunkte aus der Besatzungszeit anknüpfen konnte, entfaltete sie eine gewisse Überzeugungskraft auch nach innen: Viele ehemalige Kreishauptleute scheinen im Laufe der Zeit ihren eigenen Legenden aufgesessen zu sein und ihre einstige Tätigkeit tatsächlich als eine konstruktive gesehen zu haben.

Ende der vierziger Jahre ließen die meisten ihre Vergangenheit zunächst aber weit hinter sich und widmeten sich ihrer beruflichen Reetablierung und Karriere. Fast allen eröffnete sich ein Weg, der ihrem Ausbildungsniveau und ihrem vor dem Krieg erreichten Stand entsprach: Den klassischen Verwaltungsbeamten und den Juristen gelang ein rascher Einstieg in den öffentlichen Dienst oder in die Justiz der Bundesrepublik, wo sie unbehelligt Karriere machten und bisweilen hohe Positionen erreichten. Die anderen praktizierten meist als Rechtsanwälte, machten sich selbstständig, arbeiteten in der Wirtschaft oder in deren Verbänden. Sie wussten die vergangenheitspolitischen Rahmenbedingungen und Angebote in der Bundesrepublik bestens für sich zu nutzen.

Was ihnen darüber hinaus half, waren die alten Netzwerke der Besatzer, die bereits in den Internierungslagern neu geknüpft worden waren und in der gegenseitigen Entlastung während der Entnazifizierung ihre erste Belastungsprobe bestanden hatten. Nun erhielten sie eine weitere Funktion, indem die früh Erfolgreichen ihre Positionen und Kontakte nutzten, um ehemaligen Kollegen unter die Arme zu greifen und zu Posten zu verhelfen. Einzig diejenigen, die keine hinreichende Qualifikation besaßen und nur wegen ihrer Affinität zum Nationalsozialismus Kreishauptmann geworden waren, fielen durch die Maschen. Für sie blieb die Zeit im Generalgouvernement der Höhepunkt ihrer Laufbahn, an den sie nicht mehr anknüpfen konnten.

Dieser Befund zeugt nicht zuletzt von einer enormen Integrationsleistung der jungen Bundesrepublik, deren Institutionen, selbst noch im Aufbau begriffen, den massenhaften Zustrom der »Ehemaligen« verkrafteten, ohne von diesen erkennbar auf die »schiefe Bahn« gelenkt zu werden. Hier kam beides zusammen: Ein schon recht früh stabiles und wohlaustariertes institutionelles Gefüge auf der einen und eine in Teilen desillusionierte und zurückhaltend gewordene ehemalige NS-Funktionselite auf der anderen Seite, die nach dem gründlichen Scheitern, das ihnen in den ersten Nachkriegsjahren so nachhaltig zu Bewusstsein gebracht worden war, kein zweites mehr zu riskieren bereit war.

Gleichwohl war die Integration der NS-Eliten keine makellose Erfolgsgeschichte. Von den gravierenden moralischen »Kollateralschäden« dieser Entwicklung einmal abgesehen, waren es nicht zuletzt auch die personellen Kontinuitäten – vor allem in der Justiz, aber nicht nur dort –, die einer wirksamen Ahndung der NS-Verbrechen im Wege standen und viele Verbrecher ihrer gerechten Strafe entgehen ließen.

Bei ihrer Reetablierung blieben die Kreis- und Stadthauptleute von ihrer Vergangenheit in der Regel unbehelligt, es sei denn, man traf sich im Kreis von »Ehemaligen« und erging sich in nostalgischer Erinnerung an die von vielen als schönste Zeit ihres Lebens erinnerten Jahre im Generalgouvernement. Wer sich jedoch wie Hans-Adolf Asbach in der Politik exponierte, was die Ausnahme blieb, war bisweilen Vorwürfen ausgesetzt, zumal wenn er sich mit umstrittenen Äußerungen und Personalentscheidungen hervortat. Die Anwürfe, die sporadisch durch die Presse irrlichterten, blieben vage und verschwanden rasch wieder im dichten Nebel der »gewissen Stille« (Hermann Lübbe) der fünfziger Jahre. Keiner der Journalisten oder politischen Gegner Asbachs, geschweige denn die schleswig-holsteinische Justiz, wollte zu diesem Zeitpunkt ernsthaft für Aufklärung sorgen.

Das begann sich erst in den sechziger Jahren zu ändern, als die Mehrzahl der Kreishauptleute freilich bereits am Ende ihrer Karrieren angelangt war. Indem die bundesdeutsche Justiz nun zahlreiche Ermittlungsverfahren eröffnete, sorgte sie nach Jahren relativer Ruhe für ein gerüttelt Maß an Beunruhigung in den Kreisen der ehemaligen Besatzungsfunktionäre. Diese sahen, sofern sie noch im Beruf standen, ihre Karrieren in Gefahr oder fürchteten um ihre bürgerliche Reputation. Doch die Verfahren, auch wenn sie vielfach an den Nerven der Betroffenen zerrten, erwiesen sich bald schon als relativ harmlos: In aller Regel endeten sie mit einer Einstellung; lediglich gegen Joachim Nehring kam es zum Prozess, an dessen Ende aber ein Freispruch stand. Ernst zu nehmende Folgen hatten die späten Ermittlungen gegen die einstigen Kreishauptleute nicht.

Diese ernüchternde Bilanz hat eine Reihe von Gründen: Die Justiz war nach damaliger Rechtsprechung darauf angewiesen, den Beschuldigten nachzuweisen, dass sie zum Zeitpunkt ihrer Beteiligung an den Deportationen der Juden in die Vernichtungslager von deren beabsichtigter Ermordung bereits wussten. Dabei trafen die Staatsanwälte auf eine Mauer des Schweigens oder Leugnens, die sie mit den ihnen verfügbaren Dokumenten nicht durchbrechen konnten. Die alten Kontakte und Netzwerke erwiesen sich für eine wirksame Verteidigungsstrategie als überaus nützlich. An diesem grundlegenden Problem hätte selbst ein ungehinderter Zugang der deutschen Ermittlungsbehörden zu den Dokumenten in polnischen und anderen osteuropäischen Archiven kaum etwas geändert. Die Aufarbeitung der NS-Verbrechen, die Politik und Gesellschaft der Justiz gewissermaßen stellvertretend aufbürdeten, überforderte diese. Eine mangelnde personelle Ausstattung erschwerte die effektive Ermittlungsarbeit. Zudem blockierte die Politik lange Zeit eine engere Kooperation mit den polnischen Behörden, und als diese schließlich in Gang kam, wurde sie auch von dort nur zögerlich betrieben. Außerdem gab es neben einzelnen engagierten Ermittlern etliche Staatsanwaltschaften, die eine Verweigerungshaltung an den Tag legten.

Die Staatsanwälte in Ludwigsburg, aber auch manche anderswo, leisteten Grundlagenarbeit, indem sie in Ermangelung verfügbarer Forschungsergebnisse die Umstände und Bedingungen der NS-Verbrechen ausleuchteten. Dabei erreichten sie einen Wissensstand, den die Forschung weitgehend erst in den neunziger Jahren aufholen sollte, als sie sich die Akten der Justiz umfassend zunutze machte. In der Öffentlichkeit fanden die Ermittlungen gegen Angehörige der Zivilverwaltung im deutsch besetzten Osteuropa jedoch kaum Resonanz. Anders als etwa im

Falle der Einsatzgruppen oder des Konzentrationslager-Personals kam es in diesem Bereich nie zu einem großen Prozess, der ein Schlaglicht auf die Besatzungsverwaltungen geworfen hätte. Das trug dazu bei, dass die Verbrechensbeteiligung der Kreishauptleute außerhalb der spezialisierten Forschung bis heute weitgehend unbekannt geblieben ist.

Dank

Das Buch ist die erheblich gekürzte und überarbeitete Fassung meiner 2008 an der Friedrich-Schiller-Universität Jena eingereichten Dissertation. Von den ersten Schritten, damals noch in Bochum, bis zum fertigen Buchmanuskript hat Norbert Frei diese Arbeit begleitet und durch kritische Anregungen zu einer Schärfung der Gedanken beigetragen. Dafür danke ich ihm herzlich. Außerdem hatte ich das Glück, mit Wolfgang Jacobmeyer als Zweitgutachter einen ausgewiesenen Kenner deutscher Besatzungspolitik in Polen an meiner Seite zu wissen, dessen Rat für die Arbeit, und darüber hinaus, ein großer Gewinn war.

Möglich wurde die schnelle Publikation durch die Bereitschaft von Norbert Frei, das Buch in der von ihm herausgegebenen Reihe zu veröffentlichen. Der Alfried Krupp von Bohlen und Halbach-Stiftung, namentlich Herrn Berthold Beitz, und der Geschwister Boehringer Ingelheim Stiftung danke ich für rasche finanzielle Unterstützung bei der Drucklegung. Das Deutsche Historische Institut in Warschau hat drei Monate meiner Archivrecherchen in Polen finanziert.

Zahlreiche Kolleginnen und Kollegen haben mich auf dem langen, verschlungenen Weg von der Themenfindung bis zum fertigen Buch begleitet. Andrea Löw hat das gesamte Manuskript gelesen und mit ihrer Expertise einen wesentlichen Beitrag zu dessen Verbesserung geleistet. Mein Vater Bernhard Roth hat mit dem notwendigen kritischen Blick von außen den Text in all seinen Fassungen gelesen. Sybille Steinbacher und Dietmar Süß haben kurzfristig die Mühe auf sich genommen, die gesamte Arbeit zu lesen. Sie haben mit ihren kritischen Kommentaren und Aufmunterungen viel dazu beigetragen, aus der sperrigen Abgabefassung ein lesbares Buch werden zu lassen. Den Weg zur Veröffentlichung hat Boris Spernol auf der Zielgeraden mit seinem geschulten Blick wesentlich geebnet. Teile des Manuskripts gelesen und kritisch kommentiert haben Włodzimierz Borodziej und Andreas Braakmann. Ihnen allen danke ich sehr herzlich.

Eine solche Arbeit zu schreiben bedeutet immer auch, auf den Rat und auf Anregungen vieler Kolleginnen und Kollegen angewiesen zu sein. Gerne bedanke ich mich dafür bei Christoph Brüll, Klaus-Peter Friedrich, David Furber, Frank Grelka, Christian Jansen, Ernst Klee, Wolfgang Kreft, Sebastian Lehmann, Marc von Miquel, Dieter Pohl, Alan Steinweis, Matthias Weiß, Gerhard Wolf und Andrew Zimmerman.

Wichtige Impulse gingen aus den Kolloquien und Diskussionszusammenhängen in Bochum und Jena hervor.

Ohne die Gesprächsbereitschaft und die Bereitwilligkeit einiger Söhne und Töchter, mir Unterlagen der Väter zur Verfügung zu stellen, hätten Teile des Buches nicht in dieser Form geschrieben werden können. Sehr herzlich bedanke ich mich für das entgegengebrachte Vertrauen bei den Familien der Kreishauptleute Asbach, Doering, Gramß, Harbou, Oswald und Rebay. Bedanken möchte ich mich auch bei meinen Interviewpartnern Wilhelm Rebay von Ehrenwiesen, Hans Werner von Bülow und Heinz Hadeler.

Scheitern müsste ein solches Unterfangen, wenn man nicht auf die Unterstützung engagierter Mitarbeiter in den Archiven und Bibliotheken bauen könnte. Der Platz reicht nicht aus, um die gesamte Dankesschuld abzutragen, die sich im Laufe der Jahre aufgetürmt hat. Stellvertretend für die Archivarinnen und Archivare bedanke ich mich in Polen sehr herzlich bei Michalyna Wysocka vom IPN, die mir trotz der Archivferien Zugang zu den Quellen verschafft und ideale Arbeitsbedingungen geboten hat, in Deutschland bei Rainer Juchheim vom Bundesarchiv Ludwigsburg, der, wann immer es erforderlich war, wahre Aktenberge für mich in Bewegung gesetzt hat.

Dem Herder Institut Marburg und der Arbeitsstelle Holocaustliteratur der Universität Gießen, namentlich Peter Haslinger und Sascha Feuchert, danke ich für ein Arbeitsumfeld, das mir die Möglichkeiten zur Überarbeitung des Manuskripts geboten hat. Dieser Dank gilt gleichermaßen Uwe Wirth von der Universität Gießen.

Dem Wallstein Verlag, hier besonders Hajo Gevers, danke ich für die rasche Drucklegung und die ebenso kompetente wie angenehme Betreuung des Manuskripts.

Der größte Dank aber gilt am Ende meiner Frau Gisela, die durch ihre bedingungslose Unterstützung mehr als alle anderen zur Fertigstellung des Manuskripts beigetragen hat. Ihr ist dieses Buch gewidmet.

Marburg, im Januar 2009 Markus Roth

Tabellen

Tab. 1: Die Gouverneure im Generalgouvernement[1]

Distrikt Warschau	30.10.1939-Ende	Ludwig Fischer
Distrikt Radom	28.10.1939-Juli 1941	Dr. Karl Lasch
	7.8.1941-Ende	Ernst Kundt
Distrikt Krakau	7.11.1939-22.1.1942	Dr. Otto Wächter
	1.2.1942-Mai 1943	Richard Wendler
	26.5.1943-Okt. 1943	Dr. Ludwig Losacker
	Nov. 1943-Jan. 1945	Dr. Curt Ludwig von Burgsdorff
Distrikt Lublin	bis Ende Jan. 1940	Friedrich Schmidt[2]
	21.2.1940-10.4.1943	Ernst Zörner
	kommissarisch April/Mai 1943	Ludwig Fischer
	28.5.1943-Ende	Dr. Richard Wendler
Distrikt Galizien	Aug. 1941-6.1.1942	Dr. Karl Lasch
	22.1.1942-Ende	Dr. Otto Wächter

1 Vgl. Kurzbiographien in Präg/Jacobmeyer, Diensttagebuch, S. 946ff.; Musial, Zivilverwaltung, S. 34ff.; Seidel, Besatzungspolitik, S. 36f.; Pohl, Judenverfolgung, S. 76f.

2 Nicht identisch mit dem gleichnamigen Stadthauptmann.

Tab. 2: Die Kreis- und Stadthauptleute im Distrikt Warschau[3]

Garwolin	17.10.1939-1.4.1941 18.1.-14.3.1941 4.4.1941-6.7.1944	Dr. Hans Klein Ordensjunker Schneidewind[4] Dr. Carl Ludwig Freudenthal
Grójec	15.9.1939-1.3.1940 3.3.1940 bis Januar 1945	Dr. Paul Hampel Werner Zimmermann
Łowicz	20.9.1939-25.10.1942 26.10.1942-30.4.1943 21.5.1943 bis Januar 1945	Dr. Heinz Werner Schwender Dr. Josef Krämer Claus Peter Volkmann
Mińsk Mazowiecki	ab 20.10.1939 bis Räumung	Dr. Hans Carl Bittrich
Ostrów Mazowiecka[5]	bis November 1939 Dezember 1939 bis August 1941 15.4.1942-13.11.1942 16.11.1942-14.1.1943 15.1.1943-22.3.1943 23.3.1943-25.5.1943 25.5.1943-31.8.1943 1.9.1943 bis September 1944	Heinrich von Bünau Dr. Gerhard Littschwager Karl Valentin Heinz Auerswald Martin Lenz Dr. Reinhold Eckert Martin Lenz Richard Lerche
Siedlce	28.10.1939 bis August 1941 ab 1.4.1942	Dr. Friedrich Gercke Dr. Friedrich Seemann

3 Den Tabellen 3-7 liegt die ab Januar 1940 geltende Kreiseinteilung zugrunde. Die Angaben basieren vor allem auf Personalakten, auf Rundschreiben und Verfügungen, amtlichen Veröffentlichungen und in Ausnahmefällen auf Angaben in den Ermittlungsverfahren. Des Weiteren wurde auf die bisherige Forschung zurückgegriffen, vgl. dazu Musial, Zivilverwaltung, S. 93 f.; Seidel, Besatzungspolitik, S. 49; Sandkühler, »Endlösung«, S. 452; Pohl, Judenverfolgung, S. 411; Młynarczyk, Judenmord, S. 71 f. Auf einen Einzelnachweis der Quellenbelege wird verzichtet; in der Regel finden sich die Fundstellen bei den Kurzbiographien. Vorhandene Abweichungen zur Forschung insbesondere über die Distrikte Radom, Lublin und Galizien, bzw. ihre Korrektur werden nicht gesondert angemerkt.

4 Vertrat Klein kommissarisch, während dieser kommissarisch die Leitung der Abteilung Innere Verwaltung des Distrikts Warschau übernahm. Die innere Verwaltung im Distrikt Warschau, Halbjahresbericht, BAL, B 162/Dok.-Slg. Ordn. Polen 248, Bl. 722.

5 Nach der Abordnung Littschwagers blieb die Stelle längere Zeit unbesetzt.

Skiernie-wice[6]	16.9.1939-31.5.1941	Dr. Nikolaus Rupé
Sochaczew	2.10.1939-13.3.1942 26.3.1942 bis Januar 1945	Karl Adolf Pott Dr. Hans Scheu
Sokołów	Oktober 1939 bis Febr./März 1940 Febr./März 1940 bis Juni 1940 10.6.1940 bis Juli 1944	Friedrich Schulz Ordensjunker Völker Ernst Gramß
Warschau-Land	3.10.1939 bis Mitte Januar 1945	Dr. Hermann Rupprecht
Warschau Stadt	September/Oktober 1939 November 1939-15.3.1940 16.3.1940 bis Juli/August 1944	Dr. Dr. Helmuth Otto Dr. Oskar Rudolf Dengel Ludwig Leist

6 Am 31.5.1941 mit der Kreishauptmannschaft Łowicz zusammengelegt; BAB, R 1501 PA/10206.

Tab. 3: Die Kreis- und Stadthauptleute im Distrikt Krakau

Dębica	15.12.1939-22.6.1941 23.10.1941-27.5.1943 1.11.1943 bis Herbst 1944	Alfons Oswald Ernst Schlüter Dr. Hans-Walter Zinser
Jarosław	bis Ende Februar 1940 18.3.1940-9.2.1942 1942/1943 ab 4.3.1943	Carl Hermann Rieger Dr. Georg Eisenlohr Julius Renz Michael Andreas Zuzic
Jasło	September 1939-14.1.1941 Mitte Januar bis Mitte Februar 1941 10.2.1941 bis zur Räumung	Dr. Ludwig Losacker Otto Bauer Dr. Walter Gentz
Krakau-Land	Oktober 1939-4.2.1942 1.6.1942-1944	Dr. Egon Höller Dr. Albert Schaar
Krosno[7]	1.9.1941-15.8.1942 ab 16.8.1942	Michael Andreas Zuzic Dr. Friedrich Anton Heinisch
Miechów	bis 13.12.1939 13.12.1939-11.1.1940 11.1.1940 bis Juli 1941 1.8.1941 bis Anfang 1945	Dr. Eduard Boos Dr. Wilhelm Engler Dr. Hans-Walter Zinser Alfons Kalpers
Nowy Targ/ Neumarkt	ab September 1939 24.1.1940-17.3.1940 18.3.1940 bis Sommer 1941 Sommer 1941 bis Januar 1945	Dr. Viktor von Dewitz Dr. Georg Eisenlohr Dr. Viktor von Dewitz Hans Malsfey
Nowy Sącz/ Neu-Sandez	Oktober bis 1.12.1939 13.12.1939 bis Januar 1945	Dr. Hübschmann Dr. Reinhard Busch
Przemyśl	1.8.1941-20.8.1942 16.8.1942 bis April 1944 11.4.1944 bis August 1944	Dr. Friedrich Anton Heinisch Ernst Peter Paul Dr. Georg Eisenlohr
Rzeszów/ Reichshof	3.12.1939 bis Oktober 1944	Dr. Heinz Ehaus

7 Ab 1.9.1941 Kreishauptmannschaft, zuvor Landkommissariat in der Kreishauptmannschaft Jasło.

Sanok	18.9.1939-15.7.1942 9.8.1942 bis Ende 1942 Ende 1942 bis Juli 1944	Dr. Albert Schaar Dr. Hans Claß Dr. Anton Hofstetter
Tarnów	Oktober bis November 1939 Dezember 1939-30.8.1940 15.10.1940-31.12.1941 ab 1.1.1942	Walter Becht Ernst Kundt Ludwig Stitzinger Dr. Alfred Kipke
Deutsch-Przemyśl[8]	13.7.1940-17.9.1941	Dr. Kurt Hahn
Krakau Stadt	29.9.1939-21.2.1940 21.2.1940-31.03.1941 1.4.1941-30.4.1943 1.5.1943 bis Januar 1945	Ernst Zörner Carl Schmid Rudolf Pavlu Dr. Josef Krämer

8 Nach der Erweiterung des GG um den Distrikt Galizien Teil der neuen Kreishauptmannschaft Przemyśl.

Tab. 4: Die Kreis- und Stadthauptleute im Distrikt Radom

Busko[9]	29.9.1939-21.1.1945	Dr. Wilhelm Schäfer
Jędrzejów	14.9.1939 bis November 1940 November 1940 bis April 1943 April 1943-15.1.1945	Dr. Karl Glehn Dr. Friedrich von Balluseck Bernhard Höfer
Kielce (Kreis)	bis November 1939 1.11.1939 bis Mitte 1941 ab Juni 1941 1943-22.2.1943[10]	Dr. med. vet. Hans Burkhardt Eduard Jedamzik Hans Drechsel Dr. Kurt Schmitt
Końskie	11.9.1939 bis August 1941 1941/42 einige Monate kommissarisch 1.4.1942-1.11.1942 November 1942 bis Anfang 1945	Dr. Gustav Albrecht Kurt Driessen Hans Werner von Bülow Hans-Joachim Füßlein
Opatów	25.9.1939-31.10.1943 August 1943 bis August 1944 August 1944 bis 16.1.1945	Dr. Heinz Ritter Dr. Heinz Doering Bruno Motschall
Piotrków/ Petrikau	9.9.1939-17.1.1945	Artur Buss
Radom-Land	bis mind. Ende November 1939 16.12.1939 bis Juli 1942 Juli 1942 bis September 1943 September 1943 bis Ende 1944	Dr. Albert Weihe Dr. Friedrich Egen Dr. Justus Rubehn Dr. Friedrich Egen
Radomsko	10.9.1939-21.12.1939 21.12.1939 bis Mitte Januar 1945	Dr. Arnold Kobelt Kurt Driessen

9 Bis etwa Mitte Januar 1940 »Kreishauptmannschaft Stopnica«.

10 Schmitt war, aus ungeklärten Gründen, nur kurz im Amt. Danach war Drechsel wieder Kreishauptmann.

Iłża/Starachowice[11]	23.9.1939-1945	Hans Zettelmeyer
Tomaszów	Oktober 1939 bis November 1940 15.11.1940 bis Januar 1945	Dr. Friedrich von Balluseck Dr. Karl Glehn
Kielce (Stadt)	ab September 1940	Hans Drechsel
Radom (Stadt)	Herbst 1939 bis Juni 1940 22.6.1940 bis Juli 1941 ab August 1941 1.4.1942 bis Räumung 1.5.1943 bis August 1943[12]	Fritz Schwitzgebel Hans Kujath Oberinspektor Hackbart Dr. Ernst Hein Dr. Heinz Doering
Tschenstochau (Stadt)	5.9.1939-1.12.1939 Dezember 1939 bis Januar 1942 15.2.1942 bis März 1943 Frühjahr 1943 bis Februar 1945	Karl Drohberg Dr. Richard Wendler Dr. Eberhard Franke Dr. Friedrich Schmidt

11 Bis Januar 1942 unter der Bezeichnung »Kreishauptmannschaft Iłża« mit Sitz in Starachowice.
12 Doering füllte den Posten kurzzeitig vertretungsweise aus.

Tab. 5: Die Kreis- und Stadthauptleute im Distrikt Lublin

Biała Podlaska	Oktober 1939 bis November 1939 29.11.1939-20.12.1942 bis Juni 1943 April 1943 18.4.1943 bis Juli 1944	Eberhard Godau Dr. Hubert Kühl Max Wäser Wilhelm Rödde Fritz Saurmann
Biłgoraj	26.10.1939-31.3.1942 1.4.1942-1.12.1942 1.12.1942-26.7.1943 Juli 1943-Juni 1944	Dr. Werner Ansel Hans Augustin Dr. Karl Adam Erich Löwner
Chełm/Cholm[13]	Oktober 1939 bis 1.3.1940 kommissarisch März/April 1940 21.5.1940 bis Juli 1941 Ende Juli 1941 bis März 1942 1.4.1942 bis Dezember 1942 4.12.1942 bis Juli 1944 1.7.1944 bis zur Räumung	Werner Kalmus Hartmut Gerstenhauer Gerhard Hager Hans Augustin Dr. Werner Ansel Claus Harms Dr. Werner Ansel
Hrubieszów	9.10.1939 bis Juni 1940 Juli 1940 bis März 1941 12.3.1941 bis Sommer 1944	Dr. Gerhard Behrend Karl-Heinrich Franke Otto Busse
Janów Lubelski / Kraśnik[14]	Oktober 1939 bis September 1940 August 1940 bis Oktober 1940 15.10.1940 bis Juli 1941 7.8.1941 bis zur Räumung	Otto Strößenreuther Henning von Winterfeld Hans-Adolf Asbach Hans Lenk

13 Ab dem 30.9.1940 nur noch unter der ukrainischen Schreibweise »Cholm«. Anordnung des Chefs des Distrikts Lublin, 30.9.1940, APL, Der Kreishauptmann in Lublin 5, Bl. 37.

14 Am 30.9.1942 wurde Kraśnik Sitz des Kreishauptmanns. Rundschreiben der Abteilung Innere Verwaltung des Distrikts Radom an die Kreis- und Stadthauptleute, 7.12.1942, USHMM, RG-15.031M, reel 1.

Krasnystaw	Herbst 1939 bis September 1940 September 1940 bis Januar 1941 April bis Juli 1941 26.8.1941 bis Februar 1944 1944 1.5.1944 bis Juli 1944	Hartmut Gerstenhauer Henning von Winterfeld Claus Peter Volkmann Fritz-Hans Adolf Schmidt Rudolf Rieger Claus Harms
Lublin-Land	5.10.1939 bis Juni 1944	Dr. Emil Ziegenmeyer
Puławy	Oktober 1939 bis Januar 1940 1.1.1940 bis Juli 1944	Friedrich Trampedach Alfred Brandt
Radzyń	Oktober 1939 bis August 1940 Juni 1940-31.10.1941 26.1.1942 bis zur Räumung	Henning von Winterfeld Dr. Fritz Schmige Ludwig Stitzinger
Zamość	16.10.1939 bis Juli 1944	Helmuth Weihenmaier
Chełm (Stadt)	November 1939 bis Mai 1940	Gerhard Hager
Lublin (Stadt)	November 1939 bis Juni 1940 Juni 1940 bis Frühjahr 1942 21.4.1942 bis November 1943 15.11.1943 bis zur Räumung	Dr. Fritz Cuhorst Fritz Saurmann Dr. Curt Englaender Karl Vielweib

Tab. 6: Die Kreis- und Stadthauptleute im Distrikt Galizien

Brzeżany	August 1941-8.2.1943 Februar 1943-20.7.1944	Hans-Adolf Asbach Dr. Werner Becker
Czortków	August 1941-20.4.1942 20.4.1942 bis Februar 1944	Dr. Gerhard Littschwager Hans Kujath
Drohobycz	1.8.1941-17.6.1942 Juni 1942 bis Juli/August 1944	Eduard Jedamzik Hermann Görgens
Horodenka[15]	August 1941-1.4.1942	Johann Hans Josef Hack
Kałuszyn/ Kalusz[16]	Ende August 1941-20.3.1942 21.3.1942-31.7.1943	Dr. Friedrich Gercke Dr. Karl-Hans Broschegg
Kamionka Strumiłowa	10.8.1941 bis Ende Dezember 1942 1.1.1943 bis Juli 1944	Wilhelm Rebay von Ehrenwiesen Joachim Nehring
Kołomyja/ Kolomea	1.8.1941 bis Juni/Juli 1942 Mitte 1942 bis August 1943 August 1943 bis März 1944	Claus Peter Volkmann Herbert Gorgon Bernhard von Trotha
Lemberg-Land	1.10.1941 bis Januar 1942 1941/42 ab Ende Juli 1942 bis Februar/März 1943 zeitweilig	Berthold Pütter Otto Bauer Joachim Freiherr von der Leyen Dr. Werner Becker
Lemberg-Grodek[17]	15.9.1941 bis Januar 1942 16.1.1942 bis März 1942	Wilhelm Stockheck Berthold Pütter
Rawa Ruska	August 1941 bis Februar 1942 März 1942-24.7.1944	Dr. Hans-Walter Zinser Gerhard Hager

15 Die Kreishauptmannschaft wurde zum 1.4.1942 aufgelöst.
16 Der Kreis wurde 1943 aufgelöst. Vgl. Sandkühler, »Endlösung«, S. 452.
17 Der Kreis wurde im März 1942 aufgelöst. Vgl. ebenda.

Sambor	15.8.1941 bis März 1942 März 1942-1.10.1942 Oktober 1942 bis Ende Juli 1943	Dr. Mogens v. Harbou Dr. Hans-Walter Zinser Karl-Georg Emmrich
Stanisławów/ Stanislau	7.8.1941-23.9.1944	Dr. Gustav Albrecht
Stryj	August 1941 bis Juli 1944	Dr. Viktor von Dewitz
Tarnopol	1.10.1941 bis Ende Februar 1942 April 1942 bis April 1944	Gerhard Hager Dr. Mogens von Harbou
Złoczów	August 1941 bis Januar 1943 6.1.1943 bis zur Räumung	Hans Mann Dr. Otto Wendt
Lemberg (Stadt)	August 1941 bis Februar 1942 5.2.1942 bis zur Räumung	Hans Kujath Dr. Egon Höller

Tab. 7: Altersstruktur der Kreis- und Stadthauptleute[18]

Geburtsjahrgang	Anzahl	Anteil
1876-1880	2	1,71%
1881-1885	1	0,85%
1886-1890	9	7,69%
1891-1895	12	10,26%
1896-1900	20	17,09%
1901-1905	35	29,91%
1906-1910	30	25,64%
1911-1915	5	4,27%
unbekannt	3	2,56%

Tab. 8: Beitritt zur NSDAP nach Beitrittsdatum

Beitrittsdatum	Anzahl	Anteil
vor 31.12.1928	8	7,41%
vor 14.09.1930	7	6,48%
15.09.1930-31.01.1933	44	40,74%
1933	34	31,48%
nach 1933	14	12,96%
unbekannt	1	0,93%

18 Dieser Tabelle, wie den Tabellen 8 bis 11 auch, liegen die 117 Kreis- und Stadthauptleute zugrunde, die nach dem 1. Januar 1940 noch im Generalgouvernement waren und die insgesamt mehr als drei Monate im Amt waren. Zu diesem Zeitpunkt stand die Einteilung der Kreise vorläufig fest; einige der alten, deutlich kleineren Kreise wurden spätestens zu diesem Termin aufgelöst, in der Regel jedoch bedeutend früher. Drei Monate wurde als Grenze gewählt, um nur solche Kreishauptleute zu berücksichtigen, die auch die Möglichkeit zu einer etwas mehr als nur punktuellen Gestaltung der lokalen Besatzungspolitik hatten. Die übrigen sind in den Kurzbiographien dennoch aufgeführt.

Tab. 9: Beitritt zur NSDAP nach Beitrittsalter

Alter	Anzahl	Anteil
bis 20	2	1,85%
21-25	28	25,93%
26-30	33	30,56%
31-35	19	17,59%
36-40	12	11,11%
41-45	8	7,41%
46-50	3	2,77%
51-55	2	1,85%
unbekannt	1	0,93%
Durchschnittsalter	30,69	

Tab. 10: Beitritt zur NSDAP nach Beitrittsdatum im Vergleich 1[19]

	Kreishauptleute		Landräte u.ä. Deutsches Reich[20]	
Beitrittsdatum	Anzahl	Anteil	Anzahl	Anteil
vor 14.09.1930	15	12,82%	99	14,37%
15.09.1930-31.01.1933	44	37,61%	99	14,37%
1933	34	29,06%	235	34,11%
Datum unbekannt	1	0,85%	–	–
nicht Mitglied	15	12,82%	256	37,16%
Mitgliedschaft unbekannt	8	6,84%	–	–

19 Hier sind alle 117 Kreishauptleute zugrunde gelegt, so dass sich bei den Prozentangaben im Vergleich zu Tabelle 8 Verschiebungen ergeben. Da die Angaben zu den Landräten dem Stand von 1935 entsprechen, wurde für die Kreishauptleute auch die Zusammensetzung von 1935 zugrunde gelegt.

20 Landräte, Bezirksamtsvorstände, Amtshauptmänner und Kreisdirektoren. Zahlen nach Partei-Statistik, Bd. 1, S. 244. Stand vom 1.1.1935. Hier wurde, anders als in der Partei-Statistik, bis zur zweiten Stelle hinter dem Komma gerundet.

Tab. 11: Beitritt zur NSDAP nach Beitrittsdatum im Vergleich 2[21]

	Kreishauptleute		Führungskorps Sipo und SD[22]	
Beitrittsdatum	Anzahl	Anteil	Anzahl	Anteil
bis 30.1.1933	59	54,63%	1086	41,3%
1933	34	31,48%	731	27,8%
nach 1933	14	12,96%	813	30,9%
Datum unbekannt	1	0,93%	–	–

Tab. 12: Die Zahl der deportierten Arbeitskräfte aus dem Generalgouvernement nach Deutschland[23]

Jahr	Generalgouvernement gesamt
1939	39675
1940	301962
1941	223498
1942	398959
1943	175568
1944	135783
Gesamt	1275445

21 Zahlen nach Banach, Elite, S. 136. Da Banach in seiner Statistik nur diejenigen berücksichtigt hat, von denen eine Mitgliedschaft in der NSDAP bekannt ist, sind in der Statistik der Kreishauptleute dementsprechend nur die 108 Kreishauptleute berücksichtigt.

22 Banach hat bei den Beitritten nach 1933 noch zwischen den Stichtagen 1.5.1937 und 1.1.1944 unterschieden. Für den Vergleich wurden die beiden Werte hier addiert.

23 Vgl. Eisenblätter, Grundlinien, S. 325; Seidel, Besatzungspolitik, S. 157. Der starke Anstieg 1942 ist vor allem auf die Erweiterung des GG um den Distrikt Galizien zurückzuführen. Von August 1941 bis Juli 1942 wurden von dort alleine 221749 Arbeiter ins Reich verbracht. Vgl. Kasperek, Wywóz, S. 182.

Tab. 13: Lieferungen aus dem Generalgouvernement, 1940-1944 (in Tonnen)[24]

	1940/41	1941/42	1942/43	1943/44	
				gefordert	bis 31.5.1944
Getreide	-	53 000	630 000	454 395	437 192
Kartoffeln	121 000	134 000	520 000	500 000	339 488
Zucker	4 500	4 468	28 666	20 000	23 844
Vieh	7 610	21 498	55 000	40 000	34 840

Tab. 14: Das Ergebnis der Entnazifizierung in erster Instanz[25]

Kategorie	Anzahl
I (Hauptschuldiger)	2
II (Belasteter)	3
III (Minderbelasteter)	3
IV (Mitläufer)	21
V (Entlasteter)	10
Amnestiert, Freispruch etc.	4

Tab. 15: Auslieferungen an Polen aus den vier Besatzungszonen in Deutschland[26]

Zone	1946	1947	1948	1949	1950	Gesamt
amerikanische	429	868	16	–	2	1 315
britische	240	132	14	8	2	396
französische	1	17	18	1	–	37
sowjetische	3	20	32	10	4	69
Gesamt	673	1 037	80	19	8	1 817

24 Zahlen bis 1942/43 nach: Präg/Jacobmeyer, Diensttagebuch, S. 746 (Eintrag vom 26.10.1943); 1943/44 nach: Volkmann, Landwirtschaft, S. 45.

25 Ohne Berücksichtigung eines Falles aus der sowjetischen Besatzungszone bzw. DDR.

26 Vgl. Kobierska-Motas, Ekstradycja, S. 172.

Kurzbiographien[1]

Adam, Dr. jur. Karl (* 17.2.1899 in Plauen, † 26.7.1943 von Partisanen erschossen) 1917-1919 Kriegsteilnehmer. Gymnasium. Studium der Rechts- und Staatswissenschaften. Kaufmännische Ausbildung. 30.6.1926 NSDAP. Drucker der *Völkischen Nachrichten*. Verwaltungsamtmann beim ev.-luth. Kirchengemeindeverband Dresden. Parteirichter. 15.12.1940 stellvertretender Leiter des Amtes des Distrikts Lublin, 1.4.1942 Leiter des dortigen Personalamtes. Regierungsrat. 1.12.1942-26.7.1943 Kreishauptmann in Biłgoraj.[2]

Albrecht, Dr. jur. Gustav (* 10.4.1902 in Hamburg, † 13.4.1980 in Hildesheim) Ev. Realgymnasium. 1920-1923 Studium der Rechts- und Staatswissenschaft und Volkswirtschaftslehre in Tübingen, München und Göttingen. 6.10.1923 Referendarexamen. 15.7.1924 Promotion. Gerichtsreferendar. 1924 Regierungsreferendar bei der Regierung Gumbinnen/Ostpreußen. 10.11.1928 zweite Staatsprüfung. Bis 1935 Regierungsassessor und Vertreter des Landrats in Höxter, Sangerhausen, Calbe und Luckaux. Regierungsrat bei der Regierung in Stade. November 1933 SA. 1937 NSDAP. 1937 Regierungsrat in Hildesheim. 11.9.1939 bis August 1941 Kreishauptmann in Końskie, 7.8.1941-23.9.1944 in Stanisławów/Stanislau. Februar 1945 Wehrmacht. 15.10.1945-2.4.1946 in britischer Internierung. 3.4.1946-19.4.1949 Land- und Waldarbeiter. Berufsverbot und Sperrung des Vermögens. Am 10.9.1948 in Gruppe V eingestuft. Ostern 1949 auf Widerruf in den Staatsdienst übernommen. 20.4.1949-31.1.1954 Dezernent in der Schulabteilung, ab 1.2.1952 für Kirchenangelegenheiten bei der Regierung in Hildesheim. 1.2.1954-31.7.1964 Lastenausgleich, ab Juni 1954 Leiter der Außenstelle des Niedersächsischen Lastenausgleichsamtes. Ermittlungsverfahren der StA Hildesheim am 1.4.1970 eingestellt. Ermittlungsverfahren der StA Dortmund am 31.10.1973 eingestellt.[3]

Ansel, Dr. Werner (* 24.7.1909 in Korntal, † 23.1.1988 in Crailsheim) Ev. Realgymnasium. Jurastudium in Tübingen, München und Berlin. 1931 erste

1 Angaben oft auch nach der Zentralkartei der ZStL im BAL, ohne dass dies im Einzelnen vermerkt ist.

2 IPN Personenkartei; HStA Hannover, Nds 721 Hannover Acc. 97/99 Nr. 18/51; BA-DH, ZA V 217, Bd. 1, Bl. 93 f.; BAB, R 1501/204455; APL, Der Gouverneur des Distrikts Lublin 882, Bl. 18; Amtlicher Anzeiger für das GG, Nr. 25, 3.4.1942, S. 497; Musial, Zivilverwaltung, S. 379.

3 HStA Hannover, Hann. 180 Hildesheim Nr. 210/1; BAL, B 162/206 AR-Z 30/63, Bd. 3, Bl. 401 ff.; IPN Personenkartei.

juristische Staatsprüfung. 1932 Gerichtsreferendar. 1934 zweite juristische Staatsprüfung. 1934 Gerichtsassessor. 1934 SA. 1.5.1937 NSDAP. 9.4.1935 Oberamt in Laupheim, Stellvertreter des Landrats. 1936 Regierungsassessor. 1.1.1938 bis Oktober 1939 Regierungsrat beim Oberamt Heilbronn, Stellvertreter des Landrats. 26.10.1939-31.3.1942 Kreishauptmann in Biłgoraj, 1.4. bis Dezember 1942 in Cholm. 4.12.1943-1.7.1944 Wehrmacht. 1.7.1944 Kreishauptmann in Cholm. 19.4.-29.6.1945 in amerikanischer Kriegsgefangenschaft. Entnazifizierungsverfahren mit Weihnachtsamnestie 1946 am 25.3.1947 eingestellt. Angestellter beim Verkehrsministerium Württemberg-Baden. 1948-1972 Landrat in Crailsheim. Ermittlungsverfahren der StA Stuttgart am 8.5.1968 eingestellt.[4]

Asbach, Hans-Adolf (* 18.9.1904 in Demmin, † 31.3.1976 in Eutin) Ab 1936 Gottgläubig. Gymnasium. Oktober 1924 bis April 1930 Jura- und Volkswirtschaftsstudium in Freiburg und Kiel. April 1930 Referendar-Examen. 21.5.1930 Referendar in Demmin, Greifswald und Stettin. 1.5.1933 NSDAP. 8.2.1934 Assessor-Examen. April 1934-31.12.1939 Rechtsberater bei der DAF in Neu-Stettin, zeitweise Leiter des Sozialamts in Stettin. 1.1.1940 Referent in der Präsidialabteilung in der Abteilung Innere Verwaltung in der Regierung des GG. 15.10.1940 bis Juli 1941 Kreishauptmann in Janów Lubelski, August 1941 bis 8.2.1943 in Brzeżany. Ab Februar 1943 Wehrmacht. April/Mai 1945 bis Juni 1945 in amerikanischer Gefangenschaft. Im Entnazifizierungsverfahren in Gruppe V eingestuft. Bis zum 30.6.1946 Landarbeiter in Schleswig-Holstein. Maurerlehre. Nach der Währungsreform arbeitslos, ehrenamtliche Rechtsberatung der Heimatvertriebenen. Mitbegründer des BHE, ab Januar 1950 Landesvorsitzender in Schleswig-Holstein. Juli 1950 MdL in Kiel. September 1950 bis Oktober 1957 Landesminister für Arbeit, Soziales und Vertriebene. 1959-31.8.1964 Geschäftsführer der Wohnungsbaugesellschaft Nordmark. Vorsitzender des Landesverbandsausschusses der Gesamtdeutschen Partei. Ermittlungsverfahren der StA Kiel. Am 25.3.1976 außer Verfolgung gesetzt.[5]

Auerswald, Heinz (* 26.7.1908 in Berlin, † 5.12.1970 in Düsseldorf) Juni 1933 SS. 1.5.1937 NSDAP. Ab 1934 Rechtsreferent bei der SS. Vor 1939 Rechtsanwalt in Berlin. 1939 zur Stadthauptmannschaft Warschau als Leiter der Kennkartenstelle für Volksdeutsche, dann Leiter der Unterabteilung Bevölkerungswesen und Fürsorge des Distrikts Warschau. 15.5.1941 bis November 1942 Kommissar für den jüdischen Wohnbezirk in Warschau. 16.11.1942-

4 StArch Ludwigsburg, EL 902/14 Bü. 95; ebenda, EL 317 III, Bü. 280; Amtsvorsteher, S. 152.

5 IPN, Regierung des GG I/595, Bl. 10 f.; IPN, Amt des Distrikts Galizien 6, Bl. 2.

14.1.1943 kommissarischer Kreishauptmann in Ostrów Mazowiecka. 15.1.1943 Wehrmacht. Nach 1945 Rechtsanwalt in Düsseldorf. Ermittlungsverfahren der StA Dortmund durch Tod erledigt.[6]

Augustin, Hans (* 11.9.1909 in Rastatt, † 27.5.1977 in Hannover) Ev., 1937 gottgläubig. Realgymnasium. 1928-1932 Studium der Rechtswissenschaften in Berlin. 23.2.1933 Referendarprüfung. 1.5.1933 NSDAP. SS-Bewerber. 1933-1936 Vorbereitungsdienst als Referendar. 8.10.1936 große juristische Staatsprüfung. Anwalt und Notarvertreter. Ab 1.6.1937 Assessor bei der Gestapo in Breslau. 1.2.1938 Stellvertreter des Dienststellenleiters der Staatspolizeistelle Kassel. 1938 Regierungsassessor. 1.1.1940 Regierungsrat. 25.5.1940 Stapo Stettin, stellvertretender Dienststellenleiter. Januar 1941 Leiter der Personalabteilung im Distrikt Lublin. Ende Juli 1941 bis März 1942 Kreishauptmann in Cholm, ab 1.4.1942 in Biłgoraj. 1.12.1942 Wehrmacht. 2.5.1945 amerikanische Kriegsgefangenschaft, am 26.6.1945 in englische Internierung überführt. Vom Spruchgericht Benefeld-Bomlitz am 26.2.1948 zu einem Jahr Gefängnis wegen seiner Gestapo-Tätigkeit verurteilt, galt wegen der Internierungszeit als verbüßt. Am 25.11.1949 in die Kategorie IV eingestuft, fünfjährige Beförderungssperre. Kontorist und Dolmetscher bei der Besatzungsarmee. 1952 Anwaltsassessor, im selben Jahr Rechtsanwalt in Langenhagen. Ab 1955 in der Niedersächsischen Landesverwaltung als Justitiar in der Ernährungsverwaltung. Oberregierungsrat im niedersächsischen Landesverwaltungsamt. Ermittlungsverfahren der StA Hannover. Am 6.1.1975 außer Verfolgung gesetzt.[7]

Balluseck, Dr. jur. Friedrich (* 7.9.1908 in Potsdam, † 28.6.1989 in Berlin) Ev. Gymnasium. Studium der Rechtswissenschaft in Berlin, Bonn und Greifswald. 1.8.1930 NSDAP. 1931 SA. 24.1.1931 erste juristische Prüfung. 1.10.1931 Gerichtsreferendar. Juli 1932 Promotion. 3.4.1935 große juristische Staatsprüfung. 1.7.1935-29.2.1936 probeweise Assessor. 1.3.1936 Regierungsassessor am Landratsamt in Simmern. 1.1.1937 Assessor bei der Regierung in Liegnitz. 1.1.1939 beim Stadtpräsidenten Berlin, Abteilung für Volks- und Mittelschulen. 1.4.1939 Regierungsrat. Oktober 1939 bis November 1940 Kreishauptmann in Tomaszów Mazowiecki. November 1940 bis April 1943 Kreishauptmann in Jędrzejów. April 1943 Wehrmacht. Ab 1946 Gelegenheitsarbeiten in Berlin. Herbst 1948 Nachtwächter auf einem Friedhof. Oktober 1948 bis Februar 1949 Ausbildung zum ev. Religionslehrer (Katechet). Ab Februar 1949

6 APW, KHm Ostrów 19, Bl. 6; IPN, Personenkartei; Enzyklopädie des Holocaust, Bd. 1, S. 97.

7 HStA Hannover, Nds 171 Hannover Nr. 18847; BA-DH, ZA V 217, Bd. 1, Bl. 181 f.; BA-DH, ZR 510, A. 17; BAK, Z 42 IV/6904.

Religionsunterricht in Berliner Schulen und Justitiar des Verbandes der Mitarbeiter der ev. Kirche Berlin-Brandenburg e.V. Ab 1.3.1954 Regierungsrat bei der Wohnungsbaukreditanstalt in Berlin. 26.10.1956 verhaftet. Am 17.5.1957 wegen § 174 Ziff. 1 und § 176 Abs. 1 Nr. 3 StGB zu 6 Jahren Zuchthaus, Unterbringung in einer Heil- und Pflegeanstalt und Verlust der bürgerlichen Ehrenrechte auf 5 Jahre verurteilt. 19.2.1971 bedingte Entlassung aus der Nervenklinik. Tätigkeit im Museum Dahlem.[8]

Bauer, Otto (* 26.8.1895, † 9.2.1944 von russischen Partisanen erschossen) Ev., gottgläubig. Gymnasium. 2 Semester Studium der Bauingenieurswissenschaft in Karlsruhe und Darmstadt. 1907-1911 Studium der Rechtswissenschaften in Straßburg. 25.7.1911 erste Staatsprüfung. 31.7.1914-9.11.1918 Soldat. 3.3.1920 zweite Staatsprüfung. 15.3.1920-30.9.1921 Hilfsstaatsanwalt und Hilfsrichter beim LG Schwäbisch Hall. 1.10.1921-31.12.1928 Landrichter, später Landgerichtsrat in Ulm. Ab 1.1.1929 Landgerichtsrat in Ravensburg. 1.10.1936 Landgerichtsdirektor beim LG Düsseldorf. 1.5.1933 NSDAP. 1933 Stahlhelm. März 1934 SA. Rechtsanwalt. 12.2.1940 ins GG abgeordnet, Leiter des Deutschen Obergerichts in Radom. 15.10.1940 Leiter des Deutschen Obergerichts in Krakau und Vorsitzender des Parteigerichts für den Distrikt Krakau. 20.11.1940 stellvertretender Kreishauptmann in Jasło, führte dort von Mitte Januar bis Mitte Februar 1941 die Geschäfte. 1.3.1941 Leiter des Personalamts und Präsidialamts beim Chef des Amtes des Distrikts Krakau. Mitte Juli 1941 dort Leiter der Abteilung Innere Verwaltung. 15.9.1941 bis März 1942 Kreishauptmann Lemberg-Land. Ab 1.11.1941 Leiter der Abteilung Innere Verwaltung im Distrikt Galizien, ab Anfang 1943 auch Amtschef.[9]

Becht, Walter (* 8.7.1909 in Bad Saven, † 30.11.1959) Ev., gottgläubig. 1.12.1931 NSDAP. 28.5.1932 erste juristische Prüfung. 28.6.1932 – 25.9.1935 Gerichtsreferendar. 25.9.1935 große juristische Staatsprüfung. 1.1.1936 Regierungsassessor. Oberregierungsrat. Oktober/November 1939 Kreishauptmann in Tarnów. Ab 1942 Kreisleiter und Landrat in Warthbrücken/Reichsgau Wartheland. Gegen ihn lief ein von Polen initiiertes Auslieferungsverfahren.[10]

8 IPN, Amt des Distrikts Radom 6, Bl. 1; BA-DH, ZA V 161, Bl. 163 f.; BAB, R 1501/7147; LAS, B Rep. 058, Kt. 445-446, Nr. 146916h; IPN, Personenkartei; Schriftliche Auskunft der WASt, 21.7.2003.

9 HStA Stuttgart EA 4/150 Bü. 63; IPN, Regierung des GG I/728, Bl. 1 ff.; BA-DH, ZA V 217, Bd. 1, Bl. 139 f.; BAB (ehem. BDC), OPG-Richter, Bauer, Otto; Pohl, Judenverfolgung, S. 411; Sandkühler, »Endlösung«, S. 450. Laut Sandkühler ab 1.8.1941 Leiter der Abteilung Innere Verwaltung im Distrikt Galizien.

10 BAB, R 1501/7147; BAB, R 1501/3821; Broszat, NS-Polenpolitik, S. 47.

Becker, Dr. Werner (* 3.5.1905 in Groß Flottbek, † 17.5.1991 in Reinbek) 1931 große Staatsprüfung. Rechtsanwalt. Marineintendanturrat beim Oberkommando der Kriegsmarine. Rechtsanwalt. 2.1.1942 stellvertretender Kreishauptmann in Rzeszów/Reichshof. 23.2.1942 bis Oktober/November 1942 stellvertretender Kreishauptmann in Lemberg-Land und Leiter des Amtes für Innere Verwaltung. Februar 1943 bis 20.7.1944 Kreishauptmann in Brzeżany. Nach Räumung des Distrikts Leiter des Dienststabs Galizien in Schweidnitz. Ab Januar 1945 Marine. 1947 im Entnazifizierungsverfahren in Gruppe IV, später in Gruppe V eingestuft. 29.1.1948 Wiederzulassung als Rechtsanwalt. 1956 Übernahme in den Justizdienst. Verwaltungsgerichtsrat. Ermittlungsverfahren der StA Hamburg am 3.2.1976 eingestellt.[11]

Behrend, Dr. Gerhard (* 14.12.1906 in Danzig, † 22.11.1941 gefallen) Ev. Gymnasium. April bis August 1925 bei der Schwarzen Reichswehr. 1925-1929 Studium der Rechts- und Staatswissenschaften in München und Breslau. 6.11.1929 erste juristische Prüfung. 16.11.1929-14.2.1934 Gerichtsreferendar. 12.2.1934 große juristische Staatsprüfung. 1.3.1932 NSDAP. 1.11.1933 SS. 1933 Gerichtsassessor bei der Regierung in Marienwerder. Mai 1933 Promotion. 5.1.1935 Gerichtsassessor am Landratsamt Stuhm, 16.8.1935 ebd. Regierungsassessor. 19.3.1936 Regierungsassessor am Oberpräsidium Königsberg. 1.10.1936 Regierungsassessor beim Landratsamt Beckum/Westfalen. 16.9.1937 Regierungsassessor im Reichsministerium des Innern. 14.-27.9.1939 beim CdZ beim Militärbefehlshaber Danzig/Westpreußen. Ab 28.9.1939 wieder im Innenministerium. 9.10.1939 bis Juni 1940 Kreishauptmann in Hrubieszów, dann wieder Innenministerium. Landrat in Sokolka.[12]

Bergen, Erich von (* 28.8.1898 in Hohenrode, † 5.12.1990 in Remscheid) Kath., gottgläubig. Realschule. Kriegsteilnahme. 1920 Kraftfahrer-Prüfung. 1931-1933 arbeitslos. 1.4.1931 NSDAP. 1.4.1930 SA. 1934 Angestellter bei der Stadtverwaltung Remscheid. 1936-1945 Angestellter bei der DAF. Technischer Kameradschaftsführer der Verwaltung, Abteilung Feuerwehr, der Ordensburg Vogelsang. 1940 Feuerwehrprüfung in Koblenz. Wahrscheinlich September 1939 bis Mai 1940 Kreishauptmann in Garwolin. 1941 Landkommis-

11 IPN, Regierung des GG I/797, Bl. 10; BAL, B 162/II 208 AR 797/66, Bd. 2, Bl. 513 ff.; Schriftliche Auskunft der WASt, 21.7.2003.

12 BAB (ehem. BDC), RS, Behrend, Gerhard; BAB (ehem. BDC), PK, Behrend, Gerhard; BAB, R 1501/7147; Warschauer Zeitung Nr. 149, 26.6.1940; BAB R 1501/204845; IPN, Personenkartei; Lebenslauf, in: ders., Der Bestand der Freien Stadt Danzig als rechtliches Problem, Erster Teil: Die Rechtslage der Freien Stadt Danzig als Problem im Schrifttum, Diss., Breslau 1933; Musial, Zivilverwaltung, S. 381.

sar in Grodzisk. 24.4.1945-11.4.1946 Internierung. Bauarbeiter. Am 1.7.1947 in die Kategorie III/2b eingestuft.[13]

Bethke, Dr. jur. Otto (*8.9.1892 in Suchau, †26.1.1948 in poln. Haft) Ev., gottgläubig. Realgymnasium. 1911-1914 Studium der Rechts- und Staatswissenschaften in München und Jena. 31.7.1914 erste juristische Prüfung. 1914-1918 Soldat, Frontkämpfer. 29.8.1919 große juristische Staatsprüfung. Gerichtsassessor. Dezember 1919 bis 1920 Rechtsanwalt und Notar in Lobsens, das an Polen abgetreten wurde. Am 1.8.1920 sei ihm von den polnischen Behörden die Tätigkeit als Notar und am 1.9.1920 die als Rechtsanwalt untersagt worden, woraufhin er nach Deutschland ausreiste. 18.9.1920-31.10.1921 Konsistorialassessor beim Magdeburger Konsistorium. 3.11.1921-30.9.1922 bei der Regierung in Schneidemühl. 1.10.1922-26.12.1923 Referent beim Reichsausgleichsamt. 23.9.1924-1926 Rechtsanwalt in Berlin. 1926-18.5.1933 Rechtsanwalt und Notar in Bad Liebenwerda. 1922/23 DVP. 1924-1932 DNVP. 1926-1932 Stahlhelm. 1.3.1933 NSDAP. 19.5.1933-31.3.1934 kommissarischer Landrat in Kölleda, ab 1.4.1934 planmäßig. 5.9.1939 Kreishauptmann in Tschenstochau, mindestens bis Anfang Dezember 1939. 1940 Dezernent beim HSSPF. Bis zum 1.9.1941 in der Hauptabteilung Innere Verwaltung der Regierung des GG. Polizeidirektor von Warschau. 13.4.1942 zur Zivilverwaltung des Bezirks Białystok abgeordnet. 1944 bei der Regierung in München, wollte aber wieder im Osten verwendet werden. Am 22.11.1946 an Polen ausgeliefert. Verfahren wegen Todes eingestellt.[14]

Bittrich, Dr. Hans Carl (*3.5.1879 auf einem Rittergut bei Königsberg, †3.5.1953 in Detmold) Ev. Studium der Rechtswissenschaft. Erste juristische Staatsprüfung, Promotion. 1920 Entlassung aus dem Wehrdienst. Bis 1931 in der Privatindustrie. 1931-1933 arbeitslos. 1.3.1932 NSDAP. Mai 1933 zur Arbeitsverwaltung. Stellvertretender Leiter des Arbeitsamtes Berlin Süd-West. 1936 Ernennung zum Regierungsrat. 1940 Oberregierungsrat. 20.10.1939 bis zur Räumung Kreishauptmann in Mińsk Mazowiecki. Am 16.2.1949 in die Gruppe der Mitläufer eingereiht.[15]

13 BAB (ehem. BDC), Ortsgruppenkartei; BA ZNSt, Wehrstammbuch von Bergen; HStA Düsseldorf, NW 1017-I-433; Schriftliche Auskunft der WASt, 21.7.2003.

14 BAB, R 1501/7147; BAB, R 1501/204939; BAB (ehemals BDC), PK; Kobierska-Motas, Ekstradycja, Bd. 2, S. 40.

15 HStA Düsseldorf, NW 1032-00364; StArch Münster, StA Dortmund Zentralstelle für NS-Verbrechen 45 Js 24/69, Band 7, Bl. 2 ff. IPN, Personenkartei.

Boos, Dr. Eduard (* 29.9.1906) Bis 13.12.1939 Kreishauptmann in Miechów. Ermittlungsverfahren der StA Paderborn, Anlass und Ausgang unbekannt.[16]

Brandt, Alfred (* 18.5.1895 in Walsee, † 1945 bei Stolp erschossen) Gottgläubig. Gymnasium. Ausbildung in der Landwirtschaft. 1914 freiwilliger Frontkämpfer. Nach Kriegsende in Freikorps. Ab 1920 Landwirt. 1920-1929 führende Stellung im Grenzschutz Ost. Bis 1924 in der Deutsch-völkischen Freiheitspartei. 1.10.1930 NSDAP. SA. Gutsbesitzer. August 1931 Kreisleiter und Kreisbauernführer in Rummelsburg. Abteilungsleiter im freiwilligen Arbeitsdienst. Anfang 1933 Landrat in Rummelsburg. Herbst 1934 wegen Differenzen mit dem Oberpräsidenten und Gauleiter Schwede-Coburg seines Postens enthoben. Bis Ende 1939 Abschnittsfachberater im agrarpolitischen Apparat der NSDAP. 1.1.1940 bis Juli 1944 Kreishauptmann in Puławy. Dezember 1944 in den Warthegau abgeordnet.[17]

Broschegg, Dr. Karl-Hans (* 23.6.1898 in Wien) Kath., ab Januar 1939 gottgläubig. 1914-1918 Kriegsdienst. Gymnasium. Jurastudium in Innsbruck. 24.11.1924 Promotion. Ab 1924 in Rechtsanwaltspraxis. 12.11.1930 NSDAP. 1937 SA. Oktober 1931 Rechtsanwaltsprüfung in Graz. 1932-1938 Rechtsanwalt in Klagenfurt. Ab 1938 hauptamtlicher Geschäftsführer im Gauwirtschaftsamt der NSDAP Kärnten. 8.1.1940-5.10.1940 Landkommissar in Brzesko. 6.10.1940-20.3.1942 stellvertretender Kreishauptmann in Tarnów. 21.3.1942-31.7.1943 Kreishauptmann in Kałuszyn/Kalusz. 1.8.1943 Leiter der Abteilung Innere Verwaltung im Distrikt Krakau.[18]

Bülow, Hans Werner von (* 18.9.1911 in Danzig) Reformrealgymnasium. 1930 Stahlhelm. 1933 Überführung in die SA. Studium der Rechtswissenschaften in Leipzig, Göttingen, Nottingham und Paris. Referendarexamen. Seine Aufnahme in die Partei sei zunächst abgelehnt worden. 1939 als Parteianwärter in die NSDAP aufgenommen. 1940 Assessor-Examen in München. Ende Januar 1940 zur Hauptabteilung Innere Verwaltung der Regierung des GG,

16 Der Chef des Distrikts Krakau, Anordnung Nr. 53, 3.12.1939, APK, Der Stadthauptmann in Krakau 4, Bl. 53.

17 Abschrift des Schreibens des schleswig-holsteinischen Finanzministers an die Witwe von Brandt, M. Brandt, vom 13.6.1956, NL Asbach, Ordner 107; BA-DH, ZA V 217, Bd. 2, Bl. 391f.; BA-DH, ZA I 11927, A. 5, Bl. 4; BAB, R 1501/205230; Der Preußische Staatsrat 1921-1933. Ein biographisches Handbuch. Mit einer Dokumentation der im »Dritten Reich« berufenen Staatsräte, bearbeitet von Joachim Lilla, Düsseldorf 2005, S. 19; Musial, Zivilverwaltung, S. 382.

18 IPN, Regierung des GG I/1242, Bl. 2ff.; Warschauer Zeitung Nr. 287, 5.12.1940; BA-DH, ZJ 84, A. 10a und 10b; BAB, R 52 III/25, Bl. 5.

persönlicher Referent des Leiters Siebert, später von Unterstaatssekretär Kundt. Stellvertretender Kreishauptmann in Radom und Leiter des Amtes für Innere Verwaltung. 1.4.-1.11.1942 Kreishauptmann in Końskie. November 1942 Wehrmacht. Entnazifizierungsverfahren endet mit Einstellung aufgrund einer Weihnachtsamnestie. Mehrere Jahre Kunsthandel betrieben, etwa 1950 Führung und Übernahme des elterlichen Hotels in Mittenwald. Seit 1960 Rechtsanwalt. 1957 Gründungspräsident des Lion's Club in Mittenwald, später Governor. Gründer, langjähriger Vorsitzender und Ehrenvorsitzender des Vereins für das rheumakranke Kind. Vorsitzender des Kuratoriums der Rheumaliga.[19]

Bünau, Heinrich von (* 23.1.1886[20]) NSDAP. SS. Oberregierungsrat. Landrat Allenstein. Bis November 1939 Kreishauptmann Ostrów Mazowiecka. Landrat Allenstein. August 1941 bis 19.2.1942 Landrat in Bielsko. Hauptabteilungsleiter beim Generalkommissar Kiew.[21]

Burkhardt, Dr. med. vet. Hans (* 13.9.1891 in Landsberg/Lech) Kath., gottgläubig. Gymnasium. 1911 bis August 1914 Studium der Veterinärmedizin in München. Kriegsfreiwilliger. 1919-1933 Tierarzt in Sontra. 2.7.1927 Promotion. 1.8.1928 NSDAP. November 1929 bis 1933 Mitglied des Provinziallandtags der Provinz Hessen-Nassau. 1930-1933 Mitglied des Kommunallandtags Kassel. 1.10.1932-30.6.1934 Gauinspekteur der Gauleitung Kurhessen der NSDAP. 1.7.1934-31.1.1938 Stellvertreter des Gauleiters Kurhessen. 11.7.1934-1945 MdR. 29.5.-28.10.1933 vertretungsweise Landrat Fulda. 28.10.1933-31.12.1939 Landrat Fulda. November 1939 Kreishauptmann Kielce. 1.1.1940-30.6.1944 Regierungspräsident des Regierungsbezirks Hohensalza im Warthegau und Gauinspekteur ebendort. 30.6.1944 wegen der kirchlichen Heirat seiner Tochter von Gauleiter Greiser in den Wartestand versetzt.[22]

Busch, Dr. Reinhard (* 25.7.1901 in Neugersdorf, † Februar 1963) Ev. Realgymnasium. Bis 1924 Jura- und Volkswirtschaftsstudium in Jena und Leipzig. 1924 erste juristische Prüfung. 1.8.1924-31.10.1927 Referendar. Ende 1927 zweite juristische Staatsprüfung. 10.12.1927 Gerichtsassessor. 1.9.1928 Regierungsassessor. 1.4.1932 Regierungsrat. Am Landratsamt Leipzig, Stollberg, Döbeln und Schwarzenberg und am Regierungspräsidium in Zwittau.

19 BAL, B 162/II 212 AR 1456/66, Bl. 1 u. 11. IPN, Personenkartei; Interview mit Hans Werner von Bülow, 28.4.2007.

20 Laut BAL, B 162/II 211 AR-Z 186/74, Bl. 2803 geb. 28.12.1906 in Spandau.

21 IPN, NTN 262, Bl. 229; BA Bayreuth, Ost-Dok. 8/792, Bl. 2; IPN, Personenkartei.

22 IPN, NTN 262, Bl. 225; BAB, R 1501/7147; IPN, Personenkartei; Lilla, Statisten, S. 131; Alberti, Verfolgung, S. 64.

1.5.1933 NSDAP. 9.9.1939 Landkommissar für die Kreise Gorlice und Jasło. Stellvertretender Kreishauptmann in Nowy Sącz/Neu-Sandez, 13.12.1939 bis Januar 1945 dort Kreishauptmann. Ermittlungsverfahren der StA Dortmund durch Tod erledigt.[23]

Buss, Artur (* 20.9.1904 in Schotten, † 15.8.1981 in Schotten) Ev. Realgymnasium. 1922-1926 Studium der Rechts- und Staatswissenschaft in Gießen und München. 14.5.1926 erste juristische Prüfung. 1926-1929 Vorbereitungsdienst. 4.11.1929 große juristische Staatsprüfung. 1930 Gerichtsassessor und Hilfsarbeiter bei verschiedenen Rechtsanwälten. 1.8.1931 NSDAP. 1.12.1931 SA. 1932 Assessor bei der Staatspolizeistelle Darmstadt. 30.1.1934 Staatsanwalt in Darmstadt und 1935 Regierungsrat im Hessischen Landesdienst, blieb aber währenddessen abkommandiert zum Staatspolizeiamt. 1.12.1937 zur Regierung nach Koblenz. 1.6.1939 bis Kriegsbeginn Regierungsrat beim Landratsamt in Halle a. d. Saale. 9.9.1939-17.1.1945 Kreishauptmann in Piotrków/Petrikau. Mai 1945 bis April 1948 interniert. Am 3.4.1948 in die Gruppe II mit Berufsverbot eingestuft wegen seiner Tätigkeit bei der Gestapo, Berufsverbot 1953 auf dem Gnadenweg aufgehoben. 1954 Zulassung als Rechtsanwalt, 1959 als Notar. CDU. 1956-1964 Stadtverordnetenvorsteher der Stadt Schotten, auf Hinweis des Landrats in Büdingen ist er bei den Wahlen 1964 nicht wieder aufgestellt worden. Ermittlungsverfahren der StA Gießen am 29.3.1968 eingestellt.[24]

Busse, Otto (* 20.10.1896 in Sundwig, † 18.11.1967 in Iserlohn) Gottgläubig. Realgymnasium. Einjähriges Notabitur. Kriegsteilnehmer. 1919-1920 Studium der Landwirtschaft in Halle und Berlin. 1920 Landwirtschaftsprüfung in Güstrow. Landwirt in Deutschland, Paraguay und Argentinien. Ab 1924 Gutsbesitzer in Pommern. 1.9.1930 NSDAP. 1933 Kreisleiter des Kreises Schievelbein und stellvertretender Landrat in Belgrad, nach dem Selbstmord des Landrats dessen Nachfolger. 1934 nach Wechsel des Gauleiters seines Amtes enthoben. Landwirt. Bei Kriegsbeginn zur Wehrmacht. 12.3.1941 bis Sommer 1944 Kreishauptmann in Hrubieszów. Wehrmacht. 1945-1948 Landarbeiter. In Kategorie IV eingestuft. In den fünfziger Jahren Kaufmann.

23 IPN, Amt des Distrikts Krakau 12, Bl. 1; Universitätsarchiv Jena, Kartei der Studierenden; BA-DH, ZA V 217, Bd. 1, Bl. 109 f.; IPN, Personenkartei.

24 IPN, Amt des Distrikts Radom 6, Bl. 1; BA-DH, ZA V 217, Bd. 2, Bl. 379 f.; BA-DH, ZA VI 389, A.10; StArch Darmstadt, H 13 Gießen Nr. 692, Bd. 3, Bl. 742 f.; BAL, B 162/II 206 AR-Z 32/63, Bd. 11, Bl. 2159 ff.; Schriftliche Auskunft des Universitätsarchivs der Universität Gießen, 19.8.2003; schriftliche Auskunft des Stadtarchivs Schotten, 23.8.2007.

Ermittlungsverfahren der StA Hildesheim. Busse beging nach dem Antrag der StA auf Eröffnung der Hauptverhandlung Selbstmord.[25]

Claß, Dr. Hans (* 22.10.1909 in Darmstadt) Ev. Gymnasium. Studium der Rechtswissenschaften in Freiburg und Gießen. 1.12.1930 NSDAP. 1.6.1932 Fakultätsprüfung. 20.7.1932 bis 1935 Vorbereitungsdienst. 2.10.1935 große juristische Staatsprüfung. 15.10.1935-31.1.1936 Anwaltsassessor. 4.1.1937 Regierungsassessor. 1.4.1939 Regierungsrat. 8.8.1939 beim württembergischen Wirtschaftsministerium in Stuttgart. 15.3.1942 Kreishauptmannschaft Rzeszów/Reichshof. 9.8.1942 bis Ende 1942 Kreishauptmann in Sanok. 9.1.1943 Wehrmacht. Oberregierungsrat im Wirtschaftsministerium von Württemberg-Baden. 29.12.1953 auf eigenen Wunsch aus dem Landesdienst ausgeschieden.[26]

Cuhorst, Dr. phil. Fritz (* 1.7.1902 in Ellwangen, † 1.8.1945 in Lindau) Gottgläubig. Realgymnasium. Studium der Naturwissenschaften und Volkswirtschaft in Tübingen und München. Frühjahr 1926 erste Dienstprüfung für das höhere Lehramt. Vorbereitungsjahr. Frühjahr 1927 zweite Dienstprüfung. 1927/1928 am Gymnasium in Tübingen, danach Hilfslehrer an einer Realschule in Stuttgart. 1930/1931 zu wissenschaftlichen Arbeiten beurlaubt. 1.2.1931 NSDAP. Ende 1931 bis Mitte 1932 Ortsgruppenleiter einer Ortsgruppe in Stuttgart. Kreispropagandaleiter und Kulturhauptstellenleiter, Kreis- und Gauredner. 1932 Promotion. Anfang 1933 vom Stuttgarter Oberbürgermeister in den Gemeinderat berufen und am 15.10.1933 zum Kulturreferenten bestellt. November 1939 bis Juni 1940 Stadthauptmann von Lublin. Kurz Berichterstatter bei der Ministerialabteilung für die höheren Schulen, danach wieder in der Stadtverwaltung. 1945 interniert.[27]

Dengel, Dr. jur. Oskar Rudolf (* 27.12.1899 in Waldbüttelbrunn, † 12.3.1964 in Würzburg) Gottgläubig, früher kath. Gymnasium. 9.6.1917-4.2.1919 Militärdienst, anschließend beim Freikorps Würzburg. Studium der Rechts- und

25 IPN, Regierung des GG I/1348, Bl. 1; HStA Hannover, Nds 721 Hannover Acc. 97/99 Nr. 18/106, S. 41 f.; IPN, Amt des Distrikts Lublin 96, Bl. 1; LAS 460.1/286; IPN, Personenkartei; Schriftliche Auskunft der WASt, 21.7.2003; Musial, Zivilverwaltung, S. 383.

26 BA-DH, ZA V 217, Bd. 2, Bl. 501 f.; BAL, B 162/II 206 AR-Z 13/64, Bd. 1, Bl. 269.

27 StArch Sigmaringen, Wü 13 T 2 Nr. 2634; BAB (ehem. BDC), PK, Cuhorst, Fritz; IPN, Personenkartei; Lebenslauf in: Cuhorst, Fritz, Verkehrsgeographie der Republik Österreich, Inaugural-Dissertation zur Erlangung der Doktorwürde einer Hohen Philosophischen Fakultät der Universität zu Tübingen, Stuttgart 1932, o.S.

Staatswissenschaften. 3.11.1922 erste juristische Staatsprüfung. 7.11.1922-16.11.1925 Gerichtsreferendar. 1923 Dr. jur. 12.12.1925 große juristische Staatsprüfung. 1.5.1926 Regierungsassessor. 15.1.1929 Regierungsrat beim Landratsamt Alzenau. 1.11.1931 NSDAP. 1933 Beigeordneter (Rechtsrat) der Stadt Würzburg, 1934 dort 1. Beigeordneter (Stadtkämmerer). November 1939 bis 15.3.1940 Stadthauptmann Warschau. 1941 Regierungsvizepräsident in Würzburg. 2. Bürgermeister von Würzburg und Stellvertreter des Gauleiters von Unterfranken. 1941 SS. September 1944 bis Kriegsende Regierungsvizepräsident in Aussig/Sudetenland. 4.4.1945-14.1.1948 Internierung. 14.1.1948 an Polen ausgeliefert, dort am 30.3.1951 vom Bezirksgericht Warschau zu 15 Jahren Gefängnis verurteilt. Am 7.7.1956 Strafe vom Obersten Gerichtshof auf acht Jahre Gefängnis herabgesetzt. Am 1.8.1956 nach Deutschland entlassen. Ermittlungsverfahren der StA Würzburg am 3.5.1961 eingestellt.[28]

Derks, Dr. jur. Gerhard (* 17.2.1902 in Großhelrath bei Coburg) Ev. Gymnasium. Juli/August 1920 Schwarze Reichswehr. 1920-1924 Studium der Rechtswissenschaft und Volkswirtschaft in Erlangen, Leipzig, Würzburg u. a. 1924 erste juristische Prüfung. März 1924 Promotion. 1926 Prüfung für den höheren Justizdienst. 16.10.1927 Regierungsassessor bei der Regierung von Oberfranken. 1.4.1929 Bezirksamtmann in Münchberg. 1.5.1933 NSDAP. SA. 1.1.1934 Regierungsrat in Weißenburg. 1.7.1935 Bezirksamt Coburg. 29.4.1938 kommissarischer Bezirksoberamtmann in Uffenheim. 9.8.1938 Bezirksamt Coburg. 1.5.1939 Landrat in Coburg. November 1939 Kreishauptmann Kozienice, Distrikt Radom.[29]

Dewitz, Dr. Viktor von (* 30.5.1905 in Beuthen, † ca. 1997) Ev. Gymnasium. Lehrling bei einer Hamburger Exportfirma. Ab 1928 Studium der Rechtswissenschaft in Freiburg, Wien, Rostock und Königsberg. Dezember 1932 erste juristische Staatsprüfung. Januar 1933 Gerichtsreferendar. Mai 1933 NSDAP. November 1933 SA. November 1933 Regierungsreferendar bei der Regierung in Frankfurt/Oder. Dezember 1936 zweite juristische Staatsprüfung. Regierungsassessor in Saarbrücken. Ab September 1939 Kreishauptmann in Nowy Targ/Neumarkt, August 1941 bis Mitte Juli 1944 in Stryj. Ab 30.11.1944 beim Regierungspräsidenten Köln. März 1945 Oberpräsidium der Rheinprovinz.

28 IPN, SAW 68-69, Bl. 23 f.; Bayer. HStA, MInn 83358; BAB (ehem. BDC), SSO, Dengel, Oskar Rudolf; BAL, B 162/II 211 AR 256/61, Bl. 2 ff.; IPN, Personenkartei.

29 IPN, NTN 262, Bl. 225; BAB, R 1501/3820; BAB (ehem. BDC), PK, Derks, Gerhard; BA-DH, ZA V 56, Bl. 123 f.; BAB (ehem. BDC), RS.

Am 21.4.1950 in Kategorie V eingestuft. Kreisdirektor beim Landratsamt Köln.[30]

Doering, Dr. jur. Heinz (* 14.6.1894 in Berlin, † 1972) Ev. Gymnasium. 1914-1918 Studium der Rechts- und Staatswissenschaften in München, ebenso Geschichte, Kunstgeschichte, Literatur und Theater. 1918 erste juristische Prüfung. 1918-1921 Referendar. 1921 große juristische Staatsprüfung. Bei der StA München, dann im Justizministerium beschäftigt. 1922 Bayerisches Staatsministerium für Unterricht und Kultur. 1.10.1926 Regierungsrat. Herbst 1926 Promotion. 1.12.1928 Landratsamt Wasserburg/Inn. 1.5.1933 NSDAP. 5.1.1938 Landrat in Schrobenhausen. 1.2.1939 Landrat in Mühldorf. Kreisamtsleiter für Kommunalpolitik und Kreisredner der NSDAP. 15.4.1942 Regierung des GG. Bis 8.4.1943 Referent in der Hauptabteilung Innere Verwaltung der Regierung des GG, zunächst in der Abteilung für Polizeiangelegenheiten. 8.3.1943-1.5.1943 stellvertretender Stadthauptmann von Krakau. 1.5.1943 bis August 1943 Stadthauptmann und Polizeidirektor in Radom. August 1943 bis August 1944 Kreishauptmann in Opatów. 14.9.1944 Landrat in Aussig. Am 12.2.1945 an die Regierung in Trier abgeordnet. März 1945 in München an der Versicherungskammer. 4.5.1945 bis 3.9.1948 interniert. Bis 1952/53 in der KPD aktiv. Pflegte einen starken Antisemitismus auch nach Kriegsende.[31]

Drechsel, Hans (* 21.3.1904 in Dresden, † 29.12.1946 im Internierungslager Ketschendorf bei Fürstenwalde) Ev.-luth., gottgläubig. Gymnasium. In Leipzig Studium der Rechtswissenschaften. 1923-1927 kaufmännischer Angestellter. 1924-1926 Wikingbund (Brigade Erhardt). 1928-1931 Werkstudent. November 1929 bis Ende 1930 NSStB. 1.11.1930 NSDAP. 1930-1932 SA. 1930 Kreisredner. 1932 Gauredner. 1933-1935 Kreisschulungsleiter. 1.1.1934-26.11.1935 Bürgermeister in Markranstädt, ab 27.11.1935 Oberbürgermeister in Kreipers. 1935-1945 Oberbürgermeister von Meißen. 15.9.1939 Stadtkommissar in Piotrków/Petrikau. September 1940 Stadthauptmann von Kielce, ab 11.8.1941 zugleich Kreishauptmann in Kielce. Reichsstatthalter Martin

30 HStA Düsseldorf, NW 1023-06350; IPN, Amt des Distrikts Galizien 6, Bl. 2; HStA Düsseldorf, BR-PE 6942; Lebenslauf in: Dewitz, Victor von, Rechte und Pflichten des Bilanzprüfers im neuen Aktienrecht, Inaugural-Dissertation zur Erlangung der Doktorwürde der juristischen Fakultät der Universität Rostock, Würzburg 1936.

31 IPN, Regierung des GG I/1540, Bl. 1; Bayer. HStA, MInn 83391, Bl. 19 ff. BAB (ehem. BDC), PK, Doering, Heinz; BAL, B 162/212 AR 1424/66, Bl. 69; Sonderarchiv Moskau, 720k-5-1536; IPN, Personenkartei; Amtlicher Anzeiger für das GG, Nr. 26, 2.4.1943, S. 632; Amtlicher Anzeiger für das GG, Nr. 42, 28.5.1943, S. 1094; Telefonische Auskunft der Familie, 25.2.2004.

Mutschmann leitete Anfang 1945 ein Dienststrafverfahren auf Dienstentlassung ein, weil gegen Drechsel kriminalpolizeiliche Ermittlungen wegen Vorwürfen aus seiner Tätigkeit als Stadthauptmann liefen. Drechsel befand sich daher ab 23.1.1945 in Untersuchungshaft.[32]

Driessen, Kurt (* 31.1.1906 in Essen, † 23.7.1974) Kath. Gottgläubig. 19.4.1948 wieder kath. Realgymnasium. 1925-1931 Studium der Rechts- und Staatswissenschaft in Freiburg, Bonn und Köln. 28.1.1931 Referendarexamen. 1931-1934 Gerichtsreferendar. Oktober 1932 bis November 1933 Beisitzer des Gaugerichts Essen. SA-Hauptsturmführer. 1.8.1931 NSDAP. 1.4.1932 SA, Sturmbannführer. 23.10.1934 zweite juristische Staatsprüfung. November 1934 bis 31.3.1935 Gerichtsassessor am AG Essen. 1.4.1935-1.9.1937 bei der SA-Gruppe Westfalen Sachbearbeiter von Disziplinar- und Rechtssachen. 1.9.1937-1.9.1938 Regierungsassessor beim Landrat in Wengenheim. 1.9.1938-1.1.1939 Regierungsassessor beim Polizeipräsidium Schramme. Regierungsrat beim Polizeipräsidium in Dortmund. Landrat in Włoszczowa. 21.12.1939 bis Mitte Januar 1945 Kreishauptmann in Radomsko. 1941/42 einige Monate zusätzlich Kreishauptmann in Końskie. Mitte März 1945 Wehrmacht. Mai 1945 amerikanische Kriegsgefangenschaft. 1945 bis Januar 1948 Internierung. In Fallingbostel in Gruppe III eingestuft, am 7.2.1949 in Gruppe IV eingestuft. Ab 1.3.1948 Nachtwächter und Lagerverwalter in Lüdenscheid. 1.11.1949-15.3.1953 juristischer Hilfsarbeiter in einer Anwaltskanzlei. Anschließend bis 31.1.1971 Städtischer Rechtsdirektor bei der Stadt Leverkusen. Ermittlungsverfahren der StA Koblenz am 30.3.1972 eingestellt.[33]

Drohberg, Karl (* 14.6.1909 in Wundpheitz/Oberschlesien) Gottgläubig. Volksschule. Berufsschule, Lehre. Bis 1932 Holzkaufmann. Dezember 1930 NSDAP. SA-Führer. Gauredner der NSDAP. Hauptamtlicher Kreisleiter. 1934/35 Stadtrat in Koenzburg. 5.9.-1.12.1939 Stadthauptmann Tschenstochau.[34]

32 IPN, Amt des Distrikts Radom 6, Bl. 1; BAB (ehem. BDC), SA, Drechsel, Hans; BAB (ehem. BDC), PK, Drechsel, Hans; BAL, B 162/II 206 AR-Z 12/63, Bd. 5, Bl. 1022; IPN, Personenkartei; Grundriß zur deutschen Verwaltungsgeschichte 1815 – 1945, Reihe B, hg. von Thomas Klein, Band 14: Sachsen, Bearbeitet von Thomas Klein, Marburg 1982, S. 345; Gräbernachweis des Volksbundes Deutsche Kriegsgräberfürsorge e.V., www.volksbund.de [4.1.2007].

33 IPN, Amt des Distrikts Radom 6, Bl. 1; HStA Düsseldorf, NW 1097-4426; Lebenslauf vom 12.6.1937, BA-DH, ZA VI 433, A. 9; BAL, B 162/206 AR-Z 31/63, Bd. 1, Bl. 158 f.; Stadtarchiv Leverkusen, Personalakte Kurt Driessen, 110.20387; IPN, Personenkartei.

34 IPN, NTN 262, Bl. 225; BA-DH, ZA I 4580.

Eckert, Dr. Reinhold (* 10.1.1902 in Crailsheim, † 25.5.1943 von Partisanen erschossen) 1.5.1937 NSDAP. Stadtkommissar in Tarnów. 16.10.1940-8.3.1943 stellvertretender Stadthauptmann von Krakau. 23.3.-25.5.1943 kommissarischer Kreishauptmann in Ostrów Mazowiecka.[35]

Egen, Dr. jur. Friedrich (* 27.1.1903 in Marschalken-Zimmern, † 18.1.1974 in Stuttgart) Ev. Lateinschule. 1917-1921 Theologisches Seminar in Maulbronn und Blaubeuren. 1921-1922 Studium der Theologie in Tübingen. 1922-1925 Jurastudium in Tübingen und Berlin. 1925 erste juristische Staatsprüfung. 1925-1928 Referendar. 1926 Promotion. Frühjahr 1928 große juristische Staatsprüfung. Herbst 1928 Zweiter Beamter am Oberamt Göppingen. 1929 Regierungsrat. Herbst 1932 bis März 1933 Amtsverweser am Landratsamt Vaihingen. 1.5.1933 NSDAP. März 1933 Leiter des Verkehrsreferats im württembergischen Innenministerium. 1939 Oberregierungsrat. 15.9.1939 Oberbürgermeister Radom. Landrat in Sandomierz. 16.12.1939 bis Juli 1942 und September 1943 bis Ende 1944 Kreishauptmann Radom-Land, ab 1.1.1940 zugleich Vizegouverneur und Amtschef im Distrikt Radom. 1943 Ministerialrat. 3.11.1945 Verhaftung. 18.12.1946 ausgeliefert, vom Bezirksgericht Radom am 28.9.1948 zu 12 Jahren Gefängnis verurteilt. Ermittlungsverfahren der StA Stuttgart durch Tod erledigt.[36]

Ehaus, Dr. rer. pol. Heinz (* 1.2.1906 in Lauenburg, † 8.5.1945 in Johannisbad/ČSR Selbstmord) Gottgläubig. Gymnasium und Kadettenkorps, dort nach Ausbruch der Revolution wieder ausgeschieden. Ab 1926 Studium der Rechts- und Staatswissenschaften in Berlin, Tübingen und Königsberg. Mitte Juni 1924 bis Mitte Juli 1924 Schwarze Reichswehr. 5.7.1930 erste juristische Prüfung. 1.10.1930-10.2.1934 Vorbereitungsdienst. 1.7.1931 Promotion. 1.5.1933 NSDAP. 7.11.1933-8.6.1936 SA. 30.10.1937 SS. 12.7.1934 Gerichtsassessor. 1.8.1934-30.9.1935 beim Kreisausschuss des Kreises Ückermünde beschäftigt. 1.10.1935 probeweise bei der Gestapo Bielefeld. 15.5.1936 am Geheimen Staatspolizeiamt in Berlin. 19.8.1936 Regierungsassessor. 1.10.1936 Gestapo Münster. 26.3.1937 Stapoleitstelle Berlin. 1.1.1938 Hauptamt Sicherheitspolizei, Amt Verwaltung und Recht. 1.4.1938 Regierungsrat. Landkommissar in Nisko. 3.12.1939 bis Oktober 1944 Kreishauptmann in Rzeszów/

35 APK, Der Stadthauptmann in Krakau 267, Bl. 27; APW, KHm Ostrów 19, Bl. 20; BAB (ehem. BDC), PK, Eckert, Reinhold; Amtlicher Anzeiger für das GG, Nr. 26, 2.4.1943, S. 632.

36 IPN, Amt des Distrikts Radom 6, Bl. 1; BA-DH, ZA V 217, Bd. 1, Bl. 113 f.; IPN, SORd 170, Bl. 9 f. u. 26-29; IPN, Personenkartei.

Reichshof. Ehrenamtlicher Mitarbeiter des SD. 10.3.1942 Oberregierungsrat. 7.11.1944 als Vertreter des Landrats nach Trautenau abgeordnet.[37]

Eisenlohr, Dr. Georg (* 11.3.1887 in Reutlingen, † 1951 in Danzig) Ev. Gymnasium. 1905-1909 Jurastudium in Berlin und Tübingen. 1910 erste, 1914 zweite Justizdienstprüfung. Mai 1914 Promotion. Frühjahr 1914 Rechtsanwalt in Stuttgart. 1914-1918 Kriegsdienst. 10.11.1919 stellv. Amtsrichter in Reutlingen und Stuttgart. Februar 1920-1924 Amtmann beim Oberamt Reutlingen. 1924-1929 württembergisches Innenministerium. 1926 Regierungsrat. 1929 Landrat in Münsingen. 1938 Technisches Landesamt in Ludwigsburg. 1.5.1933 NSDAP. 21.9.1939-15.12.1939 Landkommissar in Rzeszów. 24.1.1940-17.3.1940 Kreishauptmann in Nowy Targ/Neumarkt, 18.3.1940-9.2.1942 in Jarosław. 10.2.1942 bis Januar 1944 Amtschef und Vizegouverneur des Distrikts Krakau. 11.4. bis August 1944 Kreishauptmann Przemyśl. September 1944 Landratsamt Münsingen. 14.7.1945 seines Dienstes enthoben. Internierung. 22.7.1947 ausgeliefert, am 3.12.1948 vom Bezirksgericht Krakau zu fünf Jahren Gefängnis verurteilt. In Haft gestorben.[38]

Emmrich, Karl-Georg (* 19.1.1899 in Burkersdorf) Jurastudium in Leipzig. SPD-Mitglied. Ab 1925 Rechtsanwalt in Chemnitz. 1939 NSDAP. Mai 1942 Vertreter des Kreishauptmanns in Sambor. Oktober 1942 bis Ende Juli 1943 Kreishauptmann in Sambor. Ab 1.9.1943 Leiter des Personalamts und Präsidialamts im Distrikt Krakau. Wehrmacht. Am 16.4.1948 in Burgstädt aus dem Quarantänelager Pirna entlassen. 1950 vom SMT verurteilt und deportiert. Für tot erklärt.[39]

37 IPN, Regierung des GG I/1651, Bl. 1; IPN, Amt des Distrikts Krakau 12, Bl. 1; BAB (ehem. BDC), SSO, Ehaus, Heinz; BAB, R 1501 PA/5981; BA-DH, ZA I 11927, A. 5, Bl. 7; BA-DH, ZA V 57, Bl. 67 f.; IPN, Personenkartei; Lebenslauf in: ders., Artikel 110 Absatz 2 der Weimarer Reichsverfassung von 1919 in Theorie und Praxis, Inaugural-Dissertation zur Erlangung der juristischen Doktorwürde der Hohen Rechts- und Staatswissenschaftlichen Fakultät der Albertus-Universität zu Königsberg i.Pr., Königsberg 1931; Klee, Personenlexikon, S. 126; Ayaß, Wolfgang: »Asoziale« im Nationalsozialismus. Stuttgart 1995. S. 270, Anm. 96.

38 IPN, Amt des Distrikts Krakau, Bl. 1; BA-DH, ZA V 217, Bd. 1, Bl. 89 f.; BA-DH, ZD 1094/55; HStA Stuttgart E 151/21 Bü 180. Bl. 173 u. 177; IPN, Personenkartei; Amtlicher Anzeiger für das GG, Nr. 13, 20.2.1942, S. 240; Warschauer Zeitung Nr. 67, 20.3.1940; Amtsvorsteher, S. 233.

39 IPN, Regierung des GG I/1683, Bl. 2; Amtlicher Anzeiger für das GG, Nr. 69, 20.8.1943, S. 1727; Schriftliche Auskunft der WASt, 21.7.2003; Pohl, Judenverfolgung, S. 413.

Englaender, Dr. Curt (*4.7.1902 in Eschweiler, †17.6.1983 in Altenkirchen) Gottgläubig. Gymnasium. 1917-1918 freiwilliger Hilfsdienst in Champagne. 1921 Abitur. 1921-1924 Lehrling und Angestellter bei diversen Banken. 1924-1928 Jurastudium in Köln und Bonn. 28.6.1928 Gerichtsreferendar. 1926-1928 Assistent an der juristischen Fakultät Köln. 1928 Promotion. 9.4.1930 Assessor-Examen. Mai bis Oktober 1930 Dezernent bei der StA Köln. 1931-1936 Rechtsanwalt. 20.8.1936 Bürgermeister in Kesternich, 1.3.1939 Amtsbürgermeister in Menden. 1928 Mitglied der DVP. 1.5.1933 NSDAP. 1935-1937 Gaumitarbeiter. 1937-1939 Ortsgruppenleiter. Ab 1939 Kreisamtsleiter. 1933-1935 SA. 1.3.1942 Hauptabteilung Innere Verwaltung. 21.4.1942-30.1.1944 Stadthauptmann in Lublin. Lehrer in der Krakauer Verwaltungsschule, Bereich Geschichte. 1944-1945 Wehrmacht. Nach dem Krieg in englischer Gefangenschaft. Angestellter in einer Samenhandlung. Am 16.12.1948 in Kategorie IV eingeordnet. Rechtsanwalt. Kreisrechtsrat in Altenkirchen. Landesverwaltungsgerichtsrat. Präsident des Oberverwaltungsgerichts Mainz.[40]

Engler, Dr. Wilhelm (*21.7.1880 in Karlsruhe) Nach dem Studium in der badischen Verwaltung. Kriegsdienst. Landrat in Offenburg. Vor 1933 Mitglied im Reichsbanner Schwarz-Rot-Gold. 1.5.1933 NSDAP, 1.5.1937 Wiedereintritt. Stellvertretender Präsident der Inneren Verwaltung Badens. Oberregierungsrat. 13.12.1939-11.1.1940 Kreishauptmann in Miechów. 15.1.1940 Landkommissar in Myślenice. 16.1.1940-19.8.1941 Leiter der Abteilung Innere Verwaltung im Distrikt Krakau. 20.8.1941 bis Juni 1943 Amtschef des Distrikts Lublin. Juli 1943 Abberufung ins Reich.[41]

Franke, Dr. Eberhard (*8.10.1908 in Sprottau/Niederschlesien, †8.6.1974) Ev., gottgläubig. Gymnasium. Ab 1927 Studium der Rechts- und Staatswissenschaft in Breslau und Berlin. Februar 1931 Referendarexamen. Vorbereitungsdienst. 1932 Promotion zum Dr. jur. 1.8.1932 NSDAP. 1933-1934 SA-Reserve. 1932-1934 juristischer Hilfsarbeiter in einer Anwaltskanzlei. Mai 1934 Assessor-Examen. Ab 1934 Rechtsanwalt in Breslau. 1932 Geschäftsfüh-

40 IPN, Personenkartei; HStA Düsseldorf, NW 1054-337; USHMM, RG-15.066M, reel 1; BAB (ehem. BDC), PK, Englaender, Curt; HStA Düsseldorf, BR-PE 1676; Lebenslauf in: Englaender, Curt, Zivilrechtliche Ansprüche des Jagdberechtigten gegenüber Störungen und Eingriffen in sein Jagdrecht, Inaugural-Dissertation zur Erlangung der Doktorwürde einer Hohen Rechtswissenschaftlichen Fakultät der Universität Köln, Düren 1928; Schriftliche Auskunft der WASt, 21.7.2003; Telefonische Auskunft der Familie, 30.3.2005; Schriftliche Auskunft des Archivs des Rhein-Sieg-Kreises, 14.9.2006; Ossendorf, Nazis, S. 85 ff.; Musial, Zivilverwaltung, S. 384.

41 Vgl. Krakauer Zeitung, 21.8.1941, S. 5; Präg/Jacobmeyer, Diensttagebuch, S. 948.

rer des NSRB in Breslau. 20.11.1939 bis Februar 1942 Referent in der Hauptabteilung Innere Verwaltung. 15.2.1942 bis März 1943 Stadthauptmann von Tschenstochau. 1943-1945 Wehrmacht. 1945 amerikanische Kriegsgefangenschaft. 1945-1946 landwirtschaftlicher Hilfsarbeiter. 1946 Antrag auf Wiederzulassung als Rechtsanwalt. 9.1.1947-25.2.1948 in Neuengamme interniert. Auslieferungsantrag Polens vom 28.2.1948 abgelehnt. 10.9.1948-31.3.1950 Geschäftsführer im Landesverband Nordrhein-Westfalen der FDP, Leiter des Organisationsreferats. 1.10.1949-31.3.1950 Geschäftsführer der Forschungsgemeinschaft für Welt- und Volkswirtschaft e.V., dort als Justitiar und Leiter der Organisationsabteilung beschäftigt. Geschäftsführer der Firma Klönne Technik GmbH. Ermittlungsverfahren der StA Dortmund am 28.1.1966 eingestellt, wiederaufgenommen und erneut eingestellt am 12.12.1968.[42]

Franke, Karl-Heinrich (* 15.8.1902 in Braunschweig) Ev.-luth. Oberrealschule. 1920 Mitglied im Deutschvölkischen Schutz- und Trutzbund. 1922 Abitur. 1924 Deutschvölkische Freiheitspartei. Studium der Rechts- und Staatswissenschaften in Göttingen und Berlin. 31.1.1927 erste juristische Prüfung. 1.10.1930 NSDAP. SA. 3.12.1930 große juristische Staatsprüfung. Gerichtsassessor. Januar 1931 Rechtsanwalt. Mitarbeiter des Rassenpolitischen Amtes des Gaues Kurmark. 1936 Regierungsassessor im Landratsamt Teltow. 21.9.1938 Landrat Allenstein, Mai 1939 abberufen. 24.7.1939 Landrat in Quedlinburg. 30.5.1940 ins GG abgeordnet. Juli 1940 bis März 1941 Kreishauptmann in Hrubieszów. Vom Gouverneur des Distrikts Lublin wegen Verschwendung vom Dienst suspendiert. Am 13.11.1949 aus östlichem Gewahrsam kommend im Lager Gronenfelde entlassen.[43]

Freudenthal, Dr. Carl Ludwig (* 8.6.1907 in Güstrow, † 6.7.1944 in Polen erschossen) Ev. Realgymnasium. 1923/24 Deutschvölkische Freiheitspartei, Brigade Ehrhardt, Jungdeutscher Orden. Bis Ostern 1926 Jungstahlhelm. 1926-1927 kaufmännische Lehre. 1927-1931 Studium der Rechts- und Wirtschaftswissenschaften in Tübingen, Berlin und Rostock. 1.3.1931 NSDAP. 16.3.1931 erste juristische Prüfung. 26.3.1931-22.10.1934 Gerichtsreferendar. 28.10.1931 Promotion. 27.10.1934 große juristische Staatsprüfung. 28.10.1934 Assessor. Dezember 1934 bis Januar 1935 Gerichtsassessor bei der StA Rostock. Januar 1935 bis November 1935 Regierungsassessor beim Landratsamt

42 IPN, Amt des Distrikts Radom 6, Bl. 1; HStA Düsseldorf, NW 1065-00874; StArch Münster, StA Dortmund Zentralstelle, 45 Js 23/65, Bd. 1, Bl. 135ff.; Lebenslauf in: ders., Rechtsgeschäft oder Rechtssatz, Studien zur Lehre von den Organisationen, Dissertation, Breslau 1932; IPN, Personenkartei; schriftliche Auskunft der Friedrich Naumann-Stiftung, Archiv des Liberalismus, 7.8.2006.

43 BA-DH, ZA VI 403, A. 1, Bd. 1; BA-DH, ZA V 168, Bl. 84f.; IPN, Personenkartei; Schriftliche Auskunft der WASt, 21.7.2003; Musial, Zivilverwaltung, S. 385.

Osterholz-Scharmbeck. November 1935 bis September 1936 Regierung in Frankfurt/Oder, dort 27.3.-31.8.1936 Leiter der Stapostelle. Oktober bis Dezember 1936 Regierungsassessor beim Oberpräsidium der Provinz Pommern. Januar 1937 bis März 1940 Regierungsrat beim Beauftragten für den Vierjahresplan, Reichskommissar für die Preisbildung in Berlin. Ab April 1940 Leiter der Abteilung für Preisüberwachung im Distrikt Lublin. 4.4.1941 bis 6.7.1944 Kreishauptmann in Garwolin. Juli 1944 Todesurteil von Widerstandsbewegung vollstreckt.[44]

Füßlein, Hans-Joachim (* 1.4.1911 in Ahrensberg, † Januar 1945 in Końskie) Ev. Studium der Rechtswissenschaften u. a. in Zürich. Herbst 1942 bis Januar 1945 Kreishauptmann in Końskie. Soll laut Aussage seines Vorgängers Hans Werner von Bülow beim Einrücken der Roten Armee Selbstmord begangen haben. Nach Auskunft der Familie erschossen worden. Seine Frau lebte nach Einmarsch der Roten Armee kurze Zeit bei Nonnen in Końskie versteckt und gelangte dann nach Deutschland.[45]

Gentz, Dr. Walter (* 29.9.1907 in Düsseldorf, † 26.1.1967 in Düsseldorf) Ev., 1929 ausgetreten. Realgymnasium. 1926-1929 in Bonn und München Studium der Rechtswissenschaft und Volkswirtschaft. 15.4.1930 Referendarexamen. 1931-1933 Juristischer Hilfsarbeiter in einer Rechtsanwaltskanzlei. 12.2.1934 Assessor-Examen. 1934-1935 Juristischer Hilfsarbeiter in Rechtsanwaltskanzleien. 1.7.1935-1936 Assessor beim Oberfinanzpräsidium Nürnberg. 1936 Promotion in Erlangen. 1.5.1933 NSDAP. 1933 SA. 1936/1937 Regierungsassessor beim Finanzamt Nürnberg-West. 1937 bis 30.11.1938 Sachbearbeiter beim Finanzamt Karlsruhe-Durlach. 1938 Finanzschule und Beamtenlehrgang. 1938-1939 Regierungsrat und Finanzamtsvorsteher in Karlsruhe. Oktober 1939 als Finanzinspekteur nach Jasło abgeordnet. 1940-1945 als Oberregierungsrat Vorstand des Finanzamtes in Jasło. Zugleich 10.2.1941 bis Kriegsende Kreishauptmann in Jasło. Nach Kriegsende bis Mitte 1948 arbeitslos. 1.10.1948-31.12.1949 Juristischer Mitarbeiter bei Rechtsanwälten sowie Aufbau und Schriftleitung der Gesetzessammlung *Gesetzesspiegel* und bis Juni 1951 Gutachtertätigkeit für den Verein deutscher Ingenieure (VdI). Am 23.3.1949 in Kategorie V eingestuft. 1.7.1951-29.2.1952 Angestellter beim Finanzamt Düsseldorf-Süd, ab 1.3.1953 Regierungsrat. 1.4.1953 Oberregie-

44 BAB (ehem. BDC), PK, Freudenthal, Carl Ludwig; BAB, R 1501/7151; BA-DH, ZJ 13, A. 5; BAB, R 1501 PA/6397; APL, Der Kreishauptmann in Lublin 4, Bl. 76; Telefonische Auskunft der Familie, 15.2.2006.

45 Vernehmung von R.K., 17.2.1965, BAL, B 162/206 AR-Z 12/63, Bd. 5, Bl. 949; BAL, B 162/II 212 AR 1456/66, Bl. 20; BAL, Einheitenkartei; Interview mit Hans Werner von Bülow, 28./29.4.2007; telefonische Auskunft der Familie, 12.5.2007.

rungsrat an der Oberfinanzdirektion Düsseldorf. 1.4.1955 Regierungsdirektor im Finanzministerium des Landes Nordrhein-Westfalen, ab 21.2.1957 Ministerialrat. 22.2.1963 leitender Ministerialrat. Ende Oktober 1966 in vorzeitigen Ruhestand versetzt. Sechs Wochen in Untersuchungshaft. Ermittlungsverfahren der StA Dortmund wurde nach seinem Selbstmord eingestellt.[46]

Gercke, Dr. jur. Friedrich (* 1.7.1903 in Greifswald, † 19.9.1947 in Kriegsgefangenschaft) Ev. Gymnasium. 1923-1926 Studium der Rechtswissenschaften in Breslau, Wien und Göttingen. 1927 erste juristische Prüfung. 1931 große juristische Staatsprüfung. 27.2.1931 Promotion. 1931-1933 Fakultätsassistent in Göttingen. 1.5.1933 NSDAP. SA. 7.11.1933-1934 Hilfsarbeiter beim Landratsamt Harburg. 1934-1936 in Königsberg/Neumark, 1936-1937 in Recklinghausen. 1937-1938 Sachbearbeiter bei der Regierung in Schleswig. 1938-1939 Reichsverteidigungsreferent am Landratsamt Leibnitz. 1939 Oberlandrat in Budwitz und Trebitsch. 28.10.1939 bis August 1941 Kreishauptmann in Siedlce, Ende August 1941 bis 20.3.1942 in Kałuszyn/Kalusz. 1.4.1942 Referent in der Hauptabteilung Innere Verwaltung. Oberregierungsrat. 14.12.1942 stellvertretender Kreishauptmann Zamość. 20.2.1943 Wehrmacht. Russische Kriegsgefangenschaft.[47]

Gerstenhauer, Hartmut (* 1.8.1903 in Meiningen) Ev. Gymnasium. 1922-1925 Jura- und Volkswirtschaftsstudium in Heidelberg, Würzburg und Jena. 7.12.1925 erste juristische Staatsprüfung. 28.6.1929 zweite juristische Staatsprüfung. 4 1/2 Jahre als Assessor bei verschiedenen Landratsämtern in Thüringen. 1932 Regierungsassessor. 1.11.1933 Regierungsrat. 1.5.1933 NSDAP. 10.5.1937 Landratsamt Hildburghausen. 1.4.1939 Landratsamt Sonterhausen. Herbst 1939 bis September 1940 Kreishauptmann in Krasnystaw, März/April 1940 kommissarisch auch in Chełm. Herbst 1940 Leitung der Präsidialgeschäfte und des Personalreferats im Distrikt Lublin. 14.2.1941 Landratsamt Arnstadt/Thüringen. 1.5.1942 Landratsamt Gera. 1.11.1942 Landratsamt Weimar. Nach Kriegsende in Weimar kurze Zeit in Haft. Dezember 1945 nach Lübeck übergesiedelt. 12.6.1948-17.5.1950 Schaffner bei den Städtischen Verkehrsbetrieben in Lübeck. Am 30.12.1948 in Kategorie IV eingestuft. Seit 1950 Jurist beim Oberversicherungsamt Schleswig, 1953 in Lübeck. 1.6.1952

46 IPN, Amt des Distrikts Krakau 12, Bl. 1; HStA Düsseldorf, NW 1070-790; GLA, 465d/1417; HStA Düsseldorf, NW Pe 7902.

47 BAB (ehem. BDC), PK, Gercke, Friedrich; BA-DH, ZA V 217, Bd. 2, Bl. 261 f.; IPN, Personenkartei; Amtlicher Anzeiger für das GG, Nr. 25, 3.4.1942, S. 497; Schriftliche Auskunft der WASt, 21.7.2003; Pohl, Judenverfolgung, S. 414.

Regierungsrat. Ab dem 1.1.1954 Landessozialgerichtsrat in Schleswig. 1.6.1954 Sozialgerichtsdirektor. 1.11.1962 Senatspräsident.[48]

Glehn, Dr. jur. Karl (* 5.8.1895 in Duisburg, † 15.2.1985 in Kronberg/Taunus) Kath., 1938 ausgetreten. Realgymnasium. Ab August 1914 Soldat. 1915 Notabitur. Nach Kriegsende 1 Semester Volkswirtschaftsstudium, dann Jura in Marburg und Bonn. In Marburg dem Freikorps von Selchow beigetreten und an Kämpfen gegen Kommunisten in Suhl/Thüringen beteiligt. 16.12.1920 Referendarprüfung. 1921 Promotion. 1922 Referendar. Währenddessen zeitweise kommissarischer Bürgermeister in Gruiten. Von einem französischen Kriegsgericht wegen der Teilnahme am »Ruhrkampf« zu drei Jahren Zuchthaus verurteilt, wovon er 9 Monate verbüßt hat. 11.10.1924 große juristische Staatsprüfung. Beim Landratsamt in Wolmirstedt. 1.4.1928-31.1.1933 Oberversicherungsamt in Dortmund. 1.1.1930 Regierungsrat. Im Tatkreis aktiv, dort 1932 Kreisleiter in Dortmund. 1930/31 Regierungsrat. Vor 1933 zwischenzeitlich Mitglied des Zentrum in der Ortsgruppe Dortmund. Ende 1932-1937 beim Oberpräsidenten in Hannover. 1.5.1933 NSDAP. 5.11.1933 SA. Oktober 1937 Landrat in Gifhorn. 14.9.1939 bis November 1940 Kreishauptmann in Jędrzejów, 15.11.1940 bis Mitte Januar 1945 in Tomaszów Mazowiecki. Ende Februar 1945 bis Mai 1945 kommissarischer Landrat in Krummau/Südböhmen. Juni 1945 bis Juli 1946 Internierung. 1947 erneute Verhaftung. Verfahren wegen Fragebogenfälschung vor einem englischen Gericht, Freispruch. Mitte 1948 erneute Internierung. Auslieferungsverfahren endet mit Ablehnung des Auslieferungsbegehrens Polens. Am 25.4.1949 in Kategorie IV eingestuft, Aberkennung des passiven Wahlrechts. Zwei Jahre in Hannover bei der Steinzeughandelsgesellschaft, zuletzt als Prokurist. Mitgeschäftsführer des Fachverbands der Steinzeugindustrie, später alleiniger Geschäftsführer bis 1962. Freier Mitarbeiter der Denco-Chemie in Leverkusen. Dezember 1963 Zulassung als Rechtsanwalt in Köln. Ermittlungsverfahren der StA Darmstadt ab 1963. 10.11.1964-29.3.1966 in Untersuchungshaft. Glehn wurde am 11.3.1981 außer Verfolgung gesetzt.[49]

Godau, Eberhard (* 2.11.1901, † 1943 von Partisanen erschossen) Diplom-Landwirt. Kommissarischer Kreishauptmann von Biała Podlaska von Okto-

48 Universitätsarchiv Jena, Kartei der Studierenden; Archiv der Hansestadt Lübeck, Entnazifizierungsausschuss, Soll-Liste 14682; LAS 786/91, Bl. 1 f.; BA-DH, ZA VI 286, A. 9; BStU, PA 5488, Bl. 15; AP Lublin, Der Kreishauptmann in Lublin 5, Bl. 32; ThStA Rudolfstadt, Thüringisches Kreisamt Arnstadt Nr. 7193; Musial, Zivilverwaltung, S. 385.

49 StArch Münster, Personalakten Regierung Arnsberg A 995; HStA Düsseldorf, NW 1049-447; Sonderarchiv Moskau, 720k-5-2633; IPN, Personenkartei; Schriftliche Mitteilung der Familie, 29.9.2003.

ber bis November 1939, zugleich Leiter des örtlichen Arbeitsamts bis Mitte 1940.[50]

Görgens, Dr. Hermann (* 27.11.1904 in Düsseldorf, † 30.10.1997 auf Amrum) Konfessionslos. Oberrealschule. 1923-1928 Studium der Rechtswissenschaft in Köln, Freiburg und Bonn. Referendarexamen. 1933 Assessor-Examen. 1933 NSDAP. 1933 SA. Seit 1934 Rechtsanwalt in Düsseldorf. Frühjahr 1941 bis 23.2.1942 stellvertretender Kreishauptmann in Jasło, danach einen Monat bei der Inneren Verwaltung im Distrikt Lemberg. Juni 1942 bis Juli/August 1944 Kreishauptmann in Drohobycz. Danach beim BdS. 1945-1946 Internierung. Am 2.9.1947 in Kategorie IV eingestuft. Rechtsanwalt. Ermittlungsverfahren der StA Düsseldorf. Ermittlungsverfahren der StA Dortmund am 4.6.1970 eingestellt.[51]

Gorgon, Dr. Herbert (* 24.1.1909 in Lemberg, † 27.10.1943 vermutl. Selbstmord) Gymnasium, 1927 Abitur. Philosophie-Studium. 1934 Magister der Philosophie. Ab 1935 Landesschulungsleiter der Jungdeutschen Partei, Landesstudentenführer. 1939 Wehrmacht, Teilnahme am Krieg gegen Polen. 1940 Aussiedlungskommando RFSS in der UdSSR, Aussiedlungsstab im Warthegau. 1941 Auswärtiges Amt, Gesandtschaft Sofia. 1.11.1941 NSDAP, SS-Obersturmführer seit 30.1.1940. Ab Mitte 1942 Kreishauptmann in Kołomyja/Kolomea. 26.8.1943 vom SS- und Polizeigericht VI Lemberg wegen fortgesetzter Unzucht mit einem Sonderdienstmann zum Tode verurteilt. Nach dem Urteil soll ihm eine Pistole in die Zelle gelegt worden sein, mit der er Selbstmord begangen haben soll.[52]

Gramß, Ernst (* 17.12.1899 in Augsburg, † durch AG Goslar am 19.6.1956 für tot erklärt. Seit Juli 1946 verschollen) Ev. Oberrealschule. 24.6.1918-17.2.1919 Wehrdienst. 1919 wieder Oberrealschule. Fünf Jahre in verschiedenen landwirtschaftlichen Betrieben tätig. Im Freiland-Freigeld-Bund von Gottfried Feder aktiv. März 1923 NSDAP. Teilnahme am Hitler-Putsch. Ab Herbst 1923 Landwirtschaftliche Hochschule Weihenstephan. Studium mehrmals unterbrochen, um Geld für das Studium zu verdienen. 1925 Mitbegründer des NSStB. 1926/1927 Diplom. Anschließend bis 1933 Versuchsleiter und Züchter auf einem Gut der Gesellschaft für Hopfenforschung. 1.7.1928 wieder Mitglied der NSDAP. 1.10.1928-14.4.1934 SA, Mitbegründer der örtlichen

50 IfZ, Fb 105/29, Bl. 7253; Sobolewska-Kierczuk, Administracja, S. 111.

51 HStA Düsseldorf, NW 1002-L-33403; BAL, B 162/208 AR-Z 8/62, Bd. 8, Bl. 1650 ff.; Schriftliche Auskunft der WASt, 21.7.2003; Pohl, Judenverfolgung, S. 414.

52 IPN, Regierung des GG I/2075, Bl. 2.

SA. Ab 1928 Bauernredner. April 1934 SS. 1.8.1933 landwirtschaftlicher Kreisfachberater im Kreis Pfaffenhofen. 1.1.1934 Stabsleiter der Landeshauptabteilung I bei der Landesbauernschaft Bayern. 8.4.1935 Stabsleiter beim Reichsnährstand. 4.12.1935 ordentliches Mitglied des Deutschen Bauernrates. 1.2.1937 Leitung der Reichsschulen des Reichsnährstandes für Bauernführer, für die weltanschauliche und agrarpolitische Schulung des höheren Bauernführerkorps in Goslar zuständig. 4.6.1938 Reichslandwirtschaftsrat. 30.11.1939-6.5.1940 Leiter der Abteilung Ernährung und Landwirtschaft im Distrikt Warschau. Mai 1940 Kommissar der Polnischen Landwirtschaftskammer in Krakau. 10.6.1940 bis Juli 1944 Kreishauptmann in Sokołów. Wehrmacht. Juni/Juli 1945 in Moosburg interniert. Mitte Juli 1946 dort von unbekannten Personen abgeholt und seitdem verschollen.[53]

Hack, Johann Hans (* 19.12.1898 in Ripsdorf, † 1978 in Kleve) Kath. Gymnasium. 1914-1918 Soldat. 1919 Praktika in Mülheimer Verwaltung. 1920 zur Polizei, Kommissarprüfung in Recklinghausen. 1919-1921 Schutzpolizei in Bochum und Hagen. Stand im Verdacht, in der Schutzpolizei Spitzeldienste für die KPD vorzunehmen, soll daher aus der Schutzpolizei entlassen worden sein. 1918-1920 Führer eines antispartakistischen Stoßtrupps der Einwohnerwehr in Mülheim/Ruhr. 1921 Sekretär im Deutschen Beamtenbund in Rheinland und Westfalen, später bis 1922 hauptamtlicher Sekretär für Propaganda und Organisation beim Deutschen Beamtenbund in Berlin. In Berlin mehrere Semester Gasthörer in Volkswirtschaft. Arbeiter im Saarland und Beteiligung am Kampf um die »Rückholung der Saar«. 1924 KPD-Stadtrat in Wuppertal-Barmen, Fraktionsvorsitzender. Landtagsabgeordneter des Rheinischen Provinziallandtags. In der Internationalen Arbeiterhilfe als Generalsekretär des Landesausschusses in Düsseldorf aktiv. 1923-1927 Mitglied der KPD, dann Austritt aus der Partei. Nebenberuflich Journalist, Schriftsteller und Betreiber einer Auskunftei. Nach Rückkehr von einer ausgedehnten Russlandreise Mitte 1928 gegen den Stalinismus agitiert. 1930-1931 Mitglied im Reichsbanner Schwarz-Rot-Gold. 1.5.1932 NSDAP. 10.7.1932 SA. Selbstständiger Vertreter in der Silberbranche. Ab 1931 freier Mitarbeiter der nationalsozialistischen *Neuen Nationalzeitung* und des *Völkischen Beobachters*. Ab 1933 Geschäftsführer der NSDAP-Fraktion des Stadtrats in Augsburg. Adjutant des SA-Brigadeführers und Sonderkommissars für ganz Schwaben, Ritter von Schöpf. 1933 hauptamtlicher Bürgermeister in Friedberg. 1934 Sieger eines Rundfunksprecherwettbewerbs des Reichssenders München, nebenamtlich Radiosprecher. 1934-1935 stellvertretender Kreisleiter der NSDAP in Friedberg. 1935 Suspendierung vom Dienst, 1937 endgül-

53 BAB (ehem. BDC), SSO, Gramß, Ernst; Warschauer Zeitung Nr. 139, 14.6.1940; Diverse Urkunden, Zeugnisse, Lebensläufe etc. aus dem Nachlass Gramß.

tig in den Ruhestand versetzt. Juni 1936 wegen des Verdachts auf Brandstiftung kurzzeitig in Haft. Ab 1937 wieder Vertreter. 1940 Leiter der Personalabteilung beim Gouverneur in Radom. Reichsredner. April 1940 bis September 1941 Stellvertretender Stadthauptmann in Kielce. Oktober 1941 bis Juni 1942 Kreishauptmann in Horodenka. Reichsredner bei der Wehrmacht in Paris, Norwegen, Finnland und den Niederlanden. 5. Juni 1945 bis Ende 1948 Internierung. 1948-1950 Dolmetscher beim englischen Stab in Düsseldorf. Sprachlehrer und Vortragsredner. Außendienstmitarbeiter eines Unternehmens, Inhaber eines Eiscafés. Mitarbeiter beim Bundesluftschutz.[54]

Hackbart Oberinspektor. Stellvertretender Stadthauptmann in Radom. Ab August 1941 bis zur Amtsübernahme von Hein vertretungsweise Stadthauptmann von Radom.[55]

Hager, Gerhard (* 27.9.1896 in Wermelskirchen, † 31.1.1961 in Düsseldorf) Ev. Realgymnasium. Wehrdienst. 1920-1923 Vorbereitungsdienst und Justizanwärter in Düsseldorf. Juni 1923 Prüfung für den gehobenen mittleren Justizdienst. 1923-1926 beim AG Wermelskirchen. 1926-1935 Bürovorsteher in einer Anwaltskanzlei. 1929 Stahlhelm. 15.10.1933 SA. Juni 1937 NSDAP. 1.10.1935 bis Mai 1945 Bürgermeister in Glindow. November 1939 bis Mai 1940 Stadthauptmann von Chełm, 21.5.1940 bis ca. Juli 1941 Kreishauptmann in Chełm, 1.10.1941 bis Ende Februar 1942 in Tarnopol, März 1942 bis 24.7.1944 in Rawa Ruska. Am 4.9.1950 in Kategorie IV eingestuft. Versicherungsinspektor.[56]

Hahn, Dr. jur. Kurt (* 11.8.1905 in München) Ev., gottgläubig. Realgymnasium. 1920-1923 Mitglied des Kampfbundes Reichsflagge. 1924-1928 Studium der Rechts- und Staatswissenschaften in Würzburg. 1928 Mitarbeit an den Zeitungen *Die Flamme* und *Hessenhammer* von Gottfried Feder. 1928-1931 Vorbereitungsdienst. 1929 Promotion. 1931 Assessor-Examen. 1931-1933 Rechtsanwalt. 1.4.1932 NSDAP. 15.9.1932 SA. Aufnahme in die SS wurde 1941 abgelehnt. 16.6.-30.8.1933 Hilfsdezernent bei der Stadt Altenburg/Thü-

54 BAL, B 162/202 AR-Z 277/60, Bd. 25, Bl. 8959; IPN, Regierung des GG I/2187, Bl. 8; BAB (ehem. BDC), OPG, Hack, Hans; HStA Düsseldorf, Regierung Düsseldorf Nr. 16968, Bl. 59; Pohl, Judenverfolgung, S. 414; Noetzel, Friedberg; Gotto, Kommunalpolitik, S. 52.

55 Vernehmung von Bernhard Höfer, 23.4.1965, BAL, B 162/206 AR-Z 12/63, Bd. 5, Bl. 1024.

56 StArch Ludwigsburg EL 317 III Bü. Bü. 280. Bl. 228; HStA Düsseldorf, NW 1037-BI-18488; HStA Düsseldorf, NW 1023-6612; BA ZNSt, Wehrstammbuch; APL, Der Kreishauptmann in Lublin 4, Bl 95.

ringen. 31.8.-23.10.1933 ebd. Staatskommissar. 24.10.1933-31.8.1938 Bürgermeister in Altenburg. Ab September 1938 Oberbürgermeister von Rathenow. 7.10.1939-15.4.1940 Stadtkommissar in Rzeszów/Reichshof. 15.4.-13.7.1940 Stadtkommissar in Deutsch-Przemyśl. 13.7.1940-17.9.1941 dort Stadthauptmann. 17.9.1941-2.3.1942 im Bereich des Ostministeriums tätig. 2.3.-1.9.1942 Gefreiter. 1.9.1942-Juni 1943 Sonderführer, Leiter der Straßentransportgruppe Lettland, Riga. Juni 1943-1.2.1944 Gefreiter. Aus dem Wehrdienst entlassen. Während seines »Osteinsatzes« durch Alkoholexzesse und Schlagereien aufgefallen und daher von der Partei für einen auswärtigen Einsatz für ungeeignet gehalten (1944).[57]

Hampel, Dr. Paul (* 18.4.1907 in Breisach) Kath., gottgläubig (1936). Oberrealschule. Ab 1926 Studium der Rechtswissenschaft in Breslau und Tübingen. 18.7.1930 erste juristische Staatsprüfung. 1931-1933 Referendar. 1.4.1931 NSDAP. 1.4.1931 SS. 5.4.1943 Waffen-SS. 1.3.1934 zweite juristische Staatsprüfung. 1.9.1934-15.6.1935 Vertreter des Landrats in Frankenstein. 15.6.1935-30.11.1936 Sachbearbeiter bei der Regierung in Marienwerder. 16.6.1938 Regierungsrat. 1.12.1936-31.8.1938 Sachbearbeiter beim Oberpräsidium Königsberg. 1.9.1938-15.9.1939 Landrat in Hohenelbe. 15.9.1939-1.3.1940 Kreishauptmann in Grójec. 1.3.1940-1.2.1943 Landrat des Kreises Zawiercie, Warthegau. Wehrmacht. Waffen-SS. Bis mindestens Juli 1950 Vertreter. Am 4.8.1950 in Kategorie III eingestuft, am 4.1.1951 in Kategorie IV.[58]

Harbou, Dr. Mogens von H. und von der Hellen (* 24.11.1905 in Oldenburg, † 18.12.1946 Selbstmord in Dachau) Ev. Privatunterricht, Gymnasium. 1924-1928 Studium der Rechtswissenschaft in Göttingen, Heidelberg, Greifswald und München. 13.3.1928 erste juristische Staatsprüfung. 1928 bis April 1932 Referendar. 15.12.1928 Promotion. 11.4.1932 große juristische Staatsprüfung. Mai 1932 bis Ende 1932 Assessor. Mai 1933 NSDAP. 1933-1937 Rechtsanwalt in Berlin. 1937-1939 Landwirt. 19.2.1940-11.6.1941 stellvertretender Kreishauptmann und Stadtkommissar in Jarosław. Mai/Juni 1941 Polizeidirektor in Lublin. Ende Juni bis Anfang August 1941 Verwaltungsberater bei Feldkommandant Potel in Drohobycz. August 1941 bis März 1942 Kreishauptmann in Sambor, April 1942 bis April 1944 in Tarnopol. Juni/Juli 1944 Kreishauptmann Lemberg-Land und Leiter der Abteilung Innere Verwaltung des

57 BAB (ehem. BDC), PK u. RS; Telefonische Auskunft des Kreisarchivs Havelland vom 16.3.2005.

58 HStA Düsseldorf, NW 1000-21489; HStA Düsseldorf, NW 1037-A/REG-17473; BAB, R 1501/7153; BA-DH, ZA V 143, Bd. 1, Bl. 177 f.; IPN, Personenkartei; Grundriß zur deutschen Verwaltungsgeschichte 1815 – 1945, Reihe A: Preußen, hg. von Walther Hubatsch, Band 4: Schlesien, Bearbeitet von Dieter Stüttgen u. a., Marburg 1976, S. 263.

Distrikts Galizien. 22.8.1944 bis Dezember 1944 Leiter der Abteilung Innere Verwaltung des Distrikts Warschau. Wehrmacht. In Dachau interniert. Suizid vor der Auslieferung.[59]

Harms, Claus (* 30.7.1903 in Flensburg, † 1974) Ev., gottgläubig. 1923-1930 Jungdeutscher Orden. 15.7.1929 erste juristische Prüfung. 1.2.1931 NSDAP. Bis 1937 Richter am Gaugericht. Kreisamtsleiter für Kommunalpolitik. 14.2.1933 große juristische Staatsprüfung. 1.12.1933 Polizeipräsidium Frankfurt a. M. Regierungsassessor bei der Regierung in Schleswig. 15.7.1935 beim Oberpräsidium Kiel. 1.5.1937 Regierungsrat. 1.9.1937 Landratsamt Wetzlar. 13.8.1938 Oberpräsidium Koblenz. 26.1.1942 Kreishauptmannschaft Puławy. 4.12.1942 Kreishauptmann in Cholm, 1.5.1944 in Krasnystaw. Oberregierungskulturrat im rheinland-pfälzischen Ministerium für Landwirtschaft, Weinbau und Forsten in Mainz.[60]

Hein, Dr. jur. et rer. pol. Ernst (* 17.7.1887 in Niemce, † 4.8.1950 in Heidelberg) Kath. Oberrealschule. Studium der Rechtswissenschaft und Volkswirtschaft in München, Berlin, Würzburg und Kiel. Promotion. 1914-1918 Kriegsdienst. 1918-1920 Grenzschutz Schlesien. 1920 wegen Beteiligung am Kapp-Putsch aus der Truppe entlassen. Herbst 1920 bis Juni 1922 Personalreferent der Donnersmark-Hütte AG in Hindenburg. 1922-1932 Syndikus und Prokurist bei der Daimler Benz AG in Mannheim. 1.5.1932 NSDAP. 1.6.1933 SS. 4.5.1933 bis Oktober 1934 Bürgermeister in Singen/Hohentwiel. 1.11.1934 bis September 1939 Bürgermeister bzw. Oberbürgermeister in Rastatt. Bis 5.10.1940 Stadtkommissar in Nowy Sącz/Neu-Sandez, anschließend bis zum 31.3.1942 Stadtkommissar in Tarnów. 1.4.1942 Stadthauptmann in Radom. 18.5.1946-24.5.1947 interniert. Am 29.4.1948 in die Gruppe der Mitläufer eingestuft.[61]

59 Military Government of Germany, Fragebogen, 19.2.1946; Lebenslauf in: Harbou, Mogens von, Probleme des privatrechtlichen Firmenschutzes, Inaugural-Dissertation zur Erlangung der Doktorwürde der Hohen Rechts- und Staatswissenschaftlichen Fakultät der Georg-August-Universität zu Göttingen, Berlin o.J. [1928]; IPN, Personenkartei; Amtlicher Anzeiger für das GG, Nr. 92, 20.11.1944, S. 1034; Pohl, Judenverfolgung, S. 414.

60 BA-DH, ZA V 217, Bd. 2, Bl. 561 f.; BAB, R 1501/7153; BAL, B 162/8 AR 1434/61, Bd. 5, Bl. 760; AP Lublin, Der Gouverneur des Distrikts Lublin 882, Bl. 18; IPN, Personenkartei.

61 StArch Freiburg, D 180/2 Nr. 159851; Amtlicher Anzeiger für das GG, Nr. 25, 3.4.1942, S. 498; APK, Der Stadthauptmann der Stadt Krakau 4, Bl. 751; Schriftliche Auskunft der WASt, 21.7.2003.

Heinisch, Dr. Friedrich Anton (* 3.7.1890 in Wolkersdorf, † 20.3.1959 in Mürzzuschlag) Kath. Stiftsgymnasium. 1909-1910 Wehrdienst. 1910-1914 Studium der Rechtswissenschaften in Wien. 1914-1918 Kriegsdienst. 1918 Abschluss des Studiums. 21.12.1918 Promotion. 1919-1922 Rechtspraktikant. 1.10.1922-1939 Rechtsanwalt. 1.5.1938 NSDAP. 26.8.1939-19.6.1940 Kriegsdienst. 15.6.1940-1.7.1941 stellvertretender Kreishauptmann Nowy Sącz/Neu-Sandez. 1.8.1941-20.8.1942 Kreishauptmann in Przemyśl, 16.8.1942 in Krosno. 1943 SS-Aufnahmeantrag.[62]

Höfer, Bernhard (* 14.6.1911 in Pirna) 1921-1931 Gymnasium. Studium der Rechtswissenschaften in Graz, München und Leipzig. 1.2.1931 NSDAP. 12.6.1931 SA. 1.12.1934-31.3.1935 Beisitzer des Kreisgerichts der NSDAP in Meißen. NSDStB. 12.11.1934 erste juristische Prüfung. 1939 Assessor-Examen. Beschäftigung bei einem Rechtsanwalt in Meißen. Als Soldat am Krieg gegen Frankreich teilgenommen. 8.2.1941 aus der Wehrmacht entlassen. Februar 1941 bis Frühjahr 1942 Referent in der Abteilung Innere Verwaltung im Distrikt Radom. Bis April 1943 persönlicher Referent des Gouverneurs. April 1943 bis 15.1.1945 Kreishauptmann in Jędrzejów. Nach Kriegsende Landarbeiter, dann Arbeiter in einer Tongrube bei Meißen. 1950 in die Bundesrepublik. Angestellter bei verschiedenen Firmen. Ab 1954 bei der Landeskulturverwaltung in Hessen. Oberregierungsrat im Landeskulturamt Wiesbaden. Verfahren der StA Dortmund am 6.7.1972 eingestellt.[63]

Hofstetter, Dr. Anton (* 28.8.1909 in Köln) Kath. Gymnasium. 1923-1927 Studium der Rechtswissenschaft in Köln. 1926 Referendarexamen. 1927 Promotion. 1930 Assessor-Examen. 1931-1940 Rechtsanwalt in Köln. Laut Angaben in der Entnazifizierung vor 1933 Mitglied des Zentrum. 31.5.1933 NSDAP. 30.11.1933-30.6.1934 SA. 1936-1940 ehrenamtlicher Stadtrat und Verwaltungsrichter in Jülich. Wehrmacht. 20.5.-1.6.1940 als Hilfsstaatsanwalt zur StA Krakau abgeordnet. Juni 1940 bis Dezember 1942 Referent in der Hauptabteilung Innere Verwaltung. Ende 1942 bis Juli 1944 Kreishauptmann in Sanok. Wehrmacht. Am 5.7.1949 in Kategorie IV eingereiht. Rechtsanwalt in Jülich. Ermittlungsverfahren der StA Berlin am 20.1.1974 eingestellt.[64]

Höller, Dr. Egon (* 16.7.1907 in Kritzendorf, † 9.8.1991 in Kreuth) Gottgläubig. Wandervogel. 1919 Deutscher Turnerbund. Ab 1924 Studium an der

62 IPN, Amt des Distrikts Krakau 12, Bl. 1; BAB (ehem. BDC), RS, Heinisch, Friedrich Anton; IPN, Personenkartei.

63 BAB (ehem. BDC), OPG-Richter; Schriftliche Auskunft der WASt vom 21.7.2003.

64 HStA Düsseldorf, NW 1078-2769.

Hochschule für Welthandel, dort 1928 Diplom. Bis 1931 Studium der Rechtswissenschaften. 1932 Promotion. 15.4.1932 Eintritt in die Gerichtspraxis. 17.9.1932 NSDAP. 15.4.1933-1.10.1934 SA. 1934 Teilnahme am Dollfuß-Putsch. 19.3.1935 entlassen. 1935-1936 14 Monate in Österreich in Haft. 1936 nach Deutschland geflüchtet. Juli 1936 bis Mai 1937 Referendar bei einem Rechtsanwalt und am Kammergericht Berlin. 15.5.1937 Assessorprüfung. Beim Rechtsamt des Flüchtlingshilfswerks der NSDAP. 23.3.1938 beim Reichsstatthalter in Wien. 9.11.1938 SS. Oktober 1939 bis 4.2.1942 Kreishauptmann Krakau-Land. 5.2.1942 bis zur Räumung Stadthauptmann in Lemberg. 1945 bis Mai/Juni 1946 Kriegsgefangenschaft. Angestellter bei der Firma Palette GmbH. Am 25.5.1948 als Mitläufer eingestuft. Selbstständiger Kaufmann in München.[65]

Hübschmann, Dr. Walter (*5.7.1888 in Chemnitz) Ev. 1.4.1912 Referendar. 1.5.1917 Finanzassessor. 1.4.1920 Regierungsrat. 1.3.1923 Oberregierungsrat. 1.6.1928 Ministerialrat. 1.7.1935 Reichsfinanzrat. 1.5.1937 NSDAP. Oktober 1939 bis 1.12.1939 Kreishauptmann in Nowy Sącz/Neu-Sandez.[66]

Jedamzik, Eduard (*17.6.1901 in Alt-Ukta/Ostpreußen, †9.12.1966) Ev., gottgläubig. Gymnasium. 1918-1919 Soldat. 1919-1921 Freikorps Oberschlesien. 1919 oder 1920 Stahlhelm. 1920-1923 Kaufmann. 1923-1928 Jura-Studium in Greifswald und Berlin. 1931 Assessor-Examen. 1.7.1932 NSDAP. 1933 SS. Bei der landwirtschaftlichen Schuldenregelung nach dem Osthilfegesetz tätig. 1935-1939 bei den Stapostellen Königsberg, Berlin, Koblenz, Dresden, Zwickau und Plauen. Bis September 1939 kommissarischer Leiter der Staatspolizeistelle Plauen. 1.11.1939 bis Mitte 1941 Kreishauptmann in Kielce. 1.8.1941-17.6.1942 Kreishauptmann und SS-Polizeistandortführer in Drohobycz. Weihnachten 1942 bis Februar 1943 beim Einsatzkommando 10b der Einsatzgruppe D. Befehligte ab Neujahr 1943 für eine Woche das Sonderkommando 10b in Naltschik und auf dem Rückzug bis Bolschoi-Tokmak. Vor dem Rückzug aus Naltschik wurden die im Hausgefängnis des Sonderkommandos Gefangenen ermordet. Mindestens 40 Männer, Frauen und Kinder fielen dem zum Opfer. Gestapo Chemnitz. November 1943 bis 1945 beim Reichssicherheitshauptamt im Amt III. Juni 1945 bis Oktober 1948 Internierung. Am 29.9.1948 in Kategorie V eingestuft. Rechtsanwalt in Nürn-

65 IPN, Amt des Distrikts Galizien 6, Bl. 1; BAB (ehem. BDC), SSO, Höller, Egon; BA-DH, ZA VI 142, A. 4; StArch München, SpKa 727; IPN, Personenkartei; Amtlicher Anzeiger für das GG, Nr. 15, 27.2.1942, S. 280. Schriftliche Auskunft der WASt, 21.7.2003; Pohl, Judenverfolgung, S. 415.

66 BA-DH, ZA V 209, Bl. 137 f.; Bieniek, Starostwo, S. 130 ff.

berg. Ermittlungsverfahren der StA München wegen der Morde in Naltschik durch Tod erledigt.[67]

Kalmus, Werner (* 19.2.1892 in Liebstadt, † 6.12.1972 in Husum) Ev. Gymnasium. 1912 Studium der Rechtswissenschaften in Tübingen und Halle. Kriegsfreiwilliger. 22.11.1918-31.12.1919 Gerichtsreferendar. 18.1.1920-2.9.1922 Regierungsreferendar. 1922 Assessor-Examen. 18.9.1922-3.6.1923 Regierungsassessor bei der Regierung in Stettin. 4.6.1923-15.9.1933 bei der Regierung in Allenstein. 1.4.1928 Regierungsrat. 1918-1931 DVP. 1.8.1932 NSDAP. September 1933-1.1.1934 Vertreter des Polizeipräsidenten in Flensburg. 1.1.1934-31.8.1935 Polizeidezernent bei der Regierung in Schleswig. 1.9.1935 Versetzung nach Potsdam als Vertreter des Polizeipräsidenten. 29.7.1936-10.10.1939 Landrat in Husum. Oktober 1939 bis 1.3.1940 Kreishauptmann in Chełm. 1.3.1940-1945 Landrat in Prenzlau. August 1945 bis März 1947 Internierung. Zeitweise Versicherungsvertreter.[68]

Kalpers, Alfons (* 18.5.1909 in Wuppertal, † 24.8.1982 in Bad Wörishofen) Kath. Realgymnasium. 1927-1932 Studium der Rechtswissenschaft in Freiburg, Bonn und Köln. Frühjahr 1932 Referendarexamen. 1.5.1933 NSDAP. 1937 Assessor-Examen. 1937-1938 Rechtsanwalt. 16.4.1938-28.3.1940 bei der Allianz. 6.4.1940 bis August 1941 stellvertretender Kreishauptmann in Miechów. 1.7.1940-31.7.1941 Landkommissar in Wolbrom. 1.8.1941 bis Anfang 1945 Kreishauptmann in Miechów. Am 17.5.1949 in Kategorie V eingestuft. Rechtsanwalt in Düsseldorf. 1971 bis 1982 Mitglied im Kirchenvorstand der St.-Antonius-Gemeinde in Düsseldorf.[69]

Kerlen, Regierungsassessor. Kommt vom Landrat Fallingbostel. November 1939 Kreishauptmann Brzeziny, Distrikt Warschau.[70]

67 StArch Münster, StA Dortmund Zentralstelle für NS-Verbrechen 45 Js 9/65 Band 4, Bl. 123 ff.; IPN, Amt des Distrikts Galizien 6, Bl. 2; BAB (ehem. BDC), SSO, Jedamzik, Eduard; StArch München, SpKA K 1236; IPN, Personenkartei; Pohl, Judenverfolgung, S. 415. Angrick, Besatzungspolitik, S. 675 f. u. 726.

68 BA-DH, ZA V 167, Bl. 379 f.; BLHA, Rep. 2 A Reg. Potsdam I Pers. Nr. 2530, Bl. 2; Nr. 2532; Musial, Zivilverwaltung, S. 387; Theil, Jürgen, Prenzlauer Stadtlexikon und Geschichte in Daten, Prenzlau 2005, Eintrag Kalmus online unter http://www.prenzlau-online.de/inhalt886.html [16.4.2007].

69 IPN, Amt des Distrikts Krakau 12, Bl. 1; HStA Düsseldorf, NW 1002-L-60887; BA-DH, ZA VI 51, A. 1; schriftliche Auskunft des Pfarramts St. Antonius, 8.5.2007.

70 IPN, NTN 262, Bl. 229; IPN, Personenkartei.

Kipke, Dr. jur. Alfred (* 28.7.1898 in Karschau, † 11.8.1953 in Lüneburg) Ev. Gymnasium. 1917-1918 Kriegsteilnehmer. 1919-1922 Studium der Rechtswissenschaften in Breslau. 29.7.1922 erste juristische Prüfung. Juli 1922 Referendar in Breslau. 11.12.1926 große juristische Staatsprüfung. 1926 Promotion. Dezember 1926 Regierungsassessor in Berlin. 1931-1932 Regierungsassessor beim Landratsamt in Halle und in Neiße. Vor 1933 Mitglied der DVP. 1.5.1933 NSDAP. 1933-1936 Regierung in Frankfurt/Oder. 1.1.1934 Regierungsrat. 1936-1945 Landrat in Wolmirstedt. Oktober/November 1939 Landkommissar in Thorn. 1.6.1940-30.9.1941 Leiter der Abteilung Innere Verwaltung des Distrikts Lublin. 1.10.1941-31.12.1941 Referent in der Hauptabteilung Innere Verwaltung. Ab 1.1.1942 Kreishauptmann in Tarnów. Am 27.10.1948 in Kategorie V eingestuft. Verwaltungsgerichtsrat in Lüneburg.[71]

Klein, Dr. jur. Hans (* 25.12.1907 in Ulm, † 19.12.1981 in Augsburg) Ev. Realgymnasium. 1923-1924 Jungdeutscher Orden. Ab 1926 Studium der Rechtswissenschaften in München und Erlangen. 17.2.1931 Referendarexamen. 31.3.1931-31.3.1934 Referendar. März 1933 Promotion. 1.5.1933 NSDAP. 2.8.1934 zweite juristische Staatsprüfung. 17.12.1934-30.11.1935 Assessor beim Oberversicherungsamt in Nürnberg. 1.12.1935-16.7.1936 Assessor bei der Regierung in Ansbach. Ab 16.7.1936 Regierungsassessor beim Bezirksamt Schwabach. 15.1.1937 Regierungsrat. 9.3.1939 zum Landratsamt Schwabach abgeordnet. 17.10.1939-1.4.1941 Kreishauptmann in Garwolin. Zugleich 12.10.1939 bis März 1943 stellvertretender Leiter der Abteilung Innere Verwaltung des Distrikts Warschau, 18.1.1941-14.3.1941 kommissarischer Leiter der Abteilung Innere Verwaltung. 12.4.1943 Wehrmacht. Bis 7.6.1946 Internierung. Oberregierungsrat, Regierung der Oberpfalz in Regensburg.[72]

Kobelt, Dr. Arnold (* 15.10.1907 in Rutenberg, † 12.8.1943 gefallen) Ev. Gymnasium. Ab 1925 Studium der Rechtswissenschaften in Marburg und Berlin. 1.3.1929 erste juristische Prüfung. 1.7.1930 NSDAP. SA. 8.12.1932 große juristische Staatsprüfung. 1932 Promotion 20.6.1935-31.10.1936 Regierungsassessor bei der Regierung in Gumbinnen. 1.11.1936 am Landratsamt Iserlohn. 1.2.1937 Regierungsrat. 10.9.1939-21.12.1939 Kreishauptmann in Radomsko.

71 IPN, Amt des Distrikts Krakau 12, Bl. 1; HStA Hannover, Nds 171 Hildesheim Nr. 12871; BA-DH, ZA VI 177, A. 4; BAB, R 1501/7155; IPN, Personenkartei; Telefonische Auskunft der Familie, 12.10.2004; Grundriß zur deutschen Verwaltungsgeschichte 1815 – 1945, Reihe A: Preußen, hg. von Walther Hubatsch, Band 6: Provinz Sachsen, Bearbeitet von Thomas Klein, Marburg 1975, S. 93.

72 APW, Amt des Distrikts Warschau 396, Bl. 5ff., 32 u. 45; BA-DH, ZA VI 179 A. 3; BAL, B 162/II 211 AR-Z 73/66, Bd. 3, Bl. 48; IPN, Personenkartei; Schriftliche Auskunft der WASt, 21.7.2003; schriftliche Auskunft der Stadt Augsburg, 16.4.2007.

Sachbearbeiter in der Abteilung Wirtschaft des Distrikts Radom. Hilfsarbeiter beim Reichsinnenministerium. 24.6.1940 Wehrdienst. 29.7.1940 Kriegsverwaltungsrat. Ab 2.9.1940 Leitung der Verwaltungstruppe der Feldkommandantur in Biarritz. 8.4.1941 Oberregierungsrat. 25.5.1941 Gnadenentscheid Hitlers: Eheleute Kobelt dürfen trotz »nicht rein arischer« Abstammung NSDAP-Mitglieder bleiben.[73]

Krämer, Dr. Josef (* 30.1.1904 in Heiderjahnsfeld, † 25.12.1980 in Köln) Kath., 1937 Kirchenaustritt, 1946 ev. Realgymnasium. 1923-1926 Studium der Rechtswissenschaft in Köln. 1927 Referendarexamen, 1930 Assessor-Prüfung. 27.1.1928 Promotion. 1925 Vorsitzender der Kölner Studentenschaft, 1926 Leiter des Kreises Westdeutschland der deutschen Studentenschaft. Hochschulpolitischer Referent der Zentrumsstudenten im Windhorstbund. 1930 Angestellter bei der StA Köln. 1931-1941 Rechtsanwalt in Köln. 1931 SA. 1.9.1931 NSDAP. 1932 Kreispropagandaleiter der Kreisleitung Köln-Stadt, rechtsrheinisch. Mai 1933 bis 6.4.1942 Kreisleiter Köln-Stadt, rechtsrheinisch. Ab 1933 Gauführer des NSRB Köln. 1933 Stadtverordneter. 1934-1943 Ratsherr der Hansestadt Köln. 1938 Gaurechtsamtsleiter des Gaues Köln-Aachen. 9.12.1940-1945 MdR. 6.4.1941 Kriegsfreiwilliger, Kriegsberichter bei der Luftwaffe. Bis 1942 Fliegerschütze. 26.10.1942 bis 30.4.1943 Kreishauptmann in Łowicz. 1.5.1943 bis Januar 1945 Stadthauptmann in Krakau. 1.5.1941-20.4.1944 Kreisleiter der NSDAP ehrenhalber. 20.4.1944 als Kreisleiter enthoben. Ab 20.4.1944 Bereichsleiter der NSDAP. 31.3.1945 vom Gauleiter in Hannover zum stellvertretenden Kreisleiter in Hameln berufen. Lebte dann unter falschem Namen in Braunschweig. Dort bis zum 30.9.1945 bei der Brauerei Feldschlösschen. Inhaftierung, bis 22.4.1950 in Haft. Auslieferungsantrag abgelehnt. Durch Urteil des Militärgerichts Braunschweig vom 27.4.1946 wegen Kriegsverbrechen zu sieben Jahren Gefängnis verurteilt, 22.4.1950 Entlassung aus der Strafhaft in Werl. Am 20.9.1951 in Kategorie III eingestuft. Ermittlungsverfahren der StA Hannover am 26.2.1960 eingestellt. Rechtsanwalt in Köln.[74]

73 BAB (ehem. BDC), PK, Kobelt, Arnold; BAB, R 1501/7155; BAB, R 1501 PA/8085; BA-DH, ZA VI 4042, A. 20; Lebenslauf in: ders., Die Tarifkonkurrenz, Diss., Marburg 1932; IPN, Personenkartei.

74 IPN, Regierung des GG I/3038, Bl. 1 f.; HStA Hannover, Nds 721 Hannover Acc. 90/99 Nr. 38; HStA Düsseldorf, NW 1000-22802. Amtlicher Anzeiger für das GG, Nr. 35, 4.5.1943, S. 881; Schriftliche Auskunft des Universitätsarchivs der Universität Köln, 9.1.2004; schriftliche Auskunft der Rechtsanwaltskammer Köln, 23.8.2007; Degener, Herrmann, Wer ist's? 10. Ausgabe, Berlin 1935, S. 874; Lilla, Statisten, S. 333; Klefisch, Kreisleiter, S. 157 ff.

Kühl, Hubert (* 27.3.1903 in Zettin, † 20.12.1942 von Partisanen getötet) Ev., gottgläubig. Gymnasium. 1922/23 Studium der Rechtswissenschaften in München. Vorsitzender des Hochschulrings Deutscher Art. 1926-1928 in Königsberg an der Herausgabe des Ostmärkischen Hochschulkalenders beteiligt, Mitbegründer und Mitarbeiter der deutsch-litauischen Hochschulkorrespondenz. 1928-1929 Geschäftsführer des Bühnenvolksbundes und der Ostpreußischen Bühne. 1929-1933 arbeitslos. 1.2.1930 NSDAP. 1.2.1930 SA. 1.5.1933-31.1.1934 Redakteur der Lichtbildbühne. Ab 10.4.1934 Referent im Reichsministerium für Volksaufklärung und Propaganda. 29.11.1939-20.12.1942 Kreishauptmann in Biała Podlaska.[75]

Kujath, Hans (* 9.4.1907 in Ottoburg, † 22.10.1963 in Donauwörth) Ev. Privatunterricht, Realgymnasium. 1.11.1932 NSDAP. 1926-1931 Jurastudium in Freiburg, Bonn, Berlin und Königsberg. 27.1.1932 erste juristische Prüfung. 1941 SS. 1932-1936 Vorbereitungsdienst. Mai 1933 vom Kreisleiter in den Magistrat von Eberswalde berufen. 1936 Assessor-Examen. 1936-1939 Anwaltsassessor in Berlin. 1939-1941 Abteilungsleiter in der Vermögensverwaltung des Distrikts Radom. Ab Januar 1940 Leiter der Abteilung Innere Verwaltung des Distrikts Radom. 22.6.1940 Stadthauptmann in Radom. August 1941 Stadthauptmann Lemberg. 20.4.1942 bis Februar 1944 Kreishauptmann in Czortków. 30.9.1944 Waffen-SS. Mai 1945 Kriegsgefangenschaft. Bis 20.8.1947 interniert. Verfahren des Spruchgerichts Bielefeld am 28.2.1950 eingestellt. Am 25.3.1952 in Kategorie IV eingestuft. Rechtsanwalt. Ermittlungsverfahren der StA Hamburg durch Tod erledigt.[76]

Kundt, Ernst (* 15.4.1897 in Böhmisch Leipa, † 15.2.1947 in der ČSSR hingerichtet) Kath. Gymnasium. Jura-Studium an der Universität Prag. 1915 Kriegsfreiwilliger, 1916 russische Kriegsgefangenschaft. 1920 Rückkehr in die Tschechoslowakei. 1921-1938 Leiter des Deutschpolitischen Arbeitsamtes. Mitbegründer der SdP. 1935-1939 Abgeordneter für die SdP im Prager Parlament. 1938 Vizepräsident der Europäischen Nationalitätenkongresse. 1.4.1939 NSDAP. 17.9.1939-31.12.1939 Stadtkommissar in Tarnów. 23.9.1939 bis 1945 MdR. 1.1.1940-30.8.1940 Kreishauptmann in Tarnów. 1.9.1940-7.8.1941 Unterstaatssekretär in der Regierung des GG. 7.8.1941 bis zur Räumung Gou-

75 IPN, Regierung des GG I/3157, Bl. 1; IPN, Amt des Distrikts Lublin 96, Bl. 1; BAB (ehem. BDC), PK, Kühl, Hubert; BA-DH, ZD 9161, A. 8, Bl. 23 v.; Musial, Zivilverwaltung, S. 388.

76 HStA Hannover, Nds 171 Lüneburg Nr. 48075, Bl. 2 v. u. 42; BAK, Z 42 IV/3877; BAB (ehem. BDC), OPG-Richter, Kujath, Hans; IPN, NTN 273, Bl. 137; Amtsblatt des Chefs des Distrikts Radom, Nr. 1, 27.1.1940, S. 9; Schriftliche Auskunft des Universitätsarchivs der Albert-Ludwig-Universität Freiburg, 1.8.2003; Schriftliche Auskunft der WASt, 21.7.2003; Pohl, Judenverfolgung, S. 416.

verneur des Distrikts Radom. An die ČSSR ausgeliefert und dort zum Tode verurteilt.[77]

La Fontaine, Julius (* 21.10.1891 in Gondelsheim, † 25.1.1947 in Karlsruhe) Gymnasium. 1910-1915 Jurastudium in Straßburg und München. 1915-1918 Sanitätsdienst. 1922 Regierungsassessor in der badischen Innenverwaltung, ab August 1922 Amtmann am Bezirksamt Mannheim. 1928 Regierungsrat, Vorstand der Polizeischule Karlsruhe. 1933 Bezirksamt Karlsruhe. 15.9.-16.10.1939 Landrat des Kreises Błonie. Erlitt Zusammenbruch, nachdem er Massenmorde der Einsatzgruppe und deutscher Soldaten mit ansah. 1940 Regierungsrat am Landratsamt Heidelberg. 27.1.1943 verhaftet, am 20.12.1943 nach Verurteilung durch den Volksgerichtshof aus dem Beamtenverhältnis entlassen. 1943-1945 Haft im Zuchthaus Bruchsal und im Württembergischen Arbeitshaus Vaihingen/Enz. 10.4.-30.9.1945 Regierungsrat und Direktor des Arbeitshauses Vaihingen, ab 15.7.1945 dort auch kommissarischer Landrat. 1.10.1945 Ministerialrat beim Präsidenten des Landesbezirks Baden, Abteilung Innere Verwaltung, ab 14.11.1945 auch Landespolizeidirektor.[78]

Leist, Ludwig (* 14.3.1891 in Kaiserslautern, † 1967 in Murnau) Ev.-luth., 1938 gottgläubig. Volksschule. 1921-1934 bei der Reichszollverwaltung, zuletzt Oberzollinspektor beim Oberfinanzpräsidium Würzburg. 1935-1939 Angestellter der SA-Standarte Würzburg. 1.10.1930 NSDAP. 1.10.1930 SA. 16.3.1940 Beauftragter des Distriktchefs für die Stadt Warschau. Ende 1940-1944 Stadthauptmann in Warschau. 1.1.1945-6.5.1945 Wehrdienst. 19.6.1945 interniert. An Polen ausgeliefert, am 3.3.1947 vom NTN zu 8 Jahren Gefängnis verurteilt. Anfang 1954 entlassen. Ermittlungsverfahren der StA Würzburg eingestellt.[79]

Lenk, Hans (* 3.2.1904 in Neuwiese, † wahrscheinlich 1944) Gottgläubig. Volksschule. Ab 1918 Verwaltungsdienst, Kommunalbeamter. Vor 1924 nach eigenen Angaben loses Mitglied der NSDAP. Nach deren Verbot Mitbegründer des Völkischen Blocks in Sosa. 19.6.1926 NSDAP. 1935 Bürgermeister Falkenstein. Stadtkommissar in Radomsko, ab 1.4.1940 Stadtkommissar in Skarżysko Kamienna. Stadtkommissar Starachowice-Wierzbnik. Landkommissar in Dęblin. Ab 7.8.1941 Kreishauptmann in Janów Lubelski/Kraśnik.[80]

77 IPN, Personenkartei; Lilla, Statisten, S. 354 f.; Musial: Zivilverwaltung. S. 388.

78 Badische Biographien, Neue Folge, Band IV, hg. v. Bernd Ottnad, Stuttgart 1996, S. 175 f.

79 IPN, NTN 60, Bl. 2; IPN, NTN 68, Bd. 17, Bl. 1, 11 u. 39 f.; IPN, Personenkartei.

80 APL, Der Gouverneur des Distrikts Lublin 882, Bl. 18; BA-DH, ZWM 1476, Bl. 1 ff.; IPN, CAMSM 164/58, Bl. 13; IPN, Personenkartei.

Lenz, Martin (* 25.5.1900 in Halle/Saale, † 25.12.1972 in Köln) Ev. Aus Kirche ausgetreten. 1921 Studium der ev. Theologie in Halle a. d. Saale abgebrochen. Studium der Rechtswissenschaft. 1930 bis 28.11.1932 Gerichtsassessor in Naumburg/Saale. Rechtsanwalt. 1930-1933 Mitglied im Republikanischen Richter- bzw. Juristenbund. 1933 NSDAP. Neben Anwaltstätigkeit Juli 1937 bis Mai 1938 informatorisch beim Arbeitsamt Köln beschäftigt. Oktober 1939 bis April 1940 beim AG Köln im gehobenen Dienst. 1.5.1940-30.9.1941 Rechtsberater der DAF in Köln. 1.10.1941-19.5.1942 Stellvertreter des Kreishauptmanns in Ostrów Mazowiecka, 20.5.1942-31.8.1943 dort Leiter des Amtes für Innere Verwaltung. 15.1.-23.3.1943 und 25.5.-31.8.1943 dort Kreishauptmann. Ab 1.9.1943 Referent in der Abteilung Ernährung und Landwirtschaft des Distrikts Warschau. 25.11.1944 Wehrmacht. 1945-1947 arbeitslos. Ab Januar 1948 Rechtsanwalt in Köln. Am 21.9.1949 in Kategorie V eingereiht.[81]

Lerche, Richard (* 10.5.1893 in Pegau/Sachsen, seit 20.9.1945 vermisst) Volksschule. Lehre in Pegau beim Rathaus. 1911 Expedient in der Stadtverwaltung Werdau. 1913 Sekretär in Bischofswerda. 1914-1920 Soldat, davon die letzten vier Jahre in französischer Kriegsgefangenschaft. Stadtverwaltung Bischofswerda. 1928 Bürgermeister in Lauter. 1.5.1933 NSDAP. 1.1.1942 Stadtkommissar in Łowicz. 1.9.1943 stellvertretender Kreishauptmann in Ostrów Mazowiecka und mit der Führung der Geschäfte des Kreishauptmanns beauftragt. September 1944 Bürgermeister in Lauter. Bis Mitte Juni 1945 im Amt, dann für drei Wochen inhaftiert. 1945 durch die SMA inhaftiert. Soll im Januar 1950 in Buchenwald, wo er seit Juni 1948 inhaftiert gewesen sein soll, vor der vorgesehenen Entlassung weggebracht worden sein.[82]

Leyen, Joachim Freiherr von der (* 28.9.1897 in Haus-Meer, † 1945) Ev. Gymnasium. 1915-1918 Frontkämpfer. 1919-1920 Freikorps. 1922/23 Jungdeutscher Orden. Studium der Rechtswissenschaften. 1926-1933 Stahlhelm. 1926 erste juristische Prüfung. 1926-1928 Vorbereitungsdienst. 22.12.1928 große juristische Staatsprüfung. 1933 SA. Herbst 1933 Regierungsrat als ständiger Vertreter des Polizeipräsidenten Krefeld-Uerdingen. Ab 1.4.1934 beim Polizeipräsidium Wuppertal. Vor 1939 Landrat in Neukirchen-Vluyn. 1938/1939 kommissarischer Landrat in Deutsch-Brod/Protektorat Böhmen und Mähren. 1940 Leiter der Verwaltungsabteilung des Militärverwaltungs-Bezirks in

81 APW, KHm Ostrów 19, Bl. 13, 30 u. 41; HStA Düsseldorf, NW 1048-40-00260; IPN, Personenkartei; Amtlicher Anzeiger für das GG, Nr. 13, 16.2.1943, S. 265; schriftliche Auskunft der Stadt Köln, 5.6.2007; schriftliche Auskunft der Rechtsanwaltskammer Köln, 23.8.2007.

82 BA-DH, ZB II 1235, A. 4, Bl. 3; BStU, MfS HA IX/11 SMT, Bd. 24, Bl. 518 f.; APW, KHm Ostrów 19, Bl. 41; IPN, Personenkartei; Amtlicher Anzeiger für das GG, Nr. 16, 3.3.1942, S. 308.

St. Germain. 1.2.1940 NSDAP. Bis 23.7.1942 Referent in der Hauptabteilung Innere Verwaltung. Ende Juli 1942 Kreishauptmann in Lemberg. Soll 1945 an Gasvergiftung nach dem Luftangriff auf Dresden gestorben sein.[83]

Littschwager, Dr. jur. Gerhard (* 21.10.1907 in Belleveaux, † 26.11.2001) Ev. Realgymnasium. 1927-1931 Jura-Studium in Freiburg, Kiel, München und Bonn. 5.12.1931 Referendarexamen. 1.5.1931 NSDAP. 21.12.1932-1935 SA. 1935 SS. 1931-1935 juristischer Vorbereitungsdienst. 28.2.1933 Promotion. Sommer 8.5.1935 Assessor-Examen. Staatspolizei Berlin, später bei der Staatspolizeistelle Kiel stellvertretender Leiter und politischer Dezernent beim Regierungspräsidenten. Juli 1938 zur Staatspolizeistelle Stettin. September 1939 bis Dezember 1939 Kreishauptmann in Grodzisk, Dezember 1939 bis August 1941 in Ostrów Mazowiecka, August 1941 bis 20.4.1942 in Czortków. Ab April 1942 Referent beim Stadthauptmann in Warschau. Juli 1942 bis September 1943 Dezernent und Justitiar bei der Regierung in Bydgoszcz/Bromberg. 15.9.1943 Einberufung zur Waffen-SS. Ab November 1944 beim SS- und Polizeigericht in München als Sachbearbeiter. Januar bis April 1945 auch als Hilfsrichter. 2.5.1945-11.2.1948 Internierung. Vom Spruchgericht Hiddesen im Januar 1948 wegen der SS-Mitgliedschaft zu Geldstrafe verurteilt, wegen Internierungshaft bereits abgegolten. Wohlfahrtsempfänger. Am 20.6.1949 in Kategorie IV eingestuft. Ab 1949 Verlagssyndikus im Verlag Walter Dorn in Frankfurt a. M.. Ab 1.5.1955 beim Sozialgericht. Sozialgerichtsrat. April 1963 Pensionierung. Ermittlungsverfahren der StA Darmstadt am 19.2.1972 eingestellt.[84]

83 So Görgens in: BA Bayreuth, Ost-Dok 13/513, Bl. 13; IPN, Regierung des GG I/3285, Bl. 1; StArch Münster, Regierung Arnsberg Personalakten 534; BA-DH, ZA V 67; BA-DH, ZA I 11927, A. 5, Bl. 15; BAB (ehem. BDC), Ortsgruppenkartei; Pohl, Judenverfolgung, S. 417.

84 BA-DH, ZR 572, A. 14; BAK, Z 42 V/1333; Spruchgericht Hiddesen, Urteil, 28.1.1948, Abschrift, StArch Darmstadt, H 13 D Nr. 1074/18, o.P.; Entnazifizierungs-Hauptausschuss für den Kreis Lüneburg, 20.6.1949, ebenda; Lebenslauf Littschwagers, o.D., ebenda; Lebenslauf in: Littschwager, Gerhard, Eigentumserwerb des Erstehers bei der Versteigerung an einer gepfändeten, aber dem Schuldner nicht gehörigen beweglichen Sache, (Nach geltendem Recht und nach dem Entwurf einer neuen ZPO), Inaugural-Dissertation zur Erlangung der Doktorwürde einer hohen Rechts- und Staatswissenschaftlichen Fakultät der Albert-Ludwigs-Universität Freiburg, Schramberg 1933; Amtlicher Anzeiger für das GG, Nr. 31, 24.4.1942, S. 705; Schriftliche Auskunft des Universitätsarchiv der Albert-Ludwigs-Universität Freiburg, 1.8.2003; Groß-Gerauer Heimatzeitung, 30.11.2001; Pohl: Judenverfolgung. S. 417.

Losacker, Dr. Ludwig (* 29.7.1906 in Mannheim, † 1990) Kath., ab 1937 gottgläubig. Realgymnasium. Besuch einer Privat-Handelsschule. Dezember 1922 Volontär bei Boehringer in Mannheim. Nach Tod des Vaters ab Mai 1924 Leitung der väterlichen Kamm- und Haarschmuckfabrik in Ludwigshafen. Ostern 1926-1927 Realgymnasium. 1927-1931 Studium der Rechtswissenschaften und Nationalökonomie in Heidelberg und Berlin. 18.4.1931 erste juristische Staatsprüfung. 15.4.1931-1934 Vorbereitungsdienst in Mannheim. 1933 Promotion. 23.6.1934 große juristische Staatsprüfung. 2.7.1934 bis Januar 1936 Regierungsassessor bei der Polizeidirektion in Baden-Baden. 24.1.1936-30.6.1937 in der Verfassungsabteilung des Innenministeriums in Berlin. 30.6.1937 in den badischen Landesdienst zurückgetreten. 1937 aus dem Staatsdienst ausgeschieden. Ausbildungslehrgang als Industriekaufmann bei der IG-Farben AG Berlin. Dezember 1938 Abteilungsleiter bei den Wanderer-Werken in Chemnitz. Frühjahr 1939 Zulassung als Rechtsanwalt in Chemnitz. 1.2.1932 NSDAP. 1933 SS. September 1939 bis 14.1.1941 Kreishauptmann in Jasło. 15.1.1941-31.7.1941 Amtschef beim Gouverneur des Distrikts Lublin, 1.8.1941 bis Dezember 1942 beim Gouverneur des Distrikts Galizien. Januar 1942 dort vertretungsweise Gouverneur. Januar bis September 1943 Präsident der Hauptabteilung Innere Verwaltung. Juni bis September 1943 Gouverneur des Distrikts Krakau. Ab Oktober 1943 Waffen-SS. Verwundung bei Einsatz in Italien. Bis September 1947 interniert. 1948 Referent im Arbeitgeberverband für die chemische Industrie in Hessen, später dort Geschäftsführer. Am 30.8.1948 in die Gruppe der Entlasteten eingereiht. 1954 Hauptgeschäftsführer des Arbeitsrings der Arbeitgeberverbände der deutschen chemischen Industrie in Wiesbaden. 1.1.1960 bis 1971 Leiter des Deutschen-Industrie-Instituts in Köln. 1963/64 Dozent an der Hochschule für politische Wissenschaften in München. Ermittlungsverfahren der StA Dortmund am 12.7.1963 eingestellt.[85]

Löwner, Erich (* 30.6.1889 in Platenhof, † Mitte 1944 erschossen) Ev.-luth., gottgläubig. Realschule. 1897-1907 Militärwaisenhaus inkl. Militärschule. 1909 Brigadeschule. 1910-1911 Oberfeuerwerkerschule. Zwölfjährige militärische Dienstzeit, Feuerwerker- und Zeuglaufbahn. Oberinspektor beim Finanzamt Scharnhorst in Berlin. 1.9.1930 NSDAP. 1.3.1933 SA. Steueramt-

85 Sonderarchiv Moskau, 720k-5-5852; GLA, 461 A/59/54/620; BAL, B 162/II 208 AR 431/74, Bl. 4ff.; Lebenslauf in: Losacker, Ludwig, Können die in der Reichsverfassung enthaltenen Vorbehalte von Gesetzen, insbesondere die finanzrechtlichen, durch Notverordnungen des Reichspräsidenten [Art. 48, Abs. 2, Reichsverfassung] erfüllt werden? Inaugural-Dissertation zur Erlangung der juristischen Doktorwürde der Hohen Juristischen Fakultät der Ruprecht-Karls-Universität zu Heidelberg, Heidelberg 1933; Munzinger Archiv, Internationales Biographisches Archiv 16/1972 vom 10.4.1972; Wer ist wer? S. 1181.

mann in Peppin/Pommern. 1940 Stadtinspektor in Saybusch. Stellvertretender Kreishauptmann in Biłgoraj, dort ab Juli 1943 Kreishauptmann. Mitte 1944 nach Räumung Biłgorajs bei Krakau erschossen.[86]

Malsfey, Hans (* 18.6.1900 in Apolda, † 18.3.1961 in Oberhausen) Ev. Volksschule. 1.4.1914-16.11.1917 Katasteramt Witten. 17.11.1917-6.12.1918 Kriegsdienst. 7.12.1918-30.4.1919 Katastertechniker in Witten. 1.5.1919-9.1.1921 Freikorps. 3.2.1921-30.9.1922 Katasteramt Meinerzhagen. 1.10.1922-30.6.1922 bei der Regierung in Hildesheim. 1.7.1923-13.3.1933 Katasteramt Bergen. 1920-1922 Jungdeutscher Orden. 1922-1923 NSDAP. 1923-1924 Großdeutsche Volksgemeinschaft. 25.7.1925 NSDAP. 14.3.1933 Bürgermeister in Sassnitz, ab 11.10.1937 in Pasewalk. 6.10.1939 bis 1941 Stadtkommissar in Zakopane. Sommer 1941 bis Februar/März 1945 Kreishauptmann in Nowy Targ/Neumarkt.[87]

Mann, Hans (* 13.12.1908 in Meißen, † 6.5.1962) Ev.-luth., gottgläubig. 1.5.1932 NSDAP. Oberregierungsrat. August 1941 bis Anfang 1943 Kreishauptmann in Złoczów.[88]

Motschall, Bruno (* 20.10.1901 in Krosno bei Bütow) Gymnasium. Ab 1922 Jurastudium. 1926 erstes Staatsexamen, 1930 zweites Staatsexamen. Einige Monate Gerichtsassessor. Rechtsanwalt. 1931 NSDAP. Bis 1937 Bürgermeister in Rummelsburg. September 1937 beurlaubt und bis Juni 1940 ohne Tätigkeit. Ab 9.7.1940 bei der Kreishauptmannschaft Opatów, Stadtkommissar in Ostrowiec. Anfang August 1944 bis 16.1.1945 Kreishauptmann in Opatów. Wehrmacht. Bis Juni 1945 in englischer Gefangenschaft. Landarbeiter. 1948 bei einer Schraubenfabrik. Arbeitslos. Journalist. 1952-1962 Geschäftsführer einer Bauträgergesellschaft für Eigentumswohnungen. 1962 Ruhestand. Ermittlungsverfahren der StA Hamburg am 17.4.1968 eingestellt.[89]

Nehring, Joachim (* 12.8.1903 in Danzig, † 20.2.1991 in Frutenhofen) Ev., gottgläubig. 1921 Freikorps. 1919 Mitglied des Deutschnationalen Jungbundes, dann bis 1922 der DNVP. 1921/1922 Redaktionsvolontär bei der *Deutschen Zeitung* in Berlin. Bis 1924 drei Semester Studium der Volkswirtschaft und Geschichte an der Universität in Dresden und Danzig. Kaufmann. 1924-

86 BAB (ehem. BDC), PK, Löwner, Erich; IPN, Personenkartei; Musial, Zivilverwaltung, S. 390f.

87 BA-DH, ZA V 217, Bd. 2, Bl. 295f.; BAB (ehem. BDC), PK, Malsfey, Hans; BA-DH, ZD 779/55; Archiv der Stadt Sassnitz, Personalakten L-P, Band 6: 1909-1953, 1.-22, Personalakte Malsfey.

88 IPN, Amt des Distrikts Galizien 6, Bl. 1; BA-DH, ZJ 99, A. 4.

89 Vernehmung von Bruno Motschall, 9.2.1970, BAL, B 162/206 AR-Z 23/64, Bd. 8, Bl. 2232ff.; IPN, Personenkartei.

1927 Danziger Korrespondent für die *Deutsche Zeitung*, *Deutsche Tageszeitung* und die *Kreuzzeitung*. Bis Anfang 1933 stellvertretender Vorsitzender des Deutschen Ostmarkenvereins. 1928 bis April 1933 Schriftleiter der *Deutschen Zeitung* in Berlin. Anfang 1932 NSDAP. 10.6.1933 SS. 1933-1937 beim Deutschen Nachrichten-Büro in Danzig, Mai 1937 bis Kriegsbeginn in Königsberg. 1939 Teilnahme am Krieg gegen Polen. Januar 1940 bis April 1941 Referent in der Pressestelle der Regierung des GG. Mai bis Juli 1941 Referent beim Kreishauptmann Krakau-Land. August 1941 bis Dezember 1942 stellvertretender Kreishauptmann in Kamionka Strumiłowa. 1.1.1943 bis Juli 1944 dort Kreishauptmann. Bis November 1944 Sonderbeauftragter zur Betreuung ukrainischer Flüchtlinge in der Slowakei in Preßburg. Februar 1945 freiwillig zur 14. Waffen-SS-Division. Kriegsgefangenschaft. 1.8.1945 bis September 1947 interniert. Flucht. 1949 gründet er die illegale Zeitschrift *Scheinwerfer*. Am 30.10.1950 als Belasteter eingestuft. Geschäftsführer des Bundes für deutsche Einheit und Schriftleiter des Bundesorgans *Militärpolitisches Forum* (später *Nationalpolitisches Forum*). 1959 wegen Geldmangels Erscheinen eingestellt. Inhaber des Arminius-Verlags. 1955 Mitarbeiter der *Deutschen Nationalzeitung* und von *Die Nation*. Mitglied des Präsidiums des Kongresses aller Gegner der atomaren Aufrüstung in der Bundesrepublik. Januar 1959 Teilnahme an einer Tagung des Nationalrats der Nationalen Front in Ost-Berlin. Bittet im Dezember 1959 in der DDR erfolglos um Asyl. Freier Schriftsteller und Übersetzer französischer Literatur. 19.3.-26.5.1965 in Untersuchungshaft. Ab 1977 Herausgeber und alleiniger Verfasser des *Informationsbriefs*. 1981 Ländervertreter für Danzig-Westpreußen in der Länderkammer der Notverwaltung des Deutschen Ostens. Ab Januar 1981 im Vorstand der Vereinigung für gesamtdeutsche Neutralität. 1982 rief er die Politische Abteilung der Notverwaltung des Deutschen Ostens ins Leben. Ermittlungsverfahren der StA Stade. 11.9.1978 Anklageerhebung. Prozess vor dem LG Stade vom 25.11.1980-24.8.1981. 24.8.1981 freigesprochen. Am 1. April 1983 gemeinsam mit Otto Ernst Remer Die Deutsche Freiheitsbewegung – Der Bismarck-Deutsche ins Leben gerufen, die ein Sammelbecken für nationale Organisationen sein sollte. Dort stellvertretender Vorsitzender. Am 2. Juni 1983 Amt aus Protest gegen Remers Vorgehen niedergelegt.[90]

90 BAB (ehem. BDC), SSO, Nehring, Joachim; StArch Stade, Rep. 171a Stade Nr. 1515, Bl. 1f.; IPN, Personenkartei; Informationsbrief 5 (1981), Nr. 5, S. 1; Nr. 11, S. 4; Nr. 12, S. 6; 7 (1983), Nr. 2, S. 6; Nr. 3, S. 1; Nr. 4, S. 1f.; Nr. 6, S. 5f.; Schriftliche Auskunft der Familie, 7.1.2004; Pohl, Judenverfolgung, S. 418.

Oswald, Alfons (* 8.2.1903 in Norsingen, † 25.5.1969 in Freiburg) Kath. Gymnasium. 1921-1924 Studium der Nationalökonomie und Jura. Wegen Tod des Vaters (1915) neben dem Studium Werkstudent in einem Bankhaus, im Frühjahr 1924 von der Universität verboten. Unterbrechung des Studiums. 1925-1928 Jura. Oktober 1928 erste juristische Staatsprüfung. 1928-1931 Gerichtsreferendar. 1931 zweite juristische Staatsprüfung. 1932-1939 Regierungsassessor bei den Bezirksämtern Konstanz, Neustadt und Donaueschingen. 1.4.1934 Regierungsrat. Regierungsrat in Neustadt, ab 1936 in Donaueschingen. 1.7.1937 NSDAP. Seit Anfang 1939 Parteigerichtsverfahren, am 17.2.1943 eingestellt. 6.10.1939 Landkommissar in Dębica, 15.12.1939-22.6.1941 dort Kreishauptmann. 18.9.1941 bis Dezember 1943 Leiter der Abteilung Innere Verwaltung im Distrikt Radom. 27.2.1943 bis 1945 Wehrmacht. 1945 Kriegsgefangenschaft. 14.11.-31.12.1945 Einarbeitung als Landrat in Säckingen. 1.1.1946-6.1.1949 Landrat in Säckingen. 7.1.1949-31.5.1953 Landrat in Emmendingen. 1949-1950 auch Ersatzrichter beim badischen Verwaltungsgerichtshof in Freiburg. 1.6.1953 bis 1968 Landrat in Freiburg. Ab 4.11.1953 CDU-Mitglied. Ab 18.6.1964 Aufsichtsratsmitglied der Rheinumschlags-GmbH, Breisach. 1949-1956 Vorsitzender der Arbeitsgemeinschaft badischer Landkreise. 1968 Ruhestand. 1968 Großes Bundesverdienstkreuz. Verfahren der StA Freiburg wegen uneidlicher Falschaussage 1965 wegen Verjährung eingestellt.[91]

Otto, Dr. jur. Dr. med. Helmuth (* 15.3.1892 in Antwerpen, † 23.6.1974 in Waldbröl) Ev.-luth., 1936 Kirchenaustritt. Allgemeine Deutsche Schule in Antwerpen. Realgymnasium. 1910 Studium der Landwirtschaft in Halle, Berlin, Leipzig und Bonn. 1915-1918 Soldat. 18.6.1915 Medizinische Vorprüfung an der Universität Gießen. 1919-1921 Freikorps. Studium der Medizin in Gießen, Greifswald und Düsseldorf. 6.5.1920 Promotion zum Dr. med. 1.1.1921-1922 Assistenzarzt in Solingen. April 1922 bis 1933 Praktischer Arzt in Solingen. 1933 landwirtschaftliche Diplomprüfung. Studium der Rechts- und Staatswissenschaften in Leipzig und Bonn. 20.12.1935 Promotion zum Dr. jur. 1931-1938 SS. 1.2.1931 SA. 1.2.1931 NSDAP. 1.12.1932-31.12.1935 Kreisleiter Kreis Solingen. Gauredner. 1933 Fraktionsführer der NSDAP-Stadtverordneten in Solingen. März 1933 Mitglied des Rheinischen Provinziallandtags. 3.4.1933 Oberbürgermeister in Solingen. 8.9.1937 Wahl zum Oberbürgermeister von Düsseldorf. September/Oktober 1939 Reichskommissar für die Stadt Warschau. 13.6.1940-1944 Leitender Sanitätsarzt bei der

91 HStA Stuttgart EA 2/150 Bü. 1252; GLA 466, 1979/2, Nr. 5502; StArch Freiburg, D 180/2 Nr. 41634; BAB, R 1501 PA/9479; CDU-Landesverband Baden-Baden, Mitgliedskarte Nr. 60393, NL Oswald; Wehrpass, ebenda; Amtsvorsteher, S. 434.

Oberfeldkommandantur in Brüssel. 1944 bis 2.5.1945 Oberstabsarzt in Hamburg. 1.10.1944 Ernennung zum Oberarzt. 1945 bis Oktober 1946 interniert. Am 18.10.1946 an Polen ausgeliefert, im März 1948 rücküberstellt. 18.7.1948 Einstufung in die Kategorie III. 24.7.1950 Berufung wird verworfen.[92]

Paul, Ernst Peter (* 14.11.1907 in Berlin, † 5.10.1945 in Berlin) Rechtsanwalt. In Radom Polizeidirektor. Stellvertretender Kreishauptmann Rzeszów/Reichshof, ab Mitte April 1940 dort Stadtkommissar. 1941 stellvertretender Leiter der Abteilung Innere Verwaltung des Distrikts Krakau, 1942 deren Leiter. 16.8.1942 bis April 1944 Kreishauptmann in Przemyśl.[93]

Pavlu, Rudolf (* 15.7.1902 in Wien, † 9.10.1949 in Römlingshofen) Gottgläubig. Realschule. Infanteriekadettenschule. 1921 Abitur. August 1918 bis Oktober 1919 Militärdienst. Studium an der Hochschule für Welthandel. 1924-1934 Buchhalter der Wiener Gebietskrankenkasse. 13.5.1931 NSDAP. Beamter der Arbeiter-Krankenversicherungskasse Wien. 25.7.1934 aktiv am Putschversuch beteiligt. August 1934 entlassen. 18 Monate in Haft. 30.1.1936 Flucht nach Deutschland. Bürochef des NSDAP-Flüchtlingshilfswerks. Oktober 1938 SS. Juni 1939 mit dem Aufbau der LVA Wien beauftragt und ihr Leiter. Stabsleiter beim Reichsstatthalter in Wien. Oktober 1939 Stabsleiter und bis 1.2.1942 Leiter der Abteilung Arbeit des Distrikts Krakau. 1.4.1941-30.4.1943 Stadthauptmann von Krakau. 1.5.1943 auf Betreiben des HSSPF Krüger zur Waffen-SS und Fronteinsatz. Internierung. 7.10.1947 Flucht. 25.2.1949 erneute Internierung. Am 3.4.1949 aus dem Lager geflohen. Selbstmord. Von Polen wurde Auslieferung betrieben.[94]

Pott, Karl Adolf (* 27.5.1906 in Kamen, † 10.10.1943 gefallen) Ev., gottgläubig. Privatunterricht, Preußische Landesschule in Pforta. 1924-27 Studium der Rechts- und Staatswissenschaften in München, Königsberg und Göttingen. 1927 Referendarprüfung. Vorbereitungsdienst. 26.10.31 große juristische Staatsprüfung. 1.11.1931 NSDAP. Zivilprozessrichter am AG Petershagen.

92 HStA Düsseldorf, NW 1037-BIII-7336; Stadtarchiv Solingen PA 4444 I und II; Solinger Tageblatt, 9.7.1974; IPN, Personenkartei; Degener, Herrmann, Wer ist's? 10. Ausgabe, Berlin 1935, S. 1176. Klefisch, Kreisleiter, S. 185 ff.

93 BAL, B 162/Dok.-slg. Polen, Ordner 348, Bl. 707; BAB, R 102 II/4, Bl. 29; IPN, Personenkartei. Laut ZStL ist Paul am 11.2.1948 gestorben. Vgl. BAL, B 162/II 212 AR 1433/66, Bl. 41.

94 IPN, Amt des Distrikts Krakau 12, Bl. 1; BAB (ehem. BDC), SSo, Pavlu, Rudolf; BAB, NS 19/2965; BAB (ehem. BDC), PK, Pavlu, Rudolf; BAB (ehem. BDC), RS; StArch Ludwigsburg, EL 903/6, Bü. 1272; IPN, BD 351, Bl. 7; IPN, GKBZHwP 978, Bl. 26; Amtlicher Anzeiger für das GG, Nr. 12, 17.2.1942, S. 222.

25.1.1932-24.4.1932 beim Bürgermeisteramt Petershagen. bis 7.10.1932 beim Landratsamt und Kreisausschuss in Minden. 15.11.1932 wissenschaftlicher Hilfsarbeiter bei der Stadtverwaltung Düsseldorf. 7.4.1933 Bürgermeister in Ratingen. 1.10.1933 Deutsche Reichsbahngesellschaft in Hannover. 1934 Hilfsreferent im Innenministerium in Berlin. 1.3.1935 Landratsamt Saarbrücken. 16.9.1935 Oberpräsidium in Münster. 4.2.1937 stellvertretender Landrat, ab 5.5.1937 Landrat in Zielenzig. Ehrenamtlicher Mitarbeiter des SD. 2.10.1939-13.3.1942 Kreishauptmann in Sochaczew. 21.6.1941 SS.[95]

Pütter, Berthold (* 24.12.1911 in Berlin, † 15.6.1987 in Bonn) Ev., 1943 ausgetreten. Gymnasium. Ab 1930 Studium der Rechtswissenschaft in Greifswald und Berlin. Mai 1935 Referendar-Examen. Mai 1939 Assessor-Examen. 1925-1928 VDA. 1934 SA. 1937 NSDAP. Angestellter im Personalamt der Regierung des GG. Beim Kreishauptmann Krakau-Land. Ab 1.8.1941 stellvertretender Kreishauptmann in Kałuszyn/Kalusz. 1.10.1941 Kreishauptmann Lemberg-Land, 16.1.1942 bis März 1942 in Gródek. 1.4.1942 in der Abteilung Innere Verwaltung des Distrikts Galizien. 8.6.1942 Wehrmacht. 1944 bis Mai 1946 Kriegsgefangenschaft. Januar 1946 Dolmetscherprüfung im Kriegsgefangenenlager Dermott, Arkansas / USA. 1946-1948 Dolmetscher. Bei Entnazifizierung in die Kategorie V eingestuft.[96]

Rebay von Ehrenwiesen, Wilhelm (* 3.4.1909 in Miesbach, † 22.1.2004) Ev., gottgläubig (1937). Gymnasium. Ab 1920 VDA. Mai 1926 bis Dezember 1927 SA. Laut eigenen Angaben hat er die SA aus Rücksicht auf die Stellung des Vaters als OStA wieder verlassen. 1928-1931 Jurastudium in Tübingen und München. 10.11.1931 erste juristische Staatsprüfung. Referendar. 1930 bis April 1933 Stahlhelm. 1933-1937 SA, dann Übernahme in die SS. 1.5.1933 NSDAP. 8.8.1935 zweite juristische Staatsprüfung. 1.5.1935 Assessor bei der Regierung in Augsburg. Mehr als ein Jahr ehrenamtlicher Mitarbeiter des SD-Unterabschnitts Augsburg. Ab Herbst 1935 Mitarbeit bei den Hexen-Forschungen des RSHA. 22.11.1936 SS. Oktober 1937 bis 15.3.1938 kommissarischer Außenstellenleiter des SD-Unterabschnitts Neustadt an der Weinstraße. 4.10.1937 Landratsamt Speyer. 1.7.1938 Regierungsrat. 23.1.1939 Landratsamt in Kusel. 7.11.1939 Regierungspräsidium Marienwerder. 19.4.1941 Referent bei der Distriktsregierung in Krakau. 10.8.1941-3.12.1942 Kreishauptmann in Kamionka Strumiłowa. 1.5.1943 zum Führer beim Stab des SS-Oberabschnitts

95 BAB (ehem. BDC), PK, Pott, Karl Adolf; BA-DH, ZB 7173, A. 3; BA-DH, ZA V 162, Bl. 106 f.; BAB, R 1501 PA/9748; BAB (ehem. BDC), RS; Schriftliche Auskunft der WASt, 21.7.2003.

96 HStA Düsseldorf, NW 1068-PO-63; IPN, Personenkartei; Schriftliche Auskunft der WASt, 21.7.2003; Pohl, Judenverfolgung, S. 419.

Ost ernannt. 4.12.1942 bis Kriegsende Wehrmacht. Mitte August 1945 bis Frühjahr 1948 Internierung. Am 30.4.1948 als Mitläufer eingestuft. Ein Jahr Anwaltsassessor in Eichstätt. 1.6.1949 Zulassung als Rechtsanwalt. Oktober 1950 Regierungsrat am Landratsamt in Kronach, dann Landratsamt Dinkelsbühl. 1955 bis 1974 Regierung in Ansbach, zuletzt Leiter des Sachgebiets Kommunalwesen. Oberregierungsdirektor. Ermittlungsverfahren eingestellt.[97]

Renz, Julius (*23.10.1891 in Stuttgart, gest. 31.7.1966 in Neresheim), Teilnahme am 1. Weltkrieg, Jura-Studium, Rechtsanwalt in Württemberg. Hauptamtlich beim Reichsnährstand tätig. Bis 1.11.1941 in Dębica, dann stellvertretender Kreishauptmann in Jarosław. Kreishauptmann in Jarosław. Nach 1945 zeitweise arbeitslos. 25.2.1948 als Mitläufer eingestuft. Rechtsanwalt. (Schriftliche Auskunft der Familie, 16.8.2009)

Rieger, Carl Hermann (* 7.11.1896 in Schwäbisch Gmünd) Kath. Jurastudium in Tübingen. 1921 erste juristische Staatsprüfung, 1923 zweite. 23.11.1923 Eintritt in die württembergische Innenverwaltung. 1925 Amtmann beim Oberamt Rottenburg, weiter verwendet in Geislingen. 1929 am Oberamt Stuttgart-Amt. 1932 in der Ministerialabteilung für Bezirks- und Körperschaftsverwaltung. 1.5.1933 NSDAP. 29.4.1933 Regierungsrat. 15.11.1933 Landrat in Tuttlingen. 1937 Oberregierungsrat und Beisitzer an der Dienststrafkammer Stuttgart des Reichsdienstes. 11.9.1939 ins besetzte Polen, zuerst in Przemyśl, dann Sanok. Bis Ende Februar 1940 Kreishauptmann in Jarosław. 1.3.1940 Landrat in Rottweil in Württemberg, zunächst Amtsverweser. 30.6.1945 von der US-Militärregierung entlassen. Internierung bis 1.10.1946. 1947 Entnazifizierung: Entlassung ohne Bezüge, kann als Angestellter, jedoch nicht in leitender Stellung verwendet werden. Im Revisionsverfahren als Mitläufer eingestuft. Oberregierungsrat beim Landesgewerbeamt (um 1948/49). 1955 Oberregierungsrat am Regierungspräsidium Südwürttemberg-Hohenzollern.[98]

97 IPN, Regierung des GG I/4218, Bl. 22ff.; IPN, Amt des Distrikts Galizien 6, Bl. 1; BAB (ehem. BDC), SSO, Rebay von Ehrenwiesen, Wilhelm von; BA-DH, ZA V 73; BA-DH, ZA VI 220, A. 3; Bayerisches Staatsministerium der Justiz an Wilhelm Rebay von Ehrenwiesen, 21.4.1949, NL Rebay; Vormerkungsbogen für den Regierungsrat Wilhelm Rebay von Ehrenwiesen, ebenda; Interview mit Wilhelm Rebay von Ehrenwiesen, 3.12.2003; Mittelfränkisches Amtsblatt 3/2004, S. 12.

98 Landratsamt Rottweil, Archiv- und Kulturamt, Akte über »Rieger, Hermann, Landrat a.D.« (Az.: 0122 Nr. 3) und Personalakten Landrat Hans Ableitner. (Az.: 0122 Nr. 4); Warschauer Zeitung Nr. 51, 1.3.1940; Amtsblatt des Staatssekretariats für das französisch besetzte Gebiet Württembergs und Hohenzollerns Nr. 10, 28.2.1947, S. 299; Amtsvorsteher, S. 463f.

Rieger, Rudolf (*24.5.1891 in Kassel) Ev. Bürgerschule, Staatliche Handelsschule Kassel. Kaufmännische Lehre 1.4.1905-1.10.1907, abgebrochen. Zeitweise als Buchhalter, Reisender, Vertreter, Betriebsbuchhalter und Expedient tätig. 1.10.1912-30.6.1924 bei einer Firma in Frankenthal tätig. 1914-1919 Kriegsteilnehmer. 1916 englische Gefangenschaft. Seit 26.2.1926 Justizangestellter, ab 1.1.1936 Justizbeamter beim AG Frankenthal. 1939 Sekretär. 12.8.1926 NSDAP. 1928 ausgetreten, 1932 wieder eingetreten. 1931-1934 SA. 9.2.1940 Abordnung nach Krakau. Ab März 1940 Angestellter bei der Kreishauptmannschaft Krasnystaw, Herbst 1940 bis Mitte Juli 1942 dort Leiter des Amtes für Bevölkerungswesen und Fürsorge, anschließend für Personal- und Polizeiangelegenheiten zuständig. Vertreter des Kreishauptmanns. Seit 1.1.1942 Justizobersekretär. Ab 1.10.1943 Regierungsinspektor. 1944 dort kommissarischer Kreishauptmann. 1.7.1944 Biała Podlaska. Anfang 1945 bis 9.3.1945 in Bernsberg bei der Wasserstraßenverwaltung. Volkssturm. Am 28.2.1948 interniert. Polen hat 1948 seine Auslieferung betrieben. Durch Urteil des Schwurgerichts Kassel zu lebenslänglichem Zuchthaus verurteilt, im Wiederaufnahmeverfahren am 9.5.1952 freigesprochen. Er soll bei der »Aussiedlung« der Juden aus Izbica am 15.10.1942 an der Erschießung der Juden mitgewirkt haben.[99]

Ritter, Dr. jur. Heinz Albert (*21.7.1905 in Tübingen, †1.10.1967) Ev.-luth. Gymnasium. 1923-1927 Studium der Rechtswissenschaften und Wirtschaftswissenschaft in Tübingen und München. 1923-1927 Deutsche Studentenschaft. Vorbereitungsdienst. 21.12.1928 Promotion. 1930 zweite höhere Justizdienstprüfung. 1.7.1930-26.3.1933 Regierungsassessor beim Oberamt Oberndorf. 27.3.1933-3.5.1934 beim Oberamt Waiblingen. 1.7.1933 Regierungsrat. 1.5.1933 NSDAP. 5.5.-5.12.1934 Oberamt Heilbronn. 6.12.1934-20.3.1935 Oberamt Ludwigsburg, später noch bei anderen Oberämtern. 29.10.1935 Oberamtsverweser beim Oberamt Spaichingen, von November 1936 bis 30.9.1938 als ernannter Landrat. Nach Auflösung des Amtes Stellvertreter des Landrats von Esslingen. Februar 1939 Landrat in Schluckenau/Aussig. 25.9.1939-31.10.1943 Kreishauptmann in Opatów. Oberregierungsrat und Verwaltungsberichterstatter beim Technischen Landesamt. Januar 1944 Wehrdienst. Kriegsgefangenschaft. 6.9.1945-7.6.1946 Internierung. 29.8.1946-14.11.1946 Hilfsarbeiter. Ab 27.11.1946 Heimarbeiter beim Württembergischen Staatlichen Landesamt Stuttgart. Am 3.6.1948 als Mitläufer eingestuft. 1948 Oberregierungsrat bei der Rechnungskammer in Tübingen. 1953 baden-württembergisches Innenministerium, dort bis 1959. Ab Januar

99 IPN, Regierung des GG I/4309, Bl. 2; IPN, Personenkartei; Urteil des Schwurgerichts beim LG in Kassel vom 9.5.1952 (3a Ks 1/51), in: Justiz und NS-Verbrechen, Bd. 9, S. 606f.

1960 Erster Landesbeamter beim Landratsamt Nürtingen. Ermittlungsverfahren der StA Hamburg am 17.4.1968 eingestellt.[100]

Rödde, Wilhelm Bürgermeister. April 1943 Kreishauptmann in Biała Podlaska. 1.7.1943 Stellvertreter des Kreishauptmanns und Leiter des Amtes für Innere Verwaltung in Zamość.[101]

Rubehn, Dr. jur. Justus (* 3.10.1904 in Margonin, † 1997 in Kiel) Gymnasium, Kadettenkorps. Ab 1923 Studium der Rechts- und Staatswissenschaften in Kiel und Tübingen. 19.11.1926 erste juristische Prüfung. 1926 Referendar. 1927-1928 Assistent an der juristischen Fakultät der Universität Kiel. 11.12.1929 Promotion. 1930 Assessor. 20.12.1930 NSDAP. 12.2.1932 SA. Bis Anfang 1942 Regierungsrat beim Oberpräsidenten in Kassel. Ab Mitte 1942 beim Gouverneur von Radom. Juli 1942 bis September 1943 Kreishauptmann von Radom-Land. Bis 23.2.1946 Kriegsgefangenschaft. Vertreter. Freier Mitarbeiter der Lokalredaktion der *Schleswiger Zeitung* (Theaterkritiken). Ende der vierziger Jahre wieder in den Staatsdienst, bis ca. 1954 Regierungsrat in Schleswig. Später bis 1964/65 Ministerialrat im schleswig-holsteinischen Innenministerium. Ermittlungsverfahren der StA Kiel am 17.10.1972 eingestellt.[102]

Rupé, Dr. jur. Nikolaus (* 20.7.1884 in Warschau) Ev.-luth. 11.8.1908 erste juristische Prüfung. 22.2.1913 große juristische Staatsprüfung. 3.8.1914-3.1.1919 Kriegsdienst. Assessor bei der Amtshauptmannschaft Meißen. 1.1.1919 Regierungsassessor in Ölsnitz. 15.11.1919 Regierungsamtmann bei der Amtshauptmannschaft Dresden. 1.2.1920 Regierungsrat. 1.3.1922 Amtshauptmannschaft Dresden-Nord. 18.4.1922 Amtshauptmannschaft Kamenz. 16.4.1924 Polizeipräsidium Dresden. 1.12.1927 Kreishauptmannschaft Leipzig. Dezember

100 HStA Stuttgart EA 2/150 Bü. 1356; StArch Ludwigsburg, EL 902/6, Bü. 17867. Lebenslauf in: Ritter, Heinz, Der Regierungsentwurf eines deutschen Auslieferungsgesetzes 1927, Inaugural-Dissertation zur Erlangung der juristischen Doktorwürde der Hohen Rechts- und Wirtschaftswissenschaftlichen Fakultät der Eberhard-Karls-Universität zu Tübingen, Tübingen 1929.

101 APL, Der Gouverneur des Distrikts Lublin 882, Bl. 67; Amtlicher Anzeiger für das GG, Nr. 56, 13.7.1943, S. 1447.

102 BAB (ehem. BDC), PK, Rubehn, Justus; BAL, B 162/8 AR 1434/61, Bd. 5, Bl. 802; BAL, B 162/II 206 AR-Z 56/72, Bd. 1, Bl. 152 ff.; IPN, Personenkartei; Lebenslauf in: Rubehn, Justus, Die zwangsweise Verwirklichung des Darlehensversprechens, Inaugural-Dissertation zur Erlangung der Würde eines Doktors der Rechte der Hohen Rechts- und Staatswissenschaftlichen Fakultät der Christian-Albrechts-Universität zu Kiel, Kiel 1930; Amtlicher Anzeiger für das GG, Nr. 83, 5.10.1943, S. 2024; Schriftliche Auskunft der WASt, 21.7.2003; Schriftliche Auskunft der Familie, 5.1.2004.

1928 bis Dezember 1930 DVP. Oktober 1931 bis Februar 1932 NSDAP. Wiederaufnahmeantrag 1933 abgelehnt. 1.9.1936 Kreishauptmannschaft Chemnitz. 16.9.1939-31.5.1941 Kreishauptmann in Skierniewice. 1.2.1942-14.5.1942 bei der Regierung in Chemnitz. 30.5.1942 Militärverwaltungsbeamter.[103]

Rupprecht, Dr. jur. Hermann (* 23.2.1905 in Weyarn, † 27.8.1985 in Augsburg) Röm.-kath. Gymnasium. 1924-1928 Studium der Rechts- und Staatswissenschaften in München. 1928 Referendarprüfung. 1928-1931 Referendar. 1929 Promotion. 1931-1933 Regierungsassessor bei der Regierung in Würzburg. 1933 Regierungsrat beim Landratsamt Alzenau. 1.5.1937 NSDAP. 3.10.1939 bis Mitte Januar 1945 Kreishauptmann von Warschau-Land. Wehrmacht. Kriegsgefangenschaft. Bis zum 6.11.1946 interniert. 22.11.1946 an Polen ausgeliefert. Am 19.12.1947 vom Bezirksgericht Warschau zu 15 Jahren Gefängnis verurteilt. Am 11.3.1950 vom Berufungsgericht Warschau zu lebenslänglichem Gefängnis verurteilt. 1946 bis 1957 in Haft. 1.1.1958 Oberregierungsrat bei der Regierung von Schwaben. Oberregierungsdirektor und Leiter der Abteilung Wirtschaft bei der Regierung in Augsburg. 1.3.1970 Ruhestand. Ermittlungsverfahren der StA München I am 29.6.1983 eingestellt.[104]

Saurmann, Fritz (* 18.3.1893 in Mainz, † 3.4.1973 in Birkenfeld) Kath. Realgymnasium. März 1913 bis März 1914 in Marseille, um dort Sprachen zu lernen. Kriegsfreiwilliger. Juni 1915 bis 1919 russische Kriegsgefangenschaft. Studium der Rechtswissenschaft, Volkswirtschaft und Kunstgeschichte, abgebrochen. Ab 1924 Journalist in Mainz. 1.8.1932 NSDAP. 1934 Parteigerichtsverfahren und Ausschluss aus der Partei wegen »Separatismus« und »Judenfreundschaft«. 1936 von Hitler begnadigt und Parteiausschluss rückgängig gemacht. 1937 Erster Beigeordneter der Stadt Völklingen. Oktober 1939 Stadthauptmannschaft Lublin. Juni 1940 bis Frühjahr 1942 Stadthauptmann in Lublin. Erneutes Parteigerichtsverfahren und Beurlaubung. 18.4.1943 bis Juli 1944 Kreishauptmann in Biała Podlaska. Nach 1945 Landesgeschäftsführer des Fach- und Arbeitgeberverbandes der Chemischen Industrie des Saarlandes.[105]

Schaar, Dr. jur. Albert (* 26.12.1904 in Magdeburg) Ev., gottgläubig. Gymnasium. 1925-1929 Studium der Rechtswissenschaften in Heidelberg und Halle.

103 BAB, R 1501 PA/10206; IPN, Personenkartei.

104 IPN, Regierung des GG I/4421; APW, Amt des Distrikts Warschau 503, Bl. 2 ff.; BAB, R 102I/64, Rupprecht, Hermann; BAL, B 162/211 AR-Z 77/66, Bd. 11, Bl. 1520 ff.; Schriftliche Auskunft der WASt, 21.7.2003; schriftliche Auskunft der Stadt Augsburg, 16.4.2007.

105 StArch Münster, StA Dortmund, Zentralstelle für NS-Verbrechen 45 Js 39/64, Band 10, Bl. 2281 f.; Musial, Zivilverwaltung, S. 391 f.

18.3.1929 erste juristische Staatsprüfung. Gerichtsreferendar. 20.1.1932 Promotion. 5.5.1933 große juristische Staatsprüfung. 1.6.1933-18.4.1937 Assessor beim Landratsamt Gera. 5.9.1933-25.10.1935 SA. 26.10.1935 SS. 19.4.1937 stellvertretender Landrat in Weimar. 1.5.1937 NSDAP. 16.12.1938 Regierungsrat. 18.9.1939-15.7.1942 Kreishauptmann in Sanok. 1.6.1942 Kreishauptmann von Krakau-Land. 1945 Wehrdienst. Bis Ende Mai 1945 Kriegsgefangenschaft. Nach Rückkehr zunächst Bauarbeiter, dann bis Oktober 1946 in sowjetischer Gefangenschaft. Kaufmännischer Angestellter. Im Entnazifizierungsverfahren als Verbrecher eingestuft. Ermittlungsverfahren der StA Berlin am 20.1.1974 eingestellt.[106]

Schäfer, Dr. Wilhelm (* 24.2.1903 in Blaubeuren, † 27.12.1979 in Tübingen) Ev. Lateinschule. 1921-1925 Jurastudium in Tübingen und München. 1925 Referendarexamen. 1926 Promotion. 1928 Assessor-Examen. 5.6.1928 stellvertretender Amtsrichter in Esslingen und Backnang. September 1928 Amtsverweser in Tuttlingen und in Spaichingen. 1931 Polizeidirektor in Ulm. 1.1.1932 bis Ende 1933 Polizeidirektor von Göppingen. 1.5.1933 NSDAP. 24.11.1934 SA. Ende 1933 bis April 1935 stellvertretender Landrat in Ulm. April 1935 bis 1945 Landrat in Crailsheim. 29.9.1939-21.1.1945 Kreishauptmann in Busko. Februar 1945 bis 8.5.1945 Landrat in Crailsheim. 8.5.1945-1.12.1945 Internierung. Januar bis Juni 1946 landwirtschaftlicher Hilfsarbeiter. Ab August 1946 Angestellter, dann Prokurist bei einer Essigfabrik in Tübingen. Als Mitläufer eingestuft. Verfahren der StA Stuttgart am 30.11.1967 eingestellt.[107]

Scheu, Dr. Hans (* 12.10.1908 in Hattingen, † 4.3.1947 in Schwelm) Ev., gottgläubig. Realgymnasium. Ab 1927 Studium der Rechtswissenschaften in Tübingen, Wien und Münster. 10.9.1930 NSDAP. 23.2.1932 erste juristische Prüfung. 1.11.1933 SA. 30.11.1934 Promotion. 13.2.1936 große juristische Staatsprüfung. 16.6.1936-30.6.1937 Assessor beim Landratsamt Hoyerswerda. 1.7.1937 Regierungsassessor. 1.12.1937-5.6.1941 bei der Regierung in Gumbinnen. 6.6.1941-25.3.1942 Reichsministerium des Innern. 26.3.1942 bis Januar 1945 Kreishauptmann in Sochaczew. Selbstmord unmittelbar nach Verneh-

106 IPN, Amt des Distrikts Krakau 12, Bl. 1; BStU, MfS BV Halle ASt 7119, Bl. 7 ff.; BAB (ehem. BDC), RS, Schaar, Albert; BA-DH, ZA V 217, Bd. 1, Bl. 59 f.; Lebenslauf in: Schaar, Albert, Das Rechtsverhältnis der Elektrizitätswerke zu ihren Stromabnehmern, Inaugural-Dissertation zur Erlangung der Doktorwürde einer Hohen Juristischen Fakultät der Bad. Ruprecht-Karls-Universität in Heidelberg, Bitterfeld 1931.

107 IPN, Amt des Distrikts Radom 6, Bl. 1; BAB (ehem. BDC), RS, Schäfer, Wilhelm; Amtsvorsteher, S. 486; StArch Ludwigsburg, EL 902/5, Bü. 4824; BAL, B 162/206 AR-Z 29/63, Bd. 6, Bl. 1125 ff.

mung durch polnische Offiziere, vermutlich um Auslieferung zu entgehen.[108]

Schlüter, Dr. Ernst (* 25.2.1890 in Wittenburg) Ev. Gymnasium. Ab 1909 Studium. 3.4.1913 erste juristische Prüfung. 21.9.1916-5.3.1920 Militärdienst und Gefangenschaft. 28.6.1921 große juristische Staatsprüfung. 15.8.1921-30.9.1925 Richter am AG Rostock. 1.10.1925-30.9.1930 Richter am AG Hagenow. 1.10.1930-30.11.1932 Staatsanwalt am LG Rostock. 1.12.1932-28.2.1937 Richter am AG Ludwigslust. 1.5.1933 NSDAP. 1.3.1937 Amtsgerichtsdirektor in Rostock. 12.3.1940 Vorsitzender des Sondergerichts in Rzeszów/Reichshof und stellvertretender Kreishauptmann. 23.10.1941-27.5.1943 Kreishauptmann in Dębica. 28.5.1943 Amtschef im Distrikt Lublin. 4.9.1944 Leiter des Personalamtes der Regierung des GG.[109]

Schmid, Carl Gottlob (* 22.10.1889 in Bissingen, † 26.12.1966 in Stuttgart) Ab 1915 Bürgermeister von Plüderhausen. 1921 Vorstand des Württembergischen Gemeindetages. Vorsitzender des Unfallversicherungsverbandes für die württembergischen Städte und Gemeinden. 1924-1929 Dozent an der höheren Verwaltungsschule Stuttgart für Finanz- und Steuerrecht. 1933 mit der Gründung und Führung des Zusammenschlusses von Städtetag, Gemeindetag und Landkreistag von der württembergischen Regierung beauftragt. 1.5.1933 NSDAP. Ab 1.8.1934 Vorsteher der Prüfungsanstalt beim Württembergischen Gemeindetag. 22.9.1939 stellvertretender Stadthauptmann in Krakau, 21.2.1940-31.3.1941 Stadthauptmann. November 1941 bis Juni 1942 Arbeit an Plänen für die Reorganisation der Stadtverwaltung in Prag durch Sonderauftrag des Reichsprotektors. Ab 22.6.1942 Direktor der Abteilung Kommunalwesen in der Hauptabteilung Innere Verwaltung. 15.10.1945 bis mindestens 30.10.1946 arbeitslos. In Kategorie V eingestuft. April 1948 Wiedereinstellung unter den gleichen Bedingungen wie vor dem Krieg. 1957 Ruhestand.[110]

Schmidt, Dr. Friedrich (* 14.5.1901 in Eckernförde, † 31.12.1977) Mit Körperbehinderung (Klumpfuß) zur Welt gekommen. Mutter soll ihn deswegen

108 BA-DH, ZA VI 355, A. 7; BAB, R 1501/7163; BAB (ehem. BDC), PK, Scheu, Hans; BA-DH, ZA V 217, Bd. 2, Bl. 265f.; IPN, Personenkartei; Obozy, S. 115.

109 IPN, Regierung des GG I/4562, Bl. 1; IPN, Amt des Distrikts Krakau 12, Bl. 1; BA-DH, ZA V 217, Bd. 2, Bl. 509f.; IPN, Personenkartei.

110 IPN, Regierung des GG I/4572, Bl. 2; StA Kiel, 2 Js 916/64, Sonderband A, Bl. 23f. BAB (ehem. BDC), PK, Schmid, Carl; Brief von C. Schmid an einen Freund, 6.8.1942, NL Schmid; StArch Ludwigsburg, EL 902, 20, Bü. 37/16/830; Warschauer Zeitung Nr. 45, 23.2.1940.

verstoßen haben, er wuchs bei einer Tante auf. Schule in Hamburg und Kiel. Banklehre in Kiel. Bankbeamter bei einer Hamburger Bank. Studium der Volkswirtschaft in Hamburg und Wien. 1926 Dr. rer. pol. Studium der Rechtswissenschaft in Kiel und Königsberg. 1928 erstes juristisches Staatsexamen in Königsberg. 1928-1931 Referendar in Berlin. 1931 Assessor-Examen. 1.12.1931 NSDAP. Abteilungsleiter bei der Deutschen Bau- und Bodenbank in Berlin. 1934 Bürgermeister in Belgard, 1935 in Greifenberg/Pommern. 1939 Stadtkommissar in Borek Fałęcki, 15.10.1940-14.1.1942 in Nowy Sącz/Neu-Sandez. 15.1.1942-31.7.1942 Stellvertretender Kreishauptmann in Dębica. Ca. sechs Wochen in der Polizeiverwaltung des Distrikts Krakau. Stellvertretender Kreishauptmann in Miechów. Frühjahr 1943 bis Februar/März 1945 Stadthauptmann von Tschenstochau, dann Wehrmacht. 1945 Nachtwächter in Schleswig. Anfang 1950 Verwaltungsrechtsrat. 1956 Rechtsanwalt, 1957 Notar. Ermittlungsverfahren der StA Flensburg. 20.4.1971 Schwurgerichtsklage der StA Kiel. 21.1.1972 Einstellung des Verfahrens.[111]

Schmidt, Fritz-Hans Adolf (* 11.6.1896 in Jilberstedt, † 5.12.1985) Gymnasium. Bis Ende 1918 Kriegsdienst. Sommer 1919 Grenzschutz. 1921 Teilnahme an den Kämpfen in Oberschlesien. 1919-1923 Jura-Studium in Jena und Leipzig. 1923 Referendar. 1926 Assessor, Zulassung als Rechtsanwalt in Dresden. 1.5.1929 NSDAP, schon 1923 bis zur Auflösung. 1931 SA. 1934 Notar. 1.-26.7.1934 inhaftiert. 1936 wegen Untreue zu einem Jahr Gefängnis verurteilt, 1937 Revision und Freispruch. August 1939 Wehrmacht. Teilnahme am Krieg gegen Polen und Frankreich. Sommer 1941 persönlicher Referent des Gouverneurs in Lublin. Ab 26.8.1941 bis Februar 1944 Kreishauptmann in Krasnystaw. Bis Sommer 1944 in Dresden, Offizierslehrgang und bis Mai 1945 bei der Wehrmacht. Vier Wochen Gefangenschaft in Saalfelden/Österreich. Danach längerer Aufenthalt bei seiner Schwester. 1951 Rechtsanwalt.[112]

Schmige, Dr. Fritz (* 17.7.1880 in Hagmann, † 10.1.1974 in Wiesbaden) Ev. 1900-1904 Jurastudium in Freiburg, Berlin und Königsberg. 10.11.1903 erste juristische Staatsprüfung. 5.9.1908 große Staatsprüfung. Promotion. Ab 1908 Verwaltungslaufbahn in Siegen, Münster und Liegnitz. Im Ersten Weltkrieg Reserveoffizier. 22.8.1916 Regierungsrat. 1919 Regierungsrat in Münster. 1920 Landrat in Ostpreußen, wegen Verbindung mit dem Kapp-Putsch kurze

111 StA Kiel, 2 Js 916/64, Bd. VII, Bl. 702 u. Bd. XI, Bl. 1878 f.; APK, Gouverneur des Distrikts Krakau 55, Bl. 3 u. 5; BAB (ehem. BDC), PK, Schmidt, Friedrich; Stern Nr. 52, 17.12.1998, S. 134.

112 BAB (ehem. BDC), Research Files, Ordner 263, Bl. 9; Telefonische Auskunft der Familie von Otto Busse, 1.3.2005; schriftliche Auskunft der Stadt Düsseldorf, 15.5.2007; Musial, Zivilverwaltung, S. 392.

Zeit des Amtes enthoben. In Königsberg bis 1927, danach in Liegnitz. 1933 Landrat in Liegnitz. 1.4.1933 NSDAP. Landrat in Braunau. Januar 1940 Amtschef im Distrikt Lublin. Sommer 1940 bis Anfang 1941 Stellvertreter des Gouverneurs. Juni 1940 Kreishauptmann in Radzyń, am 31.10.1941 abberufen. 1941-1945 Landrat in Braunau. Nach dem Krieg bis zur Pensionierung kurze Tätigkeit im Finanzministerium in Wiesbaden.[113]

Schmitt, Dr. Kurt (*7.9.1906 in Schifferstadt) Juni 1940 Referent bei der Distriktsregierung in Radom, später bei der Kreishauptmannschaft Opatów. Ende September 1941 Landkommissar in Sandomierz. 1943 Kreishauptmann in Kielce. 22.2.1943 Wehrmacht.[114]

Schulz, Friedrich (*11.3.1890 in Königsberg) Ev. 1896-1904 Volksschule. 1904-1908 Präparandenanstalt Pillkallen. 1908-1911 Lehrerseminar. Lehrer bis Juni 1935. 1914-1918 Kriegsdienst. Orts- und Heimatwehr, Freikorps im Baltikum. 1.9.1919-1.6.1930 Stahlhelm. 1.10.1929 NSDAP. 1.2.1933 SA. 1929-1930 Kreisleiter der NSDAP des Kreises Rastenburg. Oktober 1929-1933 Kreistagsabgeordneter für die NSDAP in Rastenburg. Nach Machtübernahme Fraktionsvorsitzender. Mai 1935 Kreisleiter. 4.12.1936 bis 1943 Landrat in Rastenburg. Kreishauptmann in Sokołów Oktober 1939 bis Februar/März 1940. Musste laut *Warschauer Zeitung* »aus gesundheitlichen Gründen in seine Heimat zurückkehren«.[115]

Schwender, Dr. Heinz Werner (*10.4.1909 in Biebrich, †3.12.1999) Gottgläubig. Reform-Realgymnasium. Ab 1927 Studium der Rechtswissenschaften in München und Frankfurt a. M. 18.6.1931 erste juristische Staatsprüfung. Vorbereitungsdienst. 29.10.1935 zweite juristische Staatsprüfung. 18.2.1935 Promotion. 1.5.1933 NSDAP. SS, 1934-1938 Schulungsleiter. 1.2.1937 Regierungsassessor beim Landratsamt Bad Freienwalde. 13.5.1938 Reichsarbeitsministerium. 1.6.1938 Preußische Bau- und Finanzdirektion. 1.9.1939 Assessor im Reichsministerium des Innern. 20.9.1939-25.10.1942 Kreishauptmann in Łowicz. Anfang 1943 Wehrmacht. In russischer Internierung, später bis Oktober 1947 in englischer. Am 9.10.1947 vom Spruchgericht freigesprochen. Arbeitslos. Vertreter. Anwaltsassessor. 1950 Angestellter im Wohnungsbauministerium in Bonn, später Ministerialrat.[116]

113 BAB, R 1501/7163 u. 3822; Musial, Zivilverwaltung, S. 393.

114 BAL, B 162/II 206 AR-Z 23/64, Bd. 5, Bl. 1044 ff.

115 BAB (ehem. BDC), SA; Rohrer, Macht, S. 603; Warschauer Zeitung Nr. 139, 14.6.1940, Zitat ebenda.

116 IPN, Regierung des GG I/4768; BA-DH, ZM 160, A. 11; BAB (ehem. BDC), RS; BAK, Z 42 IV/2483, Bl. 46; Lebenslauf in: ders., Wandlungen des Eigentumsbegriffes in der deutschen Rechtsauffassung und Gesetzgebung, Inaugu-

Schwitzgebel, Fritz (* 19.9.1888 in Waldmohr, † 19.6.1957 in Zweibrücken) Ev. Gymnasium. 1914-1918 Kriegsdienst. Philologiestudium in München, Nancy, Straßburg, England und Bonn. 1924 und 1925 Lehramtsprüfung. 1.9.1924-28.2.1935 im Schuldienst. Januar 1926 NSDAP und SA. 1929 Führer der SA in der Pfalz. 1930 stellvertr. Gauleiter des Gaus Rheinpfalz der NSDAP. 1932-1933 MdL Bayern. MdR ab 1933. Bis 28.2.1935 Studienrat. 1933-30.6.1934 Sonderkommissar der Obersten SA-Führung für die Pfalz. 1.3.1935 Versetzung als Oberregierungsrat in die Schulabteilung des Reichskommissars für das Saarland. Ab 2.9.1937 Oberbürgermeister von Saarbrücken und Kreisleiter Saarbrücken-Stadt. 9.11.1937 SA-Gruppenführer. OB bis zur Flucht am 19./20.3.1945. 1940-1944 zugleich Leiter der Stadtverwaltung Forbach und des Verwaltungsbezirks Forbach. Kreisleiter bis Anfang Juli 1944 (auf eigenen Wunsch entbunden). Kurzzeitig nach dem »Anschluss« Österreichs Kommunalbeauftragter in Wien und Linz. September/Oktober 1939 bis Juli 1940 Stadthauptmann in Radom. 13.7.1945 verhaftet und interniert. Am 22.10.1948 von einer Spruchkammer als schuldig eingestuft und zu vier Jahren Haft verurteilt. Am 14.4.1949 vorzeitig aus der Internierung mit der Auflage entlassen, das Saarland zu verlassen.[117]

Seemann, Dr. Friedrich (* 5.8.1906, † 24.8.1947 in Tschenstochau) Gymnasium. 1925-1928 Studium der Rechtswissenschaften und Volkswirtschaft in Tübingen, München und Göttingen. 20.7.1928 erste juristische Prüfung. Vorbereitungsdienst. 1.11.1931 NSDAP. 3.10.1932 große juristische Staatsprüfung. Ab 4.10.1932 Hilfsarbeiter in einer Rechtsanwaltskanzlei. 1.2.1933 Rechtsanwalt am LG Oldenburg und AG Delmenhorst. 8.7.1933 SA. 1.6.1938 Promotion. 1938 Bewerbung um hauptamtliche Tätigkeit in der Parteigerichtsbarkeit. Probedienst am Gaugericht Weser-Ems in Oldenburg. 1.10.1938 Politischer Leiter im Reichsrechtsamt. Reichsstellenleiter bei Zivilverwaltung in Warschau. 27.11.1939-31.1.1941 Persönlicher Referent des Amtschefs des Distrikts Warschau. 24.1.1941-31.10.1941 dort Amtsleiter des Präsidialbüros. 29.4.1941-1.4.1942 Leiter des Amtes für Raumordnung im Distrikt Warschau. 1.4.1942 Kreishauptmann in Siedlce. 25.2.1947 an Polen ausgeliefert. In polnischer Haft Selbstmord.[118]

ral-Dissertation zur Erlangung der Doktorwürde der Rechtswissenschaftlichen Fakultät der Johann Wolfgang Goethe-Universität zu Frankfurt a. M., Schramberg 1936; BAL, B 162/212 AR 1467/66, Bl. 6.

117 BAB (ehem. BDC), PK, Schwitzgebel, Fritz; Warschauer Zeitung Nr. 166, 16.7.1940; Wittenbrock, Geschichte, Bd. 2, S. 265 f. Lilla, Statisten, S. 608.

118 BAB (ehem. BDC), OPG-Richter, Seemann, Friedrich; Lebenslauf in: ders., Die clausula rebus sic stantibus als völkerrechtliche Revisionsnorm, Dissertation zur Erlangung des rechtswissenschaftlichen Doktorgrades der Rechts- und

Stitzinger, Ludwig (*18.7.1892 in München, †31.3.1953) Kath. Mittelschule. 1912-1916 Studium in München und Greifswald. 7.11.1914-24.1.1915 Militärdienst. 1916 erste juristische Staatsprüfung. 1920 zweite juristische Staatsprüfung. 1921 Regierungsassessor bei der Regierung von Oberbayern. 1.7.1922 Regierungsrat am Landratsamt Straubing. 1.5.1933 NSDAP. 26.9.1939 Landrat in Krosno. 15.1-15.10.1940 stellvertretender Kreishauptmann Krakau-Land. 15.10.1940-31.12.1941 Kreishauptmann in Tarnów. Januar 1942 Referent in der Hauptabteilung Innere Verwaltung. 26.1.1942 bis zur Räumung Kreishauptmann in Radzyń. 21.9.1944 an das Landratsamt Teplitz-Schönau versetzt. 30.10.1944 Landrat in Bilin. 14.7.1945-5.3.1947 Internierung. Regierungsrat, zuletzt bei der Regierung der Oberpfalz in Regensburg. [119]

Stockheck, Wilhelm (*23.7.1900 in Dortmund) Ev. Realgymnasium. Ab 1920 Studium der Rechtswissenschaft in Marburg und Göttingen. 1925 erste juristische Staatsprüfung, 1930 zweite juristische Staatsprüfung. Gerichtsassessor in Dortmund. März 1931 Ausscheiden aus dem Staatsdienst, vermutlich um einer Entlassung wegen Betätigung für die NSDAP zuvorzukommen. 1931 Rechtsanwalt in Dortmund. 1931 NSDAP. Soll schon 1923-1926 der NSDAP in Braunschweig angehört haben. Soll 1933 als Vorsitzender des NSRB in Dortmund und durch Denunziationen an der Verdrängung jüdischer Rechtsanwälte mitgewirkt haben. 15.9.1941 bis Februar 1942 Kreishauptmann des Kreises Lemberg-Gródek. Zeitweilige Schließung seiner Rechtsanwaltskanzlei wegen seiner nicht »rein arischen« Abstammung. 1945-1947 Internierung. Am 11.2.1950 in Kategorie III eingestuft. In der Berufung am 2.1.1951 in Kategorie IV eingestuft.[120]

Strößenreuther, Otto (*8.8.1906 in München) Stahlhelm. 1931 Regierungsrat. 1933 NSDAP. 1933 SA. Bis Kriegsbeginn Regierungsrat am Landratsamt Dinkelsbühl. 15.3.-23.4.1938 Oberlandrat in Bernau/Protektorat Böhmen und Mähren. Oktober 1939 bis September 1940 Kreishauptmann in Janów Lubelski. Ab 1.11.1940 Luftfahrtministerium. Bis 11.9.1946 Internierung. 11.10.1946

Staatswissenschaftlichen Fakultät der Georg-August-Universität, Göttingen 1939; Gollert, Warschau, S. 305.

119 BA-DH, ZA V 217, Bd. 1, Bl. 65f.; BAB, R 1501 PA/11217; BAB (ehem. BDC), PK, Stitzinger, Ludwig; Amtlicher Anzeiger für das GG, Nr. 1, 6.1.1942, S. 2; *Warschauer Zeitung* Nr. 287, 5.12.1940; Schriftliche Auskunft der WASt vom 21.7.2003; Musial, Zivilverwaltung, S. 394.

120 HStA Düsseldorf, NW 1037-BVI-10322; Der Preußische Staatsrat 1921-1933, Ein biographisches Handbuch, Mit einer Dokumentation der im »Dritten Reich« berufenen Staatsräte, bearbeitet von Joachim Lilla, Düsseldorf 2005, S. 159.

bis 6.4.1948 Hilfsarbeiter. Im Spruchkammerverfahren als Mitläufer eingestuft. Ministerialrat im Bayerischen Kultusministerium.[121]

Trampedach, Friedrich (* 3.2.1907 in Wenden/Lettland, † 11.5.1945 tot aufgefunden) Ev., gottgläubig. 5.12.1931 erste juristische Prüfung. 6.1.1937 große juristische Staatsprüfung. 16.3.1937 Regierungsassessor. 1.9.1937 Regierung in Erfurt. Regierungsrat 7.12.1939 Kreishauptmann in Puławy, dort bis Januar 1940. 14.8.1940 Regierungsrat bei der Regierung in Erfurt. Ab 1941 beim Reichskommissar Ostland.[122]

Trende, Hans Erich Waldemar (* 1.2.1908 in Jüterborg, † 10.3.1944 gefallen) Ev. Gymnasium. 1924 bis Juni 1933 Wehrwolf. Studium der Rechtswissenschaft. 16.4.1930 erste juristische Prüfung. 20.1.1934 große juristische Staatsprüfung. 1.2.1933 NSDAP. 1934 persönlicher Referent von Staatssekretär Stuckart. 1933 Gaujuristenführer in Stettin. SA. 16.9.1935 Landratsamt Groß-Strehlitz. 1.12.1936 Assessor in der Regierung in Merseburg. 1.7.1937 Reichsinnenministerium. 1938 Regierungsrat. 18.10.1938-1.8.1939 beim Reichsstatthalter im Sudetengau. Kreishauptmann in Grodzisk. März 1940 bis Juni 1942 Landrat in Kutno. 22.6.1942 Wehrdienst.[123]

Trotha, Bernhard Gustav Adolf von (* 14.10.1905 in Stefanswald, † 29.3.1983) Gymnasium, Klosterschule. Ab 1925 Studium der Rechts- und Staatswissenschaften in Berlin, Halle, Paris und Freiburg. 1930 erste juristische Staatsprüfung. Referendar. 1934 Assessor-Examen. 1.1.1935-31.3.1936 Sachbearbeiter beim Reichsnährstand. 1.4.1936-30.6.1936 Sachbearbeiter bei der Arbeitsgemeinschaft IHK in der Reichswirtschaftskammer. 1.7.1936-1.3.1939 wissenschaftlicher Hilfsarbeiter in der Rechts- und Verwaltungsabteilung des Deutschen Stickstoff-Syndikats. 1.3.-30.9.1939 Anwaltsassessor. 1.11.1939 Rechtsanwalt in Berlin. 1.2.1940 Luftfahrtministerium. 11.6.1942 Regierungsrat. März 1943 stellvertretender Kreishauptmann in Stanisławów/Stanislau. August 1943 bis März 1944 Kreishauptmann in Kołomyja/Kolomea. Stellvertretender Kreishauptmann in Lemberg-Land. Leiter der Abteilung Bevölkerungswesen und Fürsorge im Distrikt Warschau. Ca. Juli 1944 Luftwaffe. Bis Juli 1945 Kriegsgefangenschaft. April 1949 bis 1954 Rechtsanwalt. 1954 Vertreter der Interessen des Ausgleichsfonds beim Ausgleichsamt der Stadt

121 BAB, R 1501 PA/11301; StArch München, SpKa 1804; Schriftliche Auskunft der WASt, 21.7.2003.

122 BAB, R 1501/7166; Musial, Zivilverwaltung, S. 394; Gräbernachweis des Volksbundes Deutsche Kriegsgräberfürsorge e.V., www.volksbund.de [4.1.2007].

123 BA-DH, ZD 7639; BA-DH, ZB 5988; BAB, R 1501/3821 u. 7166; Stelbrink, Landrat, S. 438.

Mainz. 1957-1963 Verwaltungsrichter in Schleswig-Holstein. Ermittlungsverfahren am 14.3.1974 eingestellt.[124]

Valentin, Karl (* 1.8.1895 in Bremen, † 10.5.1965 in Wuppertal) 1914-1919 Soldat. Bis 1931 Vertreter. Februar 1926 bis Ende 1931 Stahlhelm. 1.12.1931 NSDAP. 27.4.1933 SA. 1932 Angestellter bei der Stadtverwaltung Mönchengladbach. Verwaltungshauptamt der Obersten SA-Führung in München. Ab Januar 1940 Kriegsteilnehmer. Ab 1.11.1940 Stabsleiter des Gouverneurs des Distrikts Warschau. 29.1.1941 persönlicher Referent und Adjutant des Gouverneurs des Distrikts Warschau und Abwehrbeauftragter. 19.1.1942 Kreishauptmann in Ostrów Mazowiecka. Am 13.11.1942 von seinem Amt suspendiert. 18.3.1943 aus der NSDAP ausgeschlossen. Vom Sondergericht Warschau zu 3 Jahren Gefängnis und 3000,- Złoty Strafe verurteilt. Gefängnishaft in Landsberg a. Lech. Oktober 1944 Grenadier in der Brigade Dirlewanger. 1.5.1945-6.7.1948 russische Kriegsgefangenschaft. Arbeitsunfähig. Aufgrund der Heimkehrer-Amnestie durch die Spruchkammer als nicht betroffen eingestuft.[125]

Vielweib, Karl (* 6.1.1896 in München, seit Räumung Lublins vermisst) Gottgläubig. Realschule. Drei Jahre kaufmännische Lehre. Kaufmännischer Angestellter. 1914-1918 Soldat. 1919-1920 deutsch-demokratische Jugend. 13.11.1920 Bayerische Einwohnerwehr. 4.4.1923 NSDAP. 18.1.1923 SA. Teilnahme am sogenannten »Hitler-Putsch« am 9.11.1923 in Landshut, zwei Tage in Haft. Nach Verbot der NSDAP Vorsitzender des Kreisverbands des Völkischen Blocks Niederbayern. Ab 3.9.1924 als Nachfolger Gregor Strassers Vorsitzender des Frontkriegerbundes in Landshut. Nach Wiederzulassung der NSDAP bis September 1926 Stellvertreter des Gauleiters von Niederbayern, Gregor Strasser. 1923-1932 Kreisleiter. Gauredner, später Reichsredner. 21.8.1926-21.11.1931 SS. 1.1.1930 – 1933 Stadtratsmitglied. 20.3.1933 kommissarischer Bürgermeister, ab 22.2.1935 Oberbürgermeister in Landshut. 15.11.1943 Stadthauptmann Lublin. [126]

Völker Ordensjunker. Februar/März bis Juni 1940 Kreishauptmann in Sokołów.

124 BAB, R 1501 PA/11481; Schriftliche Mitteilung der Familie, 11.3.2003.

125 IPN, Regierung des GG I/5238; BAB (ehem. BDC), SA, Valentin, Karl; StArch München, SpKa 1860; Schriftliche Auskunft der WASt, 21.7.2003.

126 IPN, Regierung des GG I/5255; BAB (ehem. BDC), SA, Vielweib, Kurt; Schreiben von Heinrich Levin an Frau Vielweib, 11.8.1944, StArch Landshut, Rep. 181 Nr. 73; Der 9. November 1923 in Landshut, Von 1. Bürgermeister Pg. Karl Vielweib, Bayerische Ostwacht, 9.11.1933, S. 13; Kurier für Niederbayern, 20.6.1924; ebenda, 5.9.1924, S. 3; ebenda, 17.9.1926, S. 6; Musial, Zivilverwaltung, S. 395.

Volkmann, Claus Peter (* 10.12.1913 in Allenstein, † 29.1.2002 in Trittau) Ev. Gymnasium. Ab 1932 Jurastudium in Tübingen, Göttingen, München und Berlin. Studium der Geopolitik und Zeitungswissenschaft. 1.5.1933 NSDAP. 1.11.1933 SS. 1.6.1933 BDO. 1933/1934 Leiter der Hochschulgruppe des BDO in München, ab 1935 als politischer Leiter an verschiedenen Stellen der Ortsgruppe Potsdam. 29.11.1935 Referendarexamen. In den dreißiger Jahren journalistische Arbeiten in verschiedenen Zeitungen. 10.11.1939 Assessor-Examen. 29.11.1939 Referent bei Staatssekretär Bühler. Ab 12.11.1940 Stellvertretender Kreishauptmann in Krasnystaw, April bis Juli 1941 Führung der Geschäfte der Kreishauptmannschaft. 1.8.1941 bis Juni/Juli 1942 Kreishauptmann in Kołomyja/Kolomea. Wehrmacht. 21.5.1943 bis Januar 1945 Kreishauptmann in Łowicz. Entnazifizierung in München, dabei seine Tätigkeit als Kreishauptmann unterschlagen. Unmittelbar nach Kriegsende journalistisch tätig, Artikel u. a. in der *Süddeutschen Zeitung*, der *Schwäbischen Zeitung*, *Benjamin* und *Zukunft*. 1948-1953 unter dem Namen Peter Grubbe Korrespondent der *Frankfurter Allgemeinen Zeitung* in London, 1953-1958 Korrespondent der *Welt* in London. Ab 1958 Korrespondent der *Welt* in Hamburg. 1964 bis 1988 *Der Stern*. Nebenher auch Artikel für *Die Zeit*. Autor zahlreicher Bücher und Filme überwiegend über die »Dritte Welt«. Ermittlungsverfahren der StA Darmstadt am 30.5.1969 eingestellt.[127]

Wäser, Max (* 30.8.1890 in Radebeul, † 6.6.1950) Ev., gottgläubig. Volksschule. 1905 bis 1908 Lehre bei einer Speditionsfirma. Expedient bei verschiedenen Speditionen. 1915 Kriegsdienst. 1919 bis 1926 leitender Expedient bei verschiedenen Hamburger Firmen. Juni 1926 Angestellter beim AG Hamburg. 1.1.1932 NSDAP. 1935 Prüfung zum mittleren Justizdienst, Oktober 1935 Justizsekretär. 1.5.1940 Justizinspektor. April 1940 Mitarbeiter in der Distriktverwaltung in Lublin. April 1940 bis Juli 1941 Stellvertreter des Kreishauptmanns in Janów Lubelski. Leiter des Amts für innere Verwaltung bei der Kreishauptmannschaft Biała Podlaska. November 1942 bis Juni 1943 Kreishauptmann. 1.4.1944 Regierungsoberinspektor. September 1944 bei der Regierung in Litzmannstadt. Januar 1945 beim Landratsamt Heide/Holstein. 9.5.1945-31.1.1947 in dänischer Gefangenschaft. 28.5.1948 in Kategorie III eingestuft. Am 9.1.1949 als Mitläufer eingestuft. Mitglied im Verband der Flüchtlingsbeamten im Deutschen Beamtenbund.[128]

127 IPN, Regierung des GG I/5287, Bl. 1 ff; IPN, Amt des Distrikts Galizien 6, Bl. 2; BA-DH, ZA VI 155, A. 7; Amtlicher Anzeiger für das GG, Nr. 42, 28.5.1943, S. 1094; Schriftliche Auskunft der WASt vom 21.7.2003; Völklein, Schuld, S. 121 f.

128 Max Wäser, Eidesstattliche Versicherung, 3.3.1949, StArch München, SpKa 1804, o.P.; Max Wäser, Eidesstattliche Versicherung, 4.3.1949, ebenda; LASH, 460/1028; DTB, IfZ Fb 105/29, Bl. 7253; Sobolewski-Kierczuk, Administracja,

Weihe, Dr. Albert (* 10.3.1891 in Bünde/Westf., † 4.1.1980 in Siegen) Ev. Studium in Lausanne, München und Marburg. Dezember 1918 Gerichtsreferendar, Januar 1921 Regierungsassessor, Oktober 1923 Regierungsrat. Ab August 1931 Landrat in Simmern. DVP. 1.5.1933 NSDAP. Ab 11.2.1936 Landrat in Siegen. Versetzung als Oberregierungsrat an das Regierungspräsidium Magdeburg September 1937 nach Protesten der örtlichen Parteiinstanzen ausgesetzt. 1938 trotz »nicht rein arischer Abstammung« seiner Frau als Mitglied bestätigt. 1939-1940 Kommissarischer Regierungspräsident in Kalisz/Łódź. Nach 1945 Rechtsanwalt. Soll bis Ende November 1939 Kreishauptmann in Radom-Land gewesen sein.[129]

Weihenmaier, Helmut (* 28.11.1905 in Neresheim, † 2.2.1995 in Tübingen) Ev. Gymnasium. 1924-1929 Studium der Rechtswissenschaften in Tübingen und Berlin. 1929 erste juristische Staatsprüfung. Vorbereitungsdienst. März 1933 zweite juristische Staatsprüfung. 30.4.1933 NSDAP. 1.11.1933 SA. April 1933 bis Januar 1934 Rechtsanwalt in Nürtingen. Ab Januar 1934 Gerichts- und Regierungsassessor beim Oberamt Urach. 1936 Regierungsrat beim Landratsamt Urach, 1937/1938 Amtsverweser in Urach. 1938 Stellvertreter des Landrats in Reutlingen. 1938/1939 Amtsverweser in den Landratsämtern Crailsheim und Esslingen. 16.10.1939 bis Juli 1944 Kreishauptmann in Zamość. 1944/1945 Vertreter des Landrats in Saar-Louis. März-April 1945 beim Landratsamt Reutlingen. Mai 1945 bis 18.7.1945 Internierung. Frühjahr 1946 erneute Internierung, nach 5 1/2 Monaten entlassen. Bis Juni/Juli 1948 Rechtsanwaltsgehilfe und Gelegenheitsarbeiter. Am 13.7.1948 in die Gruppe der Mitläufer eingestuft. 1948 als Angestellter wieder in der Verwaltung beim Wirtschaftsministerium von Württemberg-Hohenzollern. 1949 Oberregierungsrat im Wirtschaftsministerium von Württemberg-Hohenzollern. Nach Auflösung des Landes in der entsprechenden Abteilung des Regierungspräsidiums Nordwürttemberg. Danach 1954 zum Wirtschaftsministerium Stuttgart und zum Regierungspräsidium Stuttgart einberufen, dort Leiter der Abteilung Wirtschaft. 1955 Regierungsdirektor. Herbst 1955 Stadtdirektor (später Bürgermeister) von Tübingen. 1960-1971 Landrat in Freudenstadt. 1971 Ruhestand. Ermittlungsverfahren der StA Wiesbaden am 24.7.1974 eingestellt.[130]

S. 111 u. 121. Laut DTB war er am 29.5.1943 seit fünf Wochen Kreishauptmann in Biała-Podlaska.

129 IPN, NTN 262, Bl. 225; IPN, Personenkartei; Opfermann, Ulrich Friedrich: Siegerland und Wittgenstein im Nationalsozialismus. Personen, Daten, Literatur. Siegener Beiträge. Jahrbuch für regionale Geschichte. Sonderband. Siegen 2001. S. 256; Stelbrink, Landrat, S. 439f.

130 StArch Ludwigsburg EL 317 III Bü. 283; IPN, Regierung des GG I/5390, Bl. 1; IPN, Amt des Distrikts Lublin 96, Bl. 1; Kreisarchiv Freudenstadt, Personalakte

Wendler, Dr. Richard (* 22.1.1898 in Oberdorf, † 24.8.1972 in Prien) Gymnasium. Ab 2.10.1916 Wehrdienst, Kriegsfreiwilliger. 1918-1922 Studium der Rechtswissenschaften in München. 1919 Freikorps Landsberg. 1920 im Ruhrgebiet aktiv. 1922 Referendarprüfung. 1925 große juristische Staatsprüfung. Bis 1927 Justitiar in der Industrie. Rechtsanwalt in Deggendorf. 1.7.1928 SS. NSDAP. Vertreter Heydrichs bei der Bayerischen Politischen Polizei in München. 6.10.1933 Oberbürgermeister in Hof. September 1939 Stadtkommissar in Kielce. Ab Dezember 1939 Stadthauptmann in Tschenstochau. 1.2.1942 bis Anfang Mai 1943 Gouverneur des Distrikts Krakau, 26.5.1943 bis Juli 1944 des Distrikts Lublin. Mai bis September 1945 Internierung. Lebte drei Jahre unter falschem Namen, um der Auslieferung zu entgehen. Am 3.8.1948 inhaftiert. 1948-1950 interniert. Am 22.12.1948 in die Gruppe der Hauptschuldigen eingereiht. Am 12.9.1952 in die Gruppe der Belasteten eingereiht. Durch Gnadenentscheid des Ministerpräsidenten am 28.10.1955 als Mitläufer eingestuft. Ab 1.7.1953 Arbeit bei einem Rechtsanwalt für die Rechtsschutzstelle des Ev. Hilfswerks, setzte sich u. a. für deutsche Gefangene in Polen ein. Seit 1955 Rechtsanwalt in München. Im Ermittlungsverfahren der StA Hof am 10.8.1951 außer Verfolgung gesetzt. Verfahren der StA München am 1.7.1966 eingestellt, weiteres Ermittlungsverfahren am 5.10.1970 eingestellt.[131]

Wendt, Dr. Otto (* 7.9.1902 in Belgard, † 5.9.1984 in Bad Krozingen) Ev. Gymnasium. Ab 1921 Studium der Rechtswissenschaft in Frankfurt a. M., Greifswald, Halle und Heidelberg. 1.9.1930-31.1.1932 Sachbearbeiter beim Landkreis Belgard/Pommern. 1.2.1932-25.9.1933 Referent bei der Landstelle Stettin. 26.9.1933-1941 Bürgermeister in Barth, 1941-1942 in Konitz. 1941 stellvertretender Kreishauptmann in Stryj, dann in Kałuszyn. 6.1.1943 Kreishauptmann in Złoczów. 1949-1950 Stadtverwaltung Osterode. 1.9.1952-3.11.1952 Niedersächsisches Vertriebenenministerium. 4.11.1952-31.12.1952 Regierungsdirektor beim Niedersächsisches Ministerium für Wirtschaft und Verkehr. 1952-1954 Polizeipräs. Oldenburg. 2.1.1953-27.1.1955 Niedersächsisches Innenministerium. 28.1.1955-21.2.1959 Regierungspräsident Stade. 6.5.-1.7.1959 MdL in Niedersachsen für den GB/BHE. 1.7.1959-31.8.1963 Staatssekretär beim Niedersächsischen Ministerium für Wirtschaft und Verkehr. Ermittlungsverfahren der StA Göttingen am 5.6.1969 eingestellt.[132]

Weihenmaier; BA-DH, ZA V 217, Bd. 1, Bl. 111 f.; BA-DH, ZWM 1463; StArch Sigmaringen, Wü 13 T 2 Nr. 2685; Amtsvorsteher, S. 573 f.

131 BA-DH, ZM 856, A. 5; BAB (ehem. BDC), RS; HStA Stuttgart, EA 11/106, Bü. 332, Nr. 26483; BAL, B 162/II 206 AR 1137/70-k, Bl. 7 ff.; BAL, B 162/II 212 AR 1365/66, Bd. 2, Bl. 260 ff.

132 BAL, B 162/II 208 AR 3404/65, Bl. 21 ff.; Lebenslauf in: Wendt, Otto, Die Umwandlung bergrechtlicher Gewerkschaften in Aktiengesellschaften, ihre Ur-

Winterfeld, Henning von (* 6.8.1901 in Krieschow, seit April 1945 vermisst) Ev. SA. 1.3.1932 NSDAP. Er und seine Frau durften nach Gnadenerlass Hitlers vom 19.4.1939 weiterhin der NSDAP angehören, obwohl seine Frau »nicht frei von artfremden Bluteinschlag« sei. 1.11.1933 Regierungsrat. 1934-1936 Landrat des Kreises Wolmirstedt. Landrat in Graslitz/Karlsbad. Zu Kriegsbeginn bei der Regierung in Breslau. Oktober 1939 bis August 1940 Kreishauptmann in Radzyń, August bis Oktober 1940 in Janów Lubelski, September 1940 bis Januar 1941 in Krasnystaw. Zum Kreiskommissar nach Holland abgeordnet. Kriegsverwaltungsrat. 1942 Landrat in Graslitz. September 1944 Wehrdienst. Panzer-Grenadier-Division Großdeutschland in Bautzen.[133]

Zettelmeyer, Hans (* 24.5.1900 in Köln) Kath. Gymnasium. 1918-1924 Studium der Rechts- und Sprachwissenschaften in Köln und Bonn. 11.11.1924 erste juristische Staatsprüfung. 1925-1929 Zentrum. 1926 Regierungsreferendar. 20.4.1929 Regierungsassessor. 1929-1933 Vertreter des Landrats von Ratibor. 1.8.1935 NSDAP. 1.1.1934-1936 Vertreter des Landrats in Arnsberg. 1936 Regierungsrat. 1.2.1936-1939 Regierungsrat bei der Regierung in Potsdam, später Vertreter des Landrats von Warnsdorf/Sudetenland. 23.9.1939-1945 Kreishauptmann in Starachowice. Am 6.7.1949 in Kategorie V eingestuft. 1951-1965 im Bundesministerium für Gesamtdeutsche Fragen, zuletzt Ministerialrat.[134]

Ziegenmeyer, Dr. Emil (* 4.8.1906 in Duisburg, † 22.2.1991 in Duisburg) Ev. Realgymnasium. 1920 Jugendgruppe der DNVP, 1920-1923 Jungnationalbund. 1926-1931 Jurastudium in Bonn, München und Münster. 4.1.1931 NSDAP. 1933 SA. 27.7.1931 erste juristische Prüfung. 1931 Gerichtsreferendar. 26.1.1935 große juristische Staatsprüfung. Januar 1935 Gerichtsassessor im Justizministerium in Berlin. 24.5.1935 Landratsamt Beuthen/Oberschlesien,

sache und steuerrechtliche Behandlung, Inaugural-Dissertation zur Erlangung der juristischen Doktorwürde der Juristischen Fakultät der Badischen Ruprecht-Karls-Universität zu Heidelberg, Wertheim a. M. 1932; Schriftliche Auskunft Niedersächsisches Ministerium für Wirtschaft, Arbeit und Verkehr, 9.10.2003; Wer ist wer?, S. 2148; Abgeordnete, S. 403; Pohl, Judenverfolgung, S. 422.

133 BA-DH, ZA V 169; BA-DH, ZA I 11927, A. 5, Bl. 27; BAB, R 1501/3822; BAB (ehem. BDC), OPG, Winterfeld, Henning von; Warschauer Zeitung Nr. 149, 26.6.1940; Telefonische Auskunft der Familie, 22.9.2004; Grundriß zur deutschen Verwaltungsgeschichte 1815-1945, Reihe A: Preußen, hg. von Walther Hubatsch, Band 6: Provinz Sachsen, Bearbeitet von Thomas Klein, Marburg 1975, S. 93.

134 IPN, Amt des Distrikts Radom 6, Bl. 1; HStA Hannover, Nds 171 Hildesheim Nr. 18385, Bl. 22; BAB, R 1501/7170; BA-DH, ZA VI 167, A. 9; BLHA, Rep. 2 A, Reg. Potsdam I Pers. Nr. 6379.

Stellvertreter des Landrats. 16.2.1936 Regierungsassessor. 1.8.1936 Dezernent am Oberpräsidium Königsberg. 18.11.1938 Regierungsrat. 1.3.1939 Dezernent bei der Regierung in Breslau. 5.10.1939 bis Ende Juni 1944 Kreishauptmann Lublin-Land. Hauptabteilung Innere Verwaltung. 15.9.1944 Wehrmacht. Mai 1945 bis Dezember 1949 arbeitslos, Gelegenheitsarbeiter, juristischer Berater u.ä. Ab Dezember 1949 Inhaber eines Spirituosengroßhandels. Am 30.11.1948 in Kategorie 5 eingestuft. 16.5.1950 – 19.6.1951 Anwaltsassessor. 23.6.1951 Rechtsanwalt. Ab 15.4.1955 Städtischer Oberrechtsrat in Duisburg. 1.12.1956 Städtischer Oberrechtsrat, 10.5.1966 zum Stadtrechtsdirektor.[135]

Zimmermann, Werner (*30.3.1900 in Cuxhaven, †16.8.1994 in Vallendar) Ev.-luth., gottgläubig. 16.12.1921 erste juristische Prüfung. 25.6.1925 große juristische Staatsprüfung. 1.10.1925 Gerichtsassessor. 6.11.1925 bei der Reichsfinanzverwaltung in Hamburg. 4.9.1929 Regierungsrat. 1.8.1932 NSDAP. 24.9.1933 an der Regierung in Osnabrück. 26.10.1933 stellvertretender Landrat in Lingen/Ems, 14.11.1933 in Meppen. Ab 1.7.1934-1939 dort Landrat. Nach Kriegsbeginn Vertreter des Landrats am Landratsamt Kattowitz. 3.3.1940 bis Januar 1945 Kreishauptmann in Grójec. Ermittlungsverfahren der StA Koblenz am 15.10.1980 eingestellt.[136]

Zinser, Dr. jur. Hans-Walter (*26.2.1908 in Welzheim, †11.7.1972) Ev., gottgläubig. Gymnasium. 1926-1930 Jurastudium in Tübingen, Hamburg und Freiburg. 1930 Referendarexamen. 1932 Promotion. 1933/1934 Assessor-Examen. 1934 SA-Oberscharführer. Bis 1.5.1935 Regierungsassessor am Landratsamt Göppingen. 1.5.1935-1.4.1937 Fakultätsassistent in Tübingen. 1936 Regierungsrat. 1.5.1937 NSDAP. 1.4.1937 Regierungsrat im württembergischen Innenministerium. Ab Juli 1939 persönlicher Referent des württembergischen Innenministers. September 1939 bis Januar 1940 Landkommissar in Brzozów. 11.1.1940 bis Juli 1941 Kreishauptmann in Miechów, August 1941 bis Februar 1942 in Rawa Ruska, März 1942 bis 1.10.1942 in Sambor. Oktober 1942 bis März 1943 im Referat für Kommunalangelegenheiten in der Hauptabteilung Innere Verwaltung. 1.11.1943 bis Herbst 1944 Kreishauptmann in Dębica. Herbst 1944 bis Januar 1945 beim Reststab des Gouverneurs von Radom in Tschenstochau. Gegen Kriegsende Verweser des Landrats in Crailsheim. Sommer 1945 ca. 6 Wochen Internierung. Hilfsarbeiter bei einer

135 IPN, Amt des Distrikts Lublin 96, Bl. 1; BA-DH, ZA V 217, Bd. 1, Bl. 127f.; BA-DH, ZA VI 64, A. 2; BAB, R 1501/7170; Stadtarchiv Duisburg, 103 A/35549; Musial, Zivilverwaltung, S. 399.

136 BAB, R 1501/7170; BAB, R 1501/5461, Bl. 79; BAB, R 1501/3819; BAL, B 162/II 211 AR-Z 76/66, Bd. 8, Bl. 1656ff.; schriftliche Auskunft der Verbandsgemeinde Vallendar, 19.4.2007.

Autoinstandsetzungsfabrik. 1948 Entnazifizierung. 1949 Verwaltungsgerichtsrat, 1950 Oberverwaltungsgerichtsrat in Stuttgart. 1953 Richter am Bundesverwaltungsgericht in Berlin. Ermittlungsverfahren der StA Berlin am 18.1.1968 eingestellt.[137]

Zörner, Ernst (* 27.6.1895 in Nordhausen, † 31.12.1945, für tot erklärt) Ev. Realgymnasium. Kaufmännische Lehre in Braunschweig. Drei Semester Höhere Handelsschule in Hannover. Kriegsfreiwilliger. Bis 1919 Grenzschutz Ost. 1919-1924 Kaufmann in Braunschweig. 1922 Mitbegründer der NSDAP in Braunschweig. Erneuter Beitritt am 4.5.1925. Landesführer Sachsen im VDA. 1928 erster Stadtverordneter der NSDAP in Braunschweig. 30.9.1930 bis 1933 MdL und Landtagspräsident in Braunschweig. 1932 bis November 1933 MdR. 21.3.1933 Vizepräsident des Reichstags. August 1933 bis Juli 1939 Oberbürgermeister von Dresden. Stellvertreter des Generalbauinspektors für die Reichshauptstadt. 29.9.1939-21.2.1940 Stadthauptmann in Krakau. 21.2.1940-10.4.1943 Gouverneur des Distrikts Lublin. Wirtschaftsberater an der Ostfront. Soll im Protektorat Selbstmord begangen haben.[138]

Zuzic, Michael Andreas (* 12.8.1891 in Graz, † 20.4.1962 in Graz) Gottgläubig. Oberrealschule. 1911 Rechnungspraktikant bei der Statthalterei in Graz. 1914-1918 Soldat. Steierischer Heimatschutz. 1918-1920 Revisionsbeamter der Statthalterei. 1920-1924 Leiter der Rechnungskanzlei bei der internationalen Grenzkommission zwischen Österreich und Jugoslawien. 1924-1934 Revisionsbeamter für Sparkassen u. a. der Landeshauptmannschaft Steiermark. 1932 NSDAP. Wegen illegaler nationalsozialistischer Betätigung 14 Tage Arrest, 22.6.1934 aus dem Staatsdienst entlassen. 1.3.1935 Wiedereinstellung. 1937-1938 Leiter der Finanz- und Kontrollbeamten der Stadtgemeinde Bruck. 1938 Ministerium für innere und kulturelle Angelegenheiten in Wien. 6.10.1939 Stadtkommissar in Krosno, 1.9.1941-15.8.1942 dort Kreishauptmann, ab 4.3.1943 in Jarosław. Ermittlungsverfahren der StA Dortmund durch Tod erledigt.[139]

137 IPN, Amt des Distrikts Galzien 6, Bl. 2; BA-DH, ZJ 105, A. 5; HStA Stuttgart, EA 2/150, Bü. 1942; Wer ist wer? S. 2255. Schriftliche Mitteilung des Bundesverwaltungsgerichts, 19.9.2003.

138 Schriftliche Auskunft der WASt vom 21.7.2003; Musial, Zivilverwaltung, S. 399 f.; Braunschweigisches Biographisches Lexikon, 19. und 20. Jahrhundert, im Auftrag der Braunschweigischen Landschaft e.V. hg. von Horst-Rüdiger Jarck u. Günter Scheel, Hannover 1996, S. 674 f.; Degener, Herrmann, Wer ist's? 10. Ausgabe, Berlin 1935, S. 1791; Lilla, Statisten, S. 751f.

139 IPN, Amt des Distrikts Krakau 12, Bl. 1; BAB (ehem. BDC), PK, Zuzic, Michael; BA-DH, ZA V 217, Bd. 2, Bl. 377 f.; Amtlicher Anzeiger für das GG, Nr. 75, 10.9.1943, S. 1879.

Quellen und Literatur

Unveröffentlichte Quellen

1. Bundesarchiv Berlin

R 102	Nachgeordnete deutsche Dienststellen im Generalgouvernement
R 52	Regierung des Generalgouvernements
R 1501	Reichsministerium des Innern
R 43 II	Neue Reichskanzlei
R 58	Reichssicherheitshauptamt
R 6	Reichsministerium für die besetzten Ostgebiete
R 2	Reichsfinanzministerium
R 70 Polen	Polizeidienststellen in Polen
R 59	Volksdeutsche Mittelstelle
NS 6	Partei-Kanzlei der NSDAP
NS 19	Persönlicher Stab Reichsführer-SS
BDC-Unterlagen	

2. Bundesarchiv, Zwischenarchiv Dahlwitz-Hoppegarten

Personenbezogene Unterlagen, die vom Staatssicherheitsdienst der DDR gesammelt wurden, überwiegend Originalpersonalakten des Reichsministeriums des Innern und andere zeitgenössische Dokumente.

3. Bundesarchiv Koblenz

NL 1466	Nachlass Dr. Ludwig Losacker
Z 21	Zentral-Justizamt für die Britische Zone
Z 42 IV	Spruchgericht Bielefeld
Z 42 V	Spruchgericht Hiddesen
B 120	Institut für Besatzungsfragen, Tübingen

4. Bundesarchiv Bayreuth – Lastenausgleichsarchiv

Ost-Dok 8 u. 13

AltReg 3770

5. Bundesarchiv Ludwigsburg

B 162/208 AR 611/60

B 162/8 AR 1434/61

B 162/206 AR 1543/64

B 162/II 208 AR 3404/65

B 162/208 AR 797/66

B 162/212 AR 1365/66

B 162/212 AR 1412/66
B 162/212 AR 1424/66
B 162/212 AR 1433/66
B 162/212 AR 1434/66
B 162/212 AR 1454/66
B 162/212 AR 1456/66
B 162/212 AR 1462/66
B 162/212 AR 1464/66
B 162/212 AR 1467/66
B 162/206 AR 1137/70
B 162/II 208 AR 431/74
B 162/8 AR-Z 268/59
B 162/6 AR-Z 363/59
B 162/208 AR-Z 74/60
B 162/208 AR-Z 277/60
B 162/6 AR-Z 288/60
B 162/212 AR-Z 76/61
B 162/206 AR-Z 8/62
B 162/2 AR-Z 25/62
B 162/206 AR-Z 40/62
B 162/206 AR-Z 12/63
B 162/206 AR-Z 29/63
B 162/206 AR-Z 30/63
B 162/206 AR-Z 31/63
B 162/206 AR-Z 32/63
B 162/206 AR-Z 13/64
B 162/208 AR-Z 14/64
B 162/206 AR-Z 23/64
B 162/211 AR-Z 73/66
B 162/211 AR-Z 76/66
B 162/211 AR-Z 77/66
B 162/211 AR-Z 78/66
B 162/II 206 AR-Z 56/72
B 162/II 211 AR-Z 186/74
B 162/Dok.-Slg. Verschiedenes, Ordn. 69, 120, 301
B 162/Dok.-Slg. Polen, Ordn. 344, 347, 348, 365p

6. Bundesarchiv-Militärarchiv Freiburg

RH 19-1	Heeresgruppenkommando
RH 20-8	Armeeoberkommando 8
RH 20-14	Armeeoberkommando 14
RH 24-4	Generalkommando IV. Armeekorps

7. Bundesarchiv, Zentralnachweisstelle

Unterlagen über Fritz von Balluseck, Erich von Bergen und Gerhard Hager

8. Der Bundesbeauftragte für die Unterlagen des Staatssicherheitsdienstes der DDR
MfS HA IX/11 SMT Bd. 24
MfS BV Halle ASt 7119
RHE West 306
MfS, AP 14851/62

9. Geheimes Staatsarchiv Preußischer Kulturbesitz

I. HA Rep. 77	Ministerium des Innern (D)
HA Rep. 125	Prüfungskommission für höhere Verwaltungsbeamte

10. Institut für Zeitgeschichte, München
Ed 6 u. 366/1-4
Fa 262/3-6
Fb 129
MA 158/1-3, 325, 341 u. 641
Ms 573
ZS 1839 (W. Hoepfner)

11. Landesarchiv Schleswig-Holstein, Schleswig

Abt. 460	Entnazifizierungsakten
Abt. 611	Innenministerium
Abt. 761	Sozialministerium
Abt. 786	Justizministerium

12. Niedersächsisches Hauptstaatsarchiv, Hannover
Nds 721 Hannover Acc. 97/99 Nr. 18/1-131
Nds 721 Hannover Acc. 90/99 Nr. 38
Nds 721 Hildesheim Acc. 39/91 Nr. 28/1-236
Nds 171 Hildesheim Nr. 12817
Nds 171 Hildesheim Nr. 18385
Nds 171 Hildesheim Nr. 56221
Nds 171 Hannover Nr. 18847
Nds 171 Lüneburg Nr. 48075
Hann. 180 Hildesheim Nr. 210/1

13. Staatsarchiv Stade
Rep. 171a Stade Nr. 1520-1609

14. Landesarchiv Berlin
B Rep. 058, Kt. 445-446, Nr. 146 916 h

15. Hauptstaatsarchiv Düsseldorf
NW 1000, NW 1002, NW 1017, NW 1023, NW 1032, NW 1037, NW 1048, NW 1049, NW 1054, NW 1065, NW 1068, NW 1070, NW, 1073, NW 1105

RW 58
Regierung Düsseldorf, 1834-1944
NW-PE
BR-PE

16. Staatsarchiv Münster
Regierung Arnsberg, Personalakten Nr. 534 u. A 995
Staatsanwaltschaft Dortmund Zentralstelle für NS-Verbrechen Nr. 1859-1866, 2115 2118, 2169-2173, 3371-3373, 45 Js 18/61, 45 Js 9/63, 45 Js 35/63, 45 Js 31/64, 45 Js 33/64, 45 Js 39/64, 45 Js 9/65, 45 Js 23/65, 45 Js 24/69, 45 Js 30/70

17. Brandenburgisches Landeshauptarchiv, Potsdam
Rep. 2 A Reg. Potsdam

18. Staatsarchiv Darmstadt
H 13 Da Nr. 1290/1-245
H 13 Da Nr. 1287/1-262
H 13 Da Nr. 1074/1-48

19. Bayerisches Hauptstaatsarchiv, München
Ministerium für Sonderaufgaben, Minister für Politische Befreiung (MSo): 1938
Ministerium des Innern (MInn): 80481, 80520, 83358, 83391
Verwaltungsgerichtshof (VGH): 375

20. Staatsarchiv München
Spruchkammerakten: SpKA K 297, 443, 486, 727, 1236, 1527, 1804, 1860
LRA 135112 u. 135114

21. Staatsarchiv Landshut
Rep. 168/1 Nr. 18916
Rep. 181 Nr. 73

22. Thüringisches Hauptstaatsarchiv Weimar
Personalakten der Angestellten des Thüringer Kreisamtes Weimar – Landrat Weimar vor 1945 Nr. 252

23. Thüringisches Staatsarchiv Rudolfstadt
Thüringisches Kreisamt Arnstadt Nr. 7193

24. Landeshauptarchiv Sachsen-Anhalt
Personalakte Dr. Alfred Kipke

25. Hauptstaatsarchiv Stuttgart

E 151/21	Württembergisches Innenministerium, Personalakten vor 1945
EA 2/150	Württembergisches Innenministerium, Personalakten nach 1945
EA 4/150	Württembergisches Justizministerium, Personalakten vor 1945

26. Generallandesarchiv Karlsruhe

466, 1979/2, Nr. 5502
461, A/59/54/620
465d NSDAP Verbände/Polizei

27. Staatsarchiv Ludwigsburg

EL 317 III	StA beim Landgericht Stuttgart: Ermittlungssachen zu NS-Gewaltverbrechen
EL 902	Heimatspruchkammern
EL 903	Spruchkammer der Interniertenlager

28. Staatsarchiv Sigmaringen

Wü 13 T2 Nr. 2634 u. 2685

29. Staatsarchiv Freiburg

D 180/2 Nr. 41634 u. 159 851

30. Landesarchiv Saarland

Staatskanzlei Nr. 3615
Staatskommissar für politische Säuberung Nr. 27

31. Kreisarchiv Freudenstadt

Personalakte Helmuth Weihenmaier

32. Kreisarchiv Landkreis Rottweil

Personalakte Carl Hermann Rieger

33. Stadtarchiv Duisburg

103 A/35549

34. Stadtarchiv Leverkusen

110.20387

35. Stadtarchiv Esslingen

Personalakten Nr. 28

36. Archiv der Stadt Haan

G 42	Bericht über die Verwaltung und den Stand der Gemeinde-Angelegenheiten in der Bürgermeisterei Gruiten für die Rechnungsjahre 1922 und 1923
G 85	Denkschrift über die mit dem Ruhreinbruch der Franzosen zusammenhängenden Ereignisse in der Bürgermeisterei Gruiten 1923-1924.
PrRA 30	Protokollbuch für den Gemeinderat Gruiten 1922-1933

37. Archiv der Hansestadt Lübeck

Entnazifizierungsausschuss Soll-Liste 14682

38. Archiv der Stadt Sassnitz

Personalakten L-P, Band 6: 1909-1953, 1.-22

39. Stadtarchiv Solingen

PA 4444 I u. II
SG 1278

40. Stadtarchiv Stuttgart

Bestand Personalamt Stuttgart, Personalakte Dr. Fritz Cuhorst

41. Stadtarchiv Würzburg

Personalakte (1941-1958) Dr. Oskar Dengel, Az. 025/4 Abgabe A-EAPl

42. Staatsanwaltschaft Kiel

2 Js 753/65 ./. Hans-Adolf Asbach
2 Js 916/64 ./. Dr. Friedrich Schmidt

43. Universitätsarchiv der Albert-Ludwigs-Universität Freiburg

A 66/15 Matrikelbuch Sommersemester 1926 Nr. 711
A 66/16 Matrikelbuch Sommersemester 1926 Nr. 1158
B 44/60/474: Hans Kujath, Studien- und Sittenzeugnis vom 26.07.1926
B 44/63/566

44. Archiv der Universität Gießen

Allg Nr. 1270 Matrikelbuch

45. Universitätsarchiv der Universität Jena

Kartei der Studierenden

46. Erzbischöfliches Archiv München

Nachlass Faulhaber Nr. 4227

47. Archiv des Theresien-Gymnasiums, München
Zeugnisse von Heinz Doering, 1905-1914

48. United States Holocaust Memorial Museum Archives, Washington D.C.

RG-31.013 M	Ivano Frankivsk State Oblast Archives records
RG-31.003 M	Lviv Oblast Archive records
RG-15.022 M	Records of the Kreishauptmann Busko – Innere Verwaltung
RG-15.026 M	Generalgouvernement Krakow records
RG-15.031 M	Stadt Kielce und Kreishauptmann Kielce records
RG-15.032 M	Records of der Kommandeur der Sicherheitspolizei und des SD für den Distrikt Radom
RG-15.036 M	Generalgouvernement Amt des Distrikts Radom records
RG-15.052 M	Der Kreishauptmann Radom-Land records
RG-15.053 M	Records of the Amt des Distrikts Radom
RG-15.054 M	Records of der Kreishauptmann in Jedrzejow
RG-15.056 M	Records of the SS in Lublin
RG-15.062 M	Kommandeur der Sicherheitspolizei und des SD Radom, Außenstelle Petrikau
RG-15.063 M	Kommandeur der Sicherheitspolizei und des SD Radom, Außenstelle Kielce
RG-15.066 M	Gouverneur des Distrikts Lublin records
RG-15.068 M	Kreishauptmann Zamosc records, 1940-1944

49. Polish Institute and Sikorski Museum, London

PRM 45c/23	»Dwa lata okupacji niemieckiej w Polsce«
KOL. 25/10a	»Nastroje i morale społeczeństwa w generał gubernatorstwie«, lipiec-październik 1940r.
A.9.III. 1/1	»Działalność władz okupacyjnych na terytorium Rzeczypospolitej za okres od 1.IX.39 bo 1.XI.40r.«

50. »Sonderarchiv« beim Staatlichen Russischen Militärarchiv, Moskau

Fond 720	Reichsministerium des Innern

51. Yad Vashem Archives, Jerusalem
M 21.1 Kriegsverbrecherreferat des Central Komittees der befreiten Juden, München
M 49 ZIH – Diaries

52. Archiwum Akt Nowych, Warschau
111 Regierung des Generalgouvernements
119 Urzędy i instytucje Okręgu Galicja – grupa zespołów
125 Rada Główna Opiekuńcza – Biuro Centrali w Krakowie, 1940-1945
202 Delegatura Rządu RP na Kraju
214 Niemieckie władzy okupacyjne – zbiór akt
540 Starostwo Miejskie w Lwowie 1941-1945
689 Urząd Okręgu Galicja

53. Archiwum Instytutu Pamięci Narodowej, Warschau
SAW 26-29 u. 67-69
SORd 170
SOKr 490, 645-646 u. 703-707
NTN 48-81 u. 239-512
Regierung des GG
Akta BD
Amt des Distrikts Galizien
Amt des Distrikts Krakau
Amt des Distrikts Lublin
Amt des Distrikts Radom
Amt des Distrikts Warschau
Der Kreishauptmann Radom-Land
Der Kreishauptmann Jędrzejow
Der Stadthauptmann in Radom
Der Kreishauptmann in Busko
Der Stadt- und Kreishauptmann Kielce
Der Kreishauptmann Zamość
Der Kreishauptmann und Stadthauptmann in Lublin
Der Kreishauptmann Łowicz
NSDAP – Arbeitsbereich GG
Afisze i plakaty
Okręgowa Komisja Badania Zbrodni Niemieckich w Krakowie
Okręgowa Komisja Badania Zbrodni Niemieckich w Lublinie
Okręgowa Komisja Badania Zbrodni Niemieckich w Radomiu
Okręgowa Komisja Badania Zbrodni Niemieckich w Tarnowie – Rzeszowie
Okręgowa Komisja Badania Zbrodni Niemieckich w Warszawie
Główna Komisja Badania Zbrodni Hitlerowskich w Polsce
Polska Misja Wojskowa
Delegat Polski do UNWCC
MSW-Londyn

54. Archiwum Państwowe m. st. Warszawy
Kreishauptmannschaft Grójec, 1940-1944
Kreishauptmannschaft Ostrów, 1939-1945
Kreishauptmannschaft Garwolin, 1941-1944
Kreishauptmannschaft Łowicz-Skierniewice, 1939-1945
Kreishauptmannschaft Mińsk, 1940-1944
Kreishauptmannschaft Siedlce, 1941-1944
Kreishauptmannschaft Sokołów-Węgrów, 1940-1944
Kreishauptmannschaft Warschau-Land, 1939-1945
Stadthauptmannschaft Warschau, 1939-1944
Amt des Gouverneurs des Distrikts Warschau, 1939-1945

55. Archiwum Państwowe, Kraków
Der Stadthauptmann der Stadt Krakau 1939-1945
Akta poniemieckie 1941-1945

Gouverneur des Distrikts Krakau, 1939-1945
Der Kreishauptmann Krakau-Land
Akta niemieckich władz, instytucji, osób z czasów okupacji ziem polskich

56. Archiwum Państwowe w Krakowie – Oddział w Nowym Sączu
Starosta Powiatowy w Nowym Sączu z lat 1939-1944
Akta Miasta Nowego Sącza z lat 1939-1945

57. Archiwum Państwowe w Krakowie – Oddział w Tarnowie
Kreishauptmannschaft in Tarnów
Zarząd Miasta Tarnowa

58. Archiwum Państwowe w Rzeszowie
Starostwo powiatowe w Rzeszowie 1939-1944

59. Archiwum Państwowe w Radomiu
Der Kreishauptmann Radom-Land
Der Gouverneur des Distrikts Radom

60. Archiwum Państwowe w Częstochowie
Stadthauptmannschaft Tschenstochau, 1939-1945

61. Archiwum Państwowe w Lublinie
Kreishauptmannschaft Puławy, 1940-1944
Der Kreishauptmann Lublin-Land, 1939-1944
Stadthauptmannschaft Lublin, 1939-1944
Gouverneur des Distrikts Lublin, 1939-1944
Der SS- und Polizeiführer im Distrikt Lublin, 1940-1944

62. Archiwum Zakładu Historii Ruchu Ludowego
P-171: Okulus, Władysław: 50 lat życia, pracy i walki na terenie powiatu węgrowskiego 1910-1960.

63. Internationaler Suchdienst, Bad Arolsen
Häftlings-Personal-Karte Konzentrationslager Mauthausen
Totenbuch des Konzentrationslagers Mauthausen

Nachlässe

In Privatbesitz mit Ausnahme des Nachlasses von Wilhelm Rebay von Ehrenwiesen, der sich, soweit er für diese Arbeit herangezogen wurde, im Besitz des Verf. befindet.

1. Hans-Adolf Asbach
(Inzwischen befindet sich der Nachlass mit Ausnahme der autobiographischen Aufzeichnungen im LASH)
Autobiographische Aufzeichnungen:
- »Kindheit, Familie, Schulzeit, Studium bis April 1930«
- »Meine Referendarzeit. Demmin Mai 1930 bis 4.2.34«
- Erinnerungen an die Zeit bei der Deutschen Arbeitsfront, April 1934 bis 31.12.1939
- »Von Krakau bis Brzezany (1. Januar 1940 – 13.2.1943)«
- »Meine aktive Soldatenzeit. 13.2.1943 bis 2. Mai 1945«
- Tagebuch 1945
- Erinnerungen an seine Ministerzeit, 1950-1957

ca. 120 Ordner mit Unterlagen aus der Ministertätigkeit, Parteiarbeit, Korrespondenz, Zeitungsausschnittsammlung etc.

2. Dr. Heinz Doering
»Ein gewöhnlicher Mensch. Erinnerungen und Bemerkungen aus einem verlorenen Leben.« Ca. 1300 Bl. [Tagebuchaufzeichnungen aus dem Internierungslager. November 1945 bis Januar 1947.]
51 Briefe aus Krakau an die Mutter und an die Ehefrau, 28.04.1942-22.02.1943.
Selbstverfasste Tragödien, Epigramme, Gedichte und Prosa

3. Ernst Gramß
Briefe aus Warschau und Sokołów an seine Ehefrau, 1940-1941
Zeugnisse, Dienstverträge u.ä.

4. Ernst Kundt
3 Jahre Aufbauarbeit im Distrikt Radom unter Führung von Gouverneur Unterstaatssekretär Ernst Kundt, 15.10.1941-15.10.1944 [Erinnerungsalbum von Mitarbeitern der Abteilung Ernährung und Landwirtschaft des Distrikts Radom]

5. Alfons Oswald
Wehrpass, Mitgliedsausweis CDU, Fotos, Briefe

6. Wilhelm Rebay von Ehrenwiesen
Geschäftsverteilungsplan der Kreishauptmannschaft Kamionka Strumiłowa, ohne Datum
Lagebericht des Kreishauptmanns von Kamionka Strumiłowa vom 12.09.1941
Eidesstattliche Erklärungen
Briefe an die Eltern, 20er Jahre
Verschiedene Briefe von und an Rebay verschiedener Personen (Nachkriegszeit)

7. Carl Schmid
Unterlagen zur Entnazifizierung, Zeitungsausschnitte
Brief an einen Freund, 6.8.1942

Interviews, schriftliche (s) und mündliche (m) Auskünfte

Wilhelm Rebay von Ehrenwiesen, Dezember 2003 (m)
Gerhard von Jordan, Januar 2003 (m)
Irena Styczyńska, 3.12.2005 (s)
Maria Giza-Podgórska, 11.11.2005 (s) u. 05.12.2005 (s)
Eugeniusz Piksa, 14.12.2005 (s)
Hubert Pfoch, 09.08.2006 (s)
Hans Werner von Bülow, 21.4.2007 (m), 28./29.4.2007 (m)
Horst Richter, 30.11.2007 (m)
Heinz Hadeler, 23.11.2007 (m), 3.12.2007 (m)

Manuskripte

Geisler, Jerzy: W czepku urodzony czyli Żywot człowieka poczciwego (Życiorys w felietonach i reportażach). Warszawa 1998.
Losacker, Ludwig: Von der Schwierigkeit, ein Deutscher zu sein. (BAK, NL 1466)
Ludwig, Erich: Mein Leben in meiner Erinnerung von 1905 bis 1992. Hannover o.J.
Westerkamp, Eberhard: Schach dem König.

Gesetz- und Verordnungsblätter, Periodika

Allgemeine Zeitung, München, 1918-1921
Amtlicher Anzeiger für das Generalgouvernement, 1939-1945
Amtsblatt des Chefs des Distrikts Radom, 1939-1940
Amtsblatt des Chefs des Distrikts Krakau, 1939-1940
Frankfurter Allgemeine Zeitung
Frankfurter Rundschau
Das Generalgouvernement
Hamburger Abendblatt
Krakauer Zeitung
Der Spiegel
Süddeutsche Zeitung
Die Tat
Verordnungsblatt des Generalgouvernements
Völkischer Beobachter
Die Welt
Die Zeit
Życie Warszawy

Veröffentlichte Quellen und Literatur

Abgeordnete in Niedersachsen 1946-1994. Biographisches Handbuch. Hg. vom Präsidenten des Niedersächsischen Landtags. Hannover 1996.

Adamska, Jolanta: Organizacja niemieckich urzędów nadzorczych w Warszawie w latach 1939-1944. In: Warszawa lat wojny i okupacji 1939-1944. H. 3 (1973). S. 365-384.

– Działalność urzędów pracy dystryktu warszawskiego w zakresie werbunku robotników przymusowych do Rzeszy. In: Warszawa lat wojny i okupacji 1939-1944. Heft 4 (1975). S. 193-223.

– Organizacja Selbstschutz w Generalnej Guberni. In: Zbrodnie i sprawcy. Ludobójstwo hitlerowskie przed sądem ludzkości i historii. Red. nauk. Czesław Pilichowski. Warszawa 1980. S. 504-518.

Ainsztein, Reuben: Jüdischer Widerstand im deutschbesetzten Osteuropa während des Zweiten Weltkrieges. Oldenburg 1993.

Albert, Klaus: Die Übernahme der Regierungsverantwortung durch die CDU im Lande Schleswig-Holstein. Rückblick auf die Regierungszeit von Ministerpräsident Dr. Walter Bartram (1950/51). In: Zeitschrift der Gesellschaft für Schleswig-Holsteinische Geschichte 108 (1983). S. 281-317.

Alberti, Michael: Die Verfolgung und Vernichtung der Juden im Reichsgau Wartheland 1939-1945. Wiesbaden 2006.

Albert, Walter: Praktische Arbeit und ihre Auswirkungen auf dem Gebiet der Ernährungs- und Landwirtschaft im Generalgouvernement. In: Bühler, Joseph (Hg.): Das Generalgouvernement. Seine Verwaltung und seine Wirtschaft. Krakau 1943. S. 131-152.

Aly, Götz: Hitlers Volksstaat. Raub, Rassenkrieg und nationaler Sozialismus. Frankfurt a. M. 2005.

– »Endlösung«. Völkerverschiebung und der Mord an den europäischen Juden. Frankfurt a. M. 1995.

– /Susanne Heim: Vordenker der Vernichtung. Auschwitz und die deutschen Pläne für eine neue europäische Ordnung. Frankfurt a. M. 1993.

Amtliches Gemeinde- und Dorfverzeichnis für das Generalgouvernement auf Grund der Summarischen Bevölkerungsbestandsaufnahme am 1. Mz. 1943. Hg. vom Statistischen Amt des Generalgouvernements. Krakau 1943.

Die Amtsvorsteher der Oberämter, Bezirksämter und Landratsämter in Baden-Württemberg 1810 bis 1972. Hrsg. von der Arbeitsgemeinschaft der Kreisarchive beim Landkreistag Baden-Württemberg. Redaktion Dr. Wolfram Angerbauer. Stuttgart 1996.

Angrick, Andrej: Besatzungspolitik und Massenmord. Die Einsatzgruppe D in der südlichen Sowjetunion 1941-1943. Hamburg 2003.

Arad, Yitzhak: Belzec, Sobibor, Treblinka. The Operation Reinhard Death Camps. Bloomington 1987.

Arbogast, Christine: Herrschaftsinstanzen der württembergischen NSDAP. Funktion, Sozialprofil und Lebenswege einer regionalen NS-Elite 1920-1960. München 1998.

Armia krajowa w dokumentach 1939-1945. 6 Bde. Wrocław u. a. 1990-1991.

August, Jochen: »Sonderaktion Krakau«. Die Verhaftung der Krakauer Wissenschaftler am 6. November 1939. Hamburg 1997.

Baedeker, Karl: Das Generalgouvernement. Leipzig 1943.

Bajohr, Frank: Parvenüs und Profiteure. Korruption in der NS-Zeit. Frankfurt a. M. 2001.

– /Dieter Pohl: Der Holocaust als offenes Geheimnis. Die Deutschen, die NS-Führung und die Alliierten. München 2006.

Banach, Jens: Heydrichs Elite. Das Führungskorps der Sicherheitspolizei und des SD 1936-1945. Paderborn 1998.

Bankier, David: Die öffentliche Meinung im Hitler-Staat. Die »Endlösung« und die Deutschen. Eine Berichtigung. Berlin 1995.

Basak, A.: Kwestia ukarania zbrodni niemieckich na łamach »Biuletynu Informacyjnego« Armii Krajowej (1940-1945). In: Acta Universitatis Wratislaviensis Nr. 543. Historia XXXVI (1981). S. 59-84.

Bästlein, Klaus: Schleswig-Holstein: Ein deutschnationales Schutzgebiet für NS-Verbrecher? – Zur politischen Kultur im nordöstlichsten Bundesland nach 1945. In: Schleswig-Holstein unter dem Hakenkreuz. Im Auftrag der Ev. Akademie Nordelbiens hrsg. Von Urs J. Diederichs/Hans Hermann Wiebe. Bad Seegeberg, Hamburg 1985. S. 209-261.

Beck, Friedrich Alfred: Tagebuch eines Mannes, der Hungerturm hieß. München 1952.

Beer, Mathias: Im Spannungsfeld von Politik und Zeitgeschichte. Das Großforschungsprojekt »Dokumentation der Vertreibung der Deutschen aus Ost-Mitteleuropa«. In: VfZ 46 (1998). S. 345-389.

Benz, Wolfgang (Hg.): Dimension des Völkermords. Die Zahl der jüdischen Opfer des Nationalsozialismus. München 1991.

– (Hg.): Die Juden in Deutschland 1933-1945. Leben unter nationalsozialistischer Herrschaft. München ^{3}1993.

– /Hermann Graml/Hermann Weiß (Hg.): Enzyklopädie des Nationalsozialismus. München ^{4}2001.

Berenstein, Tatiana: Eksterminacja ludności żydowskiej w dystrykcie galicja (1941-1943). In: BŻIH 61 (1967). S. 3-58.

– Martyrologia, opór i zagłada ludności żydowskiej w dystrykcie lubelskim. In: BŻIH 21 (1957). S. 21-92.

– /Adam Rutkowski: Prześladowania ludności żydowskiej w okresie hitlerowskiej administracji wojskowej na okupowanych ziemiach polskich (1.IX.1939 r. – 25.X.1939 r.). In: BŻIH 38 (1961). S. 3-38. (Teil 1)

– /Adam Rutkowski: Prześladowania ludności żydowskiej w okresie hitlerowskiej administracji wojskowej na okupowanych ziemiach polskich (1.IX.1939 r. – 25.X.1939 r.). In: BŻIH 39 (1961). S. 63-87. (Teil 2)

– /Adam Rutkowski: Niemiecka administracja wojskowa na okupowanych ziemiach polskich (1 września – 25 października). In: Najnowsze Dzieje Polski VI (1962). S. 45-57.

Bewersdorff, Arne: Das staatsanwaltschaftliche Ermittlungsverfahren gegen den ehemaligen schleswig-holsteinischen Landessozialminister Hans-Adolf Asbach wegen nationalsozialistischer Gewaltverbrechen. Eine quellengestützte Studie. Schriftliche Hausarbeit zur Ersten Staatsprüfung für die Laufbahn der Realschullehrer in Schleswig-Holstein. Universität Flensburg 2007.

Bieniek, Józef: Starostwo powiatowe w Nowym Sączu. W cieniu swastyki, część II. In: Rocznik Sądecki 23 (1995). S. 128-146.

Biernacki, Stanisław/Blandyna Meissner/Jan Mikulski: Policja Porządkowa w Generalnej Guberni. Wybór dokumentów. Część 1. Lata 1939-1942. In: BGKBZHwP 31 (1982). S. 128-288.

Biuletyn Informacyjny. Część I: Przedruk roczników 1940-1941. PHW. Rok II (LIII), Nr. specjalny 1 (190). Warszawa 2001.

Biuletyn Informacyjny. Część II: Przedruck roczników 1942-1943. PHW. Rok III (LIV). Nr specjalny 2 (195). Warszawa 2002.

Biuletyn Informacyjny. Część III: Przedruk rocznika 1944. Konspiracja. PHW. Rok IV (LV). Nr specjalny 3 (200). Warszawa 2003.
Biuletyn Informacyjny. Część IV: Przedruk roczników 1944-1945. Powstanie Warszawskie i konspiracja. PHW. Rok V (LVI). Nr specjalny 4 (205). Warszawa 2004.
Blank, Manfred: Zum Beispiel: Die Ermordung der Juden im »Generalgouvernement« Polen. In: Rückerl, Adalbert (Hg.): NS-Prozesse. Nach 25 Jahren Strafverfolgung: Möglichkeiten – Grenzen – Ergebnisse. Karlsruhe 1971. S. 35-64.
Bloxham, Donald: Pragmatismus als Programm. Die Ahndung deutscher Kriegsverbrechen durch Großbritannien. In: Frei, Norbert (Hg.): Transnationale Vergangenheitspolitik. Der Umgang mit deutschen Kriegsverbrechern in Europa nach dem Zweiten Weltkrieg. Göttingen 2006. S. 140-179.
Boberach, Heinz (Hg.): Meldungen aus dem Reich. Die geheimen Lageberichte des Sicherheitsdienstes der SS 1938-1945. 17 Bände. Hersching 1984.
Böhler, Jochen: »Tragische Verstrickung« oder Auftakt zum Vernichtungskrieg? Die Wehrmacht in Polen 1939. In: Mallmann, Klaus, Michael/Bogdan Musial (Hg.): Genesis des Genozids. Polen 1939-1941. Darmstadt 2004. S. 36-56.
– Auftakt zum Vernichtungskrieg. Die Wehrmacht in Polen 1939. Frankfurt a. M. 2006.
Bohn, Helmut: Die patriotische Karte in der sowjetischen Deutschland-Politik (III). In: Ost-Probleme 7 (1955). S. 1606-1614.
Bohn, Robert: »Schleswig-Holstein stellt fest, dass es in Deutschland nie einen Nationalsozialismus gegeben hat.« Zum mustergültigen Scheitern der Entnazifizierung im ehemaligen Mustergau. In: Demokratische Geschichte 17 (2006). S. 173-186.
Bömelburg, Hans-Jürgen: Die deutsche Besatzungspolitik in Polen 1939 bis 1945. In: Chiari, Bernhard (Hg.): Die polnische Heimatarmee. Geschichte und Mythos der Armia Krajowa seit dem Zweiten Weltkrieg. München 2003. S. 51-86.
– /Bogdan Musial: Die deutsche Besatzungspolitik in Polen 1939-1945. In: Borodziej, Włodzimierz/Klaus Ziemer (Hg.): Deutsch-polnische Beziehungen 1939 – 1945 – 1949. Eine Einführung. Osnabrück 2000. S. 43-111.
Bonusiak, Włodzimierz: Małopolska pod rządami Trzeciej Rzeszy. Rzeszów 1990.
Borodziej, Włodzimierz: Terror und Politik. Die deutsche Polizei und die polnische Widerstandsbewegung im Generalgouvernement 1939-1944. Mainz 1999.
– Der Warschauer Aufstand 1944. Frankfurt a. M. 2001.
– »Hitleristische Verbrechen«. Die Ahndung deutscher Kriegs- und Besatzungsverbrechen in Polen. In: Frei, Norbert (Hg.): Transnationale Vergangenheitspolitik. Der Umgang mit deutschen Kriegsverbrechern in Europa nach dem Zweiten Weltkrieg. Göttingen 2006. S. 399-437.
Böttcher, Karl Wilhelm: Menschen unter falschem Namen. In: Frankfurter Hefte 4 (1949). S. 492-511.
Braunbuch. Kriegs- und Naziverbrecher in der Bundesrepublik und in Berlin (West). Reprint der Ausgabe 1968 (3. Auflage). Hg. von Norbert Podewin. Berlin o.J.
Brechtken, Magnus: »Madagaskar für die Juden«. Antisemitische Idee und politische Praxis 1885-1945. München 1997.
Broszat, Martin: Nationalsozialistische Polenpolitik 1939-1945. Stuttgart 1961.
– Zweihundert Jahre deutsche Polenpolitik. Frankfurt a. M. 1972.
Browning, Christopher: Nazi Ghettoziation Policy in Poland: 1939-41. In: CEH 19 (1986). S. 343-368. (Dt.: Die nationalsozialistische Ghettoisierungspolitik in Polen 1939-1941. In: Ders.: Der Weg zur »Endlösung«: Entscheidungen und Täter. Bonn 1998. S. 37-65.

– »Judenjagd«. Die Schlußphase der »Endlösung« in Polen. In: Matthäus, Jürgen/Klaus-Michael Mallmann (Hg.): Deutsche, Juden, Völkermord. Der Holocaust als Geschichte und Gegenwart. Darmstadt 2006. S. 177-189.
– Die Entfesselung der »Endlösung«. Nationalsozialistische Judenpolitik 1939-1942. München 2003.
Brunner, Bernhard: Der Frankreich-Komplex. Die nationalsozialistischen Verbrechen in Frankreich und die Justiz der Bundesrepublik Deutschland. Göttingen 2004.
Brustin-Berenstein, Tatiana: Deportacje i zagłada skupisk żydowskich w dystrykcie warszawskim. In: BŻIH 3 (1952). S. 83-125.
Brzeziński, Andrzej: Eksterminacja ludności powiatu piotrkowskiego w latach 1939-1945. In: Rocznik Łodzki 16 (1972). S. 129-155.
Buchbender, Ortwin/Reinhold Sterz (Hg.): Das andere Gesicht des Krieges. Deutsche Feldpostbriefe 1939-1945. München ²1983.
Bühler, Joseph (Hg.): Das Generalgouvernement, seine Verwaltung und seine Wirtschaft. Krakau 1943.
Chiari, Bernhard (Hg.): Die polnische Heimatarmee. Geschichte und Mythos der Armia Krajowa seit dem Zweiten Weltkrieg. München 2003.
Chodakiewicz, Marek Jan: Between Nazis and Soviets. Occupation Politics in Poland, 1939-1947. Lanham u. a. 2004.
Christen, Ulf B.: Die Entnazifizierung im Schleswig-Holsteinischen Landtag. 1946-1951. In: Demokratische Geschichte 6 (1991). S. 189-212.
Chwalba, Andrzej: Kraków w latach 1939-1945. Dzieje Krakowa t. 5. Kraków 2002.
Connelly, John: Nazis and Slavs: From Racial Theory to Racist Practice. In: CEH 32 (1999). S. 1-33.
Cüppers, Martin: Wegbereiter der Shoah. Die Waffen-SS, der Kommandostab Reichsführer-SS und die Judenvernichtung 1939-1945. Darmstadt 2005.
Curilla, Wolfgang: Die deutsche Ordnungspolizei und der Holocaust im Baltikum und in Weißrußland 1941-1944. Paderborn 2006.
Cyprian, Tadeusz/Jerzy Sawicki: Oskarżamy. Kraków 1949.
– /Jerzy Sawicki: Procesy wielkich zbrodniarzy wojennych w Polsce (Najwyższy Trybunał Narodowy). Warszawa 1949.
– /Jerzy Sawicki: Siedem wyroków Najwyższego Trybunału Narodowego. Poznań 1962.
Danker, Uwe: Vergangenheits»bewältigung« im frühen Schleswig-Holstein. In: Die Anfangsjahre des Landes Schleswig-Holstein. Hg. von Karl-Heinz Harbeck. Kiel 1998. S. 26-43.
– Der gescheiterte Versuch, die Legende der ›sauberen‹ Zivilverwaltung zu entzaubern. Staatsanwaltschaftliche Komplexermittlungen zum Holocaust im ›Reichskommissariat Ostland‹ bis 1971. In: Bohn, Robert (Hg.): Die deutsche Herrschaft in den »germanischen« Ländern 1940-1945. Stuttgart 1997. S. 159-185.
Das Deutsche Reich und der Zweite Weltkrieg. Band 5/1: Organisation und Mobilisierung des deutschen Machtbereichs. Kriegsverwaltung, Wirtschaft und personelle Ressourcen 1939-1941. Hg. vom Militärgeschichtlichen Forschungsamt. Stuttgart 1988.
Das Deutsche Reich und der Zweite Weltkrieg. Band 5/2: Organisation und Mobilisierung des deutschen Machtbereichs. Kriegsverwaltung, Wirtschaft und personelle Ressourcen 1942-1944/45. Hg. vom Militärgeschichtlichen Forschungsamt. Stuttgart 1999.
Datner, Szymon: Wywóz ludności polskiej na roboty niewolnicze do Niemiec. In: BGKBZHwP 16 (1967). S. 17-64.
– Zbrodnie hitlerowskie na Żydach zbiegłych z gett. In: BŻIH 75 (1970). S. 7-29.

DDR-Justiz und NS-Verbrechen. Sammlung ostdeutscher Strafurteile wegen nationalsozialistischer Tötungsverbrechen. Band 2: Die Verfahren Nr. 1031-1063 der Jahre 1965-1974. Bearb. von C.F. Rüter. Amsterdam, München 2002.
Deutsche Verwaltungsgeschichte. Band 4: Das Reich als Republik und in der Zeit des Nationalsozialismus. Hg. von Kurt G.A. Jeserich u. a. Stuttgart 1985.
Długoborski, Wacław: Die deutsche Besatzungspolitik und die Veränderungen der sozialen Struktur Polens 1939-1945. In: Długoborski, Wacław (Hg.): Zweiter Weltkrieg und sozialer Wandel. Achsenmächte und besetzte Länder. Göttingen 1981. S. 303-363.
– /Czesław Madajczyk: Ausbeutungssysteme in den besetzten Gebieten Polens und der UdSSR. In: Forstmeier, Friedrich/Hans-Erich Volkmann (Hg.): Kriegswirtschaft und Rüstung 1939-1945. Düsseldorf 1977. S. 375-416.
Dmitrzak, Andrzej: Hitlerowskie kontrybucje w okupowanej Polsce 1939-1945. Poznań 1983.
Documenta occupationis VI: Hitlerowskie »prawo« okupacyjne w Polsce. Część II: Generalnia Gubernia. Wybór dokumentów i próba syntezy. Hg. von Karol Marian Pospieszalski. Poznań 1958.
Documenta occupationis X: Praca przymusowa Polaków pod panowaniem hitlerowskim 1939-1945. Hg. von Alfred Konieczny/Herbert Szczugacz. Poznań 1976.
Dörner, Bernward: Die Deutschen und der Holocaust. Was niemand wissen wollte, aber jeder wissen konnte. Berlin 2007.
Duda, Tadeusz: Eksterminacja ludności żydowskiej Nowego Sączu w okresie II wojny światowej. In: Rocznik Sądecki 19 (1988/1990). S. 209-249.
du Prel, Max (Hg.): Das Deutsche Generalgouvernement Polen. Ein Überblick über Gebiet, Gestaltung und Geschichte. Krakau 1940.
– (Hg.): Das Generalgouvernement. Würzburg 1942.
Ein Jahr Aufbauarbeit im Distrikt Krakau. Krakau 1940.
Eisenbach, Artur: Hitlerowska polityka zagłady Żydów. Warszawa 1961.
Eisenblätter, Gerhard: Grundlinien der Politik des Reichs gegenüber dem Generalgouvernement. Phil. Diss. Frankfurt a. M. 1969.
Engelking, Barbara: »Sehr geehrter Herr Gestapo«. Denunziationen im deutsch besetzten Polen 1940/41. In: Mallmann, Klaus-Michael/Bogdan Musial (Hg.): Genesis des Genozids. Polen 1939-1941. Darmstadt 2004. S. 206-220.
– »szanowny panie gistapo«. Donosy do władz niemieckich w Warszawie i okolicach w latach 1940-1941. Warszawa 2003.
– /Jacek Leociak: Getto warszawskie. Przewodnik po nieistniejącym mieście. Warszawa 2001.
Enzyklopädie des Holocaust. Die Verfolgung und Ermordung der europäischen Juden. Hg. von Eberhard Jäckel u. a. 4 Bde. München, Zürich 1995.
Fajkowski, Józef: Wieś w ogniu. Eksterminacja wsi polskiej w okresie okupacji hitlerowskiej. Warszawa 1972.
– /Jan Religia: Zbrodnie hitlerowskie na wsi polskiej 1939-1945. Warszawa 1981.
Faschismus – Getto – Massenmord. Dokumentation über Ausrottung und Widerstand der Juden in Polen während des zweiten Weltkrieges. Hg. vom Jüdischen Historischen Institut. Berlin 1960.
Festschrift 50 Jahre Bundessozialgericht. Hg. von Matthias von Wulffen/Otto Ernst Krasney. Köln u. a. 2004.
Fleiter, Rüdiger: Die Ludwigsburger Zentrale Stelle und ihr politisches und gesellschaftliches Umfeld. In: GWU 53 (2002). S. 32-50.
Foschepoth, Josef: Zur deutschen Reaktion auf Niederlage und Besatzung. In: Herbst,

Ludolf (Hg.): Westdeutschland 1945-1955. Unterwerfung, Kontrolle, Interpretation. München 1986. S. 151-165.

Fox, John P.: Der Fall Katyn und die Propaganda des NS-Regimes. In: VfZ 30 (1982). S. 462-499.

Frank, Niklas: Der Vater. Eine Abrechnung. München 2001.

– Meine deutsche Mutter. München 2005.

Frei, Norbert: Identitätswechsel. Die »Illegalen« in der Nachkriegszeit. In: König, Helmut/Wolfgang Kuhlmann/Klaus Schwabe (Hg.): Vertuschte Vergangenheit. Der Fall Schwerte und die NS-Vergangenheit der deutschen Hochschulen. München 1997. S. 207-222.

– Vergangenheitspolitik. Die Anfänge der Bundesrepublik und die NS-Vergangenheit. München 1996.

– (Hg.): Karrieren im Zwielicht. Hitlers Eliten nach 1945. Frankfurt a. M. 2001.

– Hitlers Eliten nach 1945 – eine Bilanz. In: Frei, Norbert (Hg.): Karrieren im Zwielicht. Hitlers Eliten nach 1945. Frankfurt a. M. 2001. S. 303-335.

Friedländer, Saul: Die Jahre der Vernichtung. Das Dritte Reich und die Juden. Band 2: 1939-1945. München 2006.

Friedrich, Klaus-Peter: Der nationalsozialistische Judenmord in polnischen Augen: Einstellungen in der polnischen Presse 1942-1946/47. Überarbeitete Fassung der Dissertation, Universität Köln, 2002. Marburg 2003. http://kups.ub.uni-koeln.de/volltexte/2003/952/ (25.07.2004).

– Zusammenarbeit und Mittäterschaft in Polen 1939-1945. In: BGNS 19 (2003). S. 113-150.

– Polen und seine Feinde (sowie deren Kollaborateure). Vorwürfe wegen »polnischer Kollaboration« und »jüdischer Kollaboration« in der polnischen Presse (1942-1944/45). In: Tauber, Joachim (Hg.): »Kollaboration« in Nordosteuropa. Erscheinungsformen und Deutungen im 20. Jahrhundert. Wiesbaden 2006. S. 206-249.

– Der nationalsozialistische Judenmord und das polnisch-jüdische Verhältnis im Diskurs der polnischen Untergrundpresse (1942-1944). Marburg 2006.

Fröhlich, Elke (Hg.): Die Tagebücher von Joseph Goebbels. Teil I: Aufzeichnungen 1923-1941. 10 Bände. München u. a. 1998 ff.

– (Hg.): Die Tagebücher von Joseph Goebbels. Teil II: Diktate 1941-1945. 15 Bände München u. a. 1993-1996.

Fuss, Naftali: Als ein anderer leben. Erinnerung an die Nazizeit in Polen. Frankfurt a. M. 1994.

Gajewski, Marian: Urządzenia komunalne m. st. Warszawy w latach 1939-1944. In: Warszawa lat wojny i okupacji 1939-1944, Heft 4 (1975). S. 61-98.

Gallus, Alexander: Die Neutralisten. Verfechter eines vereinten Deutschland zwischen Ost und West 1945-1990. Düsseldorf 2001.

Gdy byliśmy literą P. Wspomnienia wywiezionych na przymusowe roboty do III Rzeszy. Wybór i opracowanie Zofia Bigorajska/Władysława Pietruczuk-Kurkiewiczowa. Warszawa 1968.

Gerlach, Christian: Die Bedeutung der deutschen Ernährungspolitik für die Beschleunigung des Mordes an den Juden 1942. Das Generalgouvernement und die Westukraine. In: Gerlach, Christian: Krieg, Ernährung, Völkermord. Forschungen zur deutschen Vernichtungspolitik im Zweiten Weltkrieg. Hamburg 1998. S. 167-257.

– Die Wannsee-Konferenz, das Schicksal der deutschen Juden und Hitlers politische Grundsatzentscheidung, alle Juden Europas zu ermorden. In: Gerlach, Christian:

Krieg, Ernährung, Völkermord. Forschungen zur deutschen Vernichtungspolitik im Zweiten Weltkrieg. Hamburg 1998. S. 85-166.
Getter, Marek: Zarys organizacji policji niemieckiej w Warszawie i dystrykcie Warszawa w latach 1939-1945. In: Rocznik Warszawski 6 (1965). S. 249-271.
Głowiński, Tomasz: O nowy porządek europejski. Ewolucja hitlerowskiej propagandy politycznej wobec Polaków w Generalnym Gubernatorstwie 1939-1945. Wrocław 2000.
Godau-Schüttke, Klaus-Detlev: Die Heyde/Sawade-Affäre. Wie Juristen und Mediziner den NS-Euthanasieprofessor Heyde nach 1945 deckten und straflos blieben. Baden-Baden 1998.
– Die Heyde/Sawade-Affaire: Juristen und Mediziner in Schleswig-Holstein decken den NS-Euthanasiearzt Prof. Dr. Werner Heyde und bleiben straflos. In: Grabitz, Helge u. a. (Hg.): Die Normalität des Verbrechens. Bilanz und Perspektiven der Forschung zu den nationalsozialistischen Gewaltverbrechen. Festschrift für Wolfgang Scheffler zum 65. Geburtstag. Berlin 1994. S. 444-479.
– Holocausttäter machen Nachkriegskarriere in Schleswig-Holstein. In: Gottwaldt, Alfred u. a. (Hg.): NS-Gewaltherrschaft. Beiträge zur historischen Forschung und juristischen Aufarbeitung. Berlin 2005. S. 369-377.
Golczewski, Frank: Polen. In: Benz, Wolfgang (Hg.): Dimension des Völkermords. Die Zahl der jüdischen Opfer des Nationalsozialismus. München 1996. S. 411-497.
Gollert, Friedrich: Zwei Jahre Aufbauarbeit im Distrikt Warschau. Warschau 1941.
– Warschau unter deutscher Herrschaft. Deutsche Aufbauarbeit im Distrikt Warschau. Krakau 1942.
Gondek, Leszek: Polska karząca 1939-1945. Polski podziemny wymiar sprawiedliwości w okresie okupacji niemieckiej. Warszawa 1988.
– Polskie Misje Wojskowe 1945-1949. Polityczno-prawne, ekonomiczne i wojskowe problemy likwidacji skutków wojny na obszarze okupowanych Niemiec. Warszawa 1981.
Góral, Jan: Wywożenie ludności na roboty przymusowe w piotrkowskiem. In: BOKBZpNP-IPN 5 (1997). S. 54-67.
– Wywożenie Polaków na roboty przymusowe do III Rzeszy z powiatu tomaszowskiego. In: BOKBZpNP-IPN 5 (1997). S. 120-131.
– Wywożenie ludności na roboty przymusowe w powiecie radomszczańskim. In: BOKBZpNP-IPN 2 (1990). S. 66-68.
– /Maciej Uzdowski: Hitlerowski Sąd Specjalny w Piotrkowie Trybunalskim. Zarys działalności. In: Okupacja hitlerowska w Piotrkowskim. Materiały z sesji naukowej. Pod redakcją Jana Gorala. Piotrków Trybunalski 1998. S. 43-51.
Gotto, Bernhard: Nationalsozialistische Kommunalpolitik. Administrative Normalität und Systemstabilisierung durch die Augsburger Stadtverwaltung 1933-1945. München 2006.
Grabitz, Helge/Wolfgang Scheffler: Letzte Spuren. Ghetto Warschau, SS-Arbeitslager Trawniki, Aktion Erntefest. Fotos und Dokumente über Opfer des Endlösungswahns im Spiegel der historischen Ereignisse. Berlin 1988.
Grabowski, J.: Zarząd Miejski w czasie okupacji. In: Kraków w latach okupacji 1939-1945. Studia i materiały. Rocznik Krakowski 31 (1957). S. 1-22.
Grabowski, Jan: »Ja tego Żyda znam!«. Szantażowanie Żydów w Warszawie 1939-1943. Warszawa 2004.
Graml, Hermann: Ist Hitlers »Anweisung« zur Ausrottung der europäischen Judenheit endlich gefunden? Zu den Thesen von Christian Gerlach. In: Jahrbuch für Antisemitismusforschung 7 (1998). S. 352-362.

Greve, Michael: Der justitielle und rechtspolitische Umgang mit den NS-Gewaltverbrechen in den sechziger Jahren. Frankfurt a. M. 2001.

– Von Auschwitz nach Ludwigsburg. Zu den Ermittlungen der »Zentralen Stelle der Landesjustizverwaltungen zur Aufklärung nationalsozialistischer Gewaltverbrechen« in Ludwigsburg. In: Fritz Bauer Institut (Hg.): Im Labyrinth der Schuld. Täter – Opfer – Ankläger. Jahrbuch 2003 zur Geschichte und Wirkung des Holocaust. Frankfurt a. M. 2003. S. 41-63.

Grohnert, Reinhard: Die Entnazifizierung in Baden 1945-1949. Konzeptionen und Praxis der »Epuration« am Beispiel eines Landes der französischen Besatzungszone. Stuttgart 1991.

Gross, Jan Tomasz: Polish Society under German Occupation. The Generalgouvernement, 1939-1944. Princeton, New Jersey 1979.

Grotkopp, Jörg: Beamtentum und Staatsformwechsel. Die Auswirkungen der Staatsformwechsel von 1918, 1933 und 1945 auf das Beamtenrecht und die personelle Zusammensetzung der deutschen Beamtenschaft. Frankfurt a. M. u. a. 1992.

Grundmann, Karl: Führer durch Warschau. Krakau 1942.

Gutman, Yisrael: The Jews of Warsaw, 1939-1943. Ghetto, Underground, Revolt. Brighton 1982.

– /Shmuel Krakowski: Unequal Victims. Poles and Jews During World War Two. New York 1986.

Haffner, Sebastian: Geschichte eines Deutschen. Die Erinnerungen 1914-1933. München 2002.

Hammermann, Gabriele: Das Internierungslager Dachau 1945-1948. In: Dachauer Hefte 19 (2003). S. 48-70.

Hartog, L.J.: Der Befehl zum Judenmord. Hitler, Amerika und die Juden. Bodenheim 1997.

Hausmann, Marion: BHE – Block der Heimatvertriebenen und Entrechteten. Mitgliedschaft und Sozialstruktur. In: Handbuch zur Statistik der Parlamente und Parteien in den westlichen Besatzungszonen und in der Bundesrepublik Deutschland. Teilband III: FDP sowie kleinere bürgerliche und rechte Parteien. Mitgliedschaft und Sozialstruktur 1945-1990. Bearbeitet von Oliver Gnad u. a. Düsseldorf 2005. S. 231-266.

von der Heide, Mathias/Christian Wagener: »Weiter rechts als die CDU«. Das erste Jahrzehnt der *Zeit*. In: Hachmeister, Lutz/Friedemann Siering (Hg.): Die Herren Journalisten. Die Elite der deutschen Presse nach 1945. München 2002. S. 165-184.

Hempel, Adam: Pogrobowscy klęski. Rzecz o policji »granatowej« w Generalnym Gubernatorstwie 1939-1945. Warszawa 1990.

Henke, Klaus-Dietmar: Die Trennung vom Nationalsozialismus. Selbstzerstörung, politische Säuberung, »Entnazifizierung«, Strafverfolgung. In: Henke, Klaus-Dietmar/Hans Woller (Hg.): Politische Säuberung in Europa. Die Abrechnung mit Faschismus und Kollaboration nach dem Zweiten Weltkrieg. München 1991. S. 21-83.

– Politische Säuberung unter französischer Besatzung. Die Entnazifizierung in Württemberg-Hohenzollern. Stuttgart 1981.

Herbert, Ulrich: NS-Eliten in der Bundesrepublik. In: Loth, Wilfried/Bernd A. Rusinek (Hg.): Verwandlungspolitik. NS-Eliten in der westdeutschen Nachkriegsgesellschaft. Frankfurt a. M. 1994. S. 93-116.

– »Generation der Sachlichkeit«. Die völkische Studentenbewegung der frühen 20er Jahre. In: Herbert, Ulrich (Hg.): Arbeit, Volkstum, Weltanschauung. Über Fremde und Deutsche im 20. Jahrhundert. Frankfurt a. M. 1995. S. 31-58.

– Best. Biographische Studien über Radikalismus, Weltanschauung und Vernunft. 1903-1989. Bonn 1996.
– Fremdarbeiter. Politik und Praxis des »Ausländer-Einsatzes« in der Kriegswirtschaft des Dritten Reiches. Bonn 1999.
Herweg, Dirk: Von der »Polnischen Wirtschaft« zur Un-Nation. Das Polenbild der Nationalsozialisten. In: Jahr, Christoph (Hg.): Feindbilder in der deutschen Geschichte. Studien zur Vorurteilsgeschichte im 19. und 20. Jahrhundert. Berlin 1994. S. 201-223.
Hesse, Hans: Konstruktionen der Unschuld. Die Entnazifizierung am Beispiel von Bremen und Bremerhaven 1945-1953. Bremen 2005.
Hilberg, Raul: Die Vernichtung der europäischen Juden. 3 Bde. Frankfurt/M. 1990.
Hillgruber, Andreas u. Gerhard Hümmelchen: Chronik des Zweiten Weltkrieges. Kalendarium militärischer und politischer Ereignisse 1939-1945. Düsseldorf 1978.
Hirche, Bruno Hans: Erlebtes Generalgouvernement. Krakau 1941.
Horn, Christa: Die Internierungs- und Arbeitslager in Bayern 1945-1952. Frankfurt a. M. u. a. 1992.
Hosenfeld, Wim: »Ich versuche jeden zu retten«. Das Leben eines deutschen Offiziers in Briefen und Tagebüchern. Hg. v. Militärgeschichtlichen Forschungsamt. Stuttgart 2004.
Hoser, Paul: Vom provinziellen Lizenzblatt zur »New York Times von Bayern«. Die Anfänge der »Süddeutschen Zeitung«. In: Hachmeister, Lutz/Friedemann Siering (Hg.): Die Herren Journalisten. Die Elite der deutschen Presse nach 1945. München 2002. S. 121-145.
Housden, Marten: Hans Frank. *Lebensraum* and the Holocaust. New York 2003.
Im Strom der Zeit. Hubert Pfoch, Beschreibung eines Ottakringers zu seinem 70. Geburtstag. Von Franz Hiesel. Wien 1990.
IMT: Der Prozess gegen die Hauptkriegsverbrecher vor dem Internationalen Militärgerichtshof. Nürnberg 14. November 1945 – 1. Oktober 1946. Urkunden und anderes Beweismaterial. 18 Bände. München 1989.
Ivánka, Aleksander: Wspomienia skarbowca 1927-1945. Warszawa 1964.
Jacobmeyer, Wolfgang: Heimat und Exil. Die Anfänge der polnischen Untergrundbewegung im Zweiten Weltkrieg. Hamburg 1973.
– Die polnische Widerstandsbewegung im Generalgouvernement und ihre Beurteilung durch deutsche Dienststellen. In: VfZ 25 (1977). S. 658-681.
Jansen, Christian/Arno Weckbecker: Der »Volksdeutsche Selbstschutz« in Polen 1939/40. München 1992.
Jaslo. Stadt und Land wieder unter deutscher Führung. Jaslo [1943].
Jenke, Manfred: Verschwörung von rechts? Ein Bericht über den Rechtsradikalismus in Deutschland nach 1945. Berlin 1961.
Jesse, Eckhard: Biographisches Porträt: Otto Ernst Remer. In: Jahrbuch Extremismus & Demokratie 6 (1994). S. 207-221.
Jockheck, Lars: Propaganda im Generalgouvernement. Die NS-Besatzungspresse für Deutsche und Polen 1939-1945. Osnabrück 2006.
Johst, Hanns: Ruf des Reiches – Echo des Volkes! Eine Ostfahrt. München [4]1942.
Jordan, Gerhard von: Polnische Jahre. Bad Rappenau 1986.
Justiz und NS-Verbrechen. Sammlung deutscher Strafurteile wegen nationalsozialistischer Tötungsverbrechen, 1945-1999. Hg. von Christiaan Frederik Rüter/W. DeMildt. 38 Bände. Amsterdam, München 1968-2008.
Kallis, Aristotle A.: Der Niedergang der Deutungsmacht. Nationalsozialistische Propagan-

da im Kriegsverlauf. In: Echternkamp, Jörg (Hg.): Das Deutsche Reich und der Zweite Weltkrieg. Band 9/2: Die deutsche Kriegsgesellschaft 1939 bis 1945. Ausbeutung, Deutungen, Ausgrenzung. München 2005. S. 203-250.

Kapischke, Jürgen: Die Zentralstellen zur Verfolgung nationalsozialistischer Gewaltverbrechen im Land Nordrhein-Westfalen – Entstehung und Aufgabenfeld. In: Die Zentralstellen zur Verfolgung nationalsozialistischer Gewaltverbrechen – Versuch einer Bilanz. Hg. vom Justizministerium des Landes NRW. Recklinghausen 2001. S. 1-11.

Karmiński, Adam: Diariusz podręczny 1939-1945. Warszawa 2001.

Kasperek, Józef: Wywóz na przymusowe roboty do Rzeszy z dystryktu lubelskiego w latach 1939-1944. Warszawa 1977.

– Początki organizacji i działalności urzędów pracy na lubelszczyźnie (październik 1939 – styczeń 1940). In: ZM 6 (1972). S. 130-154.

– Zarys organizacyjny Arbeitsamtów w dystrykcie lubelskim w latach 1939-1944. In: ZM 7 (1973). S. 94-120.

– Metody werbunku do przymusowych robót w III Rzeszy na terenie dystryktu lubelskiego w latach 1939-1944. In: ZM 8 (1975). S. 52-105.

Kasten, Bernd: »Das Ansehen des Landes Schleswig-Holstein« – Die Regierung von Hassel im Umgang mit den Problemen der nationalsozialistischen Vergangenheit 1954-1961. In: Zeitschrift der Gesellschaft für Schleswig-Holsteinische Geschichte 118 (1993). S. 267-284.

Kegel, Teresa: Podstawy prawne ekstradycji zbrodniarzy wojennych. In: SnFiZH 2 (1975). S. 255-264.

Kershaw, Ian: Der Hitler-Mythos. Führerkult und Volksmeinung. München 2002.

Kiepe, Jan: Das Reservepolizeibataillon 101 vor Gericht. NS-Täter in Selbst- und Fremddarstellungen. Hamburg 2007.

Klain, Barbara: Warschau 1939-1945: Vernichtung durch Planung. In: Rössler, Mechthild/ Sabine Schleiermacher (Hg.): Der »Generalplan Ost«. Hauptlinien der nationalsozialistischen Planungs- und Vernichtungspolitik. Berlin 1993. S. 294-307.

Klee, Ernst: Das Personenlexikon zum Dritten Reich. Wer war was vor und nach 1945. Frankfurt a. M. 2003.

– Das Kulturlexikon zum Dritten Reich. Wer war was vor und nach 1945. Frankfurt a. M. 2007.

Klein, Hanns: Kurzbiographien der Bürgermeister (Alt-)Saarbrückens, St. Johanns, Malstatt-Burbachs und der Großstadt Saarbrücken. In: Zeitschrift für die Geschichte der Saargegend 19 (1971). S. 510-538.

Klemp, Stefan: »Nicht ermittelt«. Polizeibataillone und die Nachkriegsjustiz. Ein Handbuch. Essen 2005.

Kleßmann, Christoph: Die Selbstbehauptung einer Nation. NS-Kulturpolitik und polnische Widerstandsbewegung 1939-1945. Düsseldorf 1971.

– (Hg.): September 1939. Krieg, Besatzung, Widerstand in Polen. Göttingen 1989.

– Die deutsche Kriegsführung im Osten und die Besatzungspolitik in Polen: Revisionsbestrebungen angesichts drohender Niederlagen. In: Martin, Bernd/Stanisława Lewandowska (Hg.): Der Warschauer Aufstand 1944. Warschau 1999. S. 72-79.

Klukowski, Zygmunt: Dziennik z lat okupacji Zamojszczyzny (1939-1944). Lublin 1958.

– Dziennik 1944-45. Lublin 1990.

Kobierska-Motas, Elżbieta: Ekstradycja przestępców wojennych do Polski z czterech stref okupacyjnych Niemiec 1946-1950. 2 Bde. Warszawa 1991 u. 1992.

– Międzynarodowe listy przestępców wojennych sporządzone przez United Nations War

Crimes Commission (UNWCC). In: Pamięć i Sprawiedliwość 40 (1997/1998). S. 317-336.
– Rząd Polski na Emigracji wobec problemu dokumentowania niemieckich przestępstw wojennych. In: Pamięć i Sprawiedliwość. BGKBZpNP-IPN 38 (1995). S. 175-202.
Kochanowski, Jerzy: »Selbst mit dem Teufel, Hauptsache ein freies Polen«. War während des Zweiten Weltkriegs ein gemeinsames Vorgehen von Polen und Deutschen gegen die UdSSR denkbar? In: Tauber, Joachim (Hg.): »Kollaboration« in Nordosteuropa. Erscheinungsformen und Deutungen im 20. Jahrhundert. Wiesbaden 2006. S. 289-304.
Kochavi, Arieh J.: Prelude to Nuremberg. Alliied War Crimes Policy and the Question of Punishment. Chapel Hill u. London 1998.
Kogon, Eugen/Ferdinand Römhild: Das Internierungslager Darmstadt. Hg. vom Ministerium für Politische Befreiung. Wiesbaden 1947.
König, Helmut/Wolfgang Kuhlmann/Klaus Schwabe (Hg.): Vertuschte Vergangenheit. Der Fall Schwerte und die NS-Vergangenheit der deutschen Hochschulen. München 1997.
Körner, Helmut: Zwischen Warthegau und UdSSR. Berlin 1941.
Kopciowski, Adam: Zagłada Żydów w Zamościu. Lublin 2005.
Kopówka, Edward: Polacy i Żydzi w Siedlcach podczas okupacji hitlerowskiej. In: Prace Archiwalne-Konserwatorskie 11 (1999). S. 105-126.
– Polacy i Żydzi w Siedlcach podczas okupacji niemieckiej, 1939-1944. In: Pamięć i Sprawiedliwość 40 (1997/1998). S. 195-213.
– Żydzi siedleccy. Siedlce 2001.
– Treblinka. Nigdy więcej. Muzeum Walki i Męczeństwa w Treblince 2002.
– Getto w Sokołowie Podlaskim. In: KHŻ 215 (2005). S. 375-385.
Kosmala, Beate: Ungleiche Opfer in extremer Situation. Die Schwierigkeiten der Solidarität im okkupierten Polen. In: Benz, Wolfgang/Juliane Wetzel (Hg.): Solidarität und Hilfe für Juden während der NS-Zeit. Regionalstudien 1: Polen, Rumänien, Griechenland, Luxemburg, Norwegen, Schweiz. Berlin 1996. S. 19-97.
Kotula, Franciszek: Losy Żydów rzeszowskich 1939-1944. Kronika tamtych dni. Rzeszów 1999.
Kowalski, Tadeusz: Eksterminacja ludności na Rzeszowszczyźnie w okresie II wojny światowej (1939-1945). Rzeszów 1987.
– Obozy hitlerowskie w Polsce południowo-wschodniej 1939-1945. Warszawa 1973.
Krausnick, Helmut: Hitlers Einsatzgruppen. Die Truppen des Weltanschauungskrieges 1938-1942. Frankfurt a. M. 1989.
– Hitler und die Morde in Polen. Ein Beitrag zum Konflikt zwischen Heer und SS um die Verwaltung der besetzten Gebiete. In: VfZ 11 (1963). S. 196-209.
Król, Eugeniusz Cezary: Polska i Polacy w propagandzie narodowego socjalizmu w Niemczech 1919-1945. Warszawa 2006.
Krugłow, Aleksandr: Deportacje ludności żydowskiej z dystryktu Galicja do obozu zagłady w Bełżcu w 1942r. In: BŻIH 151 (1989). S. 101-118.
Kubicki, Leszek: Zbrodnie wojenne w świetle prawa polskiego. Warszawa 1963.
Kulski, Julian: Zarząd Miejski Warszawy 1939-1944. Warszawa 1964.
Kułakowski, Tadeusz: Proces Józefa Bühlera, szefa rządu Generalnego Gubernatorstwa. In: Gumkowski, Janusz/Tadeusz Kułakowski (Hg.): Zbrodniarzy hitlerowscy przed Najwyższym Trybunałem. Warszawa ²1965.
Kundt, Ernst: Die Verwaltung eines Distrikts. In: Bühler, Joseph (Hg.): Das Generalgouvernement, seine Verwaltung und seine Wirtschaft. Krakau 1943. S. 89-102.

Kurtz, Heinrich: Führer durch die Stadt Krakau. Zweite, erweiterte Auflage. Krakau 1942.
Landau, Ludwik: Kronika lat wojny i okupacji. 3 Bde. Warszawa 1962-1963.
Langhorst, Wolfgang: Berufsbeamtentum und Art. 131 GG. Die Rückkehr der NS-Beamtenschaft in die obersten Bundesbehörden. In: Vorgänge 28 (1989). Heft 3. S. 60-67.
Leggewie, Claus: Von Schneider zu Schwerte. Das ungewöhnliche Leben eines Mannes, der aus der Geschichte lernen wollte. München, Wien 1998.
Lehnstaedt, Stephan: »Ostnieten« oder Vernichtungsexperten? Die Auswahl deutscher Staatsdiener für den Einsatz im Generalgouvernement Polen 1939-1944. In: ZfG 55 (2007). S. 701-721.
Lehr, Stefan: Ein fast vergessener »Osteinsatz«. Deutsche Archivare im Generalgouvernement und im Reichskommissariat Ukraine. Düsseldorf 2007.
Leide, Henry: NS-Verbrecher und Staatssicherheit. Die geheime Vergangenheitspolitik der DDR. Göttingen 2005.
Lewandowska, Stanisława: Prasa okupowanej Warszawy 1939-1945. Warszawa 1992.
– Polska konspiracyjna prasa informacyjno-polityczna 1939-1945. Warszawa 1982.
Lexikon der Gerechten unter den Völkern. Hg. von Israel Gutman. Deutsche und Österreicher. Hg. von Daniel Fraenkel/Jakob Borut. Göttingen ²2005.
Lexikon zur Parteiengeschichte. Die bürgerlichen und kleinbürgerlichen Parteien und Verbände in Deutschland (1789-1945). Hg. v. Dieter Fricke. 4 Bände. Köln 1983-1986.
Lilla, Joachim: Statisten in Uniform. Die Mitglieder des Reichstags 1933-1945. Ein biographisches Handbuch. Unter Einbeziehung der völkischen und nationalsozialistischen Reichstagsabgeordneten ab Mai 1924. Düsseldorf 2004.
Longerich, Peter: Politik der Vernichtung. Eine Gesamtdarstellung der nationalsozialistischen Judenverfolgung. München 1998.
– »Davon haben wir nichts gewusst!« Die Deutschen und die Judenverfolgung 1933-1945. München 2006.
– (Hg.): Die Ermordung der europäischen Juden. Eine umfassende Dokumentation des Holocaust 1941-1945. München 1989.
Loth, Wilfried/Bernd-A. Rusinek (Hg.): Verwandlungspolitik. NS-Eliten in der westdeutschen Nachkriegsgesellschaft. Frankfurt a. M., New York 1998.
Łuczak, Czesław: Polityka ludnościowa i ekonomiczna hitlerowskich Niemiec w okupowanej Polsce. Poznań 1979.
Maaß, Ulrich: Die Zentralstelle Dortmund – Tätigkeit und Verfahrensgegenstände. In: Die Zentralstellen zur Verfolgung nationalsozialistischer Gewaltverbrechen – Versuch einer Bilanz. Hg. vom Justizministerium des Landes NRW. Recklinghausen 2001. S. 13-32.
Maciejak, Jerzy: W czasie II wojny światowej i okupacji hitlerowskiej. In: Łowicz. Dzieje miasta. Pod redakcją Ryszarda Kołodziejczyka. Warszawa 1986. S. 403-461.
Madajczyk, Czesław: Faszyzm i okupacje 1938-1945. Wykonywanie okupacji przez państwa osi w Europie. 2 Bde. Poznań 1983.
– Die Okkupationspolitik Nazideutschlands in Polen 1939-1945. Berlin 1987.
– Hitlerowski terror na wsi polskiej 1939-1945. Warszawa 1965.
Majer, Diemut: »Fremdvölkische« im Dritten Reich. Ein Beitrag zur nationalsozialistischen Rechtssetzung und Rechtspraxis in Verwaltung und Justiz unter besonderer Berücksichtigung der eingegliederten Ostgebiete und des Generalgouvernements. Boppard 1981.
Majewski, Piotr: Konzept und Organisation des »zivilen Kampfes«. In: Chiari, Bernhard (Hg.): Die polnische Heimatarmee. Geschichte und Mythos der Armia Krajowa seit dem Zweiten Weltkrieg. München 2003. S. 303-323.

Mallmann, Klaus-Michael/Gerhard Paul (Hg.): Karrieren der Gewalt. Nationalsozialistische Täterbiographien. Darmstadt 2004.
– /Bogdan Musial (Hg.): Genesis des Genozids. Polen 1939-1941. Darmstadt 2004.
– »... Mißgeburten, die nicht auf diese Welt gehören«. Die deutsche Ordnungspolizei in Polen 1939-1941. In: Mallmann, Klaus-Michael/Bogdan Musial (Hg.): Genesis des Genozids. Polen 1939-1941. Darmstadt 2004. S. 71-89.
– Menschenjagd und Massenmord. Das neue Instrument der Einsatzgruppen und -kommandos 1938-1945. In: Mallmann, Klaus-Michael/Gerhard Paul (Hg.): Die Gestapo im Zweiten Weltkrieg. »Heimatfront« und besetztes Europa. Darmstadt 2000. S. 291-316.
– »Mensch, ich feiere heut' den tausendsten Genickschuß«. Die Sicherheitspolizei und die Shoah in Westgalizien. In: Musial, Bogdan (Hg.): »Aktion Reinhardt«. Der Völkermord an den Juden im Generalgouvernement 1941-1944. Osnabrück 2004. S. 353-379.
– /Jochen Böhler/Jürgen Matthäus (Hg.): Einsatzgruppen in Polen. Darstellung und Dokumentation. Darmstadt 2008.
– /Volker Rieß/Wolfram Pyta (Hg.): Deutscher Osten 1939-1945. Der Weltanschauungskrieg in Photos und Texten. Darmstadt 2003.
Manoschek, Walter: »Es gibt nur eines für das Judentum: Vernichtung«. Das Judenbild in deutschen Soldatenbriefen 1939-1944. Hamburg 1995.
Mańkowski, Zygmunt: Polityka okupanta hitlerowskiego w dystrykcie lubelskim. In: Stan i perspektywy badań w zakresie zbrodni hitlerowskich. Materiały z Konferencji Naukowej w dniach 27-28 kwietnia 1970r. Tom II. Warszawa 1973. S. 135-142.
– Pierwszy miesiące okupacji niemieckiej w Kraśniku (październik 1939-maj 1940). In: Mańkowski, Zygmunt: W kręgu polskich doświadczeń historycznych XIX i XX wieku. Lublin 1986. S. 168-188.
– Polityka władz niemieckich w okresie zarządu Wehrmachtu (wrzesień-listopad 1939r.). In: Biuletyn Kwartalny Radomskiego Towarzystwa Naukowego 36 (2001). H. 1-4. S. 19-29.
– Życie i zagłada Żydów w Lublinie 1939-1943. In: Pamięć i Sprawiedliwość – BG-KBZpNP IPN 38 (1995). S. 91-109.
Marszałek, Józef: Obozy pracy w generalnym gubernatorstwie w latach 1939-1945. Lublin 1998.
– Majdanek. Geschichte und Wirklichkeit des Vernichtungslagers. Reinbek 1982.
Mauer, Gerhard: Landrat a.D. Weihenmaier wird 80. Elf Jahre wirkte er als Landrat im Kreis Freudenstadt. Landkreis Freudenstadt (Hg.): Jahrbuch 1985. S. 15-18.
Meducki, Stanisław: Wieś kielecka w czasie okupacji niemieckiej 1939-1945. Studium historyczno-gospodarcze. Kielce 1991.
Meindl, Ralf: Ostpreußens Gauleiter. Erich Koch – eine politische Biographie. Osnabrück 2007.
Merritt, Anna J./Richard L. Merritt (Hg.): Public Opinion in Occupied Germany. The OMGUS Surveys, 1945-1949. Urbana u. a. 1970.
Merritt, Richard L.: Democracy Imposed. U.S. Occupation Policy and the German Public, 1945-1949. New Haven, London 1995.
Meyer, Kathrin: Die Internierung von NS-Funktionären in der US-Zone Deutschlands. In: Dachauer Hefte 19 (2003). S. 24-47.
Miquel, Marc von: Ahnden oder amnestieren? Westdeutsche Justiz und Vergangenheitspolitik in den sechziger Jahren. Göttingen 2004.
Mix, Andreas: Organisatoren und Praktiker der Gewalt. Die SS- und Polizeiführer im

Distrikt Warschau. In: Richter, Timm C. (Hg.): Krieg und Verbrechen. Situation und Intention: Fallbeispiele. München 2006. S. 123-134.
Młynarczyk, Jacek Andrzej: Organisation und Durchführung der »Aktion Reinhard« im Distrikt Radom. In: Musial, Bogdan (Hg.): »Aktion Reinhardt«. Der Völkermord an den Juden im Generalgouvernement 1941-1944. Osnabrück 2004. S. 165-195.
– Die zerrissene Nation. Die polnische Gesellschaft unter deutscher und sowjetischer Herrschaft 1939-1941. In: Mallmann, Klaus-Michael/Bogdan Musial (Hg.): Genesis des Genozids. Polen 1939-1941. Darmstadt 2004. S. 145-169.
– Judenmord in Zentralpolen. Der Distrikt Radom im Generalgouvernement 1939-1945. Darmstadt 2007.
Möhler, Rainer: Entnazifizierung in Rheinland-Pfalz und im Saarland unter französischer Besatzung von 1945 bis 1952. Mainz 1992.
Musial, Bogdan: NS-Kriegsverbrecher vor polnischen Gerichten. In: VfZ 47 (1999). S. 25-58.
– Deutsche Zivilverwaltung und Judenverfolgung im Generalgouvernement. Eine Fallstudie zum Distrikt Lublin 1939-1944. Wiesbaden 1999.
– Ursprünge der »Aktion Reinhardt«. Planung des Massenmordes an den Juden im Generalgouvernement. In: Musial, Bogdan (Hg.): »Aktion Reinhardt«. Der Völkermord an den Juden im Generalgouvernement 1941-1944. Osnabrück 2004. S. 49-85.
– (Hg.): »Aktion Reinhardt«. Der Völkermord an den Juden im Generalgouvernement 1941-1944. Osnabrück 2004.
Nałkowska, Zofia: Dzienniki 1939-1944. Warszawa 1996.
Naumann, Karl: Ziele und Aufgaben der Ernährungs- und Landwirtschaft im Generalgouvernement. In: Bühler, Joseph (Hg.): Das Generalgouvernement. Seine Verwaltung und seine Wirtschaft. Krakau 1943. S. 113-130.
Nehring, Joachim: Polnische Netze über Danzig. Berlin 1929.
– Danzig. Friedrich Mann's Pädagogisches Magazin. Abhandlungen vom Gebiete der Pädagogik und ihrer Hilfswissenschaften. Heft 1368. Schriften zur politischen Bildung. Herausgegeben von der Gesellschaft »Deutscher Staat«. V. Reihe. Grenzlande. Heft 12. Langensalza 1932.
– Dem Kaisertum die Zukunft. Berlin 1928.
– Ostelbiens preussische Pflicht. Danzig 1925.
– »Verrat« – ein Kampf um Einheit. In: »Rechts-Staat« – links der Elbe. Marva–Genf 1977. S. 15-29.
– Schwarzbuch Bonn. Grundlagen einer nationalen Politik. 2., erweiterte Auflage. Freudenstadt 1977.
Neue Deutsche Biographie. Hg. von der Historischen Kommission bei der bayerischen Akademie der Wissenschaften. 13. Band. Berlin 1982.
Neumann, Franz: Der Block der Heimatvertriebenen und Entrechteten 1950-1960. Ein Beitrag zur Geschichte und Struktur einer politischen Interessenpartei. Phil. Diss. Marburg 1966.
Niethammer, Lutz: Entnazifizierung in Bayern. Säuberung und Rehabilitierung unter amerikanischer Besatzung. Frankfurt a. M. 1972.
Noetzel, Karen Eva: Friedberg im Nationalsozialismus. Ein Stadtführer. O.O. 2005.
Nollau, Günther: Das Amt. 50 Jahre Zeuge der Geschichte. München 1978.
Nolzen, Armin: Der Arbeitsbereich der NSDAP im Generalgouvernement, in den Niederlanden und in der besetzten Sowjetunion. In: Bohn, Robert (Hg.): Die deutsche Herrschaft in den »germanischen« Ländern 1940-1945. Stuttgart 1997. S. 247-275.

Obozy hitlerowskie na ziemiach polskich 1939-1945. Informator encyklopedyczny. Warszawa 1979.
Orłowski, Hubert: »Polnische Wirtschaft«. Zum deutschen Polendiskurs der Neuzeit. Wiesbaden 1996.
Ossendorf, Karlheinz: Von den Nazis verjagt. In: Vom Kaiserreich zum Dritten Reich. Band 2: Aufsätze zu den politischen Ereignissen in der Bürgermeisterei Menden/Rheinland zwischen 1933 und 1945. Siegburg 2003.
Oster, Moshe: Gehinom czyli piekło. Przeżyłem getto i dziewięć obozów. Kraków 2005.
Partei-Statistik. Stand 1. Januar 1935 (ohne Saargebiet). Band 1: Parteimitglieder. Hg. vom Reichsorganisationsleiter der NSDAP. O.O. u. o.J. [München 1935].
Paul, Gerhard: Von Psychopathen, Technokraten des Terrors und »ganz gewöhnlichen« Deutschen. Die Täter der Shoah im Spiegel der Forschung. In: Paul, Gerhard (Hg.): Die Täter der Shoah. Fanatische Nationalsozialisten oder ganz normale Deutsche? Göttingen 2002. S. 13-90.
Pauli, Gerhard: Die Zentrale Stelle der Landesjustizverwaltungen in Ludwigsburg – Entstehung und frühe Praxis. In: Die Zentralstellen zur Verfolgung nationalsozialistischer Gewaltverbrechen – Versuch einer Bilanz. Hg. vom Justizministerium des Landes NRW. Recklinghausen 2001. S. 45-62.
Pawłowicz, Henryk: Okupacyjne dzieje samorządu Warszawy. Opracował Zygmunt Ogrodzki. Warszawa 1974.
Perechodnik, Calel: Bin ich ein Mörder? Das Testament eines jüdischen Ghetto-Polizisten. Lüneburg 1997.
Peuckert, Detlev J. K.: Die Weimarer Republik. Krisenjahre der Klassischen Moderne. Frankfurt a.M. 1987.
Piątkowski, Sebastian: Dni życia, dni śmierci. Ludność żydowska w Radomiu w latach 1918-1950. Warszawa 2006.
Pietrzak, Marian: Sokołów Podlaski w latach 1939-1944. Pamiętnik z czasów okupacji. O.O. u. o.J. [Sokołów 1972]
Pietrzykowski, Jan: Łowy na ludzi. Arbeitsamt w Częstochowie. Katowice 1968.
– Hitlerowcy w powiecie częstochowskim 1939-1945. Katowice 1972.
Pilichowski, Czesław: Badanie i ściganie zbrodni hitlerowskich 1944-1974. Warszawa 1975.
– Ekspertyzy i orzeczenia przed Najwyższym Trybunałem Narodowym. Bd. 2. Warszawa 1979.
– Ekspertyzy i orzeczenia przed Najwyższym Trybunałem Narodowym. Bd. 8. Warszawa 1979.
– (Hg.): Ściganie i karanie sprawców zbrodni wojennych i zbrodni przeciwko ludzkości. Wybór dokumentów. Warszawa 1978.
Podhorizer-Sandel, E.: O zagładzie Żydów w dystrykcie krakowskim. In: BŻIH 30 (1959). S. 37-109.
Podolska, Aldona: Służba porządkowa w getcie warszawskim w latach 1940-1943. Warszawa 1996.
Pohl, Dieter: Nationalsozialistische Judenverfolgung in Ostgalizien 1941-1944. Organisation und Durchführung eines staatlichen Massenverbrechens. München 1996.
– Von der »Judenpolitik« zum Judenmord. Der Distrikt Lublin des Generalgouvernements 1939-1944. Frankfurt a.M. 1993.
– Die Stellung des Distrikts Lublin in der »Endlösung der Judenfrage«. In: Musial, Bogdan (Hg.): »Aktion Reinhardt«. Der Völkermord an den Juden im Generalgouvernement 1941-1944. Osnabrück 2004. S. 87-107.

– Hans Krüger – Der »König von Stanislau«. In: Mallmann, Klaus-Michael/Gerhard Paul (Hg.): Karrieren der Gewalt. Nationalsozialistische Täterbiographien. Darmstadt 2004. S. 134-144.
– The German Occupiers' Milieu and the Murder of the Jews in Eastern Europe 1939-1945. In: On Germans and Jews under the Nazi Regime. Essays by Three Generations of Historians. A Festschrift in Honor of Otto Dov Kulka. Edited by Moshe Zimmermann. Jerusalem 2006. S. 223-237.
Polacy i Żydzi pod okupacją niemiecką 1939-1945. Studia i materiały. Pod redakcją Andrzeja Żbikowskiego. Warszawa 2006.
Poradowski, Stanisław: Zagłada Zydów rzeszowskich. In: BŻIH Nr. 2-3/126-127 (1983). S. 37-49. Nr. 1-2/129-130 (1984). S. 89-108. Nr. 3-4/135-136 (1985). S. 77-101.
Präg, Werner/Wolfgang Jacobmeyer (Hg.): Das Diensttagebuch des deutschen Generalgouverneurs in Polen 1939-1945. Stuttgart 1975.
Pro Memoria (1941-1944). Raporty Departamentu Informacji Delegatury Rządu RP na Kraj o zbrodniach na narodzie polksim. Wybór i opracowanie Janusz Gmitruk/Arkadiusz Indraszczyk/Adam Koseski. Warszawa/Pułtusk 2004/2005.
Prowincja noc. Życie i zagłada Żydów w dystrykcie warszawskim. Pod redakcją Barbary Engelking/Jacka Leociaka/Dariusza Libionki. Warszawa 2007.
Publicystyka konspiracyjna PPR 1942-1945. Wybór artykułów. Band 2: 1943. Warszawa 1964.
Rachwał, Antoni: Ściganie i karalność zbrodniarzy hitlerowskich za zbrodnie dokonane w latach wojny 1939-1944 r. na terenie obecnego woj. przemyskiego. In: Studia nad okupacją hitlerowską południowo-wschodniej części Polski 3 (1983). S. 81-83.
Radzik, Tadeusz: Lubelska dzielnica zamknięta. Lublin 1999.
Rajca, Czesław: Walka o chleb 1939-1944. Eksploatacja rolnictwa w Generalnym Gubernatorstwie. Lublin 1991.
– Osadzenie w obozach jako forma represji. In: ZM 10 (1980). S. 70-85.
Rappaport, Emil Stanisław: Orzecznictwo sądów polskich w sprawach o zbrodnie wojenne (1944-1948). In: Rocznik prawa międzynarodowego 1 (1949). S. 224-244.
Ratyńska, Barbara: Ludność i gospodarka Warszawy i okręgu pod okupacją hitlerowską. Warszawa 1982.
Rauh-Kühne, Cornelia: Die Entnazifizierung und die deutsche Gesellschaft. In: AfS 35 (1995). S. 35-70.
Rączy, Elżbieta/Igor Witowicz (Hg.): Zagłada Żydów na Rzeszowszczyźnie. Album pamięci. Extermination of Jews in the Rzeszów Region. Album of Remenbrance. Warszawa 2004.
Reichel, Peter: Zwischen Dämonisierung und Verharmlosung: Das NS-Bild und seine politische Funktion in den 50er Jahren. In: Schildt, Axel/Arnold Sywottek (Hg.): Modernisierung im Wiederaufbau. Die westdeutsche Gesellschaft der 50er Jahre. Bonn 1993. S. 679-692.
Ringelblum, Emanuel: Stosunki polsko-żydowskie w czasie drugiej wojny światowej. Uwagi i spostrzeżenia. Warszawa 1988.
– Kronika getta warszawskiego. Wrzesień 1939 – styczeń 1943. Wstęp i redakcja Artur Eisenbach. Warszawa 1983.
Röhr, Werner (Hg.): Die faschistische Okkupationspolitik in Polen (1939-1945). Berlin 1989.
Rohrer, Christian: Nationalsozialistische Macht in Ostpreußen. München 2006.
Roschke, Carsten: Der umworbene »Urfeind«. Polen in der nationalsozialistischen Propaganda 1934-1939. Marburg 2000.

Rossino, Alexander B.: Hitler Strikes Poland. Blitzkrieg, Ideology and Atrocity. University Press of Kansas 2003.

Roth, Markus: Theater nach Auschwitz. George Taboris *Die Kannibalen* im Kontext der Holocaust-Debatten. Frankfurt a. M. u. a. 2003.

Rott, Eva-Maria: Der Block der Heimatvertriebenen und Entrechteten (BHE) in Schleswig-Holstein 1950 bis 1957. Unveröffentlichte Magisterarbeit, Universität Kiel 2001.

Ruck, Michael: Korpsgeist und Staatsbewußtsein. Beamte im deutschen Südwesten 1928 bis 1972. München 1996.

Rückerl, Adalbert: Die Strafverfolgung von NS-Verbrechen 1945-1978. Heidelberg, Karlsruhe 1979.

– NS-Verbrechen vor Gericht. Versuch einer Vergangenheitsbewältigung. Heidelberg 1982.

– (Hg.): NS-Prozesse. Nach 25 Jahren Strafverfolgung: Möglichkeiten – Grenzen – Ergebnisse. 2., ergänzte Auflage. Karlsruhe 1972.

Rutkowski, Adam: Martyrologia, walka i zagłada ludności żydowskiej w dystrykcie radomskim podczas okupacji hitlerowskiej. In: BŻIH Nr. 15, 16 (1955). S. 75-182.

Rybczyński, Stanisław: Kierownictwo administracji jako organizacja przestępcza w Generalnym Gubernatorstwie. In: DPP 4 (1947). S. 33-37.

Rybicki, Stanisław: Pod znakiem lwa i kruka. Fragmenty wspomień z lat okupacji. Warszawa 1965.

Sandkühler, Thomas: »Endlösung« in Galizien. Der Judenmord in Ostpolen und die Rettungsinitiativen von Berthold Beitz 1941-1944. Bonn 1996.

Sauerland, Karol: Polen und Juden zwischen 1939 und 1968. Jedwabne und die Folgen. Berlin/Wien 2004.

Schäfer, Thomas: Die Schleswig-Holsteinische Gemeinschaft 1950-1958. Mit einem Beitrag zur Entstehung des »Blocks der Heimatvertriebenen und Entrechteten«. Neumünster 1987.

Schenk, Dieter: Hans Frank. Hitlers Kronjurist und Generalgouverneur. Frankfurt a. M. 2006.

Schick, Christa: Die Internierungslager. In: Broszat, Martin u. a. (Hg.): Von Stalingrad zur Währungsreform. Zur Sozialgeschichte des Umbruchs in Deutschland. München ^{2}1989. S. 301-325.

Schlemmer, Thomas: Grenzen der Integration. Die CSU und der Umgang mit der nationalsozialistischen Vergangenheit – der Fall Dr. Max Frauendorfer. In: VfZ 48 (2000). S. 675-742.

Schleswig-Holsteinischer Landtag (Hg.): Antwort der Landesregierung auf die Große Anfrage der Fraktion der SPD: Rechtsextremismus in Schleswig-Holstein. Drucksache 12/608. Kiel 6.12.1989.

Schmalz-Jacobsen, Cornelia: Zwei Bäume in Jerusalem. Hamburg 2002.

Schulze, Hagen: Freikorps und Republik 1918-1920. Boppard 1969.

Schuster, Armin: Die Entnazifizierung in Hessen 1945-1954. Vergangenheitspolitik in der Nachkriegszeit. Wiesbaden 1999.

Seeber, Eva: Zwangsarbeiter in der faschistischen Kriegswirtschaft. Die Deportation und Ausbeutung polnischer Bürger unter besonderer Berücksichtigung der Lage der Arbeiter aus dem sogenannten Generalgouvernement (1939-1945). Berlin (Ost) 1964.

Seidel, Robert: Nationalsozialistische Besatzungspolitik in Polen. Der Distrikt Radom 1939-1945. Paderborn 2006.

Seraphim, Peter Heinz: Die Wirtschaftsstruktur des Generalgouvernements. Krakau 1941.

Siegfried, Detlef: Zwischen Aufarbeitung und Schlußstrich. Der Umgang mit der NS-Vergangenheit in den beiden deutschen Staaten 1958 bis 1969. In: Schildt, Axel/Detlev Siegfried/Karl Christian Lammers (Hg.): Dynamische Zeiten. Die 60er Jahre in den beiden deutschen Gesellschaften. Hamburg 2000. S. 77-113.

Smoleń, Mieczysław: Kalendarium okupowanego powiatu nowosądeckiego (1. IX 1939 – 23. I 1945). In: Rocznik Sądecki 22 (1994). S. 305-342.

Sobolewska-Kierczuk, Beata: Administracja cywilna w Białej Podlaskiej w okresie okupacji hitlerowskiej. In: Rocznik Bialskopodlaski 6 (1998). S. 109-121.

Sontheimer, Kurt: Der Tatkreis. In: VfZ 7 (1959). S. 230-261.

– Antidemokratisches Denken in der Weimarer Republik. Die politischen Ideen des deutschen Nationalismus zwischen 1918 und 1933. München ²1983.

Sozialgeschichtliches Arbeitsbuch. Band III. Materialien zur Statistik des Deutschen Reiches 1914-1945. Von Dietmar Petzina/Werner Abelshauser/Anselm Faust. München 1978.

Stadtbuch Friedberg. Band 1. Hg. von der Stadt Friedberg. Friedberg 1991.

Stadt Krakau, 26. Oktober 1939-1941. Krakau 1941.

Stelbrink, Wolfgang: Der preußische Landrat im Nationalsozialismus. Studien zur nationalsozialistischen Personal- und Verwaltungspolitik auf Landkreisebene. Münster 1998.

– Die Kreisleiter der NSDAP in Westfalen und Lippe. Versuch einer Kollektivbiographie mit biographischem Anhang. Münster 2003.

Stöss, Richard: Der Gesamtdeutsche Block/BHE. In: Ders. (Hg.): Parteien-Handbuch. Die Parteien der Bundesrepublik Deutschland 1945-1980. Sonderausgabe Band 3: EAP bis KSP. Opladen 1986. S. 1424-1459.

Strawiński, Karol: Pod hitlerowską okupacją. In: Dzieje Piotrkowa. Pod redakcją Bohdana Baranowskiego. Łódź 1989. S. 535-567.

Streng, Heinz von: Die Landwirtschaft im Generalgouvernement. Tübingen 1955.

Szarota, Tomasz: Warschau unter dem Hakenkreuz. Paderborn 1985.

– U progu zagłady. Zajścia antyżydowskie i pogromy w okupowanej Europie. Warszawa, Paryż, Amsterdam, Antwerpia, Kowno. Warszawa ²2000.

Szczechura, Tomasz: Życie i zagłada społeczności żydowskiej w powiecie węgrowskim w latach 1939-1944. In: BŻIH Nr. 1/105 (1978). S. 39-51.

– Terror okupanta w powiecie węgrowskim w latach 1939-1944. In: BGKBZHwP 27 (1977). S. 57-72.

Ślaski, Jerzy: Polska walcząca. 3 Bände. Wydanie III rozszerzone. Warszawa 1999.

Tauber, Kurt P.: Beyond Eagle and Swastika. German Nationalism since 1945. 2 Bde. Middletown 1967.

Thompson, Larry V.: Friedrich Wilhelm Krüger. Höherer SS- und Polizeiführer Ost. In: Smelser, R./E. Syring (Hg.): Die SS. Elite unter dem Totenkopf. 30 Lebensläufe. Paderborn 2000. S. 320-331.

Trunk, Isaiah: Judenrat. The Jewish Councils in Eastern Europe under Nazi Occupation. Lincoln 1996.

Ueberschär, Gerd R. (Hg.): Der Nationalsozialismus vor Gericht. Die alliierten Prozesse gegen Kriegsverbrecher und Soldaten 1943-1952. Frankfurt a. M. 1999.

Umbreit, Hans: Deutsche Militärverwaltungen 1938/39. Die militärische Besetzung der Tschechoslowakei und Polens. Stuttgart 1977.

Urbański, Krzysztof: Zagłada Żydów w dystrykcie radomskim. Kraków 2004.

Urzędowski, Krzysztof: Przyczynek do historii getta w Piotrkowie Trybunalskim. In: BOKBZpNP-IPN 2 (1990). S. 35-48.

Varain, Heinz Josef: Parteien und Verbände. Eine Studie über ihren Aufbau, ihre Verflechtung und ihr Wirken in Schleswig-Holstein 1945-1958. Köln, Opladen 1964.
Vogel, Karl: M-AA 509. Elf Monate Kommandant eines Internierungslagers. Memmingen 1951.
Völklein, Ulrich: Die verweigerte Schuld. Gespräche mit einem Täter: Wie aus dem NS-Kreishauptmann Claus Volkmann der linksliberale Publizist Peter Grubbe wurde. Hamburg 2000.
Volkmann, Hans-Erich: Landwirtschaft und Ernährung in Hitlers Europa 1939-45. In: Militärgeschichtliche Mitteilungen 35 (1984). S. 9-74.
Vollnhals, Clemens (Hg.): Entnazifizierung – Politische Säuberung und Rehabilitierung in den vier Besatzungszonen 1945-1949. München 1991.
Die Wahlbewerber für die Wahl zum 2. Deutschen Bundestag. Hg. vom Statistischen Bundesamt, Der Bundeswahlleiter. Bonn o.J.
Die Wahlbewerber für die Wahl zum 3. Deutschen Bundestag. Hg. vom Statistischen Bundesamt. Stuttgart o.J.
Walichnowski, Tadeusz: Rozmowy z Leistem, hitlerowskim starostą Warszawy. Warszawa 1986.
Ważniewski, Władysław: Zbrodnie hitlerowskie w rejonie miechowsko-pińczowskim. In: BGKBZHwP 22 (1971). S. 291-316.
– Na przedpolach stolicy 1939-1945. Warszawa 1974.
Wąsik, Maria: Urząd Kreishauptmanna w hitlerowskim aparacie władzy w Generalnym Gubernatorstwie. In: Pilichowski, Czesław (Hg.): Zbrodnie i sprawcy. Ludobójstwo hitlerowskie przed sądem ludzkości i historii. Warszawa 1980. S. 519-525.
Weh, Albert (Hg.): Das Recht des Generalgouvernements. Nach Sachgebieten geordnet mit Erläuterungen und einem ausführlichen Sachverzeichnis. Dritte, völlig neu bearbeitete Auflage. Krakau 1941.
Weinke, Annette: Die Verfolgung von NS-Tätern im geteilten Deutschland. Vergangenheitsbewältigungen 1949-1969 oder: Eine deutsch-deutsche Beziehungsgeschichte im Kalten Krieg. Paderborn 2002.
– Die Nürnberger Prozesse. München 2006.
– »Alliierter Angriff auf die nationale Souveränität«? Die Strafverfolgung von Kriegs- und NS-Verbrechen in der Bundesrepublik, der DDR und Österreich. In: Frei, Norbert (Hg.): Transnationale Vergangenheitspolitik. Der Umgang mit deutschen Kriegsverbrechen in Europa nach dem Zweiten Weltkrieg. Göttingen 2006. S. 37-93.
Weinstein, Frederick: Aufzeichnungen aus dem Versteck. Erlebnisse eines polnischen Juden 1939-1946. Berlin 2006.
Weiß, Matthias: Journalisten: Worte als Taten. In: Frei, Norbert (Hg.): Karrieren im Zwielicht. Hitlers Eliten nach 1945. Frankfurt a.M. 2001. S. 241-299.
Weitbrecht, Dorothee: Der Exekutionsauftrag der Einsatzgruppen in Polen. Filderstadt 2001.
Welzer, Harald: Täter. Wie aus ganz normalen Menschen Massenmörder werden. Frankfurt a.M. 2005.
Wember, Heiner: Umerziehung im Lager. Internierung und Bestrafung von Nationalsozialisten in der britischen Besatzungszone Deutschlands. Essen 1992.
Wengst, Udo: Beamtentum zwischen Reform und Tradition. Beamtengesetzgebung in der Gründungsphase der Bundesrepublik Deutschland 1948-1953. Düsseldorf 1988.
Wer ist wer? Das deutsche Who's who. XV. Ausgabe von Degeners Wer ist's? Band I (West). Hg. von Walter Habel. Berlin 1967.

Westermann, Edward B.: Hitler's Police Battalions. Enforcing Racial War in the East. Lawrence, Kansas 2005.

Wette, Wolfram (Hg.): Retter in Uniform. Handlungsspielräume im Vernichtungskrieg der Wehrmacht. Frankfurt a. M. 2002.

Wiączek, Krzysztof: Hitlerowski aparat administracyjny w powiecie piotrkowskim. In: BOKBZpNP-IPN 5 (1997). S. 28-34.

Wieliczko, Mieczysław: Jasielskie w latach drugiej wojny światowej. Warszawa 1974.

Wildt, Michael: Generation des Unbedingten. Das Führungskorps des Reichssicherheitshauptamtes. Hamburg 2002.

– Volksgemeinschaft als Selbstermächtigung. Gewalt gegen Juden in der deutschen Provinz 1919 bis 1939. Hamburg 2007.

Witt, Kazimierz: Sokołów Podlaski w latach 1939-1950. In: Dzieje Sokołowa Podlaskiego i jego regionu. Praca zbiorowa pod redakcją Józefa Kazimierskiego. Warszawa 1982. S. 207-252.

Wittenbrock, Rolf (Hg.): Geschichte der Stadt Saarbrücken. Band 2: Von der Zeit des stürmischen Wachstums bis zur Gegenwart. Saarbrücken 1999.

Wojniłowicz, Jerzy: Ludność żydowska w Tomaszowie Mazowieckim w latach 1939-1943. In: BOKBZpNP-IPN 5 (1997). S. 79-101.

Wojtczak, Stanisław: Karny obóz pracy Treblinka I i ośrodek zagłady Treblinka II. In: BGKBZHwP 26 (1975). S. 117-185.

Woller, Hans. Gesellschaft und Politik in der amerikanischen Besatzungszone. Die Region Ansbach und Fürth. München 1986.

Wójcik, Zbigniew K.: Rzeszów w latach drugiej wojny światowej. Okupacja i konspiracja 1939-1944-1945. Rzeszów, Kraków 1998.

Wróblewski, Mścisław: Służba Budowlana (Baudienst) w Generalnym Gubernatorstwie 1940-1945. Warszawa 1984.

Yahil, Leni: Die Shoah. Überlebenskampf und Vernichtung der europäischen Juden. München 1998.

Zagovec, Rafael A.: Gespräche mit der »Volksgemeinschaft«. Die deutsche Kriegsgesellschaft im Spiegel westalliierter Frontverhöre. In: Echternkamp, Jörg (Hg.): Das Deutsche Reich und der Zweite Weltkrieg. Band 9/2: Die deutsche Kriegsgesellschaft 1939 bis 1945. Ausbeutung, Deutungen, Ausgrenzung. München 2005. S. 289-381.

Ziemie Wschodnie. Raporty Biura Wschodniego Delegatury Rządu na Kraj 1943-1944. Wstęp, wybór i opracowanie Mieczysław Adamczyk/Janusz Gmitruk/Adam Koseski. Warszawa/Pułtusk 2005.

Ziemie Wschodnie. Meldunki tygodniowe Sekcji Wschodniej Departament Informacji i Prasy Delegatury Rządu RP na Kraj. Kwiecień – lipiec 1944 r. Hg. von Mieczysław Adamczyk/Janusz Gmitruk/Adam Koseski. Warszawa u. a. 2006. [zitiert: Ziemie Wschodnie (2006)]

Życie i zagłada Żydów polskich 1939-1945. Wybór i opracowanie Michał Grynberg/Maria Kotowska. Warszawa 2003.

Żydzi dystryktu radomskiego w okresie II wojny światowej. Materiały sesji popularnonaukowej odbytej w Radomiu 27 września 1997 roku. Pod red. Sebastiana Piątkowskiego. Radom 1998.

Abkürzungen

AAN	Archiwum Akt Nowych (Archiv für neue Akten)
AfS	Archiv für Sozialgeschichte
AG	Amtsgericht
AK	Armia Krajowa (Heimatarmee)
AOK	Armeeoberkommando
APCz	Archiwum Państwowe w Częstochowie
APK	Archiwum Państwowe w Krakowie
APK-NS	Archiwum Państwowe w Krakowie, Oddział w Nowym Sączu
APK-T	Archiwum Państwowe w Krakowie, Oddział w Tarnowie
APL	Archiwum Państwowe w Lublinie
APR	Archiwum Państwowe w Radomiu
APRz	Archiwum Państwowe w Rzeszowie
APW	Archiwum Państwowe m. st. Warszawy
APZ	Aus Politik und Zeitgeschichte
AZHRL	Archiwum Zakładu Historii Ruchu Ludowego
BAB	Bundesarchiv Berlin-Lichterfelde
BA Bayreuth	Bundesarchiv-Lastenausgleichsarchiv Bayreuth
BA-DH	Bundesarchiv-Zwischenarchiv Dahlwitz-Hoppegarten
BAK	Bundesarchiv Koblenz
BAL	Bundesarchiv Ludwigsburg
BA-MA	Bundesarchiv-Militärarchiv Freiburg
BA ZNSt	Bundesarchiv, Zentralnachweisstelle
BdO	Befehlshaber der Ordnungspolizei
BDO	Bund Deutscher Osten
BdS	Befehlshaber der Sicherheitspolizei und des Sicherheitsdienstes
BGKBZHwP	Biuletyn Głównej Komisji Badania Zbrodni Hitlerowskich w Polsce
BGKBZpNP	Biuletyn Głównej Komisji Badania Zbrodni przeciwko Narodowi Polskiemu
BGNS	Beiträge zur Geschichte des Nationalsozialismus
BHE	Bund der Heimatvertriebenen und Entrechteten
BLHA	Brandenburgisches Landeshauptarchiv
BND	Bundesnachrichtendienst
BNSDJ	Bund Nationalsozialistischer Deutscher Juristen
BOKBZpNP	Biuletyn Okręgowej Komisji Badania Zbrodni przeciwko Narodowi Polskiemu w Łodzi – Instytut Pamięci Narodowej
BStU	Der Bundesbeauftragte für die Unterlagen des Staatssicherheitsdienstes der ehemaligen DDR, Berlin
BŻIH	Biuletyn Żydowskiego Instytutu Historycznego
CdZ	Chef der Zivilverwaltung
CEH	Central European History
cz.	część (Teil)
DAF	Deutsche Arbeitsfront

DNVP	Deutschnationale Volkspartei
Doc. Occ.	Documenta Occupationis
DP	Deutsche Partei
DPP	Demokratyczny Przegląd Prawniczy
DTB	Diensttagebuch
GB/BHE	Gesamtdeutscher Block/Bund der Heimatvertriebenen und Entrechteten
GG	Generalgouvernement
GKBZHwP	Główna Komisja Badania Zbrodni Hitlerowskich w Polsce (Hauptkommission zur Untersuchung der nationalsozialistischen Verbrechen in Polen)
GKBZNwP	Główna Komisja Badania Zbrodni Niemieckich w Polsce (Hauptkommission zur Untersuchung der deutschen Verbrechen in Polen)
GLA	Generallandesarchiv Karlsruhe
GSta PK	Geheimes Staatsarchiv Preußischer Kulturbesitz, Berlin
GWU	Geschichte in Wissenschaft und Unterricht
HGS	Holocaust and Genocide Studies
HSSPF	Höherer SS- und Polizeiführer
HStA	Hauptstaatsarchiv
IfZ	Institut für Zeitgeschichte, München
IMT	Internationales Militärtribunal
IPN	Instytut Pamięci Narodowej (Institut für das nationale Gedenken)
ITS	International Tracing Service/Internationaler Suchdienst
KdG	Kommandeur der Gendarmerie
KdO	Kommandeur der Ordnungspolizei
KdS	Kommandeur der Sicherheitspolizei und des Sicherheitsdienstes
KHm	Kreishauptmannschaft
KHŻ	Kwartalnik Historii Żydów
KPD	Kommunistische Partei Deutschlands
LAB	Landesarchiv Berlin
LAS	Landesarchiv Saarland
LASH	Landesarchiv Schleswig-Holstein, Schleswig
LG	Landgericht
LHA SA	Landeshauptarchiv Sachsen-Anhalt
MdL	Mitglied des Landtags
MdR	Mitglied des Reichstags
NKWD	Narodnyj Kommissariat Wnutriennych Del (Volkskommissariat für Innere Angelegenheiten)
NL	Nachlass
NSDAP	Nationalsozialistische Deutsche Arbeiterpartei
NSFK	Nationalsozialistisches Fliegerkorps
NSG	NS-Gewaltverbrechen
NSKK	Nationalsozialistisches Kraftfahrerkorps
NSLB	Nationalsozialistischer Deutscher Lehrerbund
NSRB	Nationalsozialistischer Rechtswahrerbund
NSStB	Nationalsozialistischer Deutscher Studentenbund
NSV	Nationalsozialistische Volkswohlfahrt
NTN	Najwyższy Trybunał Narodowy (Oberstes Nationaltribunal)

OKW	Oberkommando der Wehrmacht
OLG	Oberstes Landgericht bzw. Oberlandgericht
o.O.	ohne Ort
o.P.	ohne Paginierung
OPG	Oberstes Parteigericht
ORR	Oberregierungsrat
OStA	Oberstaatsanwalt(schaft)
Ost-Dok.	Ostdokumentation
Pg.	Parteigenosse
PHW	Przegląd Historyczno-Wojskowy
PISM	Polish Institute and Sikorski Museum, London
PMW BZW	Polska Misja Wojskowa Badania Zbrodni Wojennych (Polnische Militärmission zur Untersuchung von Kriegsverbrechen)
RFSS	Reichsführer-SS
RMI	Reichsministerium des Innern
RSHA	Reichssicherheitshauptamt
SAW	Sąd Apelacyjny w Warszawie (Berufungsgericht Warschau)
SD	Sicherheitsdienst
SdP	Sudetendeutsche Partei
SL	Stronnictwo Ludowe (Volkspartei)
SMA	Sowjetische Militäradministration
SnFiZH	Studia nad Faszyzmem i Zbrodniami Hitlerowskimi
SOKr	Sąd Okręgowy w Krakowie (Bezirksgericht in Krakau)
SSPF	SS- und Polizeiführer
StA	Staatsanwaltschaft
StArch	Staatsarchiv
StGB	Strafgesetzbuch
ThStA	Thüringisches Staatsarchiv
UNWCC	United Nations War Crimes Commission
USHMM	United States Holocaust Memorial Museum
VDA	Volksbund für das Deutschtum im Ausland
VfZ	Vierteljahrshefte für Zeitgeschichte
VOBlGG	Verordnungsblatt des Generalgouvernements
WASt	Deutsche Dienststelle (WASt) für die Benachrichtigung der nächsten Angehörigen von Gefallenen der ehemaligen deutschen Wehrmacht
ZfG	Zeitschrift für Geschichtswissenschaft
ZfO	Zeitschrift für Ostmitteleuropa-Forschung
Zł.	Złoty
ZM	Zeszyty Majdanka
ZMHPRL	Zeszyty Muzeum Historycznego Ruchu Ludowego
ZStL	Zentrale Stelle der Landesjustizverwaltungen zur Aufklärung nationalsozialistischer Verbrechen Ludwigsburg
ZWZ	Związek Walki Zbrojnej (Bund für den bewaffneten Kampf)
ŻIH	Żydowski Instytut Historyczny (Jüdisches Historisches Institut)

Namenverzeichnis

Kursive Seitenzahlen verweisen auf den Eintrag in den Kurzbiographien.

Ortsverzeichnis

Jena Center
Geschichte des 20. Jahrhunderts
20th Century History

Vorträge und Kolloquien

Martin Broszat, der »Staat Hitlers«
und die Historisierung des Nationalsozialismus
Herausgegeben von Norbert Frei
2007 ISBN 978-3-8353-0184-9

Saul Friedländer
Den Holocaust beschreiben
Auf dem Weg zu einer integrierten Geschichte
2007 ISBN 978-3-8353-0185-6

Fritz Stern
Der Westen im 20. Jahrhundert
Selbstzerstörung, Wiederaufbau, Gefährdungen der Gegenwart
2008 ISBN 978-3-8353-0254-9

Psychoanalyse und Protest
Alexander Mitscherlich und die »Achtundsechziger«
Herausgegeben von Tobias Freimüller
2008 ISBN 978-3-8353-0354-6

Anson Rabinbach
Begriffe aus dem Kalten Krieg
Totalitarismus, Antifaschismus, Genozid
2009 ISBN 978-3-8353-0412-3

Beiträge zur Geschichte
des 20. Jahrhunderts

Herausgegeben von
Norbert Frei

Marc von Miquel
Ahnden oder amnestieren?
Westdeutsche Justiz und Vergangenheitspolitik
in den sechziger Jahren
448 S., geb., Schutzumschlag
ISBN 3-89244-748-9

Claudia Moisel
Frankreich und die deutschen Kriegsverbrecher
Politik und Praxis der Strafverfolgung
nach dem Zweiten Weltkrieg
288 S., geb., Schutzumschlag
ISBN 3-89244-749-7

Constantin Goschler
Schuld und Schulden
Die Politik der Wiedergutmachung für NS-Verfolgte seit 1945
2. Aufl., 543 S., geb., Schutzumschlag
ISBN 978-3-89244-868-6

Transnationale Vergangenheitspolitik
Der Umgang mit deutschen Kriegsverbrechern
in Europa nach dem Zweiten Weltkrieg
Herausgegeben von Norbert Frei
656 S., geb., Schutzumschlag
ISBN 978-3-89244-940-9

Medialisierung und Demokratie im 20. Jahrhundert
Herausgegeben von Frank Bösch und Norbert Frei
279 S., geb., Schutzumschlag
ISBN 978-3-89244-0072-9

Tobias Freimüller
Alexander Mitscherlich
Gesellschaftsdiagnosen und Psychoanalyse nach Hitler
480 S., geb., Schutzumschlag
ISBN 978-3-8353-0187-0

Ariane Leendertz
Ordnung schaffen
Deutsche Raumplanung im 20. Jahrhundert
464 S., geb., Schutzumschlag
ISBN 978-3-8353-0269-3

Die Praxis der Wiedergutmachung
Geschichte, Erfahrung und Wirkung in Israel und Deutschland
Herausgegeben von Norbert Frei, José Brunner
und Constantin Goschler
773 S., geb., Schutzumschlag
ISBN 978-3-89244-0168-9

Markus Roth
Herrenmenschen
Die deutschen Kreishauptleute im besetzten Polen –
Karrierewege, Herrschaftspraxis und Nachgeschichte
560 S., geb., Schutzumschlag
ISBN 978-3-8353-0477-2

Jena Center
Geschichte des 20. Jahrhunderts
20th Century History

www.wallstein-verlag.de